프로그래머로
사는 법

프로그래머의 길을 걸어가는 당신을 위한 안내서

PRENTICE HALL 한빛미디어 Hanbit Media, Inc.

프로그래머로 사는 법

초판 1쇄 발행 2012년 10월 04일
초판 8쇄 발행 2021년 05월 03일

지은이 샘 라이트스톤 / **옮긴이** 서환수 / **펴낸이** 김태헌
펴낸곳 한빛미디어(주) / **주소** 서울시 서대문구 연희로2길 62 한빛미디어(주) IT출판부
전화 02-325-5544 / **팩스** 02-336-7124
등록 1999년 6월 24일 제25100-2017-000058호 / **ISBN** 978-89-7914-962-3 13560

총괄 전정아 / **책임편집** 이상복 / **기획** 한동훈 / **진행** 윤나리
디자인 표지 여동일
영업 김형진, 김진불, 조유미 / **마케팅** 박상용, 송경석, 조수현, 이행은, 고광일 / **제작** 박성우, 김정우

이 책에 대한 의견이나 오탈자 및 잘못된 내용에 대한 수정 정보는 한빛미디어(주)의 홈페이지나 아래 이메일로
알려주십시오. 잘못된 책은 구입하신 서점에서 교환해 드립니다. 책값은 뒤표지에 표시되어 있습니다.

한빛미디어 홈페이지 www.hanbit.co.kr / **이메일** ask@hanbit.co.kr

지금 하지 않으면 할 수 없는 일이 있습니다.
책으로 펴내고 싶은 아이디어나 원고를 메일(writer@hanbit.co.kr)로 보내주세요.
한빛미디어(주)는 여러분의 소중한 경험과 지식을 기다리고 있습니다.

아내 엘리셰바와 아이들 호다야, 아비샤이에게 이 책을 바친다.

재미와 사랑이 넘치는 가정을 만들어준 가족에게 감사의 마음을 전한다.

그리고 고등학교 시절 영어 선생님이셨던

데이비드 앨드윙클 선생님에게 이 책을 바친다.

옮긴이 서문

소프트웨어 업계에서는 다른 업계에 비해 기술적인 역량이 유난히 강조된다. 몇몇 프로 스포츠 분야에서처럼 스타급이라고 할 수 있는 특출난 개인의 위력이 조명을 받는 일이 잦고, 그러다 보니 여럿이 힘을 합쳐 조직력을 발휘하는 쪽에는 다들 상대적으로 관심을 덜쏟는 편이다. 하지만 어떤 소프트웨어 프로젝트든 덩치가 커지면 결국은 여럿이 힘을 합쳐야만 하고, 어떤 형태로든 조직을 이뤄서 일해야 하기 마련이다. 또한 소프트웨어 분야는 프로젝트의 계획이나 실행 등이 다른 분야에 비해 훨씬 까다로운 것으로 악명이 높기도 하다. 시중에 소프트웨어 분야의 프로젝트 관리법, 개발 방법론에 대한 책이 수도 없이 많이 나와 있고, 다른 제조업 분야와는 별개로 고도로 전문화된 소프트웨어 공학 분야에서 수많은 연구가 진행되고 있는데도 일이 쉽지가 않다. 그만큼 소프트웨어 업계는 조직을 이뤄서 목표를 달성하기 어려운 분야다.

이 책은 툭 까놓고 얘기하자면 소프트웨어 업계에서 성공하는 방법에 관한 책이다. 직장에서 성공하는 방법에 대한 책이 수없이 많이 나와 있지만, 소프트웨어 업계 종사자들을 위한 책은 그리 많지 않다. 이는 소프트웨어 업계에서는 유난히 개인의 전문적인 역량이 강조되기 때문이기도 하고, 소프트웨어 업계 종사자들이 평균적으로 조직에 얽매이지 않으려는 성향이 매우 강하기 때문이기도 할 것이다. 소프트웨어 분야에서의 전문가로서의 역량은 두말할 필요 없이 중요하다. 그러나 전문성 외에 팀을 이뤄서 일하는 역량도 매우 중요하며, 위로 올라갈수록 리더십이 점점 중요해진다. 이 책은 다른 수많은 전문서적에서는 잘 다루지 않는, 조직생활에 필요한 기술을 소개하는 책이다.

이 책에는 사회 초년병이 알아야 할 내용부터 대가로 성장하는 데 필요한 내용까지가 순서대로 수록되어 있다. 1부에서는 사회 초년병이 궁금해할 만한 회사와 학교의 차이점, 좋은 소프트웨어 회사를 찾아내고 입사하는 방법, 초급 개발자로서 효과적으로 경력을 쌓는 방법 등을 주로 다루고 있다. 2부에서는 리더십 역량을 쌓는 방법, 시간 관리 및 프로젝트 관리 방법, 업무와 개인의 삶 사이의 균형에 관한 내용 등을 다룬다. 3부에서는 대가급으로 올라가는 데 필요한 것들, 자기만의 스타트업을 만드는 것과 관련된 내용 등을 다룬다.

이 책에서 본문 내용 못지않게 중요한 부분이 바로 인터뷰 내용이다. 소프트웨어 분야에서 슈퍼스타라고 할 만한 인물들의 인터뷰가 수록되어 있는데, 대가로 인정받은 사람들의 삶을 엿보고 그들의 소중한 경험으로부터 우러나오는 조언은 분명 눈여겨볼 만하다.

오랫동안 학교에 다니다가 뒤늦게 회사 생활을 시작한 나도 이 책을 우리말로 옮기면서 많은 것을 배웠다. 책에 나온 내용과 내가 예전에 했던 어처구니 없었던 행동을 비교해 보면서 "내가 왜 그랬을까?"하는 생각이 들기도 했고, "참 간단한 건데 왜 실천을 못 할까?"하는 생각이 드는 대목도 있었다. 어떤 일이든 결국은 사람 사이의 일로 귀결된다. 내가 한 일을 남들에게 알리는 것도 소통이고, 남이 한 일을 내가 받아들이는 것도 소통이다. 열심히 배우고, 열심히 일하는 데서 멈추지 않고, 열심히 소통하고 효과적으로 소통하는 데 더 많은 노력을 기울일 수 있다면 성공하기가 조금은 더 수월하지 않을까 생각한다.

마지막으로 이 책의 한국어판이 완성되기까지 초인적인 인내심을 보여주신 한동훈 님께 감사의 마음을 전하고 싶다.

옮긴이 **서환수**

■ 옮긴이 소개

서환수

서울대학교 물리학과에서 박사학위를 받고 지금은 경기도 모처의 기업 연구소에서 나노과학을 연구하고 있습니다. 유치원에 들어가기 전부터 아무것도 모르고 물리학을 하겠다고 마음먹은 이후로, 30대 중반에 이른 지금까지도 "어떤 사람이 되고 싶으냐?"라는 질문을 받으면 "훌륭한 과학자요"라고 대답하고 있습니다. 『Head First Java: 뇌 회로를 자극하는 자바 학습법(개정판)』, 『slide:ology - 위대한 프레젠테이션을 만드는 예술과 과학』, 『프로그래밍 면접』을 비롯해서 한빛미디어와 함께 여러 권의 번역서를 냈습니다.

■ 지은이 서문

"차니나 현자께서는 이렇게 말씀하셨다.

스승에게서 많은 것을 배우고, 친구에게서 더 많은 것을 배웠지만, 제자에게서

그 무엇보다도 많은 것을 배웠다."

– 조상들의 윤리(Ethics of the Fathers)*, 서기 200년 경

전문 분야를 공부하러 대학에 진학하지만, 정작 대학에서는 쓸데없는 것만 잔뜩 가르친다. 안타깝게도 학교에서 배우는 전형적인 교육과 성공적인 직장생활에 필요한 역량 사이에는 상당한 간극이 자리하고 있다. 전문가로 성장하는 데 꼭 필요한 기본기 가운데 대부분은 사실 학교뿐 아니라 그 어디에서도 가르쳐주지 않는다. 소프트웨어 업계는 역동적이면서도 어느 정도 자유분방한 특성이 있기 때문에, 직장생활을 하는 데 있어서 상당히 독특한 애로사항이 생길 수 있다. 미국 내의 소프트웨어 업계에는 미국 문화의 전형적인 양상 외에도 여러 특이한 점이 자리 잡고 있다. 10대 해커가 MIT 박사와 어깨를 나란히 하며 경쟁하고, 구겨진 티셔츠와 허름한 운동화 차림으로도 스톡 옵션과 기업의 중역 자리를 꿰찰 수 있는 분야다. 이 책은 이런 독특한 분야에서 전문가로서의 성장 가능성을 극대화하는 전략을 공유하기 위해 만들었다. 또한, 지난 30년간 이 분야에서 가장 막강한 영향력을 발휘하면서 이 분야를 이끌어간 소프트웨어 혁신가와 리더들, 말 그대로 세상을 바꾼 사람들의 인터뷰도 수록했다.

1991년 퀸즈 대학교 전기공학부 4학년 학생이었던 시절, 졸업과 취업을 준비하고 있었다. 전기공학부에서는 젊은 학생들의 시야를 넓혀주기 위해 금요일 오후마다 외부 연사 초청 강연을 열었다. 그 강연에서는 고압 전력선이나 CMOS VLSI 회로 설계에 이르기까지 다양한 주제를 다뤘다. 솔직히 말하자면 대부분 강연이 나에게는 재미가 없었다. 하루는 정말 다른 얘기를 하는 연사가 온 적이 있었다. 그는 "현실 세계에서의 삶"과 졸업하고 나면 어떤 일이 일어나게 되는지를 설명했다. 상당히 충격적이었다. 4학년 때 있었던 외부 연

---

* **역자주_** 탈무드는 유대교의 규율을 정리한 미슈나(Mishnah)와 해설로 이뤄진 게마라(Gemara)로 나뉜다. 미슈나는 63편의 소논문으로 구성되어 있으며, 그중에 논문 아보트(Avot)가 탈무드 문학 중 가장 인기 있는 1편이 되었고, 영어 번역에서는 〈Ethics of the Fathers〉라 부른다.

사 초청강연 노트 가운데 유일하게 아직도 가지고 있는 것이 바로 그 강연 때 받아적은 내용이다. 동기들도 나와 마찬가지로 졸업하고 나면 자기 인생이 어떻게 돌아갈지 전혀 감을 잡지 못하고 있었다. 공학 관련 분야에서 여름 인턴 자리를 잡을 수 있었던 몇 안 되는 학생들도 학생 신분이라는 제약 때문에 그 경험이 제한적이기는 마찬가지였다.

그때 나는, 혹시 가능하다면, 나중에 전문가로 성장한 후에 대학생들에게 강연을 하겠노라고 다짐했다. 1990년대 말과 2000년대 초, 유수 대학에서 일련의 강연을 시작했다. 그때 강당을 가득 메운 학생들에게 했던 강의 노트를 바탕으로 이 책을 만들었다. 이 중에는 나만의 아이디어도 있지만, 대부분은 지난 30년간 이 분야를 선도한 지식인과 소프트웨어 개발 전도사들로부터 따온 것이다. 독자들이 이 책에서 학교나 일상생활에서는 얻을 수 없는 것, 즉 성공에 필요한 도구를 가져갈 수 있길 희망한다.

■ 대상 독자

다양한 연령과 지식수준을 가진 독자, 해당 분야에 진입하려는 사람이나 십여 년 이상의 경력자 모두 읽을 수 있는 책이다. 연령대나 커뮤니티에 따라 관심사가 다양한 탓에 이처럼 폭넓은 독자층을 대상으로 하는 책을 쓰기란 쉽지 않다. 20년 가까이 채용, 관리, 소프트웨어 전문가를 위한 상담 등을 하면서 연령이나 경험을 가로지르는 공통된 주제가 몇 가지 있음을 알아냈다. 이들 주제가 책의 중심이 되게끔 했다. 나는 이 책에서 직업에 대해 수치적인 부분보단 다양한 모습을 보여주려 했으며, 컴퓨터 과학을 전공하는 학생이나 가르치는 사람 모두에게 흥미로우면 좋겠다.

■ 이 책의 구성

이 책은 크게 기본적인 내용, 리더십에 관한 내용, 거성이 되는 것과 관련된 내용, 이렇게 세 부분으로 나누었다. "1부 기초"에서는 소프트웨어 분야에서 성공적인 경력을 쌓는데 필요한 기본 구성요소를 다루고 있으며, 좋은 소프트웨어 제품의 밑바탕, 주요 역량 및 프로그래밍 언어, 직장을 구하는 방법, 소프트웨어팀 내에서 효과적으로 일하는 방법, 각종 주의사항 등을 담았다. "2부 리더십"에서는 변화를 주도하는 방법, 심한 압박 하에서 제대로 일하는 방법 등을 다루고 있다. 리더는 한 번에 여러 일을 진행하면서 여러 부정적인 동력을 막아내면서 여러 안건을 동시에 주도해야만 한다. 조직을 운영하는 방법, 프로젝트 제안서를 만들고 발표하는 방법, 승진에 관한 내용, 시간 관리, 소프트웨어 프로젝트 지연을 피하는 방법, 일과 삶 사이의 균형, 고위직 수준의 관리와 리더십 통찰 등에 관한 내용을 담았다. "3부 거성"에서는 혁신과 관련된 내용을 다뤘다. 전문가로서 정점에 도달하는 방법 (소프트웨어 분야의 대가가 되는 법), 나만의 회사를 차리는 방법, 각종 금전적, 비금전적 보상에 대한 검토, 내가 직장생활을 시작할 때 알았더라면 좋았을 만한 내용 등을 담았다.

각 장 사이에는 이 분야의 업체 중역, 연구자, 업계 리더 등 다양한 인물을 대상으로 선정하여 인터뷰를 수록했다. 독자가 나보다 더 광범위한 시야를 가지는 데 도움이 될 수 있지 않을까 생각한다. 인터뷰 페이지는 찾아보기 쉽게 페이지 가장자리 위쪽을 색으로 채우고, 그 밑에 인터뷰 대상자 이름을 적어두었다. 인터뷰는 될 수 있으면 관련된 장 근처에 배치했다(예를 들어 스타트업으로 성공한 세일즈포스닷컴의 CEO이자 창립자인 마크 베니오프와 VMware 공동 창립자이자 CEO였던 다이앤 그린의 인터뷰는 소프트웨어 스타트업 관련 장 근처에 배치했다). 특정 장의 내용과 밀접하게 연관시키기 어려운 인터뷰도 있는데, 이런 인터뷰는 전후 장의 내용과 연결이 매끄럽지 않을 수도 있다. 1부에 수록된 인터뷰가 3부에 수록된 인터뷰보다 중요하지 않다거나 한 것은 전혀 아니다. 이 책에 수록된 인터뷰 대상자는 모두 자기 전문 분야에서 최고의 자리에 오른 사람이라고 할 수 있다. 처음부터 최고의 위치에 있기 때문에 그 사람들을 인터뷰한 것이었으니 말이다.

샘 라이트스톤

샘 라이트스톤

MakingItBigCareers.com을 만들었으며, IBM 소프트웨어 그룹의 수석 연구원 및 프로그램 디렉터로 일하면서 세계 최대의 소프트웨어 엔지니어링팀 가운데 하나에서 제품 전략과 R&D와 관련된 일을 하고 있다. 샘은 대중 강연 및 저술 활동, 발명 활동으로도 유명하며 여전히 업무 시간의 상당 부분을 소프트웨어 엔지니어를 선발하고 지도하는 데 할애하고 있다. 수십 군데의 포춘 500대 기업, 기술 전시회 및 학회, 유수 대학 등에서 경력 개발, 기술 트렌드, 신규 연구 필요 분야 등을 주제로 강연을 해 왔다. eWeek, InformationWeek, InfoWorld, MIT Technology Review에서도 다수 인용되었다. 소규모의 응용 연구팀에서 각지에 걸친 200명이 넘는 직원이 참여하는 대규모 프로젝트에 이르기까지 다양한 프로젝트를 관리해 왔다.

자가 관리 데이터베이스 시스템에 관한 IEEE 데이터 엔지니어링 워크그룹의 설립자이며 자율 자동 컴퓨팅 시스템에 관한 IEEE 컴퓨터 소사이어티 기술위원회의 국제 자문위원단으로도 활동하고 있다. 30개가 넘는 특허의 발명인으로 등재되어 있으며, 몇 권의 책과 논문의 저자이기도 하다. 퀸즈 대학교 전기공학부에서 응용과학 학사 학위를 받았으며, 워털루 대학교에서 전산 및 소프트웨어 엔지니어링 석사 학위를 받았다. 플뢰레 종목으로 전국 대회에서 활약한 경험이 있는 펜싱 선수였으며, 여가 시간에는 가족과 시간을 보내거나 자전거, 기타 등을 취미로 하고 있다.

감사의 글

프렌티스 홀의 담당 편집자 캐서린 불에게 감사드립니다. 이 책에 대한 믿음을 가지고 제가 던진 수많은 질문을 잘 참아 주었습니다. 이 책의 조판, 흐름, 편집에 큰 도움을 준 켄달 룸스덴, 로리 라이언즈, 크리스타 핸싱을 비롯한 피어슨 에듀케이션 제작진에게도 감사드립니다. 이 책을 쓰는 데 큰 힘이 되어준 IBM 출판부의 수잔 비서에게도 감사드립니다. 지난 3년간 IBM 복도에서 지나칠 때마다 한 번도 빠짐 없이 이 책의 안부를 물어주었습니다. 출판 과정에 대해 상세하게 알려주고 이 책의 초기 제안서에 도움이 되는 아이디어를 제공해 준 워터사이드 프로덕션의 캐롤 젤렌 맥클렌든에게도 감사드립니다. 파인트리 컨설팅의 랜달 크레이그도 초기 제안서에 중요한 조언을 해 주었습니다. 소프트웨어 스타트업과 인수합병에 중요한 통찰을 제공해 준 라이온스 피크 캐피탈 주식회사의 스캇 우드로우 본부장, IBM 사업개발그룹의 안토니 시콘, IBM 글로벌 테크놀로지 사업부의 사업 개발 담당 임원인 앨런 프리드먼에게 감사드립니다. 소프트웨어 개발 절차에 대해 비판적인 통찰을 제공해 준 IBM의 로버트 베그와 Dr. Dobb's의 스캇 앰블러에게도 감사드립니다. 제안서와 원고를 검토해 준 구글의 조 헬러스타인 박사와 퀸즈 대학의 팻 마틴 박사, Conveycentric Limited의 CTO 대니 사디노프, 구글의 라세크 리파아트에게도 감사드립니다. 여러분의 도움 덕에 이 책이 훨씬 나아졌습니다.

이 책에는 이 업계의 위대한 선구자들의 생각과 아이디어가 담겨 있습니다. 명석함과 카리스마를 두루 갖춘 여러 선구자가 개인의 경험과 생각을 우리와 함께 나눴다는 것이 저자인 저와 독자 여러분 모두에게 큰 도움이 되리라 생각합니다. 인터뷰에 응해 주신 마크 베니오프, 존 벤틀리, 그래디 부치, 제임스 고슬링, 다이앤 그린, 제임스 해밀턴, 로버트 칸, 앨런 케이, 톰 멀로이, 마리사 메이어, 피터 노빅, 마크 루시노비치, 존 슈왈츠, 리차드 스톨만, 비야네 스트롭스트룹, 레이 톰린슨, 리누스 토르발스, 데이비드 바스케비치, 스티브 워즈니악에게 감사드립니다.

다년간 통찰력을 보여주고 개인적으로 지도해 주신 저의 멘토들에게도 감사를 전합니다. 그분들의 아이디어가 이 책 전반에 배어 있습니다. IBM의 베니 쉬퍼, 맷 휴라스, 살 벨라, 존 맥퍼슨, 팻 셀린저에게 감사드립니다.

그 누구보다도 제 아내와 아이들에게 감사의 마음을 전하고 싶습니다. 처음에는 이 책이 얼마나 시간을 잡아먹을지 상상도 하지 못했습니다. 존 벤틀리가 인터뷰에서 "코딩하는 건 재미있다. 하지만 글을 쓰는 일은 정말 힘든 노동이다."라고 했던 얘기를 인용하고 싶습니다. 이 프로젝트를 돌이켜 보면서 우리 가족이 준 도움을 생각하면 우리 식구들 이름을 책 표지에 집어넣어도 부족함이 없다고 할 수 있을 것 같습니다. 우리 가족의 사랑과 지원, 인내심에 감사드립니다. 가족과 함께 보낼 시간을 이 책의 집필에 쓸 수 있게 해 준 가족에게 감사드립니다.

■ 편집후기

이 책의 원제는 Making it big in software, 바로 옮기면 '소프트웨어로 성공하기'입니다. 왜 성공하고 싶을까? 행복하게 살고 싶어서가 아닐까? 그렇다면 '행복을 프로그램하다'라는 제목은 어떨까? 그래서 처음 이 책을 기획할 때는 '행복을 프로그램하다'를 가제로 생각했습니다. 그러나 취업에서 전문가로 성장하는 경력 관리, 커뮤니케이션, 인사평가, 제안서 작성, 시간 관리, 일정 관리, 프로젝트 관리, 리더십, 스타트업 창업까지 이어지는 전 과정을 보고 있노라면 다른 제목이어야 했습니다. 수십 개의 제목을 생각한 끝에 '프로그래머로 사는 법'이 떠올랐고, 이 책에 딱 어울린다고 생각했습니다. 제목은 그렇게 결정했습니다.

이 책은 프로그래머를 위한 자기계발서입니다. 우리는 왜 자기계발서를 읽을까요? 이 책들이 정답을 말해주지는 않습니다. 정답을 찾으려고 하지만, 책에는 당연한 얘기만 적혀있을 뿐이어서 읽고 나면 대체 왜 이걸 읽을까 하는 게 솔직한 감상입니다. 그러다 최근에야 이 질문에 대한 답을 찾았습니다. 학교가 잘 닦여진 고속도로라면 사회는 장애물이 많은 비포장 도로와 같습니다. 학교에서 걷던 길은 가로등도 있고, 일직선으로 곧은 길이라면 사회에서 걷는 길은 앞도 안 보이고, 곧은 길인지 굽은 길인지도 구분이 안 됩니다. 가로등은커녕 불빛 하나도 없는 암흑 속에서는 여기가 앞인지 확신할 수도 없기 때문에 한 발짝도 나아가기가 어렵습니다.

어둠 속에 아주 작은 희미한 불빛이 하나라도 있다면 우리는 그 빛에 의지해서 앞으로 나아갈 수 있습니다. 이게 우리가 자기계발서를 읽는 이유가 아닌가 싶습니다. 『아프니까 청춘이다』가 청춘에게 어떻게 살라고 알려주지는 않지만, 그렇게 열광적인 호응을 얻는 이유는 자신만의 희미한 빛만이라도 찾고 싶어서가 아닐까요? 마찬가지로 프로그래머 여러분도 이 책을 통해 자신만의 빛을 찾기를 바랍니다.

여러 가지 사정으로 번역에 2년이나 걸렸는데 초인적인 인내심이라 칭찬해준 옮긴이에게도 고마움을 전합니다(그래도 전 당신과 함께 작업할 거에요!).

2011년 출판 통계를 보면 1년에 1권이라도 책을 내는 출판사가 2,615개. 6~10종을 발행한 출판사가 446개사(17.1%), 11~20종을 발행한 출판사는 365개사(14.0%)로 2,615개 출판사 중 81.4%가 연간 20종 이하의 도서를 발행합니다. 꾸준히 책을 내며 생존하는 출판사는 900곳이 안 된다는 의미입니다. 1999년 4,600여 곳이던 서점은 현재 1,700여 곳으로 줄었습니다. 이러한 환경에서도 지식정보 생태계를 책임지는 출판계는 고군분투 중입니다. 마찬가지로 고군분투하는 프로그래머 여러분도 파이팅!

■ 부록에 대하여

프로그래머로 취업하기부터 시작해서 전문가로 커리어를 어떻게 쌓을 것인가를 다룬 책이 지만, 번역서이므로 국내 사례가 실리지 않습니다. 우리 주변의 프로그래머는 어떻게 살고 있을까? 그런 내용을 담고 싶어서 다양한 분들에게 원고를 청탁했습니다. 이 책의 저자처 럼 인터뷰를 직접 하는 것이 가장 좋겠지만, 인터뷰이에 대해 조사하고 그의 깊은 내면을 끄집어내는 것은 인터뷰어의 고유한 영역이고, 글 솜씨도 좋지 않은 제가 감히 인터뷰어를 자청하기엔 능력이 부족함을 스스로 잘 알고 있습니다. 그래서 프로그래머로 지금까지 살 아왔던 이야기부터 시작해서 경험담, 공부법, 그때 알았다면 이런 실수는 하지 않았을 텐 데 하는 조언 등을 부탁해서 여기에 담았습니다.

지면의 한계, 그리고 프로그래밍의 영역이 넓기에 모든 것을 담기는 어려우나 가능하면 다 양한 분야를 담으려 노력했습니다. 저 자신도 기획의 말을 쓰는 게 어려웠습니다. 벌써 8 번째 다시 쓰고 있지만, 출간 일정이 다가오고 있어 여기서 그만두기로 했습니다. 출판사 에서 편집자로 글밥을 먹는 사람도 이 모양인데, 원고 청탁을 받고 기고문을 써야 했던 이 분들은 얼마나 괴로웠을까 생각하니 고마운 마음뿐입니다.

원고를 쓰는 기간 내내 밤을 지새우며, 어떻게 글을 써야 하나, 내가 이런 글을 써도 될까 부끄러워하면서 밤늦은 시간이나 주말에도 전화와 이메일을 보내며 꺼내기 힘든 이야기를 꺼내주신 점, 깊이 감사드립니다.

부록의 기고문을 읽다 보면 다소 거칠다고 느낄 수도 있고, 경어체와 평어체가 섞여 있어 서 일관되지 않다고 느낄 수도 있겠지만, 기고자 개개인의 느낌을 그대로 살리고자 편집은 최소한으로 했음을 밝힙니다. 글에 부족함이 있다면 기고자가 아닌 저에게 부족함이 있었 음을 알려 드리고 싶습니다.

2012. 9. 10 한동훈

■ 차례

PART 1 기초

CHAPTER 1   크게 성공하기 _24

CHAPTER 2   좋은 소프트웨어란? _33

CHAPTER 3   학교 대 직장 _56

PART 1
기초

CHAPTER 1
크게 성공하기

"내가 성공했기 때문에 이렇게 된 건 아니다. 난 원래 참을성이 없었다."

– 프란 레보비츠(1950–)

소프트웨어는 전문직 커리어 면에서 볼 때 매우 놀라운 분야다. 소프트웨어 분야만큼 긍정적인 잠재력을 가지고 재미있게 일하면서 세상을 바꿀 수 있는 분야는 거의 없다. 어쩌면 자기 삶은 좀 망가질지도 모른다. 소프트웨어 덕분에 복잡한 기술을 제대로 쓸 수 있게 되고, 예전에 일일이 수동으로 조작하던 제어 시스템이나 공정을 자동으로 제어하게 되었다. 우리는 이 세상을 더 좁힐 수 있었고, 사람과 사회 사이의 상호이해를 증대시키고, 멀리 떨어져 있는 가족과 친구들을 연결해주었다. 사업가나 연구원은 비즈니스 전략에 대한 정보, 역사적 기록, 데이터 분석, 수학적인 최적화 등에 대한 정보를 더욱 빠르고 정확하게 손에 넣을 수 있게 되었다. 전 세계에서 매일 거의 15페타바이트에 달하는 디지털 정보가 만들어지고, 2011년이면 20억 명의 인구가 인터넷에 연결될 것으로 추산된다.* 휴대 전화에서 냉장고에 이르기까지 전기로 돌아가는 것은 거의 모두 소프트웨어가 포함된다. 나는 이것을 수요라고 부른다. 그러한 모든 수요가 소프트웨어 전문가에게는 기회의 땅을 뜻한다. 그러한 잠재적인 가능성을 생각하면 영향력, 리더십, 혁신, 자유, 금전적 수입, 그리고 재미 면에서 자신의 커리어에 내재된 잠재력을 최대한 살려내려면 어떻게 해야 할지 알아볼 필요가 있다.

『프로그래머로 사는 법』은 커리어에서의 성공과 전문가로서의 영향력을 극대화하는 것에 대한 책이다. 직장을 구하는 것부터 리더, 혁신가가 되는 데 필요한 스킬을 연마하는 데 이르기까지, 이 책은 독자가 전문가로서의 잠재력을 이끌어내는 데 필요한 스

----

* **저자주_** 스티브 밀즈, IBM 소프트웨어 그룹 전무, IBM Analyst Connect Symposium 키노트 연설 중. 2009년 11월, 코네티컷주 스탬포드

킬, 행동양식, 자질을 배울 수 있는 책이다. 장과 장 사이에는 소프트웨어 산업계에서 전문가로 인정받는 이들과의 인터뷰를 수록했다. 소프트웨어 업계의 고위 임원, 이노베이터, 연구원과의 인터뷰를 통해 소프트웨어 전문가로 살아가는 것과 소프트웨어 분야의 비즈니스에 대해 신선한 통찰을 얻을 수 있을 것이다. 이들과 인터뷰하는 특별한 경험을 거치면서 시간 관리에서부터 석박사 학위의 가치에 이르기까지 다양한 주제에서 여러 인사의 공통점과 차이점이 흥미롭게 느껴졌다. 가장 큰 공통점 가운데 하나는 모든 리더와 이노베이터가 자신이 하는 일을 사랑한다는 점이었다. 그건 원인이면서 동시에 결과였다. 자신이 하는 일을 사랑하는 것은 성공을 위한 자양분 중 가장 필요한 것이기도 하지만 일단 성공하고 나면 자신이 사랑하는 일에 더 많은 시간을 쏟을 수 있기 때문이다.

■ 소프트웨어 분야의 거성들은 무슨 일을 할까?

성공은 사람마다 다른 의미로 다가온다. 많은 사람에게 성공의 가장 첫 번째, 그리고 가장 중요한 의미는 바로 금전적 보상일 것이다. 자신이 하는 일에서 더 많은 돈을 벌수록 더 "성공적인" 사람이다. "그 사람 정말 성공했어. 그 로펌 파트너잖아.", "그 사람 정말 훌륭한 사업가지. 그 회사 이제 세계적인 대기업이잖아.", "그 사람 꽤 성공한 외과의사래. 일 년에 6개월만 일하면 나머지 기간은 세계 여행을 하면서 살 수 있을 만큼 번다던데?", 이렇게 말이다. 우리는 모두 성공을 그런 식으로 생각하는 데 익숙해져 있다. 분명 금전적 보상은 대부분의 사람이 커리어에서의 성공을 평가하는 매우 중요한 잣대 가운데 하나다. 그리고 어떤 이들에게는 가장 중요한 척도일 수도 있다. 하지만 그것만이 성공의 잣대라고 얘기한다면 안목이 좁은 것이다. 성공은 금전적인 대가 외에도 다른 여러 요인으로 평가할 수 있으며, 각각의 상대적인 가치는 사람마다 다르다. 금전적인 면 외에, 이 책에 실린 인터뷰 및 수십 년간 주요 소프트웨어 업체에서 업계를 이끌어간 리더들로부터 모은 성공의 기준으로는 다음과 같은 것이 있다.

- ■ 재미있고 흥미로운 일
- ■ 회사와 업계에 끼친 영향력
- ■ 사회의 발전
- ■ 하고 싶을 때 하고 싶은 일을 할 자유

- 명성
- 여행

소프트웨어 분야에서 성공적인 사람은 이 목록에 있는 내용 모두, 또는 일부를 가지고 정의할 수 있으며, 금전적인 보상은 그 결과로 따라올 뿐이다. 예를 들어 이 책에서 인터뷰한 소프트웨어 분야의 거성들은 대부분 자신의 성공을 업계에 대한 기여와 사회에 끼친 영향력으로 정의하지, 은행 잔고로 정의하지 않는다. 그럼에도 그들 중에는 상당한 부자가 많다. 소프트웨어 업계에서 기가 막히게 부자가 된 사람은 그리 많지 않지만, 놀랍게도 그리고 희망적이게도 세계 최고 부자들의 목록을 보면 마이크로소프트 창립자인 빌 게이츠, 구글 창립자인 세르게이 브린과 래리 페이지, 오라클 창립자인 래리 엘리슨, 페이스북 창립자인 마크 주커버그를 비롯한 소프트웨어 전문가들이 꽤 많이 눈에 띈다. 마이크로소프트의 성공과 함께 1980년대와 1990년대에 직원 스톡 옵션 프로그램을 통해 많은 백만장자가 탄생했고, 비슷한 시기에 다른 여러 소프트웨어 업체에서도 유사한 사례가 있었다. 사실 부자가 되는 게 목표라고 해도 괜찮은 분야일 만큼 소프트웨어 분야를 커리어로 잡아서 부자가 된 선례가 많다. 소프트웨어 분야의 백만장자 중에는 그냥 자기 일을 한 소프트웨어 개발자, 훌륭한 코드를 만들고 올바른 시기에 "돈을 뽑아낸" 사람들이 많다. 기술 분야의 전문가 또는 위대한 성공을 이끈 경력의 경영인으로 명성을 날리고 나면 회사와 업계의 영향력은 자연스럽게 따라온다. 일단 그것을 달성하고 나면 자신의 의견이 바로 새 기술에 대한 전략적인 투자의 방향을 제시하고, 표준을 승인하고, 산업계의 연구를 증진하는, 촉진제 같은 역할을 하게 된다. 즉 자기 회사 내에서만이 아니라 전 세계적으로 기술이 진화하는 데 있어서 중요한 영향력을 갖게 되는 것이다.

기술이 사양 단계에 있고, 긍정적인 효과보다는 부정적인 효과가 많다고 여기는 사람도 많지만, 기술은 분명 사회 발전에 도움을 준다. 설령 안 좋은 영향이 있다고 하더라도 기술의 목적은 사람의 업무와 수고를 덜어주고 자유를 가져오고 우주에 대한 탐구와 이해를 발전시켜주는 것 같이 사회의 발전에 기여하는 것이다. 소프트웨어 분야의 비즈니스 전략 전문가, 기술 전문가인 거성들은 기술에 대한 영향력이 큰 사람들이다. 물론 아이를 제대로 키우려면 제대로 된 마을이 있어야 하는 것처럼 좋은 소프트웨어를 시장에 내놓기 위해서는 똑똑한 투자자와 유능한 관리자, 영업 사원 같은 다양한 분야의 전문가와 훌륭한 영업 채널, 그리고 엄청난 행운 같은 게 필요하긴 하다. 하지만 기술을 만들어가는 것 자체에 대해서는 실제 그 기술을 만들어내는 사람만큼 영향력이 큰 사람이 없다. 이 정도까지 읽은 벤처 캐피털리스트라면 아마 얼굴이 뻘게지고 머리에서 김이 나오려고 할지도 모른다. 영업부에서 일하는 사람이라면 주먹을 불끈 쥘지도 모르고 프로젝트 관리자라면 눈을 부릅뜰지도 모르겠다. 하지만 그래도 할 말은 하겠다. 물론 그분들이 없었다면 대부분 프로젝트가 제대로 이륙하지 못했을 것이다. 그분들 덕분에 일이 가능한 건 맞지만, 기술의 윤곽을 그리고 기술을 정의하고 엔지니어링팀의 창조적인 표현의 틀을 마련해주는 일을 하는 건 기술, 경영 면에서의 선지자들이다.

■ 행복을 좇아라

소프트웨어는 일하러 와서 꿈을 꾸고 퍼즐을 풀고 웹 서핑을 하면서도 월급을 받을 수 있는 몇 안 되는 전문직 가운데 하나다. 새로 배운 프로그래밍 언어로 "Hello World" 프로그램을 짜든, 회사 데이터 센터에 새로 도입된 클라우드 컴퓨팅 인프라의 막판 작업을 마무리하든, 모든 프로그래머는 자신이 만든 소프트웨어가 처음 돌아가면서 기술이 삶으로 튀어들어 오는 것을 지켜보며 상당한 희열을 느낀다. 소프트웨어는 재미있다. 그리고 소프트웨어 분야에 재미를 느끼는 것은 성공적인 커리어에 있어서 중요한 촉매제 역할을 한다. 이 책을 쓰기 위해 인터뷰를 하면서 이런 주제가 자꾸 등장하는 것에 꽤 큰 충격을 받았다. 인터뷰에 응한 거의 모든 인사는 일 자체에 흥미를 느끼는 것의 중요성을 언급했다. 모든 거장이 동의한 것을 하나만 꼽으라면 "일에 대한 재미"를 들 수 있다. 실제 인터뷰 내용을 보면서 얼마나 비슷한 얘기를 하는지 확인해 보자.

> "어떤 분야를 새로 시작하는 거라면 자신이 진정으로 사랑하는 일, 즐겁게 할 수 있는 일, 그래서 내 돈을 내고서라도 하고 싶을 만한 일을 찾아보세요. 저는 행복해지기 위해 성공해야 하는 게 아니고, 성공하기 위해 행복해야 한다고 생각합니다."
> – 데이비드 바스케비치, 마이크로소프트 CTO

"직장에서 자신이 하는 일을 좋아하는 것은 물론, 함께 일하는 직장 동료가 마음에 들어야 합니다. 오랫동안 함께 일할 사람들이니까요."

– 비야네 스트롭스트룹, C++ 창시자

"하고 싶은 일과 직장에서 하는 일이 비슷할수록 더 좋습니다."

– 스티브 워즈니악, 애플 컴퓨터 창시자

"한 가지 조언을 하자면, 자기 재능을 제대로 발휘할 수 있겠다는 느낌이 드는 환경에서 일하세요. 자기가 그렇게 일하고 있다는 점에 고마운 느낌이 들 정도는 돼야죠."

– 다이앤 그린, VMware 공동 설립자 및 전 CEO

"저는 제가 하고 있는 일을 즐길 때 더 일을 잘합니다. 자기가 하는 모든 일에서 '1인자'가 되기를 원하는 사람이 있다면, 그건 수십 년간 열심히 해도 쉽지 않다는 얘기를 하고 싶습니다. 수십 년간 열심히 일할 수 있으려면, 일을 그만두고 싶은 생각이 들지 않을 만큼 그 일을 즐겨야 하겠죠."

– 리누스 토르발스, GNU/Linux 창시자

"… 정말 좋아하는 직장을 구할 수 있다면 더 나을 겁니다. 더 생산적이 될 수 있고 더 행복해질 겁니다. 돌아가고 있는 일 전반에 걸쳐서 더 큰 만족감을 느낄 수 있을 거예요."

– 레이 톰린슨, 이메일 창시자

"행복을 찾으세요."

– 존 벤틀리, 『생각하는 프로그래밍 Programming Pearls 』 저자

"저는 일을 진정으로 즐깁니다. 그렇다 보니 일과 재미를 구분 짓는 게 어려울 정도예요."

– 마리사 메이어, 구글 부사장*

"제 커리어는 재미로 가득해요. 그게 정말 대단한 부분이라고 생각합니다. 저는 일을 일이라고 생각하지 않습니다. 컴퓨터는 언제나 제 취미였죠. 직장에 가서 취미를 즐기면서도 월급을 받는다는 건 정말 대단한 일입니다."

– 마크 루시노비치, 마이크로소프트 기술 펠로우

"정말 중요한 점은 그들이 성장하며 회사에 기여하고 그들이 하는 일을 즐기도록 하는 것입니다."

– 존 슈왈츠, Business Objects CEO

----

* **역자주_** 2012년 7월 16일 야후! CEO로 취임했다.

"제가 드리고 싶은 가장 중요한 조언은 바로 재미있는 일을 하라는 것입니다."
– 제임스 고슬링, 자바 창시자, 썬 부사장 및 펠로우

"… 자신의 열정을 따라가세요. 무엇보다도 그 과정에서 재미를 찾도록 하세요."
– 그래디 부치, IBM 펠로우

"커리어는 단거리 경주가 아니라 마라톤입니다. 몇 년, 몇십 년에 걸쳐서 보람 있게 일
하려면 자신이 좋아하는 일을 해야 합니다. 커리어상의 중요한 결정을 내릴 때는 자신
의 이성은 물론 감성에도 귀를 기울여야 합니다. 이성은 전통적인 관점에서 성공하는
방법을 가르쳐줍니다. 감성은 자신에게 만족감을 주는 것, 자신이 재미있다고 느끼는
것을 알려줍니다. 간단한 평가 방법은 이렇습니다. 일할 때 시간이 얼마나 빨리 가는
지 생각해 보세요. 하는 일에 푹 빠져들 수 있다면, 즉 시간이 빠르게 간다면, 매우 긍
정적인 신호로 볼 수 있습니다."
– 톰 멀로이, 어도비 시스템즈 최고 소프트웨어 아키텍트

자기 일에서 재미를 느끼는 것은 어떤 전문 분야에서든 성공적인 커리어에 있어서 결
정적인 역할을 한다. 그리고 우리처럼 소프트웨어 분야에 있는 사람들은 운 좋게도 자
신이 재미있다고 느낄 만한 일을 하기에 좋은 분야에 몸담고 있다. 재미를 느낄 때는
더 큰 열정과 더 큰 에너지를 쏟으며 일할 수 있고, 더 많은 일을 해낼 수 있다. 일에
서 느끼는 열정과 환희가 있다면 전문가로서의 삶에서 자연스럽게 생길 수 있는 좌절
감도 별일 아니라는 듯 지나가 버리고 만다. 그래디 부치가 인터뷰에서 했던 말을 인
용하면 이렇다. "소프트웨어 업계만큼 인류와 문명이 서로 연결되는 방법 면에서 산업
전반에 걸쳐 지대한 영향을 끼친 분야가 또 있을까 싶다."

■ 뭘 망설이는가?

하지만 오랜 근무 시간, 상당한 스트레스, 높지 않은 성공 가능성 등을 고려하면 정말
크게 성공하기 위해 노력할 만한 가치가 있는가 하는 질문을 하지 않을 수 없다. 나는
그런 질문에 대해 분명히 그럴 만한 가치가 있다고 대답하겠다. 우선 가장 설득력 있
는 이유로는, 대부분은 먹고살려면 어찌 됐든 회사에 출근해서 미친 듯이 일해야 한다
는 점을 들 수 있다. 딱히 대안이 없다. 그저 그런 프로그래머로 살아가는 것과 소프트
웨어 분야에서 크게 성공하는 것 사이의 차이점이 시간과 에너지의 점진적, 전략적 투

자라고 한다면 자신과 자신의 가족을 위해서 그 정도는 투자해 볼 만 하다. 장기적으로 볼 때 더 만족스러운 커리어, 사내 및 업계 내에서의 더 큰 영향력, 더 재미있는 일, 더 높은 보수같이 분명한 이득을 기대할 수 있기 때문이다. 그렇다고 "쓸데없는" 일이 더 적어지는 건 아니지만, 적어도 "투덜거리면서 어쩔 수 없이 하는" 일이 아닌 전략적인 업무로 볼 수 있다. 그런 모든 노력을 쏟아부은 후에 얼마나 더 많은 돈을 벌 수 있을까? PayScale.com과 미국 노동통계국 데이터에 의하면 2007년 미국에서 소프트웨어 엔지니어의 최저수준 연봉은 평균 4,300만 원이었지만 시니어 아키텍트급의 연봉은 평균 2억 4천만 원 선으로, 무려 5.55배나 차이가 났다. 게다가 고위직에 더 많이 돌아가게 마련인 보너스, 우선주 혜택, 스톡 옵션 등에서 얻을 수 있는 이득까지 더하면, 업무성과 스펙트럼의 양 극단 사이의 금전적 보상 차이는 더욱 극명해진다.

그뿐이 아니다. 크게 성공할수록 자신이 하고 싶은 일을 할 수 있는 자유를 얻을 수 있다. 물론 얼마나 성공하는지에 따라 얻을 수 있는 자유도 달라진다. 기술 계층에서 위로 올라갈수록 자기가 할 일을 더 자유롭게 선택할 수 있다. 대표적인 예로 지금은 고인이 된 전산학자인 짐 그레이를 들 수 있다. 그는 데이터베이스 시스템의 창시자 중 하나였고, 확장성 컴퓨팅의 리더였는데 2007년 어느 맑고 화창한 날 요트 사고로 실종됐다. 그레이를 채용하기 전까지 마이크로소프트는 워싱턴주 레드먼드에 있는 본사 외부에는 절대로 연구소를 설립할 생각이 없었다. 하지만 그레이는 레드먼드로 이사할 생각이 없었다. 결국, 1995년 마이크로소프트는 그레이가 사는 곳 근처에 마이크로소프트 베이 지역 연구소BARC, Bay Area Research Center를 신설했다. 혹자는 마이크로소프트가 결국 베이 지역의 방대한 소프트웨어 인력 풀과 패기를 받아들이기로 했다고 믿을지 모르겠지만, 사실 그레이를 마이크로소프트로 끌어오겠다는 굳은 의지가 BARC를 설립한 가장 큰 원동력 가운데 하나였다. 마이크로소프트 연구소의 릭 라시드 전무는 이렇게 얘기했다. "만약 짐이 몬테카를로에 연구소를 만들어달라고 했다면 우리는 몬테카를로에라도 연구소를 설립했을 것이다." 이 정도면 자기가 하고 싶은 일을 할 자유를 뛰어넘어 자기가 일하고 싶은 데서 일할 자유까지도 얻는 수준이다. 어떻게 이런 일이 일어났을까? 바로 그의 창의성, 통찰력, 그리고 업계 내에서의 영향력이 만들어낸 가치가 그런 자유를 가져다줬기 때문이다.

기술 분야에서의 대가들은 평범한 사람들에 비해 단위 시간당 더 많은 "깨달음의 순간"을 경험할 수 있다. 그들은 리더이자 연결하는 사람이다. 그들은 새로운 아이디어에 대한 카리스마 넘치는 영감의 원천이고 새로운 기술 주도권을 선점하는 데 필요한 공감대를 이끌어낸다. 그들은 미래의 기술을 창조하고 기술지형을 만들어내는 아이디어를 갖고 있다. 그래서 그렇게 많은 회사에서 그들을 그리도 소중하게 모시는 것이다. 더 가치 있는 사람이 될수록 자기 운명에 대한 선택의 여지가 더 많아진다. 회사, 동료, 동종 업계 종사자들이 당신이 행복해질 수 있도록, 그래서 당신이 잘하는 일에 더 전념할 수 있도록, 당신을 위해 더 많은 일을 해 주고 당신에게 더 많은 자유를 줄 것이다. 앞에서 자기가 하고 싶은 만큼 일할 자유가 아니라 "자기가 하고 싶은 일을 할 수 있는 자유"를 얻을 수 있다는 점에 주의하자. 소프트웨어 업계에서 성공한 인물들은 대체로 일을 많이 한다. 소프트웨어 업계에서 명성과 부를 얻기 위해서는 그런 운명에서 벗어나기 어렵다. 본인이 이 정도면 충분히 많이 올라갔다, 이만하면 됐다, 이 정도면 많은 것을 얻었다는 결론을 내리고 안정기 혹은 정체기에 접어들어도 되겠다는 생각을 하기 전까지는 말이다.

크게 성공한 사람들에게는 명성도 뒤따른다. eWeek나 TechWorld 같은 잡지사에서 신기술에 대한 최신 정보를 입수하고 싶을 때는 으레 해당 기술의 전문가를 찾기 마련이다. 소프트웨어 분야에서 크게 성공한 이들은 책을 쓰고 논문을 내고 강연을 하고 세상에 기술을 소개하는 칼럼을 위한 인터뷰를 한다. 업계에서 크게 성공한 사람들만 명성을 얻을 수 있는 건 아니지만 대체로 명성이 뒤따르는 건 분명하다.

마지막으로 크게 성공한 이들이 더 의미 있고 성취감을 느낄 만한 직업을 얻는다는 점을 분명히 하고 싶다. 어떤 일이 더 만족스럽다 함은 그 일을 하는 데 더 열정적이 될 수 있음을 뜻한다. 열정적이라 함은 더 열심히 하게 되고 더 깊숙이 고취된다는 것을 뜻한다. 결과적으로 더 성공할 뿐 아니라 그 과정을 더 즐길 수 있게 된다. 왜 그럴까?

- 성공한 이들은 자신이 하는 일을 자기 마음대로 할 수 있기 때문에 자기가 즐길 수 있는 방향으로 일을 이끌어갈 수 있다. 그 못지않게 중요한 것은 자기가 즐기는 일을 할 때는 자기 열정도 다른 이들에게 퍼지게 되는데, 이는 일종의 리더십으로 작용하게 된다.
- 성공한 이들은 투덜거리며 일하지 않는다. 윗사람들은 재미없고 중요한 기술이 필요하지 않은 일을 아랫사람들에게 위임하고 전략적인 아이템에만 집중할 수 있다. 물론 모든 걸 이

렇게 단순화시킬 순 없다. 사실 고위직에 오르면 기술 프로젝트를 취소한다든가 (오랫동안 함께 일한 동료를 비롯한) 직원들을 퇴직시키는 등의 결정에 관여해야 할 수도 있고, 기술 전략에 대해 고통스러운 논쟁을 벌이는 등의 일도 해야 한다. 이런 건 분명 재미나 즐거움과는 거리가 멀다. 고위직에서 해야 할 일 중에는 내 뒤통수를 친 사람, 아끼는 강아지를 걷어찬 사람, 오랫동안 모은 재산을 가로챈 사람, 내 집에 불을 지른 사람처럼 원수 같은 사람에게도 도저히 시키고 싶지 않을 정도로 비참한 기분을 느끼게 될 만한 것도 있다. 하지만 고위직에서 해야만 하는 끔찍한 일들은 그만큼 전략적으로 매우 중요하고 영향력이 큰 일들이다. 이런 어려운 일들을 수행하는 과정은 속이 뒤틀릴 정도로 어려울 수 있지만, 급진적이고 근본적인 파급 효과를 낳는 일에는 어느 정도의 성취감도 수반된다. 지옥 같은 것 맞다. 하지만 중요한 지옥이다. 이와는 반대로 하위직에서 하게 되는 끔찍한 일은 그냥 끔찍하기만 할 뿐 그에 따른 성취감조차 기대하기 어려운 것이 많다.

지금까지 얘기한 내용 전체를 한마디로 정리하자면 이렇다. 오랫동안 꾸준히 노력하지 않고서는 크게 성공할 수 없다. 장기적인 목표를 이루는 데 성공한다는 것은 오랫동안 열심히 일해야 한다는 것을 뜻하기 때문이다.

■ 생각보다는 어렵지 않다

앞으로 여러 장에 걸쳐서 큰 성공을 이루는 것이 많은 이들이 얘기하는 것처럼 완전히 불가능한 꿈 같은 일은 아니라는 점을 확인하게 될 것이다. 성공을 위해서는 어느 정도의 꾸준한 노력, 그리고 에너지와 재능을 의미 있게 쓰기 위한 전략적인 시간 관리가 필요하다. 소프트웨어 분야에서 성공을 거둔 사람이 대부분 보통 사람보다 더 오래 더 열심히 일하는 경향이 있는 건 사실이지만 최고가 되기 위해 일 중독자가 돼야 하는 건 아니다. 항상 그렇듯이 열심히 일하는 것보다는 똑똑하게 일하는 게 더 중요하다. 사실 성공한 사람은 대부분 오랫동안 열심히 일하긴 하지만, 성공적인 커리어는 얼마나 많이 일했나 보다는 무엇을 했는지에 의해 더 크게 좌우된다. 계속 읽다 보면 무슨 뜻인지 분명하게 알 수 있을 것이다.

"로스트 비프가 없으면 머스타드도 별로 쓸 데가 없다." - 치코 마르크스(1891-1961)

누구든 소프트웨어를 보면 그게 좋은지 나쁜지 알 수 있다고 생각한다. 그러나 업계에서 좋은 소프트웨어라고 생각하는 것과 실제 사용자가 생각하는 가치는 크게 다를 수 있다. 단순히 "훌륭한 기능을 갖추고 버그가 없는 소프트웨어"만으로는 충분하지 않다(물론 적어도 그 정도는 일단 만족시키는 게 좋다). 마이크로소프트는 일부 제품에 품질 문제가 있다는 평을 많이 받아왔음에도 1983년부터 지금까지 소프트웨어 업계를 이끌어왔다. 심지어 세상에서 제일 따분해 보이는 소프트웨어 중에서도 극한에 가까운 신뢰도를 갖췄다는 이유 덕분에 큰 사업적인 성공을 누리고 있는 것이 있다.

한 예로 꽤 높은 시장점유율을 자랑하는 IBM의 메인프레임 IMS 제품군을 들 수 있다. IMS는 새턴 5호 달 탐사선과 아폴로 우주 프로그램을 관리하기 위한 용도로 1966년에 처음 개발됐다. IMS 기술에 대단한 관심을 둘 만한 사람이 거의 없음에도, IMS 제품군은 40년이 넘게 지난 지금까지도 많이 쓰인다. 섹시하진 않겠지만, IMS는 확실히 검증된 신뢰성을 제공하며, 여전히 새 버전이 시장에 공급되고 있다.* 기능, 혁신, 사용 편의성, 신뢰성 등에 대한 요구수준은 대상에 따라 극적으로 달라질 수 있다. 우리의 직관과는 달리 좋은 소프트웨어 – 시장에서 잘 팔릴 만한 소프트웨어 – 의 조건은 상황에 의해 좌우된다. 소프트웨어를 만드는 게 쉬운 일이었다면 재능 있는 프로그래머, 소프트웨어 아키텍트, 제품 기획자들을 찾아내는 게 그리 어렵지도 않았을 것이다.

---

* **저자주_** 2009년 10월에 버전 11이 출시됐는데, 세계 각지의 금융기관에서 여전히 쓰이고 있고, 그 신뢰성을 인정받고 있다.

성공적인 커리어에 있어서 무엇이 좋은 소프트웨어인지에 대한 직관력이 중요한 무기가 될 수 있다. 좋은 소프트웨어를 이해한다면 어떤 프로젝트가 가치가 있을지 감지하고, 상태가 안 좋은 프로젝트에는 참여하지 않고, 괜찮은 프로젝트를 훌륭한 프로젝트로 가공해 냄으로써 큰 성공을 거둘 수 있다. 인터넷의 창시자 가운데 하나인 로버트 칸 박사는 일이 어떻게 진행되고 있는지를 감지하는 것의 중요성에 대해 다음과 같이 얘기했다.

> 올바른 시기에 올바른 장소에 있어야 합니다. 유명한 아이스하키 선수인 웨인 그레츠키는 아이스하키의 핵심은 어디에 있어야 할지를 아는 것이라고 했죠. 그건 아이스하키에만 적용되는 얘기가 아닙니다. 일이 어떻게 진행되고 있는지에 대한 느낌을 잡아낼 수 있어야 합니다. 아이스하키 퍽이 어디로 갈지 미리 알 수 있다면 제대로 슛을 할 수 있는 올바른 위치로 이동할 수 있는 것과 마찬가지죠.

■ 망쳐버린 소프트웨어 프로젝트와 무용담

엉망이 되고만 소프트웨어 프로젝트에 대한 무용담이라면 누구든 하나 정도는 있을 것이다. 커리어의 성공은 승자를 골라내고 창조해내는 능력에 좌우된다. 성공적인 소프트웨어 프로젝트에 참여해 자기 재능을 발휘하고 더 성공적인 프로젝트로 만들어내는 능력에 따라 커리어가 좌지우지된다는 뜻이다. 커리어는 어떻게 보면 성공의 총합으로 정의된다고 할 수 있다. 우리가 흔히 듣는 – 망쳐버린 소프트웨어 프로젝트에 대한 – 무용담은 항상 그 이야기를 전해주는 사람이 아닌, 다른 사람의 잘못 때문에 생긴 일에 관한 얘기에 불과하다. 그런 무용담은 대부분 다음과 같은 정석을 따른다.

1 "우리가 만든 소프트웨어는 정말 좋았는데, 시장이 아직 무르익지 않았어. 너무 시대를 앞서 갔다니까."
   진실: 소비자 요구를 제대로 파악하지 못했다.
2 "소프트웨어는 참 잘 만들었는데 영업, 판매가 잘 안 되더라고."
   진실: 아무도 그런 소프트웨어를 원하지 않았다.
3 "제품은 끝내줬는데 제대로 좀 해 보려는 마당에 윗선에서 잘라버렸지 뭐야."
   진실: 수익을 창출하기까지 너무 오래 걸렸다.

모두 실패한 제품 개발팀에서 흔하게 들을 수 있는 말이다. 엔지니어링팀은 제품이 시장에서 외면당하는 원인을 마케팅팀이나 영업부서 쪽으로 돌려서는 안 된다. 이 사실을 마음 깊이 새겨두고 노력하면 성급하게 제품 개발이 실패한 원인을 남 탓으로 돌리곤 하는 수많은 중간 관리자를 제치고 훨씬 더 큰 성공을 거둘 수 있다. 훌륭한 소프트웨어를 만든다는 것은 올바른 시기에 유용한 소프트웨어를 시장에 내놓는 것을 뜻한다. 소프트웨어의 유용성은 그 소프트웨어를 쓰지 않을 때보다 얼마나 더 빠르고 쉽게 어떤 일을 할 수 있게 해 주는가에 달려있다.

제임스 해밀턴은 아마존닷컴의 최고 엔지니어이자 클라우드 컴퓨팅 기술 담당 부사장이다. 그는 마이크로소프트와 IBM에서 수석 아키텍트로 일한 바 있다. 제임스에게 품질이 우수한 소프트웨어를 시장에 공급하는 것과 관련하여 질문했을 때 그는 곧바로 "좋은 소프트웨어는 결국 시장에서 잘 받아들여지는 소프트웨어로 정의된다"고 대답했다. 시장 반응만 좋다면 개발기간 지연을 비롯한 다른 어떤 결점도 문제가 되지 않는다.

> 나쁜 소프트웨어, 잘 안 팔리는 소프트웨어, 원래 해결하고자 했던 문제를 제대로 해결하지 못하는 소프트웨어는 매우 비쌉니다. 이런 나쁜 소프트웨어는 제때 출시돼도 비쌉니다. 하지만 수백만 카피씩 팔리는 훌륭한 소프트웨어는 조금 늦게 출시되더라도 그 비용이 별문제가 되지 않습니다. 예정보다 두 배 이상 시간이 오래 걸렸는데도 크게 성공한 예도 봤어요. 훌륭한 소프트웨어는 비용이 많이 들고 스케줄이 늦어져도 수익을 낼 수 있습니다. 하지만 나쁜 소프트웨어로는 절대 수익을 낼 수 없죠.

프로젝트가 실패하는 비율은 어느 정도나 될까? 실제로 스탠디시 그룹^{Standish Group}에서 이와 관련된 데이터를 12년 넘게 수집하여 카오스 보고서^{CHAOS Report}라는 제목으로 내놨다. 그 보고서에서는 전 세계적으로 50,000개가 넘는 IT 프로젝트를 분석해 놓았다. 그 결과를 보면 실패 또는 절반의 성공 비율이 엄청나게 높다는 것을 알 수 있다 (스탠디시 그룹에서는 프로젝트를 완료하긴 했지만 늦게 완료했거나 핵심 기능을 제공하지 못한 것을 "절반의 성공"으로 분류했다). 그래도 그림 2-1의 연대별 데이터에 나와 있는 것처럼 1990년대 중반 이후로 성공률이 조금은 높아지는 경향이 보인다는 건 좋은 소식으로 볼 수 있겠다.

1994년에서 2006년으로 넘어가면서 프로젝트 성공률이 거의 두 배로 올라갔다. 그럼에도 2006년에 진행된 프로젝트의 약 35%만이 성공적으로 완료되었다.

그림 2-1 IT 프로젝트 성공률

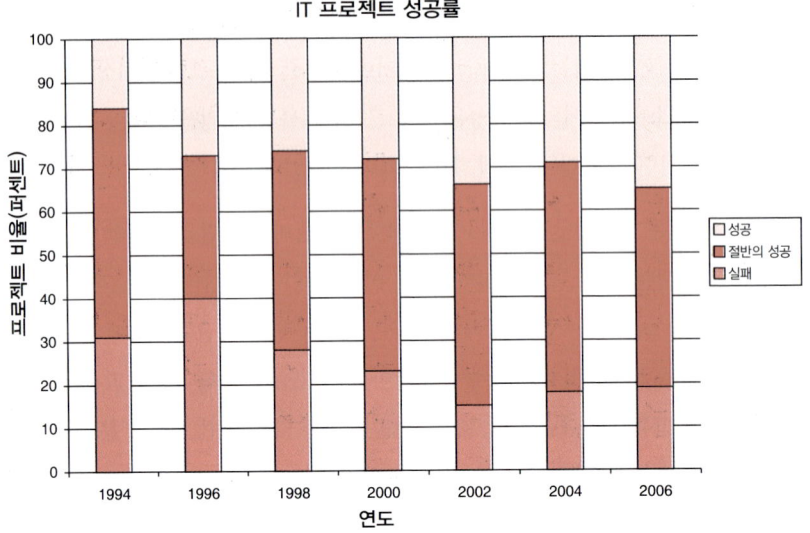

■ 우리가 하는 모든 일의 원동력, 시장

1990년은 연간 수익이 690억 불로, IBM 역사상 가장 실적이 좋은 해였다. 하지만 불과 3년밖에 지나지 않은 1993년에는 160억 불이라는 믿기 어려운 손실을 기록하며 IBM은 거대한 몸집을 유지하기가 어려운 상황을 맞이하게 됐다. 스텔러 바다소*나 아일랜드 큰사슴**, 페르시안 호랑이***와 같은 운명에 처해 있던 시기에 IBM은 침몰해 가는 회사를 살려내기 위해 존 에이커즈를 해임하고 루 거스너를 새 CEO로 영입했다. RJR 나비스코의 CEO였던 거스너는 세계 최대의 기술기업을 되살려내겠다는 원대한 목표에 도전하기 위해 IBM에 왔다. IBM은 심각한 재정적 어려움을 겪고 있긴 했지만, 여전히 매년 600억 불 정도를 빨아들이고 있었다. 거스너는 우선 IBM이 권좌에서 추락하게 된 근본적인 원인을 분석하는 일에 착수하여, 몇 가지 문제점을 찾아

----

* **역자주_** 북태평양 베링 해 영역에서 살았던 몸길이가 8미터, 체중이 6톤에 다다르는 거대한 바다소. 1768년 멸종했다.

** **역자주_** 수천 년 전에 멸종한 매우 큰 사슴으로, 지구에 존재했던 사슴 종류 가운데 가장 크다. 어깨높이가 2미터, 뿔의 좌우 폭이 3미터를 넘었다.

*** **역자주_** 이란, 이라크 지역에 살았던 호랑이로, 지구에 존재했던 호랑이 종류 중에 세 번째로 크다. 1970년 중앙아시아 지방에서 사살된 것을 끝으로 멸종했다.

냈다. 그렇게 찾아낸 주요 원인 중에는 IBM이 다른 회사들한테 무엇을 사야 할지 알려주는 데에만 익숙한 배타적인 회사였다는 문제, 그리고 뚜렷한 시장에서의 목표 없이 진보된 기술에 과도하게 투자하고 있다는 문제가 포함돼 있었다. IBM의 변화를 이끌어내기 위해 거스너는 회사의 모든 구성원이 따를 몇 가지 원칙을 세웠다.

그중 가장 신랄한 것이 바로 다음과 같은 첫 번째 원칙이다.

우리가 하는 모든 일의 원동력은 바로 시장이다

기존 고객이 요구하지 않는 이상 모험적인 성향이 강한 기술에 투자하지 않겠다는 뜻은 아니다. 이 첫 번째 원칙은, 하드웨어에서 소프트웨어, 그리고 서비스에 이르기까지 IBM에서 장차 하게 될 모든 일은 시장의 방향과 요구에 대한 이해에 기반을 두어야 한다는 의지를 표명하기 위한 것이었다. 즉, 시장이 IBM을 이끄는 것이지 IBM이 시장을 이끄는 것이 아니라는 것이다.

위대한 혁신, 반짝반짝 빛나는 신기술, 세상을 바꾸는 아이디어는 사람들이 그것을 활용하고 거기에서 가치를 찾을 수 있을 때만 진정 위대하다고 인정받을 수 있다. 마케팅이나 홍보를 통해서 그런 인식을 퍼뜨릴 수도 있지만, 도움을 주는 정도에 불과할 뿐 본질을 바꿀 수 있는 정도는 아니다. 제품의 가치를 인정하는 데 있어서 궁극적인 의사 결정자는 바로 소비자다. 심오하면서도 미묘할 수 있는데, 시대를 앞선 위대한 아이디어는 위대한 아이디어가 아니라 쓸모없는 아이디어라고 주장하고 있는 것이다. 마찬가지로 제대로 실현되기 어렵고, 활용도가 안 좋고, 신뢰도가 낮다면 위대한 아이디어도 망하게 마련이다. 제품 전략 기획 일을 하는 사람이든, 기능 테스트를 하는 사람이든, 소프트웨어 업계에서 일하는 사람이라면 모두 이 점을 이해해야 한다. 좋은 아이디어만으로는 충분하지 않다는 것을 이해하는 것은 에너지를 한군데로 모아서 성공적인 소프트웨어 연구 개발 사이클을 돌리는 데 있어서 가장 중요한 밑거름이 된다.

리더의 임무는 그러한 지식을 바탕으로 조직을 운영하면서 동시에 다른 사람들도 같은 이해를 내면화할 수 있도록 돕는 것이다. 문제를 제대로 인식하지 못하고 시장의 요구와 맞지 않는 나쁜 아이디어에 계속 투자하는 조직에 속해 있다면 어떻게 하면 경로를 적절하게 변경해 성공적인 제품을 만들어내는 촉매 역할을 할 수 있는지 설명하는 방식으로 조직을 이끌어갈 수 있다. 그렇게 하지 못하면 그 조직은 실패할 수밖에 없고, 실패한 조직에서 일하느니 다른 데서 커리어를 쌓아가는 게 낫다. 언제나 옳은 결정만 내리는 조직은 없고, 몇 번 실수는 오히려 약이 될 수도 있다. 하지만 계속해서 시장 현황과 방향에 맞추지 못한다는 것은 그 조직이 쇠망의 길을 걷고 있다는 것을 보여주는 지표라고 할 수 있다.

대규모 소프트웨어 개발 작업을 들여다보면, 훨씬 급하고 중요한 다른 기능은 미뤄둔 채로 최종 사용자에게는 아무 도움이 안 되는 소소한 기능을 구현하는 데 매달려 있는 사람이 있게 마련이다. 엔지니어링팀에서 일하다 보면 시장에서 가장 중요한 기능이 아니라 본인들이 보기에 흥미진진한 기능에 매달릴 수 있기 때문에 이런 일이 생기곤 한다. 아무리 쿨한 엔지니어링 프로젝트라도 쿨한 점만 가지고 사업적으로 성공할 수 있는 것은 아니다. 소프트웨어 개발자로서 반드시 받아들여야 할, 가장 어려우면서도 가장 중요한 개념은 바로 개발자의 고객은 개발자 자신이 아니라는 것이다. 자기 커리어를 위해서는 과학적인 면에서, 또는 첨단 기술 면에서 아무리 흥미롭더라도 이득이 쥐꼬리만큼밖에 안 되는 프로젝트나 기능에 매달리는 일은 피해야 한다. 조직적인, 그리고 전략적인 영향력을 가질 만한 지위로 올라가고 나면, 자기 팀이 수익률이 1%도 안 되는 일이라든가 극히 작은 시장에서만 괜찮은 이익을 낼 수 있는 일에는 시간과 자본을 소비하는 일이 없도록 노력을 기울여야 한다.

■ 고객: 기존 고객과 신규 고객

지속 수익을 안겨다 주는 것은 바로 기존 고객이기 때문에 기존 고객을 만족하게 해야 한다. 고객은 무조건 왕이다. 그러나 지속 수익은 성장 동력이 아니므로 제품에서 더 큰 장기 수익을 창출하고 싶다면 신규 수익을 낼 수 있는 새 고객을 끌어들여야만 한다. 많은 경우에 기존 고객은 완벽성과 신뢰성 부분을 중요하게 여기고 신규 고객은 혁신적으로 새로운 기능이라든가 파격적으로 저렴한 비용 같은 것을 원한다.

예를 들어 ABC라는 고객이 지금 잘 돌아가고 있는 솔루션에 특정한 확장 기능을 요구하면서, 그 요구를 들어주지 않으면 다른 경쟁자한테 가겠다고 하는 경우를 생각해 보자. 그런데 신규 고객은 새로운 암호화 기능을 강력하게 요구한다고 해 보자. 새로 추가해야 하는 기능의 규모가 대략 비슷하고, 둘 모두를 구현하는 건 불가능한 상황이면 선택이 정말 어려워진다. 만병통치약 같은 게 없는 상황이다. 결국, 잠재적인 성장과 기존 지속 수익의 감소 (또는 추천인을 잃는 것과 시장에서의 부정적인 전망) 사이에서 손익을 따져봐야만 한다. 딱 한 가지 분명한 건 있다. 최고의 소프트웨어 개발 조직이라면 지속 수익과 신규 수익을 철저히 분리해서 추정한 다음 각각의 목표에 맞게 제품 개발 전략을 수립할 것이라는 점이다.

북미 지역의 경영진은 대체로 엔지니어링과 영업 측면에서 기존 고객 쪽에 더 초점을 맞춘다. 여기에는 두 가지 이유가 있다.

- 제대로 된 회사라면 수익 창출에 초점을 맞춘다. 단기 수익의 증대는 기존 고객 기반이 주도한다.
- 우는 놈 떡 하나 더 주게 마련이다. 기존 고객은 회사 내에 이미 인맥이 있지만, 잠재 고객은 그렇지 못하다. 기존 고객의 의견이 경영진에게 들어가기가 더 쉬우므로 경영진으로서 더 많은 관심을 기울일 수밖에 없다.

기존 고객에게 초점을 맞추는 건 단기 수익의 성장을 주도할 수는 있지만, 성장 면에서 볼 때 장기적으로는 제품의 잠재적인 수익 가능성에 한계를 가져오는, 성장에 제한을 가할 수 있는 근시안적인 경영 방식이다. 코앞에 있는 6개월 치 수익을 제쳐놓고 엔지니어링팀이나 영업팀에게 신규 수익 창출 쪽에 매진하라는 지시를 내리려면 초인적인 결단이 필요할 것이다. 하지만 훌륭한 리더, 똑똑한 리더라면 그런 결정을 내리곤 한다.

상용 제품은 항상 기존 고객과 신규 고객 양쪽에 모두 초점을 맞춰야만 한다. 정말 어려운 부분은 투자 균형을 제대로 잡는 것이다. 어떤 조직의 리더로서는 제품의 성장이 필요한 초창기에는 새로운 고객 쪽에 조금 더 초점을 맞추고, 시장점유율이 자리를 잡으면서부터는 기존 고객 쪽으로 초점을 어느 정도 이동시키는 식으로 하면 자기 커리어를 성장시키는 데 도움이 될 것이다.*

....

*   저자주_ 소프트웨어 프로젝트 중에는 판매를 목적으로 하지 않는 것도 많다. 특정 조직 전용으로 주문 제작되는 애플리케이션(은행 내부에서 쓰기 위해 개발하는 사내망용 소프트웨어 등) 프로젝트도 많고, 대학교나 정부에서 운영하는 연구 프로젝트도 많다. 타인에게 판매하기 위한 소프트웨어를 만드는 게 소프트웨어 개발의 전부는 아니다.

■ 이기는 전략과 전술

좋은 소프트웨어란 시장에 가치를 제공할 수 있는 소프트웨어다. 하지만 가치라는 것은 상대적인 개념이다. 프로토타입 단계에서는 사람들의 이목을 끌 수 있고 뽐내기 좋은 소프트웨어가 좋은 소프트웨어다. 하지만 웹 서버나 관계형 데이터베이스처럼 업무 수행에 필수적인 소프트웨어 제품은 "좋은 정도"가 주로 성능(속도)과 가용성(가동시간)에 의해 좌우된다. 전략은 어떤 유형의 제품과 서비스를 제공하는지, 어떤 고객층을 상대하는지에 따라 달라진다. 대상 고객과 제품의 성숙도 라이프사이클 위치에 따라 가치의 정의는 크게 달라질 수 있다.

대략 말하자면 소프트웨어 업계에서 대상 고객은 다음과 같은 부류로 나눌 수 있다.

1 자체 IT 인프라를 갖춘 고객
2 소프트웨어와 서비스를 판매 또는 총판하는 독립적인 소프트웨어 판매업체(ISV, Independent Software Vendor)
3 호스팅 서비스(클라우드 컴퓨팅)를 통한 소비자(SaaS 사용자)
4 개인용 컴퓨터에서 돌아가는 소비자용 소프트웨어

대상 고객에 따라 특성이나 허용 가능한 리스크 수준이 천차만별인데, 최고 수준의 운영 효율을 보이는 최신 제품을 써 보고 싶어하는 모험정신이 투철한 회사가 있는가 하면 확실히 검증되고 무르익은 기술만 도입하는 보수적인 회사도 있다. 제프리 무어는 기술 도입에 관해 고전이라고 할 수 있는 『캐즘 마케팅Crossing the Chasm』(세종서적, 2002)에서 리스크 감당 수준을 "기술 도입 라이프사이클Technology Adoption Lifecycle"이라는 이름을 붙인 정규분포로 분류했다. "혁신가"로 분류되는, 가장 공격적으로 기술을 도입하는 조직은 항상 새 제품을 가장 먼저 도입하지만, 전체 가운데 가장 소수를 차지하며, 새 기술을 건드려 보는 데 그다지 많이 투자하진 않는다. (전혀 비용을 내지 않기도 한다) 그다음으로는 조금 더 규모가 큰 얼리어답터Early Adopter(빨리 도입하는 소수)가 있고, 그다음으로는 빨리 도입하는 초기 다수자Early Majority, 늦게 도입하는 후기 다수자Late Majority, 그리고 가장 보수적인 집단인 늦깎이Adoption Laggard가 있다. 지속 수익의 대부분은 마지막 세 집단에서 나온다. 빨리 도입하는 다수와 늦게 도입하는 다수는 유료 고객의 대부분을 차지한다. 늦깎이 집단은 유료 고객 숫자로 따지면 조금 작은 편이데, 가장 보수적이고 모험을 싫어하는 집단이다. 여기에는 은행이나 보험회사 같이 막강한 재력을 가진 회사들도 포함된다. 혁신가와 얼리어답터는 새로운 제품, 그 중에서도 특히 혁신적인 기술을 도입한 신제품 입장에서는 가장 중요한 집단이다.

논의를 조금 단순화시켜서, 무어의 기술 도입 라이프사이클을 축소해서 그림 2−2에 나와 있는 것처럼 얼리어답터, 다수 수용자, 지각 수용자의 세 부류로 나눠서 생각해 보자.

그림 2-2 리스크 허용도를 기준으로 나눈 도입 사이클

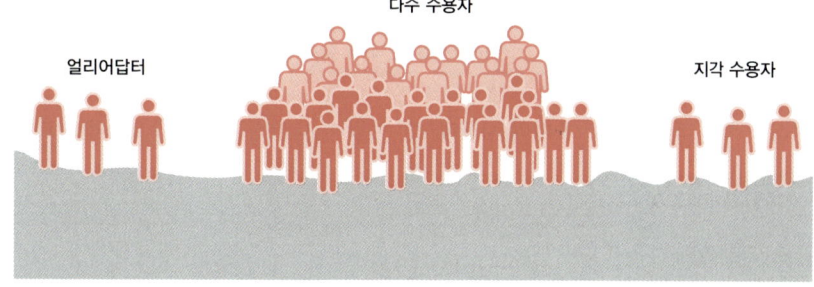

집단별로 제공할 수 있는 소프트웨어 기술의 부류는 다음과 같은 식으로 나눌 수 있다.

- **혁신적인 기술** 새 시장을 창출하고 기존 기술을 대체하기도 하는, 세상을 바꿀 만한 기술이다. 예를 들어 NPN 트랜지스터는 전혀 새로운 시장을 만들어냈고, 순식간에 진공관 시장을 사라지게 했다. 크기, 전력 소모량, 스위칭 속도, 증폭률 등에서 극적이라고 할 수 있을 만큼 우월한 특성을 제공했다.

- **점진적 개선** 기존 고객을 확실하게 지키면서 신규 고객을 끌어들일 가능성도 엿보이는 기존 제품 및 서비스의 개선을 뜻한다. 새로운 시장을 창출하는 건 아니지만, 기존 시장을 확대하고 더욱 굳건하게 만들어준다. 기존의 관계형 데이터베이스 제품에 유용한 기능을 추가한다든가 기존 워드 프로세서 애플리케이션에 문법 체크 기능을 추가한다든가 하는 것을 예로 들 수 있다.

- **경쟁력 제고** 소프트웨어 회사 중에는 혁신적인 신기술을 지속해서 도입하는 방법이 아닌, 단순히 리더를 쫓아가는 방식으로 큰 수익을 올린 회사가 많다. 리더를 분석하여 발 빠르게 경쟁력 있는, 그리고 운이 좋다면 리더를 뛰어넘을 수 있는 기술을 제공하는 방법으로 리스크는 줄이면서 돈을 벌 수 있는 훌륭한 방법이다. 가장 어려운 건 타이밍이다. 혁신적인 신기술이 자리 잡는 데 보통 18개월 정도 걸리는데, 그때부터 시작해서 18개월 정도 걸려서 경쟁력 있는 제품을 시장에 내놓으면 이미 3년이나 지난 시점이 되고, 그 정도면 연구 개발에 대한 대규모의 비대칭적 투자 없이는 리더를 따라잡을 가능성이 거의 없다.

지금까지 설명한 내용을 바탕으로 하면 고객을 표 2-1에 나온 것과 같은 네 가지 기준으로 분류할 수 있다.

표 2-1 고객 분류 기준

분류 기준	비고
대상 플랫폼	자체 IT 인프라를 갖춘 고객, ISV, SaaS, 사용자, 개인용 컴퓨터 소프트웨어
소프트웨어/서비스 영향력	혁신적인 기술, 점진적 개선, 경쟁력 제고
리스크 허용도	얼리어답터, 다수 수용자, 지각 수용자
판매 유형	신규 고객, 기존 고객

이러한 축의 각각의 조합에 따라 시장에서는 여덟 가지 특성을 가장 중요하게 살펴보게 된다(표 2-2 참조).

표 2-2 품질 특성

특성	설명
1) 고유의 기술 및 비즈니스 가치	기능이나 성능 및 다른 인자에 의해 제공되는 특성
2) 신뢰도	고장률 또는 평균 무고장 시간(MTTF, Mean Time to Failure)과 가용성, 즉 시스템이 (오류가 발생하더라도) 계속해서 돌아갈 수 있는 능력을 기준으로 평가될 수 있음
3) 기존 고객 평가	얼마나 믿을 수 있는지, 신뢰할 수 있는지 정의하는 데 도움이 되는 특성
4) 시장점유율	시장점유율이 높을수록 해당 제품 구매에 따르는 리스크가 낮게 평가됨
5) 사용 편의성	쓰기가 복잡한 소프트웨어는 다들 싫어하지만, 회사의 요구에 따라 사용 편의성이 떨어져도 참고 쓰기도 함
6) 관리 편의성	IT 스태프가 제품을 관리하기 위해 들여야 하는 노력의 정도. IT 스태프를 유지하기 위해서는 비용이 많이 드는데, 사용자와 서버가 많으면 이 비용이 분산될 수 있다
7) 가격	누구나 가격에는 민감하지만, 편차가 매우 크다. 똑같은 소프트웨어라도 큰 은행 같은 데서는 사업상 필요하다면 집에서 쓰는 사람들보다 비싼 가격을 치를 수도 있다
8) 솔루션 완전성	얼리어답터는 다른 집단에 비하면 불완전한 제품도 잘 참아준다. 꼭 모든 기능을 제공해야만 성공할 수 있는 것은 아니다

예를 들어 제공하는 소프트웨어 유형에 따라 얼리어답터는 버그가 좀 있거나 기존 고객의 평가가 적거나 전혀 없어도 별로 개의치 않으며, 덜 완전한 솔루션이라도 참아주는 경향을 보인다(항상 그런 건 아니다. 특히 임무 수행에 필수적인 소프트웨어라든가 보안, 안전 면에서 고려할 점이 많다든가 할 때에는 더욱 그렇다). 대신 그들은 매우 저렴한 가격과 신기술로부터 상당한 비즈니스 가치를 얻기를 기대하게 마련이다. 이와는 반대로 지각 수용자는 새로운 기술로 넘어가기 전에 매우 완벽한 솔루션과 높은 신뢰도, 다수의 기존 고객의 추천 등을 원한다. SaaS Software as a Service 사용자와 ISV는 비즈니스 영역의 특성상 사용 편의성에 비중을 높게 둔다. 사람 생명에 영향을 줄 수 있는, 임무 수행에 필수적인 시스템은 신뢰도를 거의 최고로 평가한다. 이렇게 고객 유형에 따라 판단 기준은 크게 달라진다.

한 번 예를 들어서 살펴보자. SaaS 같은 식으로 데이터 액세스를 제공하면서 초고속 액세스를 위해 모든 데이터를 메인 메모리에 지속해서 올려놓을 수 있는 새로운 데이터베이스 제품을 개발하는 GroovyData라는 회사를 창업했다고 가정해 보자. 그리고 초저가 장비로 이루어진 초대형 데이터 센터를 만들어서 사업 규모를 늘리려는 계획을 세우고 있다고 하자. 저렴한 장비로 사업을 운영할 계획이기 때문에 모든 레코드를 지리적으로 떨어져 있는 세 장소에 걸쳐서 네 개의 사본을 만들어서 저장함으로써 가용성을 높이기로 했다. 서버 하나가 고장 나도 다른 서버 두 세 대가 계속 돌아가기 때문에 서비스는 제공된다. 이 사업의 핵심은 고객이 내부 데이터베이스 시스템을 운영하는 수고를 덜면서도 99.999%의 가용성과 사용 편의성을 동시에 누릴 수 있도록 하는 데 있다. 네트워크로 말미암은 속도저하 문제는 메인 메모리 액세스를 통한 효율 개선으로 해결하기로 했다. 이런 식으로 230억 불 규모의 데이터베이스 시장을 공략하려고 한다. 그중 극히 일부만 먹을 수 있어도 행복하긴 하겠지만 우리는 나온 지 얼마 안 된 햇병아리에 불과하다. 표 2-3에 초기 고객의 프로파일을 정리해 보았다.

표 2-3 SaaS 사용자의 예

분류 기준	대상 고객
대상 플랫폼	SaaS 사용자
소프트웨어/서비스 영향력	혁신적인 기술
리스크 허용도	얼리어답터
판매 유형	신규 고객

이러한 프로파일을 놓고 보면 GroovyData 사에서 초기에 중요할 만한 품질 특성을
표 2-4와 같은 식으로 정리할 수 있다.

표 2-4 중요하게 여겨야 할 품질 특성

품질	중요도	설명
고유의 기술 및 비즈니스 가치	높음	최고 수준의 가용성으로 메인 메모리 데이터베이스 호스팅 제공. 다른 데이터베이스와의 가장 두드러지는 차별화 포인트로 내세워야 함
신뢰도	높음	자사 가치에서 매우 큰 비중을 차지함. 아무것도 디스크에 저장하지 않기 때문에 고객이 데이터 지속성에 관심이 있을 수 있음. 고객을 설득시킬 수 있어야 함
기존 고객 평가	낮음	얼리어답터를 끌어오는 데는 그다지 중요한 부분이 아님. 신규 고객인 얼리어답터들에게 좋은 평가를 받아야 함. 시간이 지남에 따라 기존 고객 평가가 중요해지겠지만, 지금은 별로 필요 없음
시장점유율	낮음	이제 갓 등장했기 때문에 상관없는 얘기
사용 편의성	높음	호스팅 서비스이므로 어려운 관리 부분은 우리가 다 해 주는 데서 가치를 창출해야 함. 사용 편의성은 최고로 좋아야 함
관리 편의성	낮음	호스팅 서비스이므로 단기적으로는 복잡한 관리 작업은 전부 데이터 센터 내에서 우리 스태프가 직접 맡아서 처리하면 됨
가격	높음	지금은 탄력을 받아 달려나가면서 고객의 관심과 좋은 평가를 받기 시작해야 할 시기. 가격은 당연히 저렴해야 함
솔루션 완전성	낮음	최소한의 데이터베이스 기본 기능만 있어도 충분함. 일단은 ODBC와 JDBC 인터페이스에만 주력함

꽤 간단한 분석이지만 어떤 고객을 대상으로 하는지, 무엇을 팔아야 하는지, 단기적으
로 어떤 품질 특성에 주력해야 하는지를 분명하게 파악하는 데 도움이 되는 결과를 얻

을 수 있다. 그리고 간단한 분석이긴 하지만 뻔한 결과가 나온 것도 아니다. 예를 들어 보통 시장에 새로 등장하는 제품의 신뢰도는 어느 정도 접고 들어가는 것이 보통이지만, 분석 결과를 보면 신뢰도가 매우 큰 비중을 차지함을 알 수 있다. 또한, 완전성은 그리 결정적이지 않다는 사실, 그리고 사용자 편의성만 잘 확보하면 관리 편의성은 일단은 어느 정도 잘 덮어둬도 된다는 사실을 발견할 수 있었다.

제품 개발에 있어서 가장 기본적인 원칙 가운데 하나로 "단 한 번의 제품 출시만으로 모든 세분 시장Market Segment에 맞는 제품을 내놓는 것은 불가능하다"는 명제가 있다. 소프트웨어 개발자든 제품 아키텍트든 프로젝트 관리자든 자기가 속한, 또는 원하는 시장의 품질 특성을 이해하는 것을 목표로 삼아야만 한다. 성공하려면 자기가 속한 조직이 목표를 완전히 내면화시키는 데 일조해야만 한다. 현명한 회사는, 그리고 요령 있는 팀은 이 점을 분명히 이해하여 시장에 무엇을 내놓아야 할지에 대해 주도면밀한 결정을 내린다. 성공으로 가는 길목에 서 있는 회사, 팀, 개인이라면 분명히 그렇다.

■ 고객에게 귀 기울이기(또는 그러지 않기)

아직 존재하지 않는 제품에 대한 수요에 대해서는 알려줄 수 없다는 게 시장의 큰 문제점 가운데 하나다. 시장은 이미 존재하는 제품이나 서비스에 대해서는 매우 강하고 단호하게 반응하지만, 가상의 제품 아이디어에 대해서는 아무 의견도 내놓지 못한다. 애플의 공동창업자 중 한 명이자 현재 CEO를 맡은 스티브 잡스*의 말을 인용하자면 이렇다. "많은 경우에 사람들은 물건을 직접 보여주기 전까지는 자기가 무엇을 원하는지 모른다." 소비자가 원하는 것, 소비자가 필요로 하는 것을 소비자한테 물어본다면, 스스로 "쫓아가는 사람"이 될 수밖에 없다. 헨리 포드도 이런 맥락에서 "내가 고객의 의견에 귀를 기울였다면 더 빠른 말을 시장에 공급해야 했을 것이다"라고 얘기했다. 시장에서는 그들이 당신이 한 일을 좋아하는지 아닌지만을 알려줄 수 있다.

새로운 프로젝트를 시작하기 위해서는 상당한 믿음이 필요하다. 새로운 제품이나 서비스를 창조하는 일에는, 단순한 프로토타입을 내놓는 일이라고 하더라도, 반드시 리스크가 뒤따르게 마련이다. 실제 제품을 구현해 놓고 나면 아무리 허술한 상태라고 하

----

* **역자주_** 2011년 10월 5일로 생을 마감했다.

더라도 시장이 모든 것을 알려줄 것이다. 세일즈포스닷컴의 CEO인 마크 베니오프를 인터뷰했을 때, 그는 매년 수십억 달러를 벌어들이는 규모로 성장한 회사의 성공이 사용자 의견에 귀를 기울인다는 전략적인 초점과 직접 연결되어 있다는 점을 분명하게 강조했다. 그들은 시장에 클라우드 CRM을 원하는지, 그런 게 필요한지 물어보는 대신, CRM 호스팅 SaaS를 먼저 만들어낸 후 사용자의 의견에 귀를 기울이는 방법을 택했다. 그리고 그 방법을 지금까지도 고수하고 있다.

맨 처음부터 우리는 우리 서비스를 사용할 만한 사람들의 의견을 모으고, 그들의 조언에 귀를 기울였습니다. 그 결과로 고객이 좋아하는 뭔가를 만들어냈고, 고객은 그 서비스를 사용한 경험에 대해 열성적으로 이야기해 줬습니다. 엔터프라이즈 소프트웨어 업계에서는 이런 걸 본 적이 없어요. 실제로 고객이 우리 이벤트를 도와줬고, 우리 서비스 사용 경험을 전파하는 데 앞장섰죠. 매우 긍정적이면서 전염성이 있는, 우리 서비스의 전도사 같은 느낌마저도 풍겼죠. 우리 고객은 그런 식으로 서비스를 판매하는 가장 좋은 방법은 대부분의 회사처럼 기능을 파는 게 아니라, 우리의 색다른 모델을 이용한 고객의 성공을 파는 것이라는 점을 가르쳐 줬습니다. 우리는 쉬지 않고 고객의 의견을 경청했고, 그들의 피드백을 활용하여 우리 서비스를 진화시켰습니다. 성공을 경험한 고객은 더 많은 것을 요구했습니다. 더 나은 사용자화, 더 나은 통합 기능, 더 많은 애플리케이션 같은 걸 말이죠. 그들이 우리를 강하게 독려해 줬어요. 우리는 '우리가 생각하기에 고객이 원하는 것'이 아닌 '진정 고객이 원하는 것'만을 만들었습니다.

– 마크 베니오프, 세일즈포스닷컴 창업자, CEO

구글도 꽤 비슷했다. 마리사 메이어는 구글에서의 혁신은 사용자 피드백을 적극 활용함으로써 개념을 성공적으로 제품화시키는 과정에 의해 주도되었다고 얘기한다. 구글은 자체 SaaS 플랫폼을 써서 새로운 제품 개념을 구글 랩스Google Labs에 올리고, 전 세계에 흩어져 있는 방대한 사용자 기반으로부터 즉각적으로 피드백을 얻는다. 구글의 개발 모델의 본질은 사용자 피드백을 바탕으로 아이디어의 핵심을 수정하는 작업을 반복하는 데 있다. 아이디어의 핵심, 즉 새로운 아이디어를 처음 싹 틔운 씨앗은 혁신으로부터 나온다. 시장에서 무엇이 필요한지 알려주지 않은 상태에서 똑똑한 사람들이 꿈꿔낸 창조적인 아이디어다. 이런 묘목이 만들어지려면 다른 사람에게 그것이 추구할 만한 가치가 있다는 확신을 심어줄 수 있을 정도의 직관, 창의력, 열정을 뽑아낼 수 있는 비전이 필요하다. 그리고 그런 묘목을 다듬는 일은 상당 부분 사용자의 의견을 경청하면서 진행되며, 그 결과로 처음 계획과는 다른 물건이 나오기도 한다.

좋은 소프트웨어란 그 소프트웨어가 성숙도 사이클에서 어디에 있는지, 어떤 사용자를 대상으로 하는지, 어떻게 진화하고 성장하기를 원하는지 등에 따라 매우 다를 수 있다. 소프트웨어에서 고객이 진정 무엇을 필요로 할지, 그리고 제작자와 고객이 모두 제품 성숙도 사이클과 리스크 허용도 면에서 어떤 위치에 있는지에 대해 진지하게 고민을 시작해 보면 훨씬 더 나은 전략 결정을 내릴 수 있고, 시장에 진정 훌륭한 소프트웨어를 내놓을 수 있다. 제품이 항상 올바른 품질에 초점을 맞출 수 있도록 기여한다면, 타이밍이 잘 맞으면, 자신이 전략적 비즈니스 사상가로 성장하는 데 도움이 될 수 있다. 그리고 어쩌면 더 중요한 점은, 그러한 속성을 잘 다듬는 데 기여하여 주주와 직원 모두를 위해 더 나은 프로젝트/제품 결과를 이끌어낼 수 있다면 개인적으로 매우 지대한, 그리고 긍정적인 영향력을 가질 수 있게 될 것이다. 반대로 자신의 팀이 시장을 계속해서 잘못 읽어서 성공과는 거리가 먼 길을 가고 있다는 것을 깨닫게 된다면, 지금 엉뚱한 말을 타고 있다는 경고로 받아들이고 더 나은 경주마를 찾아서 바꿔 탈 방법을 강구해야 할 것이다.

interview
마리사 메이어

구글 부사장, 소프트웨어 분야의 영부인

현재 지위

구글 검색 제품과 사용자 경험 부문 부사장

주목할 점

구글 부사장*, 구글의 스무 번째 직원, 현재 소프트웨어 업계에서 가장 강력한 파워를 가진 여성

생일

1975년 3월 30일

학력

스탠퍼드 대학교 전산학 석사, 1997–1999
스탠퍼드 대학교 심볼릭 시스템즈 학사, 1992–1997

취미

여행, 스키, 달리기, 연날리기

약력

마리사는 구글의 검색 제품 – 웹 검색, 이미지, 뉴스, 책, 제품, 지도, 구글 어스, 구글 툴바, 구글 데스크톱, 구글 헬스, 구글 랩스 등 – 에 대한 제품 관리를 담당하고 있다. 1999년 구글 최초의 여성 엔지니어로 입사했으며, 처음에는 사용자 인터페이스와 웹 서버팀을 맡았다. 구글의 검색 인터페이스 디자인과 개발, 100개 국어가 넘는 다양한 언어 국제화, 구글 뉴스, Gmail, Orkut 정의, Google.com의 100가지가 넘는 새로운 기능과 제품 론칭 등에 참여했다. 인공지능 및 인터페이스 디자인과 관련한 몇 가지 특허를 가지고 있다. 남는 시간에는 6,000명이 넘는 구글 임직원과 가족, 친구를 위한 Google Movies 행사 – 일 년에 몇 번 정도 최신 블록버스터 영화를 보는 행사 – 를 준비하기도 한다.

....

* **역자주_** 2012년 7월 16일 야후! CEO가 되었다.

구글에서의 풀타임 업무 외에 스탠퍼드에서 컴퓨터 프로그래밍 입문 강의도 맡고 있는데, 지금까지 3,000명이 넘는 수강생에게 강의했다. 학부 강의에 대한 기여를 인정받아 스탠퍼드에서 Centennial Teaching Award 및 Forsythe Award 같은 상도 받았다.

구글에 입사하기 전에는 스위스 취리히의 UBS 연구소(Ubilab)와 미국 캘리포니아주 멘로 파크에 있는 SRI 인터내셔널에서 일했다.

마리사는 뉴스위크(미래 기술 리더 10인), 레드 헤링(주목할 만한 여성 15인), 비즈니스 2.0(실리콘밸리 드림팀), 비즈니스위크, 포천, 패스트 컴퍼니 등의 다양한 언론 매체에서도 조명을 받았다.

스탠퍼드에서 학부 과정으로 심볼릭 시스템즈 전공을 우등 졸업했고, 전산학 석사 학위를 취득했다. 주 전공 분야는 인공지능이다.

■ "… 첫 컴퓨터는 매킨토시 센트리스 610이었어요"

소프트웨어 분야는 어떻게 시작하게 되었나요?

제 고향은 위스콘신인데요, 아이를 돌봐주면서 번 돈을 탈탈 털어서 – 13살부터 18살까지 아이 돌보는 아르바이트를 많이 했어요. 꽤 인기 있는 베이비시터였어요. – 첫 번째 컴퓨터를 샀어요. 그게 매킨토시 센트리스 610이었죠. 그때는 컴퓨터를 켜는 것부터 배워야 했어요. 스탠퍼드에 입학하기 전까지는 복잡한 컴퓨터라고 해 봤자 코모도어64나, Bank Street Writer 같은 소프트웨어를 실행시킬 수 있는 아주 간단한 초창기 PC를 만져본 게 전부였습니다. 스탠퍼드에 가서야 처음으로 마우스를 만져봤어요. 처음에는 그게 뭔지도, 어떻게 작동하는지도 몰랐어요. 1학년 마지막 학기에 CS105A라는 비전공자를 위한 전산학 강의를 들었어요. 그 강의의 프로그래밍 콘테스트에 모두 참가하고, 추가 숙제도 전부 다 했는데, 프로그래밍이 정말 좋았어요. 2학년 때는 전공을 심볼릭 시스템즈*로 바꿔서 전산학, 철학, 심리학, 언어학 등을 공부했어요. 전산학 핵심 강의를 듣기 시작했고, 거기에서 C, LISP, 동시성, 객체지향 프로그래밍 같은 걸 배웠죠.

커리어에 지대한 영향을 끼친 사건이라고 할 만한 건 없었나요?

스탠퍼드에 있을 때 만난 두 선생님 덕분에 이 길을 가게 된 것 같아요. 탐 워소우[Tom Wasow] 교수님하고 에릭 로버츠[Eric Roberts] 교수님이요. 전산학 수업에서 정말 좋은 경험을 한 이후

---

* 역자주_ 인지과학, 인공지능, 인간–컴퓨터 인터페이스 등을 다루는 전공. 전산학, 언어학, 철학, 심리학, 통신, 교육학 등 전공 교수가 모인 융합학과

로 2학년 올라가면서 전공을 전산학이나 심볼릭 시스템즈로 바꿀 생각을 하고 있었어요. 심볼릭 시스템즈 학과장이면서 언어학과 교수님이었던 탐 워소우 교수님을 만나서 심볼릭 시스템즈가 어떻게 돌아가는지, 그 전공에서 어떤 부분이 흥미로운지, 졸업 후에 커리어에 적용할 수 있을지 등 여러 가지 질문을 드렸어요. 면담이 끝날 때, 워소우 교수님은 이렇게 말씀하셨어요. "내가 여기 학과장을 맡는 걸 좋아하는 이유는 스탠퍼드에서 제일 재미있는 학생들이 있기 때문이다. 그런 재미있는 사람들 주변에 있는 게 좋아서 아마 이 전공을 택하고 싶을 것이다. 그리고 학생 본인도 재미있는 사람이 되고 싶어해야 한다." 심볼릭 시스템즈 전공에 속하는 것만으로도 마법처럼 재미있는 사람이 된다는 게 꽤 마음에 들었어요. 그래서 그 부분을 꽤 잘 기억하고 있나 봐요. 실제로 그런 점이 제게 큰 영감을 줬고, 수업 시간에 배운 것 중 아주 많은 부분을 같이 수업을 듣는 동료로부터 배울 수 있다는 점을 이해할 수 있게 됐죠.

제게 큰 영향을 끼친 또 다른 선생님은 에릭 로버츠 교수님이었어요. 전산학 수업을 들었을 때, 그 수업의 그래픽스 개론 부분의 프로그래밍 콘테스트에서 상을 탔습니다. 그때 어떤 그래픽스 패키지가 마음에 들어서 스크린 세이버를 만들었어요. 스크린 세이버를 가지고 그래픽스 콘테스트에서 상을 탄 건 제가 처음이었는데, 지금은 전산학 그래픽스 개론 수업에서 숙제로 나가고 있어요. 그 콘테스트의 부상으로 기말고사를 자동으로 만점을 받았고, 로버츠 교수님 집에 저녁 초대를 받을 수 있었어요. 덕분에 로버츠 교수님과 가까워질 수 있었던 것 같아요. 로버츠 교수님은 오래전부터 기술 분야에서의 여성 참여를 강력하게 지지하고 있었는데, 그래서 그런지 저를 많이 도와주시고 응원해 주셨어요. "넌 이런 쪽에 정말 유능한 것 같아. 이런 거 가르치는 걸 정말 잘할 것 같다. 더 많은 여성이 적극 참여했으면 좋겠다." 이런 말씀을 많이 하셨어요. 그리고 제가 섹션 리더가 되는 데 정말 많이 도움을 주셨고, 섹션 리더 일을 잘했더니 그 강좌의 대표 조교로 뽑아 주셨어요. 그러면서 테스트나 시험 문제를 만들고 채점도 하고 사람들 관리하는 일을 본격적으로 시작하게 됐죠. 저에게 처음으로 강의 경험을 할 수 있게 해 주신 것이었어요. 그래서 탐 워소우 교수님과 면담을 하고, 수업 시간에 콘테스트에서 상을 받고, 에릭 로버츠 교수님 댁에서의 저녁 식사에 초대받은 게 제 커리어에 지대한 영향을 끼친 사건이라고 생각합니다.

소프트웨어 분야에서 불만거리라고 할 만한 건 없나요?

개인적으로 불만스럽다고 할 만한 걸 두 가지 정도 꼽을 수 있을 것 같습니다. 우선 브라우저 렌더링 엔진과 관련된 종교전쟁 수준의 다툼을 이해할 수가 없어요. KHTML, Konqueror, 기타 엔진을 사용하는 사람들하고 얘기할 때나 파이어폭스나 사파리 진영에서 브라우저 관련 일을 하는 사람들하고 얘기하다 보면 어느새 대화 주제가 어떤 렌더링 엔진이 우월한지, 왜 다른 렌더링 엔진은 지원할 수 없는지 같은 얘기로 빠져들고 말아요. 저는 디자이너로서 렌더러에 따라 표현 요소가 일관성 있게 렌더링되지 않는 문제 때문에 좌절하곤 합니다. 소프트웨어 업계가 한 렌더러에 정착해서 단일한 렌더링 엔진에 힘을 쏟았으면 좋겠다는 생각을 하는데, 참 어려워요. 그 부분이 저한테는 가장 힘든 부분 가운데 하나예요. 또 한 가지는 전산 분야에 여성이 너무 없다는 점입니다. 지금보다 더 많은 여성이 소프트웨어 분야에 기여할 수 있도록 산업계에서 여성을 장려하면 좋겠어요.

컴퓨터 분야에 여성이 적은 이유가 뭐라고 생각하시는지요? 문제의 원인이 산업계에서 기인하는 것인지 아니면 교육에서 기인하는 것인지 의견을 듣고 싶습니다.

대부분의 사람은 10대에서 대학에 다니는 시기 동안에 자기 커리어를 결정합니다. 여성이 컴퓨터 분야를 꺼리는 이유는 일부는 고정관념 때문인 것 같고, 일부는 여학생들의 진로 지도 때문인 것 같아요. 예를 들어 비디오 게임은 대부분 남성을 타겟으로 잡아서 만드는데, 상황이 그렇다 보니 주로 남성들이 소프트웨어를 더 많이 접하게 되죠. 게임을 하다 보면 프로그래밍을 통해서 어떻게 뭔가가 만들어지는 것을 이해하게 됩니다. 여성으로서는 컴퓨터가 자기 인생에 영향을 끼치는 정도가 미미한 편이에요. 하지만 웹 덕분에 더 많은 여성이 기술을 접하게 될 거라고 믿습니다. 웹이 성장하면서 컴퓨터 분야에 뛰어드는 여성 숫자가 늘었어요. 플리커나 구글, 페이스북 같은 사이트를 매일 사용하면서 컴퓨터가 그들 인생에 분명한 영향을 주고 있다는 걸 알 수 있게 됐죠.

■ "제가 만든 코드 중에 아직 남아있는 것도 있어요"

소프트웨어 분야에서 자신의 가장 큰 성과, 기여가 무엇이라고 생각하시나요?

계속해서 커리어를 만들어가고 있는 사람으로서 항상 이런 질문이 제일 힘든 질문인 것 같아요. 결국, 나중에 어떤 일이 가장 크게 기여한 것으로 밝혀질지 지금 당장은 알기 어렵잖아요. 그리고 아직 커리어를 쌓아가고 있는 단계라면 앞으로 더 큰 업적을 남기고 싶다는 희망도 많이 품고 살게 마련이고요. 기술적인 면에서 보면 구글 웹 서버에서 사용자 질의에 응답하고 메인 웹 검색이나 이미지 검색 같은 것의 결과 페이지를 만들어내는 스케일러블 웹 서버 부분의 코드를 많이 작성했어요. 제가 알기에는 제가 만든 코드 중에 아직 남아있는 것도 있어요. 그 부분의 기여에 대해서 꽤 만족스럽게 여기고 있죠. 그리고 저는 소프트웨어에서 인터페이스 디자인 – 소프트웨어가 사람과 상호 작용하는 방식 – 의 중요성을 높게 평가합니다. 그런 면에서 저는 제가 인터페이스 디자인을 예술보다는 과학에 가까운 쪽으로 끌어올리는 데 기여했다고 봅니다. 예를 들어 구글은 분리 A/B

테스팅을 초창기부터 장려해 왔고, 그 방식을 사용하는 가장 큰 회사 가운데 하나입니다. 초창기부터 저는 트래픽 가운데 일부를 빼서 사용자들에게 새로운 인터페이스를 경험하게 하고 그러한 인터페이스 경험이 사용자의 전반적인 행동양식과 행복감에 변화를 주었는지 측정할 수 있도록 웹 서버를 프로그래밍하는 일을 도왔습니다. 그것 말고도 홈페이지나 메인 검색 엔진, iGoogle이나 구글 툴바, 구글 지도, 구글 뉴스 같은 서비스의 디자인에 대한 정보를 파악할 수 있도록 데이터 주도형 프레임워크에도 분리 A/B 테스팅을 사용합니다. 그런 인터페이스 디자인에도 제가 도움을 줬습니다.

소프트웨어 분야에서 일하면서 가장 큰 성취감을 느끼는 요인은 무엇인가요?

제가 궁극적으로 중요하게 여기는 건 사람의 일상생활에 변화를 주는 기회입니다. 구글에 있다는 건 정말 뜻깊은 일이에요. 사람에게는 건강 문제에 대한 것이라든가 진로 결정 등과 관련된 정보가 꼭 필요하죠. 정보를 획득한다는 근본적인 요소와 그것이 사람의 일상생활에 영향을 준다는 것의 결합이 저에게는 가장 중요합니다.

■ "당신에게 투자하는 사람과 당신에게 도전거리를 안겨주는 사람을 위해 일하세요"

소프트웨어 분야(R&D 또는 사업)에서 성공하는 방법에 대해 조언을 부탁합니다.

꼭 소프트웨어 분야에만 국한된 건 아닌데요, 네 가지 정도 얘기하고 싶습니다.

1 자기가 들어가고 싶을 만큼 정말 편하게 느낄 수 있는 곳을 찾으세요. 소프트웨어 아키텍처 결정에 관한 것이든 회사의 전략에 관한 것이든, 사고의 자유를 만끽하고 자기 의견과 생각을 자유롭게 공유할 수 있는 곳에서 일하는 게 좋습니다.

2 당신에게 투자하는 사람과 당신에게 도전거리를 안겨주는 사람을 위해 일하세요. 강력한 조언자가 필요합니다. 탐 워소우 교수님이나 에릭 로버츠 교수님 같은 분은 제 인생을 바꿔놓았습니다. 조나단 로젠버그, 에릭 슈미트, 래리 페이지, 세르게이 브린, 그 외에 구글에 있는 여러분이 저에게 이런 막대한 책임을 안겨준 것은 그들이 나를 믿고 나한테 투자하고 싶기 때문입니다.

3 더 많이 생각하고 더 잘 일할 동기를 유발할 수 있는, 자기가 아는 사람 중에 가장 똑똑한 사람하고 일할 수 있도록 노력하세요. 저는 제가 지금까지 만나본 사람 중에 가장 똑똑하고 가장 코딩을 잘하는 다섯 명 중 한 명으로 꼽을 수 있는 크레이그 실버스타인하고 함께 일하고 싶다는 생각에 구글에 들어왔어요. 첫 3년 동안 저는 크레이그의 코딩 파트너였어요. 크레이그는 제가 만든 모든 코드를 검토하고 저를 훨씬 더 강한 프로그래머로 만들어주었죠. 정말 최고의 엔지니어들하고 일하면 생각하는 방법, 프로그래밍하는 방법이 송두리째

바뀔 겁니다.

4 언제나 아직 준비되지 않은 일을 하세요. 약간 두려운 느낌이 드는 일을 한다는 것은 한 발 앞으로 나갈 수 있다는 것, 새로운 것을 배우게 된다는 것, 성장한다는 것을 의미합니다.

스탠퍼드에서 학부과정은 심볼릭 시스템즈를, 석사과정은 전산학과를 다녔죠? 래리와 세르게이도 대학원을 나왔고요. 전산학 분야의 대학원 학위(또는 MBA 학위)가 소프트웨어 분야에서의 커리어에 도움이 되는 것 같나요?

저는 특이하게도 전공 순서가 보통 사람하고는 반대예요. 대부분의 사람은 컴퓨터 분야에서 기본이 되는 것들을 많이 배울 수 있는 (컴파일러라든가 운영체제 등을 만들어 볼 수 있는) 전산학과에서 학부과정을 마친 다음 석사과정에서 조금 더 전문적인 분야를 전공합니다. 그런데 신기하게도 저는 심볼릭 시스템즈에 관심이 있다 보니 학부과정 때 전산학과의 인공지능 같은 대학원 과정 수업을 듣게 됐어요. 그러다가 졸업할 때쯤 되니까 "전산 전공자, 소프트웨어 엔지니어 쪽으로 나가고 싶은데 대체 컴파일러나 운영체제 같은 걸 건드려 보지도 않은 소프트웨어 엔지니어가 말이 되긴 하는 건가?" 하는 생각이 들었어요. 그래서 그쪽을 보충하려고 대학원 과정 때는 거꾸로 학부 때 배우지 못한, 프로그래밍을 많이 해야 하는 과목을 주로 들었죠. 궁극적으로는 코드 분량도 많고 복잡한, 아주 힘든 대규모 시스템 작업을 해 본 경험이 소프트웨어 분야에서 성공하는 데 크게 도움이 된다고 생각합니다. 학교에 오래 있다가 보면 그런 프로젝트를 자주 경험하게 됩니다. 하지만 복잡한 시스템에서 일하고 그러한 코드 베이스에 기여하면서 자신을 채찍질해야 하는, 산업계에 오래 종사해오신 분들도 크게 다르지 않은 것 같습니다. 경험의 다양성 면에서 본다면 학계에서의 경험이든 상업적인 일과 관련된 경험이든 별 차이가 없다고 봐요.

기술 트렌드나 혁신의 정점에 서 있을 수 있는 비결은 무엇입니까?

저는 지금 제품 디자인과 제품 관리 업무를 맡고 있고, 회사의 제품 전략을 확대하려고 노력 중이에요. 하지만 여전히 매년 조금씩이라도 프로그램을 작성하는 일을 하는 걸 좋아합니다. 주말에 종종 프로그래밍해요. 최근에는 PHP와 MySQL로 웹 관련 프로그램을 만들고 있습니다. 다음에는 구글 앱 엔진에도 도전해 보려고 해요. 파이썬하고 루비 온 레일즈로도 프로그래밍을 더 해 보고 싶어요. 제가 구글에서 하는 핵심적인 업무는 아니지만, 이렇게 새로운 트렌드를 건드려 보고 직접 내 손으로 코딩하면서 기술이 녹슬지 않게 다듬어야 하는 것 같아요.

■ "… 일을 통해 나타난 기회를 잡으세요"

시간 관리에 관한 질문인데요, 기술 관련 리더나 기업의 임원은 시간에 많이 쫓기는 걸로 유명합니다만, 시간을 효율적으로 관리하기 위해 어떤 전략을 사용하시나요?

대학 때 친구 가운데 엘러노어라는 친구가 있는데요, 그 친구는 항상 중요도 순으로 할 일의 목록을 정리했습니다. 중요도 순으로 정리해 놓고는 맨 위에 있는 것부터 했죠. 당연히 더 중요한 일이 생기면 덜 중요한 일은 목록에서 아래로 밀려나죠. 하지만 그 우선순위 목록에서 맨 아래까지 내려가지 못했다는 사실에 좌절하는 게 아니라, 별로 중요하지 않은 일은 하지 않아도 된다고 생각할 수도 있습니다. 할 일 목록에서 맨 아래까지 내려가지 못한다는 사실은 결국 시간을 어떻게 써야 할지에 대해 고민하고 있다는 것을 뜻하기 때문에 좋은 일입니다. 시간을 가장 중요하고 효과적으로 쓰고 있고, 별 영향 없는 일 때문에 방해받지 않는 것이죠. 어떤 사람은 그렇게 바쁘고 할 일 목록의 맨 아래까지 가지 못하면 우울해지기도 합니다. 하지만 제 친구 엘러노어의 접근법은 꽤 신선한 시각이라고 생각해요. 해야 할 일에 압도당할 수도 있지만, 그게 더 크고 중요한 일을 할 기회로 인식할 수도 있죠.

일과 삶의 조화는 어떻게 이루는지요? 일이 전부가 되는 상황을 피하는 비결이 있나요?

저는 제 일이 워낙 재미있다고 생각하기 때문에 일과 재미를 분명히 나누기가 어려워요. 그렇다고 해서 과로하는 걸 좋아하는 건 아닙니다. 저는 여행을 많이 다녀요. 2~3일 정도 일 때문에 출장을 갔다가도 하루 정도는 휴가를 내서 여행을 즐기곤 합니다. 일을 통해서 얻은 기회를 최대한 활용해서 인생을 최대한 의미 있게 사는 방법을 찾아내기 위해 노력하고 있죠.

소프트웨어 분야에서 앞으로 10~15년 이내에 커리어, 또는 우리가 소프트웨어를 개발하는 방식에 큰 영향을 끼칠 만한 큰 변화로는 어떤 게 있을 것으로 생각하나요?

인터넷이 소프트웨어 개발 방식을 근본적으로 바꿔놓을 것으로 생각하고, 이미 여러모로 변화가 일어나고 있습니다. 릴리스 사이클이 빨라지고 있고, 계속해서 새로운 기능이 개발되고 있는데, 패키지 소프트웨어의 경우와는 상황이 전혀 다르죠. 구글에서 인수한 유튜브 같은 것을 포함하여 구글의 가장 성공적인 제품을 보면 매일은 아니어도 거의 매주 릴리스 사이클을 돌리고 있습니다. 끊임없이 제품을 개선하는데, 훨씬 더 빠르게 반복되는 절차를 거치고 있어요. 그리고 새로 만들어지는 데이터 하우징 구조와 기본 서버 웨어하우스가 사람이 데이터에 접근하는 방법을 통째로 바꿔놓을 것으로 생각합니다. 사진이든 문서든, 정말 중요한 정보가 있다면 그 정보를 자기 컴퓨터에만 저장해 놓고 웹에 올려놓지 않는 건 무모할 정도로 위험하다고 봅니다. 서버 웨어하우스는 데이터가 계속해서 살아남을 수 있도록 계속해서 복제하고 관리해주는 방식으로 중요한 데이터를 보관해 주는 역할을 합니다. 데이터를 저장하기 훨씬 좋은 장소기 때문에 누구든 그런 클라우드를 활용하게 될 것입니다. 아이디와 비밀번호 및 보안 기능이 있기 때문에 그 데이터를 안전하게 보관할 수 있습니다. 사실 하드웨어가 고장이나 분실, 도난, 사고 등의 위험을 안고 있는 개인용 랩톱보다 훨씬 더 안전하죠.

소프트웨어 분야에 새로 들어올 사람한테 마지막으로 전하고 싶은 말 한마디만 해주세요.

사람의 일상생활에서 큰 부분을 차지하고 있는 구글에서 9년 동안 일하면서 어떤 면에서는 세상을 바꿀 수 있었는데, 저는 정말 운이 좋았다고 느낍니다. 소프트웨어는 그렇게 세상에 광범위한 영향을 끼칠 기회를 제공하는 것 같아요. 저는 소프트웨어 분야에 발을 들이는 모든 사람에게, 사람의 일상생활에 영향을 줄 수 있는 정말 크고 어려운 문제를 다뤄볼 기회를 받아들여 보는 걸 권합니다. 그리고 그렇게 놀랍고도 혁명적인 시기에 참여할 수 있다는 사실을 신중하고 경건하게 받아들인다면 좋겠어요.

CHAPTER 3
학교 대 직장

"모든 사람은 자기 분야의 비전의 한계를 세상의 한계로 받아들인다."

– 아르투르 쇼펜하우어(1788-1860)

학교는 직장과 매우 다르다. 거의 20년 동안 몸담고 있던 학교 환경에서 소프트웨어 전문가 집단이라는 새로운 세계로 전환하는 데 실패하면서 직장생활 초기에 어려움을 겪는 이들이 많다. 학생들은 매우 제한적이고 잘 정의된 일만 하면 되는 세상에서 살아간다(물론 학생 시절에는 그 사실을 실감하지 못한다). 학생 시절에는 활동 범위가 졸업 후에 전문가로서 필요한 부분을 배우기 위한 일련의 과정으로 제한된다. 간단하게 얘기해 보자면 학교는 배우는 곳이다. 하지만 직장은 함께 일하는 사람과 일을 구체화하는 과정에서 생산적이면서 동시에 혁신적인 방식으로 일해야 하는 곳이다. 직장생활을 처음 시작하는 사람 중에는 직장을 단순히 학교의 다음 단계 정도로 생각하는 사람이 많다. 하지만 위험천만한 생각이다.

중간 관리자 중에 학교와 회사에서 필요한 스킬의 차이점을 제대로 이해하지 못하는 치명적인 약점을 가진 사람도 많다. 그런 관리자는 최고의 직장인, 가장 똑똑한 직장인이 아니라 최고의 학생, 가장 똑똑한 학생을 뽑는 실수를 한다. 좋은 학생은 보통 똑똑하고 열심히 일하고 양심적이다. 하지만 학교에서의 성공이 혁신할 수 있는 능력, 독자적으로 배울 수 있는 능력, 팀의 일원으로 일할 수 있는 능력, 리더십을 발휘하는 능력같이 직장인으로 살아가는 데 필수적인 능력을 보장해주진 않는다. 엉뚱한 스킬을 가진 사람을 고용한다는 것은 덜 효과적인 사람을 고용한다는 것을 의미하며, 한 조직에서 그런 현상이 여러 사람에 걸쳐서 누적되면 전체 조직의 능력과 재능이 눈에 띄게 저하되는 결과로 이어진다. 바꿔 말하자면, 일에 맞지 않는 사람을 고용하는 것은 회사 운영에 해를 끼치는 일이다. 반면에 갓 학교를 졸업하고 회사에 들어온 사람이 회사에서 필요로 하는 것과 그 회사의 기업 문화를 흡수하고, 관리자는 최고의 학생이 아니라 자기 회사에서 가장 필요한 사람을 고용하는 방법을 익힌다면, 개인과 조직 모두 빠르게 성공할 수 있는 커다란 원동력이 될 수 있다.

■ 제한된 비전

학교에서 컴퓨터 프로그래밍을 공부하고 있든 아니면 회사에서 소프트웨어 전문가로 일하고 있든 매우 제한적이면서 어느 정도는 인위적인 환경에 처해 있는 것은 마찬가지다. 인생은 일종의 어항이라고 볼 수 있다. 어항에 들어있는 물고기는 어느 정도까지는 헤엄치며 돌아다닐 수 있지만, 세상을 볼 수 있는 시야가 극히 제한돼 있다. 일단 아주 멀리까지 볼 수 있을 만큼 시력이 좋지도 않은데다가, 물과 유리, 그리고 공기 사이의 경계를 지나갈 때 빛이 흩어져 어항 안의 물고기는 어항 바깥쪽을 거의 볼 수가 없다. 만약 어항 바깥쪽을 볼 수 있다고 하더라도 기껏해야 그 어항이 놓인 방 안만 볼 수 있기 때문에, 의자 몇 개, 소파, 책꽂이 같은 것밖에는 볼 수 없다. 어항 밖의 실제 세상은 어항 안에 어항을 만든 사람이 배치해 둔 조그만 색유리로 된 구슬이나 돌멩이 같은 것에 비하면 훨씬 더 크고 심오하다. 그러나 좋든 나쁘든 간에 어항 안의 물고기는 그런 사실은 모르고 마냥 행복하게 살아간다. 소프트웨어 분야의 직장인들도 어항 속의 물고기라는 점에서는 마찬가지다.

■ 학교는 어항이다

학교는 업무량이 상대적으로 잘 제어되고, 모든 참가자가 유사한 것에 도전하고, 다들 각자 단독으로 일하는 것이 바람직하게 여겨지는, 고도로 인위적인 환경이다. 학생이 이런 얘길 들으면 아마 위와 같은 설명이 자신이 경험하고 있는 학교 환경과 전혀 다르다고 느끼고, 이 글을 쓰는 사람이 학교가 뭐 하는 곳인지 완전히 잊었다고 생각할지도 모르겠다. 그렇게 볼 수도 있지만, 어디까지나 상대적으로 그렇다는 말이다. 교수님에 따라서는 다른 교수님들에 비해 훨씬 더 어려운 일을 시키는 분도 있지만, 학교 밖의 환경처럼 정해진 커리큘럼 같은 게 없는 환경에 비하면 그 차이는 미미하다. 누군가는 "하지만 정해진 커리큘럼 같은 게 없으면 공정하지 않잖아요"라고 항의할지도 모르겠다. 100% 맞는 말이다. 학교에 커리큘럼이 있는 이유 중 하나가 바로 학교는 공정해야 하기 때문이다. 이렇게 학교를 공정하게 만드는 과정에서 여러 가지 인위적인 제약 조건과 행동 양식이 만들어지는데, 그러다 보면 공정하지만 고도로 제한된 어항이 만들어질 수밖에 없다.

둘째로 학교에서는 각자 단독적으로 일해야 하며 그 규칙을 지키지 않으면 퇴학당하거나 심한 질책을 받는 반면에, 회사에서는 항상 "팀워크"를 우선해야 한다. 학교에서는 개개인의 노력으로 성공이 결정되지만, 회사에서 팀워크는 매우 큰 요소로 작용한다.

마지막으로 학생들이 학교에서 경험하는 일에는 시장에서의 압력이 거의 작용하지 않는다. 시장에서 신기술을 전진 배치하다 보면 시간이 지남에 따라 커리큘럼이 달라지기 때문에 간접적인 영향이 없진 않다. 교수님이 새로운 기술에 관여하면서 그런 주제를 자기가 가르치는 수업에서 소개하기도 한다. 장기간에 걸쳐서 본다면 교수 사회의 구조, 기업에서 나오는 연구비, 논문에 대한 압박, 검토 위원회의 입김 등에 의해 교육 절차도 현재의 산업 트렌드에 어느 정도는 연계되게 마련이다. 하지만 학생은 전체적으로 그러한 점을 제대로 의식하지 못한다.

학교는 엄연한 어항이다. 어항 안에 있는 동안은 어항의 유리 바깥쪽을 보기 어렵다. 그래도 어항 바깥쪽에 다른 세상이 있다는 것만 인식하고 있다면 괜찮다. 그런 인식이 있다면 바깥세상에 대해 더 많이 배울 수 있도록 노력하게 될 것이다.

■ 회사는 어항이다

대체 어떻게 회사를 어항이라고 생각할 수 있을까? 대학 밖의 세계, 즉 산업계가 진짜 "실제 세상" 아닌가? 그렇게 생각하고 있다면 다시 한 번 현실을 직시할 필요가 있다. 소프트웨어 업계는 놀라우리만큼 복잡하고 하나의 사업을 성공적으로 운영하기 위해서는 광범위한 스킬과 전공이 필요하다(큰 회사일수록 더욱 그렇다). 사람은 점점 더 전문화되고 기계처럼 돌아가는 회사 안에서 더 좁은 영역에 초점을 맞춘다. 직원마다 각자의 영역을 가진다. 조직 계층구조의 높은 곳에서 큰 그림을 그리는 사람은 모든 자질구레한 내용까지 알기 어렵다. 반대로 참호 안에서 실제 자질구레한 일을 하는 사람은 자신과 관련된 모든 프로젝트의 더 넓은 영역에 대해서는 잘 이해하지 못한다.

둘째로 일반적인 개발자라면 자기가 속한 프로젝트가 시장에서 얼마나 성공했는지가 수입과 그리 밀접하게 연결되지 않는다는 점을 들 수 있다. 회사의 소유주(주식이나 스톡 옵션을 보유한 경우)라든가 할당량이나 사업 실적에 직접 연관된 방식으로 급여를 받는 경우가 아니라면 개발자 대부분이 마찬가지일 것이다. 마찬가지로 수입은 회사에서 근무한 기간이나 본인이 하는 일의 기술적인 깊이와도 그리 밀접하게 연결되어 있지 않다.

회사에서 받는 돈이 개인의 생산성이 올라간다거나 제품이 성공했다고 해서 즉각적으로 늘어나는 일은 절대 없다. 다섯 배 더 많이 일하는 직원이라고 해서 남들보다 다섯 배 더 많이 받는 일도 없다. 회사의 매출액이 열 배로 치솟는다고 해서 직원의 월급이 열 배 늘어날 것이라고 기대하면 안 된다. 그렇다고 해서 이런 사실 때문에 의기소침할 필요는 없다. 양날의 검과 마찬가지여서 반대 방향으로도 그렇게 돌아가기 때문이다. 제품이 잘 팔려서 매출액이 300배 된다고 해서 월급이 300배로 늘어나지 않는 것과 마찬가지로 제품이 안 팔려서 매출액이 300분의 1로 줄어들어도 월급은 300분의 1로 줄어들지 않는다. 생산성이 좋고 가치 있는 사람이라고 해도 자기 기여분에 정확하게 비례하는 급여를 받는 일은 없지만, 그래도 남들보다 현격하게 많이 받을 수는 있다. 그런 사람은 시간이 지나면 그 노력의 대가로 훨씬 더 많은 업적, 명성, 돈, 그리고 운신의 자유를 얻을 수 있게 될 것이다.

소프트웨어 전문가는 거의 항상 영업이나 마케팅 쪽과는 거리를 두고 지내게 마련이고, 큰 회사에서는 소프트웨어 개발자들이 고객이나 영업 전략팀, 제품 기획팀하고 심하게 떨어져서 일하게 되는 경우도 비일비재하다. 간단히 말하자면 회사 환경도 매우 통제된 환경이고 시장이 그리 즉각적으로 반영되는 환경이 아니다. 따라서 회사도 어항과 같다. 그 안에서 보는 세상은 현실을 그대로 반영한 것이 아니다.

자기가 처한 환경의 인위적인 한계를 이해하고, 거기에 민감해짐으로써 자신의 스킬을 늘리고 전문가 지녀야 할 잠재력을 확장시키기 위한 적극적인 노력을 시작할 수 있다.

■ 차이를 지렛대 삼아…

학교와 회사라는 어항은 양식이나 유형 면에서 현격한 차이를 가진다. 가장 극적으로 차이가 나는 부분은 협업과 팀워크에 대한 접근법이다. 학교에서는 소프트웨어 개발과 소프트웨어 엔지니어링에서의 기술적인 스킬을 가르치면서, 그 일환으로 약간의 팀워크와 사회생활 방법을 약간 건드릴 뿐이다. 학교에서 18년 이상의 시간을 보내다 보면 직장에서 기대하는 것과는 다른 기대와 가치가 깊숙이 자리 잡게 된다. 예를 들어 학교에서는 자기 업적은 자기 자신만의 것이어야 하며, 남의 업적을 재사용하는 것은 심각한 범죄로, 학교에서 쫓겨나거나 정학을 받을 수도 있는 일이라고 배운다. 반대로 전문 소프트웨어 개발 회사에서는 소프트웨어 개발 프로젝트를 더 효율적으로 만들어주고 출시까지 걸리는 시간^{Time to Market}을 단축해주는 일등 공신 가운데 하나가 바로 코드 재사용이다. 회사에서는 코드 재사용을 목표로 삼지만, 학교에서는 코드 재사용을 죄악시한다. 마찬가지로 학교에서는 일부 그룹 프로젝트를 제외하면 자기 일은 자기가 직접 해야만 한다. 하지만 기업에서의 소프트웨어 프로젝트는 어떤 프로젝트에 직접 배정되지 않은 경우에도 함께 일하고 자기 시간을 쪼개서 다른 사람을 도와야 한다. 팀워크의 범위는 소그룹 수준의 작은 것에서부터 어떤 프로젝트나 제품을 내놓기 위한 종합적인 목표를 위해 수십 명에서 수백 명에 이르는 사람이 함께 일하는 수준으로 큰 것까지 다양하다.

"자기 일은 자기 혼자만의 힘으로 해야 한다"는 말을 오랫동안 따르고 지내다가 계속해서 그 말을 따르느라 커리어를 쌓는 데 고생하는 소프트웨어 개발자가 많다. 당연히 그럴 만도 하다. 어렸을 적부터 20대 중반이 될 때까지 계속해서 듣는 말이기 때문이다. 하지만 졸업을 하고 나면 그렇게 혼자서만 일하는 습성을 버리고, 업무는 공유해야 하며 여럿이 함께해야 한다는 믿음을 받아들여야만 한다. 공동체로서의 성공모형, 코드와 문서의 재사용, 스킬 공유 같은 것에 빨리 적응해야만 성공할 수 있다. 최대한 협력하고 공유하고 다른 사람과 한 팀으로 일하면서 최대한 합당한 선에서 다른 사람의 공로를 인정해줄 줄 알아야 한다.

표 3-1은 학교와 직장에서의 패러다임 차이를 정리해 놓은 것이다.

표 3-1 학교와 직장의 차이점

특징	차이
원동력과 주체	학교에서의 요구 사항은 교육과정을 정의하는 교사나 교수들로 구성된 위원회에 의해 정의된다. 성공적인 사업은 항상 시장의 수요, 즉 소비자와 사업 환경에 의해 주도된다
운신의 폭	전산 및 관련 전공의 경우 교과 범위가 비교적 제한되어 있다. 학기마다 몇 가지 선택과목을 들을 수 있지만, 전공과목에서 크게 벗어나지 못한다. 반대로 직장에서는 업무분야가 극도로 기술적인 개발업무, 연구, 사업계획, 관리, 마케팅, 영업에 이르기까지 매우 다양하다. 기술 분야 내에서도 품질 보증에서 개발, 아키텍처에서 혁신 및 신제품 창출에 이르기까지 역할이 크게 달라질 수 있다
혁신	공정한 경쟁의 장이어야 하는 학교에서는 기술적인 혁신의 기회가 제한된다. 학생이 독립적인 연구를 수행할 수 있는 대학원의 학위 논문 과정에서는 예외적으로 혁신적인 일을 할 수 있다. 이와는 대조적으로 직장에서는 혁신이 중요하다. 하이테크 기업과 그렇지 않은 회사를 구분 짓는 가장 큰 차이점이 바로 혁신이다
인맥	과제를 처리한다거나, 친구의 도움이 필요할 때 학교에서도 네트워킹이 유용하다. 성적이 우수하고 똑똑한 학생일수록 타인과의 네트워킹에 크게 의존하지 않는다. 직장에서는 사업의 조직적인 에너지를 발산하는 데 필요한 사람과 아이디어를 연결해주는 인맥이 필수적이다
리더십	학교는 대체로 공정한 경쟁의 장이어야 하므로 대부분 학교에서 동일 전공의 모든 학생에게 동등한 환경을 제공하기 위해 상당한 노력을 기울인다. 학교 내에서도 어느 정도 리더십의 기회(스포츠팀의 주장이라든가 학생회장 등)를 주긴 하지만, 학교에서는 학생들 사이에 위계질서 같은 것이 거의 없다. 학생이 다른 학생들을 이끌어가는 식으로 일이 돌아가지 않는다. 직장에서는 리더십 스킬과 리더십 역할을 높이 평가한다
학습과 일	학교에서는 배우는 것이 중요하고 직장에서는 생산하는 것이 중요하다. 학교에서도 학생에게 생산적인 일을 요구하기도 하고 직장에서도 직원들에게 배우기를 요구하기도 하지만 각각 반대편에 대한 우선순위가 매우 낮다
돈	학교는 자기 돈을 들여서 가는 곳이고 직장은 돈을 받으면서 가는 곳이다. 즉 학교는 학생을 위해 일하지만 졸업하고 나서 직장에 가면 회사를 위해 일해야 한다
생산성	교육기관에서는 학생에게 성적(학점 등)으로 보상한다. 프로젝트나 시험에서 좋은 결과를 내면 그 보상으로 좋은 성적을 준다. 학점이 바로 성공의 척도가 된다. 직장에서는 "기여도"가 성공의 척도가 되는데, 이는 코드 작성이나 디자인, 기술 혁신, 신사업 창출, 조직 효율이나 조직 역량의 개선 등에서의 "생산성"과 어느 정도 연계되어 있다고 볼 수 있다. 사업에서는 생산성의 가치를 높이 평가하지만, 교육기관에서는 그렇지 않다

특징	차이
평가	학교에서는 평가가 거의 정량적으로 측정할 수 있게 되어 있다. 학점은 숙제, 시험 등의 점수에 의해 결정된다. 전문 소프트웨어 개발조직에서는 사람마다 맡은 일이 다르고, 평가 자체도 훨씬 더 정성적이고 주관적일 수밖에 없다
리스크와 파급 효과	학교에서 망가진다는 건 매우 큰 리스크를 짊어지게 된다는 것을 뜻하지만, 그 영향은 개인과 그 가족 정도로 국한된다. 회사에서의 큰 프로젝트는 엔지니어링팀의 스킬에 의존하게 되는데, 한 명이 일을 망치면 회사 전반, 수많은 직원, 그리고 다양한 고객과 사업 파트너에게까지 영향을 미칠 수 있다
개인 포트폴리오	학교에서든 직장에서든 어떤 형태의 개인 포트폴리오를 요구하는 건 아니다. 여기서 "포트폴리오"란 바깥으로 드러나는 성취를 모은 것을 뜻한다. 인상적인 포트폴리오를 갖춘다고 해서 더 나은 학생이 되는 건 아니다. (물론 장학금을 받거나 대학원 등에 합격하는 데 도움이 되긴 한다) 하지만 소프트웨어 전문가로 살아가는 데는 중요한 혁신, 납기와 품질 면에서 모두 만족스러운 프로그래밍 프로젝트 경력, 각종 기고문이나 논문, 강연, 업계의 위원회 활동 등의 포트폴리오를 갖추고 있으면 커리어를 만들어가는 데 도움이 되고, 새로운 협업이나 업무 기회를 잡는 데도 훨씬 도움이 된다

직장에서 처음 몇 년 동안 해야 할 가장 중요한 일 가운데 하나가 바로 오랜 학생생활 기간 몸에 밴 학교 환경에서의 자세에서 벗어나는 것이다. 예전과는 전혀 다른 교전 수칙을 따라야 하는 신세계에 들어섰다고 생각하자.

학교든 직장이든 모두 열심히 일해야만 하는, 매우 경쟁이 심한 환경이라는 점에 대해서는 이견의 여지가 없을 것이다. 소프트웨어 업계가 아닌 다른 분야 중에는 졸업 후에 조금 덜 배워도 되고, 조금 덜 변해도 되는 커리어 경로도 있을 것이다. 보통 웬만한 직업군에서는 게임의 법칙이 훨씬 덜 자주 변한다. 하지만 소프트웨어 업계는 매우 역동적이고 빠르게 진화한다. 모든 것이 몇 년 안에 바뀔 수 있다. 하이테크를 규정짓는 빠른 변화는 결국 소프트웨어 전문가라면 평생 배우면서 살아야 한다는 것을 의미한다. 딱 한 가지 확실한 사실은 슬슬 여유를 가지고 지내도 되는 커리어를 원한다면, 따뜻하고 편안한 목욕에 비유할 수 있는 직업을 원한다면 소프트웨어 업계는 맞지 않는다는 것이다. 소프트웨어 업계에 몸을 담근 이상 험난한 여정을 기대해야 한다.

interview
존 벤틀리

『생각하는 프로그래밍(Programming Pearls)』 저자

현재 지위

아바야 랩스 리서치 소프트웨어 기술 연구부^{Distinguished Member of Technical Staff}

주목할 점

『생각하는 프로그래밍』(인사이트, 2003), 『Writing Efficient Programs』(Prentice Hall, 1981)의 저자, 몇 가지 널리 쓰이는 자료구조와 알고리즘 개발자, "컴퓨터 프로그래밍 분야 기술 발전"의 공로로 2000년 Dr. Dobb's Excellence in Programming Award 수상

생일

1953년 2월 20일

학력

노스캐롤라이나 대학교 전산학 박사, 1974–1976
노스캐롤라이나 대학교 전산학 석사, 1974–1976
스탠퍼드 대학교 수학 학사, 1972–1974
롱 비치 시립 대학교, 1970–1972

취미

등산, 응급구조대원 활동

약력

존 벤틀리는 1969년에 컴퓨터 프로그래밍을 시작했으며, 1970년 롱 비치 시립 대학에서 학생 직원으로 일하면서 처음으로 프로그래밍으로 돈을 벌었다. 2년 후에 스탠퍼드 대학에 편입해서 1974년 학사 과정을 마쳤다. 학부 시절에 몇 가지 특별한 활동을 했는데, 제록스 팔로 알토 연구소에서 지금 우리가 쓰고 있는 형태의 개인용 컴퓨터를 개발할 때 프로그래머로 일한 경험이 있고, 학부과정 때 (도널드 크누스의 지도로) 쓴 "k-d 트리"에

관한 논문에 기하학적인 자료구조를 제안했으며, 이 자료구조는 그 후로 널리 쓰여오고 있다. 노스캐롤라이나 대학에서 박사 과정을 마쳤으며, 1976년부터 1982년까지는 카네기 멜론 대학에서 강의하면서 여러 훌륭한 동료와 학생들을 만날 수 있었다. 카네기 멜론에서는 (주로 기하에 초점을 둔) 알고리즘을 연구했지만, 여러 다양한 영역에도 손을 댔으며, 1982년에는 코드 튜닝에 관한 『Writing Efficient Programs』라는 책을 썼다.

1982년부터 벨 랩의 컴퓨팅 사이언스 연구소에서 일했는데, 이 연구소는 UNIX, C, C++를 만들어낸 그룹이기도 하다. 벨 랩 시절에는 이론 알고리즘, 응용 알고리즘, 소프트웨어 툴, 전화기나 스위치 같은 제품을 만드는 일에 이르기까지 다양한 분야에서 일했다. 몇 년간 Communications of the ACM에 "Programming Pearls" 칼럼을 연재했으며, 그중 몇 가지를 모아서 『Programming Pearls』(ACM Press, 1986, 2판: Addison-Wesley Professional, 1999)와 『More Programming Pearls』(Addison-Wesley Professional, 1988)를 출간했다.

2001년에 벨 랩에서 은퇴한 후 두 달 반 동안 "산에서 놀다가" 아바야 랩스 리서치에 합류했다. 아바야에서는 알고리즘, (데이브 와이스와 함께) 소프트웨어 공학, 생체인식, 엔터프라이즈 통신 시스템 등의 다양한 분야의 일을 하고 있다. 2007년에 십여 개의 특허를 출원했다.

■ "… 바람직한 마무리"

소프트웨어 분야는 어떻게 시작하게 되었나요?

고등학교 2학년 때 보이스카우트 기능장을 준비하는데 비행기 날개 모양과 관련하여 계속해서 반복적인 계산을 하고 있었어요. 20분 동안 지루하게 계산하는 게 싫어서 몇 시간 동안 포트란을 배워서 그 계산을 할 프로그램을 만들었죠. 롱 비치 시립 대학이 집 바로 옆에 있었는데, 거기 계정을 어떻게 얻어내서 펀치카드로 프로그램을 만들고는 몇 시간 후에 바로 답을 구했죠. 그 뒤로 프로그래밍에 낚이게 됐어요.

소프트웨어 분야에서 자신의 가장 큰 성과, 기여가 무엇이라고 생각하시나요?

책: 『Programming Pearls』, 『Writing Efficient Programs』

이론 알고리즘: k-d 트리, 기하교차용 스캔 라인, 다차원 분할정복법, 다중키 퀵 소트와 3분할 검색 트리, 국소 적응형 데이터 압축

응용 및 실험 알고리즘: 빈 패킹 분석, 이론과 실전을 이어주는 책, 논문, 칼럼

소프트웨어 도구: UNIX grap, anim, 12fit, qsort

소프트웨어 기술: 체계적 코드 튜닝, little languages, 근사치 계산^{back-of-the-envelope}

소프트웨어 기술: 체계적 코드 튜닝, little languages, 근사치 계산[back-of-the-envelope calculations], 미니멀리즘

제품: PRL 5.0(5ESS에서 쓰인 특정 도메인 언어)와 AT&T 컴퓨터 전화기 8130

소프트웨어 분야에서 불만거리라고 할 만한 건 없나요?

소프트웨어의 단순성과 완전성 사이의 갈등이 끝나지 않는다는, 그리고 끝날 수 없다는 점이 그래요. 저는 웬만하면 우아하고 단순한 쪽을 더 선호하죠.

소프트웨어 알고리즘과 몇 가지 중요한 제품을 만드는 데 대단한 기여를 하셨는데요, 책이나 글을 쓰는 데도 꽤 많은 시간과 에너지를 투자하셨습니다. 그 이유가 뭔가요?

코드를 작성하는 일은 즐거워요. 하지만 글을 쓰는 건 정말 단순하게 힘든 일이죠. 스탠퍼드에서 도널드 크누스의 자료구조 수업을 들었을 때, 기말 보고서를 써서 내야만 했어요. 저하고 레이 핀켈은 원래 우리는 "2-4 트리"라고 불렀던, 쿼드 트리[Quad Tree]에 대한 보고서를 같이 썼어요. 크누스 교수님 사무실에서 토론했었는데, 교수님은 그 이름이 "2-3" 트리하고 헷갈릴 것 같다고 하셨고, 그때 우리는 잽싸게 스탠퍼드대 캠퍼스의 중심부에 있는 네 갈래로 나뉘는 길을 떠올리고는 "쿼드 트리"로 이름을 바꿨죠. 그 논문이 나중에 Acta Informatica에 실렸고, 그게 제 첫 논문이었어요. 그 저널을 처음 손에 쥐었을 때 논문이나 책 같은 걸 쓰는 일의 가치를 깨닫게 됐죠. 나중에 학교에서 강의할 때는 저도 크누스 교수님이 했던 것처럼 학부 알고리즘이나 조합분석 수업에서 학생들에게 기말 보고서를 내라고 했었죠.

어떤 때 성공했다는 느낌을 받으시나요?

저는 성공을 "바람직한 마무리[Favorable Termination of an Attempt]"라고 정의해요. 아직 소프트웨어 분야에서의 일을 마무리한 게 아니어서 제가 성공했는지는 모르겠어요. 그렇다 보니 그 질문에도 답을 할 수가 없겠네요. 하지만 개인적으로 매우 큰 만족을 느끼는 걸 얘기하라면 다음과 같은 세 가지를 꼽겠습니다.

1 **어려운 문제 해결** 코드와 관련된 것일 수도 있고, 수학과 관련된 것일 수도 있고, 글 쓰는 것과 관련된 것일 수도 있어요. 한참 동안 머리를 싸매고 씨름하다가 문제를 풀어내면 정말 큰 만족감을 느끼죠.

2 **내가 한 일이 널리 쓰이는 것** 제가 설계에 도움을 줬던 PRL 5.0 언어는 AT&T의 5ESS 스위치용 코드를 만들어내는 데 쓰였는데, 당시에 미국의 전화 회선의 거의 절반이 그 스위치에 연결돼 있었어요.

3 **기술 분야에 파급 효과 미치기** 내가 한 일이 논문이나 책으로 나오고, 다른 사람이 그걸 읽고 이해하고, 그걸 바탕으로 무언가를 하면 정말 기분이 좋아요.

어떤 건 큰 성공을 거둬서 세 가지 모두를 충족시키기도 합니다. 이외에도 다른 사람의 아이디어를 널리 알려지게 하거나, 다른 사람은 별로 관심을 안 뒀지만 내가 중요하다고 생각했던 일을 할 때도 만족감을 느낍니다.

■ "더 열심히 일할수록 더 큰 행운이 찾아온다"

기술 트렌드나 혁신의 정점에 서 있을 수 있는 비결은 무엇입니까?

웹이 시작점으로는 참 좋은데 그걸로 끝나진 않아요. 저는 많은 사람 사이에서 최신 정보, 최고의 정보를 얻을 수 있고 앞으로 어떤 일이 일어날지 들을 수 있는 학회나 워크숍을 정말 좋아합니다. 하지만 어느 분야에서든 최신 트렌드에서 뒤처지지 않는 유일한 방법은 아주 열심히 일하고 모든 게 제대로 됐다 싶을 때까지 키보드를 두드리는 것뿐이라고 생각해요.

기술 관련 리더나 기업의 임원은 시간에 많이 쫓기는 걸로 유명합니다만, 시간을 효율적으로 관리하기 위해 어떤 전략을 사용하시나요?

훌륭한 일꾼은 항상 모든 도구를 최상의 상태로 유지하죠. 누구에게든 가장 소중한 자원은 바로 자기 자신입니다. 자기 자신을 잘 챙겨야 해요. 가끔 전력질주를 하는 건 괜찮지만, 기술 분야에서의 삶은 마라톤과 같다는 점을 잊으면 안 되죠. 자기 페이스를 유지해야 해요. 자신을 잘 돌보고 자기가 사랑하는 것을 할 시간을 내야 합니다. 지금 생각해 보면 일과 관련된 중요한 아이디어 중에 반 이상을 멀리 있는 산에서 등산할 때, 그리고 응급구조 활동을 마치고 병원에서 집으로 돌아올 때 얻는 것 같아요. 어느 때는 등산이나 응급구조대원 수업 같은 것 때문에 일주일 이상씩 컴퓨팅에 관한 생각을 전혀 안 하고 지낸 후에 다시 업무로 돌아왔는데, 정말 어려운 문제에 그전까지는 전혀 생각하지 못했던 의외의 간단한 답이 있다는 걸 발견하기도 해요.

일과 삶의 조화는 어떻게 이루는지요? 일이 전부가 되는 상황을 피하는 비결이 있나요?

절대 지켜야만 하는 규칙을 설정하고 절대로 그걸 위반하지 않으면 됩니다. 보통 규칙을 세우기는 쉬운데 완벽하게 따르는 게 훨씬 어렵죠. 1990년대 중반에는 시장에 제품을 내놓는 일과 중학교에 다니는 아들을 엄마 없이 키우는 아버지로서의 일을 동시에 해야 했어요. 매일 아침 아이를 학교에 데려다 주고, 웬만하면 오후에 아이를 학교에서 집으로 데려오고, 집에서 저녁을 같이 먹고, 매일 저녁 충분한 시간을 함께 보내겠다는 목표를 세웠죠. 일주일에 한두 번씩 밤을 새워야 했지만, 목표는 이룰 수 있었어요. 일정에 맞춰서 제품을 완성했고, 제품은 잘 팔렸고, 애도 잘 자라 줬어요(물론 소프트웨어 엔지니어가 됐다는 문제가 있지만요). 그런데 그 제품이 출시된 지 몇 달 만에 회사에서 그 제품을 취소해 버렸고, 몇 년 후에는 마흔여섯의 나이에 심장마비에 걸렸어요. 그 후로는 훨씬 더 합리적인 규칙을 세우고, 그 규칙은 마치 목숨이 걸린 일처럼 지켜요. "일과 삶의 조화"라는 문구에서 "삶"이라는 단어에 훨씬 더 큰 무게를 둬야 합니다.

소프트웨어 분야에서 앞으로 10~15년 이내에 커리어에 긍정적으로든 부정적으로든 영향을 끼칠 만한 변화로는 어떤 것이 있다고 생각하나요?

미래를 예측하려는 노력은 하지 않으렵니다. 그렇지만 과거에 "더 열심히 일할수록 더 큰 행운이 찾아온다"는 자세를 가진 사람에게 항상 좋은 기회가 주어졌다는 얘기를 해 주고 싶네요.

■ "자신이 사랑하는 일을 하라"

소프트웨어 분야에서 성공하는 방법에 대해 (연구 개발 분야든 사업 분야든) 조언 한 말씀 해 주시죠.

적어도 지금까지 저에게 잘 통했던 것을 정리해 보면 이렇습니다.

- 행복을 찾으세요.
- 배울 수 있는 건 뭐든 배우세요. 언젠가, 어딘가에서, 어떤 식으로든 자기 일에도 도움이 될 겁니다.
- 새로운 것을 시도해 보세요. 하지만 옛것을 지키세요.
- 최고의 사람과 함께 일하세요.
- 조언자를 찾으세요. 자신이 존경하는 사람으로부터 배우세요.
- 자기 팀, 자기 회사, 자기 분야, 자기 이웃에게 보답하세요.
- 글쓰기와 코딩을 꾸준히 연습하세요. 동료의 일을 검토해 주고, 자신의 일도 동료에게 검토받으세요.
- 자기 회사, 팀, 동료 등에게 멋진 사람이 되세요. 충성심은 서로 주고받는 것입니다.
- 좋은 책을 읽으세요. 저는 영작 책 중에서는 스트렁크와 화이트의 『Elements of Style』 수학 문제 풀이 책 중에서는 폴랴의 『How to Solve It』 실제 문제 해결에 관한 책 중에서는 R. E. D. 울시의 『The Woolsey Papers』를 좋아합니다.

이런 조언들을 항상 따르진 못했지만, 적어도 조언을 따랐을 때 항상 좋은 결과를 얻긴 했던 것 같습니다.

소프트웨어 분야에 새로 들어올 사람한테 마지막으로 전하고 싶은 말 한마디만 해 주세요.

한마디 주의사항을 말씀드릴게요. 자기가 사랑하는 일을 하세요. 저는 제 프로그래밍에 대한 열정 덕분에 정말 많은 것을 얻었습니다. 자기 꿈을 추구하면서 저처럼 행운과 기쁨을 얻을 수 있기를 기원합니다.

CHAPTER 4

미션 임파서블?
소프트웨어 개발 분야 직장 구하기

> "나는 내가 한 일을 통해서 불멸의 존재가 되고 싶지 않다… 죽지 않음으로써
> 불멸의 존재가 되고 싶다." – 우디 앨런(1935–)

학교를 졸업하면서 첫 직장을 찾고 있든, 지금 어떤 직장에서 일하면서 다른 직장을 찾고 있든, 직장을 찾는 게 어려운 일이라는 점은 확실하다. 다행히도 우리 분야는 지난 수십 년간 소프트웨어 개발자에 대한 수요가 높았기 때문에 다른 분야에 있는 친구들이나 이웃들에 비하면 직장을 구하기가 쉬운 편이었다. 어렵거나 완전히 불가능한 일이라도 몇 가지 요령을 쓰면 효과를 극대화할 수 있다. 이 장에서는 이제 막 학교를 졸업하면서 취업전선에 뛰어든 사람이나 이미 직장생활을 하는 사람이 활용할 수 있는 요령을 몇 가지 공유해 보고자 한다.

■ 현명하게 선택하는 법

아마도 직장을 구하는 것보다 더 중요한 것이 바로 어떤 직장을 원하는가 하는 물음일 것이다. 마리사 메이어와의 인터뷰에서 그는 대학에서 전공을 선택한 이유, 그리고 구글에 들어간 이유에 대해 이야기했었는데, 그 둘은 매우 유사했다.

> 심볼릭 시스템즈 학과장이면서 언어학과 교수님이었던 탐 워소우 교수님을 만나서 심볼릭 시스템즈가 어떻게 돌아가는지, 그 전공에서 어떤 부분이 흥미로운지, 졸업 후에 커리어에 적용할 수 있을지 등 여러 가지 질문을 드렸어요. 면담이 끝날 때, 워소우 교수님은 이렇게 말씀하셨어요. "내가 여기 학과장을 맡는 걸 좋아하는 이유는 스탠퍼드에서 제일 재미있는 학생들이 있기 때문이다. 그런 재미있는 사람 주변에 있는 게 좋아서 아마 이 전공을 택하고 싶을 것이다. 그리고 학생 본인도 재미있는 사람이 되고 싶

어해야 한다." 심볼릭 시스템즈 전공에 속하는 것만으로도 마법처럼 재미있는 사람이 되는다는 게 꽤 마음에 들었어요. 그래서 그 부분을 꽤 잘 기억하고 있나 봐요. 실제로 그런 점이 제게 큰 영감을 줬어요…

더 많이 생각하고 더 잘 일할 동기를 부여해줄 수 있는, 자기가 아는 사람 중에 가장 똑똑한 사람하고 일할 수 있도록 노력하세요. 저는 제가 지금까지 만나본 사람 중에 가장 똑똑하고 가장 코딩을 잘하는 다섯 명 중 한 명으로 꼽을 수 있는 크레이그 실버스타인 하고 함께 일하고 싶다는 생각에 구글에 들어왔어요. 첫 3년 동안 저는 크레이그의 코딩 파트너였어요. 크레이그는 제가 만든 모든 코드를 검토하고 저를 훨씬 더 강한 프로그래머로 만들어주었죠. 정말 최고의 엔지니어들하고 일하면 생각하는 방법, 프로그래밍하는 방법이 송두리째 바뀔 겁니다.

많은 전문가가 일하고 있는 회사에 들어가면 결국에는 그들이 생각하는 스타일, 문제 해결에 대한 접근법 등이 자기에게도 옳아오게 마련이다. 하지만 내가 그런 사람과 경쟁할 수 있을까 하는 두려움을 느끼는 사람이 많다. 대단한 사람만 있는 곳에서 어떻게 앞서나갈 수 있을까? 우선 그런 고민은 행복한 고민이라고 받아들이는 것이 매우 중요하다. 긴 안목에서 보면 자기가 계발하는 스킬, 혁신을 위한 전술, 성공을 위한 전략 등이 자기 커리어를 끌어올리는 원동력이 될 것이다. 그런 환경에서 성공하지 못한다고 하더라도 다음 직장에서 훨씬 더 나은, 더 능력 있는 직원으로 주목받을 것이다. 그리고 더 흥미로운 사람하고 일하면 일도 더 재미있어지게 마련이다. 마지막으로, 자신을 과소평가하지 말자. 똑똑하고 창의적이고 흥미로운 사람도 모두 자신의 삶에 대한 전망과 전략을 형성하는 데 도움을 준 인생의 경험과 개인적인 조언자들로부터 득을 본 사람이다. 그런 것들이 자기에게 옮아온다면 상상하지 못했던 수준까지 올라가게 될 수도 있다.

소프트웨어를 좋아하긴 하는데 소프트웨어로 부자가 되고 싶다거나 막강한 영향력을 끼칠 수 있는 자리에 오르고 싶다면, 폭발적인 혁신 기술을 가진 새로운 기술 회사를 시작하거나 그런 회사에 들어가는 방법이 아마 틀림없이 가장 빠른 방법일 것이다. 메이어는 구글의 스무 번째 직원이었는데, 구글은 위 두 가지 특징을 모두 갖춘 회사였다. 이 책에서 인터뷰한 사람을 살펴보면 여러 부류의 인물들이 섞여 있는 것을 볼 수 있다. 큰 회사에서 차근차근 승진한 사람이 있는가 하면 신규 벤처 회사에 참가한 사람, 또는 벤처 회사를 시작한 사람도 있다. 워낙 표본 수도 적고, 무작위로 선택한 표본은 아니긴 하지만 (모두 이 책의 목적에 맞게 신중하게 선택한 사람이다) 조직이나 회사의 설립자가 많다는 것은 분명하다.

1 마크 베니오프: 세일즈포스닷컴 설립자

2 그래디 부치: 래쇼날 소프트웨어 공동설립자

3 다이앤 그린: VMware 공동설립자, 전 CEO

4 마리사 메이어: 구글 스무 번째 직원

5 피터 노빅: 구글이 스타트업 회사였던 시절 연구부장으로 합류

6 마크 루시노비치: 윈터널즈 설립자. 마이크로소프트가 윈터널즈를 인수한 후 마이크로소프트 펠로우로 선임됨

7 리차드 스톨만: 자유 소프트웨어 운동 창시자

8 리누스 토르발스: GNU/Linux를 처음 개발

9 데이비드 바스케비치: 마이크로소프트 CTO, 1986년 IPO 무렵에 마이크로소프트에 합류

10 스티브 워즈니악: 애플 공동설립자

내가 인터뷰한 17명 가운데 59%는 그들이 성공을 일구어낸 조직의 설립자 또는 초창기 멤버였다.

마이크로소프트나 썬, HP, IBM 같은 대기업에서 차근차근 승진해서 맨 위로 올라가는 일은 훨씬 더 느리고 점진적인 과정이다. 존 슈왈츠나 제임스 고슬링 같은 사람은 그런 과정을 밟아 올라갔다. 대기업에서 승진하는 것도 할 수 있는 일이고 여러모로 리스크가 적긴 하지만 빨리 이룰 수 있는 일은 아니다.

소프트웨어 회사를 살펴볼 때는 다음과 같이 열 가지를 생각해 보자.

1 전문적인 고품질 시스템을 만든 경험이 있는 회사인가?

2 뭔가 배울 만한, 진정 재능을 갖춘 사람이 있는 회사인가?

3 내가 들어갈 자리가 흥미로운 자리이고, 내가 믿을 수 있는 것과 관련하여 장기적인 성장 가능성을 가진 자리인가?

4 성공하기 위한 필요조건을 제대로 이해하고 실제 성공 실적을 가진, 상식에 맞게 행동하는 경영진이 있는 회사인가?

5 자기가 생산하는 제품에 대한 비전을 분명하게 가지고 있는 회사인가?

6 독립 연구 조직이 있는 회사인가?

7 어떻게 혁신하는 회사인가? 얼마나 근원적인 혁신을 이뤄낸 회사인가?

8 쾌적하고 유연한 업무 환경을 갖추고 있는가? 내 라이프스타일과 어울리는 회사인가?

9 회사가 안정적일 것 같은가? 10년 후에도 존속할 수 있는 회사라는 믿음이 가는가?

10 업계 표준에 걸맞은 수준의 급여를 지급하는 회사인가?

웬만하면 월급을 많이 주는 순서로 회사를 고르는 일은 피하자. 금전적 보상 수준은 다른 모든 조건이 거의 똑같은 상황에서 회사를 선택하는 기준 정도로 생각하면 된다. 하지만 평균 수준보다 너무 낮은 급여를 받는 것 또한 좋지 않다. 좋은 회사라면 사업 성공에 재능 있는 소프트웨어 개발자가 결정적 요인이라는 점을 잘 알게 마련이므로 급여가 박하진 않다. 터무니없이 낮은 연봉을 제시한다면 그 회사가 아주 전문적인 소프트웨어 개발 그룹도 아니고 사업 능력도 훌륭하지 않다는 것으로 생각해도 된다.

■ 신규 취업자 이력서의 현실

3장 "학교 대 직장"에서 여러 이유를 들어가면서 자세히 설명했듯이 학교에서의 성취도는 회사에서의 성취도와 그리 밀접하게 연관되어 있지 않지만, 안타깝게도 학교를 졸업하고 첫 직장을 찾는 신규 취업자를 평가하는 입장에서는 학업성취도 외에 딱히 적절한 평가 기준을 찾기가 어렵다. 게다가 대부분의 전산 관련 학과에서 제공하는 교육과정이 거의 비슷하므로 어느 수준 이상의 학교 졸업자들은 일반적인 교과 과정을 통해 배운 스킬이 전국적으로 거의 비슷하다고 할 수 있다. 물론 어느 정도 차이점도 있고, 학교 간의 격차도 있긴 하다. 하지만 개인적인 재능의 차이에 비하면 교육의 질의 차이는 상대적으로 적은 편이다.

소프트웨어 개발자 자리를 원하는 지원자들의 이력서는 거의 대동소이하다. 다들 운영체제, 자료구조, 알고리즘 수업은 듣게 마련이다. 자바, C, C++ 같은 핵심 프로그래밍 언어도 다들 안다. 기계어 프로그래밍, TCP/IP 같은 것도 개론 수준의 수업은 다들 듣는다. 그렇다고 해서 이런 내용을 이력서에 쓰지 말라는 것은 아니다. 당연히 이력서에 들어가야 할 만한 중요한 스킬이다. 이런 스킬을 이력서에 적는다는 것은 그 지원자가 전산학의 기초를 탄탄하게 배웠다는 것을 의미하고, 이는 괜찮은 학교를 졸업한 학생이라면 당연히 갖춰야 할 요소다. 하지만 이 정도만 가지고 마이크로소프트나 IBM, 구글 같은 좋은 대기업에 안정적으로 들어갈 수 있는 것도 아니고, 기술 혁

■ 이력서를 넘어서

소프트웨어 개발 분야에서 좋은 직장을 얻는 데 진정 도움이 되는 핵심 전략은 무엇일까? 당연한 일이지만, 이력서를 온갖 곳에 뿌리는 식의 "고전적인" 방법은 가장 효과가 안 좋은 축에 든다. 그렇다고 해서 이력서가 중요하지 않다는 건 아니다. 이력서는 정말 중요하다. 당신이 누구든, 어떤 자리에 지원하든 어디선가 누군가는 이력서를 읽어보고 검토해 볼 것이다. 정직성을 잃지 않는 범위 안에서 최대한 자신에게 유리하게 작용할 수 있는 훌륭한 이력서를 이미 만들어 뒀다고 해 보자. 이제 뭘 해야 할까?

소프트웨어 개발 관련 직장을 찾는 사람이 최종적으로 취업 제안서를 받아드는 방법으로는 다음과 같이 열 가지 정도를 들 수 있다.

- **취업 상담실** 대부분 학교에서 졸업생들의 취업을 돕기 위한 취업 상담실을 운영한다. 회사에서 신규 졸업생을 뽑을 때는 학교 취업 상담실을 통해 구인 광고를 내거나 후보자 검토 및 면접 일정을 조절하기도 한다. 소프트웨어 관련 대기업 – 마이크로소프트, IBM, 구글, 어도비, 사이베이스 등 – 들은 이런 방법으로 채용하는 경우가 상당히 많다. 졸업 평점이 나쁘면 면접 기회를 얻기 어렵다는 점, 졸업 예정자만을 대상으로 한다는 점 등의 단점이 있다.

- **친구와 지인** 별로 합리적인 것으로 보이지 않지만, 친구나 가족 네트워크는 거의 어느 업계에서나 좋은 직장을 구하는 가장 효과적인 방법이다. 무엇보다도 중요한 것은 아는 사람을 통하게 되면 그 사람은 당신을 매우 잘 알고, 편하게 여기며 당신의 보증인이 될 수 있다는 점이다. 뽑는 사람으로서는 한 다리 건너 아는 사람인 셈이 되는데, 면접을 잘 봤든 못봤든 잘 모르는 사람보다는 어느 정도 아는 사람을 뽑는 쪽을 선호할 수밖에 없다.

- **헤드헌터** "헤드헌터"라고 부르는 사설 취업 알선 업체들은 사람을 구하는 기업과 직장을 구하는 구직자를 연결해주는 일을 한다. 헤드헌팅 업체에서는 구인이 성공적으로 완료되면 수수료를 받는 방식으로 수익을 창출한다(보통 한두 달 월급 정도를 받는다). 수수료는 구인을 한 회사에서 지급한다. 헤드헌터는 수수료를 많이 받기 위해서라도 월급을 높일 수 있도록 최선을 다한다는 장점이 있다. 사실 기업들은 (10년 이상 쓰이지 않은 프로그래밍 언어같이) 매우 특화된 기술이 필요하다거나 시장이 매우 호황이어서 그 근방에서 인력난이 매우 심할 때만 헤드헌터를 통해서 사람을 구한다(1990년대 중후반에는 헤드헌터들이 매우 큰 호황을 누렸다).

- **공공 기관** 대부분의 주 정부나 지방자치단체에는 구직자가 직장을 얻는 일을 도와주기 위한 취업 지원 기관 같은 것을 운영한다. 이런 기관들은 보통 블루칼라 직장에 좀 더 치우쳐 있고, 대부분의 하이테크 기업들은 이런 기관을 통해서 사람을 뽑지 않는 편이다. 그럼에도

정부 프로젝트에서의 소프트웨어 개발 일 – 실제로 그런 일이 상당히 많다 – 을 하고 싶은 사람이라면 그런 공공 기관에서 큰 도움을 얻을 수 있다. 북미 지역에 사는 사람 중 공공 기관에서 일하는 사람의 비율이 상당히 높다.

- **교수** 전산 관련 학과의 교수들은 보통 어느 정도 기업과 협력을 한다. 연구비를 구하는 데도 도움이 되고, 실용적인 문제에 기반을 둔 연구를 하는 데도 도움이 되기 때문이다. 학교 교수가 기업에서 중요한 자리에 있는 사람한테 추천을 잘해 주면 직장을 구하는 데 큰 도움이 된다. 단점도 있다. 대부분의 교수는 기업인과의 인맥이 그리 방대하지 않고, 교수마다 기껏해야 1년에 한두 명 정도밖에는 추천해주지 않는다. 하지만 교수가 추천한 학생에 대해서는 회사 쪽에서도 상당히 큰 관심을 보이는 편이다. 인사과를 통해서 지원서를 한 번 걸러내는 일반적인 채용 절차와는 달리 교수들은 연구를 함께한 기업의 높은 사람에게 학생의 이력서와 교수 추천서를 직접 보낸다. 따라서 결과가 매우 빠르게 나올 수 있다. 그런 기회를 잡을 수만 있다면 회사로부터 주목받는 데 정말 큰 도움이 된다.

- **전화** 회사에 전화를 걸어서 사람을 뽑느냐고 물어보는 방법은 무모한 방법일 수도 있다. 아마 수십 번은 전화를 걸어야 사람을 뽑고 있는 회사를 찾을 수 있을 것이다. 처음 전화를 걸면 대표번호 전화를 받는 사람하고 통화를 하게 된다. 큰 회사에서는 이런 방식으로 채용하지 않지만 작은 회사에서는 보통 입소문이나 캠퍼스 리크루팅으로 사람을 뽑곤 한다. 성장 중인 중소 규모 기업을 목표로 삼는다면 이런 방법을 쓰는 것도 좋다.

- **인터넷 검색** 구직자와 구인하고자 하는 기업을 도와주기 위한 온라인 사이트가 몇 개 있다. 그런 사이트가 정말 도움이 될까? 꽤 괜찮다. 매년 온라인으로 이력서를 올리고는 몇 시간도 안 돼서 취업 면접을 본 사람의 이야기가 심심찮게 들려온다. 물론 이렇게 꾸준하게 성공 사례가 생기긴 하지만, 분명히 시간이 어느 정도 걸리긴 한다. 이런 사이트에 글을 올리는 사람이 수천 명이 넘기 때문에 기업 입장에서 딱 맞는 사람을 찾는 것도 쉬운 일은 아니다.

- **신문의 채용 공고** 신문 채용 공고를 볼 때는 그런 채용 공고 중 상당수는 의무적으로 꼭 필요한 광고라는 점을 염두에 두자. 사람을 채용할 때, 채용 공고를 공개적으로 올려야만 하는 때도 있다. 광고를 내기 전에 이미 뽑을 사람이 거의 정해져 있는 경우가 상당히 많다. 또한, 괜찮은 자리에 대한 채용 공고가 났다면 적게는 수십 명에서 많게는 수백 명 이상이 지원할 것이 뻔하기 때문에 경쟁이 매우 치열할 수밖에 없다. 하지만 이런 절차를 거쳐서 직장을 구하는 사람도 있다.

- **회사 방문** 회사에 직접 방문해서 이력서를 직접 내고 직접 얼굴을 맞대고 얘기하면서 면접이나 채용 담당자와의 회의 일정 같은 것을 잡는 방법으로 취업에 성공하는 사람도 있다. 그러나 가까이 있는 회사에 대해서만 이런 방법을 쓴다고 해도 왔다 갔다 하는 데 적지 않은 시간을 써야만 한다. 이 방법도 성장 중인 회사, 성공 확률이 아주 높아 보이는 회사에만 쓰는 것이 좋다.

- **이력서 우편 발송** 자기가 일하고 싶은 회사에 이력서를 직접 보내면 그 회사로 우편물이 갈 테니 누군가는 그 이력서를 쳐다보게 될 것이다. 하지만 슬쩍 훑어보고는 다른 이력서가 있는데 쌓아놓고는 다시는 쳐다보지 않을 가능성이 높다. 이런 방법으로 회사에서 연락을 받고 면접해서 취업하는 사람도 있긴 하지만 쉽진 않다.

표 4-1에 각각의 구직 전략의 효과를 요약해 놓았다.

표 4-1 직장을 구하는 방법

구직 방법	방법 요약	효과 (숫자가 높을수록 효과적임)
취업 상담실	졸업예정자나 최근 졸업한 사람은 학교에서 취업을 알선해 주는 취업 상담실을 활용하면 좋다	9
친구와 지인	아는 사람한테 취직자리를 물어보는 방법	8
헤드헌터	소개한 사람의 월급에 비례하는 수수료를 받는 사설 "헤드헌터"를 활용하는 방법. 상당히 열심히 자리를 찾아준다	5
공공 기관	공공 기관에서 운영하는 취업 지원 기관을 활용하는 방법	4
회사 방문	일하고 싶은 회사를 직접 방문해 보는 방법	3
교수	기술협력 프로젝트 등을 통해 기업과 인맥이 닿아있는 교수들을 통하는 방법	3
전화	일하고 싶은 회사에 직접 전화를 거는 방법	2
인터넷 검색	monster.com, careerbuilder.com, simplyhired.com과 같은 취업 관련 사이트를 검색하여 활용하는 방법	2
신문의 채용 공고	신문에 난 공고를 보고 구직하는 방법	2
이력서 우편 발송	이력서와 자기소개서를 일하고 싶은 회사에 보내는 방법	1

이 방법들 가운데 어떤 방법을 쓰는 게 좋을까? 될 수만 있다면 모든 방법을 다 쓰는 게 좋다. 구직 활동을 더 열심히 할수록 더 좋은 자리를 잡을 가능성이 높아진다. 여기에 나온 방법 여러 가지를 동시에 활용해도 전혀 해가 되지 않는다. 이제 막 졸업할 사람이라면 최소한 맨 위에 있는 두 가지 방법은 반드시 시도해 봐야 한다.

■ 학점의 가치

첫 직장을 구할 때는 학점이 중요하다. 시간이 지날수록 구직을 하는 데 있어서 학점의 영향력이 낮아지지만, 평점이 아주 좋았다면 직장생활을 몇 년 정도 한 경력이 있더라도 그 내용을 이력서에 집어넣는 것도 좋다. 학교에서의 성적은 정보 흡수력, 주어진 일에 열중할 수 있는 능력, 스스로 생각하는 능력, 그리고 책임감과 완벽을 추구하는 성향 등에 좋은 척도가 될 수 있기 때문이다. 성적은 능력과 느슨한 상관관계를 보인다. 능력이 좋은 사람은 조금 더 쉽게 좋은 성적을 올리는 경향이 있기 때문이다. 학교에서 배운 내용은 전문직에 종사하는 데 있어서 도움이 되고, 무언가에 헌신하는 성향이나 업무 윤리 같은 것은 학교생활에서나 직장생활에서나 비슷하게 나타날 가능성이 높다. 하지만 능력이 부족해도 엄청나게 열심히 공부해서 좋은 성적을 거둘 수도 있고, 능력은 아주 뛰어난데 좀 게으름을 피우는 바람에 학점이 안 나왔을 수도 있기 때문에 그 상관관계가 약하다. 학점이 지원자의 미래의 잠재력을 얼마나 반영하는지는 모르겠지만, 안타깝게도 신규 취업자가 면접 전에 가장 두드러지게 드러날 수 있는 특징은 학점뿐이다.

아마 여러분이 만든 이력서에도 프로그래밍, 운영체제, 데이터베이스 등의 중요한 스킬 목록이라든가 자바, C, TCP/IP 같은 걸 잘 알고 있다는 점이 적혀있을 것이다. 하지만 다른 지원자들도 마찬가지다. 웬만한 국가의 괜찮은 대학교의 전산 관련 학과를 졸업한 사람이라면 누구든 그 정도는 배운다. 구직 성공 여부는 면접을 볼 수 있는지, 그리고 면접에서 어떤 인상을 줄 수 있는지에 달려 있다. 면접에서 좋은 인상을 준다면 학교에 다니는 동안 했던 그 어떤 일보다 더 큰 효과를 얻을 수 있다. 신규 취업자가 첫 번째 면접 기회를 얻는 데 있어서 학점은 중요한 요인 가운데 하나이며, 특히 마이크로소프트나 구글, IBM, HP, 썬 같은 큰 소프트웨어 회사에 지원한다면 더욱더 그렇다.

이력서에 다른 사람에 비해 눈에 띌 만한 내용이 많으면 많을수록 학점의 중요성은 낮아지게 마련이다. 인터뷰 절차 전까지는 학점에 관해서 묻지 않는 회사도 있기 때문에 졸업 학점이 상위 1/3 이내에 드는 수준이라면 그리 큰 문제는 되지 않을 것이다.

마지막으로 A+급에 속하지 못하는 사람에게 도움이 될 만한 포인트를 한 가지 짚고 넘어가고 싶다. 학점으로는 얼마나 열심히 일하는지, 팀에서 일하는 능력이 어떻게 되는지, 리더가 지녀야 할 능력이 어떻게 되는지, 얼마나 창의적이고 혁신적인지 등을 평가할 수 없기에 학점은 그 사람의 잠재력이나 미래의 성공을 평가하는 데 그다지 좋은 척도가 될 수 없다. 학교는 그러한 특성과는 별로 상관없는 곳이다. 우리 시대의 위대한 소프트웨어 혁신가나 CEO를 조사해 보면 대부분의 사람이 최고 수준의 학생이 아니었으며, 학교를 중퇴하는 등 눈에 띄게 안 좋은 학창시절을 보낸 사람도 있다는 것을 알 수 있다. 빌 게이츠도 대학교를 중퇴했다. 오라클 창립자이자 CEO이면서 재산이 수백억 달러에 이르는 래리 엘리슨도 일리노이 주립대와 시카고 대학교를 연달아 중퇴했다. 애플의 공동 창립자이면서 CEO인 스티브 잡스는 포틀랜드에 있는 리드 칼리지를 중퇴했다. 이 유명 인사들은 능력, 추진력, 사업 센스가 있어서 성공할 수 있었다. 어쩌면 사업에 대한 관심 때문에 주의가 산만했다든가 그 시기에 조금 집중력이 부족했기 때문에 학교 공부를 조금 잘 못 했을 수는 있지만, 그 사람이 능력이 부족해서 학교를 중퇴한 것은 아니다.

빌 게이츠는 SAT에서 1,600점 만점에 1,590점을 받았다고 한다. 그 시절에 그 점수면 IQ로는 대략 170 정도이고 100만 분의 1 정도의 지적 능력을 갖춘 것으로 볼 수 있었다고 한다. 래리 엘리슨은 CIA의 데이터베이스를 위한 소프트웨어를 개발하는 주니어 프로그래머로 일하던 중 IBM에서 나온 관계형 데이터베이스에 대한 연구 논문을 읽고는 직접 회사를 창업하여 최초의 유닉스 기반 관계형 데이터베이스 제품을 만들어냈다. 주니어 프로그래머 중에 IBM에서 나온 연구 논문을 읽는 사람이 얼마나 있을까? 이 인물들은 운 좋게 컴퓨터 혁명의 태동기에 커리어를 시작한 예외적인 스토리를 가진 예외적인 인물들이다. 장기적으로 볼 때 진정 중요한 것 중에는 학교 성적에 제대로 반영되지 않는 것들이 많다. 배우고자 하는 의지, 세세한 부분에까지 관심을 쏟는 정성, 직업윤리, 창의력, 혁신성, 원만한 인간관계, 감성, 리더가 지녀야 할 능력 등이 바로 그것이다. A+ 등급의 학생이 아니어도 할 수 있는 일, 그리고 올라갈 수 있는 자리에는 한계가 없다.

■ 과외 활동의 가치

소프트웨어는 팀워크이자 혁신이다. 소프트웨어 분야는 매우 창의적인 분야로, 어느 회사든 최고의 인재를 자기 팀으로 데려오는 데 혈안이 되어 있다. 이 책에 있는 인터뷰를 보면 위대한 리더와 혁신가들은 소프트웨어 분야에 국한되지 않는 다양한 관심사를 가지고 있음을 알 수 있다. 그래디 부치는 물리학, 화학 공부를 하기도 하고 켈틱 하프를 연주하는 취미를 가지고 있다. 마리사 메이어는 연날리기를 좋아한다. 존 슈왈츠는 요트를 즐긴다. 제임스 고슬링은 3차원 그래픽스를 취미로 즐기며, 꾸준히 자바원 콘퍼런스를 위한 티셔츠 디자인을 하고 있다. 데이빗 바스케비치는 승마 실력이 뛰어나고 디지털 사진을 취미로 한다. 다이앤 그린은 1976년 전국 요트 대회 여성부 470급에서 우승한 경력을 가지고 있고, 장거리 윈드서핑 경기인 샌프란시스코 클래식 여성부에서 세 번이나 우승했다. 커리어가 성공적인 사람이 본업 못지않게 멋진 취미 생활을 즐기는 것은 우연이 아니다. 회사를 운영하는 사람은 다양한 분야에 관심이 있는 사람이 가장 좋은 직원이라는 것을 잘 알고 있다. 취미와 업무 외적인 관심분야는 다음과 같은 식으로 개인의 삶과 스킬을 확대할 수 있기 때문에 상당히 긍정적인 가치를 더해줄 수 있다.

- 뇌의 다른 부위를 자극하여 기존과 다른, 새로운 관점으로 문제에 접근할 수 있다.
- 일과 개인생활 사이의 균형을 잡아 긴장을 완화하고 활력을 불어넣고 에너지를 충전시킬 수 있다.
- 감성적, 지적인 여흥과 해방감을 제공할 수 있다.
- 더 재미있는 사람이 될 수 있다.

과외 활동과 업무능력 사이의 상관관계는 매우 강한 편이며, 경영진은 대부분 기술적인, 그리고 리더로서의 잠재력을 갖추고 있으면서 일과 개인생활 사이의 조화를 잘 맞출 수 있는 사람이 좁은 영역에서의 기술 스킬만을 갖춘 사람에 비해 장기적으로 볼 때 팀에 더 큰 이익을 가져올 수 있다는 점을 잘 알고 있다. 물론 좋은 직장을 얻고 커리어를 키워나가는 데 신기한 취미가 꼭 필요한 건 아니며, 그런 부분은 이력서에서 보너스 포인트 부분에 불과하다. 일반적으로 취미나 과외 활동 면에서의 관심사 같은 것의 효과가 막강한 것은 아니지만, 이력서를 보는 사람의 눈에 들고 괜찮은 직장을 구하는 데 있어서 중요한 한 방 역할을 할 수도 있다. 업무 외의 관심사가 있다는 것의 진정한 강점은, 장기적으로 볼 때 개인생활에 뜻깊은 가치를 더해줄 수 있으며 생각의 폭을 넓혀줄 수 있다는 데서 찾을 수 있다.

■ 현장 실습과 인턴십

소프트웨어 회사에서 가장 중요한 요소는 사람이다. 다른 것은 별로 중요하지 않다. 팀을 구성하는 사람의 재능이나 스킬에 비하면 사무공간이나 회사에서 쓰는 하드웨어, 소프트웨어는 부수적인 비용 및 고려 사항에 지나지 않는다. 이력서를 아무리 자세히 써도, 회사에서 아무리 어려운 면접을 하더라도 회사는 최종합격 결정을 내릴 때까지도 그 지원자에 대해 그리 자세히 알 수가 없다. 아무리 열심히 해 봤자 회사는 지원자와 몇 시간 정도밖에는 함께할 수 없고, 지원자는 그 회사를 위해 아무 일도 하지 않은 상태에 불과하기 때문이다. 채용 담당자들은 가장 인상적인 지원자를 뽑는 것이 상당한 도박이라는 것을 잘 알고 있다. 채용할 사람을 두고 도박을 하는 것은 회사로써는 매우 큰 비용을 감수해야만 하는 일이다. 일을 잘 못하는 사람을 솎아내는 일은 감정적으로, 그리고 재정적으로 고통스러운 과정이다. 어쩌면 매일 출근해서 그저 그런 일만 하고, 자기 일에 열성을 보이지도, 리더십을 발휘하지도 않으면서 시간만 보내고 가는 사람이 일을 잘 못하는 사람보다 더 골치 아플 수도 있다. 그런 사람은 공격적인 시장에서 경쟁력을 발휘하는 데 필요한 에너지를 팀에 제공하지 못하는데도 막상 해고하려면 적절한 명분을 찾기가 어렵다.

학생 신분에 있으면 채용 방식이 완전히 달라진다. 학생 신분으로 회사에서 현장실습(4~8개월) 또는 인턴십(8~16개월)으로 일하면 회사에서는 지원자를 더 상세히 파악하고, 지원자가 일하는 것을 직접 확인할 수 있다. 근무기간이 끝날 무렵이면 이력서나 몇 시간의 인터뷰만으로 파악한 것과는 전혀 다른 지원자가 되어 있을 것이다. 그 사람에 대해 훨씬 더 많은 것을 알 수 있기 때문이다. 그 사람이 무엇을 만들어낼 수 있는지, 얼마나 열심히 일하는지, 얼마나 혁신적일 수 있는지, 어떻게 일하고 팀 내의 다른 사람과 잘 어울리는지 잘 알게 된다. 다년간의 경력과 최고 수준의 학점, 석박사 학위 같은 걸 갖춘 지원자조차도 그 회사에서 현장실습이나 인턴십을 거친 지원자에 비하면 훨씬 위험성이 높을 수밖에 없다. 보통 현장실습이나 인턴십을 하면 학위 과정을 1년 정도 더 해야 하는데, 대부분 학생은 그런 자리에서 일하려고 늦게 졸업하는 것을 선호하지 않기 때문에 현장실습/인턴십 자리는 정규직에 비하면 상대적으로 얻기 쉬운 편이다. 하지만 그런 경험을 쌓고 나면 정규직 자리를 잡을 가능성이 거의 100배는 올라간다. 현장실습이나 인턴십을 "문간에 발 들여놓기$^{Foot\ in\ the\ Door}$"라고 부르곤 하는데, 정규직 자리를 꿰찰 가능성 면에서 본다면 두 다리와 한쪽 팔 정도는 들여놓은 셈이라고 봐도 무방하다.

■ 훌륭한 면접을 위한 15가지 비결

CNN, 월 스트리트 저널, 다우존스 마켓워치 등에 단골로 등장하기도 하고 『회사가 당신에게 알려주지 않는 50가지 비밀$^{What\ Does\ Somebody\ Have\ to\ Do\ to\ Get\ a\ Job\ Around\ Here?}$』(서돌, 2007)이라는 책의 저자이기도 한 신시아 샤피로라는 커리어코치가 있다. 신시아 샤피로의 허락을 얻어 최고의 인터뷰를 위한 비결 열 가지(6~15번)를 정리하고, 최근의 소프트웨어 업계의 인터뷰 동향을 반영한 다섯 가지(1~5번) 비결을 추가하여 다음과 같은 목록을 만들었다. 어떤 소프트웨어 직종의 인터뷰를 하든 이 15가지 비결만 잘 익히고 있다면 큰 실수는 하지 않을 것이다.

1 해당 분야에 대해 연구하고, 그 기업의 현 위치를 파악한다.

보통 회사 홍보를 위한 정보에서 그 회사가 다루고 있는 기술에 대해 알아낼 수 있으며, 많은 경우 인터뷰 전에 정확하게 어떤 기술에 관해 면접을 보게 될지 파악하는 것도 가능하다. 면접일까지 주어진 시간을 활용하여 그 회사에서 개발하는 기술에 관한 이해를 넓히고, 그 기술의 시장, 경쟁자들의 장단점 등을 조사하자. 하룻밤 사이에 전문가가 될 필요까지는 없지만, 면접 중에 자신의 이해도와 호기심을 조금이라도 보여줄 수 있다면 아주 좋은 인상을 남길 수 있다.

2 스킬 테스트용 질문, 퍼즐 형 문제, 현장에서의 프로그래밍 테스트에 대비한다.

요즘은 거의 모든 소프트웨어 회사에서 지원자의 사고방식이라든가 잠재력을 가늠하기 위해 적성검사와 스킬 테스트용 질문을 혼합한 형식의 문제들을 활용한다. 컴퓨터와는 무관한 개념적인 질문(예: "왜 맨홀 뚜껑은 둥근가?" 같은 질문)에서 알고리즘 지식을 활용하여 몇 분 안에 풀어내야 하는 문제(예: "rand() 함수만 가지고 정수 배열을 무작위화시키는 루틴을 설계하라"든가 "이진 트리의 두 노드 각각에 대한 포인터가 주어졌을 때 가장 가까운 공통 조상을 효율적으로 찾아내는 방법은?" 같은 문제)에 이르기까지 다양한 문제가 나올 수 있다. 이런 유형의 시험 방식은 IBM에서 1980년대에 "프로그래밍 적성검사(Programming Aptitude Test)"라는 것을 정례화시키면서 시작되었고, 마이크로소프트에서는 1990년대 초부터 대인면접 절차에 이런 시험 방법을 본격적으로 도입했다. 요즘은 대부분 주요 소프트웨어 업체에서 이런 방식을 채택하고 있다. 이런 문제에는 공통적인 패턴이 있기 때문에 인터넷에서 찾을 수 있는 문제를 가지고 연습하면 면접 과정에서 받을 수 있는 질문에 더 잘 대응할 수 있다. 이런 문제가 나왔을 때 어떤 대답을 하는지 못지않게 중요한 것이 바로 그런 경험을 어떻게 처리하는가 하는 것이다. 면접관은 응시자가 어려운 문제를 풀기 위해 생각하는 과정을 즐기는지를 살펴본다. 면접 도중에는 도저히 풀 수 없을 만큼 몹시 어려운 문제를 내고 그 반응을 살펴보는 사람도 있다. 그런 면접관들은 어려운 문제를 풀어나가는 과정에서의 스릴을 즐길 줄 아는 사람을 뽑고 싶어한다.

3 자신감과 겸손함을 동시에 보인다.

면접하러 오면서 어떻게 행동해야 하는지 분명하게 결정하지 못하고 오는 사람이 많다. 할리우드 영화를 몇 편 보고는 활기 넘치고 열정적이고 세계를 정복할 수 있을 법한 (아니면 적어도 회사를 제 손안에 집어넣기라도 할 것 같은) 허세를 부리는 것이 최선의 전략이라 생각하게 될 수도 있다. 최악의 접근법이다. 소프트웨어에서는 팀워크가 중요하기에 대부분 면접관은 열정적이면서 열심히 일하는 것 못지않게 같은 팀에 있는 다른 사람과 잘 어울려 일할 수 있는 겸손과 예의를 갖추는 것을 중시한다.

4 명확하게 소통할 수 있다는 것을 보인다.

북미 지역의 컴퓨터 관련 수업에 들어가 보면 현지어로 소통이 그리 잘되지 않는 학생의 비율이 상당히 높은 편인데도 학교에서는 그리 큰 문제가 되지 않아 보인다. 영어를 모국어로 하더라도 소통의 명확성 면에서 볼 때 전산 전공자들은 인문학 전공자들보다 뒤처지는 편이다. 학교에 있는 동안에는 그래도 괜찮을 수 있지만 졸업하고 나면 현지어로 분명하게 소통할 수 있는 능력의 중요성이 점점 두드러지게 된다. 소프트웨어 개발의 상당 부분은 팀워크를 통해 이루어지기 때문이다. 소프트웨어 전문가를 선발할 때, 회사는 면접 과정에서 의사소통이 얼마나 원활하게 되는지를 중요하게 여긴다. 억양이 문제가 아니다. 분명하게 이해하고 소통하는 능력에 관한 문제다. 의사소통만 잘 된다면 억양이나 맞춤법, 문법 같은 것은 누구도 대수롭지 않게 생각할 것이다. 맞춤법에 약해도 걱정할 필요는 없다. 면접관도 마찬가지로 맞춤법에 약할 가능성이 높다. 괜히 전산 전공자들이 맞춤법 검사 프로그램을 개발한 게 아니다.

5 소프트웨어 분야에서의 폭넓은 관심을 보인다.

대부분은 소프트웨어 개발자, 소프트웨어 테스터, 프로젝트 관리자와 같이 특정한 역할에 중심을 맞춰서 면접을 보게 마련이다. 면접을 볼 때는 그 역할에 필요한 핵심 스킬에 초점을 맞추게 마련이지만 너무 그 영역으로 제한된 방식으로 논의를 전개하지 않는 게 좋다. 예를 들어 프로그래머 자리로 면접을 본다고 하더라도 소프트웨어 엔지니어링이나 품질 보증, 프로젝트 관리 등에 대한 흥미와 관심을 보여주는 것도 도움이 된다.

6 지피지기면 백전백승이다.

지원자들은 대부분 면접에 들어갈 때 커다란 책상 너머에 있는 사람이 자기를 집어넣어 주려고 한다고 생각하지만, 사실은 정 반대다. 대부분 면접관은 어떻게든 지원자를 떨어뜨리기 위해 노력한다. 이 사람을 떨어뜨릴 구실을 찾게 마련이고, 회사에 맞지 않는 사람 때문에 생길 수 있는 골칫거리, 애로 사항을 미리 방지하는 쪽에 더 관심이 많다. 떨어뜨릴 구실이 마땅치 않으면 그 지원자는 다음 단계로 넘어갈 수 있다. 따라서 괜히 자진해서 상대방에게 추가 정보를 제공하는 일은 없어야 한다. 공연히 자기 인생사를 늘어놓고 부적절한 정보를 알려주는 바람에 시작도 하기 전에 자신을 침몰시키는 지원자가 부지기수다. 면접관이 이끌어나가는 대로 쫓아가면서 개인 정보를 괜히 털어놓는 일은 피하는 것이 최선이다.

7 긍정적인 면만 부각한다.

첫 데이트랑 마찬가지라고 생각하자. 첫 번째 데이트에서 자기가 저질렀던 끔찍한 일들을 늘어놓고, 자기는 요리도 하나도 못 하는 데다가 게으름뱅이라고 떠벌리는 사람이 있을까? 마찬가지로 면접에서도 그런 얘기는 절대 하지 말자. 자신에 대해 좋은 인상을 줄 수 있는 카드만 내놓자. 이 중요한 채용 절차에서 면접관이 활용할 수 있는 것은 지원자가 제출한 종잇조각(이력서)과 단 한 번의 면접에서 하는 말뿐이다. 데이트를 더 해 보고 싶다면 최고의 모습만 보여줘야 한다. 그리고 자신의 이전 직장, 직장 상사에 대한 험담은 금물이다. 부정적이고 매번 자기만 억울하다고 호소하는, 실패하는 지원자의 전형을 보여줄 만한 언행이다. "지금까지 겪었던 업무상 가장 힘들었던 일이나 상사에 관해 얘기해 보세요" 같은 함정에 주의하자. 부정적인 영역으로 끌고 들어가려고 하는 질문이다. 까다로운 과거 이슈에 몰린 상황이라면 "꽤 도전적인 경험이었지만 거기에서 많은 것을 배웠고, 제가 더 나은 직원이 될 기회였다고 생각합니다." 같이 대답하면서 넘어가는 것도 좋다.

8 열정을 보인다.

대부분 직원들은 면접을 가면서도 자신이 진정 이 미스터리로 가득한 회사에서 일하고 싶은지 확신하지 못한다. 안타깝게도 그런 속내가 겉으로 드러나면서 별 감흥이 없는 지원자로 인식되는 일이 비일비재하다. "내가 정말 여기에서 일하고 싶은 걸까?"하는 질문은 면접을 통과한 뒤 실질적인 데이터를 앞에 둔 입사 협상 과정으로 미루도록 하자. 면접 과정 중에는 그 회사와 그 자리에 대한 열정을 보이는 것이 필수적이다. 어떤 취업 면접을 하더라도 자기가 오래전부터 꿈꿔온 자리인 것처럼 행동하자. 정말 자신한테 맞지 않는 자리라는 생각이 든다면 일단 입사 제의를 받은 다음에 안 가겠다고 해도 된다. 면접관들이 원하는 사람은 그 기회에 대한 열정을 보이는 사람, 분명히 그 회사에서 일할 사람, 그 자리에 들어가게 되면 기뻐할 사람이다.

9 회사에 대한 부정적인 질문은 하지 않는다.

직원들을 혹사한다는 악평이라든가 최근에 나온 부정적인 기사 같은 것에 대한 질문은 하지 말자. 그런 질문을 받고 좋아할 면접관은 없다. 긍정적인 면만 내세우라는 원칙과 일맥상통하는 부분이다.

10 개인 신상이나 건강에 관한 정보는 절대 공개하지 않는다.

면접이 본격적으로 시작되기 전에 오고 가는 잡담에서 대부분의 지원자가 실수한다. 잡담을 적당히 피해서 직장경험이나 회사에 관한 대화로 돌리도록 하자. 일단 회사에 발을 들여놓고 누군가와 대화를 시작한다면 (상대방이 그냥 접수 담당자라고 하더라도) 면접이 시작된 것으로 봐야 한다. 그 후로는 자기가 한 어떤 얘기라도 비수가 되어 돌아올 수 있다. 미혼모로 살아가는 게 얼마나 힘든지, 최근 이혼한 후로 얼마나 힘들게 지내고 있는지, 큰 수술 후에 회복하는 게 얼마나 힘든지 등을 일단 한 번 얘기하고 나면 면접을 통과할 가능성은 거의 없어진다. 인사 담당자든 면접관이든 그러한 사실을 가지고 차별하는 것은 불법인 건 분명하지만, 그런 배경을 잘 기억해 뒀다가 면접단계에서 탈락시키는 경우가 대부분이다. 그리고 아마도 "귀하는 이 자리와는 맞지 않는 것 같습니다. 건승을 기원합니다." 같은 틀에 박힌 불합격 통보를 보내올 것이다. 아무도 개인 신상이나 건강과 관련된 사항 때문에 탈락했다고 알려주진 않지만, 현실은 현실이다.

11 자기선전을 준비한다.

면접 시작 전에 자부심을 갖자. 자신의 장점, 그 회사에서 자신을 채용해야 하는 이유를 목록으로 만들어 두자. 면접관과 대화를 나눌 때 그런 점들을 적절히 늘어놓을 수 있도록 준비하자. 지금까지 일했던 여러 회사에서의 성공 사례, 자신의 가장 자랑스럽게 생각하는 일을 미리 적어보고, 마음속에 잘 새겨놓아서 면접관에게 응답할 때 적절하게 활용할 수 있도록 하자.

12 거짓말을 하지 않는다.

어떤 사소한 일이라도 손쉽게 검증할 수 있는 세상이다. 아주 사소한 실수로도 일을 그르칠 수 있다. 요즘은 대부분 회사에서 개인탐정을 고용해서 지원자들의 배경을 철저하게 조사한다.

13 면접 후 에티켓을 갖춘다.

면접이 끝난 후에 전화나 이메일로 너무 귀찮게 만들지 않는다. 회사에서 필요로 하는 사람이라면 지구 끝까지라도 쫓아갈 것이다. 아무 연락도 오지 않는다면 어떤 이유로든 관심이 없어졌다는 뜻으로 해석하면 된다. 어떤 회사도 최고의 지원자는 쉽게 놓아주지 않는다. 믿어도 좋다. 면접이 끝나고 나면 자신이 지원한 자리에 대한 열정과 시간을 내 준 면접관에 대한 감사의 메시지로 가득한 감사 쪽지 또는 감사 이메일을 보내는 것으로 충분하다. 그걸로 끝이다.

14 면접 코칭.

이력서가 자신의 커리어에서 이뤄낸 모든 것을 보여주는 명함이라고 한다면, 면접 절차는 지원자와 회사 사이의 절묘한 줄타기라고 할 수 있다. 평정심을 잃지 않고 면접 상황에서 최선을 보여줄 수 있도록 도와주는 면접 훈련이 필요할 수도 있다. 전문 커리어코치로부터 함정을 피하는 방법, 어떤 질문이라도 자신의 훌륭한 경험을 뽐내는 방향으로 돌려서 답하는 방법 같은 것을 배울 수도 있다. 연봉과 각종 보너스를 최대한으로 끌어올릴 수 있는 협상법을 배울 수도 있다.

15 기타 면접 절차를 더 수월하게 이끌어갈 수 있는 비결

- 면접 하루나 이틀 전에 미리 면접 장소에 가 보자. 그렇게 하면 장소도 정확하게 알 수 있고, 면접 당일에 받는 스트레스를 줄일 수 있다. 회사에 드나드는 사람을 지켜보면서 회사 문화에 대해 미리 어느 정도 감을 잡아보자. 캐주얼한 복장으로 다니는지 아니면 정장을 입고 다니는지 살펴보자. 장소나 사람에 대한 감각을 미리 익혀두면 면접하러 갔을 때 그 회사에 더 맞는 사람처럼 행동하기가 수월할 것이다.
- 자연스럽게 행동하면 더 자신감 있는 인상을 줄 수 있다. 적절하게 의자 팔걸이에 살짝 팔을 걸친다거나 몸을 앞으로 기울인다든가 하는 것도 도움이 될 수 있다.
- 그 회사에 대해 좋은 감정이 있다는 것을 드러내자. "회사 위치가 좋아요", "직원들이 행복해 보여요", "이 회사 제품을 좋아해서 예전부터 많이 썼어요" 같은 사소한 것이라도 좋다.
- 이력서를 인쇄해서 가지고 가자. 현장에서 지원서를 작성하는 데도 도움이 되고, 철저하게 준비해 온 사람이라는 인상을 줄 수도 있다.
- 이야기를 나눈 사람의 명함을 꼬박꼬박 챙기고, 각각의 사람에 대해 메모를 남겨둔다. 면접 후에 감사의 글을 쓸 때 큰 도움이 될 수 있다.

소프트웨어 관련 직장을 찾을 때 신경 써야 할 것은 부지기수다. 회사, 사람, 기술, 장소, 조직 문화, 연봉 같은 것을 모두 고려해야 한다. 면접을 준비하는 동안 각각을 세밀하게 파악해 두면 직장을 구하는 데 있어서 남들보다 훨씬 더 앞서나갈 수 있을 것이다.

interview
비야네 스트롭스트룹

C++ 언어의 창시자

현재 지위

텍사스 A&M 대학교 공과대학 전산학과 교수

주목할 점

C++ 언어를 창시하고 최초로 구현한 인물

생일

1950년 12월 30일

학력

캠브리지 대학교 전산학 박사, 1975–1979

덴마크 오르후스 대학교 수학 및 전산학 석사, 1969–1975

취미

독서(문학, 과학, 역사), 달리기, 여행 및 등산, 음악 감상(클래식, 락 등), 친구들과의 저녁 식사

약력

C++를 설계하고 최초로 구현한 인물이며, 『The C++ Programming Language』(Addison–Wesley Professional, 2000), 『The Design and Evolution of C++』(Addison–Wesley Professional, 1994), 『Programming: Principles and Practice Using C++』(Addison–Wesley Professional, 2008)을 비롯한 여러 연구 논문과 출판물의 저자이다. 연구분야는 분산 시스템, 설계 및 프로그래밍 기법, 소프트웨어 개발 도구, 프로그래밍 언어 등이다. C++의 ANSI/ISO 표준화에 활발하게 참여하고 있다.

1979년부터 2002년까지는 벨 연구소와 AT&T 연구소의 전산 연구부에서 연구원과 부서장으로 일했다. 2002년 이후로는 텍사스 A&M 대학의 전산학과 교수로 일하고 있다. 여전히 AT&T 펠로우로 AT&T 연구소와의 관계를 유지하고 있다.

Dr. Dobb's Excellence in Programming Award, William Procter Prize for Scientific Achievement from Sigma Xi, IEEE Computer Society's Computer Entrepreneur Award, ACM Grace Murray Hopper Award 등을 수상했다. 미국 공학 한림원 회원이며 IEEE 펠로우, ACM 펠로우, AT&T 펠로우, 벨 연구소 펠로우이다.

■ "수학과 전산학이라는 과정에 들어갔어요…
응용수학의 일종으로 잘못 알고 들어간 거였죠"

소프트웨어 분야는 어떻게 시작하게 되었나요?

고등학교를 졸업하고 고향에 있는 오르후스 대학의 "수학과 전산학"이라는 과정에 등록했어요. 그때는 응용수학의 일종으로 잘못 알고 들어간 거였죠. 거기서 처음으로 프로그래밍을 배우고는 푹 빠지고 말았죠. 2학년을 마치고 나서는 조그만 상용 애플리케이션을 만들어서 학비를 벌 수 있었어요. 그때 소프트웨어 개발의 전 분야와 사회적 중요성에 대해 많이 배웠어요.

소프트웨어 분야에서 자신의 가장 큰 성과, 기여가 무엇이라고 생각하시나요?

C++를 실생활에 쓰이게 하고, 그 결과로 객체지향 프로그래밍을 주류로 만들어낸 것이 제일 큰 업적입니다. C++ 이전에는 컴퓨터 업계에서 OOP(객체지향 프로그래밍)를 들어본 사람이 거의 없었고, OOP가 있다는 걸 아는 사람들도 믿을 수 없이 느린 데다, 최고 수준의 대학에서 박사 학위를 받은 정도는 돼야 쓸 수 있기 때문에, 실전 환경에서 사용하는 건 불가능하다고 생각했죠. 그 시절에는 OOP를 "느린 그래픽스"라고 "정의"할 정도였어요. 물론 C++가 OOP를 처음으로 지원한 언어는 아니에요(OOP를 최초로 지원한 언어는 Simula죠). Ada, Eiffel, Objective C, Smalltalk, 여러 Lisp 변종 등 여러 다른 언어에서 OOP를 지원했어요. 하지만 무지와 변화에 대한 저항, 그리고 프로젝트의 스케일의 장벽을 깬 언어는 바로 C++였어요. C++를 성공으로 이끈 강점은 시간 및 공간적인 면에서의 경쟁력, 다양한 시스템에 적용할 수 있는 특성, C와의 호환성, 언어 메커니즘의 범용성(OOP 전용 언어가 아니죠), 한정된 목표(C++는 완전한 시스템이 아니라 언어로 국한돼 있어요)였습니다. "마케팅의 힘"(마케팅이 아예 없었죠. 개발에 투입된 예산도 얼마 안 됐고)이나 "최초", "그냥 운이 좋아서"(25년이 넘게 꾸준히 운이 좋을 순 없죠) 같은 게 성공의 원인은 아니었어요. C++ 커뮤니티는 입소문과 기술 문서, 강연, 그리고 제 책을 통해서 성장했어요.

언어를 설계하는 건 실제 그 언어를 쓰이게 하는 것에 비하면 쉬워요. C++보다 더 깔끔하고 예쁜 언어를 만들 수도 있었겠지만 제 목표는 추상적인 아름다움이 아니라 유용성이었죠. 요즘은 제네릭 프로그래밍(GP)에 대해서 똑같은 일을 하고 있어요. GP는 현재 C++ 표준 라이브러리에서도 필수적인 부분이지만 다음 C++ 표준에서는 더 잘 지원될 겁니다.

어떤 때 성공했다는 느낌을 받으시나요?

뭔가 흥미진진하고 중요한 것에 제가 한 일이 쓰이는 걸 보면 성공했다는 느낌을 받아요. 예를 들어 NASA의 화성 탐사체의 영상 분석 및 자동 운전 서브시스템에서 C++가 쓰였을 때 짜릿한 느낌을 받았죠. 그 외에도 C++가 쓰인 예는 셀 수 없이 많죠. (www. research.att.com/~bs/applications.html 참조) C++는 인간 게놈 프로젝트에서도 중요한 역할을 해냈죠. 지금 이 글도 C++ 애플리케이션으로 쓰고 있고, C++로 만들어진 메일러로 발송할 거예요. 그리고 이 책의 독자들이 읽고 있는 책도 어떤 C++ 프로그램으로 만들게 될 거고요.

■ "논문 다섯 편하고 매뉴얼을 넣고 물을 붓고 저으면 됩니다"

이미 고전이 된 『The C++ Programming Language』를 출간하면서 동시에 상용 버전의 C++를 출시하셨는데요, 혹시 뒷이야기 같은 게 있지 않나요?

1984년 어느 날, 옆 사무실에서 일하는 앨 아호[Al Aho] 사무실 문 앞에 서서 C++ 사용자들이 자꾸 똑같은 질문을 하는데, 일일이 질문에 답하는 게 정말 큰 짐이 되고 있다는 불만을 늘어놓고 있었어요. 그때 앨이 내 말을 끊더니 "비야네, 책을 써야 되겠네"라고 하더라고요. 그전까지는 전혀 생각지도 못하고 있었어요. 대답들을 전부 모아서 책에 써 두면 일일이 질문에 답하지 않고 새 프로젝트로 넘어갈 수 있지 않겠냐고 얘기하더라고요. 정말 좋은 아이디어였죠. 바로 다음날, "논문 다섯 편하고 매뉴얼을 넣고 물을 붓고 저으면 됩니다"라는 말을 곁들이면서 책을 쓰는 프로젝트에 대해서 부서장인 샌디 프레이저[Sandy Fraser]에게 발표했어요. 이틀 뒤 그 프로젝트에 대한 승인이 났어요. 벨 연구소의 연구관리 부서는 정말 훌륭했죠. 하지만 알고 보니 책을 쓰는 일이 그리 간단하지가 않았고, C++ 컴파일러도 완성해야 했고, 그때까지의 경험을 반영해서 C++ 언어를 수정하고, 사용자들을 지원하고, 문서를 작성하는 등의 일도 해야 했어요. 그래도 1985년 10월에는 바로 그 책, 『The C++ Programming Language』와 최초의 상용 C++ 컴파일러가 같은 날에 세상의 빛을 봤어요. 근데 앨이 틀린 부분이 있었어요. 책을 쓰고 나면 시간 여유가 더 생길 줄 알았는데 오히려 질문이 더 많아지고 더 어려워지더군요.

기술 트렌드나 혁신의 정점에 서 있을 수 있는 비결은 무엇입니까?

어려워요. 강연을 많이 하는데, 그러다 보면 여러 곳을 돌아다니면서 다양한 소프트웨어 개발 조직을 접하게 돼요. 이메일도 많이 하고 이것저것 읽는 것도 많습니다. 읽을 게 많긴 한데 한 사람이 제대로 이해하기에는 돌아다니는 정보가 워낙 많아서 뭘 믿고, 뭘 중요하다고 봐야 하는지가 더 문제가 되는 것 같아요.

소프트웨어 분야에서 불만거리라고 할 만한 건 없나요?

관리자나 경영진 중에 프로그래밍을 조립 라인에서 하는 저수준의 업무로 치부해 버리려는 사람이 너무 많아요. 그런 시각은 장기적으로 볼 때 비효율적이고 소모적인데다가 비용을 증가시키게 마련이에요. 프로그래머들에게는 비인간적이고요. 소프트웨어 개발에서는 만능이라는 말이 안 통해요. 사람이 자기 재능을 활용할 자리를 만들어 주고 성장할 수 있도록 격려를 해 줘야 합니다.

석사나 박사 학위가 전문가 커리어에서 가치가 있다고 생각하시나요?

저는 그렇다고 생각해요. 탄탄한 기술적/과학적 기반이 없으면 유행에 파묻힐 수밖에 없어요. 그리고 대학원은 지금 당장은 별로 쓸모없어 보이는 것에 대해 생각하고 실험하고 배울 수 있는 몇 안 남은 장소 가운데 하나죠. 뭔가에 너무 초점을 맞추지 않고 그냥 재미있어 보이는 것을 자세히 살펴보면서 시간을 보내는 것이 중요하다고 생각합니다. 좋은 학위 과정에서는 철저한 기술적/과학적 기반을 갖추는 것에 덧붙여 그러한 시간을 가질 수 있죠.

■ "멀티태스킹은 심각한 일에는 적합하지 않아요"

기술 분야의 리더나 기업의 임원들은 시간에 많이 쫓기는 걸로 유명합니다만, 시간을 효율적으로 관리하기 위해 어떤 전략을 사용하시나요?

저는 시간 관리에 그리 능하지 않은 것 같아요. 저는 한 번에 한 가지만 할 때 가장 일이 잘 돼요. 멀티태스킹은 심각한 일에는 적합하지 않아요.

일과 삶의 조화는 어떻게 이루는지요? 일이 전부가 되는 상황을 피하는 비결이 있나요?

저는 일과 무관한 걸 많이 읽습니다. 달리기도 많이 해요. 좋은 사람과 좋은 음식을 먹는 걸 좋아해요. 출장 스케줄을 잡을 때는 일과 무관한 일정도 집어넣으려고 노력합니다. 전부 일과 삶의 조화에 도움이 돼요. 하지만 연구라는 건 딱 일과 시간에만 할 수 있는 일이 아니잖아요. 제 일의 3/4은 제가 쓸 수 있는 시간의 3/4 이내에서 해결하려고 하지만, 현상 유지를 하는 것만 해도 일과 시간의 거의 95%를 잡아먹어요. 그 이상을 하는 데 쓸 수 있는 시간이 거의 없죠.

소프트웨어 분야에서 성공하는 방법에 대해 (연구 개발 분야든 사업 분야든) 조언 한 말씀 해 주시죠.

행운을 잡으세요. 자기가 잘하는 일을 하세요. 열심히 일하되 너무 강박적으로 하지는 마세요. 인간적으로 사세요.

새로운 기회를 알아채고 시도해보지 못할 만큼 너무 하나에만 집중하거나, 너무 강박적으로 일하거나, 너무 자기 자신에게 확신해서는 행운을 잡을 수가 없어요. 기회를 알아챘을 때 그 기회를 잡을 수 있을 만한 시간과 기술이 없으면 행운을 잡을 수 없죠. 뭔가를 잘하려면 (치열하게 경쟁하는 세상에서 "잘" 한다는 것은 대단한 일이죠) 상당한 시간이 걸리기 때문에 자기가 좋아하지 않는 것을 잘할 수는 없어요. 잘하지 못하는 걸 계속하면 비참해지죠. 그리고 자기가 좋아하는 것에 재능을 가지고 있을 가능성이 훨씬 높죠. 좋아하는데 재능을 발휘하게 마련입니다.

일은 인생에서 중요한 부분입니다. 딱 아홉 시부터 다섯 시까지만 일하고 주말에만 제 삶을 찾고 싶은 사람이라면 상관없어요. 하지만 음악이 인생의 중심이 아닌 모차르트를 생각하면 너무 이상하지 않나요? 직장에서 자신이 하는 일을 좋아하는 것은 물론, 함께 일하는 직장 동료가 마음에 들어야 합니다. 오랫동안 함께 일할 사람이니까요. 존중할 가치가 없는 사람, 함께 시간을 보내고 싶지 않은 사람이 득시글한 분야를 택하지 마세요. (광고 쪽 사람은 정말 엔지니어들하고 다르더라고요) 동료를 믿으세요.

■ "예측이라는 건 정말 힘든 일이긴 하지만…"

소프트웨어 분야에서 앞으로 10~15년 이내에 커리어에 긍정적으로든 부정적으로든 영향을 끼칠 만한 변화로는 어떤 게 있을 것으로 생각하나요?

글쎄요… 지금 우리가 보고 있는 것들, 그리고 매체에서 논의되는 것들 가운데 정말 많은 것들이 금방 지나가 버리고 말아요. 기껏해야 3년이면 얘기가 쑥 들어가 버리죠. 경향이나 유행은 금방 바뀌어 버리죠. 대신 한발 물러서서 곰곰이 생각해 봅시다.

예측이라는 건 정말 힘든 일이긴 하지만 앞으로 10~15년 안에 세계적인 규모로 적용되는 거라면 지금 어딘가에서 연구되고 있을 거예요. 사실 향후 10년이라는 시간 안에 볼 수 있는 거라면 대부분 실생활에 이미 적용돼 있을 겁니다. 소프트웨어는 관성이 아주 크기 때문에 앞으로도 포트란, 코볼, C 코드는 볼 수 있을 거예요. 어떤 건 이미 한물간, 거의 관리되지 않는 레거시 코드로 남아있는 수준이겠지만, 최신 소프트웨어와 연결되어 쓰이면서 활발하게 유지되는 것도 상당수 있을 겁니다.

제 생각에는 기반 구조와 애플리케이션 부분이 점점 더 분명하게 갈라질 것 같아요. 언어나 도구의 사용이나 교육에서도 그 분리가 뚜렷해질 것 같고, 개발 커뮤니티도 점점 더 다른 방향을 향해 성장하게 될 것 같아요. 지금 기반 구조를 만드는 사람(대부분 C나 C++ 같이 하드웨어 쪽하고 더 가까운 언어를 쓰죠)과 애플리케이션을 만드는 사람들(대부분 자바스크립트나 루비 같은 동적 언어를 쓰죠) 사이의 차이점을 보면 그렇게 될 것 같아요. 자바는 여러모로 중간쯤에 있는 것 같아요. 그 위치가 딱 적당한 자리인지 아니면 어디로도 갈 수 없는 어색한 자리인지는 시간이 지나야 알 수 있을 것 같습니다. 그 두 문화 사이에 다리를 놓는 게 점점 더 힘들어지고 있어요. 앞으로 10~15년 정도 지나면 각 커뮤니티가 막강한 툴셋의 지원을 받게 될 거예요. 기반 구조 분야에서는 성능, 정확성, 보안을 겨냥할 것이고, 애플리케이션 분야에서는 유연성과 출시하는 데까지 걸리는 시간을 중시할 겁니다(보안과 성능에 대해서는 기반 구조 분야에 크게 의존하게 되겠죠).

이런 그림을 놓고 볼 때, 매우 동시성이 강한 하드웨어, 지역적인 분산의 중요성이 강조될 겁니다. 제 생각에는 전통적인 전산 실력이 좋은 고도의 기술을 갖춘 개발자에 대한 (기반 구조 분야의) 수요와 애플리케이션 영역에 필요한 능력 기반 구조를 갖춘 수많은 개발자에 대한 수요가 매우 커질 것 같아요. 기반 구조 분야에서 더 높은 수준의 전문성이 발휘됐으면 합니다. 인류 문명이 거기에 의존할 수밖에 없을 거예요. 특히 시스템 구성 요소의 정확성, 검증 가능성, 근본적 확실성이 더 주목받았으면 해요. 그러기 위해서는 지금보다 (수학적인 추론을 포함하여) 더 엄밀하고 덜 임기응변적인 접근법이 필요할 거예요.

기술에 대한 제 예측이 틀렸다면 – 그리고 예측은 대부분 과녁을 크게 벗어나곤 하죠 – 우리는 지금 같은 혼란스러운 상황과 크게 다르지 않은 상태에 머물러 있을 것이고, 다양한 유형의 개발자들이 훨씬 더 많이 필요하게 될 겁니다. 어느 쪽이든 여러 계층의 기술 관리 체계가 필요할 것이고, 기술적인 업무보다는 승진을 선호하는 사람들에게는 더 많은 기회가 찾아오겠죠. 어쨌든 소프트웨어 개발 산업은 지금보다 더 커질 것이고 사회적 중요성도 더 커질 것입니다.

소프트웨어 분야에 새로 들어올 사람들한테 마지막으로 전하고 싶은 말 한마디만 해주세요.

할 만한 가치가 있는 것을 발견했다면 열심히, 꾸준히 하세요. 그리고 유행은 무시하세요.

CHAPTER 5
소프트웨어 개발자 초기 시절 활용법

"사회가 이렇게 계속해서 풍요로워지기만 한다면 역경을 딛고 일어서는 위인들의 이야기는 점점 더 부족해져만 갈 것이다." – 러셀 P. 아스퀘

소프트웨어 개발 분야가 훌륭하다고 얘기하는 이유 가운데는 생생하고 역동적이라는 점도 들어갈 수 있을 것이다. 업계 자체의 역동성과 빠른 변화 속도로 인해 누구든 자기 계발과 학습에 초점을 맞춰야만 한다. 아무도 거기에서 벗어날 수 없다. 어떤 사람은 변화와 끊임없는 학습을 즐기는 반면, 적응하지 못하고 고생하는 사람도 있다. 그러나 소프트웨어 개발 업계에서 여러 실패 사례, 성공 사례를 가로지르는 한 가지 진실은 바로 "개발자로서의 첫 5년은 가장 큰 가르침을 얻을 수 있는 시기"라는 점이다. 이 시기는 기업 문화, 조직 내의 역동성, 사내 정치 등을 처음 접하는 시기다. 한 개인으로서보다는 한 팀의 일원으로 일해야 하며, 동료와 정보, 기술, 자산(문서, 코드, 프레젠테이션 자료 등)을 공유하는 방법을 익혀야 한다. 그 분야의 재미없는 면들을 자세히 보게 되고, 그중 많은 부분을 자기가 해내야 한다(별 재미는 없지만, 누군가는 해야 하는 일이라면, 대개 신입 사원이 해야 하게 마련이다). 기술적인 면에서 보자면 강력한 소프트웨어가 만들어지는 과정, 더 큰 팀에서 일하는 것의 역동성을 처음으로 직접 맞닥뜨리는 시기가 바로 이 기간이다. 이 5년을 소중히 여기고 자기 것으로 만들어야 한다. 이 시기 동안 전문가로서 성장할 수 있다면 소중한 5년을 보냈다고 할 수 있을 것이다.

■ 트레이드크래프트

> **"프로그래머는 독창성과 논리적 사고력보다는 사례 분석의 완전성을 기준으로 평가해야 한다."** – A. J. 펄리스, 프로그래밍에 대한 경구(Epigrams of Programming)

학교를 갓 졸업한 신입 사원은 프로그래밍 실력이 꽤 좋은 편이지만 아직 대규모 프로젝트에서 일한 경험은 없는 상태다. 회사에 처음 들어가면 그 회사의 첨단 기술을 배우고 엄청나게 세련된 일을 할 거라고 기대하게 마련이다. 하지만 학교에서 개발했던 것보다 더 규모가 크고 복잡한 코드를 개발한다는 점을 제외하면 회사의 개발 환경도 학교와 비교하여 영 딴판이라고는 할 수 없다. 신입 사원으로서 정말 놀랄 만한 부분은 바로 트레이드크래프트^{Tradecraft} 스킬이다. 여기서 "트레이드크래프트"란 본질적으로 매우 전문적인 스킬임에도 학교에서는 자세히 가르쳐주지 않는 것을 뜻한다. 여러 개발자가 오랜 시간에 걸쳐서 코드를 건드리는 대규모 프로젝트에서 꼭 필요한 스킬들이 있다. 일반적으로 실전 프로젝트에서는 학교에서 다루는 프로젝트에 비해 더 높은 수준의 신뢰성, 가용성, 동시성, 성능 효율 등이 요구된다. 어떤 것은 대학원 수준의 수업에서 가르쳐주기도 하지만, 전산 관련 석사나 박사 학위를 받은 사람들도 수박 겉핥기 정도로만 배우는 경우가 대부분이다.

코드 계획 및 개발과 관련된 스킬도 있고, 여러 명(5명, 50명, 500명 등)으로 이루어진 조직 내의 협업 환경에서 코드를 개발하는 것과 관련된 스킬도 있다. 수백 개의 CPU, 수만 명의 동시 접속자가 테라바이트에서 페타바이트에 이르는 데이터를 이용하는 경우처럼, 소프트웨어를 실행시켜야 하는 시스템의 규모^{Scale}와 관련된 이슈도 있을 수 있다. 소프트웨어의 트레이드크래프트는 학교에서 배우는 스킬에 비하면 훨씬 덜 전문적이고 훨씬 덜 추상적이지만 피아노를 배우는 것과 마찬가지로 제대로 마스터하고 이해하기 위해서는 수년의 경험이 필요하다.

소프트웨어 전문가가 되려면 이런 경험과 스킬을 해당 분야에 뛰어든 후 5년 안에 익힐 수 있어야 한다. 지금까지 그런 스킬을 익힐 기회를 잡지 못했다면, 지금이라도 좋으니 빨리 배우도록 하자.

- 최소한 네 가지 서로 다른 프로그래밍 언어와 네 가지 서로 다른 데이터 형식(JPEG, XML, 텍스트, MPEG 등)을 배운다.
- 적어도 천 명이 동시에 사용할 수 있을 정도의 소프트웨어를 개발한다.
- 1테라바이트 규모의 데이터까지도 스케일링할 수 있는 소프트웨어를 개발한다.
- 열 명 이상이 참여하는 프로젝트에서 일한다.
- 지금은 질문에 답해줄 사람이 없는, 만들어진 지 5년 넘게 지난 코드를 확장하는 일을 한다.
- 남이 만든 코드의 결함을 적어도 40개 이상 수정한다.
- UNICODE를 입력받고 두 가지 이상의 언어로 사용자 출력(에러 메시지, GUI 텍스트 등)을 하는 다국어 지원 코드를 작성한다.
- 다음과 같은 상황에서의 성능 특성을 연구한다.
  - CPU 캐시 미스가 있는 상황과 없는 상황에서 메모리로부터 데이터 가져오기
  - 디스크에서 연속된 블록에서 읽어오는 경우와 무작위 입출력 탐색으로 읽어오기
  - 큰 블록의 입출력과 작은 크기의 입출력
  - 세 가지 많이 쓰이는 언어(자바, C/C++, PHP 등)

소프트웨어 업계

전산학과나 컴퓨터 공학 및 관련 학과에서 학위를 받았다면 소프트웨어 개발이라는 흥미진진하면서 역동적인 분야에서 써먹을 수 있는 여러 가지 훌륭한 기술을 이미 익혔을 것이다. 하지만 소프트웨어 업계 – 소프트웨어 판매 방식, 시장의 생리, 영업 및 마케팅이 돌아가는 방식 등 – 에 대해서는 학교에서 자세히 가르쳐주지 않는다. 소프트웨어 분야에서 성공하는 사람들은 그런 것이 자기 주 업무 분야가 아님에도 관련 실무 지식을 배우기 위해 열심히 일한다. 그러한 과정이 어떻게 돌아가는지, 누구의 얘기에 귀를 기울여야 할지, 그들이 어떤 것을 원하는지를 분명히 이해함으로써 소프트웨어 분야에서 어떤 일을 하든 그 일을 더 잘할 수 있게 되기 때문이다.

도메인 전문성

장기적으로 보면 성공적인 커리어는 특정 분야의 전문가(전문 프로그래머, 관리자, 테스터, 기술 전도사라든가 데이터베이스, 가상 현실, 실시간 통신, CRM 시스템, 모바일 기기 같은 특화된 분야의 전문가)가 될 수 있는 능력에 의해 가장 크게 좌우된

다. 세계적인 수준의 전문성을 계발하기 위해서는 오랫동안 중점적인 노력이 필요하며, 처음 시작한 기술 분야가 자신의 커리어를 규정하지는 않는다. 하지만 커리어 초기에 배우는 것은 미래에 어떤 도움을 주게 마련이다. 프로그래밍 언어도 변하고 (요즘은 포트란이나 파스칼을 쓰는 사람들이 거의 없다) 운영체제나 기술 플랫폼, 프로그래밍하는 기기의 유형 같은 것도 변하게 마련이다. 하지만 패러다임의 변화에도 원격 통신, 게이밍, 이미지 처리, 데이터베이스, 산업이 돌아가는 기본 원칙 같은 특정 도메인의 근본적인 특성은 천천히 변화한다.

■ 온고지신

지금은 저수준의 것으로 분류되는 것이 미래에는 프로그래밍과 관련된 추상적인 개념으로 바뀐다든가 프로그래밍 인터페이스가 더 좋아지면서 더는 손댈 필요가 없는 것으로 바뀌게 될 것이라는 점은 분명하다. CPU 파워와 컴파일러의 효율이 향상되면서 프로그래머가 CPU를 아주 세밀하게 제어할 필요성이 줄어들었고, 그 때문에 요즘은 어셈블리 언어 프로그래밍으로 커리어를 시작하는 사람이 거의 없다. 하지만 예전에 어셈블리를 배워서 그 기술을 정복했던 사람들은 다른 사람들은 따라가기 어려운 수준으로 시스템을 깊이 이해하기 때문에 여전히 강력한 프로그래머로 남아있다. 어셈블러 도사들은 손쉽게 코어 덤프를 해독하고 마치 보통 사람이 신문 읽듯이 수월하게 16진수 코드와 레지스터 항목으로 가득 찬 미로를 돌아다니며 메모리 손상 문제를 디버깅해 버리곤 한다. 하지만 스킬이 거기에 머물러 있다면 일상 업무는 제대로 하지 못하고 가끔 특별한 상황에서만 쓸모 있는 사람으로 남아있을 수밖에 없다. 어셈블리 프로그래머 중에서 C/C++, 자바 같은 언어로 전향한 사람들은 CPU 및 운영체제, 메모리와의 상호 작용 같은 것에 대한 심도 있는 이해를 자신의 막강한 장점으로 활용할 수 있다. 그런 스킬을 보유한 사람들은 옛것과 새것의 장점을 결합하여 남들보다 더 쉽고 우아하게 시스템을 설계하고 프로그램하고 디버깅할 수 있다. 1980년대에 어셈블리 언어가 핵심 프로그래밍 스킬이었지만 지금은 뒤로 밀려난 것처럼 요즘의 저수준 프로그래밍 스킬도 언젠가는 일선에서 물러나게 될 것이다. 하지만 지금 그러한 스킬을 정복하면서 이해한 것이 미래에 자신의 소프트웨어 전문가로서의 입지를 더욱 확고하게 해주고 확대해주는 소중한 자산이 될 것이다.

레이 톰린슨은 이메일이라는 것을 처음 만들어낸 사람이다. 그는 소프트웨어의 선구자일 뿐 아니라 기술 트랙에서 자기만의 길을 계속해서 걸어온 몇 안 되는 최고 수준의 기술 전문가라고 할 수 있다. 그는 지금도 소프트웨어 프로젝트를 진행하고 있다. 이 책을 준비하기 위해 인터뷰했을 때 그는 소프트웨어 개발에서 더 많은 것이 바뀔수록 더 많은 것이 그대로 남는다는 점을 언급했다. 어떤 절차를 단순화시키기 위해 도입된 새로운 기술 때문에 일이 더 복잡해지기도 하고, 소프트웨어 뺑튀기*와 더 많아진 데이터 때문에 메모리를 더 많이 잡아먹게 되고, 도구나 플랫폼, 언어가 바뀜에도 이 분야의 근본 원리는 여전히 그대로 남아있다는 것이다.

> 소프트웨어 분야를 보면 원래 프로그래머들이 하던 일들을 덜 훈련된 사람들이 할 수 있게 해주고, 프로그래머는 대신 다른 일을 하도록 멋진 물건이 나왔다는 소식을 종종 들을 수 있습니다. 하지만 사실 그건 불가능합니다. 그런 목적으로 어떤 것을 만들더라도 결국은 똑같은 문제가 생깁니다. 간판만 바꿔 달 뿐이죠. 어차피 어렵긴 마찬가지고, 다른 도구를 써도, 다른 객체를 쓰고, 다른 유형의 프로그래밍 엔터티를 쓰고, 다른 언어를 써도 실상은 똑같습니다. 여전히 서로 맞지 않을 수밖에 없는 면을 가지고 있는 것들을 모아서 서로 맞추는 방법을 찾아내는 일을 하게 마련입니다.
>
> – 레이 톰린슨, 이메일 창시자, BBN 테크놀로지스

■ 리더로부터 배워라

아마 같은 조직에서 일하는 대가급 전문가들이 생각보다 최신 기술 면에서 뒤처져 있다는 사실에 놀라는 일이 종종 있을 것이다. 요즘도 5년 전 기술을 최신 기술인 것처럼 얘기하고 다니는 사람도 많다. 그런 사람들은 학교에서 배운 최신 프로그래밍 패러다임이나 동료가 짬이 날 때마다 만지작거리는 최신 플랫폼 같은 것을 잘 모르는 편이다. 하지만 그 사람들이 괜히 그런 자리에 올라간 것은 아니다. 당신이 하는 일에 대해서는 잘 모를지 몰라도, 소프트웨어 분야의 커리어에 있어서 질적으로 중요한 것에 대해서 많이 알고 있는 편이다. 그들은 대형 시스템을 만드는 방법을 안다. 좋은 코드와 나쁜 코드를 구분할 줄 안다. 보통 사람들이 기를 쓰고 하는 일 중에서 적당히 때우

---

* 역자주_ 새 버전이 나올 때마다 사용자에게 필요하지 않은 기능을 추가하거나 더 많은 시스템 자원을 사용하게 되는 현상으로 소프트웨어가 풍선처럼 부풀어 오르다(bloat)는 뜻에서 소프트웨어 비대화(Software Bloat)라 한다. 여기서는 소프트웨어 뺑튀기로 옮겼다.

고 넘어가도 좋을 일들을 분명히 안다. 소프트웨어 개발 프로세스와 소프트웨어 팀 내의 역학 관계를 이해하고 있다. 어쩌면 그보다 더 중요한 점은, 그 회사에 오래 있었던 만큼 그 팀이 일하고 있는 조직을 잘 알고, 그 회사의 기업 문화에 정통하다는 것이다. 그들이 익힌 지혜와 경험에서 정말 많은 것을 배울 수 있다. 살아남는 법, 주어진 시스템 안에서 성공하는 법, (기술적인 면에서든 정치적인 면에서든) 새내기 프로그래머가 범하기 쉬운 실수를 피하는 법 등을 배울 수 있다.

■ 네트워크 구축

사회생활 초기를 업계 전반에 걸쳐서 나중에 도움을 주고받을 수 있는 인적 네트워크를 개발하는 시기로 활용하자. 중요한 것은 무엇을 아느냐가 아니라 누구를 아느냐 하는 것이라는 점을 잊지 말자. 커리어를 쌓아가면서 알게 되는 친구나 지인들은 나중에 그 진가를 발휘한다. 사회생활 초기에 함께 일하게 되는 사람들은 상대적으로 비슷하게 그 분야에 뛰어든 지 얼마 안 된 사람들일 것이다. 누구든 항상 동료 집단하고 가깝게 일하며 지내게 마련이니까. 네트워크는 자기와는 무관한 일이라고 생각하는 사람들도 있을 것이다. 과연 그만그만한 사람들이 나중에 전문가 네트워크가 될 수 있을까 하는 의문도 들 것이다. 하지만 모두 함께 늙어가는 게 인생이다. 10년쯤 지나고 나면 내가 승진한 만큼 동년배들도 승진해 있을 것이다. 어떤 사람은 내 밑에서 일할 수도 있고, 어떤 사람은 이미 임원이 되어 있을 수도 있다. 다른 회사로 옮기거나 자기 사업을 시작한 사람도 있을 것이다. 어쨌든 한 가지 사실은 분명하다. 동년배들 모두 각자의 커리어를 쌓아나가게 될 것이고, 그들 가운데 어떤 이는 언젠가는 나를 도와줄 수 있는 위치에 올라가 있을 것이다. 이런 관계는 단순히 받기만 하는 관계가 아니다. 가는 게 있어야 오는 게 있다. 남들에게 소소한 호의를 베풀면서 신뢰를 쌓고, 내게 뭔가 빚지고 있다는 느낌이 들게 해야 한다. 길게 볼 때 그런 관계를 통해 자기 커리어를 빠르게 발전시킬 수 있다. 시간이 지남에 따라 나를 지원해주는 든든한 우군들이 많아지고 나면 훨씬 많은 일을 달성할 수 있다. 그리고 나의 우군이 되어주는 이들에게 나도 든든한 우군이 되어야 한다. 윈-윈 시나리오를 구축해 나가는 전형적인 방식이다.

말콤 글래드웰은 『티핑 포인트』(21세기북스, 2004)에서 사회적인 상호 작용이 근본적인 변화를 이끌어내는 방식을 잘 설명하고 있다. 그는 변화의 핵심 요인 가운데 하나로 "소수의 법칙"을 꼽는다. 중대한 변화를 위해서는 그 수는 적지만 커넥터Connector, 메이븐Maven, 세일즈맨Salesman이라는 세 유형의 사람들이 필요하다는 것이다. 커넥터는 광범위한 사회적 네트워크를 형성하며 여러 사람을 서로 이어주는 역할을 한다. 이 사람들은 여러 집단에 발을 담그고 있으면서 경계를 넘나들며 만날 일이 없을 법한 사람들을 연결해 준다. 메이븐은 특정 분야에 대해 방대한 지식을 갖추고 있으면서 그 정보를 널리 공유한다. 글을 많이 쓰는 블로거들이 바로 메이븐에 속한다고 보면 된다. 세일즈맨은 설득력 있는 카리스마를 갖춘 사람들로, 다른 사람들이 공통된 시선을 가질 수 있게 한다. 세계 곳곳의 커넥터, 메이븐, 세일즈맨의 힘이 모여서 변화를 만들어낸다. 자기만의 소셜 네트워크를 잘 만들면 커넥터로 커 나갈 수 있다. 시간이 지나면서 메이븐이나 세일즈맨으로도 성장해 나간다면 그 두 성질이 합쳐져서 킹메이커나 영업왕 같은 인물로 자리 잡을 수도 있다. 카리스마 넘치는 세일즈맨이나 정보의 보고의 메이븐이 되지 못한다고 하더라도 그런 유형의 지인에게 도움을 받아 성공할 수도 있다. 적재적소에 적절한 인물을 알고 있으면 네트워크를 통해서 일을 이뤄낼 수 있다. 인맥을 맺고 있는 이들에게 건전한 보상을 제공할 수 있다면 일이 더 잘 돌아가게 할 수 있다. 꾸준히 호의를 베풀다 보면 도움이 필요할 때 그들도 기꺼이 도울 것이다. 나가는 게 있으면 들어오는 게 있는 법이다. 폭넓은 인맥이 있다면 아주 많은 것을 얻어낼 수도 있다.

■ 어떤 사람이 될 것인가?

사회생활 초기에는 소프트웨어 개발 및 소프트웨어 분야의 업무가 돌아가는 절차에 대한 경험을 익히게 된다. 이 시기 동안 소프트웨어 분야에 존재하는 다양한 역할을 배우고, 각각의 역할에 수반되는 스트레스, 골칫거리, 가능성, 성취감 등을 파악할 수 있다. 성공적인 커리어를 이끌어내는데 가장 중요한 것은 어떤 사람이 될지를 결정하는 것이다. 많은 이들이 어떤 기술 분야에서 일할지를 기준으로 객관적인 방법으로 자기 미래에 대해 고민하지만, 기술은 계속해서 바뀌기 때문에 분석하기가 쉽지 않다. 자기 진로를 결정하는 또 다른 방법으로 자신이 속한 조직에서 주변에 있는 윗사람들의 일상을 살펴보면서 다음과 같은 두 가지 질문을 던져보는 방법이 있다.

1. 저렇게 일할 수 있다면 즐거울 것 같고, 내 커리어에서 가장 닮고 싶은 인물은 누구인가?
2. 어떤 윗사람이 지금 하고 있는 만큼, 또는 그보다 더 잘할 수 있을 것 같다는 생각이 들 만큼 나한테 맞는 역할은 어떤 역할인가?

이런 질문에 대해 스스로 답하다 보면 미래에 전문가로서의 자신의 모습을 그리는 데 도움이 될 것이다. 일단 그런 이미지가 형성되고 나면 전문가로서의 자기 계발의 방향을 잡기가 수월해진다. 물론 확실한 건 아무것도 없고, 대부분 사람은 시간이 지남에 따라 목표를 바꾸기 마련이다. 하지만 어디로 가야 할지에 대해 어떤 비전을 가진다는 것은 커리어를 쌓아나가는 과정에서 첫 번째이자 가장 중요한 단계가 된다.

■ 멘토

인생의 지혜를 공유해주고 자신의 행동에 대해 어느 정도 개인적인 피드백을 제공해 줄 수 있는 사람이 바로 멘토다. 모두 직장상사를 멘토로 두고 있긴 하지만, 직장 내의 상하관계를 벗어난 멘토가 있는 것도 좋다. 여러 가지 이유가 있겠지만, 가장 중요한 이유는 (대기업이든 중소기업이든) 대부분 조직에서 한 명의 상사 밑에 여러 명의 부하 직원이 있기 때문에 일반 동료처럼 서로의 기술적인 면에 대해 깊이 이해하지 못하는 경우가 많기 때문이다. 둘째로, 상사가 아닌 멘토가 있으면 보통 상사가 바로 알려주지 못하는 코딩 비결이라든가 디버깅 전략, 필요한 도구나 사람을 찾는 방법 등을 배울 수 있다. 나는 IBM에 들어와서 처음 만난 멘토로부터 프로그래밍 기법, C 언어 및 프로그래밍 도구 등에 대해서 엄청나게 많은 것을 배웠고, 덕분에 생산성을 크게 끌어올릴 수 있었다. 내가 알고 있는 관계형 데이터베이스 시스템과 그 내부 아키텍처에 대한 모든 것은 두 번째 멘토에게서 배웠다. 나중에 만난 멘토도 커리어의 방향이라든가 정치적 통찰에 대해 도움을 줬고, 가끔은 직설적이지만 생산적인 피드백을 제공해 주기도 했다. 좋은 멘토는 기술적인 면, 조직적인 면, 정치적인 면 등 다양한 차원에서 나아갈 길을 제시해 준다. 작은 스타트업에서 일하든 대기업에서 일하든 방향을 제시해 줄 만한 사람이 있는 게 좋다. 전부 당연한 얘기처럼 들릴지 모르지만 몇 가지 당연해 보이지는 않는 이야기로 마무리해볼까 한다.

- 멘토를 만들어야 한다. 누군가가 나에게 내 커리어를 챙겨주기 위해 많은 시간과 노력을 할 애할 만한 현자를 붙여줄 것이라고 기대하지 말자. 내가 생각하기에 적합한 사람, 나에게 어느 정도 시간을 할애해 줄 수 있는 사람을 직접 찾아 나서자.
- 멘토링이 잘 진행되고 있다면 멘토는 나를 위해 상당한 시간과 에너지를 쓸 수밖에 없다. 특히 팀에 들어온 지 얼마 안 됐다면 더욱더 그렇다. 그 사실에 대해 지속해서 감사를 표시 하고, 보답할 방법을 찾아보자.
- 직접 만나서, 또는 이메일이나 메신저를 통해 정기적으로(팀에 합류한 지 얼마 안 됐다면 하 루에 두 번 이상 해야 할 수도 있다) 조언을 받을 수 있도록 멘토와 일정을 잡도록 하자. 미 리 서로의 기대치를 맞추는 게 중요하다. 나는 매일 수많은 질문을 던지는데 멘토는 석 달에 한 번 정도의 형식적인 회의를 기대하고 있다면 좌절과 서운한 마음만 남고 말 것이다.
- 커리어의 시기에 따라 여러 다른 멘토가 필요하다. 초기에는 기술적인 사안을 지도해 주거 나 새로 들어간 그룹에서의 업무 방식을 가르쳐줄 수 있는 멘토가 필요하다. 경력을 쌓아감 에 따라 커리어를 지도해줄 수 있는 멘토나 비즈니스 전략에 대한 통찰을 제공해줄 수 있 는 멘토가 필요하게 된다.

■ 재미와 성공

2005년 구글의 마리사 메이어 부사장이 자신이 전산학과 인공지능을 전공했던 모교 인 스탠퍼드 대학교에서 기조연설을 한 적이 있다. 발표 후에 이어진 질의응답 시간에 그의 성공 비결에 대한 질문이 나왔다. 그는 곧바로 이렇게 대답했다. "저는 일하는 게 좋아요. 그게 도움이 많이 돼요."

재미있는 걸 할 때는 시간이 쏜살같이 지나간다. 일을 즐길수록 집중도 잘 되고 오랫 동안 열심히 일하기가 수월해진다. 인지과학 및 산업심리학 분야에서 많은 사람이 업 무 만족도와 생산성 사이의 관계에 대한 연구 결과를 내놓았다. 직관적으로 봐도 누 구나 자기가 좋아하는 일을 더 잘한다. 더 열심히, 더 재미있게 일할 수 있다. 하지만 2001년에 저지[T. A. Judge] 및 공동연구자들이 특정 직업군 – 복잡한 지적 능력을 발휘 하는 직업군 – 에서 업무 만족도와 생산성이 밀접한 상관관계를 가진다는 대규모 연 구 결과*를 내놓기 전까지는 뚜렷한 과학적 근거가 제시되진 못했다. 무엇보다도 최

---

* **저자주_** T. A. Judge, C. J. Thoresen, J. E. Bono, and G. K. Patton, "The job satisfaction-job performance relationship: a qualitative and quantitative review." Psychol Bull, vol. 127, no. 3, pp. 376-407, May 2001.

고의 성과를 발휘하기 위해 가장 활발하게 돌아가야 할 신체 부위는 우리 머리다. 그래서 지적 능력이 필수적인 소프트웨어 직업군에서는 업무 만족도에 따라 생산성이 크게 좌우된다.

업무 만족도는 생산성, 혁신, 열정을 끌어올려 줄 수 있을 뿐 아니라 수십 년간 버틸 힘을 주기도 한다. 많은 사람이 먹고살기 위해 수십 년 이상을 일해야 한다. 그렇게 오랫동안 일하려면 열정을 유지하는 것 자체도 쉽지 않다. 하지만 정말 중요하다. 성공적인 커리어는 업무 만족도와 쌍방적인 관계를 가진다. 성공하면 할수록 즐길 수 있는 일을 할 기회가 더 많아지고, 즐길 수 있는 일을 할수록 성공할 가능성이 더 높아진다.

선불교 경구 중에 "통증은 피할 수 없지만, 고통은 자기가 선택하는 것이다"는 말이 있다. 어디서 일하든 책임져야 할 일, 어쩔 수 없이 해야 하는 일, 실패 같은 것이 전혀 없을 수는 없다. 소프트웨어 분야에서 일하기 위해서는 불편하지만 감수해야 하는 일이다. 하지만 소프트웨어 조직에서는 보통 틀에 박힌 업무 책임 같은 것에 공식적으로 포함되지 않는, 재미있는 활동을 즐길 수 있는 환경을 제공해주는 편이다. 공식적으로 책임질 필요가 없는 일에 시간을 대부분 써 버리는 건 비윤리적이라고 할 수 있겠지만, 보통 전체 근무 시간의 10%~20% 정도는 그런 일에 쓸 수 있고, 야근까지 감수할 수 있다면 더 많은 시간을 투자할 수도 있다. 물론 재미있다고 느끼는 데는 개인차가 매우 크기 때문에 다음 항목을 살펴보면서 자신이 어떤 일을 즐길 수 있는지 생각해 보자.

- 비밀실험* 활동으로 기존과 전혀 다른 개념의 기술이나 프로젝트 시작해 보기
- 특허가 될 만한 것 발명하기
- 업계 전문지에 기고할 글이나 백서, 기술 문서 쓰기
- 권위 있는 학회나 저널에 학술 논문 발표하기
- 책 쓰기

----

*   저자주_ 비밀실험(skunkworks): 관리자로부터 정식으로 승인을 받았을 수도 있고, 받지 않았을 수도 있는 비공식 프로젝트(보통 근무 시간 외에 진행됨). 프로젝트가 성장하면서 탄력을 받으면 해당 비밀실험 참가자들은 더 많은 근무 시간을 할애할 수 있는 재량권을 받을 수 있다. 직원들이 근무 시간 중 정해진 비율만큼의 시간 동안 비밀실험에 쓰도록 장려하여 그 결과를 일종의 성장동력으로 삼는 회사도 있다.

- 근사한 곳에서 열리는 학회에서 발표하거나 운영 위원회에 참여하기. 해변을 거닐거나 유적지를 관광할 만한 짬을 낼 수 있다.
- 회사에서 이뤄지는 수백만 불 이상이 오가는 거래에 관여하기
- 업계의 향방이나 표준을 설정하는 데 도움을 줄 수 있는 위원회 활동
- 더 많은 부하 직원 멘토링 및 차세대 리더 양성
- 사내 또는 사외의 동료를 위한 사회적인 이벤트 조직하기
- 자기 회사 또는 지역 소프트웨어 업체 및 대학 컨소시엄을 위한 저명인사 초청 강연 기획
- 자신이 참여한 기술에 대한 유튜브 동영상 쇼케이스 제작 참여. 영화 제작자가 되고 싶었던 사람이라면 분명 즐길 만한 일이다.

내가 아는 사람 중에는 위 목록에 있는 일을 거의 다 해 본 이도 많은데, 대부분 이런 일을 하면서 꽤 큰 만족을 얻었다. 위에 있는 게 전부는 아니다. 자기가 재미있다고 느끼는 일들을 마음껏 추가해 보자. 이런 일들은 각자 자기 업무에 곁들일 수 있는 양념 같은 존재라고 볼 수 있다. 선택 사항이긴 하지만 자기 업무에 상당한 열의를 불러일으킬 수 있다. 이런 종류의 일과 관련하여 몇 가지 덧붙이자면 다음과 같다.

1 성공한 인물들은 업무 시간의 극히 일부, 그리고 약간의 업무 외 시간을 투자하여 이런 일을 해내곤 한다. 대부분의 직원이 이런 활동을 반기는 편이다.

2 이런 일은 모두 이력서에 적어도 좋을 만한 일이며, 자기 커리어를 키워가는 데 간접적으로 도움이 된다. 이런 경력은 높은 성취도를 보여줄 만한 기록과 전통적인 프로젝트 성공 경력만큼 중요한 건 아니지만, 업계 전반에 걸친 더 강력한 리더십을 갖춘 인물로 보이는 데 도움을 줄 수 있는 핵심적인 요인 가운데 하나다. 그림 5-1에 있는 밥 스미스의 이력서와 존 도우의 이력서를 비교해 보자. 이 둘은 거의 똑같은 학력 및 직장 경력을 가지고 있다. 둘 다 훌륭한 프로그래머이나 존은 몇 가지 업무 외 활동을 꾸준히 해왔다. 십여 년의 시간이 지나면 그런 경력이 점차 쌓여간다. 이력서를 검토하는 관리자 입장이라면 어느 쪽을 더 면접해 보고 싶을까? (존의 이력서의 Distinctions 섹션을 자세히 보자) 승진시킬 사람을 고르고 있다면 존은 얼마나 더 유리할까?

그림 5-1 재미 삼아 한 일과 커리어

```
                Bob Smith
          E-mail: BobS@rogerst.com

Education:

  B.Sc. Computer Science, MIT, 1995

Employment History

  2005-2008   Senior Architect, Microsoft

  2002-2005   Senior Programmer, Microsoft

  1996-2002   Programmer, AT&T


Skills:       C, C++, Java, Eclipse, Cloud

              Computing, AI algorithms.


Awards:

  ACM programming award 1995
```

```
                John Doe
          E-mail: JohnD@rogerst.com

Education:

  B.Sc. Computer Science, MIT, 1995

Employment History

  2005-2008   Senior Architect, Microsoft

  2002-2005   Senior Programmer, Microsoft

  1996-2002   Programmer, AT&T


Distinctions:

  Coinventor of 12 software patents

  Coauthor of 15 scientific papers

  Founder, IEEE committee on Green Computing


Skills:       C, C++, Java, Eclipse, Cloud

              Computing, AI algorithms.


Awards:

  ACM programming award 1995
```

interview
리차드 스톨만

자유 소프트웨어 운동 창시자

현재 지위
자유 소프트웨어 재단 이사장

주목할 점
자유 소프트웨어 운동과 GNU 운영체제의 창시자. 1984년 GNU 프로젝트 개시. GNU Emacs, GNU C 컴파일러, GNU 디버거 GDB 및 기타 패키지의 대표 개발자

생일
1953년 3월 16일

학력
하버드 대학교 물리학 학사, 1970–1974

글래스고 대학교(2001), 브뤼셀 브리예 대학교(2003), 국립 살타 대학교(2004), 침보테 로스 앙헬레스 대학교(2007), 파비아 대학교(2007) 명예박사

취미
음악 감상, 독서, 덤비기, 먹기, 여행, 요리, 교감하기

약력
소프트웨어 개발자이자 소프트웨어 자유 활동가. 1983년 온전히 자유 소프트웨어만으로 구성된 유닉스와 유사한 운영체제인 GNU 운영체제를 개발하기 위한 프로젝트를 선언했으며 그 뒤로 쭉 프로젝트 리더로 일하고 있다. 그 선언 이후로 자유 소프트웨어 운동도 시작했다. 1985년 10월에 자유 소프트웨어 재단을 발족시켰다.

GNU의 일종으로 리누스 토르발스가 개발한 리눅스 커널을 사용하는 GNU/리눅스 시스템은 수천만에서 수억 대 정도의 컴퓨터에서 쓰이며, GNU/리눅스를 컴퓨터에 기본으로 설치하여 판매하는 회사도 있다. 하지만 이 시스템을 배포하는 사람들이 자유 소프트웨어 중요성의 핵심인 자유의 개념을 무시하는 일이 종종 벌어지기도 한다. 이런 이유 때문에 그는 1990년대 중반 이후로 자유 소프트웨어에 대한 정치적인 이익 대변과 자유 소프트웨어 운동의 윤리 개념을 홍보하는 데 대부분의 시간을 쏟고 있다. 소프트웨어 특허와 저작권의 위험한 확장에 반대하는 운동도 활발하게 펼치고 있다. 그전에는 오리지널 Emacs, GNU 컴파일러 컬렉션, GNU 심볼릭 디버거(gdb), GNU Emacs를 비롯한 다양한 GNU 운영체제용 프로그램을 만들었다. 카피레프트 개념을 창시했으며 가장 널리 쓰이는 자유 소프트웨어 라이선스인 GNU GPL[General Public License]의 주 저자 가운데 한 명이기도 하다.

그는 자유 소프트웨어 및 관련 주제에 대한 강연을 자주 한다. 1999년에는 대중의 자발적 참여를 호소하며 자유 온라인 백과사전의 개발을 촉구하기도 했다.

베네수엘라에서는 국유 석유 회사인 PDVSA, 지방자치단체, 그리고 군에서의 자유 소프트웨어 채택을 독려하는 활동을 벌여왔다. 기업 소유 방송국의 편향된 시각에 대항하기 위해 베네수엘라를 비롯한 몇몇 국가에서 만든 TeleSUR라는 방송국의 자문 위원회에서도 활동 중이다.

대학 시절에는 MIT 인공지능 연구실의 스태프 해커로 일하면서 운영체제 개발 일을 하고, 그러면서 운영체제 개발 방법을 배웠다. 거기에서 일하던 1975년에 처음으로 확장 가능한 Emacs 텍스트 편집기를 만들었다. 사실 유지[Truth Maintenance]라고도 부르는, 의존성 기반 역추적[Dependency-directed Backtracking] 인공지능 기술을 개발하기도 했다. 1984년 1월 MIT에 사표를 내고 GNU 프로젝트를 시작했다.

■ "자유!"

소프트웨어 분야는 어떻게 시작하게 되었나요?

아홉 살쯤 됐을 때 여름 캠프에 갔는데, 거기 지도원 가운데 한 명이 7094 어셈블러 언어 매뉴얼을 가지고 있었어요. 읽어보니까 재미있길래 종이 위에 프로그램을 짜기 시작하면서 소프트웨어를 처음 만나게 됐죠.

소프트웨어 분야에서 자신의 가장 큰 성과, 기여가 무엇이라고 생각하시나요?

자유 소프트웨어를 개발하고 출시하는 게 일상적인 일이 되게 한 것이 가장 큰 성과라고 봅니다. 1960년에는(그리고 1950년에도) 자유 소프트웨어가 있었는데 1980년쯤에는 거의 모든 소프트웨어가 사유 소프트웨어[Proprietary Software]였습니다. 사유 소프트웨어 없이는 컴퓨터를 사용하는 게 불가능했죠.

자유 소프트웨어에 중요한 것은 가격이 아니고 자유입니다. 사용자는 네 가지 면에서 자유를 누릴 수 있습니다.

- 첫 번째 자유: 원하는 대로 프로그램을 실행할 자유
- 두 번째 자유: 프로그램 소스 코드를 들여다보고 원하는 일을 할 수 있게 고칠 자유
- 세 번째 자유: 이웃을 도울 수 있는 자유 – 원하는 대로 사본을 만들고 배포할 자유
- 네 번째 자유: 커뮤니티에 기여할 수 있는 자유 – 원하는 대로 자신이 수정한 버전의 사본을 만들고 배포할 자유

프로그램에 이 네 가지 자유가 없다는 것은 자신의 자유를 대가로 할 때만 그 소프트웨어를 쓸 수 있다는 것인데, 그렇게 하면 안 됩니다.

소프트웨어 분야에서 불만거리라고 할 만한 건 없나요?

두 가지가 있어요.

1 사용자의 자유를 짓밟는 사유 (부자유) 소프트웨어
2 자유의 고마움을 무시하고, 사유 소프트웨어로부터 얻을 수 있는 단기적인 편익과 맞바꾸는 어리석은 사용자들

어떤 때 성공했다는 느낌을 받으시나요?

제가 한 일 덕분에 자유가 승리하는 걸 볼 때 성공했다는 느낌을 받습니다. 사람들이 자유의 가치는 인정하지 않고 GNU Emacs나 GCC의 순수한 기술적인 성취만을 인정하는 걸 볼 때면 실망하곤 해요.

어떻게 자유 소프트웨어의 대명사가 되셨나요?

1978년쯤, AI 연구실에 도버의 새 프린터가 설치됐어요. 전에 쓰던 XeroGraphic 프린터(XGP)보다 훨씬 빨랐지만, 종이가 걸려서 인쇄가 안 되는 일이 종종 생겼어요. 아주 짜증이 났죠.

XGP를 쓸 때 몇 가지 편의 기능을 추가했었어요. 예를 들어 파일 인쇄가 끝나면 화면에 메시지를 뿌려주는 것 같은 기능을 만들어 썼어요. 또 인쇄하는 동안 프린터에 문제가 생기면 바로 고칠 수 있도록 화면에 메시지를 표시해주는 기능도 넣었죠. XGP 제어 소프트웨어는 자유 소프트웨어였기 때문에 그렇게 할 수 있었어요. 특히 소스 코드가 있어서 가능한 일이었죠. 도버 프린터에도 같은 기능을 추가하고 싶었는데 도버용 소프트웨어는 자유 소프트웨어가 아니어서 불가능했어요.

그런데 카네기 멜론 대학교에 있는 누군가가 그 소스 코드 사본을 갖고 있다는 소식을 들었어요. 거기에 갈 일이 생겼을 때 혹시 소스 코드 사본을 줄 수 있는지 물어봤어요. 그런데 안 된다고 하는 거예요. 사본을 안 주겠다고 약속했다는 거예요. 제 기준에서 보면 그건 배신이었어요. 게다가 그 사람은 나한테만 소스 코드를 안 준 게 아니고 아무한테도 주지 않았어요. 온 세상을 배신한 거죠.

"내가 세상을 배신할지언정, 세상이 나를 배신하도록 놔두지는 않겠다"고 했던 중국의 조조가 떠오르더군요. 조조는 세상을 배신하겠다는 말을 했을 뿐이지만 카네기 멜론 대학교의 그 사람은 실제로 세상을 배신했어요.

단지 그 일 때문에 비자유 소프트웨어의 라이선스의 부당성을 느낀 건 아니지만, 중요한 사건이었습니다. 결국, 자유 소프트웨어를 개발해서 다른 사람들의 자유를 존중하는 것이 제 사명이라는 사실을 깨닫게 됐어요. 그리고는 실제로 자유롭게 살 수 있게 됐고, 누구든 소프트웨어를 자유롭게 사용할 수 있도록 체계적으로 자유 소프트웨어를 개발하겠다는 결정을 내렸죠.

■ "항상 컴퓨터를 끼고 살아요"

기술 트렌드나 혁신의 정점에 서 있을 수 있는 비결은 무엇입니까?

많은 사람이 여러 웹 사이트에 올라온 자료 중에 내가 관심을 둘 만한 글이 있으면 보내줍니다.

기술 분야의 리더들은 시간에 많이 쫓기는 걸로 유명합니다만, 시간을 효율적으로 관리하기 위해 어떤 전략을 사용하시나요?

항상 컴퓨터를 끼고 살고, 몇 분이라도 시간이 나면 시간을 쥐어짜서 일해요. 차 안, 버스 안, 기차 안, 비행기 안, 공항, 어디에서든 일해요. 공항에서 짐이 나올 때까지 마냥 초조하게 기다리는 대신 뭔가를 읽는 일이라도 하면서 시간을 보내죠.

일과 삶의 조화는 어떻게 이루는지요? 일이 전부가 되는 상황을 피하는 비결이 있나요?

저는 그럴 필요가 없다고 생각해요. 프로그래밍은 제 직업이 아니에요. 저는 소프트웨어 사용자들의 자유를 위한 캠페인을 펼치는 게 제 일이죠. 그건 취미도 아니고 그냥 일도 아니에요. 제가 할 줄 아는 일 가운데 가장 중요한 일이에요. 그 점에 대해서 자랑스럽게 생각하고, 뭔가를 이루면 아주 만족스럽죠. 그게 제 인생의 핵심이 되어야 하고, 실제로도 그래요.

■ "어떤 업적을 자랑스러워해야 할까?"

소프트웨어 분야에서 앞으로 10~15년 이내에 커리어에 긍정적으로든 부정적으로든 영향을 끼칠 만한 변화로는 어떤 게 있을 것으로 생각하나요?

제가 미래를 예측할 수는 없지만, 가끔 지금의 트렌드에 대해서는 느낌이 와요. 그런 트렌드 가운데 하나가 바로 자기 컴퓨터에서 내 프로그램을 실행시키는 대신 다른 누군가가 가지고 있는 웹 서버에서 자기 컴퓨팅 일을 하는 거예요. 많은 사람이 그런 트렌드를 인식하고 있지만, 때때로 사용자의 자기 컴퓨팅에 대한 제어권이 철저하게 거부된다는 점을 인식하는 사람은 거의 없어요. 사람들에게 이런 문제에 대한 경각심을 일깨워주기 위해 더욱더 노력할 생각이에요.

소프트웨어 분야에서 성공하는 방법에 대해 조언 한 말씀 해주시죠.

가장 중요한 건 어떤 업적을 자랑스러워해야 할까 하는 점입니다. 수백만의 사람들이 자기 자유를 포기해 가면서 사용해야 할 만큼 좋은 비자유 프로그램을 개발했다면, 진정 자랑스러워할 만한 일일까요? 제가 그런 일을 했다면 부끄러워할 것 같습니다. 자유 소프트웨어처럼 작은 일을 조금 하는 게 사유 소프트웨어처럼 나쁜 일을 많이 하는 것보다 낫습니다.

CHAPTER 6
필수 역량

"마조히즘은 아주 중요한 업무 역량이다." - 척 팔라닉(1962~)

한 직원을 규정짓는 역량은 업무 역량과 업무 외 역량, 이렇게 두 가지로 나눌 수 있다. 업무 역량^{Hard Skill}은 요건 계획, 소프트웨어 설계, 프로그래밍, 디버깅, 소프트웨어 공학, 운영체제와 같이 학교에서 배우는 기술적인 역량을 뜻한다. 업무 외 역량^{Soft Skill}은 어떤 조직 내에서 일할 때 업무 외적으로 필요한 역량, 즉 팀워크, (구두 및 문서상의) 의사소통, 강연 능력, 조직 예절, 협상력, 멘토링, 채용, 관리, 리더십 같은 역량을 뜻한다. 두 유형의 역량 모두 중요하지만, 경력 초창기에는 업무와 직접 연관된 기술 역량이 조금 더 중요하다. 위로 올라갈수록 업무 외 역량이 더 중요해진다. 윗자리에 있는 사람들은 리더 역할을 맡아야 하며 팀 내에서 전략적인 구실을 해야 하므로 업무 외 역량이 강조될 수밖에 없다. 경력의 어떤 단계에서든 업무 역량과 업무 외 역량이 모두 필요하지만, 시간이 지남에 따라 무게중심이 달라질 수 있다.

■ 업무 역량과 업무 외 역량

경력에서 첫 5년 동안에는 기술적인 역량이 강조되는 시기이므로 업무 외 역량을 계발하기가 쉽지 않다. 경력이 10년 정도 되면 반대가 된다. 자신이 처한 상황과 자신이 맡아야 할 역할에 따라 발휘해야 할 업무 외 역량이 결정되는데, 보통 사람들은 자신의 기술적인 역량을 꾸준히 계발하는 쪽을 더 어려워한다. 경력의 어떤 단계에 있든 업무 역량과 업무 외 역량 양쪽에서 어느 쪽으로 자신을 계발해 나가야 할지 제대로 파악하고, 적당한 시간을 투자하여 역량을 계발할 수 있다면 남들보다 앞서 나갈 수 있다. 사람들은 대부분 자신이 당면한 일을 하는 데 필요한 역량의 계발에 초점을 맞추는 편이다. 즉, 어떤 역량이 꼭 필요한 상황이 되어서야 그 역량을 계발한다. 보통 사람들이 기본적으로 택하는 전략이라 할 수 있겠는데, 그다지 좋은 방법은 아니다. 첫째, 어떤 역량이 필요한 상황이라면 이미 그것을 배우기에는 늦었다고 할 수 있다. 둘째, 성공의 비결 가운데 하나가 바로 자신에게 주어진 업무 수준을 뛰어넘는 역량을 미리 계발하여 더 나은 성과를 냄으로써 평범한 사람들과는 다른 모습을 보여주는 것이기 때문이다. 기술 및 비즈니스 영역에서 최고의 리더라고 할 만한 사람들은 당장 필요하지 않은 것들을 포함하여 자신의 역량을 계발하기 위한 시간을 꾸준히 마련한다.

■ 성장을 위한 기술 역량

필요한 기술 역량은 무슨 일을 하는지, 어느 방향으로 성장하고 싶은지, 업계가 어느 쪽으로 가고 있는지에 의해 결정된다. 소프트웨어 업계에서는 시장이 워낙 빠르게 변하기 때문에 신기술을 따라잡고 자기 가치를 올리기 위해서는 끊임없는 자기 계발이 필요하다. 일반적으로 기술 역량은 표 6-1에 나와 있는 것처럼 구분할 수 있다.

표 6-1 성장을 위한 기술 역량

역량	설명
기본기	학교에서 배우는 핵심적인 개발 기술. 업계 분위기가 계속해서 달라지기 때문에 꾸준한 개선이 필요하다. 핵심 언어(자바, C/C++, PHP 등), 운영체제, CPU, 객체지향 설계, GUI 프로그래밍, RAID, SSD, SAN/NAS, 메모리 관리, 자료구조와 알고리즘, 데이터베이스, XML, 웹 프로그래밍 같은 게 여기에 포함된다. 이 외에 LISP, 펄, 파이썬, 루비 같은 언어 가운데 하나 정도는 익혀둘 필요가 있다
개발 역량	기본기를 넘어서는 개발 역량은 코딩 역량, 품질 보증(QA) 역량, 전략 계획 역량, 이렇게 세 가지 범주로 나눌 수 있다
	코딩: 요건 계획, 기능 명세 작성, 유닛 검사, 소프트웨어 아키텍처 설계, 캡슐화, 재사용, 디버깅, 진단, 확장성, 검토 방법론, 사용성 설계
	QA: 기능 검증 검사(FVT, Function Verification Testing), 시스템 검증 검사(SVT, System Verification Testing), 스트레스 검사, 성능 품질 보증(PQA, Performance Quality Assurance), 통계 검사, 소프트웨어 신뢰성 공학 절차(SRE, Software Reliability Engineering process), 정형 기법(Formal Method), 코드 및 분기 범위 이론, 품질 측정, 제어 및 관리, 위험 분석
	전략 계획: 요건 수집, 시장 세분화, 자원 관리

역량	설명
영역 전문성	어느 분야에서 일하든 단순히 특정 소프트웨어 설계나 구축 영역뿐 아니라 더 포괄적인 영역에서의 전문성을 추구해야 한다. 예를 들어 Plaxo나 페이스북 같은 소셜 네트워킹 제품을 만든다면 소셜 네트워킹 기술 영역에서 전문가가 되어야만 한다. 오라클이나 DB2, SQL Server, Sybase 같은 관계형 데이터베이스 엔진 관련 일을 한다면 관계형 데이터베이스 전문가가 될 수 있도록 노력하자. 전문성을 갖추면 여러모로 두각을 나타낼 수 있고 지도자가 될 수 있다
트레이드크래프트	애자일 개발 방법론, 반복 설계, 래피드 프로토타이핑, 폭포수 개발법 (15장 소프트웨어 프로젝트 관리의 비밀 참조)

■ 프로그래밍 언어: 잘 나가는 언어와 그렇지 않은 언어

"프로그래밍을 대하는 방식에 영향을 주지 못하는 언어는 몰라도 상관없다."

– 앨런 펄리스

앨런 펄리스(Alan Perlis, 1922~1990)는 프로그래밍 언어의 선구자다. 1966년, 지금은 수많은 이의 선망의 대상이 된 ACM 튜링상을 처음 받은 사람이다. 그는 "포트란이 꾸준히 살아남아 있는 것에 대한 의견을 들어보면 그 프로그래머의 가치관을 알 수 있다"*고 말한 적이 있다. 포트란의 전성기는 이미 지나갔지만 큰 포부를 가슴에 품은 프로그래머라면 어떤 프로그래밍 언어와 패러다임이 주목받고 있는지 꾸준히 관심을 둬야 한다. 현실을 직시하자. 포트란이나 코볼을 바탕으로 하는 기술 역량을 지니고 있다면 21세기 직장에서 자리를 잡는 것이 만만치 않을 것이다. 소프트웨어 개발에서 가장 중요한 것은 역시 프로그래밍이다. 해당 분야의 공용어를 구사하지 못한다면 어떤 기술 경로를 택하든 경력에 제약이 있을 수밖에 없다. 소프트웨어 아키텍트나 임원 수준이 되면 프로그래밍 역량의 중요성이 훨씬 줄어들고 그런 위치에 있는 사람 중에는 프로그래밍 역량 면에서 레퍼토리가 상당히 제한된 사람도 많다. 그럼에도, 그런 사람들도 대부분은 (그리고 아키텍트라면 전부가) 각자의 경력 초기에는 당시 가장 중요한 언어에 능통한 사람들이었다. 그렇다면 요즘은 어떤 언어가 잘 나갈까?

----

* **저자주**_ Perlis, Alan J. "Epigrams on Programming," SIGPLAN Notices 17, no. 9 (September 1982): 7–13.

잘 나가는 언어를 알아내는 방법 가운데 하나로 각 언어가 인터넷에서 거론되는 빈도를 살펴보는 방법이 있다. 그림 6-1에 그런 방식으로 정량적으로 분석한 결과를 정리해 놓았다. 여기에는 XML도 포함했다. 언어가 아니라 데이터 형식이긴 하지만 일종의 코딩 모델로 널리 채택되고 있기 때문에 그렇게 하는 것도 이치에 맞는다. .NET이나 이클립스 같은 프로그래밍 플랫폼도 각각이 지원하는 프로그래밍 언어 못지않게 근본적이기 때문에 포함했다. 이런 데이터는 지난 30년간 어떤 언어와 플랫폼이 가장 많이 쓰였는지, 대규모 프로젝트에 쓰였는지, 공학적 측면에서 어느 것이 우월한지 같은 정보를 알려주지는 않지만, 인터넷에서 각각을 참조하는 상대적인 인기도는 보여줄 수 있다. 이렇게 해 놓고 보면 정치나 공학 관련 이슈는 배제하고 순수하게 수치만 따질 수 있다. 잘 나가는 것과 그렇지 않은 것을 제대로 파악하려면 이렇게 특정 성향이 실리지 않은 분석이 필요하다. 그림 6-1에 나와 있는 2009년 기준 24개의 최상위 언어와 플랫폼을 살펴보면 몇 가지 흥미로운 결과를 얻을 수 있다.

우선 세계적으로 가장 인기 있는 언어는 자바지만 C와 C++를 합치면 자바를 앞지른다. 두 번째로는 여섯 개의 최상위 언어(자바, C, C++, .NET, PHP, VB)가 인기도 지수에서 62%를 차지하면서 시장을 완전히 장악하고 있다는 점이다. 이 가운데 PHP는 최근에 나온 eWeek의 보고서에서 가장 빠르게 성장하는 언어로 꼽혔다. 놀랍게도 XML이 PHP 바로 다음으로 6위를 차지하고 있으며, SQL과 HTML은 근소한 차이로 파이썬과 펄 바로 다음 자리를 차지했다. 앞서 언급한 최상위 언어 여섯 개 중 적어도 두 개는 능숙하게 구사할 줄 아는 게 좋다. 몇 년에 한 번 정도는 현황을 점검하고, 주요 언어 중 두 개 이상을 능숙하게 쓸 줄 아는 상태를 유지하도록 하자.

프로그래머라면 자바나 C/C++같이 강력하고 정통적인 언어 외에, 각종 도구를 만들 때 쓸 수 있는 LISP, 펄, 파이썬, 루비 같은 고급 언어도 하나 정도는 알아야 한다. 최근에는 펄이 상당한 주목을 받고 있다. 1989년에 내가 IBM에 처음 들어갔을 때는 그런 용도로 REXX를 많이 썼다. (요즘도 남아 있긴 하지만, 메인 프레임 분야를 제외하면 REXX 프로그래머를 찾아보기가 어렵다) 이런 사용자 친화적인 고급 언어는 자바나 C/C++ 같은 언어에 비하면 유행을 많이 타는 편이다. 하지만 간단한 도구나 스크립트, 애플리케이션을 만들 때 유용하니 하나 정도는 잘 쓸 수 있어야 한다.

언어의 인기도 추세에서 두드러지게 나타나는 것 가운데 하나로 객체지향 언어의 활용도를 들 수 있다. 상위 3대 언어 중에는 자바와 C++가 있고, PHP도 객체지향 기능을 지원한다. 프로그래밍 언어의 동향을 따라잡으려면 상위 다섯 개 언어를 주시하면서 XML에도 관심을 기울이고, OOD/OOP 역량도 갖춰야만 한다.

그림 6-1 24개 프로그래밍 언어와 플랫폼의 인터넷 검색 빈도

■ 디버깅

프로그래밍은 진정 사람을 겸손하게 만드는 일이다. 코드를 탁 까 놓고 보면 도저히 거짓말로 얼버무릴 수는 없기 때문이다. 단 한 자라도 잘못 입력하거나 문법을 틀리면 프로그램이 제대로 작동할 수 없다. 운이 좋다면 언어 자체의 구문 분석기나 컴파일러에서 찾아낼 수 있는 단순한 오류만 발생할지도 모른다. 아무리 훌륭한 프로그래머라도 수백 줄의 코드를 짜다 보면 십여 개의 구문 오류는 만들어내기 마련이다. 가끔은 다른 분야에서도 사실은 이 정도로 많은 오류가 만들어지긴 하지만, 어떤 실수도 용납되지 않는 컴퓨터 분야와는 달리 다른 분야에서는 적당한 허세와 합리화로 상황을 무마할 수 있기에 적당히 넘어갈 수 있는 것 아닌가 하는 생각을 한다. 문제점을 찾아서

고치는 일에는, 깐깐하게 모든 것을 감시하는 C 컴파일러에서 잡아주는 문법 오류를 잡아내는 것처럼 간단한 것도 있지만, 다중 스레드의 동시성 프로그램에서 미묘한 타이밍 문제를 해결하는 것처럼 문제의 원인을 찾아내는 데만 몇 주에서 몇 달씩 걸리는 것도 있다. 소프트웨어 개발자라면 이런 경험은 다들 겪었을 테니까 굳이 더 자세히 설명하지는 않겠다. 문제점을 찾아내는 디버깅은 핵심 역량임에도 정규 교육과정에서 자세히 다뤄지지는 않는다. 대부분 프로그래머는 디버거나 값 추적 기능을 잘 쓸 줄 알고, 각자 문제점을 찾아내기 위한 진단용 로그를 만드는 요령 같은 게 있을 것이다. 하지만 이렇게 생존을 위한 경험을 통해 주먹구구식으로 익힌 방법들이 정말 결점을 찾아내는 데 있어서 제일 나은 방법일까? 문제점을 찾아내기 위한 전략이나 방법론 중에 혹시 우리가 일상적으로 사용하는 것보다 더 나은 것은 없을까?

첫 번째 비결, 디버깅할 때 첫 단계로 디버거를 띄우고 싶은 욕망을 억제해 보자. 디버거는 강력하긴 하지만 효율적이진 않은 도구이기 때문에 최후의 방법으로 남겨두는 게 좋다. 디버거를 띄우고 싶은 감정을 억누르는 효과적인 방법으로 두 가지를 들 수 있다. 하나는 자기확인형 코드Self-asserting Code와 계약에 의한 설계Design by Contract 같은 방법이고 다른 하나는 코드 점검Code Walkthrough이다. 굳건한 신념을 지니고 이 둘을 적극 활용하면 훨씬 품질이 나은 코드를 만들 수 있고 훨씬 더 생산적인 프로그래머가 될 수 있다. 결점이 적으면 그만큼 설계와 코딩에 시간을 더 많이 투자할 수 있고, 테스트 사이클도 단축할 수 있다. 꼭 필요한 데 시간을 투자함으로써 프로그래밍 효율을 열 배씩 증가시키는 방법이다. 관리자라면 자기 팀에서 이런 절차를 진행하는 분위기를 만들어내고 장려하는 것만으로도 그저 그런 개발팀을 성과가 좋은 팀으로 변모시킬 수 있다.

자기확인형 코드와 계약에 의한 설계

확인Assertion*을 이용하면 코드에서 상태 데이터, 입력 및 출력 변수의 범위, 중간결과 및 리턴 코드같이 코드의 여러 조건이 정상적인 범위 안에 있는지 확인함으로써 코드 내에서 스스로 테스트 작업을 할 수 있다. 이렇게 하면 프로그램 실행 시에 자체

---

*   역자주_ Assertion은 소스 코드의 특정 지점에서 프로그램의 논리 흐름상 반드시 만족해야 하는 가정을 코드에 넣는 것을 말한다. 현업에서는 어서션이라 하지만, 여기서는 다양한 독자를 고려해 확인으로 옮겼다.

검증이 가능하다. 보통 확인은 출시용 코드에서는 돌아가지 않는 매크로로 구현되기 때문에, 확인으로 말미암은 실행 시 오버헤드는 사내 테스트 동안에만 발생할 뿐 고객이 프로그램을 실행할 때는 나타나지 않는다. 확인을 이용하면 테스트나 고객이 사용할 때 겉으로 보이는 것으로는 잡아내기 매우 어려운 문제를 찾아낼 수 있다. 대부분 프로그래머는 확인 구문을 코드 여기저기에 흩뿌려놓는 식으로, 주먹구구식으로 확인 기능을 활용한다. 확인 기능을 더 엄밀하게 사용하면 훨씬 더 나은 결과를 얻을 수 있다.

내가 좋아하는 방법론 가운데 Eiffel 언어의 창시자이기도 한 버트란드 마이어^{Bertrand} Meyer가 소개한 계약에 의한 설계^{Design by Contract}라는 게 있다. 계약에 의한 설계는 모든 함수와 메서드마다 입력과 기대되는 출력을 정의하는 규격 또는 서명이 있다는 점에 바탕을 둔 방법이다. 따라서 메서드에 들어오는 입력값과 메서드에서 반환되는 출력값이 함수의 해당 계약(규격)에 맞는지 엄밀하게 점검하는 확인 구문을 집어넣으면 된다. 계약에 의한 설계에서는 함수나 메서드의 시작 및 끝 부분에 확인 구문을 아주 꼼꼼하게 넣어서 규격에 맞게 돌아가는지를 철저하게 점검한다. 이렇게 시작 부분과 마무리 부분에 확인 구문을 아주 많이 집어넣는 방법은 일관성 있는 프로그래밍 방식으로 자연스럽게 연결될 수 있다.

코드 점검과 코드 검토

코드 검사, 즉 어떤 사람이 직접 소스 코드를 일일이 검토하게 하는 방식은 결점을 잡아내는 데 있어서 가장 효율적인 방법이다. 시스템상의 문제를 제거하는 데 있어서 가장 효과적인 절차로 설계 검토^{Design Review}를 꼽는데, 설계 검토로 더 심한 문제점을 찾아낼 수는 있지만, 코딩 문제를 찾아내는 데는 별 위력을 발휘할 수 없다. (코드가 만들어지지도 않았는데 코드 상의 결점을 찾아낼 수는 없는 노릇 아닌가!) 나쁜 코드보다는 나쁜 설계가 더 사람을 괴롭게 만든다는 건 분명한 사실이지만 같은 노력을 기울였을 때 찾아낼 수 있는 코드 상의 결점 수로 따지면 코드 검토가 더 효과적이다. 1976년, 마이클 페이건은 그가 쓴 기념비적인 논문*에서 코드 검사를 통해 코드 상의 결점

---

* **저자주**_ Fagan, Michael, "Design and Code Inspections to Reduce Errors in Program Development", IBM

대부분(최대 90%)을 제거할 수 있다는 사실을 발표했다. 다른 어떤 품질 보증 기술도 이처럼 높은 효율을 달성하지 못한다.

코드 검사는 크게 세 가지 범주로 나눌 수 있다.

1 검토 담당자 그룹에 의한 형식을 갖춘 코드 검토. 짝 프로그래밍 개발 모델에서는 두 명이 짝을 이뤄 서로의 코드를 검토하게 된다.

2 코드 작성자 외에 추가 한 명의 프로그래머에 의한 형식을 갖추지 않은 코드 검토. 보통 작성자가 한 일에 대한 기초적인 점검 수준으로 진행된다.

3 개인에 의한 점검. 프로그래머가 본인이 직접 만든 코드의 논리 흐름을 따라가면서 코드를 점검한다. 코드에서 제대로 돌아가지 않는 부분을 알고 있으면 특정 문제를 일으키는 코드를 직접 쳐다보면서 문제점을 찾아내는 쪽이 디버거를 실행시키고 재현성 있는 시나리오를 찾아내는 것보다 더 낫다.

코드를 작성하는 일은 그 코드를 디버깅하는 것에 비하면 훨씬 쉬운 일이다. 정상급 프로그래머라면 하루에 천 줄을 짤 수도 있지만, 거기에 숨어 있는 단 한 개의 결점을 찾아내기 위해 몇 주씩 걸리는 일도 일어나곤 한다. 확인, 계약에 의한 설계, 코드 점검을 활용하면 프로그래머가 디버거를 실행시켜야 하는 횟수를 이전 대비 10분의 1 이하로 줄이는 것도 가능하다. 납품 후에 발견되는 결점의 수도 눈에 띄게 줄일 수 있으며, 프로그래머의 효율을 극적으로 올릴 수도 있다. 가능하면 디버거를 바로 실행시키는 대신 여기에 나온 방법을 활용하여 더 높은 성과를 올리도록 하자.

■ 생존을 위한 규격, 설계 및 코드 검토

학교와 회사의 가장 큰 차이점 가운데 하나가 바로 자기 업무에 관한 기술 검토다. 제품 규격, 설계 규격, 테스트 계획, 제품용 코드, 테스트용 코드 등 모든 것이 검토 대상이다. 자신이 속한 조직에 따라 이런 것들을 일부 또는 전부 검토하게 된다. 보통 소규모의 검토 팀이 투입되어 모든 일을 샅샅이 파헤치면서 문제점을 찾아낸다. 자세하게 설명하진 않겠지만, 별로 즐거운 일은 아니다.

처음에는 그런 경험을 하는 게 곤혹스럽고 수치스러운 감정까지 느끼게 될 수 있지만, 그 과정에서 긍정적인 방향으로 발전하는 경험을 할 수도 있다. 그런 일을 한 번 겪고 나면 프로젝트에서 정말 사소한 것까지 주의를 기울이는 능력이 급격히 올라간다.

검토를 통해서 개발자는 더 신뢰할 수 있고, 더 조심성 있고, 더 정밀하게 일하는 전문가로 거듭날 수 있다. 그리고 자신이 한 일을 동료와 윗사람들이 세심하게 검토할 것임을 깨닫고 나면 자신이 내린 선택에 제기될 수밖에 없는 질문을 대비하게 되므로, 더욱 설득력 있는 전문가로 성장할 수 있다. 왜 이런 식으로 설계하지 않고 그런 식으로 설계했는지, 왜 a, b, c 같은 시나리오를 처리할 수 있는 테스트 사례가 없는지, 단순한 순환문 구조 대신 재귀적인 구현을 사용했는지 등에 대한 질문에 준비하는 자세를 갖게 되는 것이다. 처음 몇 번 검토를 받는 동안에는 이런 질문들이 걷잡을 수 없는 산사태처럼 덮쳐오겠지만, 몇 번 경험하고 나면 미리 철저하게 준비할 수 있게 된다.

실무 경험이 몇 년씩 쌓여도 검토를 거칠 때마다 자신의 아이디어에 대한 질문과 이의가 나오고, 각종 비판과 의견이 쏟아지는 것은 마찬가지다. 검토 과정을 성공적으로 마치려면 타당한 비판은 겸허히 받아들이면서 자신이 옳다고 믿는 부분에 대해서는 침착하지만 단호하게 방어하는 수밖에 없다. 체면을 차리겠다는 생각만으로 처음에 내세운 주장을 끝까지 밀어붙이는 일은 없어야 한다. 검토에 참가하는 사람들은 대부분 나만큼, 아니, 나보다 더 프로그래밍에 대해 잘 안다는 마음가짐으로 검토에 임하도록 하자. 그러면서도 카리스마에 억눌려서, 또는 정치적인 면에 말려들어서 부당하게 윗사람의 의견에 휘둘리는 일도 있어서는 안 된다. 때와 장소에 따라 권위를 존중해야 할 수도 있지만, 기술 검토는 열린 토론의 장이 되어야만 한다. 의견을 제시하는 윗사람들은 대부분 기껏해야 몇 시간 정도를 투자했을 뿐이지만 검토를 받는 사람은 그 일에 몇 주, 또는 몇 달 이상 매달려 있었을 것이다. 더 연배가 높고 힘이 있고 카리스마가 있고 더 똑똑할 수도 있지만, 그런 이유만으로 그들이 옳다고 말할 수 있는 것은 아니다. 정말 자신이 옳다고 믿는다면 침착하고 정중한 자세로 자신의 의견을 고수하자. 뜻밖에 약간만 정중하고 공손한 모습을 보여도 상대방에게 확신을 심어주는 데 아주 큰 도움이 된다. 그렇게 행동하면 팀 내에서도 더 존중받을 수 있다. 화를 내거나 좌절하는 모습을 보이면 검토 담당자들에게 나쁜 인상을 줄 뿐 아니라, 검토 과정 자체가 건전한 토론의 장이 아니라 아이디어가 충돌하는 장으로 전락하고, 모든 사람이 전투적인 자세로 돌입하면서 서로 받아들이지 못하는 방어적인 자세를 취하게 되고 만다.

■ 성장 역량

어느 날 모리스는 숲 속을 거닐다가 커다란 나무를 열심히 베고 있는 나무꾼을 발견했다. 목수가 워낙 열심히 일하고 있던 터라 그는 멀찌감치 서서 일이 어떻게 돌아가고 있는지 살펴보기로 했다. 몇 분이 지난 뒤에도 그 목수는 온 힘을 다해 나무를 열심히 베고 있었다. 모리스는 그 목수가 지난 며칠 동안 워낙 열심히 일하다 보니 톱날이 무뎌졌다는 것을 발견했다. 그걸 얘기해 주면 도움이 될 것 같아서 그는 온몸이 땀범벅이 됐는데도 계속 열심히 일하는 목수에게 다가갔다.

"안녕하세요. 지금 쓰고 계시는 톱의 날이 무뎌진 것 같아요. 잠시 일을 멈추고 톱날을 갈면 일을 훨씬 더 빨리 끝낼 수 있지 않을까요?"

그러자 목수는 이렇게 답했다. "톱날 갈려고 일을 중단하라고요? 지금 내가 얼마나 바쁜지 안 보여요? 시간 없어요."

여러 다른 변형된 형태로도 전해지는 이 일화는 "톱날 갈기"라는 제목으로 비즈니스 계에서 널리 알려졌다. 역량 구축과 비즈니스 프로세스 최적화의 중요성을 보여주는 이야기다. "톱날 갈기"는 사람들이 보유한 역량과 일할 때 사용하는 도구에 관한 얘기다. 개인으로서든 조직 입장에서든 잠시 시간을 투자하여 자신을 스스로 향상하면 장기적으로 긍정적인 효과를 볼 수 있다. 컴퓨터 분야에서는 더 나은 디버거를 찾아서 도입하는 도구 활용의 최적화라든가 새로운 프로그래밍 언어를 배우는 것 같은 역량 계발을 생각할 수 있다. 소프트웨어 분야에서 성공한 사람들에게서 공통으로 찾을 수 있는 특징 가운데 하나가 바로 정기적으로 톱날을 갈 시간을 마련한다는 점이다. 어떤 사람은 계획을 잘 세워서 톱날을 갈기도 하고, 어떤 사람은 자신도 모르게 습관적으로 톱날을 갈기도 한다. 간부급은 업무 특성상 정기적으로 검토하게 되고 신기술이나 새로운 비즈니스 패러다임에 대한 조언을 받게 마련이므로 평사원급보다는 간부급 이상에서 톱날 갈기를 하기가 더 나은 편이다.

톱날 갈기가 더 쉬운 간부급 직위까지 올라가려면 정기적으로 자기 계발을 하고 자신이 속한 조직의 프로세스를 개선하는 일에 시간을 투자할 수 있는 구조를 마련하는 것이 좋다. 이렇게 역량을 구축하고 프로세스를 최적화하는 데 있어서 가장 어려운 점은 시간이 필요하다는 것이다. 게다가 보통 자기 계발보다는 현재 맡은 프로젝트 업무가 훨씬 더 급하다. 자기 계발 등에 시간을 투자할 수 있을 만큼 여유 있는 시기를 기다리다 보면 사무엘 베케트의 『고도를 기다리며』에 나오는 블라디미르와 에스트라곤처럼 영원히 기다려야만 할 것이다. 지금 하는 일보다는 절대로 급하지 않지만, 전문가로 성공하는데 꼭 필요한 일을 위한 시간을 내려면 어떻게 해야 할까? 소프트웨어 분야에서는 도구, 언어, 성공 사례, 기반 기술 등이 몇 년마다 거의 완전히 달라지기 때문에 오랫동안 성공하려면 기술을 장악하고 쉴 새 없이 톱날을 갈아야만 한다는 점을 명심해 두자.

톱날을 갈기 위한 시간을 마련하는 비법은 스스로 시간을 어떻게 쓰는지에 더 민감해지는 것이다. 직장에서 보내는 시간은 네 개의 사분면으로 나눌 수 있다. 한쪽 축으로는 급한 일과 급하지 않은 일로 구분을 하고 다른 쪽 축으로는 중요한 일과 중요하지 않은 일로 구분을 하는 방식이다. 핵심 업무, 즉 지금 바로 하는 일, 반드시 납기를 맞춰야 하는 일은 대부분 "급하고 중요한" 사분면에 들어간다. 중요한 회의, 다음 데드라인을 맞추기 위해 꼭 해야 하는 일 같은 게 여기에 속한다. 더는 지체할 수 없는 일이기 때문에 급하고 중요한 일이 된다.

급한 일이 모두 중요한 것은 아니다. 전화벨이 울릴 때 전화를 받아야 하는 것처럼 급하기만 한 일도 있다. 대부분 사람은 전화벨이 울리면 만사를 제쳐놓고 전화를 받도록 훈련돼 있는데, 이는 음성사서함이나 이메일 같은 비동기식 통신 방법이 없던 시절부터 생겨난 사회적 습관이다. 규모가 어느 정도 되는 조직에서는 (회의를 미뤘다가 다음 날이나 다음 주에 참석할 수는 없는 노릇이니) 회의도 마찬가지로 급한 일이긴 하시만 아주 중요한 일은 아닐 수도 있다. 물론 누군가는 정말 급한 마음에 회의를 잡았겠지만, 나한테는 별로 급하게 느껴지지 않을 수도 있다. 그 밖에 중요하지도 급하지도 않은, 완전히 시간 낭비라고 할 수 있는 일도 있다. 업무 시간 중에 두 시간 동안 점심을 먹는다거나 게임을 하면서 시간을 보낸다거나 새 카메라를 사기 위해 웹 서핑을 한다거나 하는 것이 그런 예에 속한다. 그쪽 사분면에 속하는 일에 너무 시간을 많이 보내다가는 분명 회사에서 잘리고 말 게 분명하다.

마지막 사분면이 바로 마법의 사분면이라고도 일컬어지는 중요하지만 급하지 않은 업무의 사분면이다. 이 사분면에 속하는 일에 투자한 시간에 따라 승자와 패자가 결정되고 큰 인물과 그저 그런 사람이 나뉘게 된다. 소프트웨어 전문가에게는 자신의 경력을 확장하고 잠재력을 키우는 일이 바로 여기에 속한다. 성장을 위한 활동, 즉 톱날을 가는 활동은 보통 이 사분면에 속한다. 대부분 급한 일은 아니다. 일주일, 한 달, 또는 그 이상 미뤄도 큰 지장은 없다. 이렇게 급하진 않지만 자기 경력의 범위와 잠재력을 규정짓는 역할을 한다. 이 사분면에 대해서는 다음과 같은 식으로 시간을 투자하자.

- 개인적인 입장에서, 그리고 전문가적인 견지에서의 상대적인 중요성을 파악하고 정기적으로 시간을 투자하기 위한 전략을 짠다.
- 일정표에서 중요하지 않은 범주에 속하는 활동은 적당히 미루거나 건너뛴다. 중요성이 낮은 두 사분면에 쓰는 시간을 줄일수록 중요하지만 급하지 않은 일에 쓰는 시간을 더 많이 확보할 수 있다.

그림 6-2를 살펴보자.

그림 6-2 시간 사분면 (출처 『성공하는 사람들의 7가지 습관』(스티븐 코비), 프랭클린 코비 사의 승인 아래 전재)

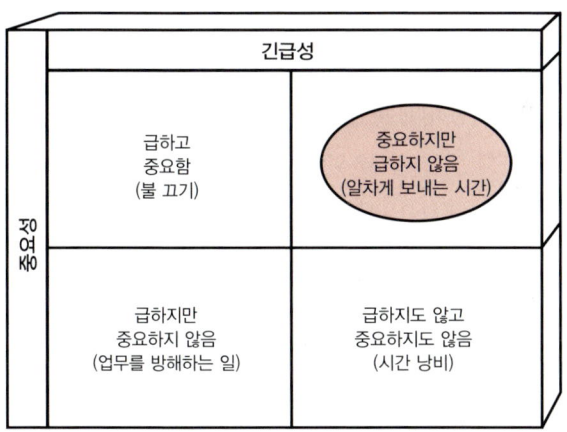

사람마다, 그리고 개인마다 오른쪽 위에 있는 마법의 영역인 중요하지만 급하지 않은 일을 처리하는 전략이 다를 수 있다. 어떤 사람들은 매일매일 그런 일을 하고 어떤 사람들은 매주, 또는 매달 그런 일을 한다. 중요하지만 급하지 않은 영역에 있는 일을 할 시간을 마련할 수 없다면 분명히 자기 경력의 잠재력을 끌어올리기가 어렵다. 카르페 디엠Carpe Diem, 지금 이 순간에 충실하자.

■ 조직 최상부의 비업무 역량

어떤 조직에서든 최고위층에 있는 사람들에게서는 몇 가지 공통적인 특징을 발견할 수 있다.

- 사회적 의식을 가지고 구설수나 정치적인 문제에 휘말리는 일을 피하는 편이다. 전문가로서 적절한 대화를 나누는 데 능숙하다.
- 작은 그룹에서든 큰 그룹에서든 글을 통해서든 소통을 잘(적어도 분명히) 할 줄 안다.
- 시간을 효율적으로 활용한다.
- 조직 내에서 인간관계를 잘 맺고 있다(그룹에 새로 들어왔을 때도 아주 빠르게 인맥을 구축한다).
- 중요한 문제를 정력적으로 공략하며, 위기의식을 가지고 행동한다.
- 위기 상황에서도 상대적으로 침착함을 유지하고 문제에 적절하게 대응한다.

이런 역량은 학교에서 배울 수 있는 건 아니지만, 어떤 전문가에게든 강력한 무기가 될 수 있는 역량이다. 사실 비업무 역량의 비중이 워낙 커서, 커리어를 시작하고 2년 동안 이런 성격적 특성을 살펴보는 것만으로도 나중에 리더나 관리자가 될 수 있는 사람을 알아볼 수 있을 정도다. 안타깝게도 이런 비업무 역량은 대부분 배울 수 있는 게 아니라 타고나는 성격적 특성에 가깝다. 하지만 성실한 사람이라면 시간은 걸리지만 저런 역량을 배우고 익히는 것도 가능하다. 비업무 역량은 언제나 중요하지만, 윗자리로 올라갈수록 그 중요성이 커진다. 왜 그럴까? 위로 올라갈수록 사람을 관리하고(또는 수석 아키텍트 급은 사람들과 소통하고) 문제를 해결하는 것과 관련된 업무를 주로 맡기 때문이다. 비업무 역량에 초점을 맞추면 미래의 경력을 키울 수 있는 기반을 구축할 수 있다. 어떤 규칙이든 예외는 있고, 위에 열거한 특성 가운데 한두 개쯤은 부족해도 고위직에 올라갈 수 있겠지만, 많이 어려우리라는 것은 분명하다.

■ 궁극의 비업무 역량: 감성 지능

감성 지능^{EI, Emotional Intelligence}은 다양한 상황에 적응하고 성공을 이끌어낼 수 있는 능력에 지대한 영향을 주는 몇 가지 비인지적인 정신, 감정적인 역량의 척도다. EI는 정보를 정확하게 기억한다든가 어려운 기술적인 문제를 해결하는 것처럼 일반적인 면에서의 지능과는 별개의 것이다. EI는 다양하게 정의되곤 하지만 나는 EI가 원숙미와 상식을 평가하는 척도라고 생각한다. 원숙미와 상식은 감정적으로 어려운 비즈니스 및 조직의 상황에 대처하는 능력을 제공한다. 실제로 미국에 있는 어떤 조직을 살펴봐도 고위 관리자 그룹에는 광범위한 기술 역량과 조직 역량을 가지고 있는 사람들이 있지만, 성공적인 고위 관리자는 원숙한 운영 능력과 상식에 기반을 둔 사업 감각을 갖추고 있다는 것을 발견할 수 있다. IQ도 중요하긴 하지만 (어느 수준의 분석력과 추론 능력, 이성 없이는 높은 자리에 올라가는 게 불가능하다) 그것만으로 충분조건이 되는 것은 아니다. 지난 10여 년간 진행된 연구에 의하면 IQ만으로는 성공을 점치기가 어렵다는 것이 밝혀졌다. IQ가 결과에 영향을 미치는 정도는 평균 6%밖에 되지 않는다. 반면에 EI가 회사에서의 성공에 영향을 미치는 수준은 거의 27%에서 45%에 이를 정도로 높은 것으로 나왔다. 소프트웨어 개발 분야를 놓고 얘기하자면, 매년 매우 우수한 품질의 코드를 35,000줄씩 만들어낼 수 있지만, 함께 일하는 사람들과 매번 충돌을 일으키는 프로그래머보다는 상식, 원숙미, 사업 감각을 갖춘, 즉 EI가 높으면서 탄탄한 기본기를 갖춘 (하지만 천재라고는 할 수 없는) 프로그래머가 더 빨리 승진할 가능성이 크다.

아래에 있는 겁나좋은기술㈜에서 일하는 모라고 씨와 공손해 씨의 사례를 생각해 보자. 사내에 새로운 관리직 자리가 생겼는데, 소프트웨어 개발자 팀을 이끌 훌륭한 리더를 찾아내야 하는 상황이다. 모라고 씨와 공손해 씨가 유력 후보자로 꼽히고 있다. 표 6–2에 있는 비교표를 보고 누구를 승진시킬지 생각해 보자.

왜 대부분 회사에서 공손해 씨를 선택할까? 모라고 씨를 선택한다면 사업/성공 관점에서 어떤 결과가 나오게 될까? 기술적인 기량을 보면 모라고 씨를 선택하고 싶을 수도 있지만, 그는 원맨쇼에는 능할지 몰라도 팀을 이끄는 데는 별 효과가 없을 것이다. 공손해 씨의 기술 역량은 그냥 괜찮은 수준이지만 최고 수준의 인재를 끌어옴으로써 본인의 부족한 점을 메울 수 있다. 리더십은 남에게 위임할 수 있는 게 아니므로 공손해 씨는 자신의 부족한 점을 다른 사람을 뽑는 것으로 메울 수가 없다. 리더는 다른 사람을 이끌고 나가야 한다. 관리자이자 리더로서, 공손해 씨는 최고의 인재를 모아서 그들에게 동기를 부여하고 그들의 업무를 관리하여 목표를 달성해낼 수 있을 것이다. 공손해 씨의 프로필을 보면 그럴 수 있을 것으로 보인다. 공손해 씨는 자기 팀의 강점을

표 6-2 모라고 씨와 공손해 씨 비교표

	모라고 씨	공손해 씨
생산성	최상 엄청난 분량의 최고 품질의 혁신적인 코드를 꾸준히 만들어냄	중상 괜찮은 실적을 내는 편임. 자신이 하는 일을 잘 알고 일도 잘하지만, 모라고 씨 급은 아님
경력	8년	7년
사업 감각	중 소프트웨어 비즈니스에 열정을 가지고 있으며 입사할 때부터 업계의 생리를 제대로 이해하고 있었던 것으로 보임. 하지만 남들로부터 배우는 부분이 미흡함. 스스로 공부한 것이 아니면 배우지 못할 것으로 생각함	상 처음에는 기업 문화나 소프트웨어 업계의 생리 등을 볼 때 비즈니스 전문가라고 할 수 없었으나 다른 사람들의 피드백을 성심껏 받아들였음. 졸업 후로도 꾸준히 성장하고 있음
기술 역량	최상 새로운 엔지니어링팀을 이끄는 데 있어서 기술적인 깊이가 큰 자산이 될 수 있음	상 최고라고 할 수는 없지만 탄탄한 역량을 갖춤
대인 관계	최하 남들을 전부 저능하다고 여기기 때문에 모라고 씨와 일하는 사람마다 힘들어함. 꾸준한 지도에도 계속해서 그런 견해를 보이고 있음. 팀에 꾸준히 부정적인 영향을 끼치는 인물임	최상 함께 일하기 좋은 사람으로, 그와 함께라면 누구든 즐거운 마음으로 일할 수 있음. 항상 미소를 띠고 다님
리더십	하 엔지니어링팀에서 무엇을 해야 하는지에 대한 비전은 있지만, 다른 사람들에게 제대로 동기를 부여해본 적은 없다. 사람과 팀의 역학 관계를 이해하지 못한다	상 인간미가 있고 사람을 움직일 줄 안다. 사람들의 지지를 이끌어낼 줄 안다

지렛대처럼 활용할 수 있기 때문에, 프로젝트의 기술 방향을 탄탄하게 다질 가능성 면에서 볼 때 모라고 씨보다 뒤처질 리가 없다. 반대로 모라고 씨를 리더 자리에 앉히면 프로젝트와 그가 이끄는 팀 모두에게 재앙이 닥치고 말 것이다. 팀의 에너지를 한 곳에 집중시키고 업무를 조율하고 조직 문제와 정치적인 문제를 현명하게 해결할 수

있다고 보기 어렵다. 그런 스타일의 사람이라면 프로젝트도 망가뜨릴 뿐 아니라 갖가지 기술과 무관한 면에서 아랫사람들에게 제대로 된 역할 모형Role Model을 보여주기 어렵다.

EI는 감성적인 원숙미와 상식, 즉 성격이나 인격과 밀접하게 연관되어 있다. 개인의 감성적인 원숙미와 상식을 키우는 건 쉽지 않지만 뜻밖에 단순할 수도 있다. 우리 두뇌를 키우는 것, 즉 기억력을 갑자기 좋게 만든다든가 분석적인 문제에 대한 사고력을 쑥 올린다든가 IQ를 갑자기 몇 배 키운다든가 하는 일은 거의 불가능하다. 하지만 화를 내는 빈도를 줄인다든가, 문제를 이기적인 관점이 아닌 객관적인 시선으로 바라본다든가, 우리 팀에 무엇이 최선인지 먼저 생각한다든가 하는 자세는 노력을 통해 어느 정도 키울 수 있다. EI가 정말 멋진 이유는 전문가로 성공하는 기폭제 역할을 할 뿐 아니라 삶 전체가 달라지는 요인이 된다는 점이다. EI가 높을수록 전문가로 사는 삶뿐 아니라 개인적인 삶에서도 더 인격적으로 원만하고 균형 잡힌, 온화한 감성을 가진 사람이 될 수 있다. EI가 높은 사람은 또한 배우고자 하는 자세, 자기 계발에 집중할 줄 아는 자세, 건설적인 비판을 받아들일 수 있는 자세 면에서도 더 낫다. 성공적인 삶으로 이어질 수 있는, 자신을 향상하는 길을 스스로 만들어나갈 수 있다.

브래킷과 공저자들이 2006년에 낸 인지과학 분야의 연구 논문*에 의하면 사람은 자신의 EI를 파악하는 데 매우 취약하다고 한다. 즉 실제 EI는 아주 낮은데도 자신의 감성이 매우 뛰어나다고 생각하거나, EI가 아주 높은데도 자신에게 부족한 점이 많다고 생각하는 경우가 많다고 한다. 이런 결과가 나온 이유는 여러 가지가 있을 수 있지만, EI가 부족하다는 것을 깨닫기 위해서도 EI가 필요하다는 점이 꽤 큰 이유가 될 것이다. EI가 낮은 사람은 자신을 평가하는 능력이 턱없이 부족하고, EI가 높은 사람은 자신이 더 성장하고 성숙해져야 한다고 생각한다.

감성 지능 분야는 이미 상당히 많은 연구가 진행되었지만, 아직도 매우 빠르게 발전하고 있다. EI를 꾸준히 계발하는 데 도움이 될 만한 팁 몇 가지를 정리해 보면 다음과 같다.

....

* **저자주**_ Brackett, M.A., Rivers, S.E., Shiffman, S., Lerner, N., & Salovey, P., "Relating Emotional Abilities to Social Functioning: A Comparison of Self-Report and Performance Measures of Emotional Intelligence," Journal of Personality and Social Psychology 91 (2006): 780-795.

1 자신을 이해하라. 하루를 보내면서 서로 다른 상황에서 어떤 감정을 느끼는지 인식하려는 노력을 기울여 보자. 자신에게 부정적인 감정을 유발하는 상황을 기억해 두자. 시간의 변화에 따라 자신이 왜 그렇게 느끼게 되는지 이해하기 위해 노력해 보자.

2 남들에 대한 감수성을 키우자. 다른 사람과 토론이나 회의를 할 때 그 방 안에 있는 각각의 사람이 어떻게 느끼고 있을지 자문해보자. 어떻게 알아낼 수 있을까? 다른 사람의 표정이나 몸짓, 무관심, 열정 등을 통해 그들의 감정에 귀 기울여 보자.

3 긍정적인 정서를 표출하자. 온종일 의식적으로 웃는 표정을 짓자. 웬만하면 항상 자신의 열의를 외부로 표출할 수 있도록 자신을 북돋아 보자.

4 절대로 화를 밖으로 표출하지 않겠다고 맹세하자. 예전에는 화가 났을 만한 상황을 완전히 객관적인 순간으로 옮겨서 생각해 보자.

5 남들의 전문가로서의 포부를 파악하자. 주변 사람들이 원하는 것을 이해하고, 각자의 목표와 염원을 채워줄 수 있을 만한 기회를 잡을 수 있는 상황을 만들어냄으로써 참여와 열의를 이끌어내자.

6 동료가 한 일에 자주 고마움을 표현하라.

7 남들에게 도움을 줘라. 답례를 바라지 말고 이타적이고 관대하게 행동하라.

8 남들의 삶에 대해 진심 어린 관심과 배려를 보여라. 그들이 아주 친한 친구나 친척이라고 상상하면 그들에게 더 관심을 기울이는 데 도움이 된다.

9 주변에 있는 EI가 높은 사람을 연구하라. 어딜 가든 천성적으로 어른스럽고 감수성이 좋고 자기 조절을 잘하는 사람 하나쯤은 있다. 그들이 어떻게 하는지 잘 살펴보고 자신이 어려운 상황에서 그들처럼 반응하는 모습을 상상해 보자.

10 사람들과 잘 어울리자. 남들과 대화를 나누고 업무와는 무관하게 인간관계를 만들어 보자 (그렇다고 해서 직장에서의 인간관계를 직장 밖으로까지 끌고 나올 필요는 없다). 자신이 함께하기 즐거운 사람이 되도록 노력하자.

소프트웨어 전문가로서의 역량은 여러 기술 역량, 특정 분야의 전문성, 그리고 비업무 역량이 버무려진 것이다. 소프트웨어 전문가는 다양한 재능이 필요하지만 그런 재능을 극대화하는 두 가지 비법을 꼽자면 하나는 전문가로서의 성장(역량 구축)에 필요한, 중요하지만 급하지 않은 일에 시간을 투자하는 것이고, 다른 하나는 시간이 지남에 따라 고위직 전문가로서의 적합성을 극적으로 향상해줄 수 있는 EI를 계발하는 것이다.

interview
레이 톰린슨

이메일 창시자

현재 지위
BBN Technologies 수석 엔지니어

주목할 점
이메일 창시자

생일
1941년 4월 23일

학력
MIT 전자공학 석사, 1965

렌셀러 폴리테크닉 대학교 전자공학 학사, 1963

취미
독서, 음악 감상, 프로그램 만들기(만화경 프로그램, 퍼즐 시뮬레이션)

약력
레이는 BBN Technologies의 네트워크와 관련된 가장 중요한 성과와 밀접하게 연관된 인물이다. ARPANET 호스트−호스트 프로토콜, NVT 프로토콜, TCP/IP 프로토콜, 패킷 라디오 프로토콜, 멀티미디어 이메일 프로토콜을 비롯한 여러 네트워크 프로토콜 설계에 참여했다. 최초의 네트워크 이메일 시스템을 설계하고 구현했으며, 보안 네트워크 통신 시스템 설계에 참여했고, 최초의 전자 키 배포를 구현했다. 수많은 업적을 남겼지만, 그중에서 가장 유명한 것은 아마도 "이메일 주소의 @ 프로토콜을 만든" 업적일 것이다. 시분할 계산의 개발에서도 핵심적인 역할을 맡았다. 시분할 방식의 SDS−940 컴퓨터 시스템의 실시간 입출력 시스템을 위한 소프트웨어를 개발했으며 DEC PDP−10 컴퓨터용 TENEX 시분할 모니터를 설계한 수석 연구원이었다.

BBN Technologies에서 32년간 일하는 동안 여러 프로젝트에 참여했다. BBN 연구원들이 사용할 1인용 컴퓨터인 Jericho의 설계를 담당했고, 그 운영체제 중 상당 부분을 직접 구현했다. Monarch 팀으로 있는 동안에는 맞춤 설계한 VLSI 회로를 이용한 대형 공유 메모리 병렬 프로세서 컴퓨터를 위한 명령어 시퀀서를 개발했다. 정보 기반 구조가 부족한 상황에서 일하는 특수대원의 건강과 상태를 감시하고, 구성원 사이의 통신을 처리하기 위한 시스템을 개발하는 Pathfinder 프로젝트에서는 수석 소프트웨어 아키텍트 업무를 맡았다. 동영상 정보 서버와 멀티미디어 화상 회의 시스템 업무도 맡은 바 있다. 지난 17년 동안은 BBN Technologies에서 수석 엔지니어Principal Engineer라는 명예직을 맡고 있다.

최근에는 물류 담당자에게 상황을 인식하여 적절한 화면을 제공하고, 핵심적인 자원의 위치에 대한 데이터베이스 정보를 통합하는 도구를 제공하여 문제를 발견하고 해결책을 찾아내는 데 도움을 줄 수 있는 Logistics Anchor Desk LogAD를 개발했다. CyberTrust 소프트웨어 아키텍처를 더 효과적으로 개정하는 작업에도 몇 년 정도 몸을 담았다. 지금은 단전 등의 상황에서도 데이터 손실 없이 지속할 수 있는 것을 목표로 하는 에이전트 기반 물류 계획 시스템 아키텍처인 ALPAdvanced Logistics Project 관련 업무를 하고 있다.

프로세서 하드웨어 설계, 분산 아키텍처, 네트워킹 프로토콜, 시분할 시스템, 음성 인식 등에 대한 저작물 다수와 강연을 남기고 있다.

■ "어? 정말 괜찮은데?"

소프트웨어 분야는 어떻게 시작하게 되었나요?

그 부분에 대해서는 꽤 강한 기억이 남아 있어요. IBM에서 학생 연구원으로 일할 때였어요. 뉴욕 주 포킵 시에 있는 메모리 기술 그룹에 있었죠. 물론 컴퓨터를 위한 새로운 메모리 기술을 설계하고 있었죠. 하지만 실제로 컴퓨터를 써 본 적도 없었고 별로 관심도 없었는데, 알고 보니 송전선 문제 푸는 일 같은 걸 할 때 컴퓨터를 쓸 수 있다고 하더라고요. 그때 저는 "어? 괜찮은데? 게다가 멀지도 않잖아."라고 말했죠. 잡을 제출하고 기다려야 하는 배치 운영 시스템도 아니었어요. 그냥 기계 앞에 가서 하고 싶은 걸 하면 되는 식이었죠. 그걸 보니 "어? 정말 괜찮은데?" 이런 생각이 들더군요. 그 기계에서 비트와 바이트가 어떤 역할을 하는지를 설명하는 문서를 구해서는 펀치 카드에 코드를 작성했죠. BCD 장비라는 점을 제외하면 사실상 이진수로 코드를 작성하는 셈이었어요. 어셈블러도 모르고 컴파일러도 몰랐죠. 하드웨어에 가장 가까운 소프트웨어를 만들었던 거예요. 파이값을 계산하는 프로그램을 짰는데, 그게 제 첫 프로그램이었어요. "오, 이 정도면 괜찮네."라는 느낌이 들었죠. 그리고 컴파일러를 배우고 나니까 "이러니까 훨씬 쉽잖아."라는 생각이 들더군요. 그전까지는 메모리 할당 같은 걸 전부 직접 해야 했거든요.

네트워크로 연결된 이메일 관련 업적으로 가장 유명하신데요, 그게 바로 본인이 소프트웨어 분야에서 이룬 가장 큰 업적이라고 생각하시나요?

그것도 정말 중요한 일이었다고 생각하지만, 그 시절에 그것 못지않게 중요한 일도 했다고 생각해요. 그렇게 눈에 확 띄는 일은 아니지만 요즘 누구나 쓰고 있는 TCP 프로토콜 중 어떤 부분에는 제가 이바지한 부분도 있어요. 초창기 제안서를 살펴보니깐 뭔가 빠진 게 있다는 느낌이 들더군요. 그리고 그 빠진 부분들을 좀 채워 넣었어요.

그때 빠져 있던 부분이 스리웨이 핸드셰이크였어요. 통신 과정에서 상대방이 무엇을 하고 싶어하는지에 대해 양쪽이 합의하기만 하면 되는 일이긴 한데, 네트워크에서 중복이 발생할 수 있기 때문에 핸드셰이크에 세 번째 부분이 필요했죠. 요약해 보자면, 응답하는 쪽에서 "나는 여기서 시퀀스 번호 통신을 시작할게. 그리고 내 생각에는 네가 시작하는 건 바로 여기서부터야"라고 말하면 돼요. 상대방이 그걸 못 알아먹으면 중복된 게 섞여 들어간 거고, 그러면 반대편에서는 "어? 내가 요청한 게 아닌데 뭔가 합의가 돼 가고 있나 봐?"라고 반응하겠죠. 그래서 세 번째 핸드셰이크가 필요했고, 그것과 관련해서 자질구레하게 해야할 일이 있었어요. 제가 한 일이 바로 그 부분이었고요. 사실 아주 간단하고 조그마한 일이어서 그런 게 있다는 것도 잘 모르는 사람이 많죠. 지금까지 살아오면서 재미있는 일을 많이 했어요. 평생 이메일 관련 일만 한 건 아닙니다. 1969년 무렵 PDP-10 컴퓨터용으로 만든 TENEX를 만드는 데도 주도적인 역할을 맡았었는데요, 그건 이메일이 나오기 전에 한 일이었죠. 운영체제는 둘이서 만들었고, 다른 서브시스템 일을 하는 친구들이 서너 명 있었어요. 꽤 할 일이 많았는데, 상당히 짧은 기간 안에 일을 마쳤고, 일도 잘 끝났어요. 그때는 가상 메모리를 사용하겠다는 생각이었어요. 그리고 다른 형식의 가상 메모리가 아니라 에이지 형식을 사용했죠. 당시로써는 전혀 새로운 하드웨어 지원을 이용해서 말이죠.

당시에는 이메일이 이렇게 사회 전반에 널리 퍼질 것으로 생각하시진 못하셨을 것 같은데, 어떻게 생각하시나요?

맞아요. 사실 그때는 컴퓨터가 아주 비쌌기 때문에 컴퓨터 자체가 이렇게 널리 퍼질 거로 생각하기도 힘들었죠. 그때는 제일 작은 컴퓨터도 10만 달러가 넘었어요. 지금처럼 어느 정도 사는 나라라면 컴퓨터가 거실마다 한 대씩 놓여 있는 상황은 상상도 할 수 없었죠. 물론 그 시절에도 "(이메일을 보내는 게) 꽤 괜찮은 일이라고 생각합니다. 이렇게 메시지를 보내는 게 가능하다면 다른 사용자한테도 메시지를 보내는 건 어떨까요?"라고 말하곤 했어요. 컴퓨터가 널리 퍼질 거로 생각하긴 했지만 아주 제한된 범위 안에서만 그렇게 될 거라고 생각했죠.

어떤 때 성공했다는 느낌을 받으시나요?

누구든 그 기준은 다를 것 같아요. 저는 코딩하는 걸 좋아해요. 시스템을 설계하고 코드를 작성하는 일을 좋아하죠. 관리나 손님맞이 같은 건 끔찍하게 싫어해요. 잘 돌아가는 코드를 많이 만들고 있을 때, 그리고 그걸로 다음 단계로 넘어갈 수 있을 때가 제일 기분이 좋아요. 그리고 어려운 문제를 푸는 것도 정말 좋아해요. 특히 소프트웨어에서 어떤 부분이 잘 안 돌아가게 했던 버그를 잡으면 정말 기분이 좋죠. 한참 동안 문제에 대해 설명을 듣고, 더 많은 정보를 캐내기 위해 적절한 질문을 던지거나 문제를 해결하는 방안을 건의하거나 하는 걸 좋아해요. 상황을 파악하고 간결하게 이해하고 어떤 문제든 그 문제에 대한 해결책을 내는 데 이바지하는 걸 좋아합니다.

■ "아, @ 기호!"

네트워크 이메일을 만든 이야기를 듣고 싶습니다.

이메일 이야기는 꽤 재밌어요. 당시에 제가 어떤 RFC^{Requests for Comment} 문서를 읽고 있었어요. 그중에는 리차드 왓슨(당시에 SRI에 있었어요)이 쓴 게 있었죠. 이메일 프로토콜에 해당하는 것을 제안하고 있었는데, 라인 프린터로 종이 위에 인쇄해서 그 종이를 번호가 붙은 우편함에 집어넣는 쪽에 초점을 맞추고 있었어요. 우편함 번호는 255까지로 제안하고 있었죠. (우편함 번호를 1바이트로 지정하게 해 놨거든요) RFC는 페이지 형식을 프린터에 맞게 맞추는 것, 라인 피드, 폼 피드, 들여쓰기, 탭 같은 것을 주된 내용으로 삼고 있었죠. 하지만 주소 지정 방식이 특정 개인한테 가는 게 아니고 특정 번호의 우편함으로 가게 돼 있었어요. 너무 복잡하다 보니 "이것보다 더 잘 만들 수 있을 것 같은데"라는 생각이 들더라고요. 이미 그 시절에도 거의 모든 시스템에는 우편함이 있었어요. 네트워크로 연결돼 있지 않았을 뿐이었죠. 각 우편함을 유일하게 식별할 수 있도록 주소를 지정하는 방식이 필요했어요. 그리고 아직 FTP도 나와 있지 않았을 때였기 때문에, 한 컴퓨터에서 다른 컴퓨터로 데이터를 넘기는 방법도 만들어내야 했죠. 그래서 파일 전송 프로토콜을 만들었는데, 이미 전에 구현해 둔 코드가 있었기 때문에 그 부분은 쉽게 됐어요. 여러 가지를 서로 잘 이어붙이기만 하면 됐죠. 원래 있었던 파일 전송 및 메일 전송 프로그램을 제외하면 전체 코드는 아마 한두 페이지 정도밖에 안 됐을 거예요. 그런데 일이 꽤 잘 풀렸어요.

1994년인가 1995년이었던 것 같은데, ARPANET 25주년 기념일 1년쯤 전이었던 것 같아요. 누군가가 저를 부르더니 "초창기에 이메일 프로그램을 만드시지 않았어요?"라고 묻더라고요. 그래서 "예, 맞아요."라고 대답했죠. 그래서 속으로 생각했죠. "흠… 잘 기억이 안 나네. 1972년이었나?" 그러고 나서 같은 건물에서 일했던 사람들이 1972년에 이메일이 만들어졌다고들 얘기하곤 했어요. 근데 곰곰이 생각해 보고 다른 사람들한테 물어보고 했더니 참 많은 일이 일어났던 것 같더라고요. 예를 들어 컴퓨터로 다른 건물에 있는 IMP에 접속하려면 어떤 기계가 필요했는데, 그 기계는 아직 설계도 안 됐을 때였다는 게 생각났죠. 그래서 그게 언제 일이었는지 따져 보니까 연결이 되고 나서 6개월 됐을 때 이메일을 만든 것 같더라고요. 그리고 리차드 왓슨 논문이 1971년 6월에 출간됐었는데, 그때로부터 그리 오래 지나지 않았을 때였던 게 기억났죠. 그래서 결국 1971년 말에 이메일을 만들었다고 결론을 내렸어요. 첫 버전을 내놓고 금세 꽤 정기적으로 10x를 납품했죠. 그러고 나서 아마 1972년쯤 다음 릴리스를 내놨던 것 같아요. 3~4개월 후, 4월에 FTP 워킹 그룹에서 FTP 프로토콜에 메일 명령어를 집어넣었죠.

마치 아르키메데스가 유레카를 외쳤던 때랑 비슷한 상황이었던 것 같아요. 뭔가를 읽고는 "이것보다 더 잘할 수 있을 것 같은데?"하는 생각이 들 때가 있잖아요. 그럴 때 그 일을 직접 할 수 있는 여유와 시간이 있어야 제대로 일을 할 수 있죠. 그리고 처음에는 잘못 할 때도 잦아요. 디버그를 하고 또 하다 보면 결국은 제대로 돌아가는 게 만들어지죠. 어떤 프로그램을 만들 때든 하루에서 3일 정도 디버깅을 하고, 그러고 나면 결국은 제대로 돌아가기 시작하잖아요. 이렇게 "아하!" 하는 느낌을 받고 나서 또 다음 일을 하게 되죠. 그런 각각의 순간이 유레카의 순간인 것 같아요. 뭔가 해결해야 할 문제가 있어야 하죠. 풀 문제가 원래 없다면 다음 유레카의 순간은 돌아올 수 없겠죠.

이메일이 만들어지는 데 정말 크게 이바지하셨는데요, 텍스트 기반 시스템에서 멀티미디어 통신 매체로 진화하는 모습에 관심을 두고 보셨을 것 같아요. 이메일이 더 강력해지고 더 새로운 것으로 진화해 나갈까요, 아니면 이메일을 대체할 다른 뭔가가 나타날까요?

저도 잘 모르겠어요. 다른 뭔가가 이메일을 대체할 가능성도 있죠. 신세대들은 점점 더 다른 통신 수단을 쓰잖아요. 그게 이메일을 앞지를지는 모르겠어요. 이메일은 빠른 편이면서도 즉각 응답하지 않아도 되는, 비동기식 통신이라는 분야를 잘 잡고 있지요. 그런 부분에서는 이메일이 잘 살아남을 수 있을 것 같은데, 다른 통신 수단이 그런 쪽으로 변신해나갈 수 있을 것 같아요.

이메일 초창기에 참여했다는 게 개인적으로는 어떤 의미가 있나요?

사실 90년대 중반까지는 별일이 일어나지 않았어요. 이메일은 갑자기 유명해졌죠. 어느 정도 느린 감이 있지만 기쁜 일이었죠. 그래도 전체적으로 볼 때는 아주 흐뭇한 일이에요. 특히 업무와는 무관한 상황에서 이메일이 쓰이는 걸 볼 때 더 그런 마음이 들어요. 워싱턴 D.C. 근방에 있는 미국 표준연구소^{NIST, National Institute of Standards and Technology}에서 사서로 일하는 여자분하고 연락을 주고받은 적이 있었어요. 그분은 업무 목적으로 월간 소식지를 만들었는데, 이야깃거리를 찾고 있었죠. 그분이 저한테 연락해서는 소식지에 들어갈 내용을 인터뷰하고, 나중에 소식지를 한 부 보내줬어요. 꽤 괜찮은 글이라고 생각했는데, 그 후로 한동안 별 연락이 없었죠. 그러고 나서 4~5달 정도 지났는데 그분한테서 "감사합니다! 감사합니다! 감사합니다!"라는 제목의 이메일이 왔어요. 인터뷰에 대한 감사 메일치고는 참 늦었다는 생각도 들고 참 호들갑스럽다는 생각도 들더군요. 그런데 읽어보니 그분 시누이가 겪고 있는 병하고 관련된 메일링 리스트를 통해서 쓴 이메일이더라고요. 다른 사람들은 그런 상황에서 어떻게 하고 싶은지 알고 싶었던 거죠. 그리고는 "비슷한 상황에 있는 사람들하고 얘기할 수 있다는 게 정말 놀라워요. 저랑 똑같은 문제로 고민하는 사람들을 찾았지 뭐예요"라고 얘기하더군요. 일종의 환우회 같은 거였는데, 그걸 찾았다는 것에 대해서 고맙다고 얘기하려고 했던 거였죠. 실제로 다른 사람들에게 도움을 줄 수 있는 어떤 일을 했을 때 그런 얘기를 들으면 정말 보람을 느끼죠. 정말 흥미롭고 흐뭇한 일이었어요.

이메일을 만든 게 제 경력에는 그리 큰 영향을 끼치지 않았던 것 같아요. 인사과에서 신입 사원들 데리고 돌아다니다가 저한테 잠시 들러서 "아, 여기 있는 이 분이 바로 그 이메일을 만드신 분이에요"라고 하면서 저를 소개해 주곤 하죠. 재미는 있어요. 하지만 특별히 제 경력을 쭉 끌어올려 준 것 같지는 않아요. 이메일을 만든 게 중요한 이벤트였고, 그거랑 관련해서 BBN이 어느 정도 인정을 받은 건 맞아요. 우리 회사가 어떤 회사인지 소개할 때 한 줄 덧붙일 수 있는 자랑거리긴 하죠. 하지만 바로 지금 무엇을 하는지가 진정 중요한 것 같아요.

정말 이 질문은 안 드릴 수가 없는데요, @ 기호는 어떻게 쓰시게 된 건가요?

ㅋㅋㅋ @ 기호요? 그냥 컴퓨터에 그 기호가 있길래 썼죠 뭐. 키보드에서 전치사(at, on 등)에 해당하는 건 그것밖에 없어요. 나머지는 전부 중간에 들어가는 접속사 같은 기호라든가 끝을 나타내는 기호뿐이잖아요. 특정 컴퓨터에 있는 어떤 사람을 표시하고 싶은데 그렇게 하려면 영문법상 전치사를 쓰는 게 자연스럽잖아요. 근데 전치사는 달랑 @ 하나뿐이니 그걸 쓸 수밖에 없지 않았을까요? 근데 실은 제가 알고 있는 어떤 컴퓨터에서도 접속용 아이디에 @ 기호를 쓰지 않기 때문에 그 기호를 쓴 것도 있어요. 접속용 아이디에 쓰이지

않는 기호라면 아이디에 들어간 기호와 사용자 아이디와 서버 이름을 구분하는 기호로 써도 아무 문제가 생기지 않을 테니까요.

여러 이유가 있었던 거군요. 근데 이제는 전 세계에서 쓰이는 팝 아이콘 같은 게 됐잖아요. 요즘은 어디서든 @"어디" 같은 식으로 쓰는 표현을 볼 수 있으니까요. 혹시 그 시절에도 이렇게 될 걸 예상하셨나요?

한동안 ⟨아이디⟩ at ⟨서버⟩ 이런 식으로 @ 기호 대신 at이라는 단어를 쓰자고 주장한 적이 있었어요. 이렇게 하면 영어로 쓴 자연스러운 문장 같은 느낌이 들잖아요. 하지만 다들 @ 기호를 쓰는 게 좋다고 하다 보니 바꿀 생각이 없어졌어요. 이제 포기한 거죠. 잠깐 그랬던 거긴 했지만, @이 이메일을 상징하는 기호 수준이 됐으니 참 아이러니하죠?

■ "해야 할 일을 할 수 있는 사람이라는 것을 보여주세요"

소프트웨어 분야에서 성공하는 방법에 대해 조언 한 말씀 부탁합니다.

개인적으로는 제가 정말 재밌다고 느끼는 일을 하는 쪽을 더 좋아합니다. 일을 해낼 수는 있는데 그 일을 정말 즐기지 않는 사람도 종종 있어요. 물론 모든 사람이 자기 일을 즐기면서 할 수 없다는 건 인정해요. 하지만 정말 좋아하는 직업을 찾을 수 있다면 훨씬 더 좋을 거예요. 더 생산적이 될 수 있고, 더 행복할 수 있고, 하는 일에 대해서 더 큰 만족을 느낄 수 있을 겁니다. 그런 직업을 어떻게 찾을 수 있는지는 모르겠어요. 저는 어쩌다 보니 운 좋게 그런 직업을 만났습니다. 지금 하는 일을 좋아하지 않더라도 뭔가를 할 기회는 많이 있습니다. 하지만 그 자리에 맞게 자신을 맞춰야 해서 그 기회를 전면에 내세울 수는 없어요. 자기에게 주어진, 해야 할 일을 할 수 있는 사람이라는 걸 보여줘야 합니다. 그리고 나면 기회를 스스로 찾아내고 "이것과 관련하여 일을 잘해냈어요. 저 일도 잘해낼 수 있는데, 기회를 주셨으면 합니다"라고 말할 수 있어요. 특별한 비법이라고 할 수는 없지만, 자신의 능력을 확인하고 자신이 좋아하는 것을 알아내고 그 둘이 만나는 지점을 찾아서 열심히 노력하면 된다는 정도의 조언을 드릴 수 있을 것 같네요.

대학원을 졸업하고 전자공학 석사 학위가 있으신데요, 대학원 학위가 전문가로 살아가는 데 있어서 충분히 가치 있다고 생각하시나요? 사람을 뽑을 때도 대학원을 나온 사람을 선호하시나요?

다양한 수준으로 나아갈 때마다 공략해야 하는 문제가 달라집니다. 학사 학위만 있어도 아주 좋은 프로그래머가 될 수 있어요. 능력만 충분하다면 어떤 높은 자리든 올라갈 수 있어요. 어떤 면에서 보면 학위는 어디까지 가겠다고 생각하는지 보여주는 척도가 될 수 있는 것 같아요. 예를 들어 박사 학위를 받은 사람들은 대부분 박사 과정 동안 진짜 원하는 것과는 무관할 수도 있는 것까지 온갖 문제를 해결해야 합니다. 어떤 문제든 공략해서 해내야 하죠. 그 사람들은 보통 직장에 들어가서도 비슷한 일을 합니다. 학사 학위만 있어도 충분히 경쟁력은 있을 수 있고 고차원적인 것을 할만한 역량이 있을 수도 있지만, 그리 멀리 가지 못할 수도 있습니다. 물론 불가능한 일은 아니지만 그렇게 하지 않을 가능성이 커요. 뭔가를 하기 위해서 대학원에 가야 하는 것은 아니지만, 그 학위를 따내려면 학위에 걸맞는 일을 해야 합니다. 학위는 일을 해내는 데 필요한 소질과 자세를 보여주는 척도가 될 수 있습니다. 학위를 땄다고 해서 그런 자질이 생기거나 하는 건 아닌 것 같아요. 석사나 박사 학위가 있으면 어떤 면에서든 한발 앞서 나갈 수 있습니다. 학위를 딸 능력은 되지만 안 딴 경우라면 그 학위를 가진 사람들이 할 만한 일을 할 수 있는 능력은 갖추고 있다고 볼 수 있을 겁니다. 단지 더 낮은 단계에서 일을 시작하고 스스로 올라가야 할 뿐이죠. 중요한 건 능력이지 학위 자체는 아니에요.

■ "가끔은 더 많은 시간을 들여야 할 때도 있어요"

기술 트렌드나 혁신의 정점에 서 있을 수 있는 비결은 무엇입니까?

비결이라고 할 만한 건 없는 것 같아요. 보통 제가 어떤 프로젝트를 하고 있을 때, 다른 누군가가 저는 전혀 모르는 뭔가를 이해하는 것 같을 때가 있어요. 저는 그런 상황이 일어나면 빨간불이 켜졌다는 생각을 합니다. 프로젝트에서 바로 그 부분을 담당하고 있진 않더라도 그 프로젝트에 참가하지 않은 사람보다 잘 알아야 한다고 생각해요. 내가 모른다는 사실을 알아내고 시간을 들여서 공부하는 거죠. 실무에 대해서는 모른다고 쳐도, 적어도 다른 사람이 얘기하는 걸 이해할 수 있는 수준의 지식은 습득해야 합니다. 그러면 나중에 정말 그걸 이해해야만 하는 시기가 왔을 때, 적어도 어디서부터 시작해야 하는지는 알고 있을 것이고 그 기술에 대해 자세한 것을 알아내야 할 때 제대로 파고들어 갈 수 있을 겁니다.

저는 거의 항상 구글 검색으로 시작해요. 그리고 물론 제대로 된 문서를 찾아야 하죠. 해당 주제에 대해 분명하게 설명해 주는 자료를 찾아야 할 텐데, 그게 어려울 수도 있어요. 막다른 길을 마주하게 될 수도 있죠. 누군가가 정말 뭔가를 알고 있는 것 같은데, 알고 보면 해결책을 찾아내긴 했는데, 정작 그 해결책이 왜 통하는지는 제대로 알지 못할 수도 있어요.

기술 분야의 리더들은 시간에 많이 쫓기는 걸로 유명합니다만, 시간을 효율적으로 관리하기 위해 어떤 전략을 사용하시나요?

저는 시간 관리는 잘 못 하는 것 같아요. 여러 개의 일을 동시에 하면 시간을 비효율적으로 쓰게 돼요. 여러 개를 병렬적으로 한꺼번에 하는 것보다는 한 번에 하나씩 순차적으로 하는 게 훨씬 나아요. 보통 두 개 정도는 대부분 별 문제 없이 잘할 수 있어요. 하지만 세 개를 넘어서면 프로젝트가 어떻게 돌아가는지 파악하는 데 시간을 다 써 버리고는 실제 자기 일은 못 하게 되죠. 저도 한꺼번에 프로그램을 세 개 만들다 보면 그중 하나는 영 제대로 안 돼요. 현 상황을 쫓아가는 건 어떻게 할 수 있겠는데 누군가가 "이거 진짜 해결해야 해요"라고 얘기하기 전까지는 제 몫을 하지 못해요. 누군가가 다그쳐야 우선순위를 조절하죠. 제대로 할 수 있을 만큼만 일을 맡는 게 중요해요. 야근 같은 건… 일을 제대로 하려다 보면 가끔은 더 많은 시간을 들여야 할 때도 있어요.

프로그래밍은 원래 정시에 출근해서 정시에 퇴근할 수 없는 분야라고 생각하시나요? 일하다 보면 방해받지 않고 꾸준히 집중해야 하는데, 시간이 다 됐다고 일하다 말 수도 없는 노릇이잖아요?

그 점은 저도 동의합니다. 저는 뭔가 부족한 부분이 있는 것 같아도 소프트웨어를 전부 버전 관리 시스템에 체크인하고 컴파일에 문제가 없는지 확인한 후에 집에 가는 걸 좋아하는 편이에요. 그러다 보면 다섯 시에 일이 끝날 때도 있지만 그렇지 않을 때도 있죠. 프로그래밍은 엄격한 시간표하고는 잘 맞지 않는다고 생각해요. 딱 정시에 시작해서 정시에 끝내야 할 이유가 없죠. 일하고 싶을 때 일할 수 있잖아요. 하지만 어느 정도 규율 같은 게 있으면 도움이 되는 것 같아요. 다른 사람들하고 함께 일할 때는 시간을 어느 정도 맞추는 게 중요하겠지만, 꼭 9시 출근 5시 퇴근 같은 식으로 해야 한다고 생각하진 않아요.

일과 삶의 조화는 어떻게 이루는지요? 일이 전부가 되는 상황을 피하는 비결이 있나요? 일 외에도 다른 취미 생활 같은 게 있으신가요?

당연하죠. 프로그래밍을 좋아하기 때문에 취미 생활 중에도 프로그래밍하고 관련된 게 있긴 하지만 회사에서 하는 것과는 완벽히 따로 떼어놓고 생각해요. 지금은 매사추세츠 주의 44번 고속도로 근방의 모든 야생 동물 보호구역에 가 보겠다는 목표를 가지고 있어요. 숲 속 산길을 걷다 보면 프로그래밍에 대한 생각은 안 들더라고요.

■ "컴퓨터가 어떻게 작동하는지 배워보세요"

소프트웨어 분야에서 앞으로 10~15년 이내에 커리어에 긍정적으로든 부정적으로든 영향을 끼칠 만한 변화로는 어떤 게 있을 것으로 생각하나요?

분명히 어느 정도는 변하겠죠. 소프트웨어 분야에 있다 보면 지금 프로그래머들이 하는 일을 프로그래밍에 대해 잘 모르는 사람들도 할 수 있게 만들어주는 대단한 뭔가가 만들어져서 이제 프로그래머들은 다른 일을 할 수 있게 될 거라는 얘기를 종종 듣곤 합니다. 하지만 그런 일은 실제로 일어나지 않아요. 그런 용도로 어떤 걸 만들어 내든 결국 이름만 달라질 뿐 똑같은 문제가 그대로 반복될 수밖에 없어요. 어려운 건 마찬가지예요. 다른 도구를 쓰고 다른 객체를 쓰고 다른 프로그래밍 엔티티를 쓰고 다른 언어를 써도 결국은 그게 그거죠. 여전히 아귀가 잘 안 맞는 것을 맞추는 방법을 찾아내서 조립하는 일을 해야만 하는 겁니다.

소프트웨어 분야에서 불만거리라고 할 만한 건 없나요?

사람마다 소프트웨어 관련 일을 하는 스타일을 보면 어느 정도 불편하게 여겨지는 게 있게 마련이죠. 코딩 방식의 차이, 일관성 없는 코딩 방식, 안 예쁜 코드같이 사소한 것부터 시작해서 말입니다. 저도 안 예쁜 코드는 많이 만들어봤지만 그래도 안 예쁜 코드가 싫은 걸 어쩌겠습니까. 그리고 소프트웨어 분야에 여성 진출이 적다는 것도 불만거리라고 할 수 있을 것 같네요.

소프트웨어 분야에서 성공하는 방법에 대해 조언 한 말씀 해 주시죠.

컴퓨터가 어떤 식으로 작동하는지 배워야 한다고 생각해요. 조금 전에 불만거리를 물어보셨잖아요? 프로그래머 중에 컴퓨터가 어떤 식으로 작동하는지도 모르는 사람들이 있다는 것도 사실 불만거리 가운데 하나입니다. 한 번은 어버이날 행사로 회사에 고등학생들이 온 적이 있었어요. 3~40명 정도 되는 학생들 앞에서 이메일에 관해 얘기하고 있었는데 질문 없느냐고 물었더니 학생 중 한 명이 "엔터 키를 누르면 어떤 일이 일어나나요?"라고 묻더라고요. 잠시 생각을 했죠. 컴퓨터 안에서는 그 순간 온갖 일이 일어나니까, 잘 생각해 보면 꽤 어려운 질문이잖아요. 하지만 그런 답을 원하고 한 질문은 아닌 것 같더라고요. 프로그래머 자신들도 실제로 자기가 어떤 일이 일어나게 하고 있는지 잘 모르는 경우가 많아요. 컴퓨터의 어떤 부분에서 뭘 하는지 잘 모르고, 네트워크를 쓰는지 안 쓰는지조차도 모를 때도 있어요. 때로는 정말 이상한 질문이 나오기도 하는데, 컴퓨터가 어떻게 돌아가는지 모르기 때문에 그런 일이 일어나는 거예요.

여러 경험에서 얻은 교훈인데, 비단 소프트웨어에서뿐 아니라 기술 전반에서 이런 일이 일어나는 것 같아요. 모든 기술과 소프트웨어는 누군가가 더 쉽게 일할 수 있게 해 주기 위해 시작됩니다. 어떤 혜택을 보려고 만들어진 것이고, 자기가 하는 일로 누군가는 이득을 봐야 하는 거죠. 자기가 만드는 소프트웨어 덕분에 누군가가 뭔가를 더 쉽게, 더 효율적으로, 더 빠르게 할 수 있어야 하죠. 그런데 실제로는 전혀 그렇지 않을 수도 있어요. 뭔가를 더 빠르게 할 수 있게 되면 더 많은 일을 해야 하니까요. 프로그램 크기는 자기가 가지고 있는 메모리 용량을 넘어설 때까지 커진다는 얘기가 있는데, 그거랑 마찬가지예요. 컴퓨터에 메모리를 추가하면 애플리케이션 용량도 갑자기 더 커져 버리죠. 사람들이 일하기 편하게 만들어 놓으면 남는 시간에 다른 일을 하는 게 아니라 그 일을 더 많이 하게 돼요.

사회적으로, 또는 전문가적인 견지에서 그런 현상에는 어떻게 대처해야 할까요?

어쩔 수 없는 부분인 것 같아요. 사람은 본능에 따라 차를 몰 수 있으면 더 멀리 가게 되는 것 같아요. 자동차가 발명된 후로 사람들은 자신만의 세계를 더 빠르게 돌아다니는 대신 더 큰 세계로 나가기 시작했죠. 그런 부분은 거의 본능적이라서 우리가 어떻게 할 수 있는 일이 아닌 것 같습니다.

CHAPTER 7
소프트웨어 R&D 조직

> "개인의 광기는 드문 일이다. 하지만 집단이나 정당, 국가나 시대의 광기는 전체를 지배하는 규칙이 된다." – 프리드리히 니체(1844-1900)

소프트웨어 조직은 누구 못지않게 의사소통에 취약하고, 돈보다는 재미를 추구하고, 옷을 못 입고, 퍼즐을 잘 풀고, 쉽게 욱하는 사람들이 모여 있는 환상적이기도 하고 기이하기도 한 곳이다. 그 안에서 경력을 쌓아가기 위해서는 소프트웨어 개발 조직이라는 복잡미묘하면서도 자유분방한 세계를 이해하는 것이 최우선적인 일이라 할 수 있겠다.

■ 누가 무슨 일을 하나?

아이를 키우려면 마을이 있어야 하듯이, 제대로 된 소프트웨어 제품을 출시하거나 훌륭한 소프트웨어 회사를 만들기 위해서는 여러 전문적인 역할이 필요하다. 작은 회사라면 한 명이 여러 역할을 맡는 일이 흔하다. 직원이 둘 뿐인 회사라면 한 명이 제품 아키텍트, 수석 프로그래머, CEO, 마케팅팀을 동시에 맡아야 할 수도 있다. 일반적인 소프트웨어 조직에서 볼 수 있는 주요 역할을 적어보자면 표 7-1과 같다. 대부분의 소프트웨어 회사에는 사실상 이 중 두 개 이상의 역할을 동시에 맡는 사람들이 어느 정도 있는 편이다. 표에 있는 각각의 역할을 모두 분명하게 구분하여 직책을 부여하려면 회사 규모가 상당히 커야 한다.

표 7-1 소프트웨어 조직의 역할

직책*	역할
CEO	역할: 회사의 사업 성공을 책임지는 대표 역할 서열: 조직의 우두머리 업무 범위: 전반적인 사업 전략 및 성공을 책임지며, 이사회의 지시를 받을 수 있다
CTO	역할: 회사의 전반적인 기술 리더십을 대표하는 역할 서열: 기술 담당 최고위 임원이지만 다른 C-레벨** 임원이나 부사장급에게 지시를 받을 수 있다 업무 범위: 기술 전략. 신사업 발굴을 지원하는 일을 맡기도 한다
펠로우(Fellow)	역할: 전략적인 기술 사상가 또는 혁신가. 소프트웨어 회사에서는 보통 펠로우가 최고위급 기술직이다. 보통 직원 가운데 이 자리에 오를 수 있는 사람은 0.1% 미만이다. 대체로 임원급이다 서열: 기술 사슬에서 가장 높은 자리다. 회사에 따라 CTO보다는 높지 않을 수도 있다. 하지만 CTO와는 달리 기술팀을 직접 지휘하진 않을 수도 있다 업무 범위: 각자의 전문성에 따라 자기 분야의 일을 맡는다. 예를 들어 펠로우는 컴파일러, 운영체제, 모바일 컴퓨팅 같은 특정 분야별로 임명되곤 한다
부사장(Vice President, 개발 담당, 마케팅 담당, 영업 담당 등)	역할: 특정 브랜드 전체 또는 R&D나 마케팅, 영업 등 회사의 광범위한 영역을 차지하는 한 기능 전체를 책임지는 대표 서열: C-레벨 임원이나 더 상급의 부사장에게 보고한다 업무 범위: 제품 또는 브랜드 수준
엔지니어링 본부장 (Director of Engineering)	역할: R&D 팀을 책임지는 임원으로, 전략이 잘 정의되었는지를 관장하는 역할도 맡지만, 제품 개발 관리가 제대로 되고 있는지를 관리하는 쪽에 더 비중을 많이 둔다 서열: 부사장에게 보고한다. 개발팀을 대부분 관리한다 업무 범위: R&D 조직 전체

- - - - - - - - - - - - - - - - - - - -

* **역자주_** 우리나라에서 쓰이는 직책/직급과 일대일 대응되지 않는 부분은 조금은 어색할지 몰라도 직역투로 (우리나라에는 쓰이지 않는 표현으로) 옮겼습니다.

** **역자주_** CEO, CTO, CFO 등 Chief OOO Officer 직책

직책	역할
마케팅 본부장 (Director of Marketing)	역할: 마케팅팀을 책임지는 임원으로, 마케팅 전략이 잘 정의되었는지를 관장하는 역할도 맡지만, 전략 실행이 제대로 실행되고 있는지 관리하는 쪽에 더 비중을 많이 둔다 서열: 부사장에게 보고한다. 마케팅팀을 대부분 관리한다 업무 범위: 마케팅 조직 전체
수석 아키텍트 (Chief Architect)	역할: 제품이나 브랜드의 아키텍처를 책임진다 서열: 이사 수준의 상급 직책. 임원급이면 수훈 엔지니어(Distinguished Engineer)라는 직급을 부여하기도 한다 업무 범위: 아키텍트를 위한 아키텍트로, 모든 기술 설계 결정은 수석 아키텍트가 지휘한다
릴리스 관리자 (Release Manager)	역할: 제품 출시를 전반에 걸쳐 책임지는 프로젝트 관리자 서열: 무엇을 관리하는지에 따라 달라진다. 소규모 제품은 과장이나 차장 또는 부서 관리자 정도가 맡기도 하고, 아주 규모가 큰 제품이면 2선 관리자급이 맡기도 한다 업무 범위: 제품 수준
2선 관리자 (Second-line Manager)	역할: 관리자를 관리하는 관리자. 2선 관리자는 보통 50~200명 정도로 구성되는 조직을 관리한다 서열: 고위 관리자 역할. 보통 이사나 부사장급에게 보고한다. 업무 범위: 관리하는 팀의 성공적인 업무 수행을 책임지고 이뤄내야 하며, 바로 아랫선의 관리자들을 관리 감독한다
아키텍트(Architect)	역할: 제품의 일부 또는 전체의 아키텍처를 책임진다. 선임 기술 스태프 멤버(비임원) 또는 수훈 엔지니어(임원)라고 부르기도 한다 서열: 업무 범위에 따라 2선 관리자 수준일 수도 있고, 1선 관리자 수준일 수도 있다 업무 범위: 특정 영역에 해당하는 모든 기술 설계상의 결정을 감독한다. 구성 요소나 제품 아키텍트는 설계의 무결성과 효율과 관련하여 수석 아키텍트에게 보고하게 되어 있다
기술 관리자 (Technical Manager)	역할: 실제 생산적인 일을 하는 직원들을 관리하며 팀의 선임 기술 지도자 역할도 맡는다 서열: 중간급 관리자. 2선 관리자 또는 다른 선임 스태프 멤버에게 보고한다 업무 범위: 직원의 결과물, 부서의 기술 리더십, 부서의 인사사항 등을 책임진다. 기술 관리자는 기술 리더십도 맡아야 해서 일반적인 부서 관리자에 비하면 관리 범위는 더 좁은 편이다

직책	역할
프로그램 관리자 (Program Manager)	역할: 제품 관리자와 프로젝트 관리자의 역할이 합쳐진 직책. 자원이 제대로 쓰이고 있는지, 그리고 물건이 제대로 만들어지고 있는지를 관장한다
	서열: 보통 부서 관리자하고 비슷한 수준의 중간 관리자급이지만 업무 범위에 따라 달라질 수 있다. 본부장하고 맞먹는 높은 자리일 수도 있다
	업무 범위: 제품 또는 브랜드 수준
부서 관리자 (Department Manager)	역할: 실제 생산적인 일을 하는 스태프를 관리한다
	서열: 중간 관리자. 2선 관리자, 또는 더 직급이 높은 스태프 멤버에게 보고한다
	업무 범위: 부서에 있는 직원들의 결과물 및 인사를 책임진다. 채용이나 코칭 등도 처리한다
연구 스태프 멤버 (Research Staff Member)	역할: 정규직 연구원. 예외도 있긴 하지만 보통 박사 학위자에게 부여된다
	서열: 높은 자리이긴 하지만, 조직에 대한 권한은 미약하거나 거의 없을 수도 있다. 대학교의 연구원에 해당하는 직급이라고 할 수 있다
	업무 범위: 보통 운영체제라든가 수학적 최적화, 데이터베이스와 같이 연구 전문 분야에 초점을 맞춰서 일한다. 실제 제품의 혁신에 대한 기여도, 그리고 특허나 논문과 같이 전통적인 연구 평가 방식을 기준으로 성과를 평가받는다
제품 관리자/기획자 (Product Manager/Planner)	역할: 여러 출처로부터 받은 의견을 바탕으로 제품의 전략과 내용물을 정의한다. 가격이나 패키징(라이선스 약관이나 번들링 등)을 정하는 데도 참여한다
	서열: 보통 부서 관리자와 비슷한 수준의 중간 관리자 직급이다
	업무 범위: 제품 수준
사용성 엔지니어 (Usability Engineer)	역할: 제품이나 기능의 사용성을 설계하고 검증하는 일을 돕는 융합적인 역할
	서열: 대리, 과장, 차장, 부장급에 이르기까지 다양하다. 직급이 올라갈수록 설계 책임 및 팀 리더십의 수준도 올라간다
	업무 범위: 제품 또는 기능 수준을 책임진다

직책	역할
프로그래머(Programmer)	역할: 새로운 소프트웨어를 설계하고 프로그래밍한다 서열: 신입 프로그래머, 과장, 차장, 부장급에 이르기까지 다양하다 직급이 올라갈수록 설계 책임 및 팀 리더십 수준이 올라간다 업무 범위: 명세서 작성, 설계, 코드 개발 및 관련 업무를 맡는다
기능 검증 테스터 (Function Verification Tester)	역할: 기능 검증 서열: 신입 테스터, 과장, 차장, 부장급에 이르기까지 다양하다. 직급이 올라갈수록 설계 책임 및 팀 리더십 수준이 올라간다 업무 범위: 테스트 계획, 테스트 설계, 테스트 개발과 수행 및 기능 검증에 초점을 맞춘 관련 업무를 맡는다
시스템 검증 테스터 (System Verification Tester)	역할: 시스템 검증. 제품의 기능을 검사하는 기능 검증과는 달리 시스템 검증에서는 각 구성 요소를 통합했을 때 가혹한 환경 아래에서 각각의 요소 사이의 상호 작용을 검사한다. 사용자 프로파일 테스트, 스트레스 테스트(동시성, 볼륨, 확장성), 통합 테스트 등이 시스템 테스트에 속한다 서열: 신입 테스터, 과장, 차장, 부장급에 이르기까지 다양하다. 직급이 올라갈수록 설계 책임 및 팀 리더십 수준이 올라간다 업무 범위: 테스트 계획, 테스트 설계, 테스트 개발과 수행 및 시스템 검증에 초점을 맞춘 관련 업무를 맡는다
기술 영업 (Technical Salesperson)	역할: 사업 파트너, 재판매업자, 독립 소프트웨어 벤더(ISV, Independent Software Vendor)나 개인 고객에게 제품을 판매한다 서열: 신입 영업사원, 과장, 차장, 부장급에 이르기까지 다양하다 업무 범위: 기술 영업직 스태프는 영업 팀에 속한다. 보통 특정 제품 라인을 전문적으로 다루는 편이며, 전체 영업 팀 중에서 개별 고객을 상대하는 부분을 담당한다
직접 영업 (Direct Salesperson)	역할: 개인 고객에게 제품을 판매한다 서열: 신입 영업사원, 과장, 차장, 부장급에 이르기까지 다양하다 업무 범위: 개인 고객에게 제품과 브랜드를 소개한다. 출장이 잦으며, 지역 영업을 맡을 수도 있고 국제 영업을 맡을 수도 있다

직책	역할
채널 영업 (Channel Salesperson)	역할: 사업 파트너, 재판매업자, 독립 소프트웨어 벤더에게 제품을 판매한다.
	서열: 신입 영업사원, 과장, 차장, 부장급에 이르기까지 다양하다.
	업무 범위: 제품을 직접(재판매업자) 또는 (회계 패키지에 데이터베이스를 번들링하는 것처럼) 자사 제품과 연계하여 판매하는 회사에 제품과 브랜드를 소개한다. 출장이 잦으며, 지역 영업을 맡을 수도 있고 국제 영업을 맡을 수도 있다.
기술 전도사 (Technical Evangelist)	역할: 제품이나 브랜드에 대한 커뮤니티의 열정을 키우는 역할을 맡는다. 마케팅과 영업 팀을 지원한다.
	서열: 신입, 과장, 차장, 부장급에 이르기까지 다양하다.
	업무 범위: 제품 또는 브랜드 수준. R&D, 마케팅, 영업팀 등 사내 쪽을 담당할 수도 있고, 사용자 커뮤니티 등 사외 쪽을 맡을 수도 있다. 데모, 백서 또는 기타 홍보물을 책임지기도 한다.

■ 좋은 선수와 위대한 선수

소프트웨어팀은 축구팀하고 비슷하다. 힘을 합쳐서 기울이는 노력이 성공을 좌우하기 때문이다. 잘 못하는 팀은 슈퍼스타 한 명이 아무리 잘 뛰어도 성공할 수 없다. 하지만 생존, 성공, 실패 등이 그룹 전체에 의해 집합적으로 결정됨에도 어떤 조직이 성공하려면 훌륭한 선수들의 의욕을 고취하고, 그들을 행복하게 만들어줘야만 한다. 결과적으로 최고의 사람들에게는 파격적인 대우가 따르게 된다. 프로그래밍은 소프트웨어 조직에서 돌아가는 일 중 한 부분에 불과하지만, 성과가 좋은 사람과 좋지 않은 사람의 차이가 이토록 극명하게 나타나는 분야는 없다고 할 수 있다. 마이크로소프트 창립자인 빌 게이츠는 "위대한 프로그래머 한 명은 괜찮은 프로그래머 백 명보다 낫다"라고 말하기도 했다. 대부분의 직종에서 잘하는 사람과 못 하는 사람 사이의 성과 차이가 열 배 정도는 날 수 있지만, 소프트웨어 프로그래밍 분야에서는 그 차이가 훨씬 더 크다. 이런 차이는 생산성뿐 아니라 품질과 기교 면에서도 나타난다. 최고급 프로그래머는 일을 빨리할 뿐 아니라 더 우아하게 처리한다. 더 우수하게 설계할 줄 알고, 확대성, 확장성, 성능, 유지 보수성 등 여러 면에서 탁월한 코드를 만들 수 있다. 회사 차원에서는 최고 수준의 프로그래머에게 관심을 기울이는 게 지극히 당연한데, 100배 나은 성과를 내놓는 사람에게 두 배에서 다섯 배 정도만 더 주면 되기 때문이다. 고용인으로서는 엄청나게 남는 장사다. 적은 비용으로 고품질의 코드를 만들어낼 수 있기 때문이다. 바로 이런 특성 때문에 소프트웨어 전문가들 사이에는 협동 정신과 경쟁심이 합쳐진, "코피티션co-opetition"이 자리 잡고 있다. 코피티션 모형을 따르는 팀워크에서는 모든 그룹 구성원이 제품을 성공적으로 만들어내기 위해 효과적으로 힘을 합쳐야 하면서도 각자 스스로 최고로 인정받기 위해 경쟁해야 한다. 어떤 사람들은 이런 상황을 건강한 긴장감으로 생각하기도 하고, 어떤 사람들은 매우 불편하게 여기기도한다. 어떻게 받아들이든 요즘 대부분의 조직은 이런 식으로 돌아가기 때문에 적응하고 살 수밖에 없다.

자유롭게 일하고, 남들의 간섭을 덜 받고, 재미있는 프로젝트를 맡기 위해서는, 또는더 높은 자리로 승진하기 위해서는 동료와의 인간관계는 최대한 괜찮게 유지하면서도눈에 띄는 최고의 성과를 내놓는 것을 최우선 목표로 삼아야 한다. 물론 실천하기 쉬운 일은 아니지만, 이 책에 나와 있는 내용이 어느 정도 도움이 될 것으로 생각한다. 안타깝게도 대단한 일을 해내는 것만으로는 충분하지 않다. 아무도 알아주지 않는 대단한 일은 경력 면에서 별 도움이 되지 않기 때문이다. 임원마다 중요하게 여기는 역할이 각기 다르므로 그런 부분을 잘 잡아내는 게 중요하다. 보통 조직 내의 중요한 문제를 해결한다거나 중요한 혁신을 달성하면 크게 주목받을 수 있다. 내가 고칠 수 있는 중요한 문제를 찾아보거나 혁신의 여지가 있는 프로젝트를 요구해 보자. 이런 기회를 잡아내기 위해서는 시간과 과거의 성공 경험 등이 필요하지만 일단 한 번 성공하고나면 또 다른 성공을 이뤄내기도 쉬워진다. 그리고 계속해서 성공하다 보면 더 큰 프로젝트와 더 큰 도전에서도 신뢰를 얻어낼 수 있을 것이다.

■ 효과적인 경력을 쌓기 위한 세 가지

부동산 투자에서 중요한 세 가지로는 위치, 위치, 위치가 꼽힌다. 소프트웨어 조직에서도 가장 중요한 세 가지를 꼽자면 다음과 같다.

소통하라
소통하라
소통하라

자신이 하는 일을 사람들에게 꾸준히 알려주자. 기술적인 관점에서 볼 때는 일이 겹치거나 같은 일을 두 번 하는 경우를 막기 위해 알아야 할 필요가 있다. 자기 경력 면에서 보자면, 무슨 일을 했는지 남에게 알리지 않고는 인정받을 수 없기 때문이다.

남들이 자발적으로 의견을 주지 않는다면 직접 물어라. 사람들은 대부분 스스로 나서서 의견이나 생각을 말하지 않는 편이다.

어느 조직을 보더라도 소통 능력이 훌륭하지 못하면 높은 자리에 올라가지 못한다는 것을 알 수 있다. 소통 능력은 무엇을 의미할까? 간단하게 말하자면 말과 글, 이메일, 전화, 기술 분야의 글쓰기 등에 있어서 분명하고 효과적으로 소통할 수 있는 가를 의미하는 것이다. 특히 모국어가 아닌 언어로 돌아가는 조직에 몸담고 있다면 효과적으로 소통하는 능력을 일찌감치 포기해 버릴 수도 있다. 외국어로 소통하는 것은 언제나 어렵다. 제대로 발음하기도 어렵고, 다양한 어휘를 익히기도 어렵고, 각 단어의 뉘앙스나 숨겨진 의미 같은 것에 통달하는 것도 만만치 않다. 하지만 분명하게 소통하기 위해서 그 언어에 유창해야 하는 것은 아니다. 명료한 소통은 윈스턴 처칠이나 버락 오바마같이 연설을 잘하는 사람만 할 수 있는 게 아니다. 발음도 중요하지 않다. 분명한 소통은 메시지가 얼마나 단순한지, 얼마나 자주 전달되는지에 따라 결정된다. 대부분의 사람은 충분히 소통하지 않는다. 그럴 수 없기 때문이 아니다. 그냥 그렇게 하지 않을 뿐이다.

더 나은 소통을 위한 팁

자주, 여러 방법으로 소통하라. 이유야 다양하겠지만, 사람마다 정보를 가장 잘 소화하는 방법은 제각기 다르다는 점은 부인할 수 없는 사실이다. 시각적인 쪽에 강한 사람이 있는가 하면, 언어적인 쪽에 강한 사람도 있다. 즉각적으로 오고 가는 대화처럼 동적인 것을 좋아하는 사람도 있는가 하면, 이메일을 받아서 꼼꼼히 읽어본 후에 답장하는 쪽을 선호하는 사람도 있다. 효과적으로 소통하기 위해 가장 중요한 것은 어떤 모임에서든 정보를 받아들이고 전달하는 데 있어서 선호하는 방식이 다 다르다는 점을 확실히 인식하는 것이다. 메시지를 다음과 같이 다양한 매체를 통해 전달하도록 해보자.

- 전화 통화
- 회의
- 프레젠테이션 (시각적인 방법)

- 문서
- 이메일

중요한 사안에 대해 토의할 때는 이메일을 피하는 게 좋다. 이메일은 비즈니스 영역에서 메모를 전달하는 방식으로 자리 잡긴 했지만, 토의하는 경우에는 조금 문제가 있는 매체다. 이메일을 통해 토의하고 있는 것 같다면 당장 관두고 전화 통화나 회의를 예약하고 필요한 사람들을 모아라. 이메일은 비동기적으로 처리되기 때문에 토의에는 전혀 도움이 안 된다. 엔지니어링 분야의 문제 해결에 흔히 쓰이는 그림이나 표 같은 걸 쓰기가 어려워서 소프트웨어 설계 포럼 용도로 쓰기에는 안 좋다. 어떤 사람은 몇 시간, 또는 며칠이 지나야 답장을 하기도 한다. 토의하기에는 너무 비효율적인 방법이다. 사실 요즘은 워낙 이메일이 많이 오기 때문에 아예 안 읽고 넘어가는 이메일도 적지 않다. 가장 큰 문제는 보낸 이로서는 일이 어떻게 돌아가고 있는지 전혀 알 수가 없다. 소프트웨어 설계를 할 때는 화이트보드를 옆에 놓고 서로 얼굴을 마주하고 브레인스토밍을 하는 게 가장 확실하다.

이메일은 짧게 쓰자. 이메일이 길어지면 사람들이 잘 안 읽는다. 똑똑하고 성실하고 착한 소프트웨어 전문가 중에 괜스레 쓸데없이 길고 자세한 이메일을 보내는 바람에 경력에 안 좋은 영향을 받은 사람들도 있다. 더 큰 문제는 메시지가 제대로 전달되지 않는다는 것을 알아챘을 때 오히려 더 길고 자세한 이메일을 보낸다는 것이다. 경험에 의하면, 메일의 모든 내용과 서명이 모두 한 화면에 보일 수 있는 게 좋다.

개인적인 요청은 직접 만나서 하자. 상사에게 중요한 가족 행사 때문에 하루 쉬게 해달라고 부탁한다든가 하는 것처럼 누군가에게 뭔가를 부탁해야 할 때는 가능하면 직접 만나서, 그게 여의치 않다면 전화로라도 직접 얘기하자. 사실 그런 요청 자체가 개인적이기 때문에 가장 개인적인 매체를 통해서 요청하는 예의를 갖추는 게 좋다.

업무상 대화의 네 가지 모드

업무에서 소통 모드는 간단하게 네 가지로 정리할 수 있다. 사람마다 더 잘할 수 있는 소통 모드는 다르게 마련이다. 이 네 가지에 전부 통달하고 나면 자기 경력에 크게 도움이 되는 역량을 확보했다고 볼 수 있겠다.

일대일 면담

나와 다른 사람 사이의 개인적인 회의. 긴밀한 소통이 이뤄질 수 있으며, 뭔가 은밀한 얘기를 하는 것 같은 느낌이 들기도 하지만 일대일 면담에서 오간 내용도 쉽게 밖으로 샐 수 있다. 상사나 부하 직원과 면담을 하게 될 수도 있고 동료 사이에 토의를 위해 일대일로 만날 수도 있다. 면담에서는 감성 지능[티]이 중요하다. 상대방이 무엇을 원하고 어떻게 느끼는지 주의 깊게 살펴보자.

- 핵심: 매력, 직설, 감성 지능

소그룹 토론

보통 세 명 이상, 열다섯 명 이하가 참석하는 회의. 자기 아이디어를 내놓기 어려울 수도 있으며, 카리스마 넘치고 말하길 좋아하는 사람이 회의를 장악하는 상황에서는 더욱더 그렇다.

- 핵심: 큰 목소리(목소리가 작으면 멀리 있는 사람은 듣지도 못한다), 직설. 각자 말할 수 있는 시간이 짧으므로 말을 아끼고, 아주 중요한 것에 대해서만 언급하는 게 좋다.

소그룹 프레젠테이션

보통 세 명 이상, 열다섯 명 이하가 참석하는 프레젠테이션. 발표자가 되면 자기가 주인공이 되긴 하지만 다른 사람들이 까다로운 질문을 던지거나 반대 의견을 낼 수도 있다. 발표가 끝날 때까지는 질문하지 말아 달라고 할 수도 없고, 그렇게 하는 게 바람직하지도 않다. 전체 시간의 40% 정도를 발표에 쓰고, 나머지 60%는 토론에 쓰는 게 좋다. 프레젠테이션 목표를 처음부터 회의 참석자들에게 분명하게 전달하도록 하자. 발표하는 내용이 무엇인지, 청중으로부터 무엇을 왜 원하는지 분명히 밝히자. 상황을 보고하려는 것인지, 무엇을 제안하려는 것인지, 승인을 받으려는 건지 아니면 그냥 알려주려는 것인지 확실히 하자. 요점이 나오기를 너무 오래 기다리게 한다거나 계속 궁금한 마음이 들게 하지 말자. 발표할 때 결론을 맨 뒤에 두고 그 근거를 하나씩 보여주는 방법을 쓰는 사람들이 종종 있는데, 좋지 않은 방법이다. "이런 문제가 있고, 이런 이슈가 있어서 이런 식으로 해 봤고, 4,153번 차트에 있는 것과 같은 결론을 얻었습니다" 같은 식으로 얘기하면 안 된다. 이렇게 하면 아마 결론이 나올 때쯤이면 다들 혼란에 빠져 있거나 잠들어 버릴 것이다. 요약본과 결론을 맨 앞에 배치하고 무대를 준비하자. 복잡한 개념은 그림으로 보여주자. 백 마디 말보다는 그림 한 장이 낫다. 자기주장을 내세울 때는 숫자를 곁들이자. 데이터처럼 설득력 있고 관심을 끄는 것도 없다. 청중의 몸짓을 살펴보고 사람들이 내 의견에 동의하는지, 너무 느리게 나가고 있는 건 아닌지, 사람들이 헷갈리고 있는 건 아닌지 파악하자. 무슨 연극을 하듯 발표하는 건 피해야겠지만 가능하면 활기 넘치고 친밀한 발표가 되도록 노력하자.

대규모 프레젠테이션 또는 강의

보통 20~250명 정도 되는 다수의 청중을 대상으로 하는 강연이나 강의. 사람이 많으면 보통 질문은 마지막에 몰아서 받는 게 가능하고, 실제로 그렇게 하는 게 낫다. 강의나 발표를 할 때, 차트는 최대한 그래픽스럽게 만들어야 한다. 사람들은 글씨를 읽으려고 거기에 와 있는 게 아니다. 발표자는 발표를 하고 전문가 역할을 하고, 청중으로 하여금 흥미를 느끼고 열심히 들을 수 있게 해야 한다. 발표자가 알고 있는 걸 청중도 알고 있으리라고 가정하지 말자(애초에 다 알고 있다면 강연에 오지도 않았을 것이다). 완전히 새로운 것이 아니더라도 용어나 개념을 너무 간단하게 설명하고 넘어가지 않도록 조심하자. 강의에서 청중의 이목을 집중시키기는 쉽진 않은 일이지만 몇 가지 기본적인 전술을 소개하자면 다음과 같다.

- 시작할 때 발표할 내용을 요약해서 정리한 다음 발표를 하고, 마지막 결론 부에서 다시 한 번 요약해서 들려주자. "무슨 얘기를 할지 말하고, 실제 발표를 한 다음 다시 한 번 얘기하라"는 얘기를 종종 들을 수 있다. 이렇게 하면 청중이 강연을 쉽게 따라가고 핵심 메시지를 제대로 이해하는 데 도움이 된다.
- 농담을 곁들여라. 분위기를 띄우고 청중의 이목을 집중시키는 데 큰 도움이 된다.
- 열정적으로 발표하라. 최대한 흥미진진하게 메시지를 전하고, 즐겁게 발표한다는 인상을 보여야 한다. 발표자도 즐겁지 않은데 듣는 사람이 즐길 수 있을 리가 만무하다.
- 모든 페이지에 그림을 넣어라. 차트는 시각적이어야 한다. 실제 내용은 발표자가 전해야 하며, 차트는 보조 역할을 할 뿐이다.
- 몸짓, 손짓에 신경 쓰자. 동작이 과하면 너무 긴장한 것처럼 보일 수 있고, 너무 움직임이 없으면 딱딱하고 무미건조해 보일 수 있다.

대중 강연을 하는 사람들한테 강력하게 추천하는 전략 가운데 하나는 다른 전문가들이 어떻게 하는지 살펴보라는 것이다. 종교가 있다면 목사님이나 신부님이나 랍비, 이맘 같은 사람들에게 배울 수 있을 것이다. 자기가 다니는 회사 임원이 발표한다면 꼭 챙겨 들어보자. TV에서 연설을 잘하는 대통령이나 총리가 나오면 주의 깊게 들어보자. 빌 클린턴이나 버락 오바마 같은 사람의 연설은 훌륭한 예가 될 수 있다. 이런 사람들이 말할 때 손짓이나 몸짓, 시선, 말하는 속도나 말투 같은 것을 유심히 살펴보자. 청중의 몸짓을 살펴보고 사람들이 내 의견에 동의하는지, 너무 느리게 나가고 있는 건 아닌지, 사람들이 헷갈리고 있는 건 아닌지 파악하자. 잘하고 있다는 생각이 들 때까지 거울 앞에서 연습하자.

- 핵심: 유머, 적당한 연기력. 청중의 이목 끌기. (발표자나 청중의) 보디랭귀지 해석. 영역 전문성. 질문과 의견은 미룬다.

앞이 안 보이는 사람들만 있는 방에서는 눈이 하나라도 있는 사람이 왕이다. 소프트웨어 개발자라고 하면 거의 항상 소통에 능하지 못한 사람이 떠오르게 마련인데, 조금 과장되어 있긴 하지만 완전히 틀린 말은 아니다. 소통을 위한 효과적인 전략을 구축할 수 있다면, 특히 앞에서 설명한 일대일 대면 시의 소통에 능숙하다면 소프트웨어 업계에 있는 다른 많은 사람보다 확실히 우위를 선점할 수 있을 것이다.

■ 절대로 상사를 놀래키지 말라

관리자는 본래 놀랄 만한 일이 일어나는 걸 좋아하지 않는다. 본인이 관리하는 것에 대한 중요한 소식을 다른 경로를 통해, 또는 여러 부서가 참여하는 회의 도중에 알게 되는 걸 싫어한다. 좋은 소식이든 나쁜 소식이든 마찬가지다. 미리미리 상황을 알리면 상사의 노여움을 피할 수 있을 뿐 아니라, 관리자의 경험으로부터 도움을 얻을 수도 있다. 좋은 관리자라면 좋은 소식을 적절히 잘 다듬어서 대단한 소식이 되게 할 수 있고, 장애요소를 해결하고, 문제를 해결하기 위한 창의적인 전략을 찾아낼 수도 있다. (좋은 소식이든 나쁜 소식이든) 다른 사람에게 미리 알리는 바람에 상사가 깜짝 놀라게 된다면 관리자가 좋은 소식을 더 낫게 포장한다거나 나쁜 소식을 적절히 처리할 기회를 날려버리게 되는 것이다. 게다가 자기 부서에서 일어난 중요한 일을 모르고 있는 것처럼 보인다면 상사의 전문가로서의 평가에도 해가 될 수밖에 없다.

가장 큰 문제는 그 상사가 자기를 안 좋아 보이게 만든 부하 직원한테 꽁하고 있다가 나중에 인사고과 시에 뒤끝을 보여줄 수도 있다는 점이다. 아무리 의도하지 않았던 일이었다고 하더라도 말이다. 좋은 소식이든 나쁜 소식이든 직속 상사에게 가장 먼저 알리고, 그 사람의 재능과 조직 내에서의 위치를 활용하여 최선의 결과를 얻을 수 있도록 하자. 성공은 거의 반드시 자기 상사에 의해 가장 크게 좌우된다. 자신의 목표가 상사의 목표와 잘 맞지 않는다면 인사고과나 승진 등에 있어서 문제가 생길 수밖에 없다. 직속 상사는 단기적인 경력 발전에서 가장 큰 영향력을 가진 사람이라는 점을 잊지 말자.

■ 인상과 체제 순응도

기업은 실력자와 훌륭한 제품이 만나야 성공할 수 있는 곳이다. 앞에서도 언급했듯이, 신뢰를 얻어내려면 실적이 필요하다. 탄탄한 실적은 경력에 큰 도움이 된다. 하지만 그럼에도 완벽하게 성공한 기록만 있다는 것은, 아주 도전적인 일은 하지 않았다는 것을 의미할 수도 있다. 자기 재능을 충분히 발휘하고 극한까지 도전하는 것은 전문가로서의 성장에 매우 중요한 부분이며, 그러다 보면 가끔 실패도 할 수 있다. 스스로 편안하게 여기는 부분을 벗어나서 극한 상황까지 가는 일을 하는데도 매번 성공할 수 있는 사람은 없다. 중요한 점은 "시스템"이 실패와 성공에 어떤 식으로 반응하는가 하는 점이다.

조직이든 사람이든 사실에 대한 기억은 금세 잊어버리고, 인상에 대한 기억은 오래 간직하는 편이다. 이런 특성은 마치 양날의 검 같아서 몇 번 실수한 정도라면 실수에 대한 기억은 금세 잊힐 수 있지만, 성공에 대한 기억도 마찬가지다. 그룹 내에서 좋은 평판과 긍정적인 이미지를 구축하면 실수를 하더라도 다들 금방 잊어버릴 것이다. 이런 것을 후광 효과라고 부른다. 반대로 조직에서 나한테 부정적인 이미지를 가지고 있다면 긍정적인 인상으로 바꾸기가 상상을 초월할 정도로 어렵다. 조직 내에한 번 강한 이미지를 심어주고 나면 2년 정도는 그 이미지가 이어진다. 따라서 2년 정도마다 성공하는 모습을 보여서 이미지를 되새겨야 한다.

interview
피터 노빅

구글 연구 본부장
(인류 역사상 그 누구보다도 많은 질의에 응답해야
할 책임을 지고 있는 사나이)

현재 지위

구글 연구 본부장^{Director of Research}

생일

1956년 12월 14일

학력

UC 버클리 대학교 전산학 박사, 1980-1986

브라운 대학교 응용수학 학사, 1974-1978

취미

사진, 여행, 프리스비*

주목할 점

2002년에서 2005년까지 구글 검색 부문장을 맡아서 인류 역사상 그 누구보다도 많은 질의에 응답해야 할 책임을 진 사나이였다. 인공지능 분야에서 대표적인 교과서를 쓴 저자이기도 하다.

약력

피터는 미국 인공지능 학회와 전산 학회의 펠로우이다. 구글에서는 2002년부터 2005년까지 핵심 웹 검색 알고리즘을 책임지는 검색 품질 본부장을 맡았다. 2005년부터는 연구 본부장을 맡고 있다.

전에는 NASA Ames 연구소의 전산 본부장을 맡으며, NASA의 최고위급 전산학자로 일했다. 2001년에는 NASA에서 Exceptional Achievement Award를 수상했다. 미국 남가

---

*   역자주_ 원반을 던지거나 원반이 땅에 떨어지기 전에 받는 놀이나 경기.

주대에서 조교수로 일했고, 1986년에 박사 학위를 받았던 버클리 전산학과에서는 연구교수로 일했으며 2006년에는 자랑스러운 동문상을 수상했다. 전산학 분야에서 주로 인공지능, 자연언어 처리, 소프트웨어 엔지니어링과 관련하여 50여 편의 출판물을 썼으며, 대표작으로는 『Artificial Intelligence: A Modern Approach』(Prentice Hall, 2009; 인공지능 분야의 대표적인 교과서), 『Paradigms of Artificial Intelligence Programming: Case Studies in Common LISP』(Morgan Kaufmann, 1991), 『Verbmobil: A Translation System for Face-to-Face Dialog』(CSLI Publications, 1992), 『Intelligent Help Systems for UNIX』(Springer, 2001) 등이 있다. Gettysburg PowerPoint Presentation과 세상에서 가장 긴 회문^{Palindrome}★을 만들기도 했다.

■ "그 선생님 알고리즘은 $O(n^2)$였고, 제 알고리즘은 $O(n)$이었어요"

소프트웨어 분야는 어떻게 시작하게 되었나요?

제가 다니던 고등학교에서는 1973년에 이미 컴퓨터 수업이 있었어요. 재미있더라고요. 한 번은 선생님께서 카드를 섞는 알고리즘을 설명해 줬어요. 카드 두 장을 뽑아서 두 개를 서로 맞바꾸는 작업을 모든 카드를 맞바꾸게 될 때까지 반복하면 된다고 하셨죠. 근데 뭔가 단단히 잘못됐다는 생각이 들더라고요. 너무 오래 걸릴 것 같은 거예요. 게다가 훨씬 더 빠른 방법도 있고요. 그때 그 선생님 알고리즘은 $O(n^2)$였고, 제 알고리즘은 $O(n)$이었다는 건 몰랐는데, 뭐가 맞고 뭐가 틀린 지는 알고 있었던 것 같아요. 그리고 틀린 걸 참을 수가 없었죠. 아마도 그게 제가 전산학자가 될 가능성이 처음 보였던 사건이 아니었나 싶습니다.

소프트웨어 분야에서 자신의 가장 큰 성과, 기여가 무엇이라고 생각하시나요?

초기에서 중기에 해당하는 시기인 2002~2005년에 구글 검색 엔진 개발을 지휘했다는 점이 아무래도 가장 큰 기여가 아닌가 생각해요. 사용하는 사람 수, 전 세계적인 영향력, 일의 난이도 등 모든 면에서 그런 생각이 드네요.

우주선을 제어한 최초의 인공지능 프로그램인 Remote Agent를 비롯한 화성 탐사선과 우주선에서 쓰인 자동 계획 소프트웨어를 개발하는 데 조금이나마 일조했다는 점도 자랑스럽게 생각합니다. 제가 직접 소프트웨어 명세서를 작성하거나 코드를 짠 건 아니지만, 개발 및 배치하는 걸 뒷받침했었거든요. NASA에서 그 프로젝트를 취소하겠다고 으름장을

★ 역자주_ 앞으로 읽거나 뒤로 읽어도 뜻이 같은 단어나 구. 예를 들면 Was it a cat I saw? 등이 있다.

놓을 때, 보수적인 프로젝트 관리자들에게 그 소프트웨어가 분명 안전하고 효과적이라는 점을 설득시켰거든요.

소프트웨어 분야에서 불만거리라고 할 만한 건 없나요?

사용자로서 제품을 생각할 줄 모르는 프로그래머나 제품 관리자가 제일 불만입니다. 앨런 쿠퍼가 얘기했듯이 "정신병자가 정신병원을 운영하는 상황"이죠. 모든 사람이 제품에 몇 년 동안 빠져서 자기만의 시선으로 제품을 바라보는 게 아니라, 바쁘게 살아가고 있는 사용자의 시선으로 설계한다면 이 세상은 훨씬 나은 곳이 될 겁니다.

■ "나가서 문제를 해결해 보세요!"

독자들이 관심이 있을 만한 사건이 있으면 얘기해주실 수 있을까요?

처음 직장을 잡으려고 면접할 때 일이 생각나네요. 면접관이 본인이 하던 일에 대해서 열심히 설명하고 있었어요. 잘 이해가 안 되긴 했는데, "누구누구가 한 일이랑 비슷한 것 같네요"라고 얘기를 했어요. 면접관이 꽤 관심 있어 하면서 제가 하는 얘기를 적더라고요. 그때 "어? 이거 해 볼 만할 것 같은데? 지금까지 내가 읽고 생각해본 게 다른 사람한테 가치 있는 일이 될 수도 있겠구나" 하는 생각이 들더라고요.

어떤 때 성공했다는 느낌을 받으시나요?

저는 아주 실용적인 사람이라 그런지 제가 한 일의 영향력을 평가할 때 평균 영향력에 관련된 사람 수를 곱해 봅니다. 구글에서 한 일은 그런 관점에서 매우 보람찬 일이었죠. 어느 정도의 시간에 걸쳐서, 1조 번의 질의에 해당하는 응답 시간을 개선하는 데 기여했습니다. 각 질의 덕분에 1인당 평균 5초씩 시간을 절약할 수 있었다면 2,000명의 일생과 맞먹는 시간을 절약한 셈이 되죠. 물론 많은 사용자에게 훨씬 더 큰 영향을 끼쳤어요. 헤어진 가족을 다시 찾게 된다든가, 까다로운 병에 대한 진단을 내린다든가 하는 식으로 말이죠. 하지만 결국 순수하게 수치화된 점수는 별로 만족스럽지 않아요. 그래서 지금은 수억 명의 이름 모를 사용자들이 아니라 제 주변에 있는 사람들에게로 시선을 돌리고 있어요. 회사에서 만나는 수백 명의 삶이 나아지고 있는지, 항상 곁에서 일하는 수십 명이나 되는 사람의 삶이 나아지고 있는지, 제 가족 몇 명의 삶이 나아지고 있는지 같은 것 말이죠.

소프트웨어 분야에서 앞으로 10~15년 이내에 커리어에 긍정적으로든 부정적으로든 영향을 끼칠 만한 변화로는 어떤 게 있을 것으로 생각하나요?

전체적으로 수많은 기회가 기다리고 있는 멋진 시기가 될 거로 생각해요. 역사상 그 어느 때보다 자본이 적게 드는 시기인 것 같습니다. 대학생 두 명이 아이디어만 있으면 5,000달러 정도로도 노트북 컴퓨터 사서 문제를 해결하고 아마존이나 다른 종량제 기반 웹 서버를 대여하고 멋진 제품을 만들어낼 수 있잖아요. 비슷한 식으로 새로운 회사, 새로운 업계가 만들어질 수도 있어요. 점점 더 많은 유형의 사업에서 소프트웨어에 대한 의존도가 올라가고 있어요. 영화 대여업, 로봇 청소기, 신약 개발, 석유 탐사를 비롯해서 수없이 많은 기회가 널려 있잖아요. 나가서 문제를 해결해 보세요!

기술 트렌드나 혁신의 정점에 서 있을 수 있는 비결은 무엇입니까?

좋은 사람들과 대화하고, 무슨 일을 하는지, 뭐가 재미있는지 물어봐요. 그리고 그런 주제에 대해 읽어보죠. 혹시 가능하다면 그냥 책이나 논문을 읽어보는 것보다는 직접 그 분야의 프로젝트를 진행해보면서 더 많은 걸 배울 수 있죠.

■ "중요한 일을 하세요"

일과 삶의 조화는 어떻게 이루시나요? 일이 전부가 되는 상황을 피하는 비결이 있나요?

빠르게 응답할 수 있는 것을 자신의 중요한 가치라고 생각하면 일과 삶의 조화가 깨지고 말아요. 만약 내가 이메일에 답하는 기계라면, 이메일은 쉬지 않고 오니까 당연히 쉬지 않고 일만 할 수밖에 없죠. 하지만 중요한 것과 중요하지 않은 것을 나누고 중요한 일과 관련하여 좋은 결정을 내리는 데서 나의 가치를 찾는다면, 그리 늦지 않게 퇴근해서 가족들과 시간을 보내고, 주말에는 이메일이나 전화 메시지도 확인하지 않으면서도 나중에 회사에 출근했을 때 제대로 된 결정을 내릴 수 있어요.

기술 분야의 리더들은 시간에 많이 쫓기는 걸로 유명합니다만, 시간을 효율적으로 관리하기 위해 어떤 전략을 사용하시나요?

중요한 일을 하세요. 중요하지 않은 일은 그만 하고, 계속해서 자신이 중요한 일에 시간을 쓰고 있는지 검토하세요. 원래 그렇게 하고 있었다고 해서 마냥 시간을 허비하는 일이 없도록 해야 합니다.

■ "큰물에서 노는 게 중요합니다"

소프트웨어 분야에서 성공하는 방법에 대해 조언 한 말씀 해 주시죠.

제가 인생에서 가장 중요하다고 생각하는 건 바로 이겁니다. 큰물에서 노는 게 중요합니다. 혼자서 배우거나 이룰 수 있는 수준에는 한계가 있어요. 누구든 주변에 있는 동료의 평균 정도만큼 성장하게 마련이기 때문에 훌륭한 동료가 있는 게 중요합니다. 대학원에 있을 때, 전국적으로 유명한 클럽 프리스비 팀에서 뛰었어요. 저는 그냥 재미로 하는 거라서 교내 리그에서만 뛰었죠. 그 리그에서 제일 잘하는 선수들을 우리 클럽팀에 데려오려고 애를 썼는데, 키도 별로 안 크고 빠르지도 않고 튼튼하지도 않은 선수만 겨우 데려왔어요. 그런데 그 친구는 다른 친구들이 하는 걸 열심히 보고 배우고 무던히 애를 쓰더니 결국 훌륭한 팀 동료, 훌륭한 상대 팀과 경기를 하면서 옛 동료를 뛰어넘어서 세계 수준의 선수가 됐어요. 저는 항상 그 일을 떠올리면서 기회가 있을 때마다 저보다 나은 사람과 일하려고 노력했어요. 제가 보고 배우고 제가 뛰는 게임의 수준을 올려줄 수 있는 사람 말이죠.

반면에 팀 내에서 가장 훌륭한 사람이 되는 게 좋을 때도 있어요. 꼭 해야 할 일이 있을 때마다 찾는 그런 사람 말이죠. 경험이 많은 사람이 일하는 걸 보면서 기본기를 키울 수도 있지만, 일하는 데 꼭 필요한 사람이 되어 책임감을 갖고 기대에 부응하는 것의 무게감을 느껴보면서 의사 결정 능력을 끌어올릴 수도 있죠.

소프트웨어 분야에 새로 들어올 사람들한테 마지막으로 전하고 싶은 말 한마디만 해주세요.

Y-Combinator에 있는 친구들 말을 옮겨 볼게요. "사람들이 원하는 것을 만들고 배짱을 가져라" 중요하지 않은 일을 하면서 시간을 허비하기에는 인생이 너무 짧아요. 이 바닥에서 일하면 여러 선택 가능성을 앞에 두고 재미있는 일을 하면서 돈도 나쁘지 않게 벌 수 있습니다. 물론 현명한 선택을 해야 할 책임은 본인에게 있지만요.

CHAPTER 8
경력을 말아먹는 법

> "당신이 하는 일이 당신이 누구인지 말해준다. 따분하고 어리석고 단조로운 일
> 을 한다면 따분하고 어리석고 단조로운 인생을 보내고 말 가능성이 높다."
> – 밥 블랙

누구든 실수는 한다. 하지만 다른 실수에 비해 더 지대한 영향을 미치는 큰 실수도 있다. 경력에 심각한 영향을 끼칠 만한 행동을 예방하려면 어떤 실수가 나쁜 것인지 파악하는 것이 중요하다. 이 장에서는 누구든 겪을 만한 일반적인 실수를 몇 가지 짚어보도록 하겠다. 경력을 한 방에 날려버릴 만한 극적이고 폭발적인 실수를 할 수도 있다. 더 까다로운 건 몇 년에 걸쳐 천천히 경력을 갉아먹는 문제다. 몇 년 동안 꾸역꾸역 회사에 충성하며 일했는데 어느 날 아침잠에서 깨어 당혹한 표정으로 "내가 여기 왜 있는 거지? 무슨 잘못을 한 거지?" 같은 질문을 스스로에게 던지게 될지도 모른다. 경력 개발 문제는 사회활동, 팀워크, 생산성, 전문가로서의 성장 같은 몇 가지 기본 범주로 나눌 수 있다.

■ 대인 관계 문제

소프트웨어 팀에서 가장 중요한 건 사람이다. 심지어 소프트웨어 팀에서 만들어내는 코드 자체에도 팀 전체의 사고가 폭넓게 반영된다. 우리는 사람과 일하고 사람을 위해 일한다. 다른 사람이 나를 위해 일할 수도 있다. 고객도 결국은 사람이다. 바로 그런 이유로 소프트웨어 분야에서는 타인을 대하는 데 문제가 있으면 거의 모든 면에서 문제가 생기게 마련이다.

남을 화나게 하는 사람

성과를 내고 좋은 평가를 받고 제때 승진할 수 있는 능력은 전반적으로 매년 또는 매 소프트웨어 제품 주기마다 함께 훌륭한 성과를 일궈내는 사람들에게 달려 있다. 프로젝트에 집중하고 목적 지향적인 자세로 업무를 처리하고 단계별로 목표를 달성하고 있노라면 일을 진척시키는 데 방해가 되는 대인 관계는 건너뛰고 싶은 마음이 들 때도 있다. 문젯거리가 있으면 윗사람한테 가지고 가서 불편한 압력을 가해 일을 하게 만드는 식으로 문제를 해결하고 싶을 때도 있을 것이다. 하지만 이는 잘못된 생각이다. 기억은 생각보다 오래가고, 무시당한 기억은 특히 더 오래간다. 누군가를 화나게 한 적이 있다면 나중에 다른 프로젝트에서 그 사람의 도움을 받거나, 제안서를 냈을 때, 긍정적인 평가를 받아야 할 때, 임금 인상이나 보너스, 승진을 비롯하여 여러 도움이 필요할 때 그 사람이 도움을 줄 수 있을 거라고는 기대하기 어렵다. 1년에 두 명씩의 동료를 화나게 했다면 10년쯤 지나면 함께 일하고 싶어하지 않을 사람이 스무 명 정도는 생기기 때문에 시간이 지날수록 문제는 더 복잡해진다. 중요한 것은 바로 이 점이다. 지금은 그냥 동료이거나 후배였던 사람이 언젠가는 상사, 사장, 내가 신세를 져야 할 사람이 될 수도 있다. 인생은 길다. 시간이 지나면 각 사람의 위치도 달라진다. 나를 포함해서 모든 선수가 움직이고 있지만 가는 길이나 속도는 제각각이다. 다른 사람들과의 관계를 더 긍정적으로 유지할수록 경력을 좋은 방향으로 끌고 가는 데 도움이 된다.

남을 헐뜯는 사람

은밀한 곳에서 한 다른 사람 얘기가 비밀로 남을 수 있다고 생각하지 말자. 1년 동안 100번(일주일에 두 번이면 1년에 100번) 사석에서 동료나 관리자에 대해 부정적인 얘기를 하고, 그중 90번 치에 해당하는 험담은 비밀로 남는다고 쳐도 열 번 치는 팀 내에서 떠돌면서 심각한 문제를 일으킬 수 있다. 개인적으로든 공적으로든 좋은 사람이 되자. 나쁜 놈이나 얼간이 같은 사람한테라도 말이다. 예외는 없다. 겁나좋은기술㈜에 있는 프로그래머의 예를 살펴보자. 일 못하는 모문흥 씨 때문에 좌절하고 있는 손엄담 씨는 동료한테 모문흥 씨 얘기를 늘어놓기 시작한다. "모 씨, 완전 샌님이 잖아요. 혼자서 코딩도 제대로 못 해요. 우리는 다 늦게까지 열심히 일하고 있는데 그

게으름뱅이 자식 혼자만 매일 네 시 반에 나간다니까요." 손엄담 씨가 모문홍 씨에 대해 어떤 얘기를 하든, 그 얘기를 동료한테 했든 윗사람한테 했든, 그 얘기가 결국 모문홍 씨 귀에 들어갈 가능성은 무시할 수 없다. 모문홍 씨한테 정확한 출처가 알려지지 않은 채로 그 소식이 들어간다고 해도 그리 어렵지 않게 금세 출처를 밝혀낼 수 있을 것이다. 다른 사람 험담을 할 때는 누구도 완벽하게 비밀을 지켜줄 거라고 믿을 수 없다. 회사에서의 험담도 전혀 예외가 아니다. 이런 상황이 되고 나면 손엄담 씨는 스스로 전문가로서의 이미지에 먹칠한 것을 회복해야 할 뿐만 아니라 모문홍 씨와의 관계는 이미 돌이킬 수 없는 강을 건너가 버린 셈이 되고 만다. 앞으로는 모문홍 씨한테 그 어떤 호의도 기대할 수 없다. 사실 그냥 호의를 베풀어주지 않는 게 문제가 아니고 어떤 식으로 방해해도 이상하지 않을 만한 상황이다.

동료와 잘 어울리는 것은 여러 도덕적, 윤리적인 수준에서 워낙 중요하기에 험담과 남 이야기로 얻을 수 있는 일시적인 이득은 멀리 봤을 때 절대 도움이 되지 않는다. 정말 속에 담긴 얘기를 풀어내지 않고는 못 배기겠다면 동료보다는 윗사람에게 얘기하자. 동료보다는 상사가 민감한 정보에 대한 비밀을 더 잘 지키는 편이다.

대책 없이 불평만 하는 투덜이

아첨꾼 예스맨은 다들 싫어한다. 아첨꾼보다 나쁜 유일한 유형은 끊임없이 불평하는 투덜이 유형이다. 사람들은 보통 건설적이고 의도가 선한 논평은 일을 진행하는 데 도움이 된다고 느끼지만 자주 불평을 제기하면 동료나 상사에게 짜증을 일으키는 존재가 될 수도 있다. 어떤 조직이든 풀어야 할 문제는 잔뜩 있고, 자기 생각을 내세울 방법은 많이 있다. 불평처럼 들릴 만한 주장을 제기할 때는 이렇게 하자. 첫째, 문제점을 지적할 때는 해결책이 적어도 하나쯤은 있어야 한다. 해결책을 제안하면 투덜이가 아니라 해결사가 된다. 둘째, 해결책과 관련한 실천사항을 이행하는 데 스스로 나서서 도와줄 준비가 되어 있어야 한다. 아이디어도 없고 실제로 일을 할 의지도 없이 불평만 하는 사람으로 여겨지면 제대로 살아남을 수 없다.

장기적으로 볼 때 가장 안 좋은 행동 가운데 하나로 동료를 다른 사람한테 일러바치는 행동을 꼽을 수 있다. 보통 이런 행동을 하게 되는 이유로는 두 가지를 꼽을 수 있다. 첫째는 동료를 깎아내리면 자기가 올라갈 수 있을 거라는 생각이다. 하지만 현실은 정

반대다. 사실 관리자는 이렇게 등 뒤에 칼을 꽂는 행동을 정말 싫어해서 고자질하는 사람은 거의 무조건 나쁘게 본다. 둘째는 관리자가 지금 상황을 제대로 모르고 있기 때문에, 무능한 동료의 전문가답지 못한 행동이 계속되는 것을 막기 위해서는 누군가가 정보원 역할을 해야 한다는 생각이다. 제대로 된 관리자라면 보통 자기 밑에 있는 사람들의 장단점을 잘 안다. 상사가 다른 동료의 전문가로서의 약점에 대해 나한테 얘기한 적이 없다고 해서 그 사람이 아무것도 모르는 건 아니라는 점을 염두에 두자. 나도 내 윗사람이 내가 전문가로서 잘못한 일에 대해 다른 동료와 얘기하는 건 원치 않는다. 상사가 그냥 점잖게 행동하는 것과 아무것도 모르는 것을 혼동하지 않도록 주의하자. 아까 얘기했던 가상의 직원 손엄담 씨가 상사를 만나서 "모문흥 씨는 혼자서는 코딩도 제대로 못 해요. 저희 시간 중에 반은 모문흥 씨한테 뭘 해야 할지 가르쳐주고 실수한 걸 고쳐주는 데 쓴다니까요. 지금 프로젝트가 지연되고 있는데, 다 모문흥 씨 때문이에요."라고 말하는 상황을 상상해 보자. 어쩌면 그 상사가 손엄담 씨의 말이 맞는지 이리저리 조사해 볼지도 모른다. 하지만 그 상사는 그런 사실을 이미 알고 있었을 가능성이 매우 높다. 이런 일이 일어났을 때 모문흥 씨에게도 당연히 타격이 있겠지만, 손엄담 씨에게는 어떤 일이 일어날까? 그는 지금 징징거리며 불평을 늘어놓고, 욕구불만에 휩싸여 있는 상태다. 따라서 상사에게 더 이상은 자신을 제대로 제어할 줄 아는 전문가로 보일 수 없게 된다. 자기 주변 상황과 자신을 제대로 제어하지 못하는 모습, 치사하게 동료에게 손해를 끼치는 얘기를 늘어놓는 고자질쟁이의 모습을 보여준 것이다. 손엄담 씨가 모문흥 씨에게 어떤 타격을 입혔든, 스스로에게도 상당한 타격을 가한 것이다.

윗사람한테 누군가가 자기 몫을 제대로 하지 못한다는 얘기를 한다거나 프로젝트와 관련하여 일을 잘 못했다고 얘기하는 것은 스스로 크게 해가 되는 일이다. 어떤 문제를 꼭 관리자에게 알려야 할 것 같다면 지적하고 싶은 사항을 사람의 문제가 아닌 프로젝트의 문제로 얘기하자. 예를 들어 "모문흥 씨가 테스팅 작업을 제대로 못 해요." 같은 식이 아니라 "테스트에 문제가 있는 것 같아서 걱정입니다." 같은 식으로 얘기하자.

새로운 것에만 집착하는 사람

사람이든 조직이든 자기 계발, 리팩토링, 새로운 계획 같은 데 너무 큰 에너지를 투입할 수는 없는 노릇이다. 그런 쪽에는 적당한 수준의 에너지를 투입해야 하지만 어느 정도가 '적당한'지는 조직 문화나 그 팀이 겪고 있는 사업적인 압박감같이 여러 요인에 따라 달라진다. 새로운 아이디어나 절차 개선에만 너무 매달리는 것은 전혀 도움도 되지 않는다. 그보다는 매년 몇 가지 중요한 것만 골라낼 필요가 있다. 그렇게 하면 주변 사람에게 폐를 덜 끼칠 수 있고, 자기가 하고 있는 일에도 더 크게 기여할 수 있다.

몇 가지 제안을 할 때 윗사람이 어떻게 반응하는지 유심히 살펴보자. 윗사람이 덥석 받아들고는 그 제안을 실제로 진행하려고 한다면 그런 제안을 좋게 봤다는 뜻으로 해석할 수 있다. 놓칠 수 없는, 정말 좋은 아이디어였는데 무시당했다면 그 사람이 그냥 변화에 무관심한 사람일 가능성이 높다. 그런 경우에는 "건설적인 피드백"을 내놓더라도 전과 마찬가지 반응(무관심)만 나올 뿐 아니라, 정말 짜증 나는 사람 취급을 당할지도 모른다. 그럴 때는 의견 제시는 멈추고 한동안은 새로운 아이디어는 내놓지 않는 게 좋다.

조직 운영에 문제가 있는 사람

하급 직원 시절에는 혼자서 일하는 능력에 따라 많은 것이 결정된다. 설계안이나 규격서, 코드, 테스트 단위, 제품 기획안 등을 혼자 만들면 된다. 하지만 승진하면 누가 알려주지 않아도 팀의 장점을 살려서 일을 해내는 역할이 점점 중요해진다. 다른 사람을 이끄는 통솔력이 필요한 일이기도 하지만, 그보다는 팀이 최대한 효율적으로 돌아갈 수 있도록 장애물을 제거하고 일을 진행하는 능력 쪽이 더 중요하다. 그런 상황에서도 계속 자기 할 일만 하고 조직을 운영하는 능력이 떨어지면 경력을 키워나가는 데 별로 좋지 않다. 이와 관련해서는 9장 "조직생활"에서 자세히 다루겠지만, 한마디로 정리하자면 사람들이 내가 하자는 대로 할 것이라고 예상하면 안 된다. 누구나 자기 할 일로 바쁘게 마련이다. 성공하려면 서로 다른 목표를 가진 사람들이 하나의 (물론 내가 원하는) 목표를 향해 움직일 수 있도록 의견을 조율하고 동기를 부여하는 데 달인이 되어야 한다. 사업상 올바른 선택이라는 것을 보여주면서 자기가 필요한 방향으로 인력과 자원을 투자하는 것만으로 일이 되는 경우는 거의 없다. 다른 사람들이 하는 일도 마찬가지로 중요하다는 점을 잊지 말자. 내가 필요로 하는 것과 다른 사람의 목표를 정렬시키고, 상대방에게도 적절히 보상하고, 작업 완료를 위한 시간 계획에 관하여 동의를 구하고, 일이 제대로 진행되는지 주기적으로 확인해야 하며, 무엇보다도 중요한 것은 약간은 과장스럽다는 느낌이 들 정도로 공개적인 자리에서 다른 사람들의 노고에 감사하면서 영광을 나누는 것이다. 나를 도와줬을 때 상당한 긍정적인 피드백을 받을 수 있다는 것을 경험하고 나면 나중에도 또 돕고 싶은 마음이 생기기 좋을 것이다.

의사 결정에 문제가 있는 사람

회사생활을 하다 보면 윤리, 사람 관리, 전략 같은 것과 관련된 갖가지 문제가 생기게 마련이다. 무슨 일이 생길 때마다 윗사람한테 쫓아가는 건 스스로 그런 결정을 내릴 수 있는 업무 감각이 부족하다는 것을 대놓고 보여주는 셈이다. 반대로 몹시 어려운 결정까지 전부 혼자 하려다 보면 감당하기 어려운 일이 벌어질 수도 있다. 어떻게 해야 적당히 균형을 이룰 수 있을까? 어느 정도 시간을 들여서 조직 문화와 의사 결정절차를 잘 이해하여 윗사람한테 어떤 걸 물어봐야 할지 익혀야 한다. 그리고 다른 문제에 대해서는 그 회사에서 중요시하는 가치와 잘 부합되는 방향으로 결정을 내릴 수 있는 역량을 키워야 한다. 정말 더 윗선에서 결정해야 할 일이라면 논의의 틀을 잡을 수 있도록 적당히 추천할 만한 것도 함께 들고 가자. 기술적인 부분에서든 그렇지 않은 부분에서든 계속해서 잘못된 결정을 내리다 보면 더 많은 책임을 져야 하는 자리에는 부적격인 사람으로 여겨지게 마련이다. 일단 한 번 그런 이미지가 자리 잡고 나면 정말 떨쳐내기 어렵다.

■ 팀 문제

어느 정도 규모가 있는 일을 하려면 팀이 필요하다. 정말 간단한 프로젝트가 아닌 이상 한 사람이 혼자서 할 수는 없다. 아무리 사람이 좋고 열심히 일하고 똑똑해도 팀워크 없이는 그냥 한 명의 사람에 지나지 않는다. 혼자서는 커버할 수 있는 영역과 책임을 감당할 수 있는 범위가 극도로 제한될 수밖에 없다.

팀워크에 문제가 있는 사람

소프트웨어는 팀 스포츠다. 3장 "학교 대 직장"에서 소프트웨어 개발 전문직과 학교가 어떻게 근본적으로 다른지 살펴본 바 있다. 모든 이가 학생에서 직장인으로 부드럽게 넘어가는 것은 아니며, 그 고비를 원만하게 넘어가지 못하면 여러 방면에서 경력에 해가 된다. 높은 자리는 팀을 이뤄서 하는 일을 잘하는 사람들이 차지하게 마련이다. 사람들과 잘 어울리고 동료에게 도움을 주는 사람이 되자. 가능하면 더 많이 일하자. 다른 사람들에게 도움이 될 만한 정보, 생산성 향상법, 새로운 도구 같은 걸 제공해 보자. 팀의 이익을 위해 어느 정도 개인 프로젝트는 희생할 수 있다는 마음가짐을 가지고 일하자.

남의 공로를 인정하지 않는 사람

자기가 한 일에 대한 공은 꼬박꼬박 챙기면서 프로젝트에서 같이 일한 다른 사람의 공은 인정하지 않으면 그 사실이 팀 동료에게 알려지게 마련이고, 동료에게 좋지 않은 인상을 남기게 될 수밖에 없다. 일부러 그런 게 아니어도 다른 사람들이 기여한 부분에 대해 언급하지 않은 채로 자기가 한 일만 얘기하면 같은 팀 동료로서는 남이 한 일에 대해서까지 혼자서 모든 공을 차지하려고 한다는 생각이 들 수 있다. 이런 부분은 일단 한 번 신뢰가 깨지고 나면 수습하기가 정말 어렵다.

나도 IBM에서 사원급일 때 비슷한 일을 경험한 적이 있다. 그때 우리는 몇 가지 데몬스트레이션 프로그램을 개발하고 있었다. 그때 동료였던 다른 사원급 프로그래머가 있었는데, 내가 개발한 기능을 그대로 가져다 쓰고 있었다. 그 기능은 마우스를 클릭한 좌표의 이미지를 다시 블릿^{Blit}하는 기능이었다. 나는 기꺼이 기능을 공유했고, 그는 내가 짰던 코드를 금세 데몬스트레이션에 집어넣어서 IBM 내에서 여기저기 데모를 하고 다녔다. 물론 스크린 블릿 기능도 포함해서였다. 스크린 블릿 기능은 조그만 기능이긴 했지만, 상당히 시각적으로 튀는 부분이었기 때문에 데모에서 큰 역할을 했다. 그런데 그 동료는 다른 사람들에게 그 데몬스트레이션 애플리케이션을 혼자서 만들었다고 얘기하고 다녔다. 며칠 뒤, 그런 문제를 더 세련되게 해결할 줄도 몰랐던 나는 잔뜩 화가 나서는 상사에게 가서 그 기능을 내가 개발했다는 얘기를 하고 말았다. 결국, 그 일로 그 동료는 별로 좋지 않은 인상을 남겼고, 아마 나도 별로 좋지 못한 인상을 남기고 말았을 것이다(앞에 있는 "대책 없이 불평만 하는 투덜이" 부분 참조).

지금 돌이켜 생각해 보면 그 동료와 직접 조용히 얘기하는 쪽이 훨씬 나았을 것이다. 조용한 방에 들어가 문을 닫고 무섭게 문제를 제기하는 방식보다는 좀 더 친밀하고 긍정으로 아무렇지도 않은 코멘트 형태로 말했다면 아마 더욱더 나았을 것이다. 점심을 먹으면서 그냥 지나가는 말처럼 언급하고 넘어가면 너무 야단스럽다거나 부정적인 느낌을 일으키지 않으면서도 메시지를 확실하게 전달할 수 있다. 분명 우리 둘 다 그 상황을 미숙한 방법으로 처리했다. 애초부터 그 동료가 다른 사람의 공을 제대로 인정했다면 내가 훨씬 기분이 좋았을 것임은 물론이요, 똑같은 일을 여러 번 하지 않고 코드를 재사용할 줄 아는 훌륭한 팀 플레이어로 점수를 딸 수 있을 상황이었으니 말이다. 즉 서로에게 이익이 될 수 있는 상황이었다. 약간은 과장스럽게 느껴질지 몰라도 다른 사람을 열심히 칭찬하는 일은 남에게 도움이 되고 팀 전체에 도움이 되는 일일뿐 아니라 자신의 공을 쌓는 데도 전혀 해가 되지 않는다. 내가 팀 동료에게 좋은 일을 해 줬다는 걸 알면 그 동료는 더 열린 마음으로 내가 어떤 기여를 했는지에 대해 더 잘 얘기해줄 것이다. 모두가 이길 수 있는 시나리오다.

■ 생산성 문제

소프트웨어에서는 사람, 사람들로 이루어진 팀이 정말 중요하다. 같은 팀에 속한 모든 이들이 각자의 짐을 져야만 한다. 팀 단위로 일하면 누군가가 삐끗했을 때 다른 사람들이 잡아주고, 누군가가 넘어지면 다른 사람들이 일으켜 세워줄 수 있다. 하지만 누군가가 계속 일을 지연시키면 상황이 더 나빠질 수도 있다. 약한 선수는 더 많은 시간을 벤치에서 보내게 되고, 덜 중요한 역할을 맡게 되고, 결국에는 팀에서 잘릴 수도 있다. 호감이 가는 사람, 똑똑한 사람, 팀 플레이어가 되는 것만으로는 충분하지 않다. 진짜 일을 할 줄 아는 사람이 되어야 한다.

버그 투성이 코드를 만드는 사람

버그는 다양한 형태와 규모로 발생한다. 논리 문제일 수도 있고, 요건을 빼먹어서 생길 수도 있고, 실행 시의 성능에 문제가 있을 수도 있고, 프로젝트의 목표를 제대로 이해하지 못해서 생길 수도 있다. 프로그래머가 버그 투성이 코드를 만드는 사람이라고 소문이 나면 여러 명의 프로그래머로 이루어진 팀에서 설계, 기획, 프로젝트 수행 등을 책임지는 리더 자리로 승진할 가능성은 낮아진다. 상급 기술직으로 올라갈 수 없다. 우리 팀에 있던 어떤 개발자는 혁신적인 연구와 팀 협업 면에서는 꽤 평이 좋았지만, 항상 느리고 버그 투성이 코드를 만들어냈다. 그는 정말 소프트웨어 연구 개발팀을 관리하는 일을 하고 싶다고 했다. 나는 그에게 직접 만든 코드가 버그 투성이에다가 느리기까지 하다면 팀 전체의 코드 품질을 관리 감독하는 자리에는 가기 어렵다고 말했다. 그런데 이런 문제는 상당히 기계적인 문제다. 엉성한 프로그래머라도 노력하면 조금 더 성실성을 키우고, 더 완벽하게 설계하고, 코딩 표준을 따르고, 논리 흐름을 재확인하고, 더 완벽한 유닛 테스팅을 실시할 수 있다. 누군가를 가르쳐서 갑자기 더 똑똑한 사람, 더 혁신적인 사람으로 만들 수는 없는 일이지만, 소프트웨어 연구 개발의 품질을 끌어올리는 일은 가능하다. 자신에게 이런 문제가 있다면 노력해서 고칠 수 있다.

생산성이 낮은 사람

직원은 회사를 위해 한 일의 대가로 월급을 받는다. 생산성은 여러 다른 방식으로 평가할 수 있고, 사람마다 일하는 스타일이 다르므로 평가 방식도 다르다. 코드를 정말 많이 만들어내는 사람이 있는가 하면, 혁신이라든가 팀 리더십 면에서 주목받는 사람도 있다. 하지만 딱 한 가지 분명한 사실이 있다. 특정 방면에서 – 창의성이든 코드 개발이든 리더십이든 뭐든 – 뚜렷하게 생산성을 보여주지 못하면 성공하기 어렵다는 점이다. 사람은 대부분 생산성이 좋을 때도 있고 나쁠 때도 있다. 인생에도 굴곡이 있게 마련이고, 가족의 죽음이나 별거라든가 이혼 같은 문제, 심각한 질병, 집을 새로 구하는 일 등으로 생산성이나 집중력이 떨어질 수도 있다. 다행히도 인사 시스템은 이런 문제로 생산성이 어느 정도 왔다갔다하는 데는 관대한 편이고, 몇 번 안 좋은 평가를 받았다고 해서 경력에 크게 문제가 되는 건 아니다. 하지만 2년 넘게 지속해서 생산성이 좋지 않다면 문제가 심각해질 수도 있다. 해결책은 단순하다. 첫째, 자기가 즐기는 일을 해야 한다. 싫어하는 일을 하고 있다면 훌륭한 생산성을 기대하기 어렵다. 둘째, 자신을 잘 파악하고 자신이 어떤 방면에서 천부적으로 가장 높은 생산성을 발휘할 수 있는지 이해할 필요가 있다. 자기가 타고난 재능(프로그래밍, 창의성, 팀 리더십,

조직 운영, 전략 기획 등)을 업무상 역할과 잘 연계시키면 더 나은 성과를 낼 수 있다. 그리고 무엇보다도 열심히 일하는 게 중요하다.

일정을 자꾸 놓치는 사람

소프트웨어 분야에서 지속해서 일정을 놓치는 것만큼 경력에 치명적인 것도 없다. 프로그래머든 테스터든 기획 담당이든 마케팅 담당이든 관리자든 모두 마찬가지다. (관리자는 부하 직원이 한 모든 잘못에 대해 책임져야 하는 사람이다) 연구 개발 쪽에서는 소프트웨어 개발 주기가 워낙 불확실하다 보니 이 문제가 특히 심각하다. (그리고 고질적인 것으로 악명이 높다) 소프트웨어 개발은 복잡하고 예측하기가 어렵다. 이 내용과 관련해서는 13장에서 별도로 살펴보기로 하겠다. 간단하게 말하자면, 예정일을 매년 계속 지키지 못하면 경력에 안 좋을 수밖에 없고, 프로젝트를 관리하는 위치에는 거의 올라갈 수 없을 것이다. 항상 일정을 맞추지 못하면 거의 확실히 승진할 수 없을 것이다.

엉뚱한 시간 사분면에 갇혀 사는 사람

6장에서 급한 일과 급하지 않은 일, 중요한 일과 중요하지 않은 일을 기준으로 시간을 분배하는 것에 대해 언급한 적이 있다. 가장 효율적인 사람은 "중요하고 급한" 일과 "중요하지만 급하진 않은" 일에 시간을 잘 분배하는 사람이다.

급하지만 중요하지 않은 일에 시간을 너무 많이 쏟는 일은 정말 흔하게 볼 수 있다. 읽을 필요도 없는 이메일을 읽는다든가 갈 필요가 없는 회의에 꼬박꼬박 참석한다든가 받지 말아야 할 전화를 받는다든가 하는 일로 시간을 허비하지 말자. 별로 중요하진 않은데 급한 일은 정말 많다. 그리고 그런 걸 하다 보면 꼭 해야 할 중요한 일을 놓치게 된다. 계속 그런 상황이 반복되면 경력을 말아먹고 만다. 정기적으로 시간을 제대로 관리하고 있는지 검토하여 중요한 일만 하면서 지내고 있는지 확인해 보자. 중요한 일을 하면서 살수록 더 재밌게 살 수 있고, 중요한 일에 시간을 더 많이 투자하는 사람일수록 다른 사람도 더 높게 평가하게 마련이다.

부수적인 일이나 비밀실험에 초점을 맞추는 사람

비밀실험^{Skunkwork}이라고도 부르는 부수적인 프로젝트는 소프트웨어 분야에서 여러 중요한 혁신을 일으킨 원동력이다. 이런 프로젝트는 새로운 제품군이나 새로운 회사의 기반이 될 수도 있다. 자기 시간 중 일부를 그런 비밀실험에 투자하는 것은 꽤 건전한 일이고, 특히 비밀실험을 성과로 이어갈 수 있는 재주가 있는 사람이라면 아주 큰 일을 이뤄낼 수도 있다. 회사에 따라 이런 일을 장려하는 곳도 있다. 하지만 잘 다져진 경로에서 벗어난 일이 항상 그렇듯이, 그런 프로젝트에 시간을 투자한 만큼 실제 공식적으로 해야 하는 일에는 시간을 투자하지 않은 것으로 비치게 마련이다. 비밀실험에 시간을 대부분 투자했다가 전부 날려 먹고 나면 경력도 함께 날려 먹는 수가 있다. 비밀실험 프로젝트는 절대 공식 근무 시간의 10~20%를 넘어가지 않도록 주의하자. (조직 문화에 따라 허용되는 수준이 다를 수 있다)

■ 성장 문제

기술 역량이 감퇴하는 사람

말할 필요도 없는 사실이지만, 소프트웨어 분야에서는 항상 최신 기술을 익혀야만 한다. 사실 몇 년만 지나도 최신 지식이 구닥다리가 될 수 있는 업계에서는 말처럼 쉽지 않은 일이다. 다행히도 운영체제, 알고리즘, 자료구조, 프로그래밍 언어, 개발 절차 같은 근본적인 내용은, 빠르게 바뀌는 자잘한 내용에 비해 전반적으로 꽤 오래 가는 편이다. 기술 역량 면에서 뒤처지기 시작하면 엄청난 속도로 진화하는 하이테크 세계에서 공룡 같은 존재가 되고 만다. 그런 일이 닥치고 나면 기술 역량이 별로 중요하지 않은 수준까지 올라가 있지 않은 이상 경력이 심각하게 무너지게 마련이다. 소프트웨어 세계에서는 최신 기술에 대한 지식을 어느 정도 갖추지 않고도 살 수 있는 분야가 거의 없다. 심지어 기술 지원이나 영업, 마케팅 업무를 하더라도 IT 분야의 공통어는 구사할 줄 알아야 한다. 기술 역량을 계속 살리기 위해서는 항상 최첨단과 관련된 일을 하고 "중요하지만 급하지 않은" 일에 시간을 투자하여 새로운 역량을 익혀야 한다.

자기 PR에만 열중하는 사람

자기 PR도 필요하다. 동료나 관리자에게 내가 한 일을 제대로 알리지 못한다면 그 사람들 입장에서는 나한테 좋은 인상을 받을 이유도 없다. 자기가 한 일을 겸손하고 적절한 방법으로 남에게 알리는 것도 매우 중요한 일이지만, 겸손하고 적절한 방법으로 알리는 것과 자기가 한 일을 떠벌리고 다니는 것은 사실상 종이 한 장 차이다. 사람들은 이기적인 성격을 싫어한다. 너무 자기 자랑을 하고 다니다가는 이기적이고 자기 생각만 하는 나르시스트로 찍히게 되고, 그러면 자기 PR로 인한 득보다는 실이 훨씬 더 커지는 상황이 닥치고 만다. 언제나 겸손하고 전문가로서 적절한 수준에서 자기 PR을 할 수 있도록 하자.

엉뚱한 쪽으로 자기 PR 하는 사람

안타깝게도 우리는 대부분 자기가 한 일을 평가하는 데 미숙하다. 때때로 다른 사람들은 별로 중요하게 생각하지 않는 데 더 큰 가치를 두기도 하고, 다른 사람들이 더 중요하다고 여기는 걸 아무렇지도 않게 생각하곤 한다. 회사에서 제일 잘 나가는 제품에 새로 추가될 기능을 개발하게 된 모라고 씨의 시나리오를 생각해 보자. 모라고 씨는 좋은 기회를 만나게 되어 신이 나서는 단순한 설계긴 하지만 대단한 코드를 만들어냈다. 그는 무려 2만 줄이나 되는 코드를 짜내는 기염을 토한 것이다. 모라고 씨는 자신이 설계한 부분을 자랑스러워하며 상사 및 주변 사람들에게 그 사실을 알리고 다녔다. 그 얘기를 들은 사람들은 미소를 띠고 공손하게 고개를 끄덕이긴 했지만 별로 대단하다는 생각은 하지 않았다. 괜찮게 설계하긴 했지만 대단하다고 부르기엔 좀 부족했기 때문이다. 사실 모라고 씨가 한 일 중에서 대단하다고 할 만한 부분은 깔끔하게 잘 짜인 2만 줄의 코드였다. 조금만 더 감각이 좋았더라면 그의 생산성과 품질 쪽이 더 중요한 성과라는 것을 파악할 수 있었을 것이다. 하지만 모라고 씨는 설계 쪽을 강조했기 때문에 엉뚱한 방향으로 자기 PR을 하고 말았고, 정작 인정받아야 할 부분을 인정받지 못하는 상황을 불러오고 말았다.

중요하지 않은 역할에 매여있는 사람

누구든 도전적인 업무를 맡고, 성장하고, 전문가로서 승진할 기회를 찾아낼 필요가 있다. 웬만큼 괜찮은 회사라면 관리자가 모든 직원에게 그런 기회가 주어지고 있는지 확실하게 관리 감독하게 되어 있다. 근데 그게 제대로 안 될 때도 있다. 회사에서 전략적으로 중요하다고 여기지 않는 자리에 매여 있다면 성공하기 어렵다. 그런 상황에서 다른 사람이 도와줄 것으로 생각하고 마냥 기다리면 안 된다. 자기 걱정거리를 자신이 제대로 얘기하지 않는데 다른 사람이 굳이 나서서 도와줄 리가 만무하기 때문이다. 미래가 보이는 역할을 맡고 있는지는 스스로 분명하게 챙겨야 한다. 남들에게 예의는 갖춰야 하겠지만, 성공하는 길을 걷고 있는지는 분명히 짚고 넘어가도록 하자.

■ 근본적인 것과 부수적인 것

누구든 실수도 하고 실패도 한다. 사실 나는 매년 몇 번 정도 실패를 경험하지 않는 사람은 자기 능력을 제대로 끝까지 발휘하지 않는 사람이라고 믿는 편이다. 다행히도 실수는 워낙 비일비재하므로 보통 회사의 시스템은 실수에 매우 관대한 편이다. 정말 중요한 것은 기록에 남을 만한 업적이다. 생산성과 혁신성, 팀 플레이어로서의 협동심, 중요한 일을 해내는 능력 등을 제대로 보여줄 수 있는 경력을 쌓는다면 다른 자잘한 오류는 전부 용서받고 잊히게 마련이다.

PART 2
리더십

CHAPTER 9
조직생활

> "몇 명의 사려 깊고 헌신적인 시민이 세상을 바꿀 수 있다는 점에는 의심의 여지가 없다. 사실 거의 항상 그런 사람들이 세상을 바꾼다." – 마거릿 미드(1901-1978)

조직 내에서 일을 해내려면 조직생활 능력, 즉 어떤 프로젝트나 이벤트를 성공하기 위해 다른 사람들과 협상하고 협업하는 능력이 매우 중요하다. 조직이 작을수록 조직생활이 더 쉬운 편이고, 조직이 커질수록 관료주의적인 특성이 점점 강해진다. 조직에서 일을 해내는 것은 단순히 실행 계획의 한 부분으로 보기 어렵다. 오히려 서로 경쟁적인 목표들 사이의 문제를 해결하는 쪽이 더 중요하다. 모든 조직 구성원은 자신에게 주어진 일에 대해 좋은 인상을 심어주기 위해 목표를 향해 달려간다. 다른 사람에게서 뭔가를 받아내기 위해서는 상대방이 관심을 둘 만한 뭔가를 대가로 내놓아야 하는 경우가 흔하다. 다른 사람의 시간, 사람, 물리적인 자원을 동원해야 할 수도 있다. 아무리 사람이 좋고 나에게 호의적이라도 자신의 성공을 희생해가면서까지 나를 도울 사람은 없다. 조직이 커질수록 조직생활이 훨씬 더 어려워지지만, 갓 만들어진 스타트업처럼 아주 작은 조직에서도 이런 조직 내 역학 관계는 어려운 문제. 성공적인 경력을 만들어나가는 데 필수적인 것 중 하나가 바로 이런 조직생활을 원만하게 이끌어나가는 능력이다.

■ 협조를 이끌어내는 방법과 이메일의 환상

사람들의 협조를 이끌어내고 다른 사람들에게 어떤 프로젝트나 조직 문제에서 내 주장을 알리는 일은 모두 사람을 설득하는 일로 귀결된다. 사람을 설득하는 데 있어서 사실과 수치가 전부는 아니다. "우리 편"을 만들기 위해서는 열정, 편안함, 개인적인 신뢰가 매우 중요하다. 내가 아는 사람 중에서 내가 받아들일 만한 조언을 해 주는 사람이 누구인지, 왜 다른 사람보다는 그 사람의 조언에 더 귀를 기울이는지 생각해 보자. 특정 인물의 조언을 높게 평가하는 이유 가운데 정말 큰 비중을 차지하는 것이 바로 그 사람에 대한 신뢰다. 신뢰는 사람들이 항상 얘기하는 사실이나 수치 이상의 영향력을 가지며, 반복된 성공과 그리고 타인에 대한 헌신을 통해 쌓인다. 또한, 서로 얼굴을 마주하는 개인적인 관계를 통해 만들어진다. 이메일만 가지고는 신뢰를 쌓기가 어렵다. 다른 사람이 내 생각을 믿게 하는 데 있어서 – 예를 들어 어떤 제품의 기능과 관련된 새로운 설계 아이디어나 마케팅 제안서 등 – 문자 메시지만 가지고 우리 편으로 만드는 건 쉽지 않은 일이다. 이메일에는 감성이나 영혼이 빠져 있어서 누군가에게 무엇을 설득하는 데 매우 취약하다. 사람을 직접 만나면 개념을 설명하기도 더 좋을 뿐 아니라, 내가 제안하고자 하는 것을 향상할 수 있는 질문이나 우려 사항, 아이디어 등에 대해 대화할 수도 있다. 협조를 이끌어내는 데는 며칠 동안 이메일을 주고받는 것보다 5분 동안 직접 만나는 쪽이 분명히 더 효과적이다. 물론 5분 동안 논의하는 것만으로 깊은 신뢰를 구축할 수는 없겠지만 (한 시간도 모자라겠지만) 말이다. 텍스트 기반 통신수단으로는 거의 불가능한 일이지만, 직접 얼굴을 마주하고 대화하는 방식으로는 신뢰를 쌓아나갈 수 있다.

■ 받기 위해서는 먼저 줘라: 감성 재산을 모으는 방법

사람이나 조직으로부터 원하는 것을 받으려면 어떻게 해야 할까? (적어도 내 경험으로는) 잘 생긴 외모나 카리스마 같은 건 그리 문제가 되지 않는다. 최고의 비즈니스 아이디어도 그리 큰 문제가 되지 않는다. 사람 사이의 협동을 이끌어내는 요인은 사실 매우 간단하다. 상대방을 이해하고 상대에게 정직하게 접근하면 주변의 사람과 팀을 내 편으로 만들 수 있고 여러 면에서 도움을 받을 수 있다. 감성 전략은 전문가답지 못하고 별로 필요 없다는 생각이 들 수도 있다. 전문가들이 일하는 환경에서는 사람의 감성을 바탕으로 일하면 안 되고, 사업상 올바른 일을 한다면 다들 열심히 일할 것이며, 유치원도 아니고 다 큰 성인인 전문가들이 일하는 곳이라면 감성에 기대는 일은 있어서는 안 된다고 생각할지도 모른다. 근데 정말 그럴까? 사람들이 전문가로서 어떻게 행동해야 하는가 하는 것과는 무관하게 모든 일은 결국 사람 사이의 일이고, 사람은 자아와 개인적인 신념을 지니고 살아가는 감성적인 동물이다.

협력과 지원을 이끌어내기 위한 다섯 가지 원칙을 살펴보자.

- **대가를 바라지 않는 호의를 베푼다** 다른 사람을 계속 도와주면 신뢰를 쌓을 수 있고 빚을 지고 있다는 느낌을 감성 재산으로 모을 수 있게 된다. 누구든 "저 사람한테 신세를 졌다" 는 느낌이 들게 된다. 시간이 지나면 친구가 되고 뭔가 부탁을 할 만한 관계로 발전할 수 있다. 어떤 대가를 바라지 않고 누군가를 도왔다는 게 분명하므로 다른 사람과의 감성 재산 을 불리는 가장 기본적인 방법이다.

  바쁘게 살아가는 전문가들은 내가 그 사람에게 어떤 호의를 베풀었다는 걸 잊을 수도 있지 만 '사실'보다 훨씬 더 오래 기억에 남는 건 '인상'이기 때문에 그런 감성 재산은 비교적 오래 기억에 남게 마련이다.

- **상부상조한다** 오는 게 있으면 가는 게 있기 마련이다. 남이 내 등을 긁어주고 내가 그 사람 등을 긁어주는 것과 마찬가지. 때로는 원래 잘 모르던, 그래서 감성 재산을 쌓아둘 만한 기회가 없었던 사람한테서 도움을 받아야 할 수도 있다. 순전히 그 사람의 전문성에만 기대야 하는 상황으로, 나한테 도움을 주기 위해 자기 시간을 내 줄 것이라고 확신할 수 없다. 나는 정말 중요하다고 생각하지만, 그 사람은 그렇게 생각하지 않을 수도 있다. 이 일에 그 사람의 도움이 얼마나 중요한지를 열심히 설명하는 것 외에도 이번 일에 대한 대가로 그 사람한테 어떤 도움을 줄 수 있을지 윈-윈 시나리오를 찾아봐야 한다. 다른 사람이 날 도 와준 데 대한 보상으로 남을 도와줄 수 있다면 상호의존적인 시너지를 이룰 수 있다. 조직 내의 거의 모든 협력은 명시적으로든 아니면 암묵적으로든 이런 식으로 돌아간다. 항상 공 정하게 주고받을 수 있는 건 아니고, 주고받는 데 몇 달 이상 시간 차가 있을 수도 있지만, 상부상조의 원칙이야말로 이 세상을 돌아가게 하는 가장 중요한 원리 가운데 하나라고 할 수 있다. 항상 윈-윈 전략을 염두에 두고 상대방에게 더 나은 조건을 제안할 수 있을지 생각해 보도록 하자.

- **상대방의 기를 살려준다** 누구든 자존심은 있다. 그리고 누구든 자기 가치를 높게 평가하는 사람들과 함께하는 것을 좋아한다. 어려운 일도 아니다. 사람들은 자기 기분을 좋게 만들어 주는 사람을 좋아한다. 남들에게 친절하게 대하고 칭찬을 아끼지 말자. 일에 관한 것뿐 아니라 동료의 농담, 집, 자녀, 지적 능력 등 다양한 분야에 걸쳐서 칭찬을 아끼지 말자. 물론 진심으로 해야 한다. 그냥 겉치레성 칭찬을 좋아하는 사람은 없다. 아첨이나 입에 발린 말은 누구든 쉽게 알아챈다. 정말 진심으로 하는 말이 아니라면 아예 아무 말도 하지 않는 게 나을 수 있다. 동료에게서 존경할 만한 점을 발견하는 건 그리 어려운 일이 아니지만, 보통은 좀 쑥스럽다거나 진부한 느낌이 들까 봐 그런 부분에 관해서는 얘기를 하지 않는 편이다. 약간은 용기를 내서 대화 중간에 그런 칭찬을 곁들일 수 있다면 동료에게도 좋은 일이 되고 그 사람에 대한 감성 재산을 쌓는 데도 도움이 될 것이다. 대가를 바라지 않고 호의를 베푸는 것과 마찬가지로 상대방의 기를 살려주는 일은 일하는 데 도움이 될 뿐 아니라 그 자체로도 제법 괜찮은 일이다.

- **영광을 공유한다** 중요한 프로젝트를 진행하는 데 있어서 다른 사람의 도움이 필요하다면 자기 팀에서 그 사람의 협조가 얼마나 중요한지, 그 사람이 한 일이 어떤 파급 효과를 가지게 될지, 그 사람이 기여한 부분에 대해 어떻게 남들에게 알리고 감사를 표할지 명시적으로 알려주자. 경력 개발에 관심이 많은 사람일수록 프로젝트에 기여하겠다고 자원할 가능성이 크고, 팀에 대한 기여를 높이 평가하고 널리 알려준다면 더 강한 동기를 부여할 수 있다. 그 사람이 기여한 바를 분명히 알리고, 충분히 감사의 뜻을 표하겠다고 말한다면 당연히 그 약속을 지킬 수밖에 없다. 간단하게는 감사 메일을 쓰면서 누가 어떤 일을 했는지 분명히 밝히고, 나의 상사와 그 사람의 상사에게 그 사람이 얼마나 일을 잘했는지 칭찬하는 내용을 적는 정도가 될 수도 있다. 이렇게 하면 협력을 이끌어내는 것 외에도 적절한 감사와 칭찬의 말을 통해 나중에 써먹을 수 있는 감성적인 재산을 쌓을 수도 있다.

  이때 나를 중심으로 얘기하면 안 된다는 점에 주의하자. "이건 저한테 정말 중요한 일이에요."라든가 "저한테 정말 큰 도움이 될 거예요." 같은 식으로 하면 그다지 크게 동기부여를 하기 어렵다. 정말 급한 일이라는 점을 강조하거나 개인적인 관계를 내세우는 데는 어느 정도 도움이 될 수 있겠지만 원래 하던 일에서 손을 떼고 내가 하는 일을 돕겠다는 마음이 생기게 하는 데는 별로 효과적이지 못할 수 있다. 감성적인 재산을 제대로 쌓지 못한다면 기계적이고 무미건조한 관계만 만들어질 뿐이다. 그렇게 함께 일해 봤자 그리 좋은 결과가 나올 수 없다. 그 사람들이 나를 싫어하기 때문이 아니다. 나를 믿고 나한테 투자할 만한 동기를 부여하지 못했기 때문이다. 다른 사람에게 감성적인 수준과 실용적인 수준 양측 모두에 있어서 뭔가를 제시하면 그룹의 위력을 더 제대로 구사할 수 있을 것이며, 조직 내에서의 영향력도 크게 끌어올릴 수 있을 것이다. 그런 경우에는 조금 잘못한 부분이 있어도 대부분 크게 문제 삼지 않고 거의 알아보지도 못할 가능성이 높다.

- **직접 대면한다** 소프트웨어 분야에서는 팀원이 집에서 일하거나 멀리 떨어진 다른 위치에서 일하는 경우가 많다. 이제는 같은 프로젝트에 몸담은 팀원들이 아예 다른 대륙에서 일하는 것도 드물지 않게 볼 수 있다. 각종 통신 수단 덕에 이런 일이 가능해졌지만, 단점도 있다. 우리는 모두 인간이기 때문에 가까이서 자주 보는 사람들과 더 감성적으로 밀접한 관계를 맺게 마련이다. 상대방의 얼굴을 보고 기분을 감지하고 자질구레한 일에 대해 수다를 떠는 것은 물리적으로 같은 장소에 있지 않은 이상 그리 쉬운 일이 아니다. 이메일이나 전화만으로 감성 재산을 쌓거나 개인적인 친분을 쌓는 건 쉽지 않다. 몸이 멀어지면 마음도 멀어지는 것처럼 멀리 떨어져서 일하는 것은 경력에 그리 좋지 않다. 정기적으로 사무실에 나가서 동료와 직접 대면하는 시간을 적극 활용하는 것도 한 방법이다. 아예 다른 주나 다른 나라에서 일한다든지 해서 정말 멀리 떨어져 있다면 1년에 몇 번씩은 출장을 가서 직접 만나야 한다. 개인적인 의견으로는 혹시 회사에서 지원해주지 않는다면 자기 돈을 써서라도 직접 대면하는 시간을 마련해야 할 것으로 보인다.

  2005년, IBM에서 일할 때였는데, 몇 달 동안 가족과 함께 외국에서 지낼 기회가 있었다. 아내와 나는 둘 다 꽤 멋진 경험이 될 거로 생각했고, 아이들도 외국에 나갈 만한 괜찮은 나이였다. 시간대가 다른 외국에서 지낸다고 해도 경력에 해가 되진 않을 거로 생각했다. 외국에 있는 동안 나는 미국 동부 표준시에 맞춰서 근무했다. (현지 시각으로는 오후에 일을 시작해서 밤늦게까지 일을 해야 했다) 그리고 팀원들과의 개인적인 연결을 꾸준히 유지할 수 있도록 북미에 있는 IBM 연구소를 정기적으로 방문했다. 그럼에도 멀리 떨어져서 일하는 것 때문에 어려움을 많이 겪어야 했지만, 동료가 있는 곳에 자주 방문한 덕에 그나마 좀 나았다. 우리가 기회를 얻은 만큼 대가를 치러야 한다고 생각했는데, 지금 돌이켜 보면 그만한 가치가 있는 일이었던 것 같다. 서로 멀리 떨어져 있는 팀을 관리하는 관리자라면 팀원 간의 단합을 위해서, 그리고 팀이 제대로 굴러가게 하려면 팀원 전원을 한 장소로 모을 필요가 있다. 일 년에 몇 번이라도 직접 대면하는 시간은 팀의 결속력을 강화시켜주는 시간이 될 수 있다.

■ 인맥 활용

누구에게든 동료, 전직 상사, 학교 동창같이 재능이나 관심사, 자원 면에서 겹치는 부분이 있는 인맥이 있다. 5장에서 전문가 인맥을 구축하고 확대하는 개념에 대해 이미 논한 바 있다. 회사에서 어떤 일을 해내기 위해 인재와 자원이 필요하다면 우선 자기가 가진 사회적 인맥부터 살펴보는 게 좋다. 개인적인 친분이 있다는 것은 이미 그 사람들에게는 감성적인 재산을 가지고 있다는 것을 뜻하기 때문이다.

말콤 글래드웰의 『티핑 포인트』에 나온 "소수의 법칙"처럼 여러 사람으로 이루어진 조직 내에서 효과적으로 일을 처리하기 위해서는 훌륭한 커넥터이면서 그럭저럭 괜찮은 세일즈맨이 돼야 한다. 한 사람의 사회적 인맥은 도움을 구할 만한 사람이 모여있는 인력 풀로, 그 사람들 각각에 대해 가지고 있는 감성 재산은 도움을 요청하기 위해 대화를 나눌 때 성공 가능성을 올려주는 역할을 한다.

인맥을 구축하고 유지하는 데는 시간과 에너지가 든다. 링크드인이나 페이스북 같은 온라인 소셜 네트워킹 사이트를 활용하면 전통적인 방식으로만 인맥을 만들고 관리하던 시절에 비해 훨씬 더 폭넓은 인맥을 관리할 수 있다. 이런 SNS 사이트를 통하면 그냥 친구뿐 아니라 친구의 친구로 인맥을 확장할 수도 있다. 또한, 이메일 배포 목록을 활용하면 몇몇 사람을 빼먹거나 하는 일 없이 더 광범위한 사람들에게 연락을 돌릴 수 있다.

■ 협상의 기초

직장생활을 하다 보면 협상능력이 필요한 상황이 수도 없이 벌어진다. 협상을 잘하면 새 노트북이나 새 서버를 얻을 수도 있고, 최선의 소프트웨어 프로젝트에 참가하거나 더 빨리 승진할 수도 있다. 연봉을 올리고 휴가를 얻을 때도 협상 능력은 필요하다. 이 외에도 수많은 일에 있어서 협상은 필수적이다. 협상은 과학이라기보다는 예술에 가까운 일이긴 하지만 몇 가지 원칙을 익혀두면 훨씬 더 나은 결과를 얻을 수 있다. 여기 에서는 간단하게 "초보자를 위한 협상법"을 소개해 보고자 한다.

상대방을 먼저 이해하는 것부터 시작하자

협상 당사자가 모두 확고한 자기 입장만 고수하기 때문에 진전이 없는 협상이야말로 최악의 협상이다. 상대방이 뭘 원하는지에 대해서는 관심이 없고 자기 처지에서 최고 의 방법만 고집하는 상황이다. 협상에서 진전이 있으려면 상대방의 요구에도 귀를 기 울여야 한다. 그러므로 협상을 시작할 때 가장 먼저 할 일이 바로 상대방이 원하는 것 을 파악하기 위해 경청하는 것이다. 상대방으로서 어느 정도가 돼야 성공이라고 간주 할 수 있을까? 물론 쉽지 않은 일이다. 상대방이 협상에 능하다면 자신이 원하는 결론 을 쉽게 드러내지 않을 것이고, 이쪽도 협상에 능하다면 마찬가지로 쉽게 패를 내놓진 않을 것이다. 하지만 같은 회사 사람들 사이에서는 부서나 조직이 다르더라도 좀 더 점잖게 협상하는 편이긴 하다.

상대방을 먼저 이해하려고 드는 것은 그다지 자연적인 대응법은 아니다. 누구든 본능 적으로 내 얘기를 먼저 하고 싶게 마련이다. 이렇게 먼저 귀를 기울이는 게 쉽진 않은 일이지만 협상하는 데는 그 값을 톡톡히 한다. 누구든 자기 얘기를 먼저 하고 싶어하 므로 가만히 내버려 두면 쉽게 입을 열 것이다. 일단 몇 가지 사실을 긁어모으고 나면 상대방이 어떤 것을 정말 중요하게 여기는지 알 수 있고 그들이 절대로 포기하지 않을 만한 선을 어느 정도 파악할 수 있을 것이다. 그리고 나면 내 주장을 펼치기 전에 어떤 자세를 취하면 좋을지, 어떻게 최선의 결과를 뽑아낼 수 있을지 더 잘 알 수 있다.

결과를 예측해 보자

상대방이 얼마나 유연하게 나오는지, 상대방이 나보다 얼마나 더 협상력이 강한지에 따라 협상을 얼마나 유리하게 끌고 갈 수 있는지가 달라질 수 있다. 강한 위치에서 협상할 때는 별로 자기주장을 굽힐 이유가 없다. 반대로 내가 더 약한 위치에서 협상한다면 그리 많은 것을 기대하기 어렵다. 찬밥 더운밥 가릴 상황이 아닌 셈이다. 어떤 협상에서든 초기에는 이성적으로 기대할 수 있는 ('이성적'이라는 단어를 강조해서 받아들이자) 최선의 결과를 빠르게 예상해 볼 필요가 있다. 협상이 예측한 수준에 가까워지면 상대의 제안을 적절하게 받아들이고 협상을 끝내는 쪽이 나을 수 있다. 이성적인 수준을 훨씬 넘어서까지 계속 협상을 끌고 가다 보면 원하는 것을 얻어내지 못할 뿐 아니라 상대방과의 사이에 만들어졌던 감성 재산을 다 깎아 먹어 버리고 몹시 나쁜 인상만 남기게 될지도 모른다. 이성적으로 기대할 수 있는 정도를 달성할 수 있다면 그 정도로 만족해도 괜찮다. 예상한 것보다 결과가 좋았다면 보너스가 나온 셈이 되겠지만, 좌절감, 증오감 등으로 일을 망칠 것 같은 수준까지는 가지 않도록 주의하자.

어느 정도 양보할 계획을 세우자

대부분의 협상이 양측이 서로 어느 정도 양보하는 선에서 마무리된다. 돈 문제에 관한 협상이면 각자가 처음 제시했던 금액의 중간쯤에서 협상을 끝내고, (누가 새 랩톱을 갖는지 같이) 숫자로 따지기 어려운 문제는 거의 항상 적당한 보상을 하는 방식으로 결론을 내리게 된다. 모라고 씨는 새 랩톱을 받고 공손해 씨는 28인치 모니터를 받는 식으로 말이다. 협상이 원래 이런 식으로 돌아간다는 것을 미리 알고 있다면, 내가 원하는 수치를 제시하기 전에 상대방이 원하는 수치를 알아낸 후에 훨씬 더 유리하게 협상을 이끌어갈 수 있다. 예를 들어 어떤 랩톱을 800달러에 팔려고 하는데, 내가 랩톱을 팔려고 한다는 소식을 들은 모라고 씨가 접근해 왔다고 해 보자.

> **모라고:** 얼마에 팔 거예요?
> **나:** 잘 모르겠어요. 얼마 정도 생각하세요?
> **모라고:** 500달러 어때요?

이제 모라고 씨가 500달러부터 시작하겠다는 것을 파악했으니, 이 책에 나와 있는 내용을 활용하여 원하는 가격이 중간쯤 갈 수 있도록 협상을 시작하면 된다. 800불로 협상을 마무리하려면 (800불이 양측이 제시한 값의 평균이 되도록 하려면) 어떤 가격에서 시작할지 계산해 보면 1,100불이라는 것을 알 수 있다.

나: 1,100불 어때요? 사운드카드도 좋고 CPU도 쿼드 코어예요. 하드 드라이브는 일반용보다 세 배나 더 커요.

모라고: 1,100불은 너무 비싸잖아요. 그 정도면 새것도 살 수 있겠네요. 750불 어때요? 더 이상은 안 돼요.

나: 그래요 그럼. 하긴 새 제품 가격도 좀 내려갔으니까. 그럼 800불 어때요?

모라고: 그럼 그렇게 하죠.

무엇보다도 더 좋은 점은 불쌍한 모라고 씨는 자기가 협상을 잘해서 1,100불짜리를 800불까지 깎아서 샀다고 생각한다는 것이다. 물론 500불짜리 컴퓨터를 800불에 파는 데 이런 전략을 쓰는 건 바람직하지 않다. 윤리적으로 올바른 범위 내에서 모라고 씨에게 제값을 주고 팔면 된다. 하지만 협상이 보통 어떤 식으로 돌아가는지 알고 있으면 훨씬 빠르고 편하게 원하는 목표를 달성할 수 있다.

문제와 사람을 분리하자. 어떤 협상에서든 논의는 항상 점잖게 진행해야 한다. 상대방이 아무리 악의적이고 불쾌하게 나오더라도 논의를 감정적이거나 개인적인 방향으로 끌고 가면 전혀 도움이 되지 않는다. 일단 협상이 시작되고 나면 칭찬이나 아첨을 하면 오히려 솔직하지 못해 보일 수 있으니 괜히 그런 데 시간을 낭비하지 말자. 점잖고 정중하게 행동하자. 우호적인 자세를 유지하되 너무 저자세로 나가거나 흥분하는 일이 없도록 하자.

양쪽의 공통 기반을 찾아보자. 결론을 내기가 정말 어려운 상황은 보통 양쪽이 해결책을 만들어낼 만한 공통 기반을 찾아내지 못했을 때 벌어지곤 한다. 양쪽 사이의 공통 기반, 서로 동의할 수 있는 어떤 근본적인 것을 찾아내는 일은 협상 절차에서 지대한 영향을 끼친다. 공통 기반을 찾아내는 것은 워낙 근본적인 일이기 때문에 협상에 관한 책이나 교육과정 등에서 거의 항상 핵심 주제 가운데 하나로 다뤄지곤 한다. 뭔가 양쪽이 모두 동의할 수 있는 점들을 찾아내고 나면 그걸 바탕으로 논의를 끌어나갈 수 있다. 아까 나왔던 모라고 씨한테 컴퓨터를 팔기 위한 협상으로 돌아가서, 모라고 씨가 좀 더 까다롭게 나올 때 공통 기반이 어떤 도움을 줄 수 있을지 살펴보자.

모라고: 얼마에 팔 거예요?

나: 잘 모르겠어요. 얼마 정도 생각하세요?

모라고: 500달러 어때요?

나: 1,100불 어때요? 사운드카드도 좋고 CPU도 쿼드 코어예요. 하드 드라이브는 일반용보다 세 배나 더 커요.

모라고: 에이. 중고 랩톱에 500불이면 꽤 많이 받는 거잖아요.

나: 그렇긴 하죠. 평범한 일반 중고 랩톱이면 500불 정도면 살 수 있겠죠. 하지만 이건 보통 랩톱이 아니에요. 정말 고성능이라니까요.

모라고: 그건 그렇네요. 쿼드 코어 CPU가 있으면 정말 좋을 것 같긴 한데… 하드 드라이브는 당시에는 괜찮았을지 몰라도 요즘 시스템하고 비교하면 그냥 평범한 수준이잖아요. 사운드 카드에는 별 관심이 없어서 거기에 돈 쓸 생각은 없어요.

모라고 씨는 500달러에서 꿈쩍도 하지 않을 기세다. 하지만 이 정도면 공통 기반을 찾은 것이기 때문에 얘기가 어느 정도 진전될 수 있다. 모라고 씨가 이 컴퓨터를 원한다는 사실은 분명하기 때문이다. 그리고 일반 랩톱이라면 중고로 500불 정도면 충분하겠지만 이건 그보다 나은 제품이라는 점에 대해서도 양측이 모두 동의하고 있다.

나: 쿼드 코어 CPU 값만 해도 일반 듀얼 코어보다 250불은 더 나가요. 사운드 시스템 한 번 직접 들어보세요. [모라고 씨가 제일 좋아할 만한 음악을 틀어주면서] 웹 페이지에서 확인해 보면 이 사운드 카드 값만 해도 60불이 넘을 거예요.

모라고: 알았어요. 쿼드 코어 CPU 값으로 200불 더 드릴게요. 사운드 카드는 40불. 더 이상은 안 돼요.

나: 그럼 그렇게 하죠.

이번에는 전보다는 가격이 내려갔지만, 처음에 모라고 씨가 500불에서 한 푼도 더 내지 않을 태세였던 걸 감안하면 상당히 괜찮은 협상이었다고 할 수 있다. 서로의 공통 기반을 찾아낸 덕에 협상에 성공할 수 있었고, 처음에 목표로 삼았던 가격에 거의 가까운 값을 받아낼 수 있었다.

서로에게 득이 되는 옵션을 만들어내자

때때로 양쪽이 너무 멀리 떨어져 있고 제대로 된 협상안을 만들어낼 수 있을만한 공통 기반을 찾아내기도 어려울 수 있다. 그런 경우에는 적절히 서로 주고받는 방법을 고려해 봐야 한다. 더 나은 조건을 제시하기 위해 무엇을 버릴 수 있을까? 그들이 내놓을 수 있는 것보다 더 많은 것을 요구하지만 대신 원래 협상 대상이 아니었던 쪽에서 도움을 주는 식으로 대가를 내놓을 수도 있다. 모라고 씨한테 컴퓨터를 파는 상황으로 다시 돌아가 보자.

> **모라고:** 얼마에 팔 거예요?
>
> **나:** 잘 모르겠어요. 얼마 정도 생각하세요?
>
> **모라고:** 500달러 어때요?
>
> **나:** 1,100불 어때요? 사운드카드도 좋고 CPU도 쿼드 코어예요. 하드 드라이브는 일반용보다 세 배나 더 커요.
>
> **모라고:** 에이. 중고 랩톱에 500불이면 꽤 많이 받는 거잖아요.
>
> **나:** 그렇긴 하죠. 평범한 일반 중고 랩톱이면 500불 정도면 살 수 있겠죠. 하지만 이건 보통 랩톱이 아니에요. 정말 고성능이라니까요.
>
> **모라고:** 그건 그렇네요. 쿼드 코어 CPU가 좋긴 한데 그래도 너무 비싸요. 600불 정도까지는 낼 의향도 있지만 지금 당장 쓸 수 있는 돈이 그것밖에 없어요. 혹시 그런 낮은 가격에는 파실 수 없겠죠? 그럼 다른 사람을 알아보시는 게 나을 것 같아요.

모라고 씨가 괜한 엄포를 놓고 있을 수도 있지만, 어쨌든 꽤 완고한 최종선을 그어놓은 상황이다. 아예 지금 있는 돈이 600불뿐이라고 얘기하는 상황이다. 더 이상은 기능이나 가치에 관한 문제가 아닌 상황이다. 이럴 때는 서로에게 이익이 될 만한 옵션을 만들어내야 한다.

> **나:** 3주 후에 U2가 오잖아요. 컴퓨터 팔면 그 돈으로 표 사서 수 씨랑 콘서트에 가려고 했었어요. 혹시 아버님께서 그 연주회장에서 일하시지 않나요?
>
> **모라고:** 아버지가 매표소를 운영하시죠. 어떤 공연이든 아버지랑 어머니가 갈 수 있는 표 두 장은 받아 오세요. 근데 아마 U2 공연은 안 가실 거예요.
>
> **나:** 그러면 티켓 두 장하고 600불에 이 랩톱 사 가는 건 어때요? 그 정도면 저도 거래할 의사가 있는데.
>
> **모라고:** 괜찮을 것 같네요. 푯값이 거의 200불 정도는 되니까. 아버지만 승낙하신다면 티켓하고 600불에 랩톱을 사고 싶어요.
>
> **나:** 저도 괜찮을 것 같아요. 아버님이랑 확인해 보시고 알려주세요.

거의 죽어가고 있던 협상을 랩톱하고는 아무 상관 없는 인센티브 아이디어를 써서 살려낼 수 있었다. 결국, 나는 800불 정도 되는 돈을 받은 셈이 됐고 모라고 씨는 600불에 컴퓨터를 샀으니 모두 행복한 상황이다.

유리할 때 끝내자

어떤 협상에서든 그 정도면 얻을 만한 걸 다 얻어냈고 더 협상해 봤자 그리 많은 걸 얻어낼 수 없는 수준에 다다랐다는 걸 잘 파악해야 한다. 그 정도 시점이 되면 협상을 마무리할지 그냥 끝낼지 결정을 내려야 한다. 상대방이 주도권을 장악하고 있을 때는 내가 공평하다고 생각하는 수준으로 협상을 이끌어가지 못할 수도 있다. 인생이 항상 공평하진 않다. 가끔은 그렇게 인생의 쓴맛을 볼 수 있다. 하지만 어떤 일이 있어도 협상에서 점잖은 자세는 유지하되, 어느 선 이상으로 진전이 없으면 협상 테이블에 올라와 있는 걸 받아들이거나 훌훌 털고 일어날 준비를 하자. 협상 결렬을 선언하고 나면 상대방이 조만간 좀 더 공손한 자세로 더 나은 제안을 들고 돌아올 수도 있다. 어느 쪽이 됐든 지리멸렬한 협상이 끝없이 계속되는 일은 없도록 하자.

■ 성과를 이끌어내는 의사소통법

사업상 의사소통에는 여러 가지 모드가 있고, 사람에 따라 선호하는 방식도 다르다. 그럼에도 결과를 이끌어내는 데 더 효과적인 의사소통 모드는 분명히 있다. 모든 이메일을 빠짐없이 읽어보는 사람은 거의 없고, 모든 이메일에 답장하는 것도 아니지만, 이메일을 보내는 사람은 대부분 자기 이메일은 자세히 읽어보고 꼭 답장할 거라고 믿는 편이다. 이메일을 보내는 사람은 대부분 메일을 받는 사람이 자기 이메일은 바로 읽고 대응할 거로 생각한다. 하지만 그건 헛된 생각이다. 이메일은 비동기 방식으로 작동하는 만큼 무시하고 넘어가기도 쉽고, 상대방이 그 이메일을 읽을지, 답장할지를 알아내기는 거의 불가능하다. 정말 빨리 답변을 듣고 싶다면 이메일은 올바른 방법이 아니다. 일반적으로 더 개인적으로, 그리고 더 동기적인 방식으로 연락할수록 제대로 된 답변을 빠르게 받을 수 있다. 상대방의 응답이 꼭 필요하다면 다음과 같은 순서로 연락하도록 하자.

- 사무실에 직접 들러서 얼굴을 마주하고 안건에 대해 논의한다.
- 전화로 논의한다.
- 메신저로 (실시간으로) 논의한다.
- 회의를 준비한다. (시간이 걸리긴 하지만 효과적으로 논의할 수 있다)
- 질문이나 요구사항을 이메일로 보낸다. (시간상으로 그리 급하지 않은 일일 때 가장 적합

한 방법) 이틀 안에 답이 오지 않는다면 답이 영영 오지 않는다고 봐도 무방하므로 위에 있는 다른 방법으로 넘어가서 재시도한다.

■ 성공하기 위한 옷차림: 운동화를 신자

소프트웨어 업계에서 옷차림 면에서 멋져 보이고 싶다면 대학생처럼 입고 다니면 된다. 소프트웨어 업계는 옷차림 면에서 세상에서 제일 특이한 업계라고 할 수 있다. 1980년대와 90년대의 실리콘밸리 스타트업의 자유분방한 분위기의 원인으로는 그 시절 차고에서 스타트업을 시작했던 젊은이들은 넥타이와 정장을 살 만한 처지가 아니었다는 점, 그리고 그 시절 회사를 시작했던 젊은이들이 기존의 기업 환경에 대한 반감을 품었다는 점 등을 들 수 있다. 하이테크는 혁명에 관한 것이고, 혁명적인 사람들은 정장을 입지 않기 때문에 그렇다는 주장도 있다. 세상을 바꿀 만한 새로운 기술을 만들어야 하는 분야인 이상 제품과 마찬가지로 사람을 평가하는 데도 순전히 그 안에 있는 가치만 가지고 따져야 한다는 생각에서 그런 분위기가 형성됐을 수도 있다. 스타일은 가치와는 별 상관없다는 것이다. 물론 이론적으로는 그런 주장이 옳을 수도 있지만, 실상은 스타일이 매우 중요하다. 양복을 입고 회사에 가면 오히려 매우 부정적인 반응이 돌아온다. 1990년대 중반, 소프트웨어 산업이 주류로 자리 잡으면서 사람에 따라, 조직 내의 역할에 따라 옷 차림이 달라지는 분위기가 형성됐다. 임원들은 보통 옷을 좀 더 잘 – 적어도 비즈니스 캐주얼 정도로, 칼라가 있는 셔츠를 입고 청바지는 웬만하면 안 입는 방향으로 – 챙겨 입어야 하는 편이다.

반대로, 시니어 아키텍트나 최고 기술 전문가급이라면 티셔츠에 청바지를 입는 게 거의 표준처럼 자리 잡았다. 이 책에서 인터뷰한 최고 전문가의 상반신 사진을 쭉 살펴보면 대부분 티셔츠를 입고 있음을 알 수 있다. 어떤 사람은 심하다 싶을 만큼 구겨진 옷을 입은 채로 찍은 사진을 공식 사진처럼 쓴다. 1996년 있었던 DB2 기술 콘퍼런스에서 청바지에 헐렁한 할리 데이비슨 티셔츠를 입고 기조강연을 했던 제임스 해밀턴의 모습은 아직도 생생하다. 썬 부사장이자 펠로우인 제임스 고슬링은 언제나 티셔츠 차림으로 기조강연을 한다. HP 펠로우인 존 윌키스도 티셔츠와 청바지 차림으로 ICDE의 SMDB 워크숍에서 기조강연을 한 적이 있다. 애플 CEO 스티브 잡스나 페이스북 창립자인 마크 주커버그도 마찬가지다. 구글 창립자인 세르게이 브린과 래리 페이지가 2006년 2월 20일 자 타임스지 표지에 등장했을 때도 그 둘은 티셔츠를 입었다.* 이외에도 비슷한 예는 수없이 많다. 소프트웨어 업계의 기술 전문가들 사이에서는 편하게 입는 게 멋진 것으로 통한다. "나는 실력으로 평가받는다. 나는 회사의 규정이나 환경에 대해 별로 신경 쓰지 않으니 당신들도 내 옷차림 같은 걸로 뭐라고 하지 않는 게 좋겠다."라고 말하는 것 같다.

반대로 소프트웨어 업계에서도 경영 담당 임원들은 조금 더 정장에 가깝게 입는 편이다. 거의 항상 칼라가 있는 옷을 입고, 업무상 프레젠테이션을 할 때는 재킷을 챙겨 입는다. 조금 전에 얘기한 타임스지 표지를 확인해 보면 래리와 세르게이는 검정 티셔츠를 입고 있지만, CEO인 에릭 슈미트는 정장을 입고 있음을 알 수 있다. 구글에서 일하는 친구들의 얘기에 의하면 에릭 슈미트는 종종 "구글에도 복장 규정은 있습니다. 뭔가를 입긴 해야 한다는 규정이죠."라고 말한다고 한다. 소프트웨어 기업의 문화를 비판하거나 옷을 대충 입어야 사업을 잘하는 거라는 얘기는 아니다. 그냥 현상을 관찰한 결과를 얘기하는 것일 뿐이다. 사내에서의 위치와 역할에 따라 적절한 옷차림을 할 수 있도록 하자.

이 장에서는 다른 사람들의 협력을 이끌어내고 나에게 필요한 것을 얻어내고 요구사항을 관철할 수 있는 몇 가지 요인에 대해 살펴보았다. 의사소통할 때는 상대방이 어떤 사람인지(지위고하 등), 어떻게 차려입었는지, 우리가 원하는 바와 상대방이 원하는 바를 잘 조율해서 서로에게 득이 되는 방향으로 끌고 갈 수 있는지 등을 모두 고려해야 한다. 성공하려면 단순히 일을 해내는 것뿐 아니라 여러 적절한 의사소통을 통해 다른 사람과 적당히 잘 어울리고 동기부여를 통해 변화의 촉매 역할을 할 수 있어야 한다.

■ 동의를 얻어내는 것으로 끝나는 게 아니다

상대방으로부터 뭔가를 해 주겠다는 동의를 얻어낸 후에도 내가 요청한 것과 그들이 원래 하고 있던 일 사이에서 갈등이 생길 수 있다. 상당히 까다로운 부분 가운데 하나가 바로 대부분은 동의를 얻어내는 것만으로는 부족하다는 점이다. 위에서 압박이 가해지면 남한테 해 주겠다고 한 일보다는 자기가 공식적으로 해야 하는 일에 매

---

* 저자주_ http://www.time.com/time/covers/0,16641,20060220,00.html 에서 공식 이미지를 볼 수 있다.

진하게 되는 게 보통이다. 조직의 장점을 효과적으로 살리는 데 있어서 가장 큰 실수 가운데 하나가 바로 다른 사람의 동의만 얻으면 변화가 일어날 수 있을 것으로 생각하는 것이다. "약속했던 대로 하지 못하면 안 좋은 평가를 받게 되지 않을까?"하고 생각할 수도 있지만, 항상 그런 건 아니다. 특히 그 사람이 원래 하기로 돼 있는 다른 일을 엄청나게 잘해내면 특히 더 그렇다. 다른 팀, 또는 그들을 평가하는 사람은 내가 요청한 걸 별로 대수롭지 않게 생각할 수 있다. 누군가가 긍정적인 마음으로 내 요구를 받아들였어도, 시간에 쫓길 때는 나한테 해 주기로 약속한 일의 우선순위를 낮출 수밖에 없는 상황이 벌어질 수도 있다.

새 프로젝트를 맡아서 열심히 일하고 있는 겁나좋은기술㈜의 고위직 씨, 모라고 씨, 공손해 씨의 예를 살펴보자. CTO인 고위직 씨는 엔지니어링팀이 넉 달 안에 새로운 압축 알고리즘을 완성하고 출시 준비를 마칠 것으로 기대하고 있다. 모라고 씨는 이 프로젝트의 리더를 맡고 있다. 새 프로젝트를 맡아 기분이 들떠 있는 모라고 씨는 새로운 압축 알고리즘에 대한 몇 가지 번뜩이는 아이디어를 가지고 있다. 하지만 모라고 씨는 자신이 성능 분석 전문가는 아니라는 점을 잘 알고 있다. 그래서 그는 새 압축 알고리즘으로 압축 효율을 높일 뿐 아니라 압축 시간까지 단축하기 위해 다른 그룹에 있는 성능 분석 전문가인 공손해 씨의 도움을 받아야 하고, 그래서 공손해 씨에게 어떤 문제가 있는지를 설명한다. 공손해 씨는 두 달 안에 제대로 작동하는 압축 코드를 건네주면 그 코드를 분석해서 제품이 출시되기 전까지 다듬는 작업을 도와주겠다고 약속했다. 두 달 후에 모라고 씨는 공손해 씨에게 코드를 건네주고 소식을 기다리고 있었다. 한 달 후, 모라고 씨는 공손해 씨가 그동안 어떤 진전을 이뤘는지 확인해 보려고 진행 상황을 묻는 이메일을 보낸다. 공손해 씨는 모라고 씨가 부탁한 일을 깜빡하고 있었다며 깍듯하게 사과하는 답장을 보내온다. 게다가 공손해 씨는 다른 프로젝트 때문에 정신이 하나도 없는 상태기 때문에 남은 한 달 동안 그 일을 할 수도 없다. 공손해 씨는 모라고 씨가 직접 분석할 수 있도록 성능 분석 도구를 잽싸게 가르쳐 주고 필요한 유틸리티를 설치하는 걸 도와주는 건 어떻겠냐고 묻는다. 모라고 씨는 기운이 쭉 빠진다. 모라고 씨가 직접 분석하면 공손해 씨가 분석하는 것보다 열 배는 더 걸릴 터였다. 어떻게 분석을 마친다고 하더라도, 출시 전까지 가장 취약한 부분을 재설계하여 압축 알고리즘을 최적화할 시간이 없을 거라는 건 불 보듯 뻔하다.

이 사례에서 모라고 씨는 다음과 같이 세 가지 점을 잘못했다.

1 자기가 필요한 것과 공손해 씨가 필요한 것을 잘 조율하여 서로 도움이 될 방법을 생각해야 한다. 공손해 씨는 이미 여러 다른 일로 바쁜 상태다. 공손해 씨는 선한 의도로 모라고씨를 돕겠다고 하긴 했지만 공손해 씨로서는 그 일의 우선순위가 높지가 않다. 공손해 씨도 연말이면 자기 상사에게 자기가 속한 프로젝트에서 어떤 공로를 세웠는지 보여줘야 한다. 모라고 씨는 공손해 씨가 한 일에 대해 거의 아무 보상도 제시하지 않았다. 공손해 씨로서 이 일을 했을 때 어떤 이득이 있을지에 대해 생각해 보지 않은 것이다. 실적을 내야 한다는 압박이 가해지는 상황에서는 모라고 씨가 부탁한 일이 손에 잡힐 리가 없다. 공손해 씨도 상사에게 자기가 이 조직에서 중요한 일을 하는 사람이라는 점을 보여줘야 한다는 점을 잘 알고 있다면 모라고 씨는 그 압축 프로젝트가 회사에 있어서 얼마나 중요한지, CTO 고위직 씨가 얼마나 이 프로젝트에 관심을 보이고 있는지를 설명해서 공손해 씨도 이 일을 열심히 할 수 있도록 동기를 부여했어야 했다. 압축 알고리즘이 제품 성능에 긍정적인 영향도, 부정적인 영향도 끼칠 수 있다는 점을 잘 설명하여 성능 분석을 통해 공손해 씨가 상당히 크게 기여할 수 있다는 점을 부각하는 방법도 도움이 됐을 것이다. 이 논의에 공손해 씨의 관리도 동참시켰다면 자원 분배나 프로젝트 일정을 조절할 수 있었을지도 모른다. 애초에 이 일을 공손해 씨의 공식적인 임무로 설정해 두었다면 단순한 호의가 아닌 필수적인 업무로 인식하고 더 열심히 했을 것이다. 마지막으로, 모라고 씨 자신이 공손해 씨가 진행 중이던 프로젝트를 돕기 위해 시간 및 자원(그가 사용할 수 있는 서버 등)을 투자하여 서로 도움을 주고받는 방법을 생각해볼 수도 있었다.

2 일이 제대로 진행되고 있는지 정기적으로 확인해야 한다. 공손해 씨가 일을 도와주겠다고 한 이후로 모라고 씨는 앞으로 어떻게 상황을 점검할지, 어떤 중간 단계를 설정할지 등에 대해 아무 계획도 세우지 않았다. 일을 끝낼 때까지 두 달밖에 안 남은 점을 생각한다면 주간회의(또는 간단한 일일 회의) 같은 걸 미리 잡아놓고 얼마나 진행되고 있는지 확인하고 이슈가 생길 때마다 그때그때 해결할 기회로 활용했어야 했다.

3 영광을 공유하라. 공손해 씨와 모라고 씨의 상사에게 공손해 씨 덕분에 일이 잘 진행되고 있다고 때때로 이메일을 보냈더라면 공손해 씨가 기여한 바를 여러 사람에게 잘 알릴 수 있고, 공손해 씨도 자기가 인정받고 있다는 느낌을 받을 수 있었을 것이다. 또한, 그 프로젝트를 관리자들도 눈여겨보고 있다는 것을 간접적으로 점잖게 알려주는 데도 도움이 된다.

조직생활은 과학이라기보다는 예술에 가까운 일이다. 다른 사람들이 어디에 관심을 두고 있는지를 파악하고, 그들이 실용적인 면과 감성적인 면에서 무엇을 원하는지 하고 연결할 수 있어야 한다. 몇 가지 기술을 잘 익혀두면 조직의 다양한 강점을 활용하여 혼자서는 할 수 없는 멋진 일을 이뤄내면서 동시에 미래에 대비할 수 있는 감성 재산과 개인적인 인간관계까지도 챙길 수 있다.

interview
존 슈왈츠

Business Objects CEO

현재 지위

SAP AG, SAP BusinessObjects, Ecosystem & Corporate Development 등기 이사, Business Objects의 CEO*

주목할 점

Business Objects CEO; 시만텍, IBM 임원 역임; 관계형 데이터베이스, 정보 보안, 비즈니스 분석 분야의 비즈니스 리더

생일

1950년 9월 24일

학력

토론토 대학교 MBA, 1979
마니토바 대학교 전산학 학사, 1972
달로시 대학교 명예 법학 박사, 2004

취미 및 관심사

요트, 환경, 사회체제의 진화

약력

존은 1968년 소련이 체코슬로바키아를 침공했을 때 독일로 탈출했다. 몇 주 후 영국에서 가족들을 만나 캐나다 위니펙으로 이사했다. 1972년에 마니토바 대학교 전산학과를 졸업하고 토론토로 이주했다. 2년 후인 1974년 IBM에 입사했고, 1991년에는 IBM의 소프트웨어 연구소 중 하나로 1,500명의 직원이 일하는 IBM 토론토 소프트웨어 연구소의 소장직을 맡았다. 그 후로 1999년 IBM을 떠나기 전까지 다양한 자리를 거쳤다. 2001년 IT 보안 선도업체인 시만텍의 사장 및 최고 운영 책임자COO, Chief Operating Officer를 맡았고, 2005년

----

* 역자주_ 현재는 Visier를 설립하고 CEO로 활동하고 있다.

에는 Business Objects의 CEO가 되었다. 2008년 SAP에서 Business Objects를 인수할 때까지 매출을 크게 끌어올리면서 몇몇 중요한 인수 합병을 성사시켰다.

존은 SAP AG의 등기이사로, SAP AG의 공동 CEO인 레오 아포테커와 헤닝 카겔만 밑에서 일하고 있다. Business Objects SA의 CEO이기도 하다. 제품 개발, 유통, 고객 서비스 및 지원은 물론 글로벌 에코시스템과 파트너 그룹, 기업 개발 그룹을 이끄는 모든 SAP의 대외 관계를 포함하여 SAP Business Objects 전반을 책임지고 있다.

존은 2005년 CEO로 Business Objects에 부임했다. 임기 동안 Cartesis와 Firstlogic을 비롯한 일곱 건의 전략적 인수를 관장했다. 그동안 수익을 15억 불 이상 성장시켰다. Business Objects에 합류하기 전에는 시만텍의 사장으로 COO 자리를 역임했다. 시만텍에 있는 동안 수익을 세 배 늘려서 27억 불 이상으로 끌어 올리는 데 있어서 중요한 역할을 했으며 시만텍과 VERITAS의 성공적인 조합을 이끌어내는 데 중요한 공을 세웠다.

시만텍에 들어가기 전까지는 25년 동안 IBM에서 개발에서 생산, 판매, 마케팅에 이르기까지 다양한 업무를 맡았다. IBM에서 마지막으로 맡은 자리는 IBM의 산업 솔루션 사업부장으로, IBM의 대기업 고객을 대상으로 하는 비즈니스 애플리케이션 및 관련 서비스를 구축하는 업무를 중점적으로 맡는 국제적인 조직의 수장 역할을 맡았다.

존은 현재 시놉시스의 이사진으로 활동하고 있다.

■ "내가 뭘 하는 건지, 뭘 해야 할지 알 수가 없었어요"

소프트웨어 분야는 어떻게 시작하게 되었나요?

마니토바 대학교에 다닐 때 처음에 지질학 전공을 선택했는데 컴퓨터 프로그램을 써서 어떤 분석을 해야 했어요. 그 프로그램을 쓰는 동안 거기에 홀딱 빠져서는 그 안에 뭐가 숨어 있는지, 그게 어떻게 만들어진 건지 알고 싶어졌죠. 결국은 전공을 지질학에서 전산학으로 바꿨어요. 아버지가 크게 실망하셨죠.

무엇보다도 이 분야에서 취직하기가 쉽지 않았어요. 1972년에 졸업했는데, 지원서를 아마 60~70군데는 냈을 거예요. 전산 관련 직장을 찾고 있었는데, 딱 한 군데 합격했어요. 토론토로 이사해서 6개월 동안 허드슨만 주식회사에서 점원으로 일한 후에야 전공에 맞는 직장에 들어갈 수 있었어요. 첫 번째 직장이 꽤 마음에 들어서 이 분야가 돈을 벌기에도 좋을 뿐 아니라 상당히 재미도 있다는 생각을 했죠.

1974년, 졸업한 지 2년이 지났을 때 IBM에 들어갔어요. 처음에는 대규모 제조 관련 리엔지니어링 프로젝트 책임자 역할을 맡았죠. 이제 갓 학교를 졸업한 거나 다름없었기 때문에 내가 뭘 하는 건지, 뭘 해야 할지 알 수가 없었어요. 갑자기 큰일을 맡은 덕에 제조 과정 전체를 빠르게 배울 수 있었죠. 그렇게 몇 년을 더 일하고 나니 제조업에 대해 좀 제대로 알 것 같더라고요. 그때 공장을 관리하는 일을 했는데, 지금까지 제가 해 본 일 가운데 가장 재미있는 일이었던 것 같아요.

근데 공장을 돌리는 일이 한동안은 재미있는 일이지만 어느 정도 시간이 지나고 나면 같은 일을 반복하게 되더라고요. 그래서 원래 고향(IBM)으로 돌아와서 DB2, 컴파일러, OS/2 관련 제품같이 실제로 시장에서 큰 비중을 차지하는 중요한 소프트웨어 개발 업무를 했어요. 소프트웨어의 엔지니어링 측면뿐 아니라 상업적인 측면에도 큰 관심을 두게 됐죠.

소프트웨어 분야에서 자신의 가장 큰 성과, 기여가 무엇이라고 생각하시나요?

몇 가지 중요한 게 있었던 것 같아요. 우선 IBM에 있을 때 (OS/2, 리눅스, 유닉스, 윈도용) DB2를 진행했어요. 재닛 페르나와 함께 PC에서 관계형 데이터베이스가 돌아가게 하는 일을 주도했죠. 불가능한 일이라고 하는 사람들이 많았지만 결국은 해냈어요. OS/2를 DOS에서 GUI로 바꾸는 일에도 참여했어요. 코딩을 맡은 엔지니어는 아니었지만, 그 일을 책임지고 실행한 촉매 역할을 했죠.

시만텍에서는 데이터 관리와 보안을 서로 연계시키는 개념에 기여했어요. Business Objects에서는 순수한 비즈니스 인텔리전스 보고 및 분석에서 미래를 내다보는 비즈니스 관리 도구로 영역을 확대하는 일을 이끌었어요. 주어진 실행 시점에서 미래의 트렌드, 비즈니스 절차 또는 인스턴스를 계획하고 전망하고 모델링하고 예측하는 데 과거의 경험에서 얻은 사업적 통찰을 활용하고 개념을 정립하는 데 기여한 것이죠. Business Objects가 Cognos를 따라잡고 역전하는 데 있어서 핵심 동력이라고 할 수 있었던 금융 성과 관리를 시작하는 데도 참여했죠.

직접 사업을 시작해서 금방 CEO가 되는 사람들도 있습니다. 슈왈츠 씨는 치열한 경쟁을 통해 승진해서 CEO 자리까지 올라가셨는데요, 제 생각에는 창업하는 것보다 훨씬 힘든 일일 것 같습니다. CEO 자리에 오르는 데 크게 도움이 된 사건 같은 게 있었나요?

IBM에 있을 때, 아마 입사한 지 1년쯤 됐을 때였던 것 같은데요, IBM에는 "월반 인터뷰"라는 프로그램이 있었어요. 그때 저는 전임 엔지니어였는데, 제가 일하는 사업부를 맡은 부사장님하고 인터뷰했어요. 그분 연세가 아마 지금 제 나이쯤 됐을 거예요. 평생을 IBM에서 일한 50대 임원이었죠. 그분이 저한테 "나중에 커서, 경력이 끝날 때쯤 되면 무엇이 되고 싶나요?"라는 질문을 했어요. 사실 딱히 대답할 만한 건 없었는데, 그분이 그 전에 다른 얘기를 하시면서 저를 좀 자극하셨었거든요. 그래서 조금은 건방지게 "IBM 사장이 되고 싶습니다."라고 대답했어요. 상당히 당황하는 반응을 보이시더니 "이미 잘 알고 있겠지만 지금 그 자리에서 사장까지 올라가려면 15단계 정도는 올라가야 하고, 각 단계를 올라가는 데 2~3년씩은 걸릴 겁니다. 각 단계를 2년마다 올라가는지 3년마다 올라가는지에 따라 CEO가 될 수 있을지 없을지가 결정될 거예요. 30년 안에 거기까지 올라가면 괜찮지만 45년 걸릴 거라면 꿈도 꾸지 않는 게 낫겠죠."라는 말씀을 하시더군요. 그 얘기를 듣고는 어떤 계획을 세우고 경력을 쌓아가야 할지 로드맵을 가지게 됐어요. 로드맵을 세우고 꾸준히 따라갔고, 20여 년 만에 CEO가 될 수 있었어요. 아마 그때 그 일이 아니었으면 CEO가 되는 데 훨씬 더 오래 걸리거나 아예 불가능했을지도 모르죠.

■ "대부분의 주제에 대해서 전문가가 될 수는 없다는 사실을 받아들여야 합니다"

기술 트렌드나 혁신의 정점에 서 있을 수 있는 비결은 무엇입니까?

우선 그 부분에 대해서는 별로 걱정하지 않아요. 제가 보기에 기존 정보 대비 새로 나오는 정보의 비율은 10년, 50년, 100년 전하고 비교해서 별로 다르지 않은 것 같아요. 그 시절에도 새로운 데이터에 압도당한다는 느낌은 지금이나 크게 다르지 않았을 거예요. 그런데 지금은 발전된 기술 덕에 과거 언제보다도 더 효과적이고 효율적으로 정보를 받아들일 수 있어요. 따라서 이전 세대보다 그 부분에서 더 나쁜 상황은 아니라고 생각해요.

저는 제가 주로 관심을 두는 4~5가지 영역을 주로 살펴봐요. (그 4~5가지가 전부 제 일과 관련되어 있거나 제 전문 분야는 아닙니다) 컴퓨터에 이 4~5가지 영역을 계속해서 따라잡을 수 있도록 구글 페이지를 구성해 놓았어요. 흥미로워 보이거나 더 자세히 살펴볼 만한 게 있으면 열심히 들여다봐요. 업계 전문지나 기술 저널 같은 건 많이 읽지 않는 편이에요. 제가 보기에 너무 한쪽으로 치우쳐 있거나 이상한 특정 시각을 강요하는 게 너무 많은 것 같아요. 대신 이코노미스트나 뉴스위크, 타임 같은 일반적인 비즈니스 관련 잡지를 자주 보는 편입니다.

요즘은 웬만하면 인터넷을 써요. 뉴스는 거의 다 인터넷으로 보죠. 자세하게 검색해 보고 내가 보고 싶은 걸 편하게 찾아볼 수 있어서 좋아요. 제가 흥미를 느낄 만한 뉴스를 찾아보는 게 좋아요. 남이 시키는 대로 하기보다는 제가 하고 싶은 걸 하는 쪽을 선호하죠. 업무와 관련된 쪽에 있어서는 직원들이 읽어볼 만한 것, 제가 꼭 알아야 하는 것을 요약 정리해서 알려줍니다. SAP Business Objects 포트폴리오로 정보를 정리하고 찾아보기도 해요. 하지만 개인적으로는 관심사가 다양한 편이에요. 역사, 국제 관계, 건강, 환경, 교육같이 다양한 분야에 관심이 있어요. 그런 부분은 제가 직접 들여다보죠.

소프트웨어 분야에서 앞으로 10~15년 이내에 긍정적으로든 부정적으로든 영향을 끼칠 만한 변화로는 어떤 게 있을 것으로 생각하시나요?

선을 연결할 필요도 없고 PC 앞에 앉아 있어야 할 필요도 없다는 점에서 모바일 분야가 가장 큰 변화를 주도할 거로 생각해요. 무선 모바일 환경을 통해 언제 어디서든 다양한 기기로 소프트웨어와 컴퓨팅 서비스를 사용할 수 있게 될 거예요. 이제는 컴퓨터를 쓰기 위해 특정한 장소에 앉아 있어야 하는 게 아니라는 점이 정말 큰 변화를 가져올 겁니다. 휴대 전화로도 할 수 있고, 차에서든 요트에서든 냉장고에서든 다양한 소프트웨어와 컴퓨팅 서비스를 쓸 수 있단 말입니다. 사용성 관점에서 단연코 가장 큰 변화를 이끌어 올 거라고 봐요.

그다음으로 중요한 건 뭔가를 쓰기 위해 소프트웨어 라이선스를 사는 대신 어떤 가치를 제공하기 위해 소프트웨어를 사용하는 서비스를 사게 될 것이라는 점일 것 같습니다. 그런 맥락에서 소프트웨어 산업이 서비스업으로 재편될 거라고 봐요. 서비스에 대해서 비용을 내게 될 거고, 어떤 세션이나 트랜잭션 단위로 서비스료를 받거나 광고 모델을 통해 비용을 내는 식으로 바뀔 것입니다.

셋째로는 협업이 중요해질 것 같아요. 지금은 소프트웨어가 대부분 한 명의 개인적인 경험을 중심으로 돌아가죠. 앞으로는 점점 더 소프트웨어가 사회적인 도구로 급변해 가면서 협업 도구가 될 겁니다. 페이스북과 유튜브가 좋은 예죠. 비즈니스 영역에서는 내가 다른 사람들의 도움을 받아서 문제를 해결하는 영역을 만들어내는, 페르소나와 환경을 창출해내기 위한 용도로 소프트웨어가 쓰일 거예요.

기술 분야의 리더들은 시간에 많이 쫓기는 걸로 유명합니다만, 시간을 효율적으로 관리하기 위해 어떤 전략을 사용하시나요?

저는 일을 오래 해요. 대부분의 주제에 대해서 전문가가 될 수는 없다는 사실을 받아들이세요. 필요하면 지원해줄 수 있는 다른 전문가를 활용하는 게 낫습니다. 정보를 종합하는 일에 능숙해져야 해요. 비교적 제한된 정보만으로 점들을 연결하는 방법을 익혀야 합니다. 나한테 중요한 게 무엇인지, 내가 어디에 우선순위를 둬야 할지 이해할 수 있는 사람들을 주변에 많이 두세요. 그 사람들을 내 분신처럼 써서 수많은 정보를 소화해내고 꼭 이해해야 할 만한 진짜 중요한 것을 잡아내야 합니다.

그리고 어떤 상황에서든 6개월 정도 그런 역할을 맡고 나면 그 조직, 사람, 일이 돌아가는 과정, 제품, 시장과 업계의 환경 같은 것에 대해 충분히 파악할 수 있어요. 그러고 나면 내가 어디에 가장 많은 시간을 쏟아야 하는지 알 수 있어요. 그보다 덜 시간을 투자해도 되는 일은 믿을만한 사람한테 위임하면 됩니다. 새로운 일을 맡고 나서 처음 6개월 정도는 상당히 힘들 수 있어요. 그래도 그렇게 하고 나면 제대로 된 결정을 내릴 수 있고, 사람을 알 수 있고, 사업을 제대로 파악하여 우선순위를 올바르게 설정할 수 있죠.

일과 삶의 조화는 어떻게 이루시나요? 일이 전부가 되는 상황을 피하는 비결이 있나요?

일과 삶의 조화는 그리 잘 이루고 있는 것 같지 않아요. 그렇다 보니 딱히 제대로 조언을 해 줄 수 있을 것 같지가 않군요. 하지만 업무와는 무관한 일 중에도 꽤 열정적으로 하는 게 있어서 그런 걸 할 때는 일에 대해서는 거의 생각하지 않아요. 그중 하나가 바로 요트인데요, 될 수 있으면 주말에 배를 타는 시간을 내는 편이에요. 요트를 탈 때는 요트에만 집중하지 않으면 큰 사고가 날 수 있다 보니 다른 생각은 안 하게 돼요. 뭔가를 억지로 해야 하는 것도 상당히 쓸모 있다는 생각을 하곤 하죠.

지금 아내를 만난 것도 정말 큰 행운이었다고 생각해요. 가족과 관련된 일은 거의 다 아내가 챙겨주는데도 온 가족과 화목하게 지내는 건 다 아내 덕이에요. 제가 보기에 어떤 배우자를 만나는지가 CEO에게는 삶과 죽음을 가를 만큼 중대한 일이에요. 혼자 살 게 아니라면 정말 좋은 배우자를 만나지 않는 이상 CEO로 살아가기가 어렵죠. 애들이 어렸을 때 별로 애들하고 많은 시간을 보내지 못했는데, 그 점은 정말 후회스러워요.

■ "온몸을 던져 뛰어들어 보세요"

소프트웨어 분야에서 성공하는 방법에 대해 조언 한 말씀 해 주시죠.

어떤 분야에서 어떤 일을 하든 별 차이는 없는 것 같아요. 그 분야에서 두각을 나타내기 위해 얼마나 헌신할 수 있는가가 중요해요. 요즘 사람들은 회사 일을 살아가는 데 필요한 돈을 벌기 위한 수단으로 생각하는 편인 것 같아요. 저는 항상 돈은 부수적인 거라고 얘기하죠. 정말 중요한 건 성장하고, 제 몫을 하고, 내가 하는 일을 즐기는 겁니다. 그런 마음가짐 없이 회사에서 매일 12시간씩 일하는 건 시간 낭비예요. 자기가 좋아하고 오랫동안 할 수 있는 일을 찾아서 ― 꼭 한 가지일 필요는 없어요 ― 최고가 될 수 있도록 매진하세요.

석사나 박사 학위가 전문가 커리어에서 가치가 있다고 생각하시나요? 직원을 채용할 때 대학원 학위를 많이 보시는 편인가요?

정말 중요합니다. 첫째, 대학원을 졸업했다는 건 그만큼 그 분야에 오랜 시간을 투자할 수 있는 능력을 보여주는 일이라고 할 수 있어요. 둘째, 석박사 학위가 있다는 것은 그 사람이 어느 정도 진지하고 참을성 있고 조직생활을 할 수 있을 만한 사람이라는 걸 보여준다고 봐요. 물론 빌 게이츠같이 대학을 중퇴하고도 대단한 업적을 세운 사람도 있지만, 그쪽은 예외적인 경우라고 봐야 할 것 같습니다.

소프트웨어 분야에서 불만거리라고 할 만한 건 없나요?

표준이 없는 게 제일 큰 불만입니다. 더 멋지게 할 수 있다는 이유 때문에 모든 문제를 맨 땅에서부터 시작해서 해결해 보겠다고 고집하는 것도 안 좋아해요. 이미 있는 것 중에 가장 좋은 것을 가져다가 그걸 바탕으로 문제를 해결해도 되는데 말이죠.

어떤 때 성공했다는 느낌을 받으시나요?

아이디어를 내놓고 방향을 제시할 수 있을 때 성공했다는 느낌을 받아요. 그리고 다른 사람들이 나와 함께 같은 방향으로 가도록 동기를 부여할 수 있을 때도 그런 느낌이 들죠.

소프트웨어 분야에 새로 들어올 사람들한테 마지막으로 전하고 싶은 말 한마디만 해 주세요.

온몸을 던져 뛰어들어 보세요. 동료와의 관계가 껄끄러워지지 않는 범위 내에서 최대한 적극적이고 공격적으로 움직이세요. 이렇게 할 수 있다면 소프트웨어 업계만의 활력이 여러분을 이끌어줄 겁니다.

CHAPTER 10
소프트웨어 제안서 작성법

"남이 내 아이디어를 훔쳐갈까 봐 걱정하지 말자. 독창적인 아이디어라면
열심히 설명해도 잘 안 믿는다." – 하워드 에이컨(1900-1973)

소프트웨어 분야에서 리더십의 상징 가운데 하나가 바로 새로운 기술 아이디어를 알
아보고 추진하는 데 있다. 이런 특징은 전문가 트랙에 있든 관리자 트랙에 있든, 소프
트웨어 업계의 모든 리더에게서 공통으로 요구되는 몇 안 되는 특징 중 하나다. 리더
로 성공하려면 반드시 사업 제안서를 잘 쓸 줄 알아야 한다. 매번 홈런만 칠 수는 없는
일이지만 최고의 리더가 되려면 최고의 경력이 필요한 건 사실이다.

보통 사람들이 생각하는 프로젝트 제안 과정은 이렇다. "똑똑한 사람들이 좋은 아이디
어를 들고 오면 기업의 이사회, 국회, 고위 임원 회의 같은 의사 결정기구에서 평가와
검토 과정을 거친다. 제안 발표를 듣고 나서 몇 가지 비판적인 질문을 던지고 나면 의
사 결정권자는 프로젝트를 진행할지, 어떤 지원을 제공할지를 결정한다." 하지만 이
렇게 당연해 보이는 과정을 통해 승인받는 프로젝트는 거의 없는 게 사실이다. 프로
젝트 제안서가 의사 결정권자한테 도착하기 전에도 무대를 준비하고, 대부분은 결과
물을 미리 결정하기 위한 작업이 진행된다. 왜 이렇게 인생은 복잡하면서도 은밀하게
돌아가는 걸까? 사실 성공적인 프로젝트는 전혀 은밀하게 돌아가지 않는다. 상대방이
더 잘 이해하게 하고, 더 큰 기대를 하게 하고, 더 나은 제안서를 만들고, 더 분명한 결
과물을 이끌어낼 수 있도록 여러 절차를 반복하면서 진행된다.

앞에서도 여러 번 등장했던 겁나좋은기술㈜의 고위직 씨, 모라고 씨, 공손해 씨를 다
시 불러보자. 겁나좋은기술㈜에서는 임베디드 데이터베이스 제품을 개발하고 판매해
서 먹고 사는 회사다. 우리의 주인공 모라고 씨는 이 회사의 수석 아키텍트 가운데 하

나로, 새 프로젝트에 대한 회사의 투자를 이끌어내려 하고 있다. 고위직 씨는 이 회사의 CTO이며 공손해 씨는 엔지니어링팀 가운데 하나를 이끄는 모라고 씨와 비슷한 직급의 아키텍트다. 모라고 씨는 고위직 씨와 공손해 씨가 둘 다 그의 제안을 좋게 보고 있다는 사실을 알고 있으며, 제대로 지원과 자금을 끌어올 수 있을 가능성이 높다고 생각하고 있다. 하지만 모라고 씨는 단순히 좋은 아이디어만 가지고는 고위직 씨와 공손해 씨의 확신을 이끌어낼 수 없다. 적당한 의견 제시와 위치 선정이 필요하다.

■ 핵심 경쟁력

어떤 회사든 핵심 경쟁력, 그 회사가 제일 잘하는 게 있게 마련이다. 시그램 사는 위스키를, 마이크로소프트는 소프트웨어를, 소니는 디지털 장치를, 보잉은 비행기를 만든다. 보잉에서 소프트웨어를 만들려고 했다면, 소니에서 위스키를 만들려고 했다면, 시그램 사에서 디지털 장치를 만들려고 했다면, 마이크로소프트에서 비행기를 만들려고 했다면 과연 성공할 수 있었을까? 아마 그렇지 않을 공산이 크다. 이 회사들은 각각 자기 영역에서 성공하는 데 필요한 경쟁력을 쌓아왔다. 이런 핵심 경쟁력은 각 회사에서 가장 중요한 부분 가운데 하나다. 예를 들어 비행기를 만든다고 해 보자.

기술 노하우: 우리 회사에 이 일을 할 줄 아는 사람이 있나?
기반 구조: 우리 회사에 비행기를 만들 수 있는 생산시설이 있나?
판매처: 우리 회사에 비행기를 팔 사람, 비행기를 팔 줄 아는 사람이 있나?
신용: 우리 회사가 전에 비행기를 팔아본 적이 있나?

자기 핵심 경쟁력과 무관한 새로운 영역으로 사업을 확장하는 것은 쉬운 일이 아니다. 대부분의 소프트웨어 팀들이 자기 분야 외의 것도 생각해 보고 혁신적인 일을 할 수 있도록 장려해야 함에도 자사의 기존 사업 분야와 기보유 능력과 밀접하게 연관되지 않은 부분에 대해서는 새롭고 창의적인 아이디어를 제대로 뒷받침할 수 없다는 모순적인 문제로 고민한다. 겁나좋은기술㈜의 예를 한 번 생각해 보자. 어떤 화창한 날, 모라고 씨는 일반 손목시계처럼 생긴 장치에서 돌아가는 가상 현실 소셜 네트워킹 제품과 관련된 새로운 사업 아이디어가 떠올랐다. 모라고씨는 정말 멋지고 설득력 있는 제안서를 만들었고, 그런 장치를 대량생산할 수 있는 중국 제조업체도 찾아낸다. 겁나

좋은기술㈜의 엔지니어 중에는 거기에 필요한 기술을 제대로 아는 사람이 없지만, 모라고 씨는 그 분야와 관련된 취미를 가지고 있어서 개인적으로 그와 관련된 엔지니어링 작업을 시작해 볼 의사도 있다. 어느 정도 시간 동안 숙련된 팀을 꾸리는 데 도움을 줄 계획이다.

모라고 씨의 제안서가 꽤 괜찮아 보임에도 겁나좋은기술㈜에서는 이런 유형의 소프트웨어를 팔아본 경험이 없어서 – 또는 실제 기기를 판매해 본 경험이 없어서 – 이 프로젝트에 실패할 확률이 상당히 높아 보인다. 많은 회사에서 그 회사가 핵심 경쟁력을 보유하고 있는 분야가 아닌 영역의 제안은 실패하곤 한다. 실제로 그것을 개발한 열성적인 사람들은 크게 실망할 수밖에 없다. 아이디어가 상당히 좋아 보이고 환경이 잘 뒷받침될 수만 있다면 대단히 성공할 수도 있겠지만, 제대로 된 환경이 갖춰지기 위해서는 분명한 마케팅 채널과 훌륭한 영업 수완이 필요하다. 고위직 씨가 현실감각이 있는 사람이라면 모라고 씨의 제안은 지금 상태로는 그냥 사라져 버리고 말 것이다. 어떤 제안을 성공으로 이끌어가기 위해서는 그 회사의 핵심 경쟁력에서 벗어나는 역량, 재능, 기반 구조를 요구하지 않아야 한다. 스스로 현실을 제대로 파악한다면 부질없는 일에 시간과 정력을 허비하지 않아도 될 것이다.

기업 문화 또한 매우 중요하며, 핵심 경쟁력을 어떻게 바라보는지에도 크게 영향을 끼친다. 여러 분야에서 두각을 나타내는 기업이라도 그 기업 문화는 크게 (보통은 역사적인 이유 때문에) 편중돼 있을 수도 있다. 예를 들어 검색 알고리즘 분야에서 매우 뛰어난 기량을 보유한 회사라면 검색의 기술적인 경계를 확장하는 것과 관련된 새로운 제안을 더 잘 받아들일 수 있을 것이고, 심지어는 기존 경쟁력과 판매 채널의 덕을 톡톡히 볼 수 있는 데이터베이스 관련 제안보다도 더 적극 수용할 수도 있다. 간단하게 말하자면, 모든 핵심 경쟁력이 평등한 것이 아니다. 회사에서의 결정은 (옳든 그르든) 회사 자체의 자아상 및 열정과 긴밀하게 연관되어 있다.

물론 예외도 있다. 어떤 아이디어가 정말 괜찮아 보인다면, 기존 핵심 경쟁력에 반하는 것이더라도 그걸 직접 시장에서 시험해 볼 방법을 찾아볼 것이다. 보통은 그럴 땐 신흥 사업부를 중심으로 스타트업을 만들어서 자체적으로 잘 돌아갈 수 있는지 시험해 보곤 한다. 스타트업을 만들면 핵심 경쟁력과 관련하여 기존에 존재하는 편향성이라든가 관성은 덜어낼 수 있지만, 대신 보금자리를 떠나 날갯짓을 하는 단계에서 시장 진입 계획과 판매 채널을 구축하는 데 있어서 지원이 부족하다는 단점을 감수해야만 한다.

■ 성공적인 제안서는 어떻게 만들어지는가?

회사라는 곳은 외국인 혐오증에 걸린 허무주의자이자 비관론자들로 가득한 곳이다. 그냥 그런 환경에 적응하는 수밖에 없다. 굳은 신념과 강한 영향력, 권력을 가진 여러 사람이 "성공할 수 없다.", "안 좋은 아이디어다."라며 반대하고 나설 것이다. 그들의 비관론은 어두운 곳으로부터 기원한다. 그 사람들이 반대하는 이유는 내가 성공해서 자기가 쓰고 있던 자원을 끌어갈까 봐, 또는 그냥 비관적이기 때문이다. 보통 그렇게 비관적인 생각을 하게 되는 이유는 급진적인 아이디어로 실패하는 경우를 너무 많이 본 데다가, 대담한 아이디어는 지극히 일어나기 어려운, 예상할 수 없는 방식이 아닌 이상 성공할 수 없어서 제대로 계획하고 투자할 수 없다고 믿기 때문이다.

사람들의 동의를 얻고 제안을 승인받기 위해서는 반대하는 사람 중 상당수를 우리 편으로 끌어들여야 한다. 감성 재산도 쌓고 실적도 쌓을 수 있도록 다른 사람과 주고받는 방법은 이미 앞에서 살펴본 바 있다. 실적이야말로 신뢰로 이어지는 것이고, 신뢰만큼 중요한 것은 없다. 새로운 아이디어가 아무리 극단적이고 이상하더라도, 나를 진정 믿을만한 사람이라고 생각한다면 나를 믿어보겠다는 (그래서 그들의 돈을 쓰도록 해주겠다는) 의지를 가질 수 있다. 이런 신뢰는 다른 사람들과의 사이에 쌓아온 감성 재산과 계속된 성공을 통해 쌓아온 실적으로부터 만들어진다.

하지만 그 밖에 다른 것도 있다. 더 중대한 제안서일수록 제안을 뒷받침하는 상세한 자료를 더 많이 준비해야 한다. 하지만 중요한 아이디어는 전부 짧은 시간 안에 설명할 수 있어야 한다. 이런 걸 엘리베이터 발표^{Elevator Pitch}라고 부르는데, CEO와 1층에서 같이 엘리베이터를 타서 8층까지 올라가는 동안, 즉 대략 1분 안에 아이디어를 전부 설명할 수 있어야 하기 때문이다. 설득력 있는 엘리베이터 발표와 몇 가지 냉철하고 분명한 사실은 충분조건은 아니지만, 필요조건인 것은 분명하다. 제안을 성공으로 이끌어가는 데 있어서 가장 중요한 비밀은 의사 결정을 하기 전에 여러 번 논의를 거쳐야 한다는 것이다. 실제 의사 결정권자가 제안을 검토하기 위한 회의 일정을 잡을 때쯤이면 그 회의에 참석할 주요 인물들이 자기 아이디어에 대해 어떻게 생각하는지 거의 다 파악하고 있어야 한다. 그런 준비가 되어있지 않다면 아마 회의가 열리기도 전에 프로젝트는 실패로 돌아가고 말 것이다.

가장 중요한 건 사전에 의사 결정권자와 개인적인 교류를 하는 것이다. 그림 10-1에 그 절차가 나와 있다. 각 인물을 만날 때마다 내가 만든 제안서의 강점과 약점이 무엇인지를 파악할 수 있기 때문에, 그다음 사람한테는 더 완벽한, 더 세련된, 그리고 더 수준 높은 버전의 아이디어를 보여줄 수 있다. 이런 과정을 거치면서 엘리베이터 발표는 눈에 띄게 좋아진다. 의사 결정권자는 대부분 상당한 재능과 통찰력을 가지고 있기 때문에 그런 자리까지 올라간다. 그런 사람들하고 개인적으로 대화를 나눠보고 나면 제안서가 더 좋아지지 않는 게 이상하게 마련이다. 게다가 한 사람을 만날 때마다 그 사람의 지혜를 곁들여서 제안서를 더 낫게 고칠 수 있기 때문에 그다음 사람은 그 전에 만난 의사 결정권자들의 식견이 모두 합쳐진 제안서를 접하게 된다. 뒤로 갈수록 그런 과정을 거쳐서 향상된 제안서를 보고는 상당히 노련하게 사업상 중요한 요인들을 여러모로 고려하여 만든 아이디어를 들고 왔다는 사실에 깜짝 놀라는 일이 많아질 것이다.

제안서에 다른 사람의 아이디어를 최대한 많이 포함하게 되면 그들과 영광을 나누면서 그 사람들과의 감성 재산을 불려 나갈 수 있다. 미래를 내다보고 제안서를 처음 만든 자신의 공로가 희석될까 봐 다른 사람의 아이디어를 반영하는 것을 주저하는 사람들이 많다. 하지만 현실은 정반대다. 누군가의 아이디어를 반영하면 그 사람이 자신도 내 프로젝트에 관여하고 있다는 느낌을 받게 된다. 어차피 다들 그 아이디어가 원래 내 것이라는 건 알고 있기 때문에 (이미 나와 전부 개인적으로 의논했기 때문에 원래 내 아이디어라는 것을 모를 수가 없다) 그중 누군가가 그 아이디어가 원래 자기 것이라고 우기는 불상사는 거의 일어나지 않는다. 반면에 윗사람의 아이디어를 내 제안서에 포함하고, 그들의 아이디어를 반영하여 제안서를 다듬으면 그 과정에서 발생할 수 있는 위험보다 훨씬 더 큰 이득을 취할 수 있다. 물론 그분들이 기여한 부분에 대해 분명히 인정하는 것도 잊지 말자.

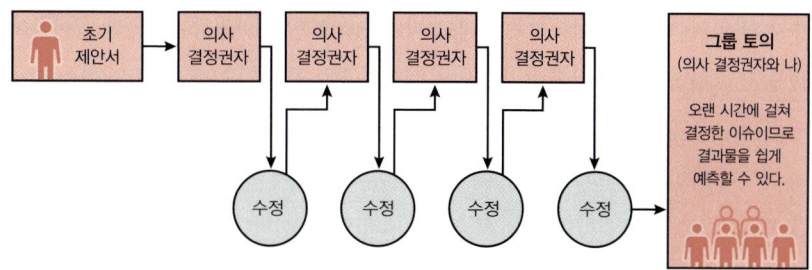

그림 10-1 효과적인 제안 과정

제대로 된 제안서를 만들어내기 위해서는 그 사람들과 몇 차례에 걸쳐서 논의해야 할 수도 있다. 예를 들어 초반에 논의했던 사람 가운데 누군가가 어떤 중요한 문제를 제기했고, 나중에 그 문제를 해결했다면 그 사람한테 다시 가서 개선된 버전을 보여주고 그 사람도 분명하게 우리 편으로 만들어야 한다.

이렇게 해 두면 마지막에 최종 의사 결정 시점이 다가와도 (보통 의사 결정권자 앞에서 프레젠테이션하는 식으로 진행됨) 별로 당황할 일이 생기지 않는다. 이미 아이디어를 핵심 인물들이 잘 알고 있는 데다가, 자기들이 제안한 아이디어가 제안서에 포함된 것을 보고 나면 그들도 각자 감성적으로 그 제안서에 애착 같은 걸 느끼게 마련이다. 이제 그 제안서는 그들의 제안서이기도 한 것이다. 누군가가 확신을 하고 나한테 유리한 쪽으로 표를 던지기를 희망하는 상황이라면 더할 나위 없는 조건을 만들어둔 셈이다. 지금까지 설명한 내용을 모라고 씨가 손목시계형 가상 현실 소셜 네트워킹 아이디어를 제안하는 데 어떻게 적용할 수 있을지 살펴보자.

모라고 씨는 우선 동료인 공손해 씨와의 회의에서부터 시작한다. 공손해 씨는 괜찮아 보이긴 하지만 겁나좋은기술㈜에서는 하드웨어를 하지 않는다는 점을 지적한다. 그리고 더 근본적인 문제는 이 소프트웨어가 손목시계형 기기가 아닌 노트북 컴퓨터에서도 잘 돌아갈 수 있기 때문에 손목시계형 기기가 프로젝트가 성공하는 데 꼭 필요한 것은 아니라고 말한다. 공손해 씨는 우선 1단계로 일반 컴퓨터를 위한 소프트웨어만으로 구성된 솔루션을 만들어낸 다음 일이 잘 풀리면 손목시계형 기기를 만드는 단계로 넘어가는 게 어떻겠냐고 제안한다. 또한 겁나좋은기술㈜의 기존 소프트웨어의 장점을 살려서 자사의 데이터베이스를 새로운 소셜 네트워킹 소프트웨어의 백엔드에서 돌리고, "겁나좋은기술㈜ 데이터베이스 기반 제품"이라는 로고를 달아서 내놓는 게 좋지 않겠냐는 아이디어를 낸다. 모라고 씨는 그런 제안을 반영하여 수정한 아이디어를 들고 고위직 씨에게 간다. (고위직 씨는 원래 "겁나좋은기술㈜ 데이터베이스 기반 제품" 딱지를 붙이는 걸 아주 좋아한다. 물론 그런 아이디어를 공손해 씨가 냈다는 점을 분명히 밝힌다) 고위직 씨는 투자하고 싶긴 하지만 이 소프트웨어가 성공할 수 있을 거라는 사실을 뒷받침할 만한 시장분석 결과가 없다. 아직은 될 것 같다는 느낌만 있을 뿐이다. 모라고 씨는 그 점에 동의하고 며칠 동안 시장 기회에 대해 분석한다. 소셜 네트워킹 및 가상 현실 소프트웨어에 대한 분석 보고서를 참고하여 연구한 결과, 모라고 씨는 특히 북유럽 지역에서 아직 시장이 충분히 커지지 않았다는 것을 발견하고는 이걸로 프로젝트를 정당화시키면 되겠다고 생각한다. 모라고 씨가 제안서를 그룹 회의에 가져갈 무렵에는 이미 공손해 씨와 고위직 씨가 그 제안에 대해 호감을 느끼고 있는, 암묵적으로 동의한 상태라 할 수 있다. 게다가 더 중요한 것은 그 제안이 겁나좋은기술㈜의 브랜딩과 잘 어울리고, 소프트웨어만으로 돌아가는 솔루션으로 시작하는 모양새를 갖췄을 뿐 아니라, 제안을 뒷받침할 만한 시장 분석까지도 마무리돼 있다는 점이다.

실제 프로젝트 제안은 이런 식으로 돌아간다. UN에서 투표하는 과정과도 비슷하다. UN에서 중요한 결정을 내릴 때 투표에 참가할 사람들과의 사전 조율 없이 그냥 바로 회의에 참가한 대사들이 바로 투표를 할까? 사실 UN을 비롯하여 중요한 기관에서 어떤 안건을 회의장에 가져올 때는 해당 안건에 대해 우방들과 미리 충분히 협의를 거친 상태기 때문에, 투표를 시작하기 전에 이미 각각의 견해에 대한 파악은 끝난 상태라고 봐야 한다. 실제 의사 결정 작업 이전에 여러 번에 걸쳐서 검토하고 가다듬는 과정을 통해 거의 반드시 더 나은 제안서를 만들 수 있고, 성공률을 더욱 높일 수 있다.

■ 발표의 기술

미국 28대 대통령인 우드로 윌슨은 이렇게 말한 적이 있다. "연설할 시간이 10분이라면 일주일은 준비해야 한다. 하지만 연설할 시간이 한 시간이라면 지금 당장에라도 할 수 있다."

지극히 타당한 말이다. 핵심을 더 빠르게 짚어나가기 위해서는 내 생각을 훨씬 신중하게 정리하고 준비해야 해서 연설 시간이 짧을 때 더 준비하기가 어렵다. 제안에 대한 최종 승인을 얻기 위해서는 보통 두 가지 과정을 거쳐야 한다.

1. 엘리베이터 발표 – 시간은 보통 1~2분 이하. 근거자료 한두 장 정도를 동원할 수도 있다.
2. 검토 회의 – 대부분 토론하는 시간이다. 실제 말을 하고 발표할 수 있는 시간은 15분도 안 될 수 있다.

우드로 윌슨이 얘기한 것처럼 목표를 분명히 하고 핵심을 놓치지 않으면서도 메시지를 간결하게 전달하기 위해서는 많이 연습해야 한다. 명료성을 잃지 않으면서 아이디어를 얼마나 빠르게 전달할 수 있을까? 영화 업계에서 전해오는 유명한 일화로, 키애누 리브스와 샌드라 불럭 주연의 영화 스피드를 제안할 때, "버스에서 돌아가는 다이하드"라고 간단하게 발표했다는 얘기가 전해 내려온다.

조직의 최고위급에 내 제안서에 대한 의사 결정을 내리는 사람들은 비즈니스 리더일 수도 있고 그렇지 않을 수도 있지만 어쨌든 스스로는 자신이 비즈니스 리더라고 생각하게 마련이다. 어떤 매니저나 아키텍트든 새로운 프로젝트를 시작하면 비용과 위험이 발생한다는 사실을 분명하게 인식하고 있다. 내 프로젝트에 대한 의사 결정권자 각각을 왜 여기에 투자하는지 따져봐야 하는 작은 벤처 캐피털 회사라고 생각할 수 있다.

새 제품을 제안해야 하는데 주어진 시간이 5분 이하라면 사람들이 가장 알고 싶어할 만한 내용은 바로 누구를 위한 제품인지, 그 제품으로 어떻게 돈을 벌 계획인지에 관한 것이다. 제안서는 단순히 돈을 벌기 위한 것만은 아니다. 비용을 감축하고 운영 효율을 증대시키기 위한 제안도 있다. 예를 들어 더 나은 시험 전략이라든가 더 나은 고객 지원 아이디어에 대한 제안서를 발표하는 때도 있다. 비용 절감에 관한 제안서는 새로운 수익을 창출하기 위한 게 아니므로 더 설득하기가 쉽지 않다. 사업상의 성장에는 수익 창출이 가장 중대한 일이기 때문이다. 비용 절감과 간접적으로 연계되어 있다고도 할 수 있는 위험 감축에 대해 제안을 하는 때도 있다. 될 수 있으면 그래픽 스토리보드라든가 데모를 꾸며서 청중들이 제안을 시각적으로 이해하는 데 도움을 줄 만한 자료를 만드는 것이 좋다.

백 마디 말보다 그림 한 장이 낫고,
백 장 그림보다 데모 하나가 낫다

데모나 스토리보드를 보여주는 데 걸리는 시간은 전체 발표 시간 중 3~4분 정도면 충분한데, 보통 전체 발표 시간이 15~30분 정도인 것을 고려하면 충분히 해 볼 만한 일이다. 소프트웨어 분야는 복잡하기 때문에 실제로 시각적인 자료를 동원하여 사람들에게 내가 하고자 하는 것을 눈으로 확인시켜주면 승인을 받기가 한결 수월해진다.

마지막으로, 성공적인 발표에서 정말 중요한 점은 바로 청중에 따라 다르게 발표해야 한다는 것이다. 아키텍트는 항상 내부적으로 어떻게 돌아가는지를 알고 싶어한다. 밑바닥에 깔린 기술에 대해 그들이 직접 만들어볼 수 있을 정도로 상세하게 설명하지 않으면 내가 하는 얘기를 잘 믿지 않을 것이다. 어떤 구성 요소가 있고 각각이 어떤 식으로 연결되는지, 그 솔루션의 확장성, 신뢰성, 안전성은 어떤지 등을 구체적으로 알고 싶어한다. 아이디어를 속속들이 파헤쳐보고 그냥 장난감 같은 프로젝트로 대충 제안하고 있는 것인지, 아니면 그 아이디어를 실현하기 위해 정말 필요한 것을 제대로 생각해 봤는지 따져보고 싶어한다. 물론 그 모든 것을 몇 분 안에 정리해서 설명해야만 한다.

기술 전문가인 아키텍트는 보통 수익 전망이라든가 그 분야의 현황에 대한 연구 분석 등에 대해서는 훨씬 덜 비판적으로 나오는 편이다.

사업 담당자나 임원급 리더들에게 발표할 때는 기술적인 내용에 대해서는 좀 덜 자세하게 발표해도 된다. 주요 구성 요소에 대해서 넌지시 얘기하는 정도만 해도 된다. (예를 들어 웹 2.0 기반 구조를 사용하여 MySQL 관계형 데이터베이스와 데이터 마이닝 엔진과의 인터페이스를 구성한다는 정도로 설명해도 될 수 있다. 적절한 그림을 집어넣고 그 정도로 설명하기만 해도 기술 전문가가 아닌 사람들한테 설명할 때는 괜찮다) 지금 하는 제안의 성공 가능성에 대해 그 사람들이 존중할 만한 고위 기술 리더들이 동의한다는 점만 잘 보여줄 수 있어도 된다. 대신 수익 전망이나 시장 분석, 사례 연구 같은 쪽에서 훨씬 더 까다롭게 따져보는 편이다. 기술적인 제안을 발표하는 경우에는 정장을 차려입으면 오히려 신뢰도가 떨어진다. 절대로 양복에 넥타이를 매는 우는 범하지 않도록 하자. 영업과 관계된 제안일 때는 반대다. 청바지에 티셔츠를 입었다가는 망할지도 모른다. 발표를 듣는 청중보다 옷을 잘 입는 일도 절대 피해야 한다. 너무 잘 차려입으면 너무 필사적이라는 인상을 줄지도 모른다.

성공적인 발표를 위해서는 정보를 밀도 있고 간결하게 전달해야 하며 다음과 같은 핵심적인 질문에 답할 수 있어야 한다.

- 무엇에 관한 발표인가?
- 그게 왜 중요한가?
- 비용이 얼마나 들 것인가?
- 얼마를 아끼고 얼마나 많이 벌 수 있는가?
- 성공 요인은 무엇이며 얼마나 믿을만한 것인가?

위와 같은 질문에 전부 제대로 답할 수 있다면, 거기에 덧붙여 괜찮은 스토리보드와 데모를 준비하고 논의가 너무 길게 흘러가지 않도록 한다면 성공적인 제안서를 완성한 것이라고 말할 수 있을 것이다.

■ 끈기와 인내

마지막으로 새로운 아이디어를 실현하는 과정에 착수하는 데 가장 중요한 재료는 좌절하거나 화를 내지 않으면서 자기가 하고자 하는 주제를 끝까지 밀어붙일 수 있는 끈기와 인내다. 보통 직원이 열 명 이하인 작은 회사에서 일하는 게 아닌 이상 몇 주에서 몇 달 이상 계속해서 끈기를 발휘해야만 한다. 좋은 아이디어를 며칠에서 몇 주 안에 제대로 추진하는 것은 거의 불가능하다. 외국인 혐오증에 걸린 허무주의자 비관론자들은 승리를 위해 오랜 시간을 투자하는 것에 능숙하다. 많은 경우에 그 사람들을 끌어들이기 위해서는 그들이 인정하는 사람들의 카리스마 넘치는 지원이 필요하다. 즉 이를 위해서는 여러 명을 대상으로 설득하는 과정을 반복해야만 하며, 그 과정은 마치 눈덩이를 굴리는 것과 같아서 제안을 좋아하고 지원하는 사람들이 많아질수록 우리 편의 수가 빠르게 늘어난다. 비관론자들 때문에 기운을 잃고 제대로 된 판단을 내리지 못하게 되면 프로젝트를 시작할 수 없다. 제안을 승인받기 위해서는 다시 처음으로 돌아가서 아이디어를 더 가다듬는 과정을 몇 번 더 반복할 수 있는 끈기와 나보다 훨씬 높고 카리스마 넘치는 사람을 상대로도 확신을 하고 흔들리지 않고 자기 뜻을 분명히 표현할 수 있는 의지가 필요하다. 썬의 부사장이자 펠로우인 자바 창시자 제임스 고슬링과의 인터뷰에서 그가 다음과 같은 조언을 했었는데, 분명 귀담아들을 만한 구절이다.

> 고집쟁이가 되세요. 이런 일 가운데 상당수는 포기하기 쉬운 일입니다. 조직이든 API든 소프트웨어든 일찌감치 포기하는 건 정말 쉽습니다.

■ 다음 단계로 넘어가기

자기 바로 위에 있는 임원이나 수석 아키텍트로부터 제안에 대한 동의를 얻어내는 게 가장 첫 번째 목표일 것이다. 하지만 그 사람들이 웃는 표정으로 회의실을 나선다 하더라도, 그 사람들이 내 제안에 투자하겠다는 확약을 받아내지 못한다면 (아니면 적어도 언제까지 알려주겠다는 약속을 받아내지 못한다면) 그 좋은 아이디어는 죽어 버릴지도 모른다. 가장 먼저 할 수 있는 일은 우선 별도 투자 없이 제안을 진행해 보거나 (많은 이들이 일주일에 몇 시간 정도의 적은 노동력을 투입해서 베타 버전을 개발할 만한 의지가 있다) 아니면 저위험 고수익 프로젝트(예를 들어 두 명을 데리고 일하는 데 1년 후에 수백억 원 규모의 수익을 낼 수 있는 경우)를 만들 수 있음을 보여주는 것이다. 어떤 식으로든 일을 진행하고 필요한 인력과 구성 요소를 제공하겠다는 약속을 받아내야만 한다. 사업 담당 임원이나 제품 아키텍트는 워낙 여러 일을 바쁘게 진행해야 하므로 제안을 순조롭게 진행하는 데는 대부분 제안한 사람의 열정에 기대기 마련이다. 내가 가만히 있어도 그 사람들이 알아서 나를 위한 일을 해 줄 것이라고 기대하지 말자. 인력 수급이나 서버나 소프트웨어를 위한 자금 요건과 관련된 약속을 받아내고, 계속해서 주의를 환기하고 진행 상황을 업데이트하면서 일을 앞으로 밀고 나가는 일은 나의 몫이다.

겁나좋은기술㈜의 모라고 씨의 사례로 돌아가 보자. 열정적으로 자기 취미활동을 해오던 모라고 씨는 상당히 많은 일을 혼자서 직접 할 수 있지만, AI라든가 그래픽, 그리고 베타 출시 관련 작업 등에서 다른 사람의 도움이 필요한 상황이다. 고위직 씨와 공손해 씨도 이제는 아이디어에 어느 정도 지분을 가지고 있기 때문에, 베타 버전을 만들고 프로젝트를 계속 진행하는 데 각자 데리고 있는 사람 중 인력의 일부를 지원해 주겠다는 약속을 받아내는 건 그리 어렵지 않다. 의사 결정을 위한 그룹 회의에서 바로 인력 제공에 대해 동의했고, 모라고 씨는 네 명의 추가 엔지니어로부터 1주일에 네 시간씩 도움을 받을 수 있다는 승인과 동의를 얻은 상태로 회의를 마칠 수 있었다.

회사에서 몇 번 정도 제안서를 내고 나면 (또는 남들이 제안서를 내는 걸 옆에서 지켜보고 나면) 새로운 제안에 대한 회사의 정치적인 자세에 대해 어느 정도 감을 잡을 수 있을 것이다. 회사에서 추구하는 것이 무엇인지, 새로운 제안에 어느 정도 관대한지 같은 것을 알 수 있다. 운이 좋다면 창의적이면서 유용한 아이디어를 잘 찾아내서 핵심 인물들과 사전에 의견을 주고받는 작업을 반복하고, 프로젝트를 회사의 핵심 경쟁력과 잘 어우러지도록 조율하고, 대단한 끈기와 인내심을 가지고 일하다 보면 살아가면서 몇 번은 중대한 제안을 승인받게 될 것이다. 하지만 새로운 프로젝트 제안은 대부분 실패한다는 점을 잊지 말자. 만약 성공률이 20%가 넘는다면 정말 잘하는 사람이다. 지금까지 배운 내용대로 착실하게 일을 진행해서, 실제로 프로젝트를 제안하여 착수시키고 성공적으로 이끌어낼 수 있다면, 자신의 리더십과 성공을 보여줄 수 있는 훌륭한 실적을 쌓게 될 것이다. 그리고 그런 실적이 성공적인 경력을 만들어낸다.

interview
리누스 토르발스

미스터 리눅스

현재 지위

리눅스 재단 펠로우

주목할 점

유닉스와 유사한 오픈 소스 운영체제 커널인 리눅스의 창시자

생일

1969년 12월 28일

학력

헬싱키 대학교 전산학 석사, 1989~1997

1999년 스톡홀름 대학교 명예 박사, 2000년 헬싱키 대학교 명예 박사

취미 및 관심사

독서, 컴퓨터. 열심히 하고 싶은 것: 수영, 당구

약력

[리누스에 대한 공식 약력은 찾을 수 없었다. 약력을 요청하자 공식적으로 쓰는 약력 소개문이 없다는 답장을 보내왔는데, 리누스의 허락으로 그대로 적어보면 다음과 같다.] 헉. 공식적으로 쓰는 약력 같은 건 없어요. 전에는 이런 거 필요한 적이 없었는데, 막상 달라고하니 뭐라고 써야 할지 잘 모르겠네요. 지금까지 인생의 3분의 2는 프로그래밍을 하면서보냈고, 거의 절반은 리눅스를 만들고 유지하면서 보냈어요. 저를 아는 사람들은 대부분리눅스를 만든 사람이라고 기억해주고 있어요. 아마 제가 직접 약력을 적는 것보다는 위키피디아에 더 자세한 내용이 있을 것 같아요. 아니면 괴짜로 살아가는 것에 대해 데이비드다이아몬드와 함께 쓴 『Just for Fun』*이라는 책을 한 번 보시는 것도 괜찮을 것 같습니다.

....

* 　역자주_ 한국어 번역판 제목은 『리눅스 그냥 재미로』(한겨레신문사, 2001)

"뭔가가 필요하면 직접 만들었어요"

소프트웨어 분야는 어떻게 시작하게 되었나요?

외할아버지께서 VIC-20(코모도어 64가 나오기 전에 나온 모델인데 잘 알려져 있진 않아요)을 장만하셔서 통계 계산 같은 데 쓰셨는데, 그걸 보고는 컴퓨터에 대해서 배우게 됐어요. 그때가 제가 11살 때였던 것 같은데, 외할아버지가 종이에 프로그램을 적어 두시면 제가 타이핑하는 걸 도와드리곤 했어요.

그러다가 결국은 제가 직접 프로그래밍을 하기 시작했죠. 그 시절에는 컴퓨터 잡지를 사면 거기에 프로그램 코드가 들어있어서 직접 입력해서 실행시키고 적당히 고쳐서 다른 프로그램을 만들기도 하고 그랬었죠. 다른 십 대들이 많이 하는 것처럼 게임을 사거나 하지는 않았어요. 게임 살 돈이 없기도 했지만, 나중에 나온 코모도어 64와 달리 VIC-20은 게임용으로 별로 좋지도 않았기 때문이기도 하죠. 대신 제가 직접 만들었어요. 게임을 하는 것보다는 코딩하는 쪽이 더 재미있었어요. 게임 설계하는 것도 재밌었고요. 뭔가가 필요하면 직접 만들었어요. 그러다 보니 리눅스도 만들었죠.

소프트웨어 분야에서 자신의 가장 큰 성과, 기여가 무엇이라고 생각하시나요?

리눅스와 관련된 모든 일과 기술적인 의사 결정을 정말 자랑스럽게 여기긴 하지만, 그중에서 가장 중요하고 가장 사회적으로 광범위하게 영향을 끼친 건 리눅스의 개발 모형 자체인 것 같아요. 물론 시간과 장소가 잘 맞았기 때문에 가능한 일이기도 했지만, 실용적인 면에서 접근하여 매우 공격적으로 개발한 최초의 대규모 오픈 소스 프로젝트 중 하나였다는 점이 중요하다고 생각합니다

다른 대규모 오픈 소스 프로젝트는 대부분 특정 조직 내부에서 진행됐어요. 헬싱키가 어떤 오픈 소스 프로젝트의 중심부가 될 만한 곳이 아니기도 했고, 제가 워낙 직접 만나는 것보다는 이메일로 소통하는 쪽을 좋아한 것도 다른 이유가 될 수 있을 것 같은데, 리눅스는 어떤 특정 위치를 중심으로 개발되지도 않았고 특정 핵심 그룹을 위주로 만들어지지도 않았어요. 상황이 그렇다 보니 그 이전에 진행된 다른 어떤 프로젝트보다 널리 퍼질 수 있었던 것 같습니다.

그리고 리눅스는 기본적으로 자유 소프트웨어 운동의 이상과 실용주의 사이에서 균형을 잡는 데 성공한 첫 번째 대규모 프로젝트였어요. 우리는 혁명적으로 행동하기보다는 실질적이고 실용적인 면에 중점을 두고 움직였고, 실제 기술에 집중했습니다. 바로 이런 점 때문에 리눅스 진영에서 상용 벤처 기업이 훨씬 자연스럽게 성장할 수 있었던 것 같아요. 그 결과로 순수하게 기술적인 이슈와 실제 "제품"이 나오기 위해 해결해야 하는 기타 이슈 사

이에서 건강한 균형이 잡힐 수 있었죠. 바로 그런 부분의 균형을 잡는 일이 상당히 성공적으로 진행된 것 같습니다.

소프트웨어 분야에서 불만거리라고 할 만한 건 없나요?

개인적으로 많은 사람이 "크고 어려운 문제" 또는 "혁신"같이 중요해 보이는 부분이 진짜 어려운 것이라고 여기는 데 불만이 있어요. 사실 진짜 중요한 건 자질구레한 걸 제대로 해내는 것이잖아요. "1%의 영감과 99%의 노력" 얘기하고 비슷해요. 사람들은 영감과 노력 중에 영감이 훨씬 더 크고 중요한 부분이라고 생각합니다. 저는 영감을 가지는 것도 중요하지만, 사람들이 정말 실패하는 이유는 그 영감을 실천하지 못하는 데 있다고 생각해요. 사실 영감은 그리 부족하지 않아요. 하지만 실제로 영감을 제대로 추진해내고 일을 완수하는 사람은 아주 드물죠.

■ "저는 제가 좋아하는 일을 할 때 더 일을 잘합니다"

어떤 때 성공했다는 느낌을 받으시나요?

지금도 제가 하는 일을 즐기고 있다는 게 정말 좋아요. 저는 개인적으로 어떤 목표를 설정한다든가 이 정도면 성공했다고 할 수 있을 만한, 제가 얼마나 잘 살았는지를 "평가"할 만한 방법을 생각하지 않고 살아요. 제가 사무실로 일하러 가는 걸 즐긴다는 사실, 내 일을 할 수 있다는 사실, 그런 게 바로 제 성공의 척도입니다. 아마 재미없는 일을 하고 싶었다면 지루해서 어쩔 줄을 몰랐을 거예요.

제 아이들도 그렇게 살았으면 좋겠어요. 정말 좋아하고 스스로 흥미를 느끼는 일을 하는 것 말이죠. 누구든 자기가 일하는 분야에서 "최고"가 되고 싶다면 수십 년 동안 아주 열심히 일해야 합니다. 그리고 그렇게 오랫동안 계속 열심히 일하기 위해서는 멈추고 싶지 않을 만큼 자기가 하는 일을 좋아하는 게 좋겠죠. 이 얘기는 소프트웨어 분야에만 적용되는 건 아닌 듯해요. 스포츠든 다른 어떤 분야든 마찬가지일 것 같습니다.

성공의 비결이 뭘까요? 다른 사람들과 다른 식으로 접근하셨나요?

이걸 비결이라고 할 수 있을지는 모르겠는데, 조금 특이한 걸 말씀드리자면 제가 개인적으로 성공한 프로젝트는 전부 목표를 별로 높지 않게 잡은 것이었어요. 정말 큰 성공을 거두겠다는 목표를 가지고 시작한 일은 없었죠. 프로젝트에서 성공하기 위해 하지 말아야 할 일을 보여주는 게 아닌가 싶어요.

제가 정말 자랑스러워 하는 프로젝트는 두 개가 있어요. 하나는 리눅스 커널이고 다른 하나는 git이라는, 제가 소스 코드를 관리하기 위해 사용하는 (리눅스보다 훨씬 소규모의) 프로젝트입니다. 둘 다 기술적으로 성공했고 꽤 광범위하게 쓰이고 있어요. 그리고 그 두 프로젝트는 전부 처음에는 훨씬 작은 것을 목표로 해서 시작했죠. 리눅스는 말 그대로 제가 하드웨어와 직접 연결되는 저수준의 코드를 가지고 놀면서 직접 터미널 에뮬레이터를 만든 후에 계속 일이 커졌었죠. 그냥 터미널 에뮬레이터가 아니라 실제 운영체제 커널이 만들어지고 있다는 걸 알게 되는 데도 몇 달이 걸렸어요. git도 비슷했습니다. 처음에는 뭔가 더 나은 게 나오기 전까지 살짝 구멍을 메꿔주는 용도로 쓰려고 만들었어요. 지금은 3년이 지났고, 계속해서 git을 잘 쓰고 있는데, 이제는 더 이상 더 나은 게 나올 것 같다는 생각은 안 들게 됐죠.

사실 저는 "목표를 높게 잡아라", "큰 꿈을 가져라"같은 말은 전부 쓸데없는 소리라고 생각해요. 단번에 높은 건물을 뛰어넘을 수는 없어요. 한 계단 한 계단씩 올라가야 하죠. 특별히 재미있는데 가겠다는 생각도 없이 그냥 100층을 올라가겠다는 목표를 세우는 식으로는 절대 그 목표를 달성할 수 없을 겁니다. 코앞에 있는 계단은 제대로 보지도 못하고, 저 멀리 떨어져 있는 목표에만 시선을 고정한 채로 나가다가 고꾸라져 버리고 말 거예요.

■ "저에겐 일이 거의 전부입니다"

기술 트렌드나 혁신의 정점에 서 있을 수 있는 비결은 무엇입니까?

솔직히 말씀드리자면 제 일의 정점에 서 있기도 빡빡해요. 그렇다 보니 다른 트렌드의 정점에 서는 것에 대해서는 걱정할 겨를이 없어요. 하지만 오픈 소스 분야에 있는 이상 꼭 트렌드의 정점에 서 있으려고 안간힘을 쓰지 않아도 상관없잖아요. 제가 제대로 파악하지 못하는 트렌드가 있으면 어차피 다른 누군가가 신경 써서 제대로 해낼 거예요. (저는 커널에서 중요한 일을 하는 회사와 일을 하는 경우가 많고요) 혹시 제가 별로 중요하지 않다고 생각하고 심각하게 받아들이지 않은 일이라고 해도, 그 트렌드가 꽃을 피울 무렵이면 그쪽에 일찌감치 관심을 뒀던 사람들이 와서는 "하하. 거봐요. 우리가 이거 중요하다고 했잖아요. 그나저나 이게 바로 그거예요."라고 하면서 결과물을 공유할 거예요.

기술 분야의 리더들은 시간에 많이 쫓기는 걸로 유명합니다만, 시간을 효율적으로 관리하기 위해 어떤 전략을 사용하시나요?

저는 시간을 체계적으로 관리하는 데는 정말 젬병이에요. 그래서 다른 접근법을 써요. 저한테 별로 중요하지 않은 일은 그냥 안 해 버리는 거죠. 제가 개인적으로 별로 흥미를 느끼지 못하는 부분에 대해서는 다른 사람들한테 크게 의존하는 편이에요. 대표적인 예가 바로 대중 강연이에요. 한동안은 강연을 많이 했는데, 강연하고 싶을 만큼 흥미를 느끼지 못하겠다는 걸 깨달았죠. 근데 시간은 너무 많이 잡아먹는 거예요. (물론 강연 자체에 드는 시간은 얼마 안 되죠. 근데 강연장까지 갔다 오는 데 걸리는 시간이라는가 그 과정에서 생기는 정신적 부담 같은 게 상당했어요) 그래서 언젠가부터는 그냥 "저 강연 안 합니다."라고 대답하고 있어요.

이메일도 마찬가지입니다. 이메일을 전부 읽으려고 노력하긴 하지만, 솔직히 말해서 어떤 이메일을 받았는데 그런 이메일에 답장할 수 있는 사람이 저뿐이라는 생각이 들지 않으면 아예 답장을 안 써요. 그냥 휴지통에 넣죠. 무례하다고요? 그렇게 볼 수도 있을 거예요. 하지만 정말 오래전부터 엄청난 이메일을 받다 보니 그런 생각을 할 틈도 없어요.

전화로 하는 일은 전혀 안 합니다. 회의도 안 한 지 오래됐어요. 동기식으로 진행되는 걸 정말 싫어하고, 일과가 진행되는 동안에 전화 통화나 회의 같은 것을 위해 시간을 내고 싶지도 않아요. (물론 휴식 시간 도중에 그런 걸 하는 것도 싫은 건 마찬가지죠)

일과 삶의 조화는 어떻게 이루시나요? 일이 전부가 되는 상황을 피하는 비결이 있나요?

저에겐 일이 거의 전부입니다. 주중에도 일하고 주말에도 일해요. 잠에서 깨면 바로 일하러 가요. (심지어는 잠옷 차림으로 가기도 해요. 집에서 걸어갈 수 있는 거리에 직장이 있으면 행복해져요) 그리고 종일 거기에서 머물죠. 하지만 대신 유연성 있게 일해요. 애들을 운동하는 데 데려간다든가 하는 식으로 몇 시간 다른 일을 하기도 하고, 길게는 몇 주씩 쉬고 휴가를 가는 식으로 말이죠. 그리고 보통 휴가 갈 때는 노트북 컴퓨터 같은 건 전부 두고 갑니다.

진짜 커뮤니티 위주로 일이 돌아가게 되고 다른 사람한테 이래라저래라 시켜야 하는 "보스"가 되지 않으면 그런 장점이 있어요. 제가 프로젝트에서 중심적인 역할을 맡고 있고 제가 하는 일을 정말 좋아하긴 하지만, 저는 모든 사람이 정해진 자리에 있어야 하고 상하관계가 엄격한 곳이 아니라 큰 사교 모임에 가깝다고 할 수 있는 환경에서 일하고 있습니다.

■ "어느 단계에서든 현실적인 단기 목표를 세우세요. 저 멀리 떨어져 있는 원대한 꿈 같은 건 별 도움이 안 됩니다"

소프트웨어 분야에서 앞으로 10~15년 이내에 긍정적으로든 부정적으로든 영향을 끼칠 만한 변화로는 어떤 게 있을 것으로 생각하나요?

제가 개인적으로 관심을 두는 부분은 우리가 당연한 것으로 여기는, 여기저기 퍼져 있고 기본적으로 무료인 소프트웨어의 수준을 올리면 보통 사람들과 상용 소프트웨어 회사가 하는 일이 어떤 식으로 바뀔까 하는 부분입니다.

보통 사람들은 전통적인 소프트웨어 회사와 비교하다 보니 오픈 소스 회사를 아주 급진적인 조직이라고 생각합니다. 하지만 누구에게든 필요한 기본적인 것(OS, 브라우저, 오피스 도구 등)을 누구든 마음대로 쓸 수 있게 만들어서 굳이 그런 부분에 대해서는 크게 신경 쓰지 않아도 되는 상황이 벌어진다면 어떻게 될까요?

전통적인 순수 소프트웨어 회사는 사라져 버릴까요? (IBM처럼 서비스와 지원을 위주로 하는 형태로 변하게 될까요?) 아니면 고객별로 다른 소프트웨어를 주문 제작하는 게 중요한 분야로 밀려나게 될까요? 기본적인 건 누구든 쓸 수 있겠지만 특화된 수요는 완전히 사라질 수는 없을 테니까요. 실제 소프트웨어 엔지니어 자리가 없어지진 않을 겁니다. (소프트웨어의 중요성이 줄어드는 게 아니고, 실제로는 오히려 더 부각될 수 있죠) 다만 소프트웨어 엔지니어가 일하는 환경이 달라지겠죠.

실제로 요즘 보면 거의 모든 프로그래머가 이미 더이상 "소프트웨어 회사"에서 일하지 않습니다. 다른 일을 하는데 그 일을 하기 위해서는 소프트웨어가 필요한 회사에서 일하는 경우가 대부분이고, 그런 면에서 보면 그리 크게 달라지는 것도 아닐 겁니다.

소프트웨어 분야에서 성공하는 방법에 대해 조언 한 말씀 해 주시죠.

지금까지 드렸던 답에 상당 부분 이 내용이 들어가 있는 것 같네요. 저는 특별한 "공식"이라든가 전략 같은 게 있다고 생각진 않습니다만, 일에 대한 열정은 반드시 있어야 하는 것 같아요. 어느 단계에서든 현실적인 단기 목표를 세우세요. 저 멀리 떨어져 있는 원대한 꿈 같은 건 별 도움이 안 됩니다. 누구든 이 세상을 바꾸게 될 수 있을 겁니다. 하지만 "사람들이 ~를 하는 방식을 송두리째 바꿔 버리겠다."라는 생각으로 시작한다면 아마 분명히 실패할 겁니다.

물론 누군가가 실제로 큰 변화를 가져올 수도 있고, 단기 목표로 잡았던 것이 막다른 골목에 다다를 수도 있겠지만, 미리 결과를 예측하는 것은 거의 불가능합니다. 어떤 경우에는 운이 좋아서 성공할 수도 있겠지만, 더 중요한 건 아마도 성공 여지가 있는 프로젝트를 잘 이끌어가는 것 아닌가 생각합니다.

소프트웨어 분야에 새로 들어올 사람들한테 마지막으로 전하고 싶은 말 한마디만 해 주세요.

저는 다른 사람들한테 조언할 만한 사람이 아닌 것 같아요. 제가 지금까지 해온 일은 대부분 취미 같은 것이었어요. 취미로 일하는데 어쩌다 보니 수입도 괜찮게 들어오는 거였죠.

그리고 정말 운이 좋게도 제가 함께 일했던 사람들은 대부분 거의 비슷한 상황에서 일하고 있었죠. (오픈 소스가 아닌 일을 할 때도 마찬가지였어요) 그러다 보니 동료에게 정말 감사하는 마음을 가지게 됐습니다. 아까부터 계속한 얘기지만, 열정이 없이는 일하기 어려운 분야예요. 정말 즐기는 마음이 아닌 이상 (돈을 받고 하는 일이든 그렇지 않은 일이든) 많은 시간을 쏟지 못할 것이고, 그러다 보면 특별히 두각을 나타내기가 어려울 거예요. 그래서 저는 소프트웨어 분야가 정말 괜찮은 분야라고 생각하긴 하지만, 그냥 뻔한 직업으로, 그냥 경력을 쌓아 올리기 위한 걸로 생각한다면 조금은 더 생각해 볼 필요가 있는 것 같아요. 어느 분야에도 적용할 수 있는 원칙이긴 하지만, 다른 어떤 분야에서보다도 소프트웨어 분야에서는 특히 더 그런 것 같습니다.

CHAPTER 11
승진

> "우주는 전혀 멀리 있는 곳이 아니다. 차가 똑바로 위로 올라갈 수만 있다면 한
> 시간이면 갈 수 있는 곳이다." – 프레드 호일(1915-2001)

제대로 된 회사라면, 승진하는 데 있어서 가장 중요한 것은 일을 잘하고, 팀워크와 혁
신성을 발휘하고, 겸손하고 변함없는 자세로 상사와 주변 동료에게 내가 달성한 업적
을 알리는 것이라고 할 수 있을 것이다. 만약 직원을 효과적으로 관찰하고 정확하게
평가하는 방법이 존재한다면 그 정도만 가지고도 충분하다. 하지만 현실은 저런 이상
과는 놀랄 만큼 멀리 떨어져 있다. 한 치의 망설임도 없이 얘기하건대, 내가 소프트웨
어 개발 분야에서 20년이 넘게 일하는 동안 만난 관리자는 하나도 빠짐없이 자기 부
하 직원들을 모두 공평하게 대하기 위해, 그리고 모든 직원에게 합당한 승진 기회와
정당한 고과를 주기 위해 최선을 다했다. 하지만 업계 전반에 걸쳐서 그 많은 관리자
가 아무리 열심히 노력해도 고과와 승진 대상자 결정 과정은 단순한 추측에서 전문가
다운 결정 수준까지 올라갈 수는 없었다. 이런 상황에서 어떻게 처신해야 할까? 고과
와 승진 대상자 결정 과정이 얼마나 비과학적인지 깨달았다면, 그리고 고과와 승진 대
상자 결정이 어떤 식으로 돌아가는지 안다면 상황을 나한테 유리하게 만들기 위해 뭐
라도 해야 하지 않을까? 어떻게든 내가 받아야 할 최소한의 평가라도 받아낼 수 있다
면 아무렇게나 평가받는 것보다는 나은 것 아니겠는가?

■ 왜 고과와 승진 심사는 그리 비과학적인가?

고과는 직원의 기여도를 그 사람의 동료와 비교하여 따지는 것이기 때문에 항상 상대
적이다. 모든 직원에게 높은 고과를 주거나, 직원들을 전부 고속승진시킬 수는 없는
노릇이기 때문에 그 어떤 조직도 고과를 할 때 절대평가를 하진 않는다. 승진하는 사

람 수, 최고 고과를 받는 사람 수, 높은 보너스를 받는 사람 수 등은 항상 철저하게 관리된다. 이렇게 하면 직원들은 최고 고과를 받으려고 경쟁하게 되고, 관리자는 여러 직원을 서로 비교해볼 수밖에 없다. 직장에서의 일상생활은 협력적 경쟁이지만 성과 평가에는 경쟁만이 있을 뿐이다. 직원을 정직하게 평가하는 데는 여러 차원에 걸친 복합적인 어려움이 존재한다. 첫째로, 프로그래머 두 명, 고객 지원 담당자 두 명 같은 식으로 비슷한 일을 하는 사람들끼리 비교할 때조차도 다 비슷한 일을 하긴 하지만 시간이 지남에 따라 각각이 하는 일의 구체적인 내용은 크게 다를 수 있다. 한 프로그래머는 소규모이긴 하지만 매우 복잡한 코드에 대해서 대단한 일을 해내고, 다른 사람은 복잡도는 낮은 일을 부여받았지만 놀라울 만한 생산성을 보여주는 경우도 있다. 일의 난이도와 생산성 중에 어느 쪽을 더 높게 평가해야 할까? 그리고 개인별로 성격이 다양하다는 문제도 있다. 직원을 평가할 때는 직접적으로든 간접적으로든 어떤 성과를 냈는지와 어떻게 성과를 냈는지를 모두 따져보게 마련이다. 생산성이 높지만 주로 혼자서만 일하고 팀워크를 발휘하지 못하며 불평이 많은 사람은 대체로 협력과 팀워크 부분에서는 높은 점수를 받지 못한다. 그나마 그런 문제는 좀 쉬운 편에 속한다. 지금까지 얘기한 건 똑같진 않아도 그나마 비슷한 종류의 일을 하는 사람들을 두 명씩 비교하는 상황이었을 뿐이다. 부서 관리자와 아키텍트를 비교한다든가 세일즈 담당자와 고객 지원 전문가를 비교한다든가 하는 경우처럼 전혀 다른 일을 하는 사람들을 비교하는 단계에 가면 정말 어찌해야 할지 모르는 상황이 될 수 있다.

인사고과는 엄밀히 과학과는 거리가 멀어서, 언젠가 부당한 고과를 받았다는 생각이 든다면 고과 과정이라는 게 절대 완벽할 수 없다는 점을 기억해 두면 어느 정도 마음이 편해질 수 있다. 그러나 인사고과의 어쩔 수 없는 문제점에도 더 나은 고과를 받을 가능성을 높이고 최대한 유리한 고지를 선점할 방법이 없는 것은 아니다. 시간이 지나면 결국 좋은 고과를 많이 받을수록 일반적으로 더 빨리 승진하게 마련이다.

■ 실적이 신뢰를 낳는다 - 그리고 신뢰가 전부다

앨런 쿠퍼Alan Cooper는 30년이 넘는 기간 동안 근대적인 컴퓨팅 시기를 이끌어온 인물이다. 그는 아직도 세상에서 가장 중요하고 널리 쓰이는 프로그래밍 언어로 남아있는 비주얼 베이식의 아버지로 알려져 있다. 쿠퍼는 "과력을 키운다고 해서 명사수가 될수 있는 것은 아니다."라는 말을 한 적이 있다. 자기 재능을 가장 잘 보여주는 유일한지표는 바로 과거의 실적이다. 그 어떤 지표도 가져다줄 수 없는 신뢰를 쌓아주는 것이 바로 실적이다. 한 프로젝트에서 놀라운 업적을 이루더라도 비관적인 사람이라면여전히 그 사람의 재능에 대해 의심을 할 수 있지만, 어려운 문제를 여러 번 성공해 낸다면 그 사람의 재능과 공로에 대해 의심할 수 있는 사람은 아무도 없을 것이다. 어떤분야에서든 성공이 다른 성공을 불러오게 마련이며, 약간만 노력하면 자신의 성공을남들에게 알리고 새롭고 더 흥미진진한 미래를 열어줄 만한 동력으로 삼을 수 있다.이 책을 만들기 위해 레이 톰린슨과 인터뷰할 때 나온 얘기를 인용해 보자면 이렇다.

> 하지만 자기가 그 자리로 나아가기 위해 노력할 필요가 있어요. 기회가 알아서 찾아오
> 는 건 아니니까요. 내가 해야 할 일을 할 수 있는 사람이라는 걸 증명해야 합니다. 그
> 렇게 해서 기회를 잡아내고 나면 "이 일을 잘해냈고, 저 일도 잘해낼 수 있을 것 같습
> 니다. 제게 기회를 주셨으면 합니다."라고 얘기할 수 있습니다. 특별한 비법이라고 할
> 수는 없지만, 자기 능력을 파악하고 자기가 좋아하는 것을 파악하고, 그 둘이 겹치는
> 곳을 찾아서 그걸 목표로 열심히 노력하면 된다는 정도의 조언을 드릴 수 있을 것 같습
> 니다.

관리자들이 내가 몇 년 동안 이룬 성과를 챙겨주길 기대하면 안 된다. 분명 어딘가에서류로 남아있긴 하겠지만 아무도 그걸 찾아서 읽어보진 않는다. 정중하고 조용하게,아주 가끔 한 번씩 자기 성과를 상기시켜주는 정도만 해도 충분하다. 새로 시작될 프로젝트를 눈여겨보고, 어떤 일을 하고 싶은지 생각해 보고 나면 톰린슨이 얘기했던 것처럼 관리팀을 찾아가서 정중하게 "제게 기회를 주셨으면 합니다."라고 얘기할 만한상황을 만들어낼 수 있을 것이다. 항상 내 요구가 관철되는 건 아니겠지만 그렇게 물어보는 것만으로도 자기 경력에는 큰 도움이 된다. 더 큰 일, 더 재미있는 일에 관심이 있다는 것을 보여줄 수 있고, 간접적으로 자기 경력을 상기시켜줄 수도 있고, 자신의 진취성을 드러낼 기회가 되기 때문이다. 그들이 나에게 호감을 느끼게 된다면 지금당장은 기회를 주지 못하더라도 다음에 이 사람한테 어떤 일을 맡겨야 할지에 대해 더깊이 생각해볼 것이다. 이런 건강하고 적절한 관계를 맺는 것은 언제나 이득이 된다.

■ 성과를 보여주는 방법

일을 잘하고 지속해서 관리자가 기대한 것보다 더 많은 것을 이뤄내는 것만으로 남들로부터 인정받고 연봉을 올려받고 승진할 수 있을까? 물론 그렇지 않다. 생각해 보면 너무도 당연한 일이다. 이유를 설명해 보자면 이렇다.

상사는 나한테 시켰던 일을 전부 기억하지 못할 가능성이 높다. 쉬운 일이었는지, 어려운 일이었는지, 아니면 거의 불가능한 일이었는지 같은 것도 잘 기억하지 못한다. 나는 그 상사 밑에 있는 수많은 사람 중의 하나일 뿐이며, 아무리 능력 있고 똑똑한 상사라도 인간인 이상 한계는 있는 법이다. 소프트웨어는 워낙 복잡한 분야이기 때문에 어떤 상사든 정신없이 바쁘게 일할 수밖에 없다.

내가 아무리 일을 잘했다 한들 남이 어떻게 그 사실을 알 수 있을까? 내가 만든 코드가 남들이 만든 코드보다 열 배 더 좋다고 한들 짧은 기간 동안 그것을 측정하고 증명하는 것은 거의 불가능하다. (앞으로 10여 년간 이뤄질 불량해석을 통해 테스트와 실제 적용 과정에서 내가 만든 모듈이 불량 발생률을 극적으로 낮춘다는 걸 증명해준다고 치더라도, 승진 심사는 그런 결과가 나오기 한참 전에 이뤄지게 된다) 기발한 알고리즘을 만들어낼 수도 있고 탁월한 팀워크를 발휘할 수도 있다. 하지만 아무리 완벽한 직원이라고 해도, 이런 특성들을 정량적으로 측정하는 게 가능한 일일까? 절대 불가능하다.

상사도 기억해주지 않고 누가 따로 숨어서 심사해주는 것도 아니라면 대체 어떻게 해야 하는 걸까? 정답은 지속적인 적절한 의사소통에 숨어있다. 가장 좋은 전략은 준 실시간 의사소통, 그리고 사후 의사소통이다. 이 둘을 모두 잘 활용해야 최선의 결과를 이끌어낼 수 있다.

준 실시간 의사소통이란 뭔가 잘해냈을 때 관리자와 그 일에 관심을 둘 만한 다른 사람들에게 바로 알려주는 것이다. 어깨에 힘을 준다거나 자기 과시를 하라는 게 아니다. 그냥 좋은 소식을 전해주기만 하면 된다. 똑똑한 사람이라면 점들을 연결해서 성공의 원인이 그 일을 주도한 사람에게 있다는 것을 인정할 것이다. 자랑하는 것은 보기에도 좋지 않고 전혀 바람직하지 않다. 누구든 좋은 소식을 듣고 싶어한다. (사실 회사라는 곳은 언제나 안 좋은 소식이 넘치는 곳이다) 정중하고 겸손하고 적절한 방법으로 좋은 소식을 알려서 사람들에게 만족감을 안겨주자. 열심히 일하고 자기 일에 열정을 가지면 2~6주에 한 번 정도는 남들에게 알릴 만한 좋은 일이 생길 것이다. 그정도면 관심을 둘 만한 사람들에게 기분이 좋아질 만한 소식을 공유하기에 적당한 시간 간격이다.

때로는 내가 전한 좋은 소식에 다른 사람들이 처음 생각했던 것보다 더 큰 관심을 두기도 한다. 다른 팀에서 협업하고 싶어하거나 내가 한 일에 대해서 논의하게 될 수도 있다. 예를 들어, 포스트스크립트 데이터를 35% 빨리 만들고 스풀링할 수 있도록 제품의 인쇄 기능의 설계를 변경했다고 해 보자. 시스템 검증 팀에서 다음 테스트 사이클에서 인쇄 기능을 중점적으로 테스트해야 하는 상황이었다면 새로 만든 코드 덕에 테스팅 시간이 일주일씩 줄어들 수도 있을 것이고, 그렇다면 그들이 갑자기 큰 관심을 끌게 될 수밖에 없을 것이다. 마케팅팀에서 그 기능이 주요 경쟁업체를 앞질러가는 데 있어서 특효약이 될 것으로 생각할 수도 있다. 이런 일이 일어나면 뭔가 중요한 걸 공짜로 나눠줄 만한 기회가 온 것이다. 마케팅팀에서 내가 전한 소식으로 실적을 만들어 낼 방법, 검증 팀에서 새로운 코드를 더 빨리 받아보는 데 도움이 되는 방법을 궁리해 보자. 다른 사람들과의 사이에서 감성 자산을 쌓을 좋은 기회다.

뭔가 좋은 성과를 낼 때마다 노트나 파일, 스프레드시트 같은 데 기록해두자. (보통 대부분의 회사에서 1년에 한 번씩 있는) 인사고과 철이 가까워지면 한 달이나 두 달쯤 전에 상사에게 내가 잘한 일들을 상기시켜주는 게 좋다. 보통 사람들은 대부분 1년 동안 자기가 잘한 일들을 제대로 기록해두지 않는다. 그렇다 보니 막상 누군가가 물어보면 여러 업적 가운데 극히 일부분만을 얘기할 수 있을 뿐이다. 내가 한 일을 자질구레하게 전부 기록해둘 필요는 없다. 중요한 업적, 영향력이 큰일만 빼먹지 않고 잘 기록해 두면 된다. 하지만 작은 일이라도 뭔가 특별한 점이 있어서 두드러질 만한 것이라면 기록해 두자. 예를 들면 코드에서 작은 결점을 수정했는데 주요 고객 계정에 발생한 문제를 성공적으로 해결하는 데 큰 도움이 되었다면 기록해둘 만한 일이다. 코드를 고치는 데는 한나절 정도만 걸렸을지 몰라도 그 결과로 수십억 원을 벌 수 있었다면 분명 주목할 만한 일이다. 자기 업적을 쭉 적어둔 목록을 꼭 만들어 두자. 이 부분이 바로 아까 말한 사후 의사소통에 해당한다.

윗사람과 동료가 내 업적을 전부 기억해 주길 기대하는 것은 금물이다. 그들은 사실보다는 인상을 더 잘 기억한다는 사실을 염두에 두자. 비즈니스로 볼 때 적절하면서도 충분히 겸손한 자세로 자주 좋은 소식을 전할 수 있도록 하자.

■ 목표 지향적인 경력 관리

내가 어디로 가고 있는지 모른다면 그곳에 도달할 가능성은 거의 없다. 거기에 도달하더라도 직선 경로로 갔을 때에 비해 훨씬 늦게 갈 수밖에 없다. 주변 사람들로부터 많은 공감을 얻은 비유를 활용하자면 이렇다. 어느 날 아침에 잠에서 깼는데 빙산과 눈 덮인 산으로 둘러싸인 조용한 호수 위에 떠 있는 카누 위에 있었다고 해 보자. 햇살이 비추고 있는 와중에 주변의 장관에 넋을 잃고 있다. 대체 어떻게 이 배 위에 올라와 있는지, 내가 지금 어디에 있는지는 전혀 모르지만, 상황을 파악하기도 전에 하늘에서 "빨리 가라. 시간이 없다. 빨리 거기로 가야 한다."라는 목소리가 들려온다. 그리고는 정적만이 감돌 뿐이다. 배 위에 앉아서 누군지 모를 목소리를 향해 "어디? 어디? 대체 어디로 가야 합니까?"라고 울부짖어 본다. 하지만 아무 대답도 없이 정적만이 흐른다. 아름다운 산, 숨이 막힐 듯한 경치로 둘러싸인 호수에 떠 있는 카누 위에 홀로 남겨진 것이다. "저쪽으로 가면 내가 원래 가야 할 곳으로 갈 수 있는 건가?"라고 생각하기 시작한다. 하지만 어느 쪽으로 가든 내가 가야 할 곳으로 갈 가능성은 거의 없다는 것을 깨달을 수 있고, 아무것도 할 수 없는 상황에 빠져 버리고 말 것이다.

물론 이 이야기는 은유적인 이야기로, 경력(또는 인생)을 호수에 비유한 것이다. 사실 가장 큰 사명은 어디로 가고 싶은지를 아는 것이다. 그걸 모르면 그냥 물 위에 떠 있을 뿐이기 때문이다. 경력을 쌓기 위해서는 상당한 시간과 노력이 필요하지만 내가 어디로 가고 싶은지 분명하게 안다면 최단경로를 통해 훨씬 더 성공적으로 움직일 수 있을 것이다. "마흔 살이 되면 X라는 제품의 엔지니어링 책임자가 될 거고, 잔디밭이 내려다보이는 3층 창가에 사무실을 가질 거야." 같은 식으로 아주 구체적일 필요는 없다. 엔지니어링 책임자가 되겠다는 정도로만 목표를 잡아도 경력을 계획하는 데 있어서 초점을 분명히 잡을 수 있기 때문에 그 정도면 충분히 구체적이라고 할 수 있다. 언제까지 그 목표를 달성할지, 어떤 제품의 엔지니어링 책임자가 될지 등은 정확하게 정해두지 않아도 된다.

그림 11-1에 한 유능한 인물이 카누를 타고 자기 경력을 쌓아가는 모습이 그려져 있다. 그 사람은 수백 명 정도의 소프트웨어 개발자가 일하는 중견 소프트웨어 업체의 CTO가 되겠다는 분명한 목표로 경력을 만들어간다. 어디로 가고 싶은지를 분명히 알고 있기 때문에, 그 목표에 다다르는 데 필요한 자리를 차근차근히 주도면밀하게 밟아갈 수 있다. CTO 자리를 염두에 두고 기술적인 업무에 집중하면서도, 업무와 직접적으로는 관계가 없는 논문, 특허, 표준화 작업, 업계에서의 리더십 확보 같은 일에도 적극 참여하여 훌륭한 포트폴리오를 구축한다. 수석 아키텍트, 임원, 부사장 등의 자리를 밟아가면서 자연스럽게 고객이나 파트너와의 교류가 많아지고, CTO가 잘할 수 있어야 하는 사업적인 업무에도 익숙해진다. 훌륭한 재능과 의지를 갖춘 이 사람은 20년이 넘는 기간 동안 열심히 노력한 끝에 CTO가 되겠다는 꿈을 이룬다.

그림 11-1 목표지향적인 경력 관리

그림 11-2에는 똑같은 사람 – 같은 수준의 재능, 학력을 가진 사람 – 이지만 궁극적으로는 CTO가 되겠다는 목표가 없는 사람의 경력을 그려 보았다. 예를 들면, 얼마 동안 다른 제품으로 자리를 옮기다 보면 기술의 깊이가 얕아지게 마련이고, 자기 경력에서 내세울 만한 핵심 제품에 대한 전문성도 약해진다. 2선 관리자나 지원 관리자 같은 자리는 CTO가 되겠다는 목표에는 별 도움이 되지 않는다. CTO가 되겠다는 목표가 없다 보니 특허나 논문, 표준이나 업계의 리더십 같이 기술적인 능력을 보여줄 만한 포트폴리오를 구축하기 위한 노력도 미진하다. 꽤 성공적이고 다양한 경력을 쌓긴 하지만 특정 목표를 달성하는 것이 아니고, 전반적인 성취 또한 낮은 편이다. 계획 없이 여기저기 다양한 분야를 떠돌아다니는 경력을 쌓았을 뿐이다.

그림 11-2 목표가 불분명한 경력 관리

극단적인 예라고 할 수 있고, 다른 일을 해 보는 것이 실제로 도움이 될 수도 있다. 색다른 것을 시도해 보고 잘 다져진 길이 아닌 데서 뛰면서 두각을 나타낼 수도 있다. 다른 일을 시도해 보면 자기 경력상의 목표를 다듬는 데도 도움이 되고 자기 역량을 쌓는 데도 도움이 된다. 하지만 최종 목표 없이 다른 것을 해 보고 정처 없이 떠돌다 보면 경력도 그냥 되는 대로 흘러가기 때문에, 다른 곳을 잠시 떠돌더라도 자기 목표는 분명히 해 둘 필요가 있다. 이 책에 나와 있는 인터뷰를 보면, 단 한 건의 예외도 없이, 인터뷰 대상 인물들이 전부 분명한 목표를 가지고 경력을 쌓아갔음을 알 수 있다. 새로운 회사를 만들겠다는 목표를 가진 사람(다이앤 그린, 마크 베니오프)도 있었고 임원이 되겠다는 목표를 가진 사람(존 슈왈츠, 데이비드 바스케비치)도 있었다. 소프트웨어 방법론 면에서 개인적인 사명감으로 살아온 사람(리누스 토르발스, 리차드 스톨만, 그래디 부치)도 있었다. 일찌감치 가장 어려운 문제를 해결하는 역할을 가진 기술 리더가 되겠다고 마음먹은 사람(스티브 워즈니악, 피터 노빅, 제임스 고슬링)도 있었다. 특정 기술을 마스터하고 싶어한 사람(레이 톰린슨, 로버트 칸, 마크 루시노비치)도 있었다. 그들은 모두 비교적 이른 시기에 자기가 무엇을 하고 싶은지 깨달았고, 그러한 목표를 추구하면서 자기 경력을 만들어갔다. 이렇게 자기 목표를 분명히 파악하고 집중하는 건 본인이 스스로 할 수밖에 없는 일이다. 다른 사람이 내가 무엇을 원하는지, 무엇을 즐기는지, 내 목표가 무엇이고 무엇을 염원하는지 알려줄 수는 없는 노릇이기 때문이다. 목표를 스스로 깨달으면 목표에서 벗어나서 엉뚱한 데로 흘러갈 만한 기회는 과감하게 제쳐버릴 수 있기 때문에 경력을 더 현명하게 관리할 수 있다.

마지막으로, 목표를 설정한다고 해서 중간에 생각을 바꾸면 안 된다는 것은 아니라는 점을 분명히 짚고 넘어가고 싶다. 많은 사람이 – 실제로 우리 대부분이 – 30대나 40대에 20대에는 상상할 수 없었던 것에 대한 열망을 가지곤 한다. 누구든 시간이 지나면 달라지게 마련이다. 자신이 흥미를 느끼는 것이 달라질 수 있고, 유행이 바뀌기도 해서 상황에 따라 목표를 바꾸는 게 바람직할 수도 있다. 하지만 어떤 상황에서든 목표를 가져야만 한다는 것은 분명하다.

아직 무엇을 목표로 삼아야 할지 잘 모르겠다면 이렇게 해 보자. 우선 열린 마음을 가지고 더 다양한 가능성에 관심을 가져보자. 소프트웨어 업계는 워낙 광범위해서 모든 역할을 전부 겪어본 사람은 거의 없다. 우선 가능한 최대한 많은 윗사람과 그분이 하는 일에 대해 대화를 나눠 보고 어떤 일에 마음이 가는지 생각해 보자. 목표 지향적인 사람들은 처음부터 마지막을 염두에 두고 시작한다. 목표를 설정하고 거기서부터 거꾸로 계획을 세우는 식이다. 따라서 맨 위에서부터 시작해서 어떤 고위직이 장기적으로 가장 내 마음에 들지 따져볼 필요가 있다. 서로 다른 역할에 대해 최대한 많이 파악했다는 생각이 들면 스스로 다음과 같은 질문을 던져보자.

- 내가 가장 즐기는 기술 업무는 무엇인가?
- 내가 가장 즐기는 관리 업무는 무엇인가?
- 폭넓은 것과 깊은 것 중 어느 쪽을 선호하는가?
- 대부분 동료보다 내가 더 잘하는 것은 무언인가?
- 남을 이끄는 것과 남을 따라가는 것 중 어느 쪽이 더 편하게 느껴지는가?
- 그룹으로 일하면서 그 그룹의 집합적인 재능을 활용하고 기여하는 쪽과 1인 과제에서처럼 하나에만 집중해서 효율적으로 일하는 쪽 가운데 어느 쪽이 더 편하게 느껴지는가?
- 자신을 정말 솔직하게 평가해볼 때, 끊임없이 변화하는 환경에서 계속해서 공부할 수 있는 끈기와 흥미가 있는가? 어떤 일을 하든 지속적인 학습이 필요하지만, 분야마다 그 정도가 다르다.

존 슈왈츠는 세계 최고의 소프트웨어 업체 중 하나인 Business Objects의 CEO다. 그는 인터뷰에서 그가 CEO가 되기까지의 과정을 상세하게 설명해 주었다. 그가 젊었을 적 만난 한 IBM의 고위 임원은, 언젠가 IBM의 CEO가 되고 싶다면 말단 사원부터 시작해서 꾸준히 빠르게 승진해야만 CEO가 될 수 있는 실낱같은 가능성이라도 바라볼 수 있다는 얘기를 해 주었다. 슈왈츠는 그 얘기를 듣고는 경력 계획을 짜는 게 얼마나 중요한지 깨달았다. 그는 과거를 회상하면서 만약 계획을 잘 세우지 않았더라면 "그게 중요하다는 사실을 한참 뒤에나 깨달았을 것이고, 이 자리에 못 올 수도 있었을 것"이라고 했다.

어떤 사람은 매우 훌륭한 포트폴리오와 재능을 가지고 있다가 때와 장소가 잘 맞아서 얼떨결에 성공하기도 한다. 하지만 대부분의 보통 사람에게 있어서 그냥 운이 좋아서 때와 장소를 잘 만나기를 기대하는 것은 무책임한 일이다. 그보다는 루이 파스퇴르가 "기회는 준비하고 있는 자에게만 주어진다."라고 했던 말을 기억해 두자. 목표를 정하고 나면 다음으로 할 일은 "슈왈츠가 했던 것처럼 하기"이다. 즉 목표에서 시작해서 거꾸로 계획을 세우는 것이다. 2년에서 4년 단위로 현실적인 경력 계획을 세운다면 정말 좋은 계획을 세울 수 있을 것이다. 시간이 지나면서 목표와 관심이 달라질 수도 있지만, 경력 계획도 그에 맞게 조절하면 된다.

■ 상사의 영향력

나를 제외하고 회사에서 누구보다도 나의 경력에 큰 영향력을 가지고 있는 사람은 바로 내 상사다. 상사가 내가 그럴 만한 자격이 있다고 생각하지 않는 이상 승진이나 연봉 인상, 보너스, 좋은 인사 고과를 얻어내는 것은 불가능하다. 게다가 이런 것은 상사가 내 경력에 직접 영향력을 발휘할 수 있는 것 가운데 일부분에 불과하다. 새로운 기회에 대한 추천이나 전문가로서의 경력 계발을 위한 조언으로 간접적이고 지대한 영향을 미칠 수 있다. 승진을 위해서는 상사가 내가 그럴 만한 자격이 있다고 믿는 것이 결정적이다. 가장 중요한 것은 당연히 열심히 일하고 상사가 그 사실을 알 수 있게 하는 것이다. 하지만 온몸을 바쳐 열심히 일하는 것 외에 몇 가지 요령을 잘 활용하는 것만으로도 훨씬 유리한 조건을 만들 수 있다.

한 가지 주목할 만한 점으로, 승진과 공로에 대한 인정을 서로 별개의 것으로 접근하는 기업들이 생기고 있다는 것을 들 수 있다. 예를 들어 구글 및 구글 방식을 따라 하는 다른 여러 업체에서는, 다른 전통적인 방식을 채택하는 기업에 비해, 승진하는 데 있어서 직속 상사인 관리자의 지원이 그다지 중요하지 않다. 물론 상사의 의견도 반영되긴 하지만, 다른 동료의 의견이 훨씬 더 중요한 경우가 많다. 하지만 그런 경우라고 하더라도, 어떤 조직에서도 상사가 반대하는 상황에서 승진하는 것은 어렵다.

상사를 돋보이게 만들자

상사는 내가 잘한 모든 일에 대해서 간접적으로 공을 인정받는 사람이며, 언제나 그 부서 전체의 공로를 보여줄 만한 기회를 찾고자 하게 마련이다. 기본적으로 내가 지시받은 일을 하면 되는 것이긴 하지만, 데모라든가 탁월한 벤치마크 결과, 고객 추천 같이 보여줄 만한 결과를 들고 가면 상사는 남들에게 보여줄 만한 무언가가 생기게 된다. 그러면 자연스레 내가 한 일이 더 뚜렷하고 분명하게 알려지는 결과를 이끌어낼 수 있다.

도움을 주는 방법을 찾아보자

상사들에게도 다들 자기 관심사가 있다. 어떤 관리자든 분명 어떤 야망을 품고 자기 자리에 다다른 사람일 것이다. 하지만 관리자라고 해서 자기 목표를 달성하는 데 필요한 모든 것을 항상 제대로 인식하고 있는 것은 아니며, 때로는 무엇이 필요한지 알면서도 아랫사람들에게 짐을 지우기 싫어서 안 하고 있을 수도 있다. 상사를 기술적으로, 그리고 조직적으로 도울 방법을 찾아보면 자기 부서에서 필요한 일을 처리해내고, 내가 성공하는 데 가장 큰 영향을 끼칠 수 있는 사람이 목표를 달성하는 것을 도울 수 있다. 물론 모든 부차적인 일들이 그렇듯이, 이런 유형의 일에 투입하는 시간이 10~20%가 넘어가지는 않도록 주의하자. 나에 대한 평가는 결국 내가 자발적으로 한 일보다는 나에게 원래 주어졌던 일을 바탕으로 이루어지기 때문이다.

적어도 1년에 한 번은 상사와 경력과 관련하여 논의하자

나는 어떤 직원이든 자신이 조직 내에서 동료와 비교하여 어떤 위치에 있는지, 승진하기 위해서는 무엇이 필요한지 알 권리가 있다고 생각한다. 제대로 된 관리자라면 이 두 가지 질문에 대해서 솔직하게 답하고 가능하다면 도움이 될 만한 조언을 해 줘야 한다. 상사로부터 이러한 피드백을 받으면 경력 계획을 세우고 중요한 다음 단계로 올라설 가능성을 끌어올릴 수 있다. 잭 웰치는 20여 년 동안 GE의 CEO로 활약했는데, 그의 리더십 아래서 GE는 관리 효율성 면에서 가장 앞서 가는 회사가 되었다. GE의 수익은 280억 달러에서 1,300억 달러로 성장했고, 주가는 주당 1.16달러에서 60달러에 가까운 수준으로 올라갔다. 웰치의 관리 스타일의 초석이라고 할 수 있는 것이 바로 리더를 키우는 것이며, 그는 직원들에게 현 상황이 어떤지, 승진하기 위해 무엇이 필요한지 분명하게 알려주는 것이 관리자에게 얼마나 중요한지를 항상 강조했다. 맥그로힐과의 인터뷰에서 잭 웰치는 다음과 같은 말을 남긴 적이 있다.

> 누구든 회사 안에서 자기가 어떤 위치에 있는지 분명히 알 수 있도록 해야 합니다. 이건 리더의 의무예요. 하지만 대부분 회사에서 리더들이 이 일을 제대로 안 해서 사람들이 자기 위치가 어떻게 되는지 알지 못하죠. 직원들에게 이런 걸 제대로 알려주면 상위 20%에 드는 사람들에게는 칭찬해줄 수 있고, 중간에 있는 70%의 사람들에게는 위로 올라가려면 무엇을 어떻게 개선해야 할지 알려줄 수 있고(회사 안에서 정말 중요한 부분이기 때문에 절대로 잊어버리지 않을 겁니다), 하위 10% 사람들에게는 "뭔가 새로운 걸 찾아야 할 거예요."라고 얘기할 수 있습니다. 해고하는 게 아니에요. 뭔가 스스로 할 걸 찾아볼 기회를 제공하는 거죠. 이것만 제대로 하면 아무도 해고할 필요가 없어요. 뭐 그중에서 20% 정도는 실제로 해고해야 할 수도 있겠지만, 나머지는 대부분

스스로 떠날 겁니다. 자신을 원치 않는 곳에서 일하고 싶은 사람이 얼마나 있겠어요? 항상 직원들을 제대로 평가해야 합니다. 직원들은 자기가 어디에 서 있는지 알아야만 해요. 직원들을 쳐다보면서 "이 사람들이 자기 상황을 잘 알까? 내가 저 사람들을 어떻게 느끼고 있는지, 어떤 점을 좋아하는지, 무엇을 고쳐야 할지 솔직하게 얘기한 적이 있나?"라는 생각을 하지 않는 사람이라면 관리자가 될 자격이 없어요. 관리자라면 자신이 아니라 자기 아랫사람들을 챙기는 게 가장 중요하니까요.

경험에 비추어 보자면, 대부분 회사에서 이런 대화가 부족하고, 회사 내에서 자기 수준이 어느 정도인지, 다음 단계로 가기 위해 무엇이 필요한지 아는 직원이 거의 없는 편이다. 소프트웨어 개발자들을 코칭하는 기간 동안 이런 질문을 부적절하게 여기는 사람들이 하도 많아서 놀란 적이 있다. 대부분이 "정말요? 그런 질문을 해도 되는 거예요?"라는 반응을 보였다. 당연히 그런 질문을 할 수 있다. 실제로 그런 대화를 하고 나면 사람들은 자기가 다음 단계로 올라가기 위해서 스스로는 생각하지도 못했던 업무, 책임, 계획 등을 감당해야 한다는 사실을 깨닫고 놀라곤 한다. 1년에 한 번, 또는 그 이상 경력과 관련하여 상담을 받도록 하자. 분명히 그럴 만한 가치가 있다. 그런 상담을 제대로 받지 않고는 원하는 목표에 다다르지 못할 수도 있다.

■ 상사의 동료의 영향력

사람들이 별로 신경 쓰지 않는 사실 가운데 하나가 바로 내 상사가 혼자서 내 미래를 결정할 수 있는 것은 아니라는 점이다. 승진할 수 있는 인원, 보너스 액수, 리더십을 발휘할 기회 같은 것은 어떤 조직에서든 제한되어 있다. 물론 사업적인 성공을 일궈낸다면 그런 게 자연스레 따를 것이고 더 크게 성공할수록 기회도 많이 주어지겠지만, 제아무리 수익이 좋은 환경이라고 하더라도 모든 사람이 충분한 보상을 받을 수는 없다. 내 직속 상사가 나를 좋아하고 나에게 기회를 주고 괜찮은 보상을 하고, 연봉을 올려주고 보너스를 주는 등의 혜택을 주고 싶어하더라도, 조직의 생리상 다른 부서에 있는 사람과의 경쟁은 피할 수가 없다. CEO나 사장이 직속 상사인 스타트업 같은 데서는 이런 문제가 없겠지만, 그런 곳을 제외한 다른 회사에서는 다른 팀에 있는 사람들과 경쟁할 수밖에 없는 게 현실이다. 분명히 언젠가는 내 상사가 내가 다른 사람보다 더 나은 대접을 받을 만한 자격이 있다는 것을 보여줘야만 한다. 그런 날이 왔을 때 나에게 가장 큰 지원군은 바로 상사의 동료나 상사의 상사가 나에 대해 가지고 있는 이미지와 그분들이 알고 있는 나의 실적이다. 각각에 대해 잘 모를 때는 거의 항상 더 유명한 직원한테 더 좋은 평가를 하게 마련이다. 다음과 같은 시나리오를 생각해 보자.

다섯 명의 관리자들이 새로운 인공지능 연구 개발팀을 이끄는 자리에 승진시킬 사람을 결정하기 위한 회의를 한다고 해 보자. 연구 개발 총책임자는 관리자들이 괜찮은 후보를 추천해 주길 기다리고 있다.

> **관리자 1:** "새로 만들어질 인공지능 그룹 신임 관리자로는 모라고 씨를 승진시키는 게 제일 좋을 것 같아요. 인공지능 쪽 배경지식이 있고, 대인 관계와 프로그래밍 실력 모두 좋고, 항상 훌륭한 결과를 들고 오는 사람입니다. 대학원 때는 신경망과 유전 알고리즘을 전공했어요."
>
> **관리자 2:** "저는 공손해 씨를 강력하게 추천합니다. 공손해 씨도 인공지능 쪽 배경지식이 있고, 대인 관계가 정말 뛰어난 최상급 프로그래머예요. 공손해 씨도 유전 알고리즘 쪽으로 학위를 받았고 여기 들어오기 전에는 나사에서 인공지능 개발을 맡았어요."
>
> **총책임자:** "누구 다른 사람이 모라고 씨하고 공손해 씨에 대해 의견 얘기해줄 수 있나요?"
>
> **관리자 3:** "저는 공손해 씨하고 일을 많이 해 봤어요. 정말 칭찬할 게 많은 사람입니다. 지난번 우리 제품 출시할 때 기술적으로, 그리고 조직적으로 모두 크게 기여했습니다."
>
> **관리자 4:** "지난달에 커널에 있는 복잡한 알고리즘을 디버깅할 때 꽤 큰 문제점이 있었어요. 그때 공손해 씨가 리더십을 발휘해서 금방 문제를 해결해준 적이 있습니다."
>
> **관리자 5:** "저는 모라고 씨하고 공손해 씨를 모두 아는데요, 솔직히 말해서 공손해 씨가 한 일을 더 많이 알고 있어요. 분명 그 자리에 적임자라고 할 수 있습니다."

모라고 씨와 공손해 씨는 실력 면에서는 거의 비슷하거나 모라고 씨가 공손해 씨보다 우월하다. 하지만 지금 의사 결정을 내리는 관리자들은 분명 공손해 씨가 한 일을 더 잘 알고 있다. 이런 상황이라면 모라고 씨의 상사가 초인적인 능력을 발휘해서 모라고 씨에 대한 지지를 이끌어내지 않는 이상 공손해 씨가 승진하게 된다. 불가능한 것은 아니겠지만, 모라고 씨가 승진할 가능성은 매우 희박한 것이다. 세계 곳곳의 관리자들 사이에서 이런 대화가 수도 없이 오고 갈 것이며, 다른 팀에 자기 성과를 알릴 수 있다면 막대한 영향력을 이끌어낼 수 있다. 사실 내가 압도적으로 우세하거나 열세하지 않은 이상, (실제로 한 쪽이 압도적으로 나은 경우는 그리 흔하지 않다) 상사가 연봉 인상이나 승진, 보너스, 새로운 자리 등에 나를 추천할 때는 이런 대화가 오고 가게 마련이다. 관리자가 하는 가장 중요한 일 가운데 하나가 바로 자기 아랫사람이 한 일을 그룹 밖에 있는 사람들에게 알리는 것이다. 부하 직원은 정중하고 합리적으로 다른 팀을 자기 업무에 끌어들여서, 상사가 자연스럽게 이런 종류의 대화를 나눌 수 있도록 이끌어갈 필요가 있다. 솔직히 말해서 상사 동료의 영향력은 그야말로 막강하기에, 어떤 조직에서든 승진하기 위해서는 그런 영향력을 최대한 잘 활용할 줄 알아야 한다.

■ 다른 사람에 대해 좋게 이야기하기

타인과의 사이에서 감성 자산을 쌓는 것 중, 코드를 검토해 주거나 테스트 사이클이 지체되었을 때 테스트 케이스를 돌리는 일을 돕는다든가 하는 식의 물질적인 방식으로 돕는 것은 일부분에 불과하다. 감성 자산을 쌓기 위한 가장 강력하고 효과적인 일은 공개적으로 칭찬하는 것이다. 남들의 노고를 진심으로 고맙게 여겨서 그 사실을 공개적인 자리에서 밝힌다면 그 사람과의 사이에서 직접 감성 자산을 쌓을 수 있다. 그들이 경력을 계발하는 데 도움을 줄 수 있을 뿐 아니라 그들의 자존심도 세워줄 수 있는데, 누구도 이 둘을 싫어하진 않을 것이다. 이런 감성 자산은 예상치 못한 곳에서 눈덩이가 굴러가듯이 점점 불어나서, 내가 남들의 도움이 필요할 때뿐 아니라, 경력 계발에서도 도움이 될 수 있다. 남들에 대한 진심 어린 존중과 존경을 표한다면 그 사람이 나에 대해 부정적인 얘기를 하고 다닐 가능성보다는 좋은 얘기를 하고 다닐 가능성이 훨씬 더 높아지게 마련이다. 사람들이 지나가면서 한두 마디씩 나누는 대화에서 내가 한 일에 대한 칭찬이 오고 가는 상황과 내가 한 실수와 내 성격상의 문제 등에 대한 험담이 오고 가는 상황은 경력 계발 면에서 볼 때 하늘과 땅만큼 차이가 난다.

다른 사람이 잘한 일을 널리 알리는 것은 남에게 친절을 베푸는 일이면서 동시에 사업적인 관점에서도 좋은 일이다. 그 결과로 나에게도 반사 이익이 돌아올 수 있기 때문이다. 물론 정직하고 진실해야 한다. 아첨꾼을 좋아하는 사람은 없다. 하지만 웬만한 사람이라면 동료가 한 일에 대해 감사와 존경의 마음이 들긴 했는데 입 밖으로 꺼내기가 쑥스러웠던 경험이 한두 번씩은 있었을 것이다. 말과 글로 그런 것을 표현하여 진심으로 다른 사람에 대해 좋게 이야기하는 자세를 가지도록 하자.

■ 승진 가능성의 비밀

대부분 어느 정도 오랫동안의 기여를 바탕으로 승진 대상자가 결정된다. 승진이라는 제도는 경영진으로서는 최고의 직원으로부터 더 높은 생산성을 이끌어내고 회사에 대한 충성심을 높이는 방법이면서, 직원들에게는 더 높은 연봉, 새로운 도전과 책임을 받아들일 기회가 된다. 승진 대상자를 선정하는 데 있어서 실적 평가는 크게 세 가지 범주를 기준으로 이루어진다. 승진 가능성을 따지는 데 있어서 한 가지 비밀이 있다. 아래에 열거한 각 특성이 승진 가능성에 미치는 영향은 사람들이 보통 예상하는 것과는 반대순이라는 점이다.

사업 기여도. 본인이 주어진 기간 동안 실제로 해낸 일. 나에게 맡긴 임무를 전부 합친 것으로 생각하면 된다. 이론적으로 보자면 이 사업 기여도야말로 승진 가능성에서 가장 중요한 요인이 되어야 할 것이다. 전문가로서의 기여. 기술 문서나 연구 논문 발표, 특허 제출, 공개 강연(자사 제품의 최신 기능에 대한 업무 관련 전시회에서 한 발표 등), 홍보 참여와 같이 소프트웨어 전문가로서 자주 경험하게 되는, 업무와 직접 관련되지는 않는 다양한 일을 '전문가로서의 기여'라고 부른다. 이 범주에 속하는 일은 필수적인 일은 아니며 연간 실적을 따지는 데 있어서 보너스 요인이라고 볼 수 있다. 이런 일은 부차적인 일이니만큼, 내가 꼭 일궈내야 하는 성과에는 포함되지 않는 것이 대부분이다. 전문성. 자신만의 전문 영역, 전문 지식을 얼마나 잘 알고 있는지를 평가하는 부분. 소프트웨어 전문가로서는 소프트웨어의 기초와 소프트웨어 공학 방법론에 대한 지식, 자신이 맡은 제품과 관련하여 본인이 정통한 기술 영역에 대한 지식 등이 여기에 들어간다. 예를 들어 웹 렌더링이나 인간-컴퓨터 인터페이스, 데이터베이스, 인공지능과 같은 어떤 특정 기술 영역에서 세계적인 수준의 전문성을 가졌는지 등을 생각해보면 된다.

이론적으로 보자면 인사고과와 승진 대상자 선정에서 가장 중요한 특성은 사업 기여도여야 할 것이다. 즉, 팀의 사업적 목표를 달성하는 데 도움을 주기 위해 어떤 일을 했는지가 가장 중요해야 할 것이다. 하지만 소프트웨어 개발 분야에서는 사업적 기여도를 평가하는 것이 워낙 힘든 일이기 때문에 관리팀에서도 그 부분을 제대로 평가하기가 매우 어렵다. 서로 해야 할 일과 책임 범위가 다른 사람들을 비교하기가 너무 까다룹기 때문이다. 그렇다 보니 대부분의 사람이 사업적 기여도가 가장 중요한 부분이라고 동의하면서도, 솔직히 말해서 그 특성을 정량적으로 평가하기가 어렵다는 데에도 동의하는 편이다.

전문가로서의 기여는 아마도 가장 중요하지 않은 부분이어야 할 것이다. 특히나 논문을 비롯한 부수적인 성과는 사업적 목표를 달성하는 데는 (물론 예외가 있긴 하지만) 거의 별 힘이 되지 못한다. 하지만 확실히 눈에 띄는 일이다 보니 이런 일에도 신경을 써야만 한다. 목록을 작성하고 숫자를 따지기에도 좋다. 이런 일을 하려고 덤비는 직원은 얼마 없지만, 실제로 이런 부분을 잘 챙기는 사람들이 훨씬 더 유리한 고지를 선점할 수 있다.

전문성은 그 이름 만큼이나 중요한 특성이다. 하지만 그 진정한 가치는 어떤 식으로 사업에 도움을 줄 수 있는지에 의해 결정된다. 전문성이 뛰어난 사람은 그러한 역량을 가지고 제품에 중요한 영향력을 미칠 수 있어야 한다. 만약 그게 잘 안 된다면 그 사람이 가진 전문성의 실제 가치, 또는 자신의 전문성을 사업에 도움이 되는 방향으로 활용하는 능력에 의문이 제기될 것이다. 앞에서 얘기한 것처럼 사업에 대한 기여는 승진 가능성을 공정하게 평가하는 데 있어서 가장 중요한 요인이다. 하지만 실제 더 쉽게 파악할 수 있는 것은 전문성이다. 전문가 집단 내에서는 특정 주제에 대해서 누가 가장 잘 아는지가 상당히 분명하게 드러나는 편이다. 소프트웨어 개발자들을 몇 달 동안 모아놓고 보면, 인공지능을 제일 잘 아는 전문가가 누구인지, 데이터베이스 시스템이나 웹 인터페이싱을 가장 잘 아는 사람이 누구인지, 누가 프로그래밍을 제일 잘하고 누가 개발 방법론을 제일 빠삭하게 알고 있는지 등을 금방 알 수 있을 것이다. 어쩌면 가장 쉽게 알 수 있는 것이라고 할 수도 있을 것이다. 이런 특징은 프로그래머들 사이에서만 있는 것이 아니다. 예를 들어 음악가들을 한군데 모아두면 옆에서 보는 비전문가들은 어려울지 몰라도, 전문가들끼리는 누가 제일 잘하는지 금방 알 수 있다. 간단하게 말해서 전문가들이 모여있는 집단에서는 전문성이 금방 드러난다.

결국, 우리는 이런 불편한 현실을 맞닥뜨릴 수밖에 없다. 승진 가능성에 영향을 끼치는 정도는 사업 기여도, 전문가로서의 기여, 전문성 순이어야 한다. 하지만 현실적으로 승진 가능성과의 상관관계는 전문성이 가장 높고, 그다음이 전문가로서의 기여이며, 사업 기여도는 가장 영향이 적다. 그렇다고 해서 실제 성과가 없이도 승진할 수 있다는 뜻은 아니다. 시스템이 아주 잘 맞아떨어지는 것은 아니지만, 그렇다고 해서 막무가내로 돌아가는 것은 아니기 때문이다. 중요한 것은 다들 분명하게 사업의 기여에 있어 생산성이 높은 사람들이 모여있는 곳이라면 전문성과 전문가 기여 면에서 더 두드러지는 사람이 더 빠르게 승진할 것이라는 점이다. 이런 현실을 잘 이해하고 자신의 전문성과 전문가로서의 기여를 계발하는 데 조금 더 많은 시간을 할애한다면 (그렇다고 해서 대부분의 시간을 거기에 쏟아부으라는 뜻은 아니다) 더 빠르게 승진할 수 있을 것이다. 물론 상당한 사업 기여도를 발휘하여 좋은 인상을 남길 필요가 있지만 어마어마한 수준이 필요한 것은 아니다. 사업에 기여하는 일에 일주일에 40시간, 전문가로서의 기여와 전문성에 일주일에 10시간을 투자하는 사람이 사업에 기여하는 일에만 50시간을 투자하는 사람보다 일반적으로 성공적인 경력을 쌓아갈 가능성이 높다.

승진을 위해서는 열심히 일하고 계속해서 성과를 내야 한다. 그 외에 자기 성과를 – 직속상관뿐 아니라 다른 사람들에게도 – 널리 알리면 여러모로 도움이 된다. (나중에 바뀌더라도) 구체적인 목표가 있으면 에너지를 집중하여 제대로 된 전문성을 키우고 성공적인 경력을 쌓아가는 데 큰 도움이 된다. 이런 비법을 모두 잘 적용하면 큰일을 해내고 더 강한 영향력을 발휘하고 더 높은 연봉을 받을 수 있는 자리로 올라갈 수 있다.

interview
마크 루시노비치

윈도 구루, 마이크로소프트 기술 펠로우

현재 지위

마이크로소프트 기술 펠로우, 플랫폼 및 서비스 사업부 윈도 아키텍트

주목할 점

세계 최고의 윈도 구루, Sysinternals tools의 창시자이자 핵심 연사이자 저자
TechNet에서 매달 350만 명이 방문하는 독자 수 1위를 자랑하는 블로그(http://blogs.
technet.com/markrussinovich/)를 운영한다. Sysinternals 웹사이트는 TechNet에서
가장 많은 트래픽을 끌어모으고 있으며, 가장 평이 좋은 사이트이기도 하다. 매달 200만
건이 다운로드된다.

생일

1966년 12월 22일

학력

카네기 멜론 대학교 컴퓨터 공학 박사, 1994
렌셀러 폴리테크닉 대학교 컴퓨터 공학 석사, 1990
카네기 멜론 대학교 컴퓨터 공학 학사, 1989

취미 및 관심사

비디오 게임(가장 좋아하는 게임은 온라인 1인칭 슈팅 게임인 배틀필드 시리즈), 자전거,
윈도 관련 집필 및 강연

약력

루시노비치는 마이크로소프트의 플랫폼과 서비스 사업부에서 기술 펠로우로 일하고 있
다. 윈도 운영체제의 내부 사정과 운영 아키텍처, 설계에 대한 정통한 전문가다. 잘 알려
진 소니 오디오 CD의 루트킷을 발견하여 컴퓨터 프라이버시 영역에서의 업계 재편을 이
끌었다.

마크는 1996년에 그가 동업자들과 함께 창업하여 CSA$^{Chief\ Software\ Architect}$로 일하던 Winternals 소프트웨어를 마이크로소프트에서 인수했을 때 마이크로소프트에 합류했다. Sysinternals.com의 공동 창업자이기도 하며, Process Monitor, Process Explorer, AutoRun을 비롯한 수십 가지 윈도 관리 및 진단 유틸리티를 만들어서 발표하기도 했다. 그전에는 IBM 토마스 J. 왓슨 연구소에서 운영체제 전문가로 일하면서 웹 서버 가속화를 위한 운영체제 지원에 대해 연구하기도 했다.

루시노비치는 (『Inside Windows 2000』부터 시작하여) 마이크로소프트 프레스에서 나오는 『Windows Internals』 시리즈의 공저자 가운데 한 명이기도 하다. Windows IT Pro Magazine의 수석 논설위원, TechNet 매거진의 논설위원으로 활동하고 있으며, 윈도의 깊숙한 부분에 대한 수십 편의 글을 썼다. 마이크로소프트 TechEd, WinHEC, Professional Developer's Conference, Windows Connections, TechMentor를 비롯하여 세계 곳곳에서 열린 주요 업계 콘퍼런스에서 주요 연사로 초청받는 인물이기도 하다. 마이크로소프트, CIA, FBI 등 전 세계 곳곳에 있는 기업에서 윈도의 구조와 문제 해결법, 파일시스템, 장치 관리자 등을 가르치기도 했다.

■ "어? 이거 돈 좀 되겠는데?"

소프트웨어 분야는 어떻게 시작하게 되었나요?

초등학교 6학년 아니면 중학교 1학년쯤이었던 것 같아요. 친구 중에 아빠가 앨라배마 대학교에서 일하는 애가 있었는데, 그 집에서 애플 II 컴퓨터를 샀어요. 친구네 집에 놀러 가서 그걸 가지고 놀다가 프로그램을 만들기 시작했어요. 편집기, 어셈블러, 디스어셈블러 같은 걸 만들었죠. 나중에는 고해상도 애플 디스플레이 결과를 인쇄하는 프로그램 같은 유틸리티를 만들기 시작했고, 컴퓨터 잡지에 그런 것에 대해 글을 쓰기 시작했어요. 그렇게 어떤 툴이나 유틸리티를 만드는, 제가 평생 해오고 있는 일을 처음 시작했죠. 그런 일들을 계기로 꿈이 항공 공학에서 컴퓨터 쪽으로 바뀌었어요. (항공 공학은 2학년 때부터 하겠다고 마음먹었어요)

Winternals로 처음 성공하기 시작하셨는데요, 어떻게 시작하셨는지 말씀해 주시겠습니까?

대학원에 있을 때 브라이스 코그스웰을 만났어요. 브라이스도 카네기 멜론 대학교에서 박사 학위를 받았는데, 저랑 같은 교수님한테서 학위를 받았죠. 컴퓨터 관련 기사를 함께 쓰기 시작했고, 프리웨어 도구를 제공하는 Sysinternals(그 당시에는 NTinternals

였죠)를 함께 시작했죠. 처음에는 취미로 시작했고, 저는 계속 취미 수준으로 하고 싶었는데, 브라이스가 "어? 이거 돈 좀 되겠는데?"라고 하더라고요. 저희가 만들었던 도구 중의 하나를 돈을 받고 팔기로 하고는 Winternals 사이트를 열고 Sysinternals를 Winternals하고 연결했어요. 계속 업데이트하고 새로운 도구를 만들어내면서 어느 정도 부수입이 생기더군요. 우리가 회사를 팔 무렵에는 85명의 직원이 일하는 소프트웨어 회사로 성장했어요. 그냥 공짜로 뿌리는 대신 돈을 받고 팔자는 아이디어를 브라이스가 낸 거였죠.

어떻게 그냥 나눠주는 정도로도 만족하고 계셨나요?

지금까지 저희가 만든 도구 가운데 가장 인기가 좋았던 (그리고 지금은 Process Monitor라는 도구에 포함되어 있는) Regmon이나 Filemon 같은 도구를 처음 만들기 시작했을 때는 그냥 공짜로 배포했는데요, 당시에 그걸 돈 받고 팔았으면 그렇게 널리 퍼질 수 없을 거라고 생각해요. 그때는 아예 소스까지도 무료로 배포했어요. 그런 도구를 그냥 나눠주다 보니 Sysinternals가 유명해졌고, 저희도 유명해졌던 것 같아요. 그래서 Winternals를 시작할 수 있었고요. 유틸리티에서 일반적으로 기대할 수 있는 가치를 제공하기보다는 그때그때 일어나는 문제를 해결하기 위한 도구 쪽으로 방향을 맞췄기 때문에, 당시에 그런 유틸리티를 돈 받고 팔았다면 저희가 지금 이 자리에 있지 못했을 것 같습니다.

이 책을 준비하면서 자유 소프트웨어 운동의 아버지인 리차드 스톨만도 인터뷰했습니다. 스톨만 씨는 루시노비치 씨나 저 같은 사람들이 생업으로 삼고 있는, 소프트웨어를 상용으로 판매하는 일이 '사용자들이 직접 디버깅을 하거나 작동 방식을 바꿀 수 없게 만들기 때문에' 비도덕적이라고 생각하시는데요, 루시노비치 씨의 의견은 어떠신가요?

스톨만 씨의 모델이 적합한 부분하고 상용 소프트웨어 모델이 적합한 부분이 따로 있다고 생각해요. 스톨만 씨의 모델 같은 경우에는 관심을 보이고, 문제를 해결할 의지가 있는 사람들이 있어야만 합니다. 그런 모델이 잘 통할 수 있는 프로젝트는 몇 가지 세간의 이목을 끌 만한 것밖에 없어요. 오픈 소스가 유행하던 시절, 많은 사람이 "이제 오픈 소스 커뮤니티에서 많이들 도와주겠지."라고 생각하면서 자기 코드를 오픈 소스 진영에 제공했는데요, 제대로 득을 본 경우가 많지 않았습니다.

■ "문제를 해결하는 부분이 정말 재미있어요"

스스로 설립한, 직원이 85명인 회사의 수석 아키텍트에서 마이크로소프트의 기술 펠로우로 옮기셨는데요, 그런 작은 회사의 임원을 마이크로소프트에서 기술적인 면에서 최고위 자리로 데려오는 일은 정말 드문 것으로 알고 있습니다. 혹시 바로 기술 펠로우로 가신 것과 관련해서 일화 같은 걸 얘기해주실 수 있나요?

그렇게 될 수 있었던 이유를 몇 가지 들어보면 이렇습니다.

1 커널 팀, 마이크로소프트 지원 서비스, 마이크로소프트 애플리케이션 개발자들이 제가 개발한 여러 도구를 널리 쓰고 있었습니다.

2 1995년부터 윈도의 버그를 보고하거나 Windows Internals 시리즈 책을 준비하면서 윈도 커널 개발자들하고 친하게 지냈습니다. 데이브 커틀러, 짐 알친을 비롯해서 윈도 그룹 여기저기에 있는 엔지니어들과 개인적 친분과 전문가로서의 친분을 두루 쌓았죠.

3 그 몇 년 전부터 마이크로소프트 캠퍼스에서 윈도 개발자들에게 Windows Internals 관련 강의를 했습니다.

4 Connectix를 인수할 때 사전 기술조사관으로 일했던 것을 포함해서 마이크로소프트의 다양한 프로젝트에 자문위원으로 참여했습니다.

5 브라이스랑 둘이 시작했던 Winternals를 외부 자금 전혀 없이 직원 85명 규모로 키워냈고, 회사를 만든 이후로 한 분기도 수익과 이익 면에서 적자를 낸 적이 없어요. 게다가 Winternals에서 만드는 제품은 여러 상도 받았고, 평균을 크게 웃도는 고객 만족도를 자랑하고 있었죠.

6 마이크로소프트 콘퍼런스에서 있었던 수백 번의 강연에서 최고의 평가를 받으면서 탁월한 공개 강연 능력을 인정받았습니다.

이런 이유를 들긴 했는데, 마이크로소프트에서 이 정도로 인정받았다는 건 분명 대단히 영광스러운 일입니다.

소프트웨어 분야에서 자신의 가장 큰 성과, 기여가 무엇이라고 생각하시나요?

전 세계의 수많은 윈도 관리자와 개발자의 삶을 향상해준 Sysinternals 도구를 들 수 있을 것 같습니다. Sysinternals 웹 사이트에는 매달 평균 2백만 명이 방문합니다. 가장 인기가 좋은 도구인 Process Explorer의 다운로드 회수는 매달 30만 번 수준입니다. 쉴 새 없이 이메일을 받아요. Sysinternals를 운영하던 10년을 들여다보면, 그런 도구들 덕분에 많은 사람이 시스템을 더 잘 이해하고 더 나은 소프트웨어를 개발할 수 있었던 것 같습니다. 저희가 예상했던 것보다 훨씬 더 말이죠.

윈도 이미지에 탑재된 도구는 없나요?

없어요. 많은 분이 왜 마이크로소프트에서 Process Explorer나 Process Monitor, AutoRuns 같은 도구를 OS에 기본으로 탑재하지 않는지 물어보곤 합니다. 근데 사실 저만 해도 그런 도구를 윈도에 기본 탑재하는 건 별로 바람직하지 않아도 생각해요. 워낙 필요로 하는 사람이 적으니까요. 윈도를 구매하는 고객을 보면 그중에서 저희가 만들었던 도구에서 제공하는 정보를 제대로 필요로 하거나 제대로 이해하는 사람은 극히 일부에 불과합니다. 대신 그 도구에서 제공하는 기능 중에 윈도에서 직접 제공하는 것도 있어요. 대부분의 사용자를 위한 기능은 아니지만 그래도 비교적 많은 분이 원할 만한 부분이죠. 마이크로소프트에 들어온 이후로, 그런 기능을 기존 윈도 도구에 추가하기 위해 내부 점검 및 도구를 담당하는 Fundamentals 팀과 함께 일하고 있습니다. 윈도 7을 보면 몇 가지 기능을 찾을 수 있을 겁니다.

어떤 때 성공했다는 느낌을 받으시나요?

그것도 흥미로운 질문이군요. 지금은 제가 공개적으로 말할 수 없는 쪽 일을 많이 하고 있어요. 윈도 7 이후를 바라보는 윈도 아키텍처의 장기 계획 쪽에 주로 집중하고 있습니다. 마이크로소프트의 조직 구조와 윈도 그룹을 제외한 다른 그룹의 참여를 이끌어내야 한다는 조건을 고려한 상황에서 윈도가 어떤 식으로 진화해 나가야 할 것인지에 대해서 제가 가지고 있는 비전이 있어요. 정말 어려운 일이죠. 적어도 서류상으로는 많은 사람이 동의해주고 있어요. 지금은 그런 비전을 실제로 시도해볼 걸 생각하면 들뜨는 기분이에요. 하지만 실제 회사의 미래 전략으로 합당하다는 동의를 얻는 과정에서 좌절도 많이 겪었죠. 이런 일을 하다 보면 그런 일을 겪는 일은 피할 수 없는 것 같습니다.

저는 엔지니어링 관련 일에서 스릴을 많이 느끼는 것 같아요. 저는 문제를 살펴볼 때 – 사실, 문제를 살펴보는 일은 제 소프트웨어 경력 전반에 걸쳐서 저를 이끌어왔다고 할 수 있을 것 같습니다 – 그 일을 하는 것 자체를 목표로 잡지 않습니다. 문제를 보고는 "여기 문제가 있네. 내가 가지고 있는 도구와 기술로 저 문제를 풀 수 있는 가장 좋은 해결책은 뭘까?" 이런 생각을 하는 중에 아까 말했던 비전 같은 것이 생기는 거죠. 운영체제와 컴퓨터 사용 방법의 지형이 어떤 식으로 진화하는지 살펴보고 있으면, 지금의 윈도에 어떤 문제가 있는지 들여다볼 수 있습니다. 이런 문제를 해결하기 위해 마이크로소프트에서는 무슨 일을 할 수 있을까? 이런 생각을 하다 보면 비전이 만들어지는 것입니다. 저는 문제를 해결하는 부분이 정말 재미있어요.

"시간 관리하기 정말 어려워요"

기술 분야의 리더들은 시간에 많이 쫓기는 걸로 유명합니다만, 시간을 효율적으로 관리하기 위해 어떤 전략을 사용하시나요?

시간 관리하기 정말 어려워요. 저는 기본적으로 해야 할 일들을 서로 방해되지 않게 확실히 구분 짓고, 언제까지 해야 하는지 꾸준히 관리합니다. 항상 데드라인을 잘 지키는 건 아니지만 일일 단위 및 주간 단위로 할 일을 정리하려고 노력해요. 아주 자세한 건 아니지만 매일 그날 해야 할 일들을 종이에 적어요. 그렇게 적어놓은 일들을 다 못하는 경우가 절반 정도 되고, 그러면 다음 날로 일이 미뤄지죠. 하지만 이렇게 하면 제가 해야 할 일들을 우선순위 순으로 관리할 수는 있는 것 같아요.

일과 삶의 조화는 어떻게 이루시나요? 일이 전부가 되는 상황을 피하는 비결이 있나요?

예전에 비하면 일과 삶의 조화 면에서 훨씬 나아졌어요. 1990년대 초기, 특히 IBM에서 일하면서 책을 쓰던 Winternals 초창기 시절에는 집에 오자마자 바로 랩톱을 꺼내서 아내와 함께 TV 앞에 앉아서 일하곤 했어요. 어떨 때는 침대에도 랩톱을 들고 들어갔죠. 언젠가부터는 이런 일을 그만뒀고, 지금은 집에 오면 기본적으로 일하지 않는 수준에까지 도달했어요. 저녁을 먹고 나서 이메일을 확인하긴 하지만 정말 중요한 일이 있는 게 아닌 이상 밤에는 일하지 않아요. 주말에 일하긴 하지만 잡지에 기고할 글을 쓴다든가 프레젠테이션을 준비한다든가 Sysinternals 도구 관련된 작업을 한다든가 윈도 관련해서 뭘 한다든가 하는 식으로 나 자신을 위한 일을 합니다. 취미라고 볼 수도 있어요. 제가 하는 일이 아주 재밌다는 게 참 대단한 일인 것 같아요. 일을 일이라고 생각하지 않거든요. 저는 언제나 컴퓨터를 취미로 생각하고 있어요. 일터에 가서 취미활동을 하고는 그 대가로 돈을 받는 셈이니 정말 환상적이죠. 많은 남편이 골프를 치거나 운동 경기를 보면서 주말 오후를 보내지만 저는 그 시간에 다른 사람들은 일이라고 생각하는 걸 해요.

보통 5:30에서 6:00 사이에 일어나서 30분에서 60분 정도 이메일을 확인하고 이런저런 일을 합니다. 아침 운동을 하고 아홉 시쯤 회사에 도착해요. 오후 여섯 시쯤에는 사무실을 나섭니다. 보통 야근 같은 건 잘 안 하고 이 일과에 맞춰서 출퇴근하는 편이에요.

기술 트렌드나 혁신의 정점에 서 있을 수 있는 비결은 무엇입니까?

매일 중요한 기술 관련 웹 사이트를 구경해요. 몇몇 사이트는 즐겨찾기에 넣어두고 매일 갑니다. Techme.com은 기술 관련 뉴스를 모아둔 정말 괜찮은 사이트에요. 최신 추세나 기술 커뮤니티에서 사람들이 어디에 관심이 있는지를 보여주는 계기판 같은 사이트죠. 그 외에도 OSNews, Slashdot, Infoweek, Infoworld, PC Week, PC Magazine, PC

World같이 1990년대 초에 PC 세계에 발을 들여놓은 이후로 계속해서 꾸준히 봐온 사이트에서 온갖 내용을 파악합니다. Windows IP Pro Magazine, TechNet 매거진 같은 것을 보면서 다른 회사에서 나오는 제품들에 대한 정보를 포함하여 마이크로소프트와 윈도 관련 최신 기술을 파악하고 있습니다. 제가 배우고 싶은 소프트웨어를 꼼꼼하게 살펴보는 것도 중요해요. 특정 기술을 예의주시하고 있는 사람들을 좀 알고 있는데요, 그 사람들 관심사 중에 저랑 겹치는 부분도 종종 있습니다. 어떤 일이 일어나거나 누군가가 어떤 소식을 들으면 저한테도 그 얘기를 전해 주곤 하죠. 제가 뭔가에 가장 큰 관심을 두는 건 회의에서 누군가가 어떤 얘기를 하는데 제가 전혀 모르는 얘기를 하고 있을 때입니다. 저는 다른 사람들이 무슨 얘기를 하는데 저는 뭐가 뭔지 모르고 멍하니 앉아있을 때 정말 심하게 좌절감을 느끼거든요. 그런 일을 경험하고 나면 그 주제에 대해 열심히 공부해요. 누군가가 뭔가를 언급하면 그걸 꼭 알고 넘어가야 직성이 풀리는 성격입니다.

■ "하지만 결국은 모든 게 연결되어 있어요"

소프트웨어 분야에서 성공하는 방법에 대해 조언 한 말씀 해 주시죠.

최대한 폭넓게 공부하세요. 기술이 워낙 폭발적으로 발전하고 있기 때문에 점점 더 어려워지고 있긴 합니다. 현재의 트렌드를 두루 파악하고, 빠르게 성장하고 있는 분야를 따라잡을 필요가 있습니다. 예를 들어 저처럼 윈도의 핵심 운영체제 분야에서 활동하는 사람을 살펴보죠. 저는 핵심 운영체제 그룹에 속해있지만, Ajax, 웹 표준, 펄, 루비 온 레일즈를 비롯하여 이 바닥에 있는 다른 많은 사람이 "저런 것까지 공부할 시간은 없어. 어차피 나랑 별로 상관도 없는데 뭘…"이러면서 넘어갈 것 같은 기술도 챙기는 편입니다. 윈도 전체를 이해하는 것 가운데 아주 작은 부분에 불과할지 몰라도, 결국은 전부 연결되게 마련이라서 저는 그런 부분까지도 열심히 따라잡고 있어요. 이런 자세 때문에 아마도 Windows Internals 시리즈 책을 쓰고, 윈도가 어떤 식으로 돌아가는지에 대해 강연을 하고, 윈도 외의 부분에서 어떤 일이 일어나고 있는지 이해하기 위해 노력하는 등의 일을 해온 것 같습니다. 그리고 덕분에 제가 성공할 수 있었던 것 같아요. 좁은 시야에 머무르지 않고 큰 그림을 파악할 수 있게 됐으니까요.

제 경력이 사실 좀 특이하긴 합니다. 마이크로소프트하고 합병하기 전까지는 상사가 없었으니까요. IBM에서 일할 때도 거의 제가 하고 싶은 일을 마음대로 한 편이에요. 상사가 있긴 했는데, 윗사람이라기보다는 동료처럼 느껴지는 분위기였어요. 그리고 Winternals가 이미 잘 돌아가고 있었기 때문에 회사에 다닌다는 느낌보다는 자원봉사하는 것 같은 기분으로 회사에 다녔어요. 뭔가를 열심히 하고 승진해야 한다는 그런 마음가짐이 아니었어요. 브라이스와 함께 조그만 회사를 시작했을 때도 그렇고, 지금 마이크로소프트에서 가장 높은 기술직인 기술 펠로우로 일하고 있는 상황에서도 그렇고, 처음부터 지금까지 거의 항상 맨 윗사람으로 일해왔습니다.

저는 조직 내에서 생활한다는 것은, 가장 높은 자리에 있다고 하더라도 사람들한테 어떤 일을 하라고 명령할 수 있는 것이 아니라는 점을 깨닫는 과정이라고 생각합니다. 무작정 "이거 해. 이 코드 만들어. 마케팅팀, 이런 식으로 일해." 같은 식으로 말해서는 안 돼요. 세상 누구도 절대적인 보스, 절대적인 독재자는 될 수 없습니다. 사람들이 자기가 하는 일을 진짜 믿을 수 있게 해야 해요. 즉 내 아이디어를 온전히 설득시키는 것이죠. Winternals의 수석 소프트웨어 아키텍트로 일하면서 제 생각에 우리가 꼭 만들어야 하는 제품이 있었는데, 제가 수석 소프트웨어 아키텍트였음에도 마케팅하는 사람들, 영업 담당자들, 브라이스, 우리가 고용한 CEO를 모두 만나서 설득해야 했어요. 제 아이디어를 설명하고 우리가 진짜로 해야 할 일을 설득시켜야 했던 거죠.

소프트웨어 분야에서 앞으로 10~15년 이내에 긍정적으로든 부정적으로든 영향을 끼칠 만한 변화로는 어떤 게 있을 것으로 생각하시나요?

기술이 바뀌는 시기에 기회가 찾아오게 마련입니다. 지금은 모바일 컴퓨팅이라는 컴퓨팅 분야의 새로운 물결이 막 들이닥치는 시기예요. "주머니 속의 PC"라는 말은 많이 들어봤지만, 최근까지만 해도 별 의미 없는 말에 불과했죠. 사람들이 PC를 주머니에 넣고 여기저기 돌아다니면서 여러 방식으로 연결하는, 지금까지는 전혀 볼 수 없던 새로운 물결이 밀려오고 있는 시대에 접어들고 있다고 생각해요. 그리고 거기에 커다란 기회가 있다고 생각해요. 아이폰을 위한 애플 앱스토어가 이미 많은 사람에게 막대한 기회를 만들어주고 있죠. 크로스 플랫폼으로 브라우저에서 돌아가는 리치 애플리케이션 런타임도 큰 변화를 가져올 거라고 봐요. 해당 OS에서만 돌아가는 애플리케이션 덕을 보는 마이크로소프트나 애플 같은 회사는 힘든 시기가 올지도 모르지만, 전반적으로 큰 기회가 생겨날 것 같아요. 지금도 브라우저는 점점 더 그 영역을 넓혀 가면서 풍성해지고 있지요.

소프트웨어 분야에서 불만거리라고 할 만한 건 없나요?

마이크로소프트의 소프트웨어하고 관련된 부분이라 정치적으로 올바르지 못할 것 같네요. 그래도 얘기해 보자면, 소프트웨어가 자꾸 다운되는 게 좀 짜증 난다고나 할까요? 소프트웨어 사용자 입장에서 보면 그런 경험을 정말 많이 하잖아요. 사용성도 한 예가 될 수 있는데, 가끔은 소프트웨어 때문에 재앙에 가까운 일을 겪곤 해요. 제가 만든 도구를 가지고 직접 왜 문제가 생기는지, 어떻게 그 문제를 해결할지 (또는 적당히 돌아갈 수 있을지) 찾아 내야 할 때도 많아요. 그런 일을 겪을 때면 일반 사용자들이 컴퓨터를 갖다 버리고 싶은 마음을 대체 어떻게 꾹 참고 쓰고 있을지 궁금해지기도 합니다.

컴퓨터 공학으로 석박사 학위를 받으셨는데요, 석사나 박사 학위가 전문가로 살아가는 데 있어서 중요하다고 생각하시나요? 직원을 채용할 때 학위가 있는 쪽을 선호하시는 편인가요?

좋은 질문입니다. 실은 그런 질문을 정말 많이 받았어요. 저는 개인적으로 별로 선택의 여지가 없었어요. 아버지가 의사셨는데요, 제가 어렸을 적부터 교육을 최대한 많이 받아야 한다는 것을 엄청나게 강조하셨어요. 어떤 분야를 원하든 – 특별히 어떤 분야를 강요하거나 하진 않으셨어요 – 어떤 분야를 선택하든 최고 높은 학위까지 받아야 한다고 말씀하셨죠. 그래야 더 많은 기회를 찾을 수 있다고 생각하셨어요. 중간에 멈추면 다시 돌아갈 기회가 없어요. 일단 직장생활을 시작하고 나면 다시 학교로 돌아가기가 정말 어렵고, 실제로 그렇게 하는 사람이 아주 드물죠. 그래서 저는 처음부터 박사 학위를 받을 생각을 하고 시작했어요. 다른 사람들이 박사 학위를 받는 것에 대해서는, 고등교육 기관에서 학생들을 가르친다거나 연구소에서 일한다거나 하는 것처럼 박사 학위가 필요한 직업을 원하는 게 아니라면 박사까지 받을 필요는 없다고 생각합니다. 하지만 석사 학위는 꼭 따는 게 좋다고 생각해요. 어떻게 보면 박사 학위를 받으면 오히려 기회가 줄어들 수도 있어요. 뭔가를 정말 하고 싶은데 박사 학위가 있으면 분에 넘치는 사람이라고 생각하고, 기분 좋게 일하지 않을 거로 생각해서 그 일을 주지 않을 수도 있으니까요. 하지만 석사 학위 정도면 그런 일은 걱정하지 않아도 되고, 다른 사람들과 차별화될 수 있죠. 꼭 학위가 있다는 게 중요한 게 아니고 자기가 관심 있는 분야, 자신이 추구하고자 하는 방향에 대해 조금 더 깊이 있는 지식을 가지고 있다는 증거가 되니까요.

이 분야에 들어오고자 하는 사람들에게 마지막으로 조언 한마디 해 주실 수 있을까요?

자신을 차별화시켜 보세요. 예를 들어 1990년대 중반에 자바가 폭발적으로 성장할 때는 다들 자바 프로그래머가 되었고, 구직 시장에 틀에서 찍어낸 듯한 자바 프로그래머가 넘쳐났죠. 그런 상황에서는 다른 사람이 쉽게 대신할 수 없는 인재로 자라나기가 정말 어려워요. 운영체제 내부를 훤히 안다는 게 딱히 매력적이라거나 주류에 속한다고는 할 수 없었지만, 덕분에 그쪽에서 일하는 사람이 별로 없었고 "그거 어려운 거잖아"라는 인식이 널리 퍼져서 저는 다른 사람들과 분명하게 차별화될 수 있었어요. 주류와 군중과 거리를 두고, 휘황찬란하고 멋져 보이는 게 아니라 더 안정적일 수 있는 걸 찾아보세요. 그런 분야를 잘 잡으면 재미있게 일하고 훌륭한 경력도 쌓고 돈도 잘 벌 수 있어요. 요즘도 보면 모든 게 충분히 무르익었다고 여겨지는 상황에서 갑자기 애플 앱스토어가 등장하면서 몇 명이 창고 같은 데서 앱을 만들어서는 큰돈을 벌고 유명해지는 일이 일어나고 있잖아요. 페이스북이나 마이스페이스 같은 소셜 네트워킹 사이트도 단지 몇 명이 함께 재미있게 일하면서 큰돈을 벌 수 있다는 걸 보여줬고요. 잭팟을 터뜨리는 것과 비슷한 것 같아요. 소프트웨어 사업 분야에서는 언제나 사람이 필요하기 때문에 열정이 있는 사람에게는 항상 상당히 큰 기회가 찾아올 수 있어요.

CHAPTER 12
시간 관리

"너무 열심히 일해서 죽은 사람은 없지만, 그렇다고 죽을 만큼 열심히 할 필요는 없잖아?" – 에드가 버겐(1903-1978)

누군가가 이 책에서 꼭 읽어야 할 장을 하나만 골라달라고 한다면 바로 이 12장을 꼽겠다. 회사에서 시간 계획을 짠다는 것은 내가 무엇을 생산해내고 전문가로서 어떻게 발전해 나갈지에 대한 계획을 짠다는 것을 뜻한다. 시간 관리 능력이야말로 결국 다른 모든 능력을 이끌어내 주는 능력이기 때문에, 성공하는 데 있어서 다른 어떤 능력보다도 중요한 것이라고 할 수 있다. 시간 관리 능력이 부족하여 하루에 생산적으로 일할 수 있는 시간이 채 세 시간도 되지 않아서 회사에서 잘리거나 아무도 가고 싶지 않을 만큼 형편없는 자리로 배치되는 직원들을 종종 볼 수 있다. 일을 잘하는 직원 중에도 자기 역량을 갈고 닦는 데 꾸준히 시간을 투자하지 않아서 "떠돌이" 수준(회사마다 조금 다를 수 있지만, 제대로 된 관리자 수준에는 미치지 못하는 자리)에서만 왔다갔다하는 사람들도 있는데, 자기 계발에 적절한 시간을 투자하는 것도 시간 관리에 있어서 핵심적인 부분 가운데 하나다. 고위 임원이나 기술 분야의 리더들은 대부분 나름대로 시간 관리 능력이 뛰어나기 때문에 그런 자리에 올라갈 수 있었다. 그런 능력이 체계적인 공부로 얻어진 것이든 타고난 것이든 말이다.

1950년대에서 1980년대까지는 시간 관리에서 업무의 우선순위를 정하는 것이 가장 중요했다. 그 시절 사람들은 업무 우선순위를 효율적으로 정해서 하루를 최대한 알차게 보내는 것을 가장 중요하게 여겼다. 1990년에는 업무의 우선순위를 매기는 것보다는 목표 지향적인 시간 관리를 더 중요시했다. 가장 중요한 목표를 중심으로 시간을 관리하면 다른 건 모두 자연스럽게 따라오게 되어 있다는 생각에 근거를 둔 방법이었다. 전문가들은 목표에 직접 도움이 되지 않는 것은 시간 낭비이고, 정말 중요한 일을 하는 데 방해가 되는 것일 뿐이라는 주장을 펼쳤다. 거시적인 관점에서 보자면 실제로 맞는 말이기도 하다(이전 장에서 목표 지향적으로 경력에 대한 계획을 세우라고 했던 것도 같은 맥락이다). 21세기가 되어서는 시간을 진정 효과적으로 관리하기 위해서는 두 전략을 모두 건전하고 조화롭게 활용해야 한다는 인식이 널리 퍼졌다. 일이라는 것을 거시적인 관점에서만 볼 수 있는, 거대한 규모의 활동이라고만 볼 수는 없기 때문이다. 일하다 보면 여러 자질구레한 책임을 수행해야만 한다.

■ 목표 중심적인 시간 관리

목표 중심적인 시간 관리Goal-centric Time Management는 시간을 투자하여 전문가로서의 자기 목표를 이해한 다음, 그 목표를 달성하는 데 필요한 것을 반영하는 것에서 시작한다. 지금까지 수많은 사람이 수많은 방법으로 변형하여 소개한 일화를 옮겨와 볼까 한다. 자세한 부분은 얘기하는 사람마다 다르지만, 핵심은 똑같다. 내가 알고 있는 버전은 이렇다.

> 한 교수가 강의실에 들어와서는 커다란 유리그릇을 탁자 위에 올려놓는다. 그는 학생들에게 그 그릇이 비어있는지 가득 찼는지 물어본다. 학생들은 뭔가 속임수가 숨어 있는 질문이라는 생각을 하면서도 대체로 그 그릇이 비어있다는 데 대해서는 이견을 보이지 않는다. 이제 교수가 돌멩이가 담긴 커다란 상자를 탁자 위에 올려놓고는 더 올려놓을 수가 없어 보일 때까지 유리그릇에 돌멩이를 채워 넣는다. 그리고 나서 학생들에게 그 그릇이 가득 찼는지 다시 물어본다. 나름 대학에 들어갈 만큼 똑똑한 학생들이기 때문에, 금방 돌멩이 사이에 공간이 있다고 답한다. 이번에는 교수가 커다란 모래주머니를 꺼내서는 그릇에 모래를 부어서 돌멩이 사이의 빈틈을 메운다. 그런 다음 물병을 꺼내 들고는 물이 꽉 차서 넘칠 때까지 물을 붓는다. 교수가 다시 한 번 학생들에게 그릇이 가득 찼는지 물어보자, 학생들은 이제 그릇이 꽉 찼다고 답한다. 교수가 학생들에게 "이 유리그릇을 시간 관리에 비유해볼 때, 내가 지금 이걸 보여 준 의도가 무엇이라고 생각합니까?"라고 묻는다. 한 학생이 자신 있게 "시간이 없다는 생각이 들 때도 효율적으로 행동하면 시간을 더 짜내서 일해낼 수 있다는 것을 뜻한다고 생각합니다."라고 대답한다. 교수는 실망했다는 듯이 고개를 좌우로 흔들며 이렇게 말한다. "실은 거의 반대되는 얘기를 하고 싶습니다. 제가 말하고 싶은 건, 이 그릇에 물하고 모래를 먼저 넣었다면 돌멩이를 집어넣을 수 없었을 거라는 점입니다. 그리고 여기에서 돌멩이, 커다란 물건은 해야 할 일 중에서 가장 중요한 것을 나타냅니다."

목표 중심적인 시간 관리의 핵심은 바로 자기 목표와 그 목표를 달성하기 위해 해야 할 일을 제대로 이해하는 데 있다. 그 점을 분명히 해 두지 않으면 조그만 일, 급한 일을 하는 데 시간을 다 보내느라 진짜 중요한 일은 할 수 없게 되고 만다. 이런 목표를 잊지 않기 위해 많은 사람이 스스로 이루고자 하는 목표를 적어둔 목록 같은 것을 만들곤 한다. 목표가 적힌 목록을 막상 만들고 나면 그 목표가 너무 크고 어려워서 도저히 달성할 수 없을 것 같은 느낌이 들기 때문에, 목표의 우선순위를 매기고 목표를 달성하기 위해 꼭 필요한 일을 할 시간을 따로 마련하는 게 중요하다. 이렇게 장기 목표를 달성하는 데 직접 연결되는 과제를 시간 관리에서 쓰이는 공식 용어로는 핵심 성공 요인CSF, Critical Success Factor이라고 부른다.

예를 들어 3년 안에 식당 사업에서 성공하여 수익을 내겠다는 목표가 있다면 최고의 주방장을 고용한다, 효율적인 주방 업무 지침을 만든다, 유동인구가 많은 위치를 확보한다 등의 핵심 성공 요인을 잡을 수 있을 것이다. 소프트웨어 그룹의 프로젝트 관리자가 어떤 소프트웨어 제품을 성공적으로 출시한다는 목표를 잡았다면, 재능 있는 인재를 임계 질량 이상 확보한다, 개발 절차를 확립한다, 확장성 있는 빌드 환경을 구축한다, 자동화된 회귀 테스팅을 위한 플랫폼을 개발한다, 진행 상황을 파악할 수 있도록 팀의 핵심 성과를 측정하는 절차를 구축한다 등을 핵심 성공 요인으로 꼽을 수 있다. 자기 목표, 그리고 그 목표와 연관된 핵심 성공 요인을 제대로 이해한다면 시간 우선순위를 세울 수 있다. 가장 중요한 목표와 연관된 핵심 성공 요인은 보통 1년 또는 그 이상의 기간에 걸친 장기 목표로 정의되는데, 이 부분이 시간 계획에서 가장 중요한 부분이 된다. 다른 해야 할 일은 전부 핵심 업무 사이에 생기는 비는 시간에 처리하는 식으로 가야 한다.

위대한 리더, 가장 큰 성공을 거둔 소프트웨어 엔지니어나 아키텍트는 모두 목표 중심적으로 시간을 관리한다. 태어날 때부터 DNA에 이런 인자가 들어있는 행운아도 있다. 그런 능력을 타고나지 못했다면 목표를 잡고 냉철하게 우선순위를 정하는 방법을 배워야만 한다. 목표 중심적인 시간 관리는 많은 개인이 자기 일에 다가서는 방법을 바꿔놓은 마법 같은 성공 요인이다. 이런 방법은 중요한 것과 그냥 스쳐 지나가는 것을 가려내는 데는 크게 도움이 되지만, 중요한 것과 또 다른 중요한 것을 구분할 때는 여전히 어려움에 맞닥뜨리게 될 수도 있다. 이런 상황에서는 구식이긴 하지만 과제 중심의 시간 관리가 여전히 도움된다.

■ 과제 중심적인 시간 관리

과제 중심적인 시간 관리Task-centric Time Management는 며칠 또는 몇 주 안에 해야 할 과제들을 이해하고, 매일 그 우선순위를 설정하는 식으로 시간을 관리하는 방법이다. 이 책에 있는 마크 루시노비치나 마리사 메이어와의 인터뷰를 보면 그 사람들은 일간 및 주간 계획을 세울 때 과제 중심적인 시간 관리 방법을 많이 사용한다는 것을 알 수 있다. 과제 중심적인 시간 관리는 일간, 주간 단위의 우선순위를 잡는 데는 도움이 되지만 경력 전반에 걸쳐서 장기적인 목표를 꾸리는 데는 도움이 되지 않을 수도 있다. 21세기형 시간 관리 방법이 이 두 전략을 현명하게 조화시키는 방향으로 나가고 있는 것이 바로 그 때문이다.

목표 중심적인 시간 관리는 몇 달에서 몇 년에 걸친 거시적인 수준에서 가장 중요한 목표를 달성하기 위한 핵심 성공 요인에 초점을 맞추는 데 있어서 필요한 방법이다. 과제 중심 시간 관리는 매주 할 일을 해내는 데 필요한 방법이다. 과제 중심 시간 관리법의 약점을 쉽게 볼 수 있는 것이 바로 결혼이다. 함께 살고 싶은 천생연분을 찾아내는 일은 주간이나 연간 단위에서 보면 급한 일이 아니지만, 많은 사람에게 있어서 결혼은 인생 전반에서 매우 중요한 목표 가운데 하나라고 할 수 있다. 과제 중심적인 시간 관리에만 신경을 써서, 앞으로 며칠 동안 중요한 일 위주로만 시간 계획을 짠다면 결혼을 위해 누군가와 진지한 관계를 맺는 일에 시간을 낼 수 있는 사람은 별로 없을 것이다. 평생을 바쁘게 살아온 임원이나 높은 야망을 품은 일 중독자 중에는 이런 슬픈 현실을 실제로 체험하는 사람들이 적지 않다. 당장 급한 일이 아니므로 우선순위를 높게 두지 않다 보니 제대로 진지한 관계를 맺지 못한 채로 40대나 50대를 맞게 되고 마는 것이다.

하지만 매일매일 시간을 관리하는 것은 매우 중요한 일이며, 그 부분에는 과제 중심적인 시간 관리 방법이 크게 도움이 된다. 해야 할 일 목록을 만들고 우선순위 순으로 처리하는 것은 일을 해내는 데 있어서 잘 검증된 방법이다. 일의 우선순위를 정하는 것은 상당히 부자연스러운 절차이기 때문에 누구든 아무렇지 않게 할 수 있는 일이 아니다. 예를 들어 고위 임원들은 행정 담당 비서와 매주 또는 매일 일정표를 검토하면서 중요한 일의 우선순위가 높게 잡혀 있는지 확인하곤 한다. 이런 절차의 중요성에 대해서는 마크 루시노비치, 다이앤 그린, 마리사 메이어의 인터뷰에서 확인할 수 있다.

과제 중심적인 시간 관리와 소프트웨어 개발에 관한 마지막 핵심 주제를 생각해 보자. 소프트웨어 개발은 매우 복잡도가 높은 일이기 때문에, 오랫동안 집중해서 일하는 시간이 필요하다. 관리자, 프로젝트 기획자, 마케팅 담당자 같은 사람들은 업무 특성상 몇 분이면 다른 업무에 적응할 수 있기 때문에 30분 단위로 시간 계획을 짜도 괜찮다. 소프트웨어 설계나 소프트웨어 코딩 면에서 볼 때 소프트웨어 개발은 예술과 수학 사이의 경계가 모호하다고 할 수 있는, 매우 복잡도가 높은 작업이다. 이런 작업에서는 보통 한 가지 일을 하다가 다른 일로 넘어갈 때 최소 15분에서 20분이 족히 걸린다. 즉 30분마다 다른 일로 넘어간다면 온종일 붙어 있어도 별 결과가 나오지 않는다. 소프트웨어 설계나 코딩을 하는 사람들은 설계나 코딩 업무를 위해 시간을 짤 때 다른 사람들과는 달리 몇 시간 단위로 시간을 할당해야 한다. 레이 톰린슨이나 리누스 토르발스, 비야네 스트롭스트룹 같은 사람들의 인터뷰를 보면 비슷한 얘기를 찾을 수 있다. 스트롭스트룹은 소프트웨어 설계나 프로그래밍 분야에서는 "심각한 일에는 멀티태스킹이 적합하지 않아요"라고 말하기도 했다.

■ 영향력의 원과 관심의 원

누구나 직장, 집, 또는 그 외의 것들과 관련하여 관심의 범위는 다양하다. 이렇게 개인별로 관심이 있는 주제에 따라 그 사람의 흥미와 감성적인 초점의 영역, 일상에서 어디에 정신적인 에너지를 사용하는지가 결정된다. 자신이 관심을 두고 생각하는 것들의 영역을 관심의 원Circle of Concern이라고 부른다. 하지만 그 가운데 정말 심각하게 관심이 있음에도 그 사람이 거의 또는 전혀 어떻게 할 수 없는 것도 많다. 예를 들어 대다수의 사람은 주식 시장이나 경제, 국제 정세, 가까운 사람들의 건강, 누가 우리 회사의 CEO가 될지 등에 대해서 거의 아무것도 할 수가 없다. 회사에서 아주 고위 직에 있지 않은 이상 회사의 사업 전략이나 조직 전반에서 어떤 사람이 채용되는지 등에 대해 거의 아무런 권한도 없는 경우가 대부분이다.

우리의 관심의 원의 부분 집합으로 영향력의 원Circle of Influence 이 있다. 개인적으로 통제할 수 있거나 적어도 내 행동으로 영향을 받을 수 있는 것들이 이 원 안에 들어간다. 내가 영향을 끼치거나 통제할 수 없는 것에 대해 고민하고 걱정하는 데 드는 시간은 거의 항상 부정적인 에너지로 작용한다. 쓸데없는 걱정에 시간을 써 버리고 마는 셈이다. 부정적인 감정을 만들어낼 뿐 아니라, 거기에 대해 내가 아무것도 할 수 없으므로 시간을 버리고 마는 것이다. 효과적으로 살아가는 데 있어서 가장 핵심적인 전략 가운데 하나가 바로 영향력의 원 안에 있는 것에 대해 더 민감하게 반응하고, 거기에 최대한 시간을 많이 쏟아붓는 것이다. 정신적, 감성적 에너지를 자신이 통제할 수 있는데 쓰는 시간이 더 많을수록 더 효율적으로 살아갈 수 있다. 내가 영향을 끼칠 수 있는 쪽으로 더 많은 일을 할수록 더 큰 영향력을 가질 수 있기 때문이다.

하지만 그밖에 더 미묘한 뭔가가 있다. 바로 영향력의 원 밖에 있는 것에 시간을 투자할수록 부정적인 감정이 더 커진다는 점이다. 극단적인 예를 들자면, 세계 정상급 소프트웨어 회사에서 일하는 한 선임 아키텍트는 뉴스를 전혀 읽지 않는다고 한다. 뉴스에 나오는 내용은 거의 전부 그의 영향력의 원 밖에서 일어나는 일이기 때문이다. 세상과 완전히 동떨어져 살아야 한다는 건 아니지만 (세계정세나 지역 뉴스를 어느 정도 따라가면 분명 장점도 있다) 자기 영향력의 원 안에 있는 것에 더 많은 관심을 기울일수록 일을 방해하는 부정적인 감정을 줄일 수 있다는 것은 분명하다. 그림 12-1에 이런 내용을 정리해 보았다.

신입 사원이 흔하게 저지르는 실수 가운데 하나가 바로 변화를 이끌어내겠다는 과도한 열의다. 마이크로소프트, IBM, 썬 마이크로시스템즈, 구글 같은 대기업에 입사하는 신입 사원 중에는 세상을 바꾸겠다는 엄청난 에너지와 강한 주장, 열정을 가진 사람들이 많다. 그런 사람들은 입사 후 몇 달 안에 회사의 사업 전략을 송두리째 바꾼다거나, 오픈 소스 활용을 늘린다거나, 급진적인 새로운 인공지능 프로젝트에 투자한다든가 하는 식의 제안서를 들이밀곤 한다. 물론 이렇게 하면 실패할 수밖에 없다. 아직 사업상의 인맥이나 회사가 돌아가는 방식, 대규모 투자 등에 대한 이해가 부족하기 때문이다. 간단하게 말해서 영향력의 원을 벗어나는 일을 한 것이다. 내가 영향을 끼칠 수 있는 부분에만 초점을 맞추면 시간을 더 잘 활용하고 자기 영향력을 확대하고 일상에서 긍정적인 감정을 더 많이 느낄 수 있다. 그러면 시간을 더 잘 쓸 수 있을 뿐 아니라, 영향력이 커지다 보면 시간이 지났을 때 영향력의 원 또한 커지게 될 것이다. 더 효율적일수록 더 많은 영향을 끼칠 수 있기 때문이다.

그림 12-1 영향력의 원과 관심의 원 (프랭클린 코비 사의 승인 아래 스티븐 코비가 쓴 『성공하는 사람들의 7가지 습관』에서 인용)

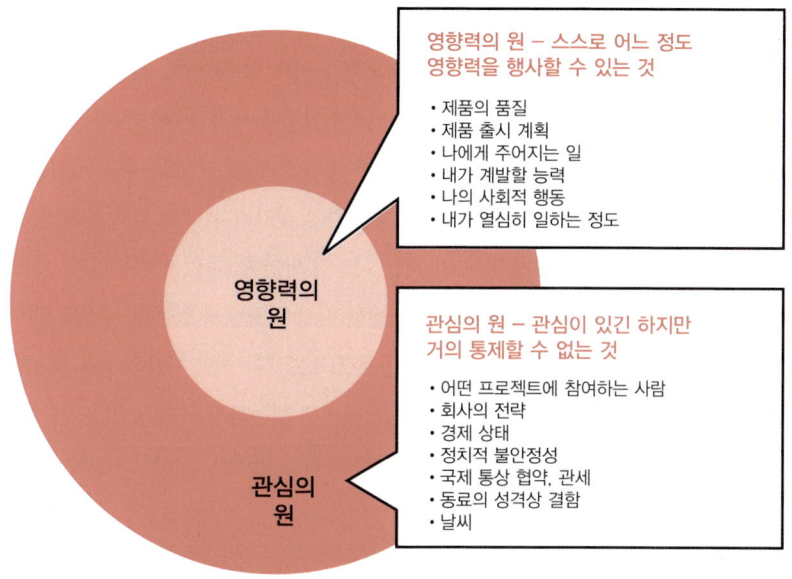

우유부단함

조지 패튼 2세 장군은 2차 대전을 이끈 미국의 장군으로, 북아프리카, 시실리, 유럽 사령부를 이끌었으며 미 3군 사령관으로 활약했다. 그는 "오늘 수행한 좋은 계획이 언제일지 모를 미래에 수행할 완벽한 작전보다 낫다"는 명언을 남겼다.

소프트웨어 개발자와 프로젝트 관리자도 패튼 장군의 이 명언을 가슴에 새겨두는 게 좋다. 소프트웨어 설계는 복잡한 작업이다. 소프트웨어에는 과학적인 특성 못지않게 예술적인 특성도 있어서 무엇을 할지를 결정하는 데 너무 많은 시간을 쓰기가 십상이다. 많은 경우에 더 나은 의사 결정을 했을 때의 장점보다는 시간이 지연됐을 때의 단점이 훨씬 크게 드러난다. 고객은 거의 느낄 수 없을 만한 미미한 장점을 달성하기 위해 6개월 이상씩 지연되는 소프트웨어 프로젝트가 부지기수다. 이렇게 너무 많은 걸 하려다가 일을 제대로 못 하게 되는 상황을 분석 마비*라고 부른다.

조직이 커질수록 어떤 설계나 전략적 결정에 합의해야 하는 윗사람들이 많아진다. 전략적 결정이나 설계상의 선택은 단순성/효율성과 신뢰성/완벽성/세련됨 사이에서 적정선을 찾는 일이기 때문에, 정말 완벽한 결정이라는 게 없는 경우가 많다. 정답이 아니라 적절한 타협점, 또는 적당한 답을 도출해내야 한다. 엔지니어링팀에서 장단점을 따지는 동안 시간은 흘러간다. 몇 주 정도는 눈 깜짝할 사이에 지나갈 수 있다. 결국, 다섯 달 동안 세심하게 가다듬은 소프트웨어 설계나 사업 전략이 하루 만에 만들어낸 대안보다 아주 조금 낫거나 아니면 전혀 장점을 찾을 수 없을 수도 있다. 설계 지연은 소프트웨어 엔지니어링팀에게는 정말 큰 골칫거리다. 프로젝트 개발 일정을 완전히 말아먹고 개발팀에게 말도 안 되는 시간만 남겨줄 수 있기 때문이다. 소프트웨어 개발 사이클에는 각각의 업무마다 적절한 시간이 정해져 있는데, (검토 단계까지 포함하여) 사양서나 설계안 작성에는 전체 소프트웨어 개발 시간의 1/3 정도가 쓰이는 게 적절하다. 어려운 결정을 내리느라 제대로 행동하지 못하는 일은 없어야 한다. 결정하는 데 필요한 시간을 미리 정해두고 적정선 내에서 그 시간 계획을 따르도록 하자.

■ 절박한 마음가짐

아프리카에서 전해져 내려오는 이야기를 하나 소개해볼까 한다.

> 아프리카, 매일 아침 가젤이 잠에서 깨어난다. 가젤은 가장 빠른 사자보다 더 빨리 달리지 못하면 죽을 것임을 잘 안다. 같은 아침, 사자도 잠에서 깨어난다. 사자는 가장 느린 가젤보다 빨리 달리지 못하면 굶어 죽을 것임을 잘 안다. 가젤이든 사자든 상관없다. 해가 뜨면 무조건 달려야 한다.

어떤 조직에서든 최고의 리더는 행동하는 사람이다. 몇 년 전, 한 회사의 경영자가 나한테 이런 얘기를 한 적이 있다. "일을 제대로 해내는 사람한테는 뭐라고 하기가 어려

---

*   역자주_ Analysis Paralysis 또는 Paralysis by Analysis. 원래는 정보 과다로 인한 분석 불능 상태를 뜻한다.

요." 어떤 사람이 행동하는 사람일까? 모든 중요한 문제를 절박한 마음가짐으로 공략하는 사람이다. 절박한 마음은 여러 성질이 합쳐진 것이긴 하지만, 가장 중요한 것은 바로 사전 준비와 끈기다. 어떤 문제나 기회에 대해 절박함을 느낀다면 주저 없이 행동하게 마련이다. 상사나 관리팀에서 일하라고 할 때까지 기다리지 않는다. 어떤 사안이 주어졌을 때 절박함을 느낀다면 행동해야만 한다. 끈기가 중요한 이유는, 뭔가 정말 중요하다는 생각이 든다면 웬만한 장애물이 생겨도 멈추지 않고 나가야 하기 때문이다.

절박함 = 사전 준비 + 끈기

절박한 마음은 두 배 이상의 생산성을 낼 수 있을 만큼 강력하다. 절박한 마음을 안고 사는 사람은 더 바쁘게, 더 효과적으로, 더 믿을 수 있게 일을 해내고, 시간을 훨씬 더 효과적으로 쓸 줄 안다. 자기 할 일을 절박한 마음으로 해내고, 마치 자기 목숨이 걸린 것처럼 온갖 장애물을 헤치고 나가기 때문에 그런 사람에게는 믿음이 가는 것이다. 1993년 루 거스너가 IBM의 경영권을 넘겨받았을 당시의 IBM은 쇠약하고 비효율적인 대기업으로, 주가는 추락하고 있었고 세계 최고의 기술 기업임에도 심각한 위기로 빠져들고 있었다. 거스너는 IBM의 전 직원에게 끊임없이 "어떤 일을 하든 절박한 마음으로 행동하고 생각하라"는 원칙을 각인시켰다.

절박한 마음은 그저 그런 직원을 리더로, 생산성이 낮은 사람을 슈퍼스타로 만들어줄 수도 있지만, 거기에는 위험이 도사리고 있다. 첫째, 절박한 마음을 가지고 행동하는 사람은 다른 사람, 또는 일 외의 자신의 삶을 하찮게 여기기에 십상이다. 절박한 마음으로 일하는 사람은 다른 사람이 – 특히 함께 프로젝트 성과물을 만들어내야 하는 사람이 – 절박한 마음 없이 일하는 데 대해 크게 좌절하곤 한다. 그러나 어느 정도 덩치가 있는 조직이라면 당연히 절박한 마음으로 행동하지 못하는 (또는 의도적으로 그렇게 행동하지 않는) 사람이 있는 게 정상이다. 둘째, 절박한 마음으로 행동하는 사람은 일 중독자가 될 가능성이 매우 높다. 집에서도 일에 매달리고, 무조건 남들보다 오래 일하면서 일과 삶 사이의 균형이 완전히 망가져 버리곤 한다.

절박한 마음으로 일하는 데 있어서 정말 어려운 부분은 첫째, 그런 마음가짐을 가지는 것 자체이고 둘째, 그런 마음가짐을 제어하는 것이다. 후자를 제대로 할 수 없다면 아예 전자를 포기하는 게 낫다. 절박한 마음으로 행동하기 위해서는 절묘한 균형이 필요하다. 이와 관련하여 세 가지 조언을 해 볼까 한다. 첫째, 절박한 마음으로 행동하되 주변 사람들이 그렇게 행동하길 기대하거나 강요하지 않는다. 둘째, 절박한 마음으로 행동하는 것은 회사에서 일할 때로 제한한다. 회사에서는 사려 깊고 예의 바른 불도저로 사는 것도 좋겠지만, 삶 전체가 그렇게 되는 건 바람직하지 않다. 마지막으로, 절박한 마음으로 행동한다고 해서 못되게 굴어도 되는 건 아니라는 점을 명심한다. 절박한 마음으로 일한다는 것을 핑계로 그 누구에게도 무례해서는 안 된다. 주변 사람들에게 예의를 갖추고 배려하는 자세를 유지하면서도 절박한 마음가짐으로 일한다면 자기 분야에서 진정한 최고수가 될 수 있을 것이다.

■ 어느 정도까지 시간을 낭비해도 될까?

시간 낭비, 즉 직무 해설서에 나와 있는 것과 무관한 것에 시간을 쓰는 것은 늘 일어나는 일이면서 동시에 금기시되는 일이기도 하다. 아마 직장에서 시간을 낭비해도 된다는 인사 담당 임원은 절대 찾아볼 수 없을 것이다. 빈둥거리라고 월급 주는 회사는 없다. 사실 대부분 어느 정도 빈둥거려도 월급을 주긴 하지만.

시간 낭비는 사람들과 어울리며 인맥을 구축하는 것과 완전히 노는 것, 이렇게 크게 두 가지 유형으로 나눌 수 있다. 사람들과 어울리며 인맥을 구축하는 것은 미국 사회에서 전문가로 사는 삶에 있어서 일종의 회색 지대라고 할 수 있다. 어떻게 보면 정치나 스포츠와 관련된 잡담은 일과는 무관하고 직장생활의 본질과는 거리가 있다고 생각할 수 있다. 하지만 긍정적인 관계를 형성하고 인맥을 만드는 것은 전문가로서 살아가는 데 있어서 핵심적인 부분이며 성공의 핵심 요인 가운데 하나이기도 하다. 골프장에서 성사되는 계약이 얼마나 많은가? 기술 전문가들이 점심시간에 신생 기업에 대해 나누던 잡담이 업체 인수 합병으로 이어지는 경우는 또 얼마나 많은가? 인맥을 구축하는 일은 부수적인 일이 아니라 장기적인 관점에서 볼 때 핵심적인 성공 요인이며, 꾸준히 관리해야 하는 것으로, 매일 함께 일하는 사람들 사이에서는 더욱더 중요한 일이다.

스트레스와 갈등이 심한 직장생활에서는 회사에서 서로 친하게 지내기 위해 노력하는 것이 전체적인 운영 효율 면에서도 이익이 될 수 있다. 아마 지금쯤이면 "그건 좀 이해가 되네. 근데 회사에서 정말 놀면서 빈둥거리는 건 절대 안 되는 일 아닌가?"라는 생각이 들지 모르겠다. 믿거나 말거나 완전히 노는 것도 어느 정도까지는 이해할 수 있다. 여기서 완전히 노는 것은 뉴스를 보면서 웹 서핑을 한다든가, 개인적인 투자 관련 정보를 찾아본다든가, 친구한테 전화해서 안부를 묻는다든가, 게임을 한다든가 하는 것을 뜻한다. 이렇게 완전히 노는 것도 어느 정도 이해할 수 있는 이유는 간단하다. 소프트웨어 개발이나 설계는 정신적으로 매우 강도 높은 일이기 때문에 9~10시간씩 연속으로 효율적으로 일할 수 있는 사람은 거의 없다. 효율적으로 일하기 위해서는 창의적이고 분석적인 절차를 정리할 수 있도록 정신적인 휴식이 필요하다.

빈둥거리는 것은 좋은 일이다. 더 효율적이고 생산적으로 일하는 데 도움이 되기 때문이다. 물론 주의해야 할 점도 있다. 첫째, (인맥 구축이든 완전히 노는 것이든) 시간 낭비 활동에 보내는 시간은 하루에 75분을 넘기면 안 된다. 여기에는 점심시간을 비롯한 다른 휴식시간도 포함된다. 둘째, 시간 낭비가 어느 정도는 이해해줄 만한 일이지만, 누구에게든 보기 좋은 일이 아니라는 점이다. 아랫사람에게든 동료에게든 상사에게든 좋게 봐주지 않는다. 누구든 어느 정도는 시간을 낭비하고 어느 정도는 그 필요성을 이해하면서도, 남들이 시간 낭비를 하는 것을 좋게 여기진 않는다. 시간 낭비는 하루에 75분을 넘기지 않고, 남들한테 다 보이게 대놓고 놀지 않는다는 원칙을 지키는 기술이 필요하다.

■ 이메일

소프트웨어로 "큰 성공"을 하겠다는 목표가 있다면 아마도 이메일을 엄청나게 주고받아야 할 수밖에 없을 것이다. 소프트웨어 업계 전반에 걸쳐서 이메일의 분량과 성공 정도 사이에는 분명한 상관관계가 존재한다. 이메일처럼 널리 뿌리기 좋은 것도 없고, 누구든 중요한 사람은 이메일에 포함하기 마련이다. 왜 그럴까? 꼭 그래야 하기 때문이기도 하고, 사람들이 열심히 일하고 있다는 걸 보여주고 싶어하기 때문이기도 하고, 그렇게 행동하는 게 업계의 문화로 자리 잡았기 때문이기도 하다. 소프트웨어팀에는 보통 트리 구조와 같은 위계질서가 있기 때문에, 그 위계질서에서 위에 있는 사람일수록 그 밑에 있는 더 많은 사람이 그 윗사람과 의사소통을 해야 한다고 생각한다. 어느 정도 규모가 되는 조직이라면 높은 자리에 있는 사람은 매일 200통에서 400통가량의 이메일을 받는다고 보면 된다. (2010년 기준이기 때문에 시간이 지날수록 더 많아질 것이다)

이메일은 중독성이 있고 많은 사람이 실제로 중독되어 있다. 아마 우리 모두 치료를 받아야 할지 모른다. 이메일은 데스크톱 이메일에서 회의실에도 가지고 갈 수 있는 랩톱(포터블) 이메일로, 그리고 이제는 집이나 침실, 심지어 휴가 장소까지도 따라가는 블랙베리 기반의 이메일로 발전해나가고 있다. 그냥 내버려 두면 매일 수백 통의 이메일이 회사에서든 일상생활에서든 우리 시간을 전부 잡아먹어 버릴지도 모른다. 이러다가는 사람이 이메일 서버로 바뀌어버리는 수준에 이르러, 매년 자기 업적을 정리할 때 처리한 이메일 수를 따지게 될지도 모르는 일이다.

제임스 해밀턴은 소프트웨어 업계의 위대한 선구자이자 대단한 열정의 소유자이기도 하다. 1990년대 중반에 IBM의 DB2 개발팀의 수석 아키텍트로 일하던 그를 만난 적이 있었다. 해밀턴은 데이터베이스 분야 제품 아키텍트와 마이크로소프트 데이터 센터를 거쳐 2008년 12월 아마존의 웹 애플리케이션 서비스 담당 부사장직을 맡는 최고 엔지니어Distinguished Engineer로 선임됐다. 2008년 2월 22일 그는 자신의 블로그에 이메일이라는 괴물을 길들이는 방법에 대해 몇 가지 중요한 생각을 공개한 바 있다.*

> 저는 하루에 수백 통씩 이메일을 받습니다. 그중에는 정말 중요해서 바로 응답해야 하는 것도 있고, 스팸에 가까운 것도 있습니다. 아마 저만 이런 게 아닐 겁니다. 저는 쏟아져 들어오는 이메일을 관리하는 저만의 시스템을 개발했고, 어느 정도 이 시스템에 적응해가고 있습니다. 제 생각에는 우리가 진짜 해야 할 일과 "이메일 처리하는 일"을 혼동하지 않는 것이 가장 중요한 것 같습니다. 이메일은 해야 할 일, 또는 한 일을 전달해주는 전령 역할을 할 뿐, 이메일 자체가 우리가 하는 일인 것은 아닙니다.
>
> 누구든 일을 제대로 해내고, 자기 생활을 제대로 살아가면서도 이메일을 제대로 소화해낼 방법을 찾아내야 합니다. 저는 꽤 간단한 방법을 쓰고 있습니다.
>
> 이메일을 실시간으로 처리하지 마세요. 그러다가는 이메일만 처리하다가 시간이 다 갑니다. 저는 정말 바쁠 때는 하루에 두 번만 이메일을 처리합니다. 아침 일찍 한 번,

---

* **저자주_** 제임스 해밀턴의 허락으로 원문을 인용한다.

밤에 한 번 하죠. 조금 여유가 있을 때는 실시간이 아니라 가끔 짬을 내서 처리하는 정도로 이메일을 처리합니다. 이렇게 하면 효율도 높일 수 있고 다른 일에 더 잘 집중할 수 있죠.

이메일 도착을 알리는 효과음이나 팝업창은 전부 꺼 두세요. 그렇지 않으면 한 시간에 백 번씩 일을 중단하고 이메일을 처리하다가 하루가 다 가 버리고 말 겁니다.

저는 매일 아침 일찍 일어나서 이메일을 쭉 처리해서 가능하면 처리하지 않은 이메일이 열 통이 넘지 않도록 노력합니다. 종종 남는 이메일이 열 통이 넘기도 하지만, 대충 엇비슷하게 맞추는 편입니다. 일주일에 한 번은 꼭 처리하지 않은 이메일이 열 통 이하가 되도록 정리해요. 주말에는 반드시 처리하지 않은 이메일을 열 통 미만으로 줄입니다. 이메일이 수백 통 남아있는 상태로 주말을 맞으면 주말 내내 일하곤 해요. 이렇게 자신과 약속하고 나니까 처리하지 않은 이메일이 엄청나게 쌓여있는 채로 주말을 맞이하지 않기 위해서라도 메일을 바로바로 정리하게 되더군요.

메시지를 한 번에 완전히 처리할 수 있도록 온 힘을 다합니다. 이메일을 한 번에 다 처리하기 위해 열심히 일하죠. 최대한 빨리 모든 메일을 지우거나 적절한 답장을 보냅니다. 간단한 답장을 보내거나 지우는 것으로는 끝낼 수 없는, 진짜 어떤 일을 해야 하는 메일은 두 그룹으로 나눕니다. 오늘 할 일, 또는 아무리 늦어도 주말 전까지 할 일은 중요 메일로 표시한 다음 정해진 기간 내에 처리할 수 있도록 받은 편지함에 남겨둡니다. (이런 메일을 별도의 폴더로 옮겨야 한다고 하시는 분들도 있는데, 그렇게 하는 것도 괜찮은 것 같습니다) 더 오랜 시간이 필요한 항목은 할 일 목록에 집어넣고 받은 편지함에서 지워버립니다. 주말마다 시간을 쏟아서 남은 이메일 수를 열 통 미만으로 줄이는 작업을 하다 보니까, 처리해야 할 이메일이 너무 많아지지 않게 하려고 정말 열심히 노력합니다. 결과적으로 웬만한 이메일은 보자마자 바로 처리해 버리고 일이 크면 할 일 목록으로 넘기는 식으로 작업하게 되더군요. 나중에 처리하기로 하고 따로 우선순위를 지정해 두거나 하는 일은 거의 없습니다.

이메일을 어떤 규칙에 따라 자동으로 정리하는 기능은 쓰지 않기로 했습니다. 이메일을 바로 다른 폴더에 집어넣으면 거의 안 보게 된다는 게 제일 큰 이유예요. 이메일은 전부 받은 편지함으로 들어오게 해 놓고, 아주 빨리 처리해 버립니다. 대부분은 딱 한 번씩만 봐요. 한 번 볼 시간도 아깝다는 생각이 들면 메일링에서 아예 탈퇴하거나 이메일을 보내지 말아 달라고 요청합니다.

쓰다만 편지는 별도의 임시보관함에 담아두지 않고 바로 받은 편지함에 저장하게 해

낳어요. 보내지 않은 메일을 별도의 폴더에 저장하면 거의 다 써서 보내기 직전 단계까지 가 놓고는 다른 일 때문에 잠시 정신이 팔렸다가 까먹고 안 보내는 일이 자주 생기더군요. 임시로 보관해 둔 보낼 메일을 잊어버리고 안 보내는 일이 생기지 않도록 아예 받은 편지함을 임시 보관함으로 지정해 버렸어요. 보통 받은 편지함에 들어있는 이메일이 열 통 미만이 되도록 매일 정리를 하면 쓰다만 메일도 그날그날 챙길 수 있으니까요.

굳이 복잡한 폴더 구조를 만들진 않는 게 좋아요. 관리하는 데 시간이 오래 걸리니까요. 뭔가를 저장해야 한다면 그냥 보관함을 하나만 만들거나 단순하게 몇 개로만 구분해 놓고, 데스크톱 검색 기능으로 필요한 걸 검색해서 찾아내는 게 낫습니다. 괜히 복잡하게 구성하다 보면 시간만 아까워요.

마지막으로, 현실적으로 행동해야 합니다. 전부 제때 처리할 수 없을 만큼 이메일이 많이 온다면 계속 쌓일 수밖에 없어요. 전부 읽어볼 게 아니라면 바로 지워버리거나 다른 데로 치워 두세요. 혹시 나중에 필요할 때 검색 기능으로 찾아서 읽어볼 수 있다는 점을 생각하면 적당히 치워두는 것도 나름의 의미가 있습니다.

윗글에 있는 내용에 한 가지만 덧붙여보자면, 회의 중에는 이메일은 건드리지 말자. 요즘은 노트북이나 스마트폰 덕분에 거의 언제 어디서든 이메일을 확인할 수 있다. 시간을 효율적으로 사용한다는 생각이 들지도 모르지만, 이메일을 처리하다 보면 원래 회의실에 들어왔던 진짜 이유인 회의에 제대로 집중할 수가 없다. 중요한 내용을 전달하거나 제안서를 발표한다거나 핵심 이슈를 검토하고 논의하기 위해 회의를 열었는데 정작 청중들은 노트북으로 이메일만 보고 있는 상황이 자주 연출되곤 한다. 회의실을 가득 메운 많은 사람 중에서 발표자만 혼자 떠들고 있는 셈이다. 매우 무례한 행동이라는 것도 문제지만, 업무 면에서 볼 때도 회의 중에 자꾸 이메일을 들여다보고 있다면 회의실에 가 있을 뿐 실제 회의에는 참석하지 않는 것이나 마찬가지가 되는 것이다. 조직의 윗사람이라면 (또는 윗사람이 되고 싶은 사람이라면) 회의 시간에 제대로 집중해야만 한다. 또한, 회의 시간에 이메일을 확인하는 데 대한 주변 사람들의 시선도 좋을 리가 없다. 제대로 아는 사람, 열심히 일하는 사람이라는 이미지를 만들고 싶다면 회의 시간에는 이메일이 아니라 회의에 집중해야 할 것이다.

이메일의 쓰나미를 헤쳐나가는 요령은 그래디 부치, 다이앤 그린, 리누스 토르발스 인터뷰에서도 찾을 수 있다.

이 장에서는 개개인의 시간 관리 방법에 대해 살펴보았다. 소프트웨어 프로젝트는 보통 금전적, 시간상으로 빠듯한 상황에서 팀 단위의 업무로 진행되게 마련이다. 다음 장에서는 프로젝트팀 관점에서, 그리고 소프트웨어 출시 지연과 관련하여 더 거시적인 관점에서의 시간 관리에 대해 살펴보겠다. 소프트웨어 출시 지연 때문에 고생한 경험이 있다면 크게 공감할 수 있는 내용이 될 것으로 생각한다. 대규모 소프트웨어 프로젝트에서는 출시 지연이 워낙 흔한 일이긴 하지만, 위험을 최소화하고 최선의 결과를 이끌어낼 수 있는 비법에 대해 알아보고자 한다.

interview
데이비드 바스케비치

마이크로소프트 CTO

현재 지위
마이크로소프트 CTO

주목할 점
마이크로소프트의 전체 전략과 미래 플랫폼 아키텍처를 총괄하는 아키텍트

생일
1952년 12월 3일

학력
토론토 대학교 전산학 석사
토론토 대학교 수학, 전산, 철학 학사

취미 및 관심사
디지털 사진, 승마, 가족과 함께 시간 보내기

약력
데이비드는 30년 넘는 기간에 걸쳐서 선구자적인 소프트웨어 아키텍트, 비즈니스 혁신가, 작가로서의 경력을 이어오고 있다. 마이크로소프트의 선임 부사장이자 최고 기술 책임자로 일하고 있는 그는 마이크로소프트의 수석 아키텍트인 레이 우지와 함께 집중, 통합 전략과 미래의 마이크로소프트 플랫폼을 위한 아키텍처를 개발한다.

지금 자리를 맡기 전에는 비즈니스 애플리케이션 사업부 담당 수석 부사장 자리에서 기업이 돌아가는 방식을 혁신적으로 바꿔줄 수 있는 새로운 소프트웨어를 개발하여 마이크로소프트가 중소기업용 소프트웨어 시장에 진입하기 위한 초석을 닦는 일을 맡았다. 그 전략을 위한 핵심적인 방안의 목적으로 2000년 12월 Great Plains Software, Inc.의 인수를 성사시키기도 했다.

데이비드는 1986년 미국 마케팅 책임자로 마이크로소프트에 입사했으며 사업 계획 및 마켓 리서치 기법을 적용하여 배포, 세일즈, 광범위 채널 마케팅 전략 등을 가다듬었다. 그 자리에서 4년 동안 일하면서 마이크로소프트 윈도 3.0 운영체제와 마이크로소프트 오피스 제품군 출시 작업을 마무리했다.

미국 마케팅부를 떠나서는 마이크로소프트 컨설팅 서비스[MCS, Microsoft Consulting Services]를 설립하여 고객사의 비즈니스를 클라이언트/서버 컴퓨팅으로 변환시키는 과정을 지원하는 업무를 맡았다. MCS에서는 2년간 CTO로 일했다.

1992년에는 엔터프라이즈 컴퓨팅 담당 사업부장으로, 엔터프라이즈 아키텍처를 정의하고 마이크로소프트와 엔터프라이즈 파트너의 10년 로드맵을 그리는 광범위한 업무를 맡았다. 마이크로소프트 SQL 서버, 마이크로소프트 트랜잭션 서비스[MTS, Microsoft Transaction Services], AppCenter 서버, 마이크로소프트 닷넷 플랫폼 개발팀을 구성했으며, 마이크로소프트의 COM+와 윈도 DNA 이니셔티브 등을 진전시켰다. 1998년부터 1999년까지 마이크로소프트의 수석 아키텍트를 맡으면서 윈도 DNA 1기를 정의하고 배포했다. 그 뒤로는 새로운 마이크로소프트 비즈니스 애플리케이션 사업부로 옮겼다.

1990년대 중반 디지털 사진이 등장했을 때, 그는 디지털 사진이 컴퓨터 산업을 변화시킬 만한 기술이라고 생각했다. 그리고 그의 사진에 대한 열정이 마이크로소프트에서의 그의 업무와 직접 연관될 수 있으리라 생각했다. 그는 마이크로소프트에서 디지털 이미징을 더 심화시키도록 영향력을 발휘했고, 2004년 리치 미디어 그룹[RMG, Rich Media Group]을 발족시켰다. RMG는 데이비드의 관리 아래 상당한 규모로 성장하여 이제 그의 비전을 실현하는 단계로 접어들고 있다.

마이크로소프트에 들어가기 전에는 3Com에서 EtherMail을 비롯한 여러 소프트웨어를 위한 신사업 구축 계획을 세우는 일을 맡는 소프트웨어 사업부를 시작한 바 있다.

그는 서른 살의 나이에 비즈니스 계획 및 소프트웨어 벤처를 시작하면서 사업가의 길로 뛰어들었다. 첫 번째 회사였던 PlanDesign은 토론토에 기반을 둔 전략 계획 컨설팅 회사로, 업무 절차와 변화 관리(지금은 업무 절차 리엔지니어링이라고 부름)에 관해 캐나다에서 가장 큰 대기업들을 상대로 컨설팅했다. 두 번째로 만든 회사는 Standard Software였는데, 북아메리카 지역에서 최초로 벤처 캐피털의 자금을 지원받은 회사라고 할 수 있다. 데이비드는 포천 500안에 드는 대기업에 공급된 TP 모니터링 제품을 설계하고 마케팅하는 일을 맡았다.

데이비드는 1993년 IDG Books Worldwide에서 출간한 『Client/Server Strategies: A Survival Guide for Corporate Re-engineers』라는 책을 썼다. 이 책은 일반 대중을 상

대로 클라이언트/서버 컴퓨팅을 설명하기 위한 것으로, 분산 컴퓨팅 트렌드에 대한 기술적, 사업적, 문화적 원동력에 대해 자세하게 설명해주는 책이다.

1970년대에 대학교를 다니던 시절, PC 기반의 이메일 시스템이 나오기 10여 년 전에 타자기 터미널 기반의 통신 메시징 네트워크를 발명했다.

■ "내가 정답을 찾는 게 아니라 정답이 날 찾아올 때도 있어요"

소프트웨어 분야는 어떻게 시작하게 되었나요?

공상과학 소설에서 컴퓨터에 대한 글을 정말 많이 읽었고, 13살쯤 혼자서 프로그래밍하는 방법을 공부했어요. 고등학교 때는 학교에 있던 IBM 1130으로 프로그램을 짰어요.

경력에서 한 획을 그었다고 할 만한 사건 같은 건 없으셨나요?

IBM 1130은 정말 큰 컴퓨터였지만 지금 보면 아무것도 아닌 기계였죠. 물리적으로 덩치는 정말 컸어요. 카드 리더하고 프린터가 달려 있었죠. 그걸 썼던 첫해에는 카드 리더에 카드를 넣고 프린터에서 인쇄한 결과를 확인한 다음 프로그램을 수정하는 식으로 썼어요. 메인 콘솔에는 키보드하고 타자기가 있었어요. 그러다가 키보드로 뭔가를 입력하면 바로 프린터에서 찍어주는 프로그램을 만들 수 있다는 걸 깨달았죠. 컴퓨터한테 직접 얘기할 수 있는 거였어요. 요즘은 너무 당연한 일이지만 당시의 저로서는 정말 새로운 세상을 만난 것 같았어요. 그 사건과 제가 그때까지 읽은 수많은 공상과학 소설 덕분에 컴퓨터를 새로운 방식으로 생각하게 되었죠. 물론 아서 클라크, 아이작 아시모프, 레이 브래드베리를 비롯한 초창기 공상과학 소설가들이 1950~60년대에 쓴 소설에 나온 것 중에는 여전히 불가능한 것도 많죠.

소프트웨어 분야에서 성공하는 비결에 대해 조언해 주실 수 있을까요?

자기가 좋아하는 일을 하세요. 여러 다양한 것을 시도해 보세요. 정답은 없습니다. 때로는 내가 정답을 찾는 게 아니라 정답이 나를 찾아올 때도 있어요.

■ "까다로운 질문이에요"

토론토 대학교에서 전산학으로 석사 학위를 받으셨는데요, 대학원 학위가 소프트웨어 업계에서 중요하다고 생각하시나요?

이쪽 분야에서 대학원 학위가 직접 유용한 것은 아니라고 생각합니다. 상당히 까다로운 질문인데요, 아시다시피 대학 교육의 장점 중 적지 않은 부분이 생각하는 방법을 배우고, 책을 읽고, 자신을 탐구하고, 친구들을 사귀고 인맥을 쌓는 데 있죠. 물론 석사 논문을 쓰면서 글을 잘 쓰는 방법에 대해서는 확실히 배운 게 있습니다. 석사 지도 교수님이 정말 훌륭한 편집인이셨거든요.

기술 트렌드나 혁신의 정점에 서 있을 수 있는 비결은 무엇입니까?

저는 많이 읽고, 많이 대화하고, 여러 기술을 써 보려고 노력합니다. 각각 그 값어치를 해요. 책이나 기사를 읽으면 폭을 넓힐 수 있어요. 직접 경험해볼 수 없었던 다양한 것을 접할 수 있죠. 디지털 사진을 이해한다든가 전자책이 어떤 식으로 작동하는지 이해한다든가 인터넷의 위력을 경험한다든가 하는 일들은 직접 본인이 경험해보지 못하면 글을 통해 아무리 열심히 익혀도 제대로 알기가 어려워요. 사람들하고 대화하다 보면 직접 질문을 할 수 있어 훨씬 더 빠르게 상호 작용하면서 배울 수 있어요. 방향이 정해져 있는 게 아니기에 예기치 못한 방향으로 갈 수도 있습니다.

소프트웨어 분야에서 불만거리라고 할 만한 건 없나요?

여전히 코드를 짜는 게 너무 어렵다는 게 불만이에요.

기술 분야의 리더들은 시간에 많이 쫓기는 걸로 유명합니다만, 시간을 효율적으로 관리하기 위해 어떤 전략을 사용하시나요?

꽤 공을 들여서 일의 우선순위를 정하고, 항상 좋은 사람들과 함께 일합니다. 그 두 가지가 핵심 전략이에요.

일과 삶의 조화는 어떻게 이루시나요? 일이 전부가 되는 상황을 피하는 비결이 있나요?

15년 전쯤에 일과 삶을 모두 챙겨야겠다는 결단을 내리고는 그 둘이 서로 섞이지 않도록 확실히 구분하기 시작했어요. 그 덕분에 여전히 일하면서 사는 것 같아요. 시간을 딱 정해뒀다거나 한 건 아니에요. 어떨 때는 하루에 18시간씩 일을 하기도 하고, 한참 동안 휴가를 즐기면서 일을 하나도 안 할 때도 있어요. 다른 일을 하느라 일을 거의 하지 않으면서 보내는 날들도 있죠.

소프트웨어 분야에서 앞으로 10~15년 이내에 긍정적으로든 부정적으로든 영향을 끼칠 만한 변화로는 어떤 게 있을 것으로 생각하나요?

컴퓨터가 지금까지와는 다른 방식으로 계속해서 쓰일 거로 생각합니다. 그래서 여전히 다른 방식의 기회가 있을 거로 생각해요. 요즘은 자동차 회사에서 소프트웨어를 만드는 사람도 있고 엔터테인먼트 부문에서 소프트웨어를 만드는 사람도 있어요. 옛날에는 그럴 일이 없었죠. 앞으로 점점 더 다양해질 거예요. 대신 운영체제처럼 핵심 소프트웨어 분야에서는 어느 정도 기회가 줄어들 것으로 생각합니다. 여러 방면으로 소프트웨어 개발 수준이 한 차원 올라갈 것이고, 저수준 언어로 프로그램을 만드는 것과는 달리 우리의 의도를 컴퓨터에 알려주는 방향으로 나가게 될 것이라고 봅니다. 앞으로 5년 안에 그런 변화를 볼 수 있다고 생각해요.

■ "성공해야 행복해지는 게 아니라 행복해야 성공할 수 있어요"

어떤 때 성공했다는 느낌을 받으시나요?

두 가지 정도 말씀드릴 수 있을 것 같아요. 제가 설계했거나 설계에 영향을 끼쳤던 것이 이 세상에서 쓰이는 것과 훌륭한 사람들하고 일하면서 혼자서 할 수 있는 것보다 더 재미있는 것을 함께 만들어나갈 때 성공했다는 느낌을 받아요.

이 분야에 들어오고자 하는 사람들에게 마지막으로 조언 한마디 해 주실 수 있을까요?

아까 드렸던 조언하고 결국 같은데요, 어떤 분야를 처음 시작한다면 정말 자기가 좋아하고 재미있게 일할 수 있는 것, 내 돈을 줘 가면서라도 하고 싶을 만한 일을 찾아보세요. 성공해야 행복해지는 게 아니라 행복해야 성공할 수 있다고 생각합니다.

CHAPTER 13
개발 일정을 맞추는 방법

> "호프스태터의 법칙: 시간은 항상 예상보다 오래 걸린다. 호프스태터의 법칙을
> 미리 감안해도 마찬가지다."
>
> – 더글라스 호프스태터, 『괴델, 에셔, 바흐: 영원한 황금 노끈』(까치, 1999) 중에서

하는 일마다 매번 일정을 맞추지 못하는 것만큼 소프트웨어 개발자 경력에 안 좋은 것
도 찾기 어렵다. 일을 늦게 마치는 개발자는 느리고 생산성이 낮다는 인식을 주는 것
외에 다른 문제도 있다. 소프트웨어 프로젝트는 대부분 여러 사람이 함께 설계하고 구
현한다. 한 프로그래머가 일을 늦게 처리하면 팀 전체에 파장이 미치는 데 그치는 게
아니라, 개발팀을 넘어서 마케팅이나 영업 등의 부서는 물론, 고객에게까지도 그 효과
가 퍼져 나간다. 심각한 재정 문제를 불러올 수도 있다. 이 장에서는 소프트웨어 프로
젝트가 항상 지연되는 이유에 대해 알아보고, 팀 차원에서 지연을 방지하기 위해 어떤
일을 할 수 있는지를 논의해 보고자 한다.

◾ 모라고 씨처럼 하지 맙시다

겁나좋은기술㈜의 고위직 씨, 공손해 씨, 모라고 씨의 사례를 또 한 가지 살펴보자.
이번 시나리오에서 고위직 씨는 엔지니어링 담당 이사로, 모라고 씨는 자기 능력을
보여줄 만한 기회를 찾고 있는 젊은 프로그래머로 등장한다. 겁나좋은기술에서는 핵
심 제품의 차기 버전을 개발하고 있는데, 마침 고위직 씨가 모라고 씨에게 그 제품에
서 가장 중요한 신기능의 설계와 개발을 이끌어보겠느냐는 제안을 했다. 코드명 가주
Gazoo 라는 이 프로젝트는 MySQL 데이터베이스 플러그인으로 기똥찬 최신 압축 알고
리즘을 도입하기 위해 만들어졌다. 물론 이 책을 쓰면서 꾸며낸 이야기긴 하지만, 주
인공 이름과 날짜, 기능 같은 게 조금 다를 뿐 전반적인 양상은 거의 똑같은 일이 지난

수십 년 동안 전 세계의 수많은 소프트웨어 프로젝트에서 반복되었다.

9월 6일 모라고 씨가 자기 능력을 보이고 싶어 안달이 나서 고위직 씨에게 새로운 압축 기능을 혼자서 6개월이면 개발할 수 있다고 말한다. 고위직 씨는 그런 제안을 마음에 들어 하면서 2월에 베타 프로그램을, 5월 15일에 실제 제품을 출시할 계획을 세운다.

10월 20일 모라고 씨의 프로토타입 작업이 순조롭게 진행되고 있다. "장난감 데이터"를 이용한 초기 결과가 꽤 괜찮아 보인다. 하지만 모라고 씨는 자기가 구현한 코드가 아직 확실한 결론을 내릴 만큼 "실질적인" 것은 아니며, 테스트 데이터도 아주 작고 "잘 돌아갈 수밖에 없는" 수준이기 때문에 잘 되고 있다는 느낌을 받는다.

11월 25일 모라고 씨는 프로토타입 코드가 거의 완성되었고 잘 돌아간다고 보고한다. 그는 2주 정도면 충분히 될 거라고 얘기한다. 일정이 1주 남짓 지연되긴 했지만, 관리자들은 지금까지 모라고 씨가 보여준 놀라운 결과를 보고는 "제대로 만들어 주세요."라고 말하며 2주를 추가로 주기로 한다.

12월 17일 행복한 연말연시. 사무실 안에서 파티를 한다든가 이메일로 웃긴 얘기를 돌리느라 시간을 많이 쓰고, 휴가를 가는 사람도 많아지면서 업무 진행이 느려지기 시작한다.

1월 11일 업무 복귀. 할 일이 정말 많이 밀려있다는 걸 실감한다. 프로토타입은 상당히 인상적이긴 했지만, 진짜 제품 수준으로 만들려면 상당 부분 고쳐 써야만 한다. 이번 건은 모라고 씨의 경력에서 매우 중요한 기회기 때문에 꼭 제대로 해내고 싶어한다. 프로젝트를 성공적으로 마치기 위해 어떤 일이라도 할 기세다.

1월 27일 목표 일정에 맞춰서 코드를 끝내겠다는 절박한 마음을 가진 모라고 씨는 자기 자리에 스스로를 가둬 놓는 하루에 14시간씩 가주만에 초점을 맞춘다. 코딩하느라 워낙 바쁘다 보니 사양서나 설계안을 작성한다든가 제대로 된 유닛 테스팅은 대충 건너뛰고 있다.

[모라고 씨 책상 위에는 콜라 캔이 산더미처럼 쌓이고 있고, 이제 이 캔들을 여러 기하학적인 모양이나 프랙탈 같은 형태로 이리저리 배치하는 게 모라고 씨의 유일한 취미가 되어 버렸다.]

2월 20일   모라고 씨는 가주 프로젝트가 1~2주 정도 약간 늦어지고 있다는 점을 인정했다. 2월 중으로 베타 버전을 출시할 수 없어 보인다. 오랫동안 이 바닥에서 일해온 고위직 씨는 "1~2주"가 "1~2달"이 될 것임을 잘 알고 있다. 모라고 씨는 큰 곤경에 처해 있다. 면도도 못하고 8주 동안 거의 제대로 잠을 자 본 적도 없고, 완전히 피곤함에 절어 있다.

        임원 회의에서는 가주 기능을 살려내기 위해 제품 계획에서 다른 기능을 두 가지 잘라내고 공손해 씨를 모라고 씨의 프로젝트에 투입하는 결정을 내린다. 공손해 씨가 합류하면서 모라고 씨는 이제 "팀 리더"가 되었으며, 그는 자기가 열심히 일했기 때문에 일종의 승진을 한 셈이라고 생각하며 자랑스러워한다.

3월 17일   지난 한 달 동안 공손해 씨를 챙기느라 시간을 워낙 많이 쓰다 보니 모라고 씨의 생산성이 전보다 반 토막이 나고 말았다.

4월 24일   워낙 성급하게 일을 진행하다 보니 설계 문서나 검토 작업을 건너뛰었는데, 그러다 보니 전체 모드의 25%를 다시 설계해야 하는 거대한 설계상의 결함을 이제서야 발견하게 되었다.

5월 20일   드디어 기능 면에서 거의 완성 단계에 이르렀다. 워낙 서둘러서 개발하다 보니 결함이 발견되는 비율이 정상치의 두 배가 넘는다. "버그가 많은" 코드인 셈이다.

7월 15일   결함 발생률이 조금 낮아졌다. 엔지니어링팀에서는 이 희소식에 기뻐하며 테스트 사이클을 금방 마무리할 수 있을 거라는 자신감을 다시금 되새기고 있다.

8월 5일   고위직 씨가 제품의 공개 베타를 시작하자는 의견에 동의했다. 이미 거의 6개월이나 늦었기 때문에 지금이라도 시장에 베타 버전을 보여줘야만 한다. 마케팅 부서에서는 IT 잡지나 블로거, 컨설턴트들이 가주에 대해 열광적인 반응을 보일 거라고 확신하고 있다.

9월 17일   베타 출시 초기부터 가주 기능에 버그가 많고 고객 요구사항을 제대로 반영하지 못했다는 혹평이 날아든다. 기능 명세서에 대한 검토만 제대로 됐어도 그런 문제는 사전에 다 잡을 수 있었을 것이라는 짧은 분석 검토 내용이 나온다. 안타깝게도 모라고 씨는 자기 에너지를 "프로토타입 제작"에만 쏟아붓는 쪽을 선택하는 바람에 명세서를 제대로 작성하지 않았고,

계속 바쁘다 보니 지금까지도 명세서는 제대로 만들어 놓지 않았다.

10월 31일 결국 원래 일정보다 7개월 늦게 제품을 출시한다. 제품의 신뢰성이나 그 값어치에 대해 자신감도 없는 상태다.

모라고 씨의 생각

나는 이 프로젝트의 기술을 책임지고 있는 리더이고, 임원들과 소프트웨어 엔지니어링팀에서도 알아주는 유명한 리더다. "팀 리더"로서 나와 공손해 씨가 함께 일하는 작은 팀을 이끌어서 이 제품의 가장 중요하고 복잡한 기능 가운데 하나를 완성했다. 나는 핵심 제품 개발에 쉬지 않고 14시간씩 매진할 줄 아는, 이 회사에서 가장 생산성 높고 헌신적인 사람이다. 내 윗사람들이 나를 좋아하고, 조만간 나한테 큰 상을 내릴 것이다.

임원의 생각

고위직 씨는 실패한 프로젝트 관리자다. 더 이상 소프트웨어 개발 방법에 대해 아는 척할 수 없는 자리로 보내야 한다. 모라고 씨는 멍청하고 성가신 존재다. 고객의 요구에 부응하지 못하는 버그 투성이 기능을 만들어놨다. 모라고 씨 때문에 제품 출시가 일곱 달이나 늦어졌고, 반년치 매출을 깎아 먹었다. 공손해 씨가 그 무능한 사람을 구제하느라 다른 중요한 기능을 제껴야만 했다. 모라고 씨는 자기 일만 망친 게 아니라 엔지니어링팀 전체를 망가뜨려 버렸다. 모라고 씨 한 명이 우리 모두를 말아먹었다. 법적인 문제만 없다면 없애 버리고 싶을 지경이다.

공손해 씨의 생각

모라고 씨는 얼간이다. 그 사람 살려주느라 내 프로젝트가 날아갔다. 문서화도 제대로 안 돼 있고 일정 계획도 제대로 잡혀있지 않고 도무지 알아볼 수 없는 스파게티 코드로 짜여진 프로토타입에 기반을 둔 모라고 씨의 엉터리 프로젝트에 억지로 투입됐다. 고위직 씨도 문제가 많다. 모라고 씨가 분명 일정을 제대로 못 맞추고 있었는데 왜 중간에 끊어버리고 소프트웨어 엔지니어링 절차와 감시 절차를 도입하지 않았나? 모라고 씨가 못된 놈이라면 고위직 씨는 그냥 무능하다고 해야 할 것이다.

결과

모라고 씨는 그런 경험을 하고 나서도 회사 생활을 계속할 수는 있겠지만, 모라고 씨나 그 상사나 몇 년 동안 계속해서 성공하지 않는 이상 이번 대실패의 그림자를 벗어나긴 어려울 것이다. 이 일로 인해 모라고 씨의 경력은 적어도 3년 이상은 후퇴할 수밖에 없다. 회사를 옮겨야 할지도 모른다. 고위직 씨는 직원들과의 사이에서 신뢰를 잃고 가주 프로젝트를 제대로 달성하지 못한 무능함이 여러 스태프한테까지 널리 알려지게 되었다. 중요한 임무와 관련하여 개발팀을 관리할 수 있을 만큼 신뢰를 회복하려면 시간이 한참 걸릴 것이다. 고위직 씨는 아마 엔지니어링 담당 이사로서 몇 개의 프로젝트를 운영하고 있었을 것이다. 다른 프로젝트들이 얼마나 성공하는지에 따라 고위직 씨가 이 일로 얼마나 타격을 입는지가 달라질 수 있다.

■ 소프트웨어 프로젝트에서 일정이 지연되는 비율

스탠디시 그룹Standish Group에서는 소프트웨어 프로젝트의 일정 지연에 대해 10년이 넘는 오랜 기간 동안 연구했으며, 상당히 충격적인 결과를 발표했다. 그림 13-1에 스탠디시 그룹에서 발표한 1994년~2004년 데이터가 나와 있다. 2004년 데이터를 보면 IT 프로젝트는 평균 84%가 지연되며, 계획된 출시일보다 20% 이내로 지연되는 비율도 1/3 수준에 불과하다. 이런 추세는 조금씩 나아지고 있긴 하지만, 소프트웨어 업계 전체로 볼 때 비용이나 일정을 제대로 예측하지 못하고 있는 건 마찬가지다. 또한, 그 연구 결과에 의하면 일정 지연이 비용 초과하고도 밀접하게 연관되어 있기 때문에 문제가 더 심각하다. 어떤 프로젝트를 완료하는 데 시간이 두 배 걸린다면 프로젝트 비용도 거의 두 배 늘어난다. 이유는 간단하다. 소프트웨어 사업에서는 인건비가 대부분을 차지하기 때문이다. 도구나 서버, 개발용 컴퓨터에 드는 비용은 월급이나 각종 복지 혜택에 들어가는 인건비에 비하면 훨씬 적다. 서버, 컴퓨터, 소프트웨어 같은 자본비용은 보통 몇 년에 걸쳐서 감가상각이 이뤄지기 때문에 부담이 더 적어진다. 하지만 인건비는 매달 꼬박꼬박 나갈 수밖에 없다. 어떤 프로젝트에 투입되는 시간이 길어질수록 (다음 단계로 넘어가지 못하고) 그 업무와 관련하여 지급되는 월급이 더 많아질 수밖에 없다.

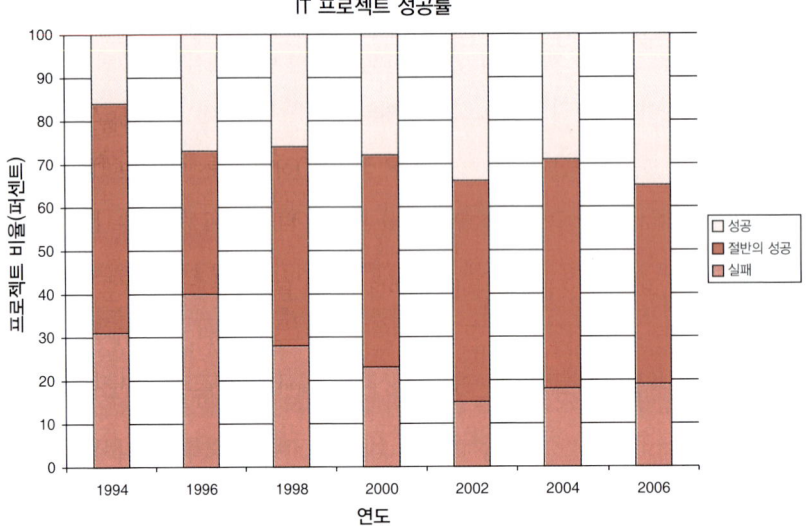

그림 13-1 IT 프로젝트의 평균 지연 비율

IT 프로젝트 성공률

북아메리카 지역에서 매년 소프트웨어 개발에 4,500억 달러가 쓰이는 것을 감안하면 일정 지연으로 인한 비용은 정말 엄청나다고 할 수 있다. 이런 일정 지연은 프로젝트 실패, 해고, 부도 등으로 이어지면서 개개인에게 심각한 결과를 가져올 수도 있다. 산업 전반적인 관점에서 보자면 일정 지연, 비용 초과와 관련하여 가장 중요한 사안은 시장에서의 브랜드 인지도 하락, 현금 흐름 경색(출시가 지연되면 그만큼 수익 창출도 늦어지게 마련이다), 비교우위 선점 실패(늦어진 만큼 경쟁자들이 따라잡기가 수월하다) 같은 문제로 인해 기회비용이 발생한다는 점이다. 일정 지연은 소프트웨어 분야에서는 일종의 전염병 같은 존재다. 중요한 프로젝트의 지연과 관련된 책임자가 되는 것만큼 경력에 악영향을 끼치는 것도 찾기 어렵다. 어디에서 일하든 모라고 씨처럼 행동하면 절대 안 된다.

■ 소프트웨어 프로젝트가 지연되는 이유

소프트웨어는 결국 전부 사람 문제다. 사람의 능력, 의욕, 소프트웨어 제품을 사용하고 개발하는 절차 등이 가장 중요하기 때문이다. 다음은 소프트웨어 개발 일정이 지연되는 가장 중요한 이유 11가지와 각각에 대해 어떤 조치를 취해야 할지를 정리한 것이다. 보면 알겠지만, 대부분의 원인은 사람이다.

#1: 범위 변경 문제

장롱 문짝을 하나 주문해도 정말 많은 질문에 답해야만 한다. 통나무로 할까요, 속이 빈 나무로 할까요? 밋밋한 문으로 할까요, 몰딩이 있는 문으로 할까요? 페인트칠로 할까요, 무늬를 입히고 광택만 낼까요? 소프트웨어 개발팀이 소프트웨어 프로젝트의 요건을 분명하게 이해하고 있다고 해도 여러 자질구레한 사항이 언제 추가될지 모른다. 이러다 보면 더 완전하고 탄탄한 제품을 만들기 위해 기능이 계속해서 확장되는 현상이 나타나게 마련이다. 사용 예를 하나 더 추가하거나 확장성 문제를 하나 더 처리해주지 않으면 제품이 엉망이 될지 모른다는 생각이 들기에 십상이다. 기능이 확장될수록 명세, 설계, 코드, 테스트에 필요한 노동력도 늘어나며 일정도 위협을 받게 된다. 이런 문제를 범위 변경Scope Creep 또는 프로그램 복잡화 경향Creeping Featurism이라고 부른다. 개발팀에서 그들이 개발하는 제품에 대한 기능 요건을 제대로 이해하는 것만으로는 충분하지 않다. 팀 구성원 각각이 충분한 것과 "지금 당장 이 정도면 괜찮은" 것 사이의 경계를 분명히 이해할 필요가 있다. 대부분의 조직이 무엇이 필요한지를 정의하는 일은 잘하는 편이지만 이 정도면 되겠다 하는 수준을 가늠하는 데는 매우 부족한 편이다. 결과적으로 소프트웨어 개발자들은 정말 별로 중요하지도 않은 사용 예에 대해 지나치게 걱정을 하고, 그러다 보면 범위 변경으로 이어지면서 일정이 지연되고 만다.

#2: 인력 수준의 문제

팀마다, 사람마다 실적의 편차가 상당히 크기 때문에 인력에 따른 성과 부분은 상당히 다루기 어렵다. 1968년 색만, 에릭슨, 그랜트는 프로그래머의 생산성 차이와 프로그래밍 환경의 생산성 차이를 연구하여, 가장 실적이 좋은 프로그래머가 가장 실적인 낮은 프로그래머보다 최대 28배 높은 생산성을 보인다는 결과를 발표했다.* 1975년에 발표된 배리 보엠의 연구에서는 5배 정도 차이가 난다는 결과가 나왔다.** 차이가 5배

----

* 저자주_ H. Sackman, W. J. Erikson, E. E. Grant, "Exploratory Experimental Studies Comparing Online and Offline Programming Performance," Communications of the ACM (CACM) 11, no. 1 (January 1968): 3–11.

** 저자주_ B. Boehm, The High Cost of Software: Practical Strategies for Developing Large Software Systems (Reading, MA, Addison-Wesley, 1975).

든 28배든 중요한 건 그만큼 엄청난 차이가 난다는 점이다. 소프트웨어 개발팀을 관리해본 적이 있는 사람이라면 다들 이미 경험해봤을 것이다. 최고 수준의 프로그래머들은 잘 못하는 사람들에 비해 몇 배가 넘는 생산성을 낸다. 여기에 어떤 기술 분야에 익숙한 사람(어떤 기존 코드 모듈과 관련된 일만 10년 넘게 일한 사람)은 그 분야를 막 배우기 시작한 사람에 비해 훨씬 더 빠르게 설계하고 코딩을 할 수 있다는 점까지 감안하면 생산성 격차는 더욱더 심해진다. 어떤 사람이 일하는지, 얼마나 뛰어난 사람인지, 그 사람이 그 분야에 대해 얼마나 잘 아는지 등에 따라 워낙 크게 달라질 수 있기 때문에 노동력을 인월Person-month, Man-month 단위로 따지는 게 무의미할 수 있다. 바로 이런 이유 때문에 스타급 프로젝트 관리자가 되고 싶다면 가장 훌륭한, 가장 똑똑한 사람을 고용하는 일이 무엇보다도 중요하다. 단순히 생산성 문제가 아니다. 훌륭한, 똑똑한 사람이 더 나은 설계안을 만들어내고 더 근본적인 혁신을 이끌어낼 수 있다. 생산성, 혁신, 우월한 품질의 장점을 모두 합쳐서 생각해 보면 다섯 명의 위대한 프로그래머가 50명의 보통 (그럭저럭 잘하는) 프로그래머보다 낫다고 생각한다. 비용은 직원 수에 일한 기간을 곱한 만큼 증가하지만, 프로젝트의 진도는 훨씬 비선형적으로 변한다.

#3: 지연된 프로젝트에 사람을 더 붙이면 오히려 더 느려지는 문제

프로젝트가 지연되면 다른 부서에서 일하던 사람이나 신규 인력을 투입해서 노동력을 보강하는 전략을 택하는 게 자연스러워 보인다. 이론적으로는 사람이 많을수록 일을 더 빨리할 수 있을 것 같다. 프레더릭 브룩스Frederick Brooks는 시스템 360 운영체제 개발을 관리한 인물로 유명하다. 그 프로젝트도 일정이 지연됐고 비용도 초과됐다. 브룩스는 그 프로젝트가 지연된 원인에 대해 연구하여 그 유명한 『맨먼스 미신The Mythical Man Month』(케이앤피북스, 2007)를 썼다. 이 책은 지난 30년간 나온 소프트웨어 엔지니어링 서적 중 가장 유명한 책 가운데 하나로 자리 잡았다. 브룩스는 OS/360 프로젝트를 진행하면서 직관과는 정확하게 반대되는 일이 일어난다는 것을 발견했다. 사람을 추가하면 인월 용량은 커지지만, 팀 전체의 능력과 생산성이 나아지지 않았다. 불쌍한 모라고 씨의 프로젝트에 공손해 씨가 추가됐던 경우를 보자. 공손해 씨를 가르치느라 모라고 씨의 생산성은 반 토막이 났다. 프로젝트에 사람을 추가하면 새로 추가된 사람이 기술을 익히고, 원래 업무를 진행하던 사람한테 이런저런 요청을 하게 마련이기 때문에 트랜잭션 비용이 급격하게 증가한다. 복잡한 대규모 소프트웨어 프로젝트는 그런 오버헤드가 몇 달간 지속될 수도 있다. 브룩스는 "수십억 원짜리 실수를 저지르는 일은 정말 기가 꺾이는 일이었지만, 정말 기억에 남을 만한 경험이기도 했다."라는 말을 남겼다. 소프트웨어 프로젝트에 사람을 추가하면 오히려 더 늦어진다는 개념은 아무도 예상치 못한 것이었지만, 지금은 브룩스의 법칙이라는 이름으로 널리 알려졌다. 브룩스로서는 나쁜 일만은 아니었다. 그는 "컴퓨터 아키텍처, 운영체제, 소프트웨어 엔지니어링"에 대한 공로를 인정받아 1999년 ACM 튜링상을 받았다.

#4: 개발팀의 목표가 불분명한 문제

고객의 요청으로 마케팅팀에서 어떤 요건을 제안하면서부터, 또는 어떤 임원으로부터 특정 요건에 대한 추천이 들어오면서부터 프로그래머가 실제로 작업을 시작하기 전까지 수많은 "고장 난 전화기" 문제가 일어난다. 큰 회사에서는 이런 문제가 워낙 많이 일어나기 때문에 정형화된 요건 추적 체제와 상세한 계획 검토 절차를 구축해 놓고 엔지니어링팀에서 무엇이 정말 필요한지 분명하게 알 수 있도록 해야 한다. 하지만 작은 회사에서는 CEO가 모든 직원과 개인적으로 잘 알고 지내다 보니 모든 게 분명하다고 오해할 수도 있다. 다들 무엇이 필요한지 정확하게 안다고 생각하다 보니 검토, 추적 체제, 각종 확인 과정을 대수롭지 않게 넘긴다. 목표가 불분명하면 유용하긴 하지만 요건을 정확하게 만족하지 못하는 뭔가를 만들어내는 길로 들어서게 될 가능성이 높다. 운이 좋으면 제때 오해를 바로잡아서 설계를 수정하는 데 걸리는 시간 지연만 감수하면 제대로 된 방향으로 나갈 수도 있다. 하지만 그다지 운이 좋지 않다면 물건을 시장에 내놓은 후에야 (고객과 분석가들의 불평을 듣고 나서야) 엉뚱한 데다 힘을 쏟았다는 뼈저린 사실을 깨닫는 수도 있다. 요건을 최대한 명확하게 정리하고 달성일을 개발 사이클 초기에 정해 두자. 엔지니어링팀에서 이 둘을 모두 확실하게 이해하는 것만 해도 만만치 않은 일이다.

한 가지 더: 엔지니어링팀에서 자기 할 일을 분명히 깨닫게 하는 것만으로 충분한 것은 아니다. 그 목표를 확신할 수 있어야 한다. 왜 그렇게 해야 하는지 제대로 알아야 한다는 것이다. 즉 그들에게 사업상의 맥락, 경쟁자의 상황, 왜 그런 타이밍을 잡아야

하는지 등을 설명해줘야만 한다. 아마존닷컴의 부사장이자 최고 엔지니어인 제임스 해밀턴의 말을 들어보자.

> 일정이 그렇게 잡힌 이유, 소프트웨어 제품이 타겟으로 삼고 있는 대상, 이 제품이 회사의 전반적인 사업 전략에서 차지하고 있는 위치를 제대로 설명하고 모든 구성원이 경쟁사에서 어떤 일을 하고 있는지 분명하게 파악하도록 고취하고, 제품의 비즈니스 모델을 공유하고 어떤 식으로 돌아갈지를 설명하는 등의 사안과 관련하여 제대로 소통하지 못해서 리더십이 무너지는 프로젝트를 종종 볼 수 있었습니다. 그러면 엔지니어링팀에서 어떤 결정사항이나 일정에 대한 신뢰를 하지 못하게 되고, 결과적으로 제때 (그리고 정해진 예산 안에서) 일을 해내기 위한 원동력을 스스로 만들어내기 어려운 상황이 일어나고 맙니다.

엔지니어링팀이 스스로 무엇을, 언제까지, 왜 해야 하는지 분명히 이해하고 나면 프로젝트를 성공적으로 완수하게 될 확률이 훨씬 더 높아집니다. 애자일 기법과 공격적인 베타 프로그램을 결합해서 개발팀에 끊임없이 상황을 정리해 주고 피드백을 전달하는 것도 꽤 좋은 방법입니다.

#5: 의존성 관리: 기능별 예상치를 그냥 더해서 생기는 문제

소프트웨어 프로젝트를 계획할 때, 소프트웨어 출시를 위한 총 노동력은 보통 출시에 포함될 개별 프로젝트에 투입되는 노동력을 전부 더한 것을 가지고 추정합니다. 소프트웨어의 기능은 보통 공통적인 구성 요소를 건드려야만 합니다. 여러 새로운 기능의 개발이 공통적인 구성 요소에 많이 얽혀있을수록 많은 프로그래머가 서로 상대방의 코드를 건드리게 되며, 더 중요한 것은 서로 상대방의 설계 시 가정사항을 건드릴 일이 더 많아지게 된다는 점입니다. 저는 이런 문제를 라이트스톤의 복잡성 원리Lightstone's Convolution Principle라고 부릅니다.

> 서로 교차하는 구성 요소에 대해 작동하는 여러 기능을 동시에 개발하는 일은 각각의 일정을 전부 더한 것보다 더 오래 걸린다.

생각해 보면 당연한 일이다. 하지만 현실적으로 소프트웨어 프로젝트를 계획할 때 이 부분에 대해 제대로 신경 쓰는 사람은 거의 없는 것 같다. 보통 각각의 항목을 독립적으로 평가한 다음 그 값들을 전부 더해서 프로젝트 기획안의 총 노동력으로 추정한다. 상호 의존적인 코드를 사용할 항목들을 찾아내면 완성하는 데 추가 작업이 필요한 부분을 골라낼 수 있고, 프로젝트에 필요한 총 노동력을 훨씬 더 정확하게 뽑아낼 수 있다.

#6: 잘못된 추정치 문제(비율 주의)

소프트웨어 개발자는 시간이 얼마나 걸릴지를 추정하는 능력이 크게 떨어진다. 브룩스는 소프트웨어 개발을 위한 적절한 시간 할당과 관련하여 다음과 같은 원칙을 제시했다. 1/3은 명세서 작성과 설계에, 1/6은 프로그래밍에, 1/4은 기능 및 통합 테스트에, 나머지 1/4은 시스템 테스트에 할당한다. 지난 30년간 사람들은 이런 비율이 잘 맞는다고 생각했다. 하지만 대부분은 그 원칙에서 제시된, 50%의 시간을 테스트에 할당하는 방식으로 계획을 잡지 않는 편이다. 지난 10년을 지나오면서 소프트웨어 업계는 소프트웨어 개발 사이클에서 테스트에 들어가는 노동력이 절반이라는 점을 제대로 깨달아왔고, 이는 프로젝트 성공률이 높아지고 있는 가장 큰 이유 가운데 하나로 보인다. 하지만 테스트 전 부분에는 여전히 큰 문제점이 남아있으며, 개인의 경력을 크게 망가뜨리는 문제는 대부분 이쪽에서 오는 것으로 보인다. 여러 감정적인 이유로 소프트웨어 개발자들은 코딩이 전체 소프트웨어 개발 사이클에서 1/6밖에 차지하지 않는다는 사실을 믿지 않으려고 하는 편이다. 소프트웨어 프로그래밍이 재미있고, 대부분의 자기 시간을 여기에 쓰고 싶어하기 때문이다. 본인이 잠에서 깨어 눈을 뜨자마자 하고 싶을 만한 일, 자신의 전문가로서의 경력을 쌓아나가겠다고 마음먹은 일이 실제 자기가 하는 일 가운데 그렇게 적은 부분만을 차지한다는 것을 받아들이자니 너무 우울한 기분이 들기 때문일 것이다.

또한, 소프트웨어 프로그래머는 프로그래밍이 상대적으로 어려운 일이고 (실제 어려운 일이긴 하다) 테스트나 문서 작성과 같은 다른 일들은 비교적 쉬운 (과연 그럴까?) 일이라고 믿고 싶어한다. 따라서 개발자들에게 어떤 일을 하는데 얼마나 걸리느냐고 물어보면 보통 코딩하는 데 드는 시간만 따지는 편이다. 하지만 명세서를 만들고 설계안을 만들고 테스트를 하는 과정을 전부 포함한 추정치를 내놓아야 한다. 이런 문제를 방지하기 위해서는 프로그래머는 코딩하는 데 필요한 기간만 따지도록 해야 한다. 실제 드는 시간의 비율은 이미 잘 알려져 있고, 광범위한 프로젝트에 걸쳐서 거의 똑같이 적용된다. 엔지니어링팀으로부터 코딩에 필요한 시간에 대한 적절한 추정치를 얻었다면 설계, 명세서 작성, 테스트 등에 들어가는 시간을 손쉽게 유도해낼 수 있다.

설계 및 명세서 작업 = 2 × 코딩 추정치
기능 및 통합 테스트 = 1.5 × 코딩 추정치
시스템 테스트 = 1.5 × 코딩 추정치

물론 워낙 단순한 가이드라인이다 보니 잘 알려진 예외도 많이 있다. 속도만 향상시키고 외적인 부분은 건드리지 않는 기능에 대해서는 성능 품질 확인이 필요하고 대신 기능 테스트 쪽에서는 (기존에 작동하던 게 지금도 제대로 작동하는지 확인하기 위한) 회귀 테스트 정도로도 충분한 편이다. 개발중인 기능 사이에 의존성이 있으면 더 광범위한 요건을 제대로 이해해야 하는 관계로 팀끼리 협업하는 과정에서 시간이 더 많이 걸리게 마련이다. 이런 가이드라인을 모든 프로젝트에 무작정 적용하는 것은 바람직하지 않지만, 대부분의 프로젝트에서 일단 이 방법부터 시작하여 다른 특별한 부분을 검토하여 수정하는 식으로 일을 진행하면 큰 무리는 없을 것이다.

#7: 공격적인 추정치 문제

공격적인 추정치는 잘못된 추정치와는 조금 다른 문제다. 추정치를 공격적으로 잡으면 계획 단계에서는 개발 비용이 더 적어 보이게 되고, 개발팀이 비인간적이다 싶을 정도로 효율적으로 일하는 것처럼 보이게 된다. 프로젝트에 대한 공식적인 착수 승인을 받아내거나, 고위 임원에게 프로젝트의 정당성을 설명하거나, 프로젝트에 대한 초기 투자를 받아내는 단계에서는 최대한 그럴싸해 보이는 가격표를 붙이기 위해 관리팀이든 프로그래머든 공격적인 추정치를 내놓는 경향이 있다. 어떤 프로젝트에든 불확실성이 있을 수밖에 없고, 어떤 프로젝트든 (예를 들어 이 프로젝트는 6~12개월 정도 걸릴 것이라고 말하는 것처럼) 어떤 범위를 가지고 추정치를 내놓게 마련이다. 공격적인 추정치는 사실 거짓말이나 부정확한 정보는 아니다. 그냥 매우 낙관적인 수치일 뿐이다. 노련한 프로젝트 관리자나 임원이라면 이런 공격적인 추정치를 금세 알아채고 보고받은 값보다 대충 어느 정도 비용이 늘어날 것인지 파악할 수 있다. 하지만 경험이 부족한 사람 – 또는 그 분야에 들어온 지 얼마 안 되는 사람 – 은 쉽게 속아 넘어가곤 한다. 일단 이렇게 일을 시작하고 나면 그 팀은 거의 불가능한 시간대 안에 프로젝트를 완수해야 하는 곤란한 상황에 놓이게 되고, 지연될 수밖에 없는 운명을 안고 시작하게 된다.

#8: "난 임계 경로에 들어있지 않아"라고 생각하는 문제

1999년, 나는 DB2 버전 7의 출시를 책임지는 릴리스 관리자를 맡고 있었다. 세 군데의 서로 다른 개발 사이트에서 일하는 200명이 넘는 소프트웨어 개발자가 참여하는 대규모 개발 프로젝트였다. 그 시절에 소프트웨어 릴리스 사이클에 대해서도 많이 배웠지만, 소프트웨어 개발자들에 대해, 그리고 그들이 어떤 식으로 시간을 관리하는지에 대해 더 많은 것을 배울 수 있었다. 그중에서도 일정 지연의 사회적인 역학 관계가 정말 놀랍게 느껴졌다. 상당수의 프로그래머가 다른 사람들도 늑장을 부리고 있다는 생각에 덩달아 늑장을 부리고 있었다. 소프트웨어 개발자는 프로젝트 전체가 자기 때문에 늦어지고 있다고 생각하지 않는 이상 일정이 늦어져도 별로 불편하게 여기지 않고, 원래 프로젝트 계획에는 없었던 자질구레한 기능을 추가한다든가 평상시보다 더 천천히 조심스럽게 일하곤 했다.

다들 자기 일을 천천히 할 뿐 아니라, 필요할 때 다른 사람들에게 도움을 주는 데도 미지근한 태도를 보였다. 어떤 프로그래머든 자기 일을 하는 데 더 많은 시간을 쓰는 쪽을 선호했다. 느린 팀보다 두 주 이상 일을 먼저 끝낼 것 같은 상황만 돼도 다들 윗선에서 자기들한테는 신경을 쓰지 않을 거라는 생각에 빠져들곤 했다. 어쨌든 자기들은 "임계 경로 Critical Path"에 포함되어 있지 않다는 생각이었다. 게다가 그 개발자들은 제품 릴리스에서 가장 느린 항목이 결국 릴리스 전체에 걸리는 시간을 결정하는 아이템이라고 생각하곤 했다. 그들의 논리는 이런 식이었다.

1 개발중인 항목 중에서 가장 많이 지연된 항목은 8주 지연되어 있다.
2 제품 릴리스가 8주 늦춰진다는 소문이 돌기 시작한다.
3 개발팀에서는 떠도는 소문을 "대부분의 항목이 8주 지연되어 있다"는 뜻으로 해석하기 시작한다.
4 각각의 프로그래머와 테스터는 자기가 개인적으로 8주 지연되어 있지 않다면 평균보다는 앞서 있다고 생각하고 자기가 맡은 부분을 그 시간 동안 더 가다듬을 수 있다고 생각한다.

마감일이 정해져 있으면 어떻게든 마감일까지 추가로 더 할 일이 생긴다는 파킨슨의 법칙이라는 법칙이 있다. 하지만 나의 개인적인 경험에 의하면 다음과 같은 법칙이 더 맞는 것 같다.

소프트웨어 개발에서 평균 기능은 가장 많이 지연된 기능이 마무리될 때까지 계속해서 늘어난다

나는 이런 문제에 대한 해결책으로 개발자들에게 간단하고 정중하게 대부분의 항목은 가장 많이 지연된 항목처럼 많이 지연돼 있지 않으며, 지연되어 있더라도 사실은 상당히 의문시된다는 점을 꾸준히 강조하는 방법을 택했다. DB2 버전 7은 DB2의 모든 릴리스 가운데 실제 계획된 일정보다 하루 먼저 베타 릴리스를 내놓은 첫 번째 릴리스였다. 그리고 나는 데드라인과 제품 개발 타임라인에서의 각각의 위치를 확실하게 이해시키는 심리 관리 방법이 그런 결과를 이끌어내는 데 결정적이었다고 생각한다.

#9: 소프트웨어 엔지니어링 개념을 말아먹는 문제

"절차요? 쓸데없는 절차 같은 건 필요 없습니다." 하지만 바로 그런 마음가짐이 고위직 씨, 모라고 씨, 공손해 씨를 무너뜨렸다. 소프트웨어 개발 절차는 꼭 필요한 것이며, 꽤 다양한 방법이 나와 있다. (애자일 개발 방법, 래피드 프로토타이핑 방법, 폭포수 절차 등) 이에 대해서는 15장에서 자세히 알아보겠지만, 어떤 일이 일어나는지 재빨리 알아보고 싶다면 절차와 요식 행위를 전부 없애 버린 다음 어떤 일이 일어나는지 지켜보자. 금세 엉망이 되고 말 것이다. 개발팀에서 달성해야 할 요건과 목표를 확인하고 검증하는 절차가 반드시 필요하다. 정형적인 명세 작업 절차를 통해 진행되든 지속적인 고객의 피드백으로 애자일 절차를 통해 진행되든 이 단계는 반드시 필요하다. 설계도 중요하기 때문에 꼭 해야만 한다. 누구도 완벽하진 않기 때문에 설계안, 명세서, 코드, 테스트 계획 등에 대한 검토가 반드시 필요하다. 소프트웨어에는 버그가 많다. 그 점을 인정하고 반드시 잘 계획된 엄격한 코드 검토와 테스트를 진행하도록 하자. 코드를 만드는 사람들이 무한정 그 일만 할 수는 없는 노릇이기 때문에 다른 사람들도 코드를 잘 이해할 수 있도록 미리 준비해 놓아야 한다. 코드가 스파게티 코드로 남겨져 버리고 만다면 몇 명 안 되는 최초 작성자에게만 의존할 수밖에 없어서 나중에 팀의 규모를 적절하게 조정하기가 어렵다. 소프트웨어 엔지니어링의 기본을 건너뛰면 개발 사이클은 길어지고 품질과 사용성은 훨씬 낮아지게 마련이다. 처음에는 일이 빠르게 돌아가는 것 같겠지만, 결국에는 나중에 테스트 기간이 길어진다든가 (버그가 많을수록 테스트 기간이 길어진다) 시장에서 버그와 사용성, 내부 설계 문제 때문에 부진을 면치 못한다든가 하는 문제로 그 대가를 치르기 마련이다.

#10: 직원들이 해야 하는 다른 일을 고려하지 않는 문제

소프트웨어 개발자라면 누구든 회사에서 진행 중인 프로젝트의 성과물을 만들어내기 위한 프로그래밍과는 전혀 무관한 일을 하느라 시간을 보낼 수밖에 없다. 프로젝트 진행 상황을 파악하기 위한 회의, 출산휴가를 떠나는 동료와 함께하는 점심, 임원 방문에 대비한 발표 준비 같은 일 말이다. 휴가도 생각해야 한다. 갑자기 병이 나거나 회사를 그만두는 사람이 생길 수도 있다. 서버가 다운되기도 한다. 컴파일러나 다른 중요한 개발 도구의 버그 때문에 엔지니어링팀 전반에 큰 문제가 생길 수도 있다. 이런 여러 이유로 처음에 프로젝트를 시작할 때 생각했던 총 업무량보다 많은 일을 하면서 시간을 보내기 마련이다. 미리 계획을 잘 세우면 이런 위험을 최소화시킬 수도 있겠지만, 모른 것을 사전에 고려할 수는 없는 노릇이다. 미숙한 관리자라면 모든 일에 대해 호들갑스럽게 반응하겠지만, 능숙한 관리자라면 그런 일이 일어나기 전부터 미리 대비하고 그런 위험에 대비하기 위한 완충재 같은 것을 준비하곤 한다. 프로젝트 성과물과는 무관하게 시간을 빼앗는 잡일은 수도 없이 많다. 위로 올라갈수록 처음에 프로젝트에 필수적이라고 생각하지 않았던 것에 써야 하는 시간의 비율이 높아져 가지만, 대부분 회사에서 소프트웨어 개발자나 테스터는 업무 시간의 약 25%를 다음에 출시될 제품의 설계, 개발, 테스트와는 무관한 일에 쓸 수밖에 없다. 관리자 측에서 이런 시간을 미리 염두에 두지 않는다면 첫날부터 이미 25%는 시간이 지연된 채로 프로젝트를 시작하는 셈이다.

#11: 바람의 변화

모든 걸 제대로 하는 상황에서도 일이 엉망이 될 수 있다. 요건을 확실히 살펴보니 뭔가 바꿔야만 한다든가, 시장이 달라지면서 (새로운 위협적인 경쟁 상대가 나타나는 등) 범위가 바뀐다든가, 다른 팀(또는 다른 벤더)에 의존하여 일을 진행하고 있었는데 그쪽에서 문제가 생긴다든가, 고위 임원이 바뀌면서 일의 우선순위가 바뀐다든가 하는 일이 벌어질 수 있다. 이런 변화는 언제든 일어날 수 있으며 예측할 수 없다. 애플 같은 회사에서는 세상을 바꿀 만한 대규모 프로젝트를 계속해서 성공하기도 한다. 그들이 그렇게 할 수 있었던 비법은 대부분 여전히 비밀로 남아 있는데, 소프트웨어 업계에서는 이렇게 엔지니어링팀에서 어떤 걸작을 만들어내겠다는 원대한 계획을 세우고 시작한 대규모 "빅뱅" 프로젝트가 2년쯤 후에는 터무니없는 계획이라는 결론으로 끝나는 일이 수두룩하다는 공감대가 형성되어 있다.

사실 그런 대규모 엔지니어링 프로젝트는 몇 년에 걸쳐서 진행되는데, 2년이면 그야 말로 강산이 변할 수 있는 소프트웨어 업계에서는 그런 과감한 도전을 성공으로 이끌기가 몹시 어렵다. 대신 요즘 만들어진 회사에서는 "일찍, 자주 내놓는다"는 원칙을 지키는 편이다. 애자일 개발 방법론과도 연관된 이 방법론의 핵심은 제품의 초기 버전을 일찌감치 내놓아서 초기 견인력을 만들어내고, 중요한 피드백과 요건을 수집하여 위험을 경감시키는 데 있다. 적은 기능으로 일찍 출시하면 비용은 적게 들이면서 분위기를 파악할 기회를 얻을 수 있다. 구글은 구글 랩스 제품들을 통해 제품의 초기 버전을 시장에 내놓은 다음 품질, 고객의 관심, 수익 창출 가능성 등을 파악하는 방법을 적극 활용하고 있다. 엔지니어링팀은 6개월, 심지어는 4개월 만에 다음 버전을 출시하는 방식을 통해 꾸준히 성취감과 원동력을 얻을 수 있다. 전략이 바뀌더라도 몇 주에서 몇 달 분량의 업무만 날아갈 뿐이다. 일찍, 자주 출시하는 방식은 이런 식으로 윈-윈 전략이 될 수 있다. 모든 제품을 이런 식으로 개발할 수는 없지만, 상당수의 팀이 가능하면 이런 접근법을 채택하고 있다.

■ 이미 일정이 늦어졌다면 어떻게 해야 할까?

프로젝트가 지연됐을 때 가장 중요한 것은 마음을 가다듬고 원래 그렇다는 점을 기억하는 것이다. 소프트웨어 개발은 가치 전달, 정치적인 위치 선점, 다른 팀에 대한 지원유지, 장기적인 관점에서 볼 때 기술적으로 옳다고 생각하는 일 추진 같은 여러 사안의 장단점을 따져봐야 하는 복잡한 영역이다. 일정이 지연된 상태에서도 어쨌든 문제를 해결해야 하겠지만, 안타깝게도 선택의 여지가 많지는 않다. 가장 기본적인 것 몇 가지를 요약해보고, 고위직 씨와 모라고 씨, 공손해 씨가 이 방법을 통해 가주 프로젝트를 수렁에서 건져낼 방법에 대해 살펴보자.

1 **기능 줄이기** 소프트웨어 제품은 대부분 몇 가지 기능(또는 해결책)의 집합체다. 사람마다 각기 다른 구성 요소를 처리하기 때문에, 개발이 지연되고 있는 중요한 기능을 살려내기 위해 다른 기능을 잘라내고 그 기능과 관련된 일을 하던 개발자들을 더 중요한 항목으로 전환하는 것도 한 방법이다. 앞에 나온 가상 사례에서도 모라고 씨의 기능을 살려내기 위해 공손해 씨가 만들던 기능을 잘라냈던 예가 등장했다. 공손해 씨에게는 매우 가혹한 일이었지만, 정작 모라고 씨한테도 별 도움이 되지 않았다. 기능을 잘라내는 일은 매우 급박한 상황에서 일어날 수 있는데, 꼭 해야 하는 거라면 일찍 하는 게 좋다. 일찌감치 합류하면 그나마 일에 방해가 되는 상황은 최소화하면서 설계 개념을 바꾸는 일부터 참여하는 게 가능하다. 기능이 마무리 단계에 가까워질수록 감정적으로, 그리고 비용 면에서 볼 때 더욱더 잘라내기가 어려워진다.

2 **기능 쪼개기** 기능 쪼개기란 계획된 기능은 계속 개발하되 그중 일부는 다음 릴리스로 미루는 것이다. 미뤄진 기능도 계속 개발하긴 하지만 다른 릴리스 날짜를 목표로 개발된다. 이렇게 미뤄진 기능이 시장에 늦게 출시되는 것과 관련된 기회비용을 최소화하려는 노력의 하나로 새로 도입할 기술을 완성된 제품이 아니라 맛보기로 보여줌으로써 "시장을 준비시키는" 과정을 택할 수도 있다. 예를 들어 모든 기능을 제대로 갖춘 제품을 원래 예상된 날짜에 내놓는 대신 공식적으로 지원되지는 않는 베타 버전을 미리 출시하는 방법을 택할 수도 있다.

3 **재협상** 프로젝트 일정과 예산을 다시 논의하는 방법이다. 많은 경우에 프로젝트의 목표를 그대로 유지한 채로 재협상이 가능하다. 프로젝트를 지연시키는 데는 범위 변경(개발자가 시간이 넉넉하다고 생각하고는 각종 '쓸만한' 기능을 덧붙이기 시작하는 문제)이나 시장에서의 기회비용, 릴리스 개발 비용 증가와 같은 중대한 위험이 따른다. 그럼에도 시장에 제시간에 쓰레기를 내놓는 것보다는 프로젝트를 지연시켜서라도 제대로 된 물건을 내놓는 게 대체로 나은 편이다. 기술 리더로서 그걸 모르는 사람은 없겠지만, 원래 정해진 날짜에 물건을 내놓아야 한다는 압박감은 어마어마하다. 빨리 출시해야 한다는 사업적 필요성과 기술적인 합리성 사이의 긴장감은 대체로 업무에 도움이 된다. 하지만 완벽한 정답은 절대 없다. 최대한 현명한 타협안을 찾아내는 것이 최선의 방법이다.

여기에 열거된 방법을 바탕으로 고위직 씨, 모라고 씨, 공손해 씨가 가주 프로젝트와 관련하여 처했던 난관을 어떻게 현명하게 헤쳐나갈 수 있었을지 되짚어 보자.

9월 6일　　모라고 씨가 자기 능력을 보이고 싶어 안달이 나서 고위직 씨에게 새로운 압축 기능을 혼자서 6개월이면 개발할 수 있다고 말한다. 임원들은 그런 제안을 마음에 들어 하면서 2월에 베타 프로그램을, 5월 15일에 실제 제품을 출시할 계획을 세운다. 고위직 씨는 다음 주에 프로젝트 계획서를 검토해 보자고 제안한다.

9월 13일 잘못된 추정치 문제: 고위직 씨와 모라고 씨가 머리를 마주하고 계획서를 검토한다. 고위직 씨는 모라고 씨가 설계, 명세서 작성, 검토 등에 충분한 시간을 할당하지 않은 것을 발견한다. 또한, 프로토타입 작성에서 실제 코드 완성까지 고작 몇 주밖에 잡지 않았다는 것을 발견한다. 프로토타입 코드를 실제 제품 코드에 그대로 재사용할 계획이라는 뜻이다. 고위직 씨가 그 부분을 지적하자 모라고 씨는 가주 프로젝트에 두 명 정도는 필요하다고 답한다. 모라고 씨는 본인이 리더 역할만 맡는다면 문제없다는 입장이다.

기능 줄이기: 공손해 씨가 프로젝트에 투입된다. 그도 가주 프로젝트에서 일하게 된 점을 기쁘게 여기고 있다. 아직 다른 일에 투입된 상황이 아니었기 때문에 마음이 상하거나 할 일도 없다.

11월 25일 아무도 소프트웨어 엔지니어링 절차를 내다 버리거나 하지 않는다. 설계 검토 과정에서 공손해 씨가 모라고 씨의 설계에서 구조화된 데이터 유형에 대한 압축률은 훌륭하지만 이진 객체에 대해서도 그런 결과가 나올 것 같진 않다는 점을 지적한다. 동영상이나 그림 데이터처럼 점점 더 많은 용량의 데이터가 비구조화된 출처로부터 오게 되는 점을 감안하면 설계를 보완해야만 한다.

12월 17일 행복한 연말연시. 사무실 안에서 파티를 한다든가 이메일로 웃긴 얘기를 돌리느라 시간을 많이 쓰고, 휴가를 가는 사람도 많아지면서 업무 진행이 느려지기 시작한다.

1월 11일 기능 쪼개기: 고위직 씨는 팀의 업무 진행을 정기적으로 파악해왔다. 2월 중에 베타 버전을 내놓기 위해 그는 모라고 씨와 공손해 씨를 만나서 영어 문자와 이미지 데이터에 초점을 맞추자는 데 대해 합의한다. 다른 문자 집합이나 이진 데이터는 베타 단계에서는 조금 덜 신경 써도 될 듯하다.

1월 27일 모라고 씨와 공손해 씨는 프로토타입 제작을 마쳤으며, 앞으로 몇 주에 걸쳐서 2월에 있을 베타 버전 출시 준비를 할 예정이다.

[이번에는 모라고 씨 책상에 그리 많은 콜라 캔이 쌓여 있지 않다. 거의 신경 쓰지 않아도 될 수준이다.]

2월 20일 베타 버전이 출시된다. 이제 코드의 제품화를 위한 엔지니어링에 초점을 맞추기 시작한다.

3월 22일	바람의 변화: 베타 피드백을 검토해 보니 사용자 중 79%는 유니코드를, 15%는 이미지 지원을 희망한다는 결과가 나왔다. 유니코드에 대한 요구는 꽤 놀라운 일이었다. 개발팀에서는 MySQL 3.x와 MySQL 4.0.x는 유니코드를 지원하지 않기 때문에 MySQL 사용자 중에 그 기능을 원하는 사람이 거의 없을 것으로 생각했다. 하지만 틀린 생각이었다. JPEG 이미지는 원래 압축되어 있기 때문에, 이미지 데이터 압축과 관련된 요구사항은 대부분 BMP 데이터를 압축하는 것에 집중되어 있다.
	기능 쪼개기: 고위직 씨와 모라고 씨, 공손해 씨는 모여 앉아 BMP 압축을 제외한 다른 이진 객체 관련 요건은 다음 제품 릴리스로 미루고 모든 엔지니어링 관련 역량을 유니코드 지원에 집중하기로 한다.
4월 9일	재협상: 개발팀에서는 유니코드와 관련된 문제 때문에 제품 출시일을 5월 15일에서 7월 15일로 미루는 게 타당하다는 결론을 내린다.
5월 20일	모라고 씨는 코드를 마무리하는 단계에 접어들면서 추적 및 기타 진단 기능을 추가한다. 공손해 씨는 기능 검증 테스트를 정상적으로 진행 중이다. 두 번째 베타 버전이 출시된다.
7월 15일	겁나좋은기술㈜에서 MySQL용 겁나좋은압축 플러그인(코드명 가주)을 출시한다. 분석 전문가들은 겁나좋은기술㈜의 매끄러운 출시 과정에 놀라움을 금치 못한다.

■ 소프트웨어 개발 일정 지연에 대한 생각을 정리하며

이 장에서 소개한 11가지 이유를 보면 일정 지연은 거의 사람에 의해 발생한다는 것을 알 수 있다. 올바른 사람을 고용하는 능력이 바로 일정 지연을 막을 수 있는 능력으로 이어진다. 최고의 사람을 고용해야 하며, 진정한 승자라면 최고의 사람들이 일하고 싶어할 것이다. 재능 있는 사람들은 일반적으로 승승장구하면서 수익을 내는, 제때 제품을 출시할 수 있는 회사에서 일하길 원한다. 재능 있는 사람들은 수익을 창출할 수 있고, 회사의 전반적인 밑바탕에 기여하고, 진정으로 고객이 원하는 것을 만족시키고, 혁신을 이루고 배우는 기회를 제공하는, 승승장구하는 프로젝트에서 일하길 바란다. 소프트웨어 개발자는 업계에서 성공하는 방법을 아는, 무엇이 쉽고 무엇이 어려운지 이해하는, 훌륭한 엔지니어링 관련 결정을 내릴 줄 아는, 제대로 된 관리자, 제대로 된 임원들 밑에서 일하고 싶어한다. 승리하는 기업이 되면, 아니면 적어도 승리하는 프로젝트 관리자라도 된다면, 가장 훌륭하고 똑똑한 사람들을 끌어들일 수 있다. 그렇게 하면 계속해서 성공하고 일정 지연을 방지할 가능성을 크게 끌어올릴 수 있다.

관리자에게 필요한 리더십에 대해서는 15장과 16장에서 자세하게 살펴보겠지만, 이번 장을 지나가면서 꼭 먼저 하고 싶은 얘기가 있다. 리더십과 단결력은 한 프로젝트 팀이 일정을 늦추지 않고 임무를 완수하는 데 있어서 결정적인 요인으로 작용한다. 리더는 팀 전체가 목표를 달성하고 일정을 맞출 수 있도록 팀원들에게 영감을 불어넣고, 집중력을 높여주고, 동기를 부여해야 한다. 리더는 성공적인 팀에서 찾아볼 수 있는 할 수 있다는 마음가짐, 앞서 나가는 자세, 협동하는 단결력을 이끌어내야 한다. 재능 있는 사람들이 모여있고 의욕 넘치는 팀이 제대로 된 비전과 목표, 우선순위를 갖출 수 있다면 제때 일을 끝낼 가능성이 매우 높다. 신입 프로그래머들은 (그리고 신입이 아닌 경력을 갖춘 프로그래머들도) 리더십이 뭐 그리 중요하냐는 생각을 하곤 한다. 하지만 지금의 그들이 있게 만들어 준 결정, 바로 그 사람을 뽑기로 한 결정을 한 것도 바로 그 리더들이라는 점을 기억하자. 빌 게이츠는 이런 말을 남기기도 했다. "컴퓨터에만 푹 빠져 있는 괴짜들한테 잘해 주세요. 당신도 결국 그런 사람 밑에서 일하게 될 가능성이 높으니까요."

소프트웨어 개발 지연을 방지하는 것은 분명 어려운 일이다. 애초에 쉬운 일이었다면 소프트웨어 프로젝트의 성공률에 관해 그렇게 우울한 통계가 나올 리가 없다. 하지만 세심한 관리와 이 장에서 소개된 개념의 적절한 적용, 구현을 통해 정해진 일정과 예산을 지키면서 제품을 출시하는 팀도 있다. 지금도 세계 어딘가에서는 헌신적인 전문가들이 프로젝트를 제때 제대로 마무리하기 위해 늦게까지 열심히 일하고 있을 것이며, 팀의 이익을 위해 개인의 시간을 희생하고 있을 것이다. 하지만 일만 하고 놀 줄 모르면 바보가 되는 것처럼, 너무 일만 하면 장기적으로는 제대로 자아를 실현하기가 어렵다. 다음 장에서는 일과 삶의 균형의 필요성과 달성 방법에 대해 알아보도록 하겠다.

interview
그래디 부치

소프트웨어 아키텍처의 현인

현재 지위

IBM 펠로우, IBM 연구소 소프트웨어 엔지니어링 수석 연구원

주목할 점

통합 모델링 언어^{UML, Unified Modeling Language} 창시자 중 한 명. 객체지향 설계 분야의 대표적인 리더. Rational의 제품군의 최초 개발자 중 한 명

생일

1955년 2월 27일

학력

캘리포니아 주립 대학교 산타 바바라 분교 전자공학 석사, 1979
미국 공군 사관 학교 학사, 1977

취미 및 관심사

독서, 여행, 카약, 노래, 셀틱 하프 연주

약력

그래디 부치는 소프트웨어 아키텍처, 협업 개발 환경, 소프트웨어 엔지니어링 분야에서의 혁신적인 업적으로 국제적인 명성을 얻었다. 소프트웨어 개발 기술을 개선하는 데 일생을 바쳐온 선지자로 잘 알려져 있다. 그래디는 1981년 Rational Software Corporation이 설립된 이후로 2003년 IBM에서 인수할 때까지 쭉 수석 연구원 자리를 맡아왔으며, 그후로는 IBM에서 수석 연구원으로 일해오고 있다. IBM으로 옮긴 후에는 Handbook of Software Architecture와 관련된 일을 계속하면서, 제품화 단계와는 어느 정도 거리가 있는 다양한 소프트웨어 엔지니어링 프로젝트에 대해 멘토 및 리더 역할을 맡고 있다. 매우 현실적인 문제와 관련하여 실제로 고객을 상대하는 일도 하고 있으며, 세계 곳곳의 다양한 학교 및 연구소와 깊이 있는 관계를 구축하고 있기도 하다. 그래디는 UML을 처음 만든 사람 가운데 하나이며 래쇼날의 여러 제품의 초기 개발에 참가하기도 했다. 상상할 수

있는 거의 모든 영역에 걸쳐서, 여러 복잡한 소프트웨어 중심 시스템과 관련하여 아키텍트 및 아키텍처 멘토로 참가했다.

그래디는 『Unified Modeling Language Users Guide』(Addison-Wesley Professional, 2005), 『Object-Oriented Analysis and Design with Applications』(3rd edition, Addison-Wesley Professional, 2007) 등 여섯 권의 베스트 셀러를 썼다. IEEE Software에 정기적으로 아키텍처에 대한 칼럼을 싣기도 한다. 1980년대 초반에 낸 객체 지향 설계[OOD, Object-oriented Design]라는 용어를 처음 쓰기 시작한 논문, 2000년대 초반에 낸 협업 개발 환경[CDE, Collaborative Development Environments]이라는 용어를 처음 쓰기 시작한 논문 등을 포함하여 소프트웨어 엔지니어링에 관한 논문을 수백 편 발표했다.

■ "뭔가 새로운 걸 보여주고 싶다는 꿈이 있었어요"

소프트웨어 분야는 어떻게 시작하게 되었나요?

1967년, 12살 때 컴퓨터 분야에서 뭔가 새로운 걸 보여주고 싶다는 꿈이 있었어요. 근처에 있는 IBM 사무실에 가서는 말 그대로 문을 두드리고는 "방학 동안 시키는 일은 뭐든 할게요. 휴지통을 비워도 되고, 어떤 일이든 할 수 있어요."라고 말했어요. 그러자 거기 직원들이 "가 봐라, 꼬마야."라고 답하더군요. 근데 저를 불쌍하게 여긴 한 영업사원이 저한테 멋진 Fortran IV(IBM에서 나온 수학식 번역 시스템) 매뉴얼을 던져주더군요. 아마 그 책을 보다 보면 따분해서 다시는 안 올 거로 생각했겠죠. 근데 그다음 월요일에 제가 나타나서는 "오, 이거 재미있어요. 방금 프로그램을 짰는데, 실행시켜볼 수 있을까요?"라고 물은 거예요. 그 영업사원이 그때 저를 상당히 좋게 보고는 아무 때나 와서 키펀치 사용법, 프로그래밍 방법, 디버깅 방법 등을 공부할 수 있는 컴퓨터를 하나 찾아줬어요. 지금 생각해도 정말 즐거운 방학이었어요. 아마도 모든 12살짜리 소년의 꿈이라고 할 수 있는 로봇 만들기에 아주 가까이 갔던 게 아닌가 하는 생각이 들어요.

같은 해에 라이프 매거진에 실렸던 SRI*에서 만든 셰이키라는 로봇과 마빈 민스키**가 하

---

* **저자주_** SRI 인터내셔널은 1946년부터 운영된 비영리 독립 연구소다. SRI에 따르면 셰이키는 스스로 어떻게 움직일지 생각하는 최초의 이동형 로봇이었다고 한다. 셰이키는 1966년부터 1972년까지 SRI의 인공지능 센터에서 개발했다.[출처: www.sri.com]

** **저자주_** 마빈 민스키(Marvin Minsky)는 MIT에서 미디어 아트 및 과학 분야의 도시바 기금교수와 전기공학/전산학과 교수를 겸임하고 있다. 인공지능 분야에 지대한 영향을 끼쳐서 인공지능의 아버지로 알려져 있다. 1970년 ACM 튜링상, 1990년 일본상, 1995년 IEEE Computer Society Computer Pioneer Award를 비롯한 수많은 상을 받았다. 민스키에 대해서는 http://web.media.mit.edu/~minsky/minskyblog.html 에서 찾아볼 수 있다.

고 있는 일에 대한 기사도 꽤 큰 영향을 끼쳤어요. 셰이키는 최초의 목표 지향적인 로봇이었어요. 정말 느린 속도로 방 안에서 돌아다녔는데, 움직일 때 심하게 흔들려서 셰이키 Shakey라는 이름이 붙었죠. 그 기사를 보면서 컴퓨터로 어떤 재미있는 일을 할 수 있을지에 대해 알 수 있었어요. 좀 다른 얘기긴 한데, 몇 년 전에 컴퓨터 역사박물관하고 함께 일할 때 하드웨어뿐 아니라 소프트웨어 박물관도 만들어야 한다는 점을 설득하면서 당시 CEO인 존 툴과 함께 걸으면서 이 얘기를 해 줬어요. 그때 그가 "그 뒤에 있는 상자를 보세요."라고 말했는데, 그 안에 오리지널 셰이키가 있었던 거예요. 정말 재미있었어요.

소프트웨어 분야에서 자신의 가장 큰 업적이나 공헌이라고 할 만한 걸 꼽아 주신다면?

네 군데 정도의 영역에서 제가 어느 정도 기여한 것 같습니다. 첫째는 객체 지향적 분석 및 설계의 일반적인 개념을 들 수 있을 것 같아요. 제가 초창기에 쓴 논문 중에 그 주제와 관련된 게 좀 있었고, 그 용어도 제가 처음 썼어요. 구조적인 분석 및 설계 쪽에서 객체 지향적인 분석과 설계 쪽으로 사람들을 이끌어온 부분에 대해서는 공로를 인정받고 있는 편이죠. 둘째는 짐 럼보 James Rumbaugh와 함께 UML을 만든 거예요. 셋째는 소프트웨어 아키텍처 분야 쪽인데, 아키텍처, 아키텍처 절차, 아키텍처 변환 등과 관련된 일을 많이 한 부분이에요. 넷째는 협업이라는 분야에 대한 기여를 얘기할 수 있을 것 같아요. 앨런 브라운과 제가 2003년에 쓴 논문에서 개발 환경의 진화에 대해 논하면서 협업 개발 환경 Collaborative Development Environment이라는 용어를 처음 만들었죠. 요즘은 가상 세계에서 힘을 합쳐서 소프트웨어를 개발하는 일이 정말 많죠.

래쇼날 소프트웨어 초창기에 폴 레비와 마이크 데블린하고 어떻게 힘을 합치게 되었는지 말씀해 주시겠습니까? 래쇼날 소프트웨어는 4,000명에 달하는 직원을 거느린 8억 5천만 달러짜리 회사로 성장했고, 부치 씨께서는 쭉 그 회사의 수석 연구원으로 계셨잖아요?

막 소위 계급장을 달고 처음 임관한 곳이 캘리포니아 중부에 있는 반덴버그 공군기지였어요. 어렸을 적에 컴퓨터 관련한 경험이 있었던 덕에 몇 가지 기술 방위 인수와 관련해서 최연소 프로젝트 관리자 역할을 맡게 됐어요. 그쪽 복무 기간이 끝나갈 무렵 사관학교 동기인 폴 레비와 마이크 데블린이 인공위성 제어에 쓰일 새로운 프로그래밍 언어와 관련해서 하던 일에 관한 얘기를 접하게 됐어요. 그게 결국은 완벽한 협업 기회가 됐죠. 공군 사관학교로 돌아갔을 때, 소프트웨어 엔지니어링 용으로 이 언어가 어떤 식으로 쓰일 수 있을지 알아보라는 명령을 받았어요. 그 언어가 나중에 Ada가 되었죠. 미국 국방성 전반에 걸쳐서 꽤 중요한 역할을 맡게 될 프로그램이었다 보니 점점 수업은 적게 하게 되었고 세계 곳곳으로 돌아다니는 시간이 많아졌어요. Ada를 사용하는 절차와 방법을 알려주는 일을 하면서 여러 프로젝트에 관여했죠. 그 후 얼마 지나지 않아 공군에 계속 남을지 고민하고 있을 때 폴과 마이크가 전화를 걸어서는 "신사업 버그"를 잡으려고 하는데 함께 회사를 만들지 않겠느냐고 묻더군요. 그렇게 1982년에 Rational Software가 만들어졌어요.

어떤 때 성공했다는 느낌을 받으시나요?

두 가지를 말씀드릴 수 있을 것 같아요. 첫째는 정말 재밌게 일하고 있을 때예요. 저는 지금까지 풀리지 않은 어려운 문제를 푸는 걸 즐겨요. 제가 하는 일에서 단순성과 우아함을 찾는 것도 좋아하죠. 저는 사업가 역할을 하는 것도 좋아해서, 비슷한 생각을 하는 사람들을 모아놓고 각 개인이 할 수 있는 것보다 더 큰 뭔가를 만들어내는 판을 벌이는 걸 좋아합니다. 제가 뭔가 기여할 수 있고, 그 일 자체를 즐길 수 있다 보니 그런 일을 하면 기분이 좋아져요. 둘째는 전 세계에 걸쳐서 수많은 사람이 제가 했던 일을 수많은 프로젝트에서 수많은 방식으로 활용하는 것을 볼 때예요. 그렇게 많은 조직에서 실제로 그런 개념을 적용하고 성공을 거두는 걸 지켜보면 정말 만족스럽죠.

■ "생각하는 방법에도 여러 가지가 있어요"

기술 트렌드나 혁신의 정점에 서 있을 수 있는 비결은 무엇입니까?

게걸스럽다고 할 만큼 많이 읽는 편이에요. 기술 전문 저널도 수십 개 구독하고 있고 업계 관련 저널도 그만큼 구독하고 매주 챙겨서 읽어요. 웹 사이트도 열심히 들여다보는데요, 그중에서도 특히 Slashdot.org가 큰 도움이 되는 것 같아요. 소프트웨어 분야 못지않게 물리학이나 화학, 공학 등 다른 분야의 책도 많이 읽죠.

다른 분야에 관한 지식이 소프트웨어 공학자로 살아가는 데 어떤 식으로 도움이 되나요?

두 가지 방식으로 도움이 돼요. 첫째는 공학 분야에서 생각하는 방법에도 여러 가지가 있다는 점이에요. 특히 자연 과학을 기반으로 하는 공학 분야가 그렇죠. 그런 생각하는 방식이 소프트웨어 분야에서 어려운 문제를 공략하는 데 도움이 돼요. 둘째는 자동화할 수 있는 범위에 대한 제 지식을 확대하는 데 있어요. 소프트웨어 시스템의 극한을 추구하다 보면 소프트웨어 분야 바깥 영역에서도 마찬가지로 그 영역 밖으로 잘 나가지 못하고 그 영역 외의 것을 이해하지 못하는 걸 보게 되고, 소프트웨어가 어떻게 도움이 될 수 있을지 잘 모르고 있다는 걸 알게 돼요. 그런 영역에서 서로 교류하다 보면 기회를 찾을 수 있을 거로 생각해요.

소프트웨어 분야에서 불만거리라고 할 만한 건 없나요?

아마도 제일 불만스러운 부분은 예전에 일어난 일을 제대로 인정하지 않는다는 점인 것 같아요. 사람들은 항상 반짝거리는 최신의 것에만 관심이 있고, 새로운 위대한 것을 찾아 나가는 과정에서 근본적인 것을 외면하는 경향이 있어요. 그렇다 보니 과거에 이룬 것을 바탕으로 새로운 것을 만들지 않는 부분이 가장 거슬러요. 요즘 많이 쓰이는 언어를 보면 C++나 자바 같은 고전적인 언어라든가 PHP나 펄 같은 스크립트 언어가 있어요. 그런데 이런 언어에 있는 것들은 Ada에 있던 것과 매우 비슷해요. 사실 자바나 C++는 제네릭, 예외, 태스크 처리 등에 있어서 옛날에 Ada에 있던 기능하고 점점 더 비슷해지고 있어요. 요즘 이런 시스템을 설계하는 방식을 보면 자질구레한 스크립트와 관련된 것을 다루면서 아키텍처 문제는 외면하는 것 같아요. 덩치가 커지는 과정에서 옛날부터 있었던 아키텍처와 관련된 문제 같은 데는 좀체 신경을 안 써요. 게다가 분명 예전에 나온 선행 기술*이 있는데도 특허청에서 특허를 내주는 경우가 종종 보여요. IBM에서 이 분야에서 하는 일을 존중하긴 하지만, 많은 경우에 소프트웨어 특허는 선행 기술을 제대로 인정하지 않는 문제 때문에 국제 특허 기구에서 제대로 이해하거나 관리해주지 못하고 있는 것 같아요.

■ "저는 잠을 안 자요"

기술 분야의 리더들은 시간에 많이 쫓기는 걸로 유명합니다만, 시간을 효율적으로 관리하기 위해 어떤 전략을 사용하시나요?

저는 잠을 안 자요. 사실 저는 잠을 많이 안 자도 되는 체질이에요. 하루에 대여섯 시간만 자면 되는데, 그게 꽤 도움이 돼요. 일에 방해가 되는 것 같아서 SameTime 같은 메신저도 안 써요. 근무 시간 중에도 얼마 동안은 일부러 이메일을 확인하지 않아요. 자꾸 들여다보게 되니까요. 그리고 이메일을 열심히 지우는 편이에요. 중요한 메일에는 답장하지만, 최대한 메일함을 완벽하게 비워요. 지금도 이메일을 확인해 보니까 주말 동안 전부 비워서 세 통밖에 안 들어있네요. 이메일을 통제할 수 있는 건 정말 중요한 것 같아요. 그리고 저한테 연락하려는 사람들한테 "저한테 연락할 때는 이렇게 해 주세요."라고 가르쳐주는 것도 중요해요. 그리고 집에 있는 서재 말고도 따로 사무실을 하나 빌려놓고 써요. 일주일에 이틀 정도는 인터넷을 끊어놓고 제가 하고 있는 핸드북 작업에만 집중하려고 말이죠.

일과 삶의 조화는 어떻게 이루시나요? 일이 전부가 되는 상황을 피하는 비결이 있나요?

정말 중요한 문제긴 한데 제가 좋은 답을 내놓을 수 있는 문제는 아닌 것 같아요. 워낙 제가 하는 일을 좋아해서 저는 일하고 개인적인 생활하고 거의 구분을 두지 않고 살고 있어요. 하지만 그렇다고 해서 마냥 일만 하는 건 아니에요. 무엇보다도, 저는 제가 소프트웨어

---

* 저자주_ 선행 기술(Prior Art)은 특허업계에서 널리 쓰이는 용어로, 이미 일반에 공개된 정보를 뜻한다. 특허청에 특허 출원이 들어오면 선행 기술과 비교하여 신규성을 검토한다. 선행 기술로 기술되지 않는 진정 신규성을 갖춘 발명만 특허로 등록된다.

분야에서 하는 일에 대한 사명감, 열정 같은 걸 가지고 있어요. 제게는 그런 일이 정말 중요한데, 제 삶에서 제가 사랑하는 사람들도 소중하기 때문에 가족과의 시간도 중요하게 여기죠. 각각을 존중하고 시간을 쓰는 데 있어서 현명하게 선택해야 할 일이에요. 작년에는 래쇼날 사용자 총회에서 키노트 연설에 초대받았는데, 결혼 30주년 기념일이라서 못 가겠다고 거절했죠. 거절할 줄 아는 게 중요해요. 결국, 우선순위를 어떻게 정하느냐 하는 문제죠.

제가 좋아하는 일도 많고, 제가 관여하는 일도 많습니다. 지금 저는 수석 연구원, 펠로우, 소프트웨어 아키텍트, 프로젝트 관리자, 프로그래머, 연구원같이 다양한 직함과 직책을 맡고 있어요. 멘토, 강사, 컨설턴트, 소프트웨어 고고학자, 이론가, 방법론자, 개발자, 실용주의자, 선구자, 중재자, 역사가 같은 역할도 맡고 있어요. 잔디깎이 일, 아이스크림 판매원, 가수 같은 것도 해 봤죠. 국회에서 만든 법 덕분에 장교로 일하기도 했어요. 좋은 친구, 대부, 남편이기도 해요. 다른 사람 말도 잘 듣고 다른 사람들과 재미있게 놀기도 해요. 조금 추상적으로 얘기하자면 저는 어린이의 마음을 가지고 있고, 전사, 하인이자 리더이고 몽상가이기도 하고, 사랑하는 사람이기도 하고 믿음이 있는 사람이기도 하고 철학자이기도 해요. 그리고 무엇보다도 두려워하는 탐구자예요. 간단하게 말하자면 저는 지금 내가 하는 일에 의해 정의되는 삶이 아니라, 지금 내가 사는 순간을 충실하게 살아가는 삶을 믿어요. 지금 이 순간을 온전하게 살고 있다거나 제가 소중히 여기는 가치에 완벽하게 맞춰서 살아가는가 하면 그건 전혀 아니지만, 진짜 인간이라면 그렇게 못 하는 게 당연하다고 생각해요.

■ "저장 공간, 대역폭, 연산 능력의 한계가 사라지는 시대로 빠르게 접어들고 있어요"

소프트웨어 분야에서 앞으로 10~15년 이내에 긍정적으로든 부정적으로든 영향을 끼칠 만한 변화로는 어떤 게 있을 것으로 생각하나요?

미래보다는 과거를 맞추는 게 훨씬 쉽겠죠. 소프트웨어 엔지니어링의 역사를 돌이켜 보면 점점 더 추상화 정도가 높아지는 방향으로 움직였기 때문에 미래에도 더 높아지는 방향으로 갈 것으로 생각해도 무방할 것 같습니다. 특정 영역별 프레임워크나 패턴을 보면 이미 그런 특징을 볼 수 있어요. 언어 면에서 보면 지금 나와 있는 다른 언어에 비해 특별히 큰 파장을 끼칠 만한 새로운 언어가 등장하고 있는 상황은 아닌 것 같아요. 관점 지향 프로그래밍^{AOP, Aspect-oriented Programming}에 크게 기대했었는데 지금은 좀 정체기에 이른 것 같아요. 막대한 동시성을 지원할 수 있는 좀 나은 언어가 절실하게 필요한데 특별히 가능성이 높아

보이는 언어는 없는 것 같아요. 오히려 (추상화 수준을 높여주는) 패턴 쪽에서 뭔가가 나올 것 같습니다.

소프트웨어 개발은 예나 지금이나 마찬가지로 미래에도 여전히 어려울 수밖에 없을 것 같아요. 엔터프라이즈 분야에서는 AJAX와 SOA에 힘입어 매시업 아키텍처가 자리 잡고 있지만, 근본적이라고 하긴 좀 그렇고 다른 것에 비해 실용적인 면에서 효율적인 것 같아요.

래쇼날 사용자 총회에서 했던 얘기를 덧붙여볼까 해요. 우리는 저장 공간, 대역폭, 연산 능력의 한계가 사라지는 시대로 빠르게 접어들고 있어요. 저장 공간 쪽을 보면 이제 자성 매체에 제곱 인치당 200메가바이트 정도를 집어넣을 수 있어요. 레이스트랙 메모리 같은 게 나오면 기록밀도는 그보다 두 자릿수 이상 늘어나고 가격은 더 낮아질 거예요. 연산 능력을 보면 멀티코어 시스템으로 옮겨가면서 요즘 수퍼컴퓨터 정도 되는 성능의 컴퓨터를 데스크톱 정도, 심지어는 우리 손안에 들어올 만한 크기로 만들 수 있을지도 몰라요. 대역폭 쪽에서 보면 그냥 많이 쓰는 구리선으로도 기가바이트 속도가 나오기 때문에 정말 빠르게 연결할 수가 있죠. 그러면 그런 게 어떤 식으로 응용될 수 있을까, 그렇게 풍요로운 환경에서 어떻게 돈을 벌 수 있을까 하는 질문을 해 볼 수 있을 거예요. 저장 공간 쪽에서, 만약 모든 걸 저장할 수 있다면 우리 삶에서 아무것도 잊혀지지 않을 텐데, 그런 상황은 사생활 보호와 어떤 식으로 연결될까요? 멀티코어 시스템 쪽을 보면, 그런 긴밀한 동시성을 소프트웨어적으로 처리하는 방법이 아직 많이 없어요. 대역폭 쪽을 보면, 대역폭이 아주 높고 공개된 네트워크가 만연하게 되었을 때 데이터와 네트워크에 대한 보안 공격과 관련하여 어떤 기회를 찾을 수도 있을 겁니다. 어떤 미래를 생각하든 장단점이 있어요. 어쨌든, 어떤 과감한 미래를 상상하든 아직 만들어지지 않은 소프트웨어가 필요하리라는 사실은 분명할 테고, 그렇기 때문에 소프트웨어라는 게 정말 흥미진진한 분야가 아닌가 생각해요.

소프트웨어 분야에서 성공하는 비결에 대해 조언해 주실 수 있을까요?

첫째, 실패를 두려워하지 마세요. 힘 있는 사람에게 진실을 말하기를 두려워하지 마세요. 확신을 하려면 어느 정도 시간이 걸리겠지만, 결국 마지막에는 이길 수 있을 겁니다. 둘째, 더 많이 읽고 껍질 밖으로 더 많이 나오세요. 많은 사람이 자기가 몸담은 특정 분야에 얽매여서 고개를 들고 주변을 둘러보질 못하는 것 같아요. 그 두 가지를 제일 강조하고 싶어요.

이 분야에 들어오고자 하는 사람들에게 마지막으로 조언 한마디 해 주실 수 있을까요?

우리가 하는 일이 매우 기술적인 일이긴 하지만, 우리가 하는 일하고 관련해서도 윤리, 도덕과 연결된 부분이 있어요. 꼭 컴퓨터 분야만 그런 건 아니에요. 1940년대와 1950년대에 우주의 비밀을 파헤칠 수 있는 능력을 가지고 있던 물리학자들이 고생했던 사례도 있잖아요. 소프트웨어 개발자 집단 전체가 말 그대로 세상을 바꾸고 있어요. 소프트웨어 개발자가 되면 특권이 따르는 만큼 의무도 생겨요. 이 분야에 있으면 다양한 장소에서 성장하고 기여할 수 있어요. 다른 사람들의 업적을 공부하면서 배우고 자신의 열정을 따라가세요. 무엇보다도 그 과정에서 재미를 느낄 수 있어야 합니다. 저는 우리 분야가 다른 어떤 분야보다도 인간과 문명이 연결되는 데 지대한 영향을 끼쳤다고 생각합니다. 정말 멋진 사업이지 않나요? 사람들이 일하고 조직이 굴러가고 문명이 서로 힘을 합치는 방식을 바꿀 수 있는 일을 했다는 점에서 볼 때 소프트웨어 개발자는 영광스러운 일을 하고 있다고 생각해요. 그런 일을 할 수 있는 장소에 있다는 건 정말 커다란 특권입니다. 하지만 동시에 우리가 정말로 세상을 바꾸고 있기 때문에 어마어마한 의무도 따르는 겁니다. 이렇게 세상을 바꿀 수 있는 업계가 또 어디 있겠습니까?

CHAPTER 14
균형의 기술

> "나는 대부분의 시간을 그다지 재미없게 보낸다. 그리고 나머지 시간은 하나도
> 재미없게 보낸다." - 우디 앨런(1935-)

경력은 수십 년에 걸쳐서 쌓아가야 하기 때문에 스스로 즐길 수 있는 일을 해야만 한다. 다행스럽게도 소프트웨어는 재미있는 분야다. 물론 일이 아무리 재밌어도 어느 정도 일과 삶 사이의 균형이 필요한 건 당연한 일이다. 대체 죽기 직전에 '좀 더 많은 시간을 회사에서 보냈어야 했다'고 후회하는 사람이 얼마나 있을까? 하지만 가장 가족과 함께 시간을 보내고 싶고, 회사 밖의 생활을 즐기고 싶은 시기가 바로 경력을 쌓는 데 있어서 밑바탕을 다지는 시기인 20대, 30대, 40대 시절과 겹친다는 게 문제다. 일과 삶 사이의 간격은 매우 개인적이긴 하지만, 대부분의 사람에게 공통으로 적용할 만한 세 가지를 정리해 보자면 다음과 같다.

1 소프트웨어 개발 분야는 일이 모든 시간을 잡아먹을 만한 위력을 갖고 있다. 일에만 사로잡혀 살고 싶지 않다면 일과 개인적인 관심사로 시간을 어떻게 나눌지 스스로 결정을 내리는 것이 중요하다.

2 나라는 사람은 일에 의해 정의되지 않는다. 일은 내가 하는 것이지 나를 규정짓는 것이 아니다. 묘비명에 이름도 없이 "소프트웨어 하는 사람"이라고 적혀 있는 걸 원하는 사람은 없을 것이다. 나의 일이 나의 일부분이기도 하지만 - 그리고 상당 부분을 차지할 수도 있겠지만 - 나라는 인간을 정의하는 것은 아니다.

3 내가 하는 일에 흥미를 느끼고 그 일이 중요하다고 느낄 때 더 열심히 일할 수 있고, 많이 일할 수 있고, 스스로 만족할 수 있다.

일과 삶 사이의 균형은 두 개의 균형점을 찾아내는 일이다. 첫째, 직업적으로 하는 일에서 재미있는 일과 별로 재미없는 일 사이의 균형을 잡아야 한다. 직장에서 일하는 데 있어서 별로 재미는 없더라도 열심히 해야 하는 일과 정말 일하러 오고 싶다는 생

각이 들 정도로 재미있게 할 수 있는 일이 적절하게 조화되는 것이 정말 중요하다. 둘째, 업무와 업무 외적인 가족, 친구, 이웃, 취미활동 등에 할애하는 시간 사이에서 균형을 잡아야 한다. 이 장에서는 이 두 균형을 모두 잘 유지하는 방법에 대한 몇 가지 생각을 늘어놓을까 한다. 안타깝게도 이 문제에서 딱히 묘책이라고 할 만한 방법은 없다. 제대로 균형을 잡는다는 것은 어려운 일이다. 그것도 아주아주 어려운 일이다.

■ 일과 삶의 균형

아무리 재미있게 일하는 사람이라고 하더라도, 아주 이상한 사람이 아닌 이상 업무와 업무 외적인 삶 사이에 균형을 잡지 못하면 진정 행복을 느끼기가 쉽지 않다. 그 누구도 일만 하면서 살 수는 없다. 인생의 모든 것이 일에 관련된 것뿐이라면, 부모, 배우자, 연인, 형제자매, 동호회원, 지역단체의 일원 등으로 살아가는 모든 것이 다 부질없는 일이 되고 만다. 무엇보다도 일과 삶의 균형을 이루기 위해서는 내 가족, 영적인 삶, 취미활동, 그리고 직장생활에서 내가 어떤 사람으로 자리매김하고 싶은지를 분명히 할 필요가 있다. 처음부터 끝을 염두에 두고 시작해야 한다. 내가 어떤 사람이 되고 싶은지 분명히 안다면 맨 뒤에서부터 거꾸로 앞으로 돌아오면서 그 비전과 균형을 달성하기 위해 어떻게 해야 하는지 알 수 있다. 여기에서 가장 중요한 가늠자 역할을 하는 게 바로 감정이다. 나에게 중요한 것을 제대로 챙기지 못했다는 좌절감을 느끼곤 한다면 일과 삶의 균형이 위험에 처해 있다는 신호라고 볼 수 있다.

그럼 어떻게 해야 할까? 시간을 잘 나눠서 모자란 부분에 더 많은 시간을 쏟자. 하지만 시간을 재분배할 때는 지속 가능성을 염두에 둬야 한다. 급박한 상황이 닥치면 누구든 며칠에서 일주일 정도는 조금 다르게 시간을 조절하곤 한다. 며칠에서 일주일 수준이라면 그냥 잠시 연극을 하는 수준에 불과할 뿐이다. 한동안 운동을 한다든가 영화를 본다든가 가족과 더 많은 시간을 보내는 호사를 누린 덕에 그 후 몇 주 동안 그 여파에 시달리는 경우도 허다하다. 일시적으로 쇼하듯이 뭔가를 하는 것은 급박한 상황에서나 하는 일이지 지속 가능한 것은 아니다. 일과 삶의 균형에서 본질적인 변화를 이끌어내고 싶다면 지속 가능한 방식으로 시간을 재분배해야 하는데, 이게 정말 어렵다. 이 책에서 인터뷰한 소프트웨어 분야에서 어느 정도 성공을 거둔 사람들은 대부분

일과 삶의 균형을 잡는 게 정말 어려운 일이었다고 고백했다. 그중 몇몇은 인생에 큰 자취를 남길 만한 트라우마를 겪은 후에야 업무 외적인 부분의 중요성을 깨닫기도 했다. 일과 삶의 균형에 관해서는 다음과 같은 점들을 생각해 보자.

- 시간을 더 효율적으로 쓸 수 있다거나 잠을 줄일 수 있다는 가정은 금물이다.
- 나를 위해 더 많은 시간을 쓰려면 결국 일에 쓰는 시간은 줄일 수밖에 없다. 일하는 시간을 어느 수준 밑으로 끌어내리기 위해 (일하는 시간을 주당 60시간에서 48시간으로 줄이는 등) 업무에 대한 압박감을 어떻게 줄일 수 있을지 고민해 보자.
- 가능하면 더 많은 일을 남에게 위임하자. 기술 분야의 리더든 관리자든 리더 역할을 하고 있다면 어차피 업무 위임이 자기가 하는 주요 업무 가운데 하나이며 차세대 리더를 키우는 데 도움이 되는 일이라는 점을 명심하자.
- 오랜 시간에 걸쳐서 해야 하는 작업에 드는 시간을 더 늘려보자. 모든 일을 동시에 끝내야 하는 것은 아니다.
- 정보를 한꺼번에 묶어서 처리하자. 컴퓨터에든 사람에게든 한꺼번에 묶어서 일하는 쪽이 더 효율적이다. 예를 들어 이메일은 한 시간에도 여러 번 수시로 확인하지 말고 하루에 두세 번 정도로 몰아서 한꺼번에 처리하자.
- 회의도 수시로 하지 말고 정해진 시간대에 몰아서 하자.
- 책임을 줄여보자. 몇 개 되지 않는 일을 정말 잘하는 쪽이 수많은 일을 하면서 몇 개는 제대로 못 하는 것보다 낫다. 책임을 줄이면 경력에 누가 될까 두려운 생각이 들지도 모르지만, 반대로 정말 잘한 일 덕에 더 잘 나가게 될 수 있다.
- 경력을 쌓아가는 데 있어서, 업무 만족도를 높이는 데 있어서 별 도움이 되지 않은 일을 찾아보고 없애 버리자. 목표지향적인 시간 관리를 통해 낭비되는 시간을 줄이자.

■ 조직문화와 일과 삶의 균형

사람하고 똑같이 회사에도 개성이 있다. 소프트웨어 회사는 사람을 빼면 별다른 게 없는 편이고, 소프트웨어 개발은 격식을 따지는 딱딱한 분위기의 회사보다는 혁신과 탄탄한 코드를 우선시하는, 지하실 같은 데서 친구들끼리 시작한 자유분방한 신생기업에서부터 커 나가는 편이기 때문에 소프트웨어 회사는 특히 문화적인 지표에 민감한 편이다. 소프트웨어 회사는 다른 직업군에서는 하기 어렵거나 할 수 없는 수준으로 자유로운 기업 문화를 가져간다. 회사 일이 싫어지는 것 때문에 일과 삶의 균형 문제가 생기는데, 여기에는 기업 문화가 지대한 영향을 끼친다. 어떤 사람들은 회사 밖의 삶으로는 도저히 상쇄가 안 될 정도로 회사생활을 끔찍하게 느끼기도 한다. 그런 상황을 겪고 있다면 잘못된 길을 가고 있다는 느낌이 들고, 그런 문제는 직업 자체보다는 그 조직의 문화 때문에 생길 가능성이 높다. 엄청나게 열심히 일해야만 하는 매우 경쟁적인 문화를 갖고 있는 회사도 있다. 마이크로소프트가 극단적인 예라고 할 수 있는데, 승진과 경쟁이 회사 생활의 전부라고 할 수 있을 정도다. 반대쪽으로 극단적인 회사로는 구글이 있다. 승진도 중요하지만, 전반적으로 대학원하고 비슷한 느낌이 드는 업무 환경이다. 업무 환경은 기업 문화에서 매우 중요한 측면이다. 모든 직원이 정해진 큐비클 안에서 정해진 여덟 시간 동안 칼같이 일해야 하는 회사도 있다. 반면에 열린 개념의 업무 환경을 제공하고 소프트웨어 개발자들이 복도에서 장난감으로 총싸움을 한다든가 해도 하루에 10~12시간 정도 일할 수 있다면 괜찮은 회사도 있다. 모든 사람이 장난감 총싸움을 하는 분위기의 회사를 좋아하는 것도 아니고, 큐비클 안에서 일만 하는 회사를 좋아하는 것도 아니다. 회사 분위기에 적응하지 못하면 그 고통이 회사 밖에서의 생활에까지 영향을 미쳐서 일상생활에 필요한 에너지마저 고갈시킬 수도 있다. 이렇게 적응되지 않는 분위기 때문에 매일 2~4시간 정도를 정서적인 균형을 회복하는 데 써야 비로소 업무 외적인 생활을 제대로 영위할 수 있는 수준이 되는 사람들도 있다. 혹시 본인이 이렇게 심각하게 문화적으로 적응하지 못하는 상황이라면 다른 문화의 회사를 찾는 쪽이 경력과 일과 삶의 균형 양쪽 측면에서 모두 이로울 수도 있다. 반대로 일 자체에는 별로 열정적이지 않지만, 회사에서의 사회적인 관계와 그 회사의 기업 문화를 마음에 들어 하는 사람들도 많은데, 그런 사람들은 그들이 경험하는 문화적인 원동력으로 살아가기도 한다.

■ 개인생활과 일

행복하고 만족스러운 개인생활을 영위하고 있다면 회사에서도 더 몰두해서 생산적으로 일할 수 있다. 온종일 걱정으로 가득해서 머릿속이 뒤숭숭한 것만큼 생산성에 심각한 영향을 끼치는 것도 없다. 보통 누군가에게 안 좋은 일이 있으면 본인이 직접 얘기를 하지 않아도 업무 기여도가 떨어지는 것으로부터 그 사람한테 어떤 안 좋은 일이 있다고 짐작할 수 있는 것도 그 때문이다. 이혼 소송 중이거나 심각한 병을 앓고 있는 사람이라면 하루에 8~10시간씩 소프트웨어 업무에 집중하기 어렵기 마련이다. 좀 극단적인 예를 들긴 했지만, 사소한 압박감을 느끼면 정도에 차이가 있을 뿐 비슷한 효과가 나타난다. 집중력을 가장 심각하게 떨어뜨릴 만한 스트레스 원인으로는 배우자의 죽음, 이혼이나 별거, 가까운 친척의 죽음, 개인적인 부상이나 질병, 결혼, 가족의 건강 문제, 임신과 출산, 이사, 성적인 문제, 건강에 대한 염려 등이 있다. 제대로 대처할 수만 있다면 이런 원인 중 상당수는 크게 문제가 되지 않는다. 그리고 여기에 열거한 이유 중 상당수는 부정적으로 작용하긴 하지만 결혼이나 아기를 낳는 일이나 새 집으로의 이사 같은 일은 인생에서 소중한 이벤트에 속한다. 좋은 일이라도 아주 큰일이라면 스트레스와 집중력 저하의 원인이 된다. 시간적, 정신적인 집중력을 대부분 앗아가 버릴 수 있기 때문이다. 다양한 문헌에도 나와 있듯이 몇 가지 단계를 밟음으로써 스트레스에 대처할 수 있다. 가장 흔하게 제시되는 방법으로 운동, 요가, 명상, 음악(특히 감상보다는 연주) 등이 있다.

■ 패턴, 가능성, 자아 발견

개인의 삶은 없고 너무 일에만 묶여 사는 것 같은 느낌이 드는 데는 분명 그만한 이유가 있다. 통계를 보면 정말 심각하다. 현재 미국의 상황을 살펴보자.

미국 인구 추정치인 3억 4백만 명 중에 학생이 1억 1,500만 명, 퇴직자가 8,790만 명이다. 그러면 노동 인구는 1억 110만 명이 남는다. 부문별로 살펴보면 연방정부, 주정부, 자치단체 정부에서 일하는 사람이 5,120만 명, 가정주부가 3,280만 명이다. 즉 사기업에서 일할 수 있는 노동 인구는 총 1,710만 명이다. 현재의 실업률을 감안하면 직업이 없는 사람이 1,140만 명 정도, 군인을 비롯한 국가 안보 관련 업무 종사자가 290만 명이니까 나머지 노동 인구는 280만 명에 불과하다. 그런데 감옥에 가 있는 사람이 270만 명이고 평균적으로 병원에 입원해 있는 사람이 99,998명이다. 결국, 노동 인구는 당신과 나, 이렇게 두 명밖에 안 남는다. 게다가 당신은 지금 일을 하는 게 아니고 책을 읽고 있다!

일과 삶의 균형은 매우 개인적이기 때문에 사람마다 생각하는 정답이 다르다. 즉, 일과 개인생활의 성공적인 조화를 이루는 데 있어서 남이 채택한 답안을 그대로 베껴 쓴다고 해서 되는 게 아니다. 어떤 이에게는 직업이 단순히 월급을 받아오기 위한 수단에 불과하고, 그런 사람에게는 최대한 조금 일하는 게 가장 기쁜 일일 것이다. 직장에서 성공하는 데는 별로 도움이 되지 않는 방법이지만, 나름대로 타당한 삶의 자세이고, 사람에 따라서는 이상적인 방식이라고 할 수도 있다. 어떤 사람은 일을 너무 사랑한 나머지 일을 제외한 다른 것에는 거의 관심을 두지 않는다. 본인이 행복하다는데 다른 사람들이 무슨 수로 이래라저래라 할 수 있을까? 물론 보통 사람들은 그 중간쯤에 속한다. 일과 삶의 조화가 엉망이라는 것은 어떻게 알 수 있을까? 현재 자신의 상태를 쳐다보는 것만으로는 그 물음에 제대로 답하기 어렵다. 워낙 업무나 가족으로 인한 압박이 강하고, 여러 감정적인 문제들이 섞여 있기 때문에 현재에 대해서 솔직하게 평가하기가 만만치 않다. 스스로 답을 하기 위해서는 거꾸로 따져보는 게 좋다. 지금 상황이 어떤지는 둘째치고 어떻게 되었으면 좋을지를 먼저 따져보자. 그림 14-1에 이런 방식을 간단하게 정리해 보았다.

그림 14-1 희망하는 상태로부터 거꾸로 따져보기

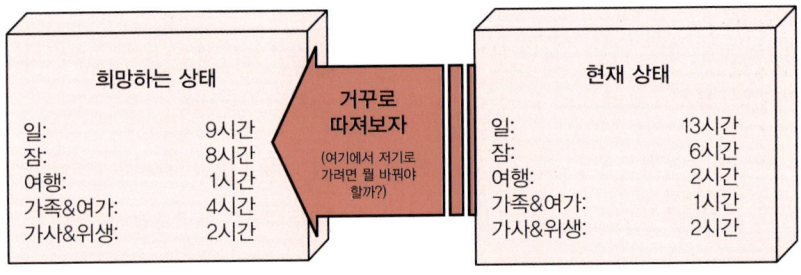

최대한 현실적인 목표를 세운 다음 그 이상적인 상태로부터 지금 상태를 거꾸로 바라보면서 어떻게 일과 삶의 조화를 이뤄야 할지 생각해 보자. 이렇게 적절한 균형 상태를 정의하고 나면 진정한 균형을 이루기 위해 지속해서 나의 삶을 평가하고 맞춰 갈수 있다. 대부분의 사람은 시간을 나눠서 매일 여러 다른 활동에 적절한 시간을 할당하는 식으로 단계를 밟아간다. 정해진 시간을 지키려면 상당한 인내와 절제가 필요하지만 일과 삶의 균형은 제로섬 게임이기 때문에 그렇게라도 해야 한다. 어떤 활동을 하는 데 더 많은 시간을 쓰면 다른 일을 하는 데 쓸 시간은 줄어든다. 대부분 잠자는 시간과 가족과 보내는 시간을 많이 줄이는 편이다. 유명한 전문가일수록 너무 열심히 일만 하다가 건강을 해치거나 결혼 생활이 망가지거나 자녀로부터 외면받는 일이 일

어날 우려가 크다. 마이크로소프트 CTO인 데이비드 바스케비치와 『생각하는 프로그래밍(원제: Programming Pearls)』의 저자 존 벤틀리의 얘기를 들어보자.

> 15년 전쯤에 일과 삶을 모두 챙겨야겠다는 결단을 내리고는 그 둘이 서로 섞이지 않도록 확실히 구분하기 시작했어요. 그 덕분에 여전히 일을 하면서 살고 있는 것 같아요.
>
> – 데이비드 바스케비치

> 절대 지켜야만 하는 규칙을 설정하고 절대로 그걸 위반하지 않으면 됩니다. 보통 규칙을 세우기는 쉬운데 완벽하게 따르는 게 훨씬 어렵죠. 1990년대 중반에는 시장에 제품을 내놓는 일과 중학교에 다니는 아들을 엄마 없이 키우는 아버지로서의 일을 동시에 해야 했어요. 매일 아침 아이를 학교에 데려다 주고, 웬만하면 오후에 아이를 학교에서 집으로 데려오고, 집에서 저녁을 같이 먹고, 매일 저녁 충분한 시간을 함께 보내겠다는 목표를 세웠죠. 일주일에 한두 번씩 밤을 새워야 했지만, 목표는 이룰 수 있었어요. 일정에 맞춰서 제품을 완성했고, 제품은 잘 팔렸고, 애도 잘 자라 줬어요. (물론 소프트웨어 엔지니어가 됐다는 문제가 있지만요) 그런데 그 제품이 출시된 지 몇 달 만에 회사에서 그 제품을 취소해 버렸고, 몇 년 후에는 마흔여섯의 나이에 심장마비에 걸렸어요. 그 후로는 훨씬 더 합리적인 규칙을 세우고, 그 규칙은 마치 목숨이 걸린 일처럼 지켜요. "일과 삶의 조화"라는 문구에서 "삶"이라는 단어에 훨씬 더 큰 무게를 둬야 합니다.
>
> – 존 벤틀리

성공하려면 열심히 일하고, 열정을 가져야 한다. 열정을 가지고 열심히 일할수록 직장에서 더 많은 시간을 보낼 가능성이 높다. 스스로 균형을 잡기는 어렵지만, 그 목표를 달성할 수 있는 비법을 찾아낸다면 자기 분야에서 성공하면서 동시에 개인생활도 알차게 할 수 있다. 행복한 인생을 살아가는 데 가장 결정적인 요건일 수도 있다. 인생은 한 번뿐인데 분명히 노력해볼 만한 일이 아닌가?

interview
톰 멀로이

어도비 최고 소프트웨어 아키텍트

현재 지위
어도비 시스템즈 전무, 고급 기술 연구소 최고 소프트웨어 아키텍트

주목할 점
어도비에서 22년간 일하면서 어도비 타입 관리자, 멀티바이트 입력 기술, 글꼴 대체 기술과 다중 마스터 글꼴, 최초의 윈도용 어도비 일러스트레이터(그 후 바로 일러스트레이터 엔지니어링팀을 이끌었음), 어도비 아크로뱃의 디지털 서명 및 문서 보안 기능의 기반이 되는 아크로뱃 보안 시스템의 설계 및 프로토타입 제작을 비롯하여 어도비의 출판, 그래픽 디자인, 디지털 이미징 기술 분야에서 굵직한 개발 작업의 주역으로 활동했다.

생일
1952년 7월 23일

학력
스탠퍼드 대학교 전산학 석사, 1976-1978
스탠퍼드 대학교 수학 학사, 1970-1974

취미 및 관심사
등산, 수영, 가족과 시간 보내기, 새집 짓기(평생 한번 해 보고 싶은 일)

약력
톰 멀로이 전무Senior Vice President는 최고 소프트웨어 아키텍트Chief Software Architect로 일하면서 어도비의 고급 기술 연구소Advanced Technology Labs를 이끌고 있다. 어도비의 장기 연구 개발을 진두지휘하는 톰은 어도비 소프트웨어의 차세대 혁신을 주도할 전산학자팀을 이끌고 있다.

톰은 어도비의 기술전략을 정의하는 데 있어서 핵심적인 역할을 하면서 동시에 어도비의 비주얼 컴퓨팅 랩, 창의 기술 랩, 시스템 기술 랩, 문서 및 애플리케이션 기술 랩을 비롯한 여러 R&D 집중 분야를 총괄하고 있다. 이 조직에서는 신제품 인큐베이션, 산업 표준 제정 및 대학교와의 협력관계 구축에서도 주도적인 역할을 하고 있다.

1986년에 어도비에 입사하기 전까지는 애플 컴퓨터에서 일하면서 매킨토시의 전신인 리사를 위한 소프트웨어 개발에 참여했다. 기술 관련 분야에 처음 투신한 것은 제록스 팔로 알토 연구소PARC, Palo Alto Research Center에 입사하면서부터였는데, 알토 컴퓨터용 브라보 문서 처리 시스템의 선임 엔지니어로 일했다.

톰은 전자 경매 업체인 아클라라Aklara의 이사로 활동하고 있으며, ACM과 IEEE 회원이다. 특허를 세 개 보유하고 있으며 스탠퍼드 대학교 수학, 전산학 석사 학위를 가지고 있다.

■ "제가 한 일은 대부분 팀 단위로 한 일이었어요"

소프트웨어 분야는 어떻게 시작하게 되었나요?

1969년에 참가한 국립 과학 재단의 고등학생 대상 여름 캠프에 참가했을 때 IBM 360에서 포트란으로 프로그램을 짜면서 처음으로 프로그래밍을 배웠어요. 제가 스탠퍼드에 들어갔을 때는 전산학 학부 과정이 없었어요. 대신 수학을 전공하면서 전산 관련 과목을 많이 들었죠. 겨우 학부만 졸업한 저를 PARC의 찰스 시모니가 뽑아 주면서 행운이 시작됐어요. 저한테는 정말 좋은 일이었죠. 그게 아니었으면 아마 보험 계리원이 됐을지도 몰라요. 그 일을 했어도 재미있는 수학을 하면서 살 수 있었겠지만, 지금의 저처럼 개인용 컴퓨터 혁명의 발원지에서 일할 기회는 잡을 수 없었겠죠.

소프트웨어 분야에서 스스로 가장 큰 업적이나 공헌이라고 할 만한 걸 꼽아 주신다면?

제가 한 일은 대부분 팀 단위로 한 일이었어요. 팀원으로 참가했든 팀을 이끌었든 말이죠. 제록스에서 참가했던 브라보 프로젝트에서는 찰스 시모니가 팀 전체를 이끌었고 저는 선임 프로그래머 업무를 맡았어요. 어도비 타입 관리자 프로젝트에서도 마찬가지였어요. 그 프로젝트에서는 꽤 재미있는 일이 많았죠. 우리는 한 팀으로 뭉쳐서 확장 가능한 글자들을 화면에 맞게 래스터라이징하는 일을 했죠. 정말 빨리 일했어요. 개념 착안에서 제품 완성까지 겨우 6개월밖에 걸리지 않았죠. 그 솔루션을 기존 맥과 윈도 시스템에 집어넣었어요. 래스터라이저를 이미 현장에서 돌아가고 있는 시스템에 끼워 넣기 위해 글꼴 처리를 위한 시스템의 핵심 요충지를 찾아내야 했던 게 떠오르네요.

최근에는 거의 관리자로만 활동했어요. 그중에서 가장 마음에 드는 건 어도비에서 고급 기술 개발과 연구의 모델을 만든 거예요. 지금까지는 회사의 우선순위에 충실해야 한다는 의무와 최신 결과물을 만들어낼 수 있는 자유 사이에서 그럭저럭 균형을 잡으면서 운영하고 있는 것 같아요.

몇 가지 개인적인 프로젝트에 대해서도 자부심을 느끼고 있어요. 한 10년쯤 전에 개인적으로 아크로뱃의 디지털 서명과 문서 보안 기능의 프로토타입을 만들었어요. 그리고 젊었을 때 제록스에서 일하던 시절, 코드명 DeSoto라는 Mesa 언어용 개발 도구 모음을 개인적으로 만든 것도 기억나네요. 결과적으로 시대를 너무 앞서 갔던 것 같아요. 초보적인 수준이긴 하지만 버전 관리 시스템, make 시스템, 성능을 높이기 위한 재컴파일 최적화 기능 같은 게 있었죠. 1978년이었다는 걸 감안하면 마지막 기능 같은 건 상당히 혁신적이었던 것 같아요.

■ "막다른 골목에서 돌아 나오는 것을 두려워하지 마세요"

리더라면 위험을 감수하고 어려운 결정을 내려야 하는데요, 지금까지 살아오면서 위험을 감수하면서 내렸던 결정 가운데 지대한 영향을 끼칠만한 것이 있으시면 소개해주실 수 있을까요? 어떻게 그런 결정을 내리셨는지요?

"막다른 골목에서 돌아 나오는 것을 두려워하지 말라"는 말을 드리고 싶네요. 1990년대 중반에 어도비에서 서체 그룹 그룹장을 맡고 있을 때였어요. 서체 공학, 서체 디자인, 서체 제작, 이렇게 세 가지 영역에 대한 광범위한 관리 책임을 지고 있었죠. 서체 기술은 80년대 중반부터 90년대 중반에 이를 때까지 꽤 각광받는 분야였지만 그 무렵에는 정말 재미있는 기술적인 혁신은 거의 시들어가고 있었죠. 서체 기술은 이미 500년도 전부터 있었지만, 그 오랜 기간 중에 정말 중요한 혁신이 이루어진 기간은 얼마 안 됐어요. 저는 운 좋게도 그런 시기 중 한 시대에 활동할 수 있었던 것 같아요. 확대할 수 있는 디지털 힌팅 외곽선 글꼴의 시대였죠. 하지만 90년대 중반, 이제 다시 서체 기술이 정체되는 새로운 500년이 시작되고 있다고 생각했어요. 즉 기술이 아니라 디자인과 제품 생산 위주로 돌아가는 시기가 온다고 본 거죠. 디자인과 생산도 분명 중요하고 가치 있는 일이었지만 제 전문 분야는 아니에요. 열정도 식었죠. 그래서 관리 책임에서 물러나서는 고급 기술 그룹의 일반 직원 자리로 옮겼어요. 상당히 위험한 결정이었어요. 관리자 자리에서 일반 직원 자리로 돌아간 거니까요. 그 후로 몇 년에 걸쳐서 아까 말했던 아크로뱃 디지털 서명과 보안 문서 기술을 포함해서 괜찮은 일을 꽤 했어요. 그런 일을 하다 보니 고급 기술 그룹(지금은 연구소)의 리더가 될 기회가 찾아왔어요. 제가 했던 아크로뱃 관련 업무하고 직접 연관된 자리는 아니었지만, 그 일에서 성공하지 못했다면 어도비 설립자이자 당시 CEO였던 존 워녹이 저한테 그런 자리를 제안했을 것 같진 않아요. 제 열정을 따랐는데 그 결과로 보통 성공했다고들 말하는 자리에 오게 됐어요. 제 생각에는 그런 위험이라면 감수할 만한 것 같아요.

어떤 때 성공했다는 느낌을 받으시나요?

저는 무엇보다도 저나 우리 팀이 한 일의 결과물로 인해 고객이 더 생산적이고 창의적으로 활동할 수 있다는 데서 가장 큰 만족감을 얻습니다. 회사의 성공에 기여한든가 어려운 기술적인 문제를 풀어낸다가 하는 부수적인 만족감도 있겠지만, 사용자들에게 도움을 줄 수 있다는 것은 그 자체로 엄청난 의미를 가지죠.

일상적인 업무 관점에서, 그리고 한 사람의 자연인 관점에서 최고 소프트웨어 아키텍트라는 역할이 어떤 의미가 있는지요?

뭐 그다지 재미있을 건 없는 것 같아요. 그런 직함을 가진다는 것은 기분 좋은 일이지만 어도비 내에서의 영향력 면에서, 또는 제가 주변 사람들과의 관계에서 나타나는 영향력 면에서 제가 하는 일의 핵심을 바라봐야 할 것 같아요. 제가 하는 일의 본질은 결국 저희 연구 그룹, 즉 고급 기술 연구소를 이끄는 것입니다. 지금처럼 최고 소프트웨어 아키텍트라는 직함을 달든 아니면 보통 많이들 쓰는 연구소장이라는 직함을 달든, 어떤 이름의 직함을 달고 있는지에 따라서 제가 매일매일 하는 일이 달라지는 건 아닙니다. 저는 한 사람의 남편, 어도비의 전산 분야 고급 기술과 연구를 책임지는 사람, 혁신적인 기술을 만들어내고 제품군에 이전시키는 사람이고, 운이 좋다면 이 사업 분야 전반에 걸쳐서 어떤 영향력을 발휘할 수도 있을 겁니다.

저 정도 자리에 있는 사람이 자기 조직 안에서 탐색하고 있는 모든 기술 영역 전반을 속속들이 이해할 수는 없을 거로 생각해요. 세상에 그런 사람이 있다고 쳐도 저는 그런 사람은 못 됩니다. 제 기술적인 배경 덕에 여전히 몇몇 분야에 대해서는 잘 알고 있다고 생각하지만, 제가 해야 하는 일에서 훨씬 더 중요한 부분은 제대로 된 역량을 가진 제대로 된 사람을 찾아서 제대로 된 환경을 제공하여 어도비의 사업에 도움이 될 수 있는 과학과 기술을 탐색할 만한 상황을 만들어주는 것입니다. 따라서 사람을 선발하고 마음껏 탐색해볼 수 있는 환경을 만들어주는 게 제 업무에서 가장 결정적인 부분이에요. 주로 들어온 지 얼마 안 된 사람들에게는 방향을 잡아주기도 하지만 어느 정도 경력이 있는 팀원에 대해서는 프로젝트 선택과 인력 관리에 있어서 "버블 업" 철학을 시도하는 편입니다. 즉, 이 분야, 이 커뮤니티, 어도비 내에서 어떤 일이 일어나고 있는지와 관련하여 어떤 맥락 같은 걸 만듭니다. 연구원들은 거기서부터 시작해서 그 맥락을 자기 것으로 만들고, 어도비에 도움이 될 만한 프로젝트를 구상하고 실행합니다. 제가 방향을 지시한다거나 하는 식으로 돌아가는 과정이 아니죠.

"자기보다 똑똑한 사람을 뽑아야 합니다"

기술 트렌드나 혁신의 정점에 서 있을 수 있는 비결은 무엇입니까?

CTO를 비롯한 최고위 경영진에게 물어봐야 할 질문인 것 같네요. 그냥 간단하게 답하자면 "그럴 수 없다"고 말하겠습니다. 어도비처럼 광범위한 분야를 포괄하는 기업에서 모든 것의 정점에 서 있다는 것은 말도 안 된다고 생각합니다. 그 부분에서는 나를 위해서 일하는 사람들의 재능과 통찰력에 기댈 수밖에 없어요. 자기보다 똑똑한 사람을 뽑아야 합니다. 그 사람들이 차세대 트렌드, 돌파구, 신기술로 이끌어줄 겁니다.

그 외에도 저는 기술과 관련된 것들을 여전히 즐겨보는 편입니다. 자세한 내용을 다 이해하진 못하지만, 우리 팀에서 쓴 논문은 전부 읽어보는 편이에요. 보통 꽤 기술적이라고 할 수 있는 책들을 한두 권 정도는 끼고 있는 편입니다. 지금은 몇 가지 흥미로운 컴퓨터 비전 기술의 밑바탕을 이루고 있는 다중 뷰 기하에 관한 책을 보고 있어요. 이걸 다 읽으면 무선 센서 네트워크에 관한 책을 읽을 계획입니다. 1970~80년대에 제가 이더넷과 TCP/IP 규약을 구현했던 시절 이후로 네트워크 아키텍처가 어떻게 달라졌는지 보고 싶어요.

스탠퍼드에서 석사 학위를 받으셨는데요, 전문가로서 살아가는 데 있어서 대학원 학위가 가치 있다고 보시나요? 사람을 뽑을 때 대학원 출신을 선호하시나요?

매우 유용하다고 보긴 하지만 필수적이진 않습니다. 제가 스탠퍼드에 갔을 때는 전산학 학부 과정이 아예 없었어요. 석사 학위를 거치면서 상당히 원숙한 단계까지 교육을 받을 수 있었습니다. 그러나 제록스 PARC에서도 대학원 수업 과정 동안 배운 것 못지않게 많은 걸 배웠어요. 졸업하고 한참 후에야 제가 대학원 동안에 배운 것에서 득을 본 것도 있었죠. 예를 들어 디피와 헬만의 공개 키 암호학과 관련한 초기 업적에 대해서 배운 것도 대학원 때 우연히 들어갔던 세미나 덕분이었어요. 그때가 1970년대 말이었죠. 90년대 중반에 공개 키 기술을 바탕으로 아크로뱃 문서용 디지털 서명 기능과 보안 기능을 발명했어요. 그때 우연히 그 세미나에 들어가지 않았더라면 그런 발명을 하지 못하지 않았을까 생각해요.

"저는 항상 쫓기듯 살아가는 임원이 아니에요"

기술 분야의 리더들은 시간에 많이 쫓기는 걸로 유명합니다만, 시간을 효율적으로 관리하기 위해 어떤 전략을 사용하시나요?

시간 관리에 대해서는 세 가지밖에 몰라요.

1 우선순위를 정한다.

2 위임한다.

3 더 열심히 일한다.

분명히 뭔가 다른 비밀이 숨어있을 것 같은 대답이네요. 너무 당연한 답인 것 같은데, 혹시 더 해 주실 말씀 없으신가요?

전혀 그렇지 않아요. 제가 말씀드린 세 가지를 잘 보면 우선순위를 정하는 일이나 잘 위임하는 일이나 전혀 쉬운 일이 아니에요. 이 두 가지를 잘할 수 있는 능력을 타고난 사람은 거의 없어요. 그냥 팀원으로 살아가는 데 꼭 필요한 재능은 아니지만, 더 폭넓은, 그리고 심도 깊은 영역에 대해 책임져야 하는 자리를 맡고, 관리직이나 리더 자리를 맡을수록 이 두 재능이 점점 더 중요해집니다. 아주 간단명료하면서 뜻이 분명한 단어인 것 같아요. 이 둘이 정말 중요한 핵심이라고 생각합니다.

저는 이 둘을 꽤 잘하는 편이에요. 제가 직장에서 자유롭게 보낼 수 있는 시간을 보면 알 수 있는데요, 저는 항상 쫓기듯 살아가는 임원이 아니에요. 뭔가를 읽고, 공부하고, 궁리해볼 만한 시간이 있으니까요. 제가 잘해서 그렇게 된 거로 생각하진 않아요. 매우 재능 있고 스스로 굴러가는, 몇 년 단위의 긴 안목으로 우선순위를 짜서 일하는 조직을 운영하는 호사를 누리고 있는 덕분이죠. 보통 주어진 시간이 얼마 없고 믿을 수 없을 만큼 짧은 시간 안에 정보를 구하고 의사 결정을 해야 할 때엔 시간에 쫓기면서 일하게 되죠.

그러면 일과 삶의 균형을 잘 맞추고 지내시는 건가요? 스스로 오랜 시간 동안 일하시는 편인가요?

오랜 시간 동안 일한다는 기준을 어떻게 잡는지에 따라 다르겠죠. 실리콘밸리에서 일하는 사람치고는 별로 오래 일하는 것 같진 않지만 다른 지역하고 비교하면 오래 일하는 편일 수도 있죠. 일주일에 80시간씩 일하는 건 아니지만 그렇다고 40시간씩 일하는 것도 아니에요. 50~60시간 정도 일하는 것 같습니다. 일주일에 5일, 하루에 평균 열 시간 정도씩 일하면 별로 더 일할 필요는 없는 것 같아요.

■ "운이 전부는 아니었어요"

스스로 경력을 돌이켜보면서 "왜 나였을까?"를 생각해 볼 때, 자신의 어떤 점 덕분에 이 자리에 오게 되었다고 생각하시나요?

분명 운도 좋았지만, 좀 거만하게 얘기해 보자면 순전히 운 때문이었다고는 말하기 어려울 것 같아요. 지금까지 직장생활을 하면서 가장 행운이었다고 생각하는 건 PARC에서 일하게 된 거예요. 당시에 PARC에서 보통 뽑는 사람과는 전혀 다른 배경을 가진 사람을 찾고 있는 누군가를, 제가 어쩌다 알게 된 어떤 사람이, 알고 있었기 때문에 그런 행운을 잡을 수 있었어요. 그 덕에 기업 환경에서 사실상 공짜로 대학원에서 배울만한 것들을 배울 수 있었어요. 그리고 제가 비교적 똑똑한 편이고 실패하는 걸 좋아하지 않는다는 점도 중요했던 것 같아요. 누구에게든 중요한 원동력이죠. 일과 관련해서 창의력도 어느 정도는 있다고 생각해요. 제가 지금까지 이뤄온 성공이 순전히 운에 의한 것이라고 보진 않아요. 제가 가진 역량, 그리고 제가 기울인 노력도 어느 정도 몫은 했다고 봅니다.

기술적인 업적, 사업 감각, 사회성, 성숙성, 친절함 같은 덕목 중에 어떤 게 가장 주효했을까요?

아무래도 가장 중요한 건 기술적인 업적이었던 것 같아요. 저는 사업 감각을 가진 기술자에요. 사업 감각도 중요하죠. 기술적인 감각을 별로 파급 효과가 많지 않은 쪽에 쏟아부을 수도 있는 건데, 저한테는 파급 효과를 기대할 만큼 집중할 만한 사업 감각이 있었고, 실제로 어느 정도는 파급 효과를 발휘하기도 했어요. 제 생각에 저는 최고 수준의 기술자는 맞는 것 같은데, 최고 수준의 행정가라든가 최고 수준의 감독이라고 할 만한 사람은 아니에요. 임원으로서 가져야 할 여러 역량을 생각해 보면 저나 다른 사람이나 모두 저의 기술적인 역량을 가장 높이 사는 편입니다. 행정 업무도 나쁘진 않지만 아주 잘하는 건 아니에요. 인간관계도 좋은 편이지만 훌륭하다고 할 순 없어요. 기술적인 역량과 통찰력이야말로 지금의 저를 만들어준 게 아닌가 생각해요.

소프트웨어 분야에서 성공하는 비결에 대해 조언해 주실 수 있을까요?

어떤 분야에서든 단거리 경주가 아니라 마라톤 선수처럼 일해야 합니다. 수십 년을 일할 수 있으려면 자신이 그 일을 좋아해야 해요. 경력과 관련하여 어떤 결정을 내릴 때는 이성뿐 아니라 감성에도 귀 기울여야 합니다. 이성으로는 전통적인 관점에서 성공하는 방법만 알 수 있을 뿐이에요. 반면에 감성은 나를 채워줄 수 있는 것, 내가 재미있다고 느끼는 것을 알려줄 겁니다. 간단한 방법을 알려 드릴께요. 일할 때 얼마나 시간이 빨리 가는지 생각해 보세요. 시간 가는 줄 모르고 일한다는 느낌이 들 정도로 시간이 빨리 간다면 정말 긍정적인 신호라고 보면 됩니다. 반면에 해야 할 일에 집중이 잘 안 되고 시계만 보게 된다면 뭔가 바꿔봐야 한다는 신호에요. 또 다른 중요한 요인은 어떻게 일하고 싶은가 하는 것입니다. 소프트웨어 개발은 전통적으로 혼자서 일하는 경향이 강한 편이에요. 새로운 방법론이 도입되면서 바뀌고 있긴 하지만 여전히 개인적인 부분이 아주 많이 남아 있죠. 일하는 데 있어서 다른 사람들과 끊임없이 뭔가를 주고받는 걸 좋아하는 외향적인 사람이라면 프로그램 관리나 제품 마케팅 같은 쪽이 더 나을 수도 있어요.

두려움을 멀리하세요. 자신이 좋아하는 것, 자신이 잘하는 것을 벗어나지 않는 범위에서 변화를 두려워하지 마세요. 제가 아는 성공한 사람 중에는 5~10년마다 의도적으로 새로운 경력을 만들어가는 사람도 있습니다. 마찬가지 맥락에서 실험하고 위험을 감수하고 실패하는 것을 두려워하지 마세요. 그런 실험과 실패에서 얻는 교훈은 성공에서 얻는 교훈보다 더 오랫동안 생생하게 남습니다. 그런 실험과 실패의 밑바탕 위에 세워진 성공은 쉬운 성공보다 훨씬 더 달콤합니다. 현 상태에 도전하는 걸 두려워하지 마세요. 각자 개인이 변화를 원하는 것 못지않게 회사에서도 변화를 원합니다. 긍정적인 변화는 일이 그렇게 돌아가는 이유를 살펴보고 현 상태 바깥에 있는 어딘가에서 해결책을 찾는 데서 시작됩니다.

■ "소프트웨어 공학은 정말 대단한 분야에요!"

소프트웨어 분야에서 앞으로 10~15년 이내에 긍정적으로든 부정적으로든 영향을 끼칠 만한 변화로는 어떤 게 있을 것으로 생각하나요?

순수한 소프트웨어 회사와 소프트웨어 쪽에 핵심 경쟁력을 가진 하드웨어 또는 서비스 회사가 혼합되는 쪽으로 갈 겁니다. 따라서 후자 성향의 회사에서 일하는 소프트웨어 엔지니어가 더 많아질 거예요.

인건비가 낮은 나라의 교육 체제 아래에서 괜찮은 엔지니어가 더 많이 양성될수록 그 지역의 소프트웨어 엔지니어들에게는 더 많은 기회가 찾아올 거예요.

전산 분야를 보자면 오랫동안 풀리지 않았던 몇 가지 문제가 해결되리라 생각합니다. 인식과 관련된 분야 – 음성/오디오 인식, 이미지 인식, 동영상 인식 등 – 가 제일 먼저 떠오르네요.

15년 후에 우리가 소프트웨어를 만들 때 쓰는 도구는 지금 이 분야에서 일하는 사람들은 알아보지도 못할 만한 것이 되어 있으면 좋겠어요. 지금보다 수십 배 이상 생산성이 높아서 엔지니어들은 훨씬 더 높은 수준에서 일할 수 있게 말이죠.

소프트웨어 분야에서 불만거리라고 할 만한 건 없나요?

소비자가 볼 때 소프트웨어의 가치는 이미 최고점을 지나가지 않았을까 걱정됩니다. 개인적으로 소프트웨어 산업의 전성기를 살아왔다는 것이 큰 행운이었다고 생각해요. 소비자들이 내가 만들어낸 제품에 대해 직접 돈을 지불하는 시대죠. 하지만 미래에는 우리가 하는 일이 소비자의 시야에서 후퇴해서 그냥 다른 제품(하드웨어 등)이나 서비스가 돌아가게 해주는 사람 정도로 보이지 않을까 하는 걱정이 듭니다.

이 분야에 들어오고자 하는 사람들에게 마지막으로 조언 한마디 해 주실 수 있을까요?

소프트웨어 공학은 정말 대단한 분야에요! 지난 35년이 정말 대단하기도 했지만, 지금 막 이 분야에 들어오는 여러분에게도 창의성을 발휘하고, 새로운 것을 발명하고, 혁신을 이뤄낼 여지는 충분히 많이 남아있습니다.

CHAPTER 15

소프트웨어 프로젝트 관리의 비밀

"가만히 있지 말고 뭔가 고쳐내는 사람이 돼라." – 안토니 J. 드안젤로

이 장은 효율적인 소프트웨어 프로젝트 관리에 관한, 거의 알려지지 않은 기법에 관한 장이다. 예전에 나온 다른 책에서는 찾을 수 없는 숨은 보석을 정리해 보았다. 다음과 같은 소프트웨어 관리의 기본에 대해서는 이미 알고 있거나 필요하면 배울 것이라고 가정하고 논의를 끌어가도록 하겠다.

- 팀을 꾸리는 법
- 요건을 수집하고 프로젝트 계획을 수립하는 법
- 달성해야 할 단계를 설정하는 법
- 소스 코드 및 문서 정리 방안 및 개발 절차를 수립하는 법
- 위험을 관리하고 추적하는 법
- 직원을 관리하는 법
- 일정과 목표 달성에 필요한 의존성을 관리하는 법
- 단위 테스트, 기능 검증, 합격 판정, 시스템 검증, 성능 품질 보장을 위한 품질 보장 절차를 수립하는 법
- 알파 및 베타 버전과 같은 조기 출시 운영법
- 마케팅이나 홍보 등을 위한 보조자료를 준비하는 법
- 결함을 추적, 감시, 전망 및 해결하는 법
- 패키징 및 출시 본을 처리하는 법
- 인과분석 수행법

이런 기본기를 일단 갖춘 후에 몇 가지 잘 알려지지 않은 숨은 보석까지 곁들이면 좋은 프로젝트에서 훌륭한 프로젝트로 뛰어오를 수 있다. 프로젝트는 크게 인력 관리, 절차 관리, 품질 관리로 묶을 수 있다. 여기에 나와 있는 팁과 통찰을 자기 역량으로

품을 수 있다면 포천 500에 드는 대기업 임원 못지않게 훌륭하게 팀을 관리하는 데 큰 도움이 될 것이다.

■ 목표 중심적인 프로젝트 관리: 우주 계획으로부터 얻은 교훈

1960년대는 구소련과 미국이라는 두 강대국이 서로 우월한 위치를 선점하기 위해 치열한 경쟁을 벌이던 시기였다. 1957년 10월 4일, 무인 인공위성인 스푸트니크 위성을 지구 궤도에 올린 소련이 선제공격을 날렸다. 그리고 1961년 4월 12일 스물일곱 살의 우주인 유리 가가린이 최초로 유인 우주선을 타고 지구궤도를 돌면서 소련이 다시금 승전고를 울렸다. 케네디 대통령이 미국의 우주 계획에 대한 막대한 투자를 선언했을 때까지도 소련이 확실히 우위를 점하고 있었다. 1961년 5월 25일에 있었던 미국 의회 연설에서 케네디 대통령은 달에 사람을 보내는 미 항공우주국 NASA의 우주 계획에 대한 신속한 지원을 요구했다. 열정적이고 감동적이었던 그 연설은 효과적인 목표 중심적인 프로젝트 관리란 어떤 것인지를 잘 보여주는 좋은 예라고 할 수 있다.

> 미국은 1960년대 이내에 인간을 달에 보내 무사 귀환시켜야 합니다. 다른 어떠한 우주 계획도 인류에게 이보다 강렬한 인상을 심어줄 수 없다고 확신합니다. 이는 또한 장기적인 우주 탐사 계획에 중요한 전환점이 될 것이며, 이를 위해 온갖 어려움과 막대한 비용을 감수할 것입니다. 달 탐사를 위한 우주선 개발에 박차를 가합시다. 지금까지 개발된 것보다 훨씬 크고 강력한, 새로운 액체 및 고체 연료 추진 로켓을 개발합시다. 우리가 절대 간과할 수 없는, 이 대담한 비행을 하게 될 첫 번째 인간의 생존에 꼭 필요한 일, 즉 새로운 엔진 개발과 무인 탐사에도 더 많은 연구비를 투입합시다. 단지 한 사람이 달로 가는 문제가 아닙니다. 지금 우리가 이 결정을 내리고 나면 우리 모두 함께 뛰어야 할 겁니다. 우리 모두가 그 사람을 달로 보내야 합니다.

이 부분만 봐도 이 연설에서 청중에게 어떻게 확실한 목표를 제시하고 있는지 분명히 알 수 있다. 프로젝트 완료 시기가 분명하게 제시되어 있고, 직접적인 당사자인 NASA뿐 아니라 더 광범위한 미국 시민 전체의 지원까지도 이끌어내고 있다. 가장 중요한 점은, 사람을 달로 보낸다는 목표가 몹시 어렵긴 하지만 실현 가능한 목표였다는 점이다. 표 15-1에 연설문에서 각 원칙이 어떤 식으로 제시되었는지 정리해 놓았다.

표 15-1 우주 계획과 프로젝트 관리 원칙

목표를 모든 관련인에게 매우 구체적이고 분명하게 전달	"1960년대 이내에 인간을 달에 보내 무사 귀환시켜야 합니다."
측정 가능한 목표	"인간을 달에 보내 무사 귀환"
달성 가능한 목표	1969년 7월 20일, 미국 동부 시각으로 오후 4시 18분에 아폴로 11호의 달착륙선이 달 표면 고요의 기지에 착륙했다. 미션 리더인 닐 암스트롱은 "독수리 착륙했다"라고 착륙 소식을 전해왔다. 동부 시각으로 오후 10시 56분에 암스트롱은 달 표면에 첫 발을 내디뎠다
현실적인 목표	"새로운 엔진 개발과 무인 탐사에도 더 많은 연구비를 투입합시다." [추가 연구와 실험이 필요하고, 그에 필요한 자원을 제공하겠다는 의미]
시작부터 구체적인 시간 계획 제시	"1960년대가 가기 전에"

이런 연설이 아무렇게나 만들어진 건 아니다. 케네디의 연설 원고를 쓴 사람들은 분명 경험 많은 프로젝트 관리자이기도 했다. 프로젝트 관리 분야에서는 구체성^{Specific}, 측정 가능성^{Measurable}, 달성 가능성^{Attainable}, 현실성^{Realistic}, 적시성^{Timely}, 이렇게 다섯 가지 원칙의 머리글자를 따서 SMART로 쓴다. 별로 외우기 어렵지 않으니 기억해 두자. 왜 목표를 구체적으로 잡아야 할까? 시간이 무한정 주어진다면 엔지니어들은 광범위한 영역에 걸쳐서 최첨단 연구를 모두 수행할 수 있다는 생각에 이것저것 하고 싶은 일을 다양하게 해 볼 테고, 그러다 보면 그 연구를 모두 합쳐서 뭔가 제대로 된 것을 만드는 게 불가능할 수 있다. 목표를 구체적으로 잡으면 팀 전체가 그 목표에 집중할 수 있기 때문에 그 목표는 헤아릴 수 없는 중요한 가치를 가지게 된다. NASA의 여러 팀이 사람을 달에 보내고 다시 무사 귀환시키겠다는 한 가지 목표에 집중하지 않았다면, 대신 "미국의 우주 탐사 능력을 신장시키자" 같은 목표에 대해서 비슷한 수준의 연구비를 지원받았다면 어떻게 됐을까? 제트기 연료, 인공위성 기술, 멀리 떨어진 행성에서 자립할 수 있는 우주기지같이 과학 지식의 기반을 넓힐 수 있을 만한 여러 재미있는 과학 프로젝트가 진행될 수는 있었겠지만 전부 합쳐놓았을 때 지대한 영향을 미치는 결과물을 낼 수는 없었을 것이다. 마찬가지로, 목표는 관련된 모든 사람에게 분명해야 한다. 모호한 부분이 있으면 팀 내에 있는 사람들조차도 하나의 목표와 관련된 아이디어에 에너지를 모으기 어려우므로 효율이 떨어지게 마련

이다. 그러다 보면 연구비 지원이 위협을 받을 수도 있고, 하락세로 접어들 수도 있다. 케네디와 그의 자문위원들은 목표를 명확하게 잡는 것이 성공의 핵심이라는 점을 잘 알고 있었다. 케네디는 1960년대가 가기 전에 목표를 달성하겠다고 천명하여 시간 계획도 분명히 못 박았다. 아마 사전에 NASA와 여러 과학자로부터 그 목표를 달성할 수 있다는 것을 확인했을 것이다. 프로젝트를 언제까지 끝내야 할지에 대해 현실적인 목표를 잡고 나면, 실행팀에서 그 일정을 기준으로 계획을 세우고 목표 달성에 집중하는 데 도움이 된다. 효율을 높이고 팀 전체의 목표를 명시하는 데도 효과가 있다. 시간 계획을 분명하게 잡으면 옆으로 새거나 지체할 시간이 없다. 어떤 날짜를 목표로 잡아놓고 나면 팀 전체가 그 날짜를 중심으로 발을 맞출 수밖에 없다. SMART 원칙에 맞춰 프로젝트 목표를 정의하는 것 외에, 케네디는 감성과 영감을 자극하여 광범위한 대중의 관심도 이끌었다. 그는 온 국민의 호기심과 꿈에 불을 댕겨 달 탐사 프로그램에 대한 지지를 이끌었다. 그 프로젝트에 참여하는 과학자, 기술자, 관리자, 정치가들 입장에서 어떤 것이었을까? 더 가벼운 발걸음으로 움직이고, 일에 더 큰 열정을 쏟을 수 있었을 것이다. 소프트웨어 프로젝트에서 초기 R&D 단계는 대중적인 관심을 끄는 게 거의 불가능하지만, 팀의 사기를 북돋우기 위해서 전국적인 관심과 지원이 필요한 건 아니다. 회사의 관심, 임원 수준의 관심으로도 충분하다. 프로젝트 규모에 걸맞은 범위 내에서 최대한 관심을 이끌어내자. 그 정도면 팀원들의 흥을 돋우는 데는 충분하다. 그런 게 왜 중요할까? 어차피 높은 잠재력을 가진 흥미로운 기술에 관한 프로젝트라면, 초기에 임원이나 회사 동료로부터 주목을 끄는 게 정말 중요한 일일까? 이해하기 어려울 수도 있겠지만, 사람은 본능적으로 그런 것을 중요하게 여긴다. 임원이나 동료의 이목을 끌 수 있다면 실행조직에 영감을 불어넣고 예산도 든든하게 확보할 수 있다. 마지막으로, 케네디는 리더의 정치적인 미래는 실천 능력에 달려있다는 것을 잘 알았다. 실천 없는 약속은 신뢰감 구축에 치명적이다. 더 많이 투자할수록 실패했을 때 문제가 커진다. 그는 미국이 적절한 투자와 정치적인 의지를 통해 달성할 수 있는 목표를 조심스럽게 선택했다. 결국, 소프트웨어 프로젝트도 우주 계획과 다를 바 없다.

■ 인간 본성의 관리

모든 사람이 자기가 할 일을 한다면 프로젝트 관리자나 팀장은 없어도 된다. 프로그래머가 버그 없는 코드만 만들어낸다면 소프트웨어 테스트 팀도 필요 없다. 하지만 현실에서는 팀마다 팀 리더와 관리자가 필요하고, 코드는 철저하게 테스트해야 한다. 프로젝트 관리자로서 팀원이 버그투성이 코드를 만들거나 프로젝트에서 약속한 바를 이뤄내지 못하면 팀원 탓을 하고 싶은 생각이 들 것이다. 자연스러운 반응이긴 하지만 그러면 안 된다. 처음부터 완벽한 팀이었다면 팀장 같은 건 필요 없었을 것이다. 팀장의 역할은 상당 부분 팀원이 인간 본성을 극복하는 것을 돕는 데 있다. 소프트웨어 팀원에게 기대해야 할 수준을 정리해 보면 이렇다. 소프트웨어 개발자는 전략적이라기보다는 임기응변적으로 설계하고, 결함투성이 코드를 만들어낸다. 팀원들은 사소하기 짝이 없는 일로 무의미하고 유치하게 다투곤 한다. 시간이 남으면 그만큼 일도 늘어나게 마련이고, 프로젝트는 항상 늦어지게 마련이다. 팀원들은 그냥 내버려 두면 스스로 옳고 그름을 창의적으로 판단하여 (해야 할 일보다는 재미있는 일을 할 이유를 합리화시켜서) 몇몇 할 일을 팽개쳐버릴지도 모른다. 팀원들이 이렇게 행동하는 이유는 그들이 사악하거나 의지가 약하거나 유치하기 때문이 아니다. 그냥 그들이 사람이기 때문이다. 프로젝트를 관리한다는 것은 인간 본성을 관리한다는 것을 뜻한다. 다음과 같이 세 가지를 기억해 두자. 이것만 제대로 기억해도 훨씬 잘 관리할 수 있다.

1 **사랑받는다는 느낌을 준다** 사람들은 자신이 한 일에 대한 인정이나 성과에 대해 불안하게 느낄 때 싸우곤 한다. 자신이 기여한 부분이 미미하다고 느낄 때, 또는 남들이 그렇게 생각한다고 느낄 때 사람들은 그 좌절감을 동료나 상사에게 돌리곤 한다. 이런 특성을 심리학에서는 투사(Projection)라고 부른다. 자신의 단점을 남들에게서 찾거나, 자기가 잘못한 일에 대해서 남 탓을 하는 것이다. 이런 파괴적인 역학 관계를 방지하기 위해 관리자로서 해야 할 가장 중요한 일은 모든 팀원에게 존중받는다는 느낌을 주는 것이다. 비록 팀원이 놀라운 생산성을 자랑하는 훌륭한 사람이 아니어도 그렇게 해야 한다. 기분 좋게 일할 수 있게, 인정받는 기분이 들게 해 주자. 일주일에 몇 번씩 각 직원을 한 명씩 칭찬하자. 다른 관리자와 다른 그룹, 임원들이 그들이 하는 일에 협조적이라는 것을 알려주자. 팀 전체가 행복하게, 집중해서 일할 수 있는 마술 같은 환경이 만들어질 것이다.

2 **수시로 현황 파악을 해야 일이 돌아간다** 슬프지만 분명한 사실이다. 프로젝트 성과물의 현황을 물어보면 직원들은 희소식을 전해야 한다는 압박을 느낀다. 정기적으로 현황 보고를 받으면 팀원들은 관리자에게 희소식을 전하기 위해 꾸준히 노력하게 마련이다. 하지만 너

무 심하게 현황 보고를 받지 않도록 조심하자. 수시로 현황 파악을 해야 일이 제대로 돌아가는 건 맞지만, 너무 자주 현황 파악을 하려다가는 온갖 일에 참견해대는 쪼잔한 상사가 되기에 십상이다. 현황 파악에도 절묘한 균형이 필요하다. 신입 사원이나 성과가 좋지 않은 사람은 스스로 어느 정도 현황 파악이 필요한 이들이다 보니 조금 자주 보고를 받아도 괜찮은 편이다. 하지만 경력이 좀 있는 팀원이나 슈퍼스타급 직원들은 보고를 덜 받아도 되는 편이고, 보고하는 것을 싫어하는 경향이 강하다. 현황 파악을 통해 각 팀원이 집중해서 제대로 일할 수 있도록 하되, 상대의 특성에 맞게 대응하고 상대가 어떻게 느끼는지도 고려하도록 하자.

3 빠져나갈 구멍을 만들어 준다 가끔은 누군가에게 그 사람 때문에 일이 잘못됐다거나 이런 식으로 하다가는 일이 정말 잘못될 것이라고 얘기해야 하는 상황이 벌어진다. 그런 지적을 받는 사람은 일하는 방식을 바꾸거나 문제를 해결해야만 한다. 사람이나 프로젝트를 관리해야 하는 관리자에게는 피할 수 없는 일이다. 하지만 그런 지적을 할 때도 지적받은 사람이 방을 나설 때 스스로 바뀌어야겠다는 생각이 들게끔, 그리고 열정적으로 일할 수 있게끔 해야 한다. 낙심해서, 우울한 기분으로, 또는 방어적인 자세로 떠나가게 했다가는 사태가 점점 더 악화할지도 모른다. 그런 일이 일어나지 않게 하려면 아무리 가혹한 내용을 전달할 때도 웃으면서 방을 나갈 수 있도록 빠져나갈 구멍은 만들어줘야 한다. 그리 어려운 일만은 아니다. 지나간 일 중 몇 가지, 또는 일부분이라도 적당히 인정하고 넘어가면 긴장을 완화하는 데 크게 도움이 된다. 둘째, 이미 발생한 문제에도 일을 잘 돌렸을 때 생각할 수 있는 긍정적인 전망을 제공하자. 예를 들어, 모라고 씨가 어떤 구성 요소의 마감일을 2주 넘겼다고 해 보자. 모라고 씨는 컴파일러에 있는 버그가 원인이라고 주장한다. 분명 컴파일러에 버그가 있는 게 맞고 그게 문제의 원인이었다고 하더라도 일정이 지연된 걸 그것만 가지고 설명할 수는 없는 노릇이다. 관리자는 다음과 같은 식으로 강력한 메시지를 전달하면서도 동시에 사기를 북돋아 줘야 한다. "모라고 씨, 컴파일러 버그 때문에 좀 늦어졌다는 건 알아요. 그것 말고도 일이 늦어지게 된 다른 이유가 있을 겁니다. 하지만 지금 모라고 씨가 만들고 있는 구성 요소는 정말 중요합니다. 테스트 사이클이 시작될 때까지 아직 3주 정도 남았어요. 지금부터라도 속도를 내야만 합니다. 임원들도 컴파일러 버그와 그로 인한 지연에 관해 들었고, 지금 이 부분을 주의 깊게 쳐다보고 있어요. 지금은 좀 늦어진 상태긴 하지만 제때 구성 요소를 만들어낼 수 있다면 사람들한테 정말 잘 보일 수 있을 겁니다." 이 정도로만 얘기해도 모라고 씨한테 컴파일러 버그 때문에 지연이 생겼음을 인정한다는 의사를 전달하면서 동시에 다른 원인도 있을 거로 생각하고 있음을 넌지시 비출 수 있다. 정말 멍청한 사람이 아닌 이상 상대방이 예의를 차리기 위해 그렇게 말하고 있다는 점을 눈치챌 수 있을 것이며, 모라고 씨가 열심히 일하지 않은 게 문제라는 것은 어차피 피차 잘 알고 있다. 모라고 씨가 조금 눈치 없는 사람이라면 "그것 말고도 일이 늦어지게 된 다른 이유가 있을 겁니다."보다는 더 직설적으로 말해야 할 수도 있다. 하지만 그가 하는 일이 아주 중요하므로 특별한 사람이라는 기분이 들게 해 주었고, 지금부터라도 속도를 내면 실패를 만회할 수

있다는 점을 설명했다. 이렇게 지금부터 해야 할 일에 대해서 좋은 기분으로 나서게 하는 방법, 즉 빠져나갈 구멍을 만들어준 것이다. 동시에 그가 하는 일에 대해 지금까지보다 더 세세하게, 조금은 불편할 수 있을 정도로 챙기게 될 것이라는 압박감도 줄 수 있다. 분명히 압박을 주고 있긴 하지만 해피엔딩으로 끝날 가능성은 분명히 남아있다.

■ 학생 활용법

학생은 값싼 노동력을 제공하면서도 때로는 매우 높은 생산성을 발휘하기도 하는 존재다. 게다가 학생을 활용하는 시기는 스타로 자랄 수 있는 인재를 거의 위험 부담 없이 발굴할 기회이기도 하다. 또한, 높은 연봉을 받는 직원들이 꺼릴 일도 대체로 기꺼이 하는 편이다. 개인적인 경험에 비추어 보면 단기 인턴(근무 기간 4~8개월)보다는 장기 인턴(근무 기간 8~16개월)이 더 활용도가 높다. 소프트웨어 분야의 업무 복잡도를 감안하면 일을 가르치는 데만 몇 달씩 걸리기 때문이다. 단기 인턴 학생들은 몇 달 정도만 머물기 때문에 실제 일을 시킬 수 있는 시간은 별로 없다. 어떤 때는 업무에 도움이 되기보다는 오히려 짐이 되기도 한다. 반면에 장기 인턴 학생들은 8~16개월 정도 일하므로 그 동안 상당히 많은 것을 얻어낼 수도 있다. 그 동안 거의 위험 부담 없이 재능을 알아볼 수 있다. 인턴 제도는 마치 일단 한 번 써 보고 물건을 살 기회와 마찬가지다. 그 학생이 슈퍼스타라면 일하는 기간 안에 충분히 가치를 파악할 수 있다. 학생이 훌륭하든 그렇지 않든 그리 길지 않은 인터뷰나 입사 시험을 통해 알아낼 수 있는 것에 비해 그 학생의 능력을 훨씬 잘 이해할 수 있다. 학생이 똘똘하지 못해도 손해 볼 일은 없다. 인턴 기간이 끝났을 때 그 학생을 꼭 채용해야 하는 것은 아니기 때문이다. 학생 인턴 제도는 가장 뛰어나고, 가장 똑똑한 인재를 거의 아무 부담 없이 선발할 좋은 기회다. 게다가 경험이 많고 인건비가 비싼 사람들에게는 시키기 곤란한 잡다한 일도 곧잘 해낸다. 많은 회사에서 정식 학생 인턴 외에 회사의 사업적 목표에 맞는 연구를 하는 대가로 대학원생 연구비를 지원하는 식의 협력을 한다. 대학생을 지원하는 쪽이 자체 연구소를 세우는 것보다 저렴하여 매우 적은 비용으로 박사 학위 과정 수준의 연구 결과를 얻는 전략인 셈이다. 마이크로소프트, IBM, 구글같이 훌륭한 연구소를 만드는 수준보다는 떨어지겠지만, 정직원을 채용하는 것에 비하면 "일단 써 보고 구입할 수 있는" 장점을 살릴 수도 있으면서 적은 돈으로 괜찮은 연구를 할 수 있다.

■ 가치 측정의 가치

개발팀에서 가장 힘든 일이면서 동시에 가장 강력한 것이 바로 그 팀에서 개발하는 소프트웨어의 가치를 측정하는 일이다. 가치를 측정하는 것 자체가 가치를 창출한다니 참 대단한 일이다. 측정의 가장 큰 장점 가운데 하나는 바로 그림을 그려내는 데 도움이 된다는 것이다. 숫자가 있으면 막대그래프를 비롯한 다양한 그림을 만들어낼 수 있다. 내가 IBM에 있을 때 경험했던 예를 몇 개 살펴볼까 한다. 1995년 당시 나는 대칭형 멀티프로세서(SMP)를 활용할 수 있도록 DB2에 있는 고속 데이터 로더의 아키텍처를 새로 만드는 프로젝트를 이끌고 있었다. SMP는 하나의 서버에 CPU가 여러 개 들어가는, 당시로써는 새로 떠오르는 데이터 서버 유형이었다. 데이터를 불러오는 작업은 CPU 점유율이 높기 때문에 벌크 데이터를 불러오는 작업을 처리하는 부분은 SMP 서버를 적용하기 안성맞춤인 분야로 볼 수 있었다. 몇 기가바이트에서 몇 테라바이트에 이르는 데이터를 한꺼번에 불러와야 하는 고객이라면, SMP의 병렬 처리 기능으로 그 작업을 몇 배 더 빨리 처리할 수 있다면 더할 나위 없이 좋을 것이다. 몇 달 지나지 않아 새로운 병렬 처리 코드가 돌아가기 시작했다. 데이터의 클러스터 시퀀스를 확보할 수 있도록 몇 가지 괜찮은 기능도 집어넣었고, 캐시 라인도 깔끔하게 유지할 수 있었다. 누가 봐도 그 유틸리티는 전보다 빨리 돌아갔고, 일이 제대로 돌아가고 있다는 데 대부분이 동의했다. 나는 썬 마이크로시스템즈 사람들과 손을 잡고 CPU 개수를 바꿔 가면서 새로 만든 부분의 성능을 시험해 보고 그 결과를 상사에게 보냈다. 실험 결과 CPU를 2개에서 12개까지 늘리는 동안 거의 선형적으로 확장할 수 있다는 점을 확인할 수 있었는데, 예상한 것보다도 더 나은 결과였다. 다음 날 아침 상사는 내 책상에 "훌륭해요!"라는 쪽지를 남겼고, 그 결과가 담긴 그래프는 그 해 주요 고객에게 제공하는 프레젠테이션 자료에도 수록될 수 있었다. 만약 IBM에서 썬 마이크로시스템즈와 함께 시험하지 않았더라도 병렬 처리 기술에 대한 인식이 좋긴 했겠지만, 그토록 강렬한 인상을 줄 수는 없었을 것이다. 고객으로부터, 또는 일부 내부 테스트를 통해 성능에 관해 가끔 의견을 들을 수는 있었겠지만, 그냥 "그렇다더라" 하는 식으로 인구에 회자되기만 했을지도 모른다. CPU를 추가하면서 성능을 측정했기 때문에 여러 개의 CPU에서 돌릴 때의 확장성을 수치화할 수 있었고, 그 데이터를 시각적으로 보여줄 수 있었다. 그 결과로 IBM 내부에서 우리가 달성한 확장성에 대해, 그리고 그게 어떻게 도움이 될지에 대해 더 잘 알 수 있었다. 그리고 더 중요한 점은 고객을 어떻게 도울 수 있는지에 대해 분명한 목소리를 낼 수 있었다는 것이다. 2009년 DB2팀에서는 데이터베이스 진영에서 널리 쓰이는 비표준 언어 요소와 데이터형을 자체적으로 지원하는 기술을 내놓았다. 이 새로운 기능이 추가되면서 비표준 인터페이스를 사용하는 업체들은 더 쉽게 DB2로 넘어갈 수 있었다. DB2에서 자체적으로 지원하는 인터페이스를 이용하면 애플리케이션과 데이터베이스 계층을 완전히 새로 짜지 않고 몇 가지 예외적인 부분만 처리해도 애플리케이션을 옮길 수 있었다. 그 프로젝트는 잘 돌아가고 있었지만, 잠재적인 고객의 마음을 사로잡으려면 다른 데이터베이스를 사용하는 데이터베이스 소스 코드(프로시저 논리, 트리거, 함수, 데이터 정의 등)를 훑어서 DB2 새 버전에서 기대할 수 있는 자체 지원 수준을 알려주는 유틸리티를 만드는 게 좋겠다는 결론이 나왔다. 예를 들어 간단한 유틸리티 하나만 돌리면 순식간에 DB2로 넘어갈 때 기존 데이터베이스 소스 코드의 99.4%를 그대로 쓸 수 있다는 결론을 바로 얻을 수 있다면 영업하는 입장에서 일하기가 훨씬 수월해질 터였다. 실제로 그 유틸리티는 꽤 유용하게 쓰였고, 다음과 같이 우리가 기대하지 못했던 중요한 장점을 발휘했다.

1 **성공의 정량화** 각 고객과 협력업체의 데이터베이스에 대한 지원을 측정한 결과, 오래지 않아 고객 지원 전반에 대해 일반적인 결론을 낼 수 있었다. 특정 고객이 어떻게 느꼈다는 식의 단편적인 사례를 드는 식으로 일하지 않아도 됐다.

2 **차기 제품 계획에 대한 근거자료** 우리가 무엇을 어떻게 지원하는지 측정한 덕분에 우리가 지원하지 못하는 부분이 각각 어떤 빈도로 나타나는지에 대한 정보를 분석할 수 있었다. 실제 고객 계정에서 어떤 미지원 항목이 얼마나 자주 튀어나오는지 손쉽게 히스토그램으로 만들 수 있었다. 덕분에 다음 DB2를 출시할 때 더 분명하게 제품을 계획할 수 있었다.

3 **마케팅에 대한 파급 효과** 실제 고객 및 독립 소프트웨어 업체(ISV, Independent Software Vendor)를 대상으로 수십 번 정도 분석을 한 후, 마케팅팀은 상당한 만족감을 표했다. 첫 18번의 시험 결과를 수집하고 며칠 지나지 않아 분석 결과를 차트로 정리하고 예쁘게 포장해서 마케팅 자료에 집어넣었고, 그 후로 고객을 상대로 하는 프레젠테이션 및 기술교육 프로그램에도 그 자료가 모두 들어갔다.

4 **팀의 사기 증진** 정량화된 결과 덕분에 엔지니어링팀의 사기는 크게 올라갔다. 팀원들이 스스로 잘하고 있다는 느낌은 있었지만, 다양한 고객 환경에서 그 기술이 어떻게 잘 들어맞는지는 아무도 잘 알 수 없었다. 베타 기간에 초기 결과가 도착했고, 여전히 지치고 고생하고 있었던 엔지니어링팀은 그 결과를 보고 큰 힘을 얻었다.

가치 측정은 상당한 파급력을 가진다. 어떤 걸 성공했는지, 어떤 부분이 아직 갈 길이 먼지 이해하는 데 도움이 된다. 결과가 좋으면 개발팀도 활기를 띠게 마련이고, 마케팅 부서 입장에서는 분명한 데이터를 확보할 수 있고, 다음 단계의 계획에도 도움이 되고, 주장하고자 하는 바를 뒷받침하는 데도 단순하게 일화를 열거하는 수준에서 일반화된 분석 결과를 보여주는 수준으로 한 단계 올라갈 수 있다. 내가 얼마나 일을 잘했는지 더 잘 보여줄 수 있을 뿐 아니라, 영업, 마케팅, 제품 계획같이 다른 여러 부서도 도울 수 있다. 운이 좋으면 그 부서에서 얻은 좋은 결과 덕에 내가 더 큰 주목을 받을 수도 있다.

■ 쥐, 사람, 그리고 프로젝트 계획

소프트웨어 사업 계획에는 사업적인 부분(대상이 누구인지, 그들에게 어떤 장점과 이득을 가져다줄 수 있는지, 우리 기술을 어떻게 시장에 제공할지, 어떻게 현금화할 수 있을지)과 엔지니어링적인 부분(기능의 정의와 사양, 설계, 코드, 단위 시험, 기능 시험, 통합 및 합격 판정 시험, 시스템 시험), 그리고 그와 관련된 프로젝트 관리 부분(의존성 분석, 인력 배치, 개발 일정 관리)이 있다. 소프트웨어 업계처럼 역동적인 분야에서는 프로젝트의 모든 측면을 미리 계획한 후에 계획을 수정할 필요 없이 그대로 수행하는 것이 거의 불가능하다. 헬무트 폰 몰트케^{Helmuth von Moltke}는 1857년 프러시아 군대의 참모총장직을 맡아서 30년 동안 그 자리를 유지했다. 그는 수천 가지 요인을 고려한 상세한 전투 계획으로 유명했다. 그는 자세한 계획을 짜는 데 상당한 공을 들였음에도 "적과 만나는 순간 전투 계획은 쓸모없어진다"는 말을 남겼다. 사실 전투에서 계획할 수 있는 것은 극히 초반부에 불과하다. (그마저도 선제공격을 계획할 때만 가능한 일이다) 소프트웨어 프로젝트 계획에서는 거의 항상 일이 계획한 대로 돌아가지 않는다. 혹시 일이 계획한 대로 흘러갔다면 다음 중 한 가지 상황이라고 할 수 있다.

- 계획한 사람이 미래를 손쉽게 내다볼 수 있는 점쟁이다.
- 프로젝트가 정말 단순하고 계획이라고 할 만한 복잡한 게 아예 없었다.
- 주위의 변화하는 환경에 반응하지 못했고, 목표에서 심각하게 벗어난 소프트웨어 프로젝트가 완성되어 가고 있다.

프로젝트 계획이 바뀌는 근본적인 이유는, 어느 정도 복잡한 프로젝트라면 시작할 시점에서는 일부 변수를 확실히 알 수 없기 때문이다. 프로젝트를 시작할 때부터 끝낼 때까지 여러 부분이 계속해서 바뀐다. 예를 들면 요건을 더 잘 이해할 수 있게 된다든가, 예상 일정보다 더 빨리 진행되거나 늦게 진행되는 것도 있다. (물론 빨리 되는 건 거의 없고 늦게 되는 건 아주 많다) 경쟁업체에서 압도적인 신기술을 들고 나오기 때문에 전략을 바꿔야만 하는 상황도 생기고, 사람들이 다른 데로 옮기거나 갑자기 바뀌거나 사라져 버리기도 한다. 반복 개발 전략 덕분에 더 자연스럽게 적응할 수 있는 분위기가 만들어지기도 했지만, 사업 계획을 바꾸는 것은 절대 쉬운 일이 아니다. 개발 책임자는 계획 변경과 관련된 위험을 완화하기 위해 두 가지 건설적인 행동을 취할 수 있다. 첫째는 원래의 프로젝트 목표를 전부 달성할 가능성은 거의 없으며 새로운 목표가 추가될 수밖에 없다는 것을 처음부터 받아들일 수 있는 성숙한 팀 문화를 구축하는 것이다. 애초에 변화와 적응이 필요할 것임을 예상하고 프로젝트를 시작하는 팀이라면 실제 그 일이 닥쳤을 때도 훨씬 덜 좌절하게 마련이다. 둘째는 개발 조직의 수장이 계획을 검토하고 다시 생각해 보고, 필요하면 바꿀 수 있도록 체크포인트와 휴지기가 충분히 있는 방식으로 (폭포수 개발법이나 애자일 개발법 같은) 개발 절차를 변형시키는 것이다. 원래 그런 용도로는 반복 개발 모델이 더 낫지만, 폭포수 모델이나 래피드 프로토타이핑 모델로도 할 수 있다. 변화를 받아들이는 문화와 검토 및 평가 절차가 잘 맞아떨어지면 소프트웨어 개발팀에서 사용자에게 제때 제대로 된 기능을 제공할 수 있는 제대로 된 소프트웨어를 제공할 수 있게끔 역동적이면서 끊임없이 방향을 바꿀 수 있는 모델을 만들어낼 수 있다. 이런 적응형 계획과 지속적인 갱신이라는 특성 덕에 얼마 전부터 애자일 개발이 자리를 잡아가고 있다. 13장 "개발 일정을 맞추는 방법"에서도 마찬가지로 일찍, 자주 내놓는다는 개념을 소개한 바 있다. 이런 철학에는 애자일 방법론이 특히 잘 들어맞지만, 폭포수 방법에도 적용 가능한 개념이다.

■ 개발 성숙도 평가

소프트웨어 개발 방법론에서 가장 중요한 요점은 어떤 방법론을 사용한다면 팀에서 그 방법론을 제대로 사용할 수 있어야 한다는 것이다. 제대로 정립된 절차도 없이 코드를 짜내기만 한다면 시간은 시간대로 쓰고 버그만 잔뜩 만들어낼 가능성이 높다. 그러면 결국 일정은 지연되고, 돈은 점점 더 많이 들어가고, 품질은 낮아지는 데다가 필수적인 요건까지도 빼먹을 가능성이 농후하다. 요즘 널리 쓰이는 방법론으로는 애자일 개발법, 폭포수 소프트웨어 개발 절차, 래피드 프로토타이핑 같은 게 있다. 다들 꼭 알아둘 만한 방법론이다.

반복 개발법(Iterative Development)

반복 개발법이란: 소프트웨어를 기능 단계 단위로 개발하는 것을 강조하는 소프트웨어 개발 방법론. 한 단계에서 일단 완벽하게 작동해야만 다음 단계로 넘어간다. 폭포수 절차에서 반복 개발법으로, 그러고 나서 애자일 절차로 발전해가는 모습을 흔히 볼 수 있다.

장점: 점점 더 안정된 개발 환경으로 진행하는 경향을 보인다. 매번 이미 안정화된 기반 위에 추가 기능을 집어넣기 때문이다. 이전 단계에서 배운 것 덕분에 다음 단계를 더 잘할 수도 있다. 문제를 조기에 발견할 수 있다. 초창기에 개발된 기능은 각종 시험 및 사용성 분석을 더 많이 거치게 된다.

단점: 나중에 추가한 기능은 시간에 쫓겨 급하게 처리하는 경향이 있어서 품질이 떨어지거나 제대로 납기를 맞추지 못할 수도 있다. 경험 많은 팀에서는 이런 단점을 해결하기 위해 품질을 유지하기 위해 기능을 줄이거나 위험이 큰 기능은 초반에, 위험이 낮은 (또는 덜 중요한) 기능은 나중에 하는 식으로 일정을 잡아서 이 단점을 극복하기도 한다.

스크럼(Scrum)

스크럼이란: 개발팀 사람들이 고도로 효율적이고 협력적으로 일할 수 있도록 조직화하기 위한 전략. 스크럼은 제품 총책임자와 스크럼 마스터를 비롯하여 각자가 자기 역할을 맡아서 어떤 프로젝트 업무를 수행하는 사람들로 구성된다. 스크럼은 (매일 15분 같은 식으로) 정기적으로 정해진 시간 동안 회의를 하며, 스크럼에서 정한 목표에 맞춰 몇 주 정도 되는 "스프린트Sprint" 단위로 일을 진행한다. 스크럼에서는 데모와 사용자의 초기 피드백이 중요하다. 매일 진행되는 회의 외에도 스프린트 계획 및 완료된 스프린트 검토를 위한 회의도 운영한다.

장점: 스크럼은 협업을 강조/장려하고 조기 피드백을 달성하고 속도를 유지하는 데 있어서 효율적인 방법이다. 애자일 방법론을 공략하는 데 있어서 간단하면서도 훌륭한 시작점이기도 하다. 스크럼/애자일 방법론은 개발 사이클 전반에 걸쳐서 우선순위에 따라 계획 및 관리를 분산시켜주는 기능을 한다.

단점: 일일 스크럼 회의가 협업과 진행 상황 파악을 장려해줄 수 있긴 하지만 사람에 따라 잦은 보고와 현황 점검을 싫어할 수도 있다. 또한, 스크럼 자체가 하나의 완성된 개발 절차는 아니므로 더 큰 규모의 반복/애자일 방법론의 일부로 적용하는 것이 좋다. 기술/개발 관련된 부분까지 커버할 수 있는 것은 아니며, 프로젝트 시작이라든가 제품 출시와 관련된 접근법을 제공해주지 못한다.

애자일 개발 절차(Agile Development Process)

애자일 개발 절차란: 반복 개발 모델을 제대로 된 소프트웨어 개발 방법론으로 확장시켜 놓은 것. 일일 스크럼, 다부서 간 팀 구성(개발, 시험, 사용성, 베타 및 패키징, 마케팅 등), 매 반복 단위마다 완전한 시험 사이클 수행 등의 특징이 합쳐져 있다. 애자일 개발에서는 매 반복 단위마다 얻어지는 지식을 다음 단계에서 활용하는 것이 강조된다.

장점: 애자일 개발에서는 각 반복 단위에 대해 더 광범위한 시험을 거치기 때문에 기본적인 반복 개발 모델 보다 품질이 크게 나아진다. 일일 스크럼을 통해 팀 전체가 긴밀하게 협조할 수 있으며, 여러 부서에 속하는 사람들로 팀이 구성되기 때문에 그냥 코딩하는 게 일의 전부가 아니게 된다. 애자일 개발 절차에서는 필요한 사업적 가치를 잡아내고 (이때 사용자 이야기에 초점을 맞춤으로써 전통적인 문제 정의에 살을 붙인다) 목표에 다가가는 데 필요한 지속적인 피드백을 확보하는 것이 중요하다.

단점: 피로감이 가장 큰 단점이다. 애자일 개발은 놀라울 정도로 효율적이긴 하지만 각 반복단위를 넘어갈 때마다 계속해서 팀 전체에 상당한 압박을 가하게 되어 있다. 애자일 개발 절차에는 설계나 코드 말고도 다른 개발 절차와 관련된 부분들이 더해져 있기 때문에, 그 강도가 반복 개발법만 사용하는 경우에 비해 훨씬 더 세다. 둘째로 다른 반복 모델과 마찬가지로 나중 사이클에 들어가는 기능에 대해서는 시간을 쥐어짜 가면서 일할 수밖에 없다. 셋째, 매 반복 단위를 통해 알아낸 것을 바탕으로 제품 계획

을 수정하는 전략을 채택하기 때문에 팀원이나 사업 리더로서 프로젝트가 시작된 지 한참이 지나고 나서도 어떤 물건이 나올지 정확하게 모를 수 있다. 윗사람들이 목표와 시간 계획이 딱 정해진 프로젝트에 애자일 방법론을 적용하려고 할 때 큰 문제가 생기 곤 한다. 애자일 방법론은 반복 단위를 거쳐 가면서 팀 전체적으로 요건과 우선순위를 더 잘 이해하게 되면서 내용물이나 일정 계획이 바뀌도록 만들어져 있는 개발 방법론 이다. 넷째, 몇 년에 걸쳐서 코드를 만들지 않은 사람들이 시험해야 한다는 가르침을 전파해온 폭포수 방법론과 달리, 애자일 개발법에서는 시험 주기를 앞당기는 방법 가 운데 하나로 코드를 쓴 사람이 직접 시험하는 것을 권장하는 편이다. 이렇게 하면 시 험의 효율은 좋아지지만, 프로그래머가 코드를 작성할 당시에 프로젝트의 요건을 제 대로 이해하지 못하고 있었다면 시험 과정에서도 그 문제가 그대로 이어질 수밖에 없 다는 심각한 위험을 안고 갈 수밖에 없다.

XP: 익스트림 프로그래밍(eXtreme Programming)

익스트림 프로그래밍이란: 애자일 개발 절차의 변종으로, 짝 프로그래밍[Pair Programming], 테스트 주도 개발[TDD, Test Driven Development], 현장 고객 요건, 설계 리팩토링, 철저한 코드 검토 등이 주로 강조된다.

장점: 소프트웨어 공학의 가장 훌륭한 기능의 장점을 극대화할 수 있는 방식이다. 어떤 설계나 코딩 작업을 할 때도 두 명이 한 명보다 낫다는 개념을 실천에 옮길 수 있고, 코 드 검토를 강조하고 있는데, 문제점을 찾아내서 없애는 데 있어서 가장 효과적인 방법 이 코드 검토라는 점을 감안하면 코드 품질을 크게 향상할 수 있다.

단점: 극단적인 것치고 건강에 좋은 건 없다. 그리고 팀 규모가 커지면 별로 잘 들어 맞지 않는다. TDD에서는 테스트 케이스를 제품 코드보다 먼저 만드는데, 아직 만들 어지지 않은 제품의 기능을 정의하는 부분이기도 하다. 테스트 케이스 자체가 코드기 때문에 XP에서는 (그냥 사람이 쓰는 말로 사양 명세서를 만드는 대신) 코드를 정의 하는 코드를 작성하는 셈인데, 이런 방식이 불편하고 요건 검토를 제대로 하기 어렵다 는 의견도 심심찮게 들을 수 있다.

린 개발법(Lean Development)

린 개발법이란: 반복 개발법과 밀접하게 연관된 개발법이다. 더 많은 것을 알고 이해하고 있는 개발 사이클 후반에 의사 결정을 내리는 쪽을 선호하여 "최대한 늦게 결정한다."는 원칙으로 정리할 수 있는 방식이다. 쓰레기와 절차적인 오버헤드를 줄이는 것이 매우 중요하다. 린 개발법에서는 제품을 시장에 최대한 빨리 내놓는 것도 강조한다. 린 개발법의 핵심을 간단하게 정리하자며 이렇다. "크게 생각하고 작게 행동하고 빨리 실패하면 신속하게 배울 수 있다"

장점: 쓰레기를 없앨 수 있다 보니 조직의 효율성을 크게 향상할 수 있다. 린 방법론에서는 측정을 통한 끊임없는 평가, 그리고 그 결과로 쓰레기를 없애는 것을 매우 중요시한다. 애자일 개발 방법론이 어떻게 제 역할을 하는지 설명하면서 그 뒤에 숨어 있는 근본적인 철학을 제공한다. 고객의 가치에 도움이 되지 않는 요건이나 코드는 버린다. 제품 계획은 일정 막바지에 들어가기 전까지는 꼭 해야 할 일로 간주하지 않는다.

단점: 린 개발법은 절차라기보다는 원칙에 가깝다. 리더 입장에서 애자일 개발법을 효율적으로 구현하고 애자일 개발 절차를 사업적인 사고 방법과 통합하기 위한 방법론으로 쓸 수 있는 부분이다. 린 개발법은 이상 면에서 보면 상당한 가치를 지니지만, 실제 실천하기 위한 단계들을 생각해 보면 조금 구체적이지 못한 편이다. 스크럼 같은 것에 비해 더 개념적인 성격이 강하고 실제 적용하기도 어려운 편이다. 신입 프로그래머라면 별로 쓸모없다고 생각할 가능성이 높다.

폭포수 개발 절차(Waterfall Development Process)

폭포수 개발 절차란: 개발이라는 게 요건에서 명세서, 설계, 코드, 단위 시험, 기능 검증 시험, 통합 시험, 합격 판정 시험, 베타 테스트, 시스템 검증 시험, 제품 출시로 선형적으로 쭉 이어져서 진행된다고 생각하는 전통적인 소프트웨어 개발 모델이다.

장점: 소프트웨어 개발자는 처음부터 무슨 일을 해야 할지 알고 시작한다. 비즈니스 계획 담당자, 마케팅 담당자, 영업팀 등에서 제품의 내용과 목표 출시일을 초기부터 제대로 알 수 있다.

단점: 9~18개월 후에 내놓을 것의 요건과 해결책을 만들 때 맞닥뜨릴 문제점을 전부 제대로 이해하는 것은 불가능하다. 폭포수 절차에서는 사이클 진행 도중에 계획을 변경해야만 하는 상황이 벌어지게 마련인데, 그게 쉽지 않다. 둘째, 업무 범위와 일정이 결정된 상태로 일이 진행되다 보니 개발 사이클 막판에 온갖 테스트와 결함 수정이 진행되는 단계에서 일정의 압박에 쫓기면서 품질 문제가 생기곤 한다. 처음에 세워 둔 계획은 쉽게 깨지게 마련이다. 시장의 변화, 고객 수요의 변화, 경쟁자들의 인수 합병이나 각종 변화 등으로 계획은 언제 망가질지 모른다.

래피드 프로토타이핑(Rapid Prototyping)

래피드 프로토타이핑이란: 복잡한 소프트웨어 설계를 진행하기 전에는 반드시 강점과 약점을 미리 이해할 수 있도록 개념 검증용 프로토타입을 만들어야 한다는 아이디어를 바탕으로 만들어진 방법론이다. 이 모델은 폭포수 개발 모델의 초기 단계에서 종종 쓰이곤 한다.

장점: 래피드 프로토타이핑은 폭포수 개발 절차의 위험을 크게 줄일 수 있다. 초기 프로토타입을 통해 설계안의 한계를 초기에 탐색해볼 수 있기 때문이다.

단점: 프로토타입 코드는 보통 상당한 제약을 두고 적당히 만드는 편이다. 프로토타입 작업이 성공적으로 끝나고 나면 프로토타입 코드는 바로 없애 버리고, 전통적인 폭포수 방법론을 따라서 프로젝트를 진행해야 한다. 하지만 실제 경험해 본 사람들에게 물어보면 프로토타입 코드를 바탕으로 제품 개발을 시도하고 싶은 욕구를 떨쳐버리기가 거의 불가능하다고 한다. 그 결과로 품질이 나쁘고 믿을 수 없는 코드가 핵심이 되는 최종제품이 만들어지곤 한다.

현대적인 개발 조직에서는 애자일 방법론(그림 15-1 왼편 참조)을 도입하는 경향이 점점 늘어나고 있지만 애자일 방법론에도 단점은 있다. 애자일 전략을 택하든 전통적인 모델을 택하든 그런 방법론을 적용하여 일급 소프트웨어 조직을 운영하고 품질 좋은 소프트웨어를 개발할 수 있다.

그림 15-1 소프트웨어 개발 절차

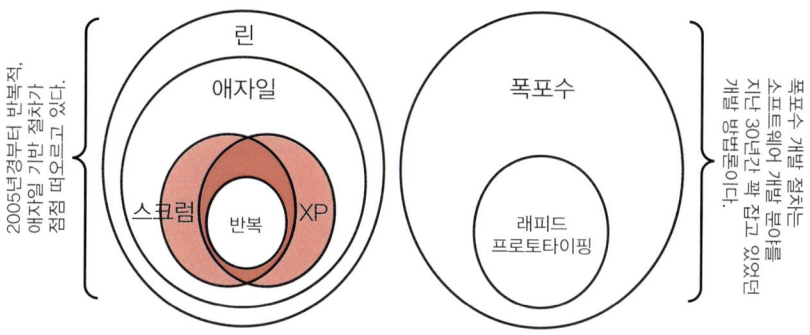

실제 소프트웨어를 개발하는 데 있어서 적절한 방법론을 전문가답게 적용하고 있는지는 어떻게 알 수 있을까? 표 15-2에 개인적으로 꽤 유용하게 써먹었던 성숙도 테스트를 적어놓아 보았다. 상당히 오랜 기간에 걸쳐서 개발한 간단하지만, 충분히 정확한 테스트 방법이다.

표 15-2 성숙도 테스트

질문	예?	점수
1. 우리 팀은 지금까지 우선순위가 높았던 기능이 전부 들어가 있는 상태로 프로젝트를 완수했는가? 뛰어난 품질로, 원래 계획한 일정의 20% 이내에서 프로젝트를 완수했는가?		10
2. 결함 추적 시스템을 쓰고 있는가?		10
3. 팀에서 소스 코드 제어 시스템을 쓰고 있는가?		10
4. 모든 아키텍트, 프로그래머, 테스터가 요건 파악, 명세서 작성, 코드 관리, 테스트 및 결함 추적 시 따라야 할 절차를 분명히 알고 있는가?		10
5. 팀에서 실행할 테스트를 정의하기 위한 테스트 계획을 작성하고 검토하는가?		10
6. 프로젝트 관리팀에서 신규 발견율과 백로그 사이즈별로 결함률을 관리하고 있는가?		10
7. 제품과 관련된 사람들이 모두 일이 "끝났다"는 것에 대해 분명하게 이해하고 있으며 모두 만장일치하고 있는가?		5
8. 조기 피드백을 위한 현장 테스트(알파/베타 프로그램)나 사용성 조사를 하고 있는가?		5

질문	예?	점수
9. 개발자가 작업 중인 제품의 단기 사업 목표를 분명하게 이해하고 있는가? 그 제품이 주로 어떤 시장을 목표로 하고 있는지 분명하게 알고 있는가?		5
10. 내부 테스트 규모가 예상 가능한 최대 사용자 규모와 강도까지 확장할 수 있는가?		5
11. 개발 조직 내에서 프로젝트 완료 일정과 중간 단계를 모두 분명하게 인식하고 있는가?		5
12. 팀에서 코딩 단계가 30% 이상 진행되기 전에 제품 명세서를 완성하고 검토까지 끝내는가?		5
13. 팀에서 명세서나 문제 내역서, 사용자 시나리오 같은 형태로 프로젝트의 요건을 문서화해 놓는가?		5
14. 테스트 케이스의 적어도 80% 이상이 자동화되어 있고 정기적으로 실행되는가?		5
총점		(100점 만점)

이 테스트를 했는데 70점이 안 나왔다면 그 소프트웨어 조직의 성숙도에 심각한 문제가 있다고 할 수 있다. 개인적인 수준에서는 리더십을 발휘하고 더 나은 조직으로 만들어내는 작업을 해 볼 좋은 기회다. 점수가 90점이 넘는다면 기뻐할 만한 일이다. 소프트웨어 개발 성숙도 면에서 세계에서 상위 10% 안에 드는 그룹에서 일하고 있다고 봐도 좋다.

■ 소프트웨어 결함과 비용과 효율

꽤 다양한 연구 결과로 뒷받침되지만, 너무 당연한 사실이 있다. 코드의 결함을 늦게 발견할수록 비용이 더 많이 든다는 사실이다. 실제 비용을 따져보면 개발 주기상 뒤쪽에서 발견되면 들어가는 비용의 자릿수가 달라질 정도로 그 비용 차이가 심하다. 초기 결함은 개발자 한 명이 코딩 도중에 찾아낼 수 있다. 비용은 한 사람이 두 시간 정도 일하는 데 필요한 인건비 정도면 된다. 하지만 제품이 이미 출시된 후에 고객이 발견한 결함을 해결하려면 여러 거래처 대표와 전화 지원 전문가가 참여해야 하고, 고객의 환경을 이해하려면 출장을 가서 고객을 만나야만 한다. 또는 제품 개발 사이클과는 별도로 그 문제를 재현하고 해결책을 찾아내고 새 코드를 통합시키는 데 필요한 개발자 팀도 꾸려야 한다. 문제가 얼마나 급한지에 따라, 그리고 얼마나 중요한 고객인지에 따라 특별한 새 버전을 급하게 만들어서 출시해야 할 수도 있고 특별한 테스트 사이클을 돌려야 할 수도 있다. 이런 비용을 전부 더해 보면 결함 하나를 매우 늦게 발견한 것 때문에 수백 시간 분량의 인력이 필요할 수도 있다. 소프트웨어 개발자는 제품 출시 일정을 맞추기 위한 압박 때문에 소프트웨어 품질, 검토 과정, 테스트, 코딩 표준, 경계 조건 등을 무자비하게 잘라내기도 한다. 더 큰 문제는 압박이 심할수록 소프트웨어 개발팀에서는 완성하는 데 시간이 오래 걸릴 만한 특정 코드가 아무도 관심을 두지 않을 만한 특별한 상황에서나 필요할 것이라고 합리화하는 경향이 심해진다는 것이다. 때로는 정말 그 말이 맞아서 약 1%밖에 안 되는 소수의 사용자만 그런 상황을 경험할 수도 있다. 문제는 규모가 큰 제품에는 보통 기능이 수천 가지나 들어간다는 것이다. 각각의 중요한 기능마다 이렇게 발견될 가능성이 거의 없는 결함이 하나씩 있다면 그런 결함들이 전부 합했을 때 무시무시한 결과가 나올 수 있다. 거의 모든 고객이 문제를 경험하게 되는 것이다. 때로는 어이없는 합리화 때문에 웃지 못할 상황이 벌어지기도 한다. 리더라면 임원들이 잘 알고 있는 부분에 대한 감수성을 높여놓을 필요가 있다. 시장 상황이나 고객 만족은 차치하고 단순하게 비용 면에서만 봐도 품질이 낮은 제품이라면 제품 개발 사이클의 후기에 발견하여 고치거나 심하면 제품을 출시한 후에 문제를 잡아내면서 엄청나게 큰 비용을 지불해야 할 수 있다. 이런 비용 때문에 회사가 망해 버릴 가능성도 있다. 신입이나 중견 개발자는 문제가 좀 더 미묘해진다. 개발자는 대부분 제품 완성 단계 이후에 결함을 발견하면 비용이 훨씬 많이 든다는 사실을 제대로 받아들이지 못하는 편이기에, 이미 알려진 문제를 다른 팀원과의 상의 없이 한동안은 별일 없겠지 하는 생각을 하면서 다음 서비스팩이나 다음 버전으로 미뤄버리는 결정을 독자적으로 내리기도 한다. 사실 그들에게는 제품의 미래에 대해 그만한 결정권이 없는데도 말이다. 리더라면 결함을 그렇게 미뤘을 때 단순한 비용보다 훨씬 곤란한 문제가 발생할 수 있다는 것을 팀원들이 제대로 실감할 수 있도록 교육해야 한다. 비용을 미루면 결과적으로 비용이 증폭되고, 그 결과로 사업상 큰 손해가 발생하고 새 코드를 빠르게 개발할 기회가 차단되거나 (재미있는 설계나 개발을 즐기면서) 행복하게 개발 작업을 하던 개발자가 고통스러운 지원 업무나 버그 수정에 많은 시간을 보내야 하는 상황이 벌어지는 것이다. 상황은 점점 더 악화한다.

- 지원에 더 큰 비용을 쓴다는 것은 새로운 개발에는 더 적게 투자한다는 것을 뜻한다.
- 소프트웨어 개발자의 성질이 더러워지면 개발자의 동기 부여나 효율에 모두 악영향을 끼칠 수밖에 없다.
- 개발 사이클 후반부에 결함이 발생하면 팀 내에서 프로젝트를 제대로 마무리할 수 없게 되고, 결과적으로 일정이 지연되기에 십상이다.
- 이미 출시된 제품의 품질이 떨어진다면 고객만족도도 낮아지고, 결과적으로 성공을 거두기도 어려워진다. 품질이 안 좋으면 오래지 않아 수익도 줄어든다.

그림 15-2에서는 성숙한 개발 조직과 신규 개발 조직을 비교해 보았다. 어느 경우든 단계별 결함 제거에 드는 비용은 똑같다. 그림 15-2에는 단계별 발견되는 결함의 비율을 표시해 놓았다. 그림에는 나와 있지 않지만, 성숙도가 떨어지는 쪽에서 만들어진 소프트웨어가 라이프타임 전반에 걸친 결함 발생률이 더 높다.

성숙한 개발팀은 애초부터 코드 자체의 결함률이 낮고, 단위 테스트 및 기능 테스트 단계에서 대부분의 결함을 잡아낸다. 결과적으로 상대적으로 코드 품질이 코드 천 줄당 1~6개 결함 수준으로 매우 우수하다. 개발 절차 및 품질 관리가 안 되는 미성숙한 팀은 코드 천 줄당 결함이 8~20개 수준인 품질이 낮은 코드를 만들어내는 편이다. 후반부에 발견하는 결함을 초기에 발견하는 결함과 별로 다르지 않게 취급하다 보면 위험 및 비용이 급격하게 증가한다. 개발 사이클 후반부에 문제가 생기면 비용이 크게 늘어나고 생산성은 크게 줄어든다는 점을 이해했다면, 프로젝트 관리자 입장에서 이런 문제에 봉착하지 않으려면 어떻게 행동해야 할까?

- 결함을 조기에 발견하는 데 있어서 가장 효과적인 방법은 역시 설계, 명세서 작성, 코드 검토다.
- 테스트를 막판에 몰아서 한꺼번에 하지 않고 개발 기간 내내 지속해서 할 수 있도록 반복 개발 방법론을 활용하자.
- 테스트 조건을 강제로 지정할 수 있는 트레이스 지점, 확인 구문(Assertion), 프로그래밍 방식 후크(메모리 제약이 있는 것 같은 효과를 준다든가 기기에 문제가 발생하는 상황을 강제로 만드는 등의 작업)를 충분히 집어넣는다.

그림 15-2 결함 빈도와 발견 단계별 수정 비용(위: 성숙한 개발 조직, 아래: 신규 개발 조직)

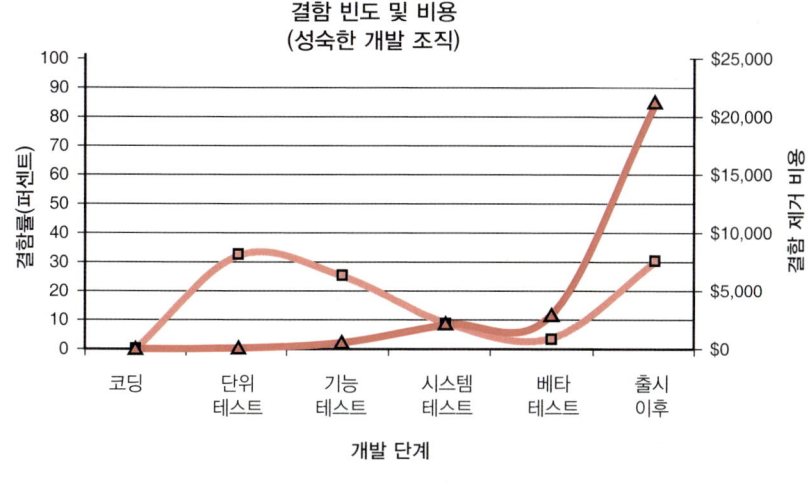

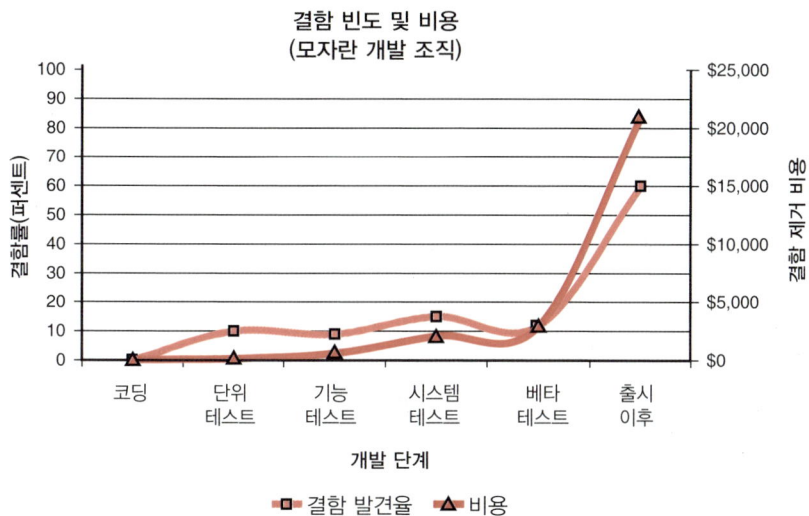

테스트와 품질

테스트를 많이 할수록 품질이 좋아진다고 생각하는 사람도 있다. 정말 그랬으면 좋겠지만, 안타깝게도 그렇지가 않다. 테스트하면 결함을 찾는 데 도움이 되긴 하지만 코드 여기저기 숨어있는 결함을 테스트만으로 찾아내는 건 불가능하다. 아무리 열심히 테스트해도 상당수의 결함이 잡히지 않고 남아있을 것이고, 여기서부터 불편한 진실이 나타나기 시작한다. 테스트해서 기존 결함 중 특정 비율(예를 들어 65%)만큼을 찾아낸다고 해 보자. 그러면 테스트를 통해 찾아낸 결함이 많아질수록 찾아내지 못한 결함도 많아지리라고 예상할 수 있다. 테스트에서 결함이 많이 발견되면 실제 출시된 제품에 있는 결함 개수가 줄어드는 게 아니라 늘어나는 것이다. 직관적으로 보면 말이 안 된다는 생각이 들 수도 있는데, 테스트 과정이 버그를 다 잡아내기 위한 절차라기보다는 품질을 측정하기 위한 통계적인 방법이라고 보면 이해가 될 것이다. 이런 이유 때문에 소프트웨어 공학 분야에서는 기능 테스트와 시스템 테스트를 각각 "기능 검증 테스트", "시스템 검증 테스트"라고 부른다. 소프트웨어 공학을 과학적으로 공부해 온 사람은 테스트 작업이 문제를 고치기 위한 작업이라기보다는 검증 절차에 가까운 것으로 봐야 한다는 인식이 자리 잡았기 때문이다. 테스트를 많이 하면 버그를 더 많이 발견하게 마련이고, 버그를 더 많이 발견하면 출시되는 제품의 품질이 떨어지는 것이라면 차라리 테스트를 적게 하면 제품 품질이 좋아지는 건 아닐까 하는 생각이 들지도 모른다. 물론 전혀 그렇지 않다. 테스트를 잘하면 결함을 발견하는 비율을 올릴 수 있다. 간단한 테스트 절차로 기존 코드 결함의 30%를 발견할 수 있다면 조금 더 강화된 테스트를 통해서는 60%의 결함을 발견할 수 있고, 매우 강인한 테스트 절차를 도입하면 결함 발견율을 65% 수준까지 끌어올리는 것도 가능하다. 여전히 결함 중 상당수는 남아 있겠지만, 테스트를 더 잘하면 그 수를 줄일 수 있고, 더 중요한 것은 출시되는 제품 품질을 더 분명하게 보장할 수 있다는 점이다. 안타깝게도 아직은 아무도 버그가 없는 소프트웨어를 개발하는 방법을 발견하지 못했다. (혹시 그게 가능하다면 노벨상을 탈 만한 일이라고 생각한다. 전 인류에게 상상할 수 없을 만큼 막대한 공헌을 하게 될 것이다) 테스트를 통해서 모든 버그를 찾을 수는 없기에, 테스트만을 통해서 최고 품질의 코드를 만들어내는 것은 불가능하다. 많은 회사에서 그런 시도를 했지만 모두 실패로 돌아가고 말았다. 역사적으로 보면, 코드 품질을 개선하고 버그를 없애는 데 있어서 가장 좋은 방법은 코드 검토다. 최고 품질의 코드를 개발하기 위해서는 설계 및 명세서 검토, 코드 검토, 형식적인 인라인 (런타임) 확인 테스트, 측정 코드Instrumented Code, 철저한 테스트 중 어느 하나도 소홀히 해서는 안 된다. 소프트웨어 프로젝트 관리는 사람, 절차, 품질을 관리하는 일이다. 지금까지 설명한 개념을 잘 익히면 일반적인 관리자 수업에서는 가르쳐주지 않는 새로운 아이디어를 배울 수 있을 것이다. 이런 도구가 근대적인 소프트웨어 프로젝트 관리 방법론에 도움을 주긴 하지만, 기존 방법론을 완전히 대체하는 것은 아니라는 점을 염두에 두도록 하자.

interview
제임스 고슬링

자바의 아버지

현재 직위

썬 마이크로시스템즈 클라이언트 소프트웨어 그룹 CTO, 썬 펠로우*

주목할 점

현재 세계에서 가장 널리 쓰이고 있는 언어인 자바를 처음 만든 사람. 유닉스용 이맥스를
처음 만든 사람

생일

1955년 5월 19일

학력

카네기 멜론 대학교 전산학 박사, 1983년
카네기 멜론 대학교 전산학 석사, 1982년
캘거리 대학교 전산학 학사, 1977년

취미 및 관심사

3차원 모델 만들기, 등산, 스키

약력

"The Algebraic Manipulation of Constraints(제약 조건의 대수적 조종)"이라는 제목
의 학위 논문으로 박사 학위를 받았다. 위성 데이터 수집 시스템, 멀티프로세서 버전의 유
닉스, 몇 가지 컴파일러, 메일 시스템, 창 관리자 등을 만들었다. WYSIWYG 텍스트 편집
기, 제약 조건 기반의 그림 편집기, 유닉스 시스템용 Emacs 텍스트 편집기를 만들기도 했
다. 썬에 들어가서 처음에는 NeWS 윈도우 시스템의 선임 엔지니어를 맡았다. 자바 프로
그래밍 언어를 처음 설계하고 오리지널 컴파일러와 가상 머신을 구현했다. 2007년 2월 캐

---

*   역자주_ 오라클에 인수되는 과정에서 썬을 나와서 구글에서 일하다가 지금은 리퀴드 로보틱스(Liquid
    Robotics)라는 벤처 회사에서 일하고 있다.

나다에서 두 번째로 높은 officer of the Order of Canada 훈장을 받았다. 미국 국립 공학 한림원 회원으로 선출되기도 했다.

■ "정말 재미있는 게 많았어요"

소프트웨어 분야는 어떻게 시작하게 되었나요?

뭔가를 만드는 걸 항상 좋아했어요. 어렸을 때는 나뭇조각을 뚝딱거리거나 할아버지 가게에서 노는 걸 좋아했었죠. 할아버지는 대장간을 하셨어요. 말발굽도 갈아주고 여러 도구도 만드셨죠. 그래서 그런지 뭔가를 뚝딱거리는 걸 좋아하는 편이에요. 14살 때, 아버지 친구 중 한 분이 저하고 아버지한테 캘거리 대학교 전산원을 구경시켜 줬어요. 거의 첫눈에 반해 버렸어요. 정말 재미있는 게 많았어요. 대학교에서 3 킬로미터 조금 넘게 떨어진 곳에 살았기 때문에 걸어서 거기에 다니기 시작했어요. 14살에 이미 키가 큰 편이었기 때문에 대학생처럼 보였던 것 같아요. 제가 들락거려도 별로 신경을 쓰지 않더라고요. 이게 어떻게 돌아가는지, 어떻게 이런 일이 일어나는지 등의 궁금증을 해소해야 직성이 풀렸어요. 도서관에서 한참 동안 책을 읽고, 계정 비밀번호를 풀어내는 것 같은 일에 시간을 많이 썼어요. 나중에는 비밀번호를 깨는 걸 꽤 잘 하게 됐어요. 여름 학기 동안 전산학과에 침입하는 방법을 스스로 깨달았어요. 문마다 번호판이 달린 자물쇠가 있었어요. 문 앞에 와서 비밀번호를 누르면 문이 열리고 들어가는 식이었죠. 그냥 아무렇지도 않게 근처에 서 있다가 번호를 누르는 걸 보기만 하면 됐어요. 일단 그렇게 건물에 들어가기만 하면 사용자 ID나 비밀번호 같은 걸 걸어두지 않은 컴퓨터가 많이 있었어요. TSS8이라는 운영체제를 돌리는 시간 공유 PDP-8 장비를 아주 많이 썼어요. 처음에는 거의 뼈대만 있는 PDP-8으로 시작했죠. 어떤 연구실 한 구석에 있는, 아무도 쓰지 않는 컴퓨터였죠. 그걸로 혼자 공부하기 시작했어요. 처음에 배운 언어는 공식 계산기^{FOrmula CALculator}에서 이름을 따온 Focal5라는 이름의 언어였어요. 포트란하고 비슷한 일을 해 주는 꽤 단순한 언어였죠. 곡선을 인쇄한다든가 블랙잭, 솔리테어 게임 같은 걸 하기도 했어요. 그리고 Focal5가 워낙 제한이 많은 언어였기 때문에 어셈블리 언어도 배우기 시작했어요. 그렇게 PDP-8에서 어셈블리 코드를 만들기 시작했죠. 거의 비슷한 시기에 여기저기 돌아다니다가 그 대학교에서 수업용으로 쓰던 IBM 컴퓨터(IBM 360, 50, 40시리즈 등)도 건드리기 시작했어요. 그걸로 포트란 프로그램하고 PL1 프로그램을 만들었죠. 그리고 좀 있다가 학교에서 CDC 컴퓨터를 구입하기 시작했고, CDC 포트란을 쓰는 방법도 공부했죠. 언젠가부터 대학생들하고 어울리기 시작했어요. 대학생들은 제가 아직 고등학교도 들어가지 못한 어린 학생이라는 걸 금세 알아챘죠. 별로 개의친 않았어요. 수업 조교들도 다들 제가 겨우 중학생이라는 걸 알고 있는 것 같았어요. 제가 뭘 부수거나 하지만 않으면 제가 근처에서 놀아도 신경 쓰지 않는 분위기였죠. 교수님도 두 분 알게 됐는데, 신기하다는 반응이었어요. 얼마 안 있어서 교수님 중 한 분이 물리학과와 함께 일하게 돼서 소프트웨어 만드는 걸 도와줄 사람이 필요했는데, 저한테 물어보더라고요. 그렇게 갓 15살이 됐을 무렵에 물리학과에서 일하게 됐어요. 그 후로 앞만 보고 여기까지 오게 된 것 같습니다.

어떻게 자바를 시작하게 되었나요?

그 전에 그린 프로젝트라는 게 진행되고 있었어요. 컴퓨터 업계에서 일어나고 있는 일 중에서 미래의 썬에 영향을 끼칠 수 있는 것을 찾아내는 임무를 맡았죠. 어느 정도 시간을 궁리하면서 보냈어요. 그리고 금방 컴퓨터 업계 외에 사람들이 디지털 시스템을 사용하는 곳을 찾아다니기 시작했죠. 다방면으로 조사를 많이 했어요. 가전업체에서 일하는 사람들을 찾아다니고, 초창기 휴대 전화를 개발하던 사람들도 만났고, 엘리베이터나 기관차같이 온갖 걸 만드는 사람들을 만나보고 다녔죠. 디지털 시스템 쪽에서 어떤 일이 일어나고 있는지 파고들었어요. 온갖 분야에서 일하는 사람들이 컴퓨터 업계에 있는 사람들하고 똑같은 도구를 쓰지만 전혀 다른 방식으로 접근한다는 점이 신기했어요. 어떻게 보면 전산 분야에서 이미 20년 전에 했던 일을 다시 하고 있고, 옛날에 했던 바보 같은 실수를 반복하고 있었습니다. 하지만 다른 면에서 보면 신뢰성이나 안전 면에서 전혀 다른 자세로 접근하고 있었어요. 에어컨이 빵빵하게 나오는 특별한 장비실이 아니라, 사람들이 사는 공간에서 돌아가야 할 물건을 만들 때는 어떤 게 필요한지 잘 알고 있었던 거죠. 상당히 흥미로운 문화적 충돌이었어요. 우리는 그냥 논문이나 쓰는 사람이라기보다는 진짜 엔지니어였기 때문에 그때까지 만나본 사람들이 준 아이디어를 바탕으로 프로토타입을 만들었어요. 그 작업을 하면서 소프트웨어 방법론과 관련된 주제로 연결되는 문제가 정말 많다는 것을 깨닫게 됐습니다. 저는 그 프로젝트에서 그 문제를 해결하는 쪽을 맡았어요. C++의 문제점을 해결하고 전혀 다른 것을 만드는 작업을 시작했어요. 어느 날 갑자기 잠에서 깨서는 "그래. 새로운 프로그래밍 언어를 만드는 거야!"라고 마음먹은 게 아니었죠. 그때 미쓰비시 및 가전제품 만드는 회사와 함께 일하고 있었어요. 그 사람들한테서 재미있는 얘기를 정말 많이 들었습니다. VCR이나 TV 같은 가전제품을 어떻게 만들 것인가 하는 문제가 있었어요. 그 사람들이 소프트웨어 아키텍처를 처리하는 부분이 엉망이었죠. 한 플랫폼에서 다른 플랫폼으로 진화해가는 과정에서 문제가 많았어요. CPU를 그냥 일반적인 부품으로 취급하여, 어떤 TV에는 이런 CPU를 쓰고 또 다른 제품에는 저런 CPU를 쓰는 식으로 하고 싶어했죠. 당시에 그 사람들은 소프트웨어 재사용이라는 개념을 거의 모르고 있었어요. 여러 제품에서 사용하는 플랫폼이 전혀 달랐기 때문이었죠. 하지만 방향은 제대로 보고 있었어요.

만들려고 하는 건 점점 복잡해져 가는데 새 물건을 만들 때마다 밑바닥부터 새로 만들어야 하니 비용이 말도 안 되게 많이 들고 일은 정말 어려웠죠. 게다가 모든 제품들이 서로 연결되는 추세다 보니 일이 더 복잡해졌어요.

코드 재사용, 플랫폼 독립성, 네트워킹 같은 목표를 세우게 된 건가요?

당시 저희 목표는 그 사람들이 겪고 있는 신뢰성 문제를 해결하는 것이었어요. 자바에는 장애 억제^{Fault Containment} 같은 게 상당히 많은 편이죠. 다른 사람들하고 다른 안건에 관해 작업하면서 보안이나 신뢰성 같은 문제에 상당한 시간을 쏟게 됐어요.

■ "스마트 카드는 거의 다 자바로 돌아가요"

소프트웨어 분야에서 스스로의 가장 큰 업적이나 공헌이라고 할 만한 걸 꼽아 주신다면?

사람들이 소프트웨어를 쓰게 만든 게 가장 큰일인 것 같습니다. 제가 만든 것을 쓰는 사람들하고 얘기하다 보면 만족스럽게 쓰고 있다는 얘기를 정말 많이 들어요. 자바가 참 많은 용도로 쓰이고 있다는 걸 보면 뿌듯하죠. 예를 들어 세계 최대의 입자 가속기인 LHC를 구동시키기 위한 지상 콘솔은 전부 자바 코드로 돌아가요. 거의 모든 스마트 카드가 자바로 돌아가는 걸 볼 때도 뿌듯해요. 정말 단순한 물건이지만 개수로 보면 따라올 만한 물건이 없죠.

성공의 원인이 무엇이라고 보시나요?

운이 좋았어요. 제가 만든 것에 대해 사람들이 제때 흥미를 보여준 게 중요했죠. 자바가 성공한 원인 중에서 기술 부분은 10%에 불과하고, 90%는 타이밍이 정말 좋았기 때문이라고 생각해요.

소프트웨어 분야에서 불만거리라고 할 만한 건 없나요?

제가 쓰는 도구가 망가지거나 하면 짜증이 나요. 다른 누군가가 만든 라이브러리를 쓰고 있는데 라이브러리에 문제가 있으면 정말 골치 아프죠. 특히 소스 코드를 구할 수 없는 라이브러리라면 더욱 그렇고요. 그럴 때는 소스 코드를 구할 수 있어도 그냥 직접 다시 만들곤 하는 편입니다.

기술 트렌드나 혁신의 정점에 서 있을 수 있는 비결은 무엇입니까?

항상 이런저런 글을 읽어요. 요즘은 거의 전부 웹으로 보죠. 이코노미스트지는 거의 광신도처럼 봐요. 사이언스지도 열심히 보려고 합니다. 그 외에는 슬래시닷이나 SFGate 같은 웹 뉴스 사이트를 주로 봐요. 주변 사람들이 "이거 신기한데 읽어봤어요?" 하면서 재밌는 소식을 보내오기도 합니다. 어쩌면 가장 훌륭한 필터 역할을 해 주는 부분일 수도 있어요. 소셜 네트워크가 가장 강력한 필터 역할을 해 주는 거죠.

■ "어느 정도는 운명으로 받아들여야 할 수도 있어요"

기술 분야의 리더들은 시간에 많이 쫓기는 걸로 유명합니다만, 시간을 효율적으로 관리하기 위해 어떤 전략을 사용하시나요?

저는 시간 관리를 잘 못 하는 편인 것 같습니다. 시간 관리 때문에 너무 스트레스를 받아서 건강이 나빠진 적도 있어요. 시간 관리에 대해서는 두 가지 크게 배웠다고 생각해요. 첫째는 "아니오."라고 답할 수 있어야 한다는 거예요. 저는 거절을 잘 못 해요. 다른 사람이 "안 되겠는데요."라고 하는 데 대해서는 아무 문제가 없는데 정작 저는 다른 사람한테 "아니요. 못 하겠습니다."라는 얘기를 못 해요. 둘째는 아무리 몸부림을 쳐도 결국은 할 수 있는 것보다 많은 걸 해야 하는 상황이 만들어진다는 거예요. 다른 사람들에게 일을 위임하고 온 힘을 다해 "아니오."라고 대답했지만, 여전히 할 일이 차고 넘쳐요. 어느 정도는 운명으로 받아들여야 할 수도 있어요. 내가 생각하기에 꼭 해야 할 일이라고 생각하는 것 중 일부는 제대로 할 수 없어요. 어느 정도 실패하는 데 대해서는 마음을 편하게 먹어야 합니다. 해야 할 일의 중요성을 제대로 분류하는 법도 배워야 해요.

일과 삶의 조화는 어떻게 이루시나요? 일이 전부가 되는 상황을 피하는 비결이 있나요?

아내와 아이들로부터는 도저히 도망칠 수가 없어요. 그 부분에 대해서는 매우 단호하죠. 저도 문제없어요. 저는 한동안 열심히 일하고 나서도 시간을 더 쓰면 오히려 효율이 떨어지고, 한발 물러서서 봐야만 제대로 생각할 수 있다는 느낌이 많이 들어요. 일단 손을 떼고 가족과 함께 시간을 보내면서 머리를 비우는 것이 좋다는 것을 받아들이고 나면 죄책감 문제를 상당 부분 해결할 수 있어요. 대학원 시절, 카네기 멜론 대학교 옆에는 정말 커다란 미술관이 있었어요. 일주일에 몇 번 그 미술관에 가서 그림을 보면서 머리를 비우고 삶의 균형을 회복할 수 있었어요. 정말 중요한 일이었습니다.

소프트웨어 분야에서 앞으로 10~15년 이내에 긍정적으로든 부정적으로든 영향을 끼칠 만한 변화로는 어떤 게 있을 것으로 생각하나요?

수많은 이슈가 섞여 있는 것 같아요. 어떤 유행은 주기적으로 돌기도 하기 때문에 결국 어떤 쪽으로 자리를 잡게 될지는 알기 어려운 것 같아요. 우선 "팀이란 무엇이며 팀은 어떻게 함께 일하는가?" 하는 문제를 생각할 수 있을 것 같아요. 10년 전으로 돌아가서 보면 소프트웨어팀에서 일하려면 전원이 함께 일해야만 했습니다. 요즘은 소프트웨어팀이 서로 멀리 떨어져서 일하는 일도 흔해요. 사무실에 모여서 일하지 않아도 되죠. 인터넷만 연결돼 있으면 되니까요. 하지만 거기에도 다른 문제는 있을 수 있어요. 서로 단절된 느낌을 받게 되니까요. 그런 팀은 결속력이 약한 편이에요. 정말 큰 문제는 멘토링이 거의 없다는 점이 죠. 멘토링은 이메일이나 스카이프로는 잘 안 되는 것 같아요. 특히 시차가 크면 더 어려운 것 같고요. 될 수 있으면 같은 데 모여서 일하긴 어려워도 최소한 시차는 적게 만드는 게 좋은 것 같습니다. 최종적으로 어떤 결과가 나올지는 저도 솔직히 잘 모르겠어요. 아직 사회적인 실험 단계인 것 같고, 어떤 변수가 튀어나올지도 잘 모르겠습니다. 어떤 면에서 보면 분산된 팀 쪽으로 너무 넘어간 건 아닌가 하는 생각도 들어요. 앞으로 몇 년에 걸쳐 더 많은 일이 일어나겠죠. 팀 단위로 함께 일할 때 쓸만한 도구가 더 많이 나왔으면 좋겠어요. 지난 10여 년 동안 많은 사람이 그런 도구를 만들려고 노력했지만 제대로 된 건 아직 없는 것 같아요. 분산 소스 코드 관리 시스템 정도를 제외하면 아직 누구도 훌륭한 협업 도구를 만들지 못한 것 같습니다. 멀티코어와 멀티스레딩 쪽도 정말 큰 요인이 될 것 같습니다. 대학 졸업생을 보면 대부분 병렬 프로그래밍 경험이 하나도 없어요. 자바에도 고도의 병렬 프로그래밍을 위한 기능이 잔뜩 들어있긴 하지만 좀 까다롭습니다. 표준 웹 애플리케이션 같이 멀티코어 프로그램을 비교적 쉽게 만들 수 있는 분야도 있어요. 하지만 더 치밀한 과학 알고리즘 같을 데서는 병렬 프로그래밍이 상당히 어렵고, 코어 개수가 늘어나면서 병렬 계산하는 방법과 관련된 까다로운 문제가 급속하게 늘어나요. 사람들이 만드는 시스템이 점점 더 복잡해져서 생기는 문제도 있어요. 자바 진영에서는 백만 줄이 넘는 코드로 구성된 시스템이 곳곳에 깔려있습니다. 천만 줄 넘는 시스템도 어렵지 않게 볼 수 있죠. 이 정도 규모가 되면 속속들이 파악하는 게 거의 불가능합니다. 천만 줄이 넘는 프로그램에서 어떻게 리팩토링을 할까 같은 문제와 관련해서는 수백 편은 아니더라도 수십 편 정도 되는 박사 학위 논문은 나올 수 있을 것 같습니다.

■ "많은 경우에 너무 일찍 포기하곤 하는 것 같아요"

소프트웨어 분야에서 성공하는 비결에 대해 조언해 주실 수 있을까요?

저는 좀 경력이 특이해서 올바른 관점을 가지고 있을지가 의문이긴 합니다. 저한테 있어서 가장 중요한 건 재미있게 일하는 겁니다. 흥미를 느끼지 못하는 일은 제대로 할 수가 없어요. 소프트웨어 공학에 능한 사람은 대체로 내성적인 편이에요. 어떤 조직 내에서 그룹 단위로 일하는 게 쉽지가 않습니다. 저는 제가 일을 잘한다고 생각하지도 않고 형편없는 관리자라고 생각해요. 저는 관리를 정말 잘 못 해요. 그나마 잘하는 것을 하나 꼽으라면, 저는 다른 사람한테 어떤 일을 하라는 얘길 잘 안 하는 편이에요. 누군가가 자기가 설계한 걸 가지고 왔을 때 뭔가 문제가 있다는 생각이 들면 "여기 이게 문제가 있는 것 같네요." 같은 식으로 얘기하지 않습니다. 그러면 방어적이 되거든요. 그럴 때는 그와 관련된 질문을 던지고 본인이 스스로 "아, 그게 좀 문제가 있겠네요."라고 깨닫도록 유도합니다.

석사와 박사 학위를 가지고 있으신데요, 학위를 받으신 후로도 오랫동안 일해오셨잖아요? 소프트웨어 업계에서 석박사 학위가 가치가 있다고 보시나요? 실제 직원을 뽑을 때도 학위를 보시나요?

물론입니다. 학사 학위만 있는 사람을 뽑을 때와 박사 학위를 가진 사람을 뽑을 때는 전혀 다른 방식으로 뽑습니다. 특히 어느 자리에서든 상당한 전문지식이 반드시 필요한 썬 같은 회사에서는 더욱 그렇죠. 하지만 자리마다 요건이 다를 겁니다. 심도 있는 전문지식이 필요하지 않은 자리도 많죠. 개인적으로 보자면 회사에서 일하면 훨씬 많은 돈을 받는데도 박사 과정 동안, 대학원 생활을 하던 시절이 제 평생 가장 재미있게 일하던 시절이었던 것 같습니다. 정말 대학원생 시절로 돌아가고 싶어요. 제 친구 중 몇은 정말 그렇게 하기도 했는데, 부럽습니다. 깊이와 폭의 문제인 것 같아요. 학사 학위만 마친 사람은 알고리즘 같은 것에 대해서 피상적으로만 이해하는 편입니다. 알고리즘 분석 분야로 대학원에 다녔다면 훨씬 더 잘 알 것입니다. 특히 좋은 교수님 밑에서 배웠다면 더욱 그렇겠죠.

이 분야에 들어오고자 하는 사람들에게 마지막으로 조언 한마디 해 주실 수 있을까요?

무엇보다도 재미있는 일을 하라고 얘기해 주고 싶습니다. 두 번째로 하고 싶은 얘기는 정말 고집스럽게 일해야 한다는 것입니다. 이 두 가지를 아무렇지도 않게 포기할 수도 있어요. 그게 회사든 어떤 API든 소프트웨어든, 많은 경우에 너무 일찍 포기하곤 하는 것 같아요.

CHAPTER 16

빅 리그: 외야 안타에서 홈런까지

"리더십이란 사람들이 가지고 있는 가치와 잠재력을 스스로 깨달을 수 있도록 분명하게 알려주는 일이다." – 스티븐 코비

리더십은 무엇보다 영감을 불어넣고 개선의 방향을 제시하는 것으로 정의할 수 있다. 누군가의 행동과 비전이 다른 사람 또는 그룹이 더 나아질 수 있도록 영감을 부여할 수 있다면 그 사람은 리더다. 원래 천성적으로 리더 스타일인 사람도 있다. 일부 그런 사람을 제외하면 리더십을 배워야만 한다. 안타깝게도 많은 사람이 리더십도 기술이라는 점을 받아들이지 못한다. 훌륭한 연주를 하거나 훌륭한 음식을 만들기 위해 연습할 때와 마찬가지로 리더십에도 연습이 필요하지만, 대부분이 자신에게 직접 적용해보는 과정을 통해서 리더십을 배우는 것도 가능하다. 소프트웨어 분야에서도 다른 분야와 마찬가지로 리더십을 위해서는 변화를 위한 비전, 약간의 카리스마, 훌륭한 실적, 상당한 신뢰감 같은 것이 필요하다. 이 장에서는 리더의 요건과 다양한 리더십 스타일, 각 스타일을 언제 써먹을 수 있는지 등에 대해 알아보고 팀에 맞는 새로운 방법을 고르는 법, 사람들을 이끄는 방법 등에 대해 다루도록 하겠다.

■ 리더십과 관리

많은 사람이 리더십과 관리를 동의어로 생각하지만, 그 둘은 전혀 다른 개념이다. 관리자를 리더라고 생각할 수도 있다. 쇼를 운영하고 누가 뭘 하는지 결정하는 사람이니까. 그렇게 생각하는 사람이 많긴 하지만 옳지 않은 생각이다. 관리자는 일이 제대로 돌아가게 하는 사람이다. 리더는 새로운 길을 정의하고, 사람들이 그 길을 제대로 갈 수 있도록 힘을 불어넣는 사람이다. 변화를 위해서는 언제나 리더십이 필요하다. 전략을 바꾸든 절차를 바꾸든 사람들이 더 나은 쪽으로 바뀔 수 있도록 영감을 불어넣든

마찬가지다. 실행을 위해서는 관리가 필요하다. 이상하게 들릴지 모르는데, 이 둘 중 한쪽은 아주 잘하는데 다른 한쪽은 아주 못하는 사람들이 상당히 많다. 물론 둘 다 잘하는 게 이상적이긴 하지만 말이다.

소프트웨어 조직에서 성공하고자 하는 사람이라면 누구든 열심히 일하고, 실력을 쌓고, 효과적으로 시간을 관리하여 전보다 더 중요한 직책을 맡고 싶어할 것이다. 일을 잘해내고 자기가 한 일을 효과적으로 전달할 수 있다면 남들도 자신의 노력을 알아줄 것이다. 남들보다 많은 것을 해내면 그만큼 인정받는 것이다.

한 그룹의 관리자가 되면 책임의 범위가 달라진다. 팀 전체가 제대로 돌아가게 하는데 더 많은 시간을 써야 하고, 팀원이 일을 제대로 해낼 수 있도록 지원해야 한다. 팀을 돕는데 자기 시간 중 상당 부분을 써야만 하고, 프로젝트에 개인적으로 기여할 수 있는 시간은 줄어든다. 프로젝트가 끝날 때 팀원들이 성공적으로 목표지점에 다다를 수 있는 이유는 상당 부분 훌륭한 관리자 덕분이다. 이런 시나리오에서 관리자는 조직 내에서 자기 책임을 다한 것이고, 그에 상응하는 공을 인정받을 수도 있을 것이다. 팀 전체를 성공적으로 관리한 것에 대해 인정받게 될 것이며, 최고 수준의 관리자라면 개인 자격으로 기여하는 것에 비해 훨씬 큰 파급 효과를 가져올 수 있을 것이다.

리더는 팀원 각각이 개인적으로, 그리고 전체가 하나의 팀으로서 변화와 개선을 이뤄낼 수 있는 방향을 잡아주는 역할을 한다. 그렇게 하기 위해서는 팀원들에게 많은 시간을 써야 하고, 개인적으로 기여할 수 있는 시간은 줄어든다. 하지만 좋은 리더라면 개인 자격으로 할 일이든 팀 전체를 위해 할 일이든 팀원에게 적절하게 권한을 위임하여 그룹 전체가 더 많은 일을 할 수 있도록 이끌어야 한다. 강력한 팀을 만드는 데 있어서 리더십을 발휘해야 하는 것이다. 한 무리의 사람이 효과적으로 일하는데 도움을 제공할 수 있기에 더 강력한 파급 효과를 발휘하고 더 큰 이미지를 투영시킬 수 있다. 리더는 개선의 밑바탕을 마련하는 사람이다. 그 과정에서 그냥 한 사람의 개인으로서, 또는 이미 완성된 절차를 수행하는 관리자의 수준을 훨씬 뛰어넘는 막강한 긍정적인 영향력을 발휘할 수 있다.

그림 16-1에서 팀에 속한 사람의 키는 조직 내에서 다른 사람들이 바라보는 그 사람의 가치를 나타낸다. 팀 내에서 가장 뛰어난 사람은 분명 다른 팀 구성원보다 훨씬 큰

가치를 발휘할 것이다. 예외도 있긴 하지만, 팀의 관리자는 팀이 함께 이뤄낸 일에 대해서 상당한 업적을 인정받으며, 일반 팀 구성원보다, 심지어는 팀 내에서 가장 뛰어난 사람하고 비교해도 더 높은 평가를 받는다. 그러나 리더는 팀이 이뤄낸 일에 대해서만 인정을 받는 것이 아니고, 사람, 조직, 그리고 절차 전반에 걸쳐서 개선을 이끌어내는 능력으로 팀 전체에 대한 평가까지도 끌어 올릴 수 있는 인물이다. 더 중요한 점은, 리더의 가치가 괜찮은 팀원이나 일 잘하는 관리자보다 높은 데 그치는 것이 아니고, 그 사람의 지휘 아래 있는 구성원들의 가치와 업적도 보통 팀에 있는 사람들보다 우월하게 평가된다는 것이다. 물론 추정하여 예로 든 것이기 때문에 실재 인물과 팀에 따라 차이는 있지만, 대부분의 조직에서는 이런 현상이 일반적으로 나타난다고 말할 수 있다.

그림 16-1 팀 내에서의 기여도

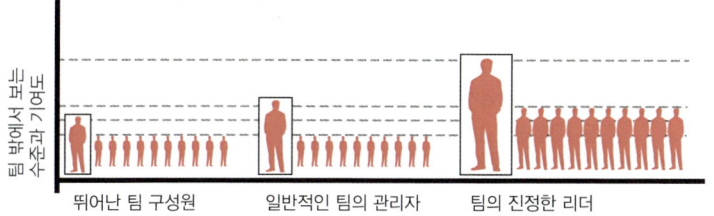

뛰어난 팀 구성원   일반적인 팀의 관리자   팀의 진정한 리더

■ 리더십 스타일

1990년대 중후반 3,871의 임원들을 조사한 헤이[Hay]와 맥버[McBer]의 연구 결과(골만이 정리하여 출간함)*에 따르면, 리더십 스타일은 크게 여섯 가지 유형으로 나눌 수 있다고 한다. 어떤 스타일을 선택하는지에 따라 팀의 분위기와 효과성, 성과를 내고 혁신할 수 있는 능력, 그리고 종국에는 금전적인 면에서의 결과도 크게 달라질 수 있다. 효과적인 리더가 되려면 다음과 같은 과제를 달성해야 한다.

- ■ 여섯 가지 리더십 스타일과 각각의 상대적인 장점을 이해한다.
- ■ 자기 스타일에 비춰보고 자기만의 성향을 파악한다.

....

* 저자주_ D. Goleman, "Leadership That Gets Results", Harvard Business Review (2000년 3/4월호): 78–90.

■ 스타일마다 상황에 따른 이점이 있음을 인식하고, 여러 스타일의 장점을 모아서 자기만의 리더십 스타일을 만들어내기 위한 자기 개선 방안을 마련한다.

표 16-1에 여섯 가지 스타일을 정리해 보았다.

표 16-1 리더십 스타일

스타일	특성	골만이 한마디로 정리한 특성
강압형	팀 구성원이 모두 시키는 대로 하길 바라는 리더십 스타일. 결단력이 좋고, 확신과 효율성을 강조한다	"시키는 대로 해!"
권위형	자기 영역에 대한 전문성과 개인적인 카리스마를 통해 타인에게 영감을 주는 스타일. 남들에게 동기를 부여하여 따라오게 하는 스타일이다	"함께 가자!"
친화형	친화형 리더는 사람들의 욕구와 관심을 무엇보다도 우선시한다. 지속해서 감성 자산을 쌓음으로써 헌신과 충성심을 구축한다	"사람이 먼저!"
민주형	민주적인 리더는 포용을 통해 사람을 이끈다. 팀 전체가 전략적으로 참여할 수 있도록 권한을 위임하며 공통의 목표와 연대 책임이라는 느낌을 창출해낸다	"어떻게 생각해?"
페이스메이커형	스스로 모범을 보임으로써 리더 역할을 하는 스타일. 자신이 어떤 기준 같은 것을 스스로 실천하면서 다른 사람들에게도 그만큼 전문가답게 열심히 일하도록 의욕을 고취하는 스타일이다. 본인이 그만큼 하는 모습을 보여주면서 헌신과 파급 효과의 기준선을 분명하게 그어놓는 유형이다	"지금 당장 나만큼 해 봐."
감독형	감독형 리더는 팀이 지속해서 탈바꿈하고 성장하는 데 초점을 맞춘다. 다른 사람들을 계발함으로써 성과를 향상하고 조직의 장기적인 역량도 계발한다	"이거 해 봐."

스타일마다 장단점이 있지만, 헤이와 맥버의 연구 결과를 인용한 골만의 기사를 보면 조직에 가장 부정적인 영향을 미치는 스타일은 강압형 리더십과 페이스메이커형 리더십이라고 한다. 약자로서 괴롭힘 당하는 것을 좋아하는 사람은 아무도 없으며, 강압형 스타일은 일반적으로 독재적인 방식으로 나타난다. 페이스메이커형 리더는 직원들에

게 오랫동안 유지할 수 없는 페이스로 헉헉거리면서 달리기를 강요하곤 한다. 일반적으로 리더 자리라면 권위형 리더십 스타일이 여러 방면에서 가장 효과적이라고 할 수 있다. 하지만 한 가지 스타일만으로 좋은 리더가 될 수 있기를 기대하는 것은 너무 순진한 생각이다. 사업 환경에 따라, 그리고 함께 일하는 사람의 성향에 따라 달라져야 한다. 시기와 장소에 따라 다른 스타일이 필요하다. 심지어 강압형 리더십이 필요한 때도 있다. 어떤 경우에 어떤 스타일을 적용해야 할지 살펴보자.

- **강압형** 괴롭힘당하는 것을 좋아하는 사람은 없다. 이 스타일에 오랫동안 노출되면 분노, 학대당했다는 의식, 제대로 인정받지 못한다는 박탈감에 젖고 만다. 하지만 이런 독재자 스타일이 여전히 상당한 효율을 가져오기도 한다. 따라서 상세한 논의라든가 그 과정에서 생길 수 있는 비효율을 감당하기에는 시간이 모자라는 위기 상황에는 이 방법이 유용하다. 오늘 실천한 괜찮은 계획이 미래의 완벽한 계획보다는 나은 법이며, 강압형 리더는 최선은 아니어도 어쨌든 신속하게 결과를 내놓긴 한다. 위기 상황에서는 고도로 효율적인, 어찌 됐든 일을 해내는 독재자가 필요할 수도 있다.

- **권위형** 권위형 스타일에서 가장 중요한 것은 정상으로부터 내려다보는 비전이다. 새로운 길이나 새로운 전략을 만들어낼 때는 이 스타일이 가장 효과적이다. 권위형 리더는 진정 존경받을 수 있는 사람이어야 한다. 이 스타일은 조직 내에서 전반적으로 가장 강력한 파급효과를 발휘한다. 누구든 자기가 하는 일을 잘 알고 분명하고 똑똑한 결정을 내릴 줄 아는 사람 밑에서 일하고 싶어하기 때문이다.

- **친화형** 사람들의 흥미를 가장 우선시하기 때문에 데드라인을 맞춰야 하는 강한 압박에 시달린다거나, 이전 관리자 때문에 엄청나게 고생을 했거나, 제대로 보상받지 못한 사람들, 개인적인 고민이 있는 사람들과 같이 어떤 사회적인 긴장 속에서 일하고 있는 팀원들의 상처를 치료해주는 데 가장 효과적인 스타일이다.

- **민주형** 협동심을 끌어올릴 수 있는 스타일이다. 각자 무슨 일을 해야 할지 일일이 지시하지 않아도 되는 경험 많은 직원들로 구성된 팀을 운영할 때 효과적이며, 각 구성원으로부터 다양한 통찰이 담긴 아이디어를 이끌어내는 데도 효과적일 수 있다.

- **페이스메이커형** 속도, 효율, 열심히 일하는 분위기를 이끌어내는 데 효과적인 스타일이다. 페이스메이커형 리더십에서 중요한 것은 목표의 명료성이나 기대되는 최저 수준, 다른 사람의 인정 같은 게 아니다. 전력 질주하는 사람이 필요할 뿐이다. 물론 모든 사람이 회사에 와서 죽도록 일만 하고 싶어하는 것은 아니기에, 단기 프로젝트나 성과가 좋지 않고 수준 미달인 사람이 모인 팀에서 더 많은 것을 뽑아내야 하는 상황에서나 효과를 기대하는 방법이다.

- **감독형** 직원의 계발을 중시하는 스타일이다. 특정 방면에서 생산성이 좋지 않은 직원을 상대할 때, 그리고 계발과 보살핌이 필요한 신생팀(또는 신입 사원)에게 적용하기 좋은 방식이다.

최고의 리더라면 팀의 특성, 프로젝트가 처한 상황, 각 구성원의 개인적인 욕구에 따라 각 스타일을 선별적으로 적용할 줄 알아야 한다. 어떤 직원에게는 권위형 리더십을 발휘하면서 동시에 또 다른 직원에게는 민주형 리더십을 발휘해야 할 수도 있다. 어떤 스타일을 쓸지는 스스로의 감성 지능^{EI, Emotional Intelligence}에 달려 있다. 한두 가지 스타일을 효과적으로 사용하는 것으로도 좋은 리더는 될 수 있겠지만, 위대한 리더가 되려면 대부분을 자유자재로 쓸 수 있어야 할 것이다.

■ 권위자가 되자

권위적인 사람이 아니라 권위자가 되자. 직책이나 직위로도 약간은 존경받을 수 있다. 하지만 진정 남들로부터 존경받기 위해서는 주변 사람들보다 더욱 심오하고 설득력 있는 통찰과 리더의 자질이 필요하다. 고도의 역량과 지적 능력을 겸비한 전문가들이 즐비한 소프트웨어 업계 같은 분야에서는 탁월한 리더십과 혁신 역량을 갖추지 못한다면 직책과 직무만 가지고 남들에게 존경받거나 영향력을 발휘할 수 없다. 리더십으로부터 얻을 수 있는 확장력을 누릴 수 없게 된다. 직책과 직무가 도움되긴 하지만 보통은 권위자라는 껍데기에 불과할 뿐 진정 권위자로 만들어주는 것은 아니다. 사람들은 그런 껍데기를 금세 꿰뚫고 그 사람의 진정한 실력과 성격을 파악할 수 있다. 최고의 방법은 공식적인 리더십을 맡는 자리 또는 권위가 따르는 자리에 오르기 전에 그 분야의 진정한 전문가가 되는 것이다. 보통 어떤 분야의 권위자라고 하면 특정한 기술적인 주제(특정 언어나 개발 방법론에 대한 전문성이라든가 e-비즈니스, 클라우드 컴퓨팅, 데이터베이스 아키텍처와 같은 특정 기술에 대한 전문성 등)와 관련될 수도 있지만, 기술과는 무관한 분야에서도 권위자가 될 수 있다. 예를 들어 관리자나 비즈니스 리더라면 인력 관리, 팀 작업, 위기관리, 고객 상대 프레젠테이션 같은 분야의 권위자로 인정받을 수도 있다.

갑자기 스스로 전문가라고 할 수 없는 분야의 권위자나 리더가 되는 상황이 닥쳐온다면 가장 먼저 6주 안에 최대한 전문가에 가까워지는 데 초점을 맞추자. 일을 맡고 첫 몇 주 동안은 아직 분명히 권위자 같은 느낌이 들지 않더라도 용납해주는 편이다. 하지만 몇 달이 지나가고 나면 당연히 그런 요구가 거세지게 마련이다.

권위자가 되려면 얼마나 걸릴까? 조직 내에서 어떤 분야의 전문성이 요구된다고 할 때 나를 찾아오게 될 만한 수준까지 올라가야 한다. 기술적인 주제면 2~4년 정도는 열심히 일해야 한다. 비즈니스나 관리와 같은 소프트 역량은 거의 5~7년은 필요하다.

사람들은 상당히 빠르게 누가 진정 전문가인지 파악한다. 나를 찾아왔는데 제대로 답하지 못한다면, 또는 질문하는 사람보다도 모른다면 바로 "저 사람은 이 분야의 전문가가 아니구나"라고 생각한다. 이런 상황을 맞고 싶지 않다면 대답할 수 없는 질문을 받았을 때 질문자를 바로 다른 사람한테 소개하지 말고 직접 시간을 투자해서 대답하는 것도 한 전략이 될 수 있다. 그러다 보면 스스로 지식을 쌓을 수도 있고 (대답을 준비하면서 정답을 깨우칠 뿐만 아니라 그 답을 알아내기 위해 조사하는 과정에서 다른 내용도 덤으로 배울 수 있다) 질문을 했던 사람은 내가 권위자라고 믿게 될 수도 있다. 물론 당장 답을 들어야 하는 사람도 있겠지만 대체로 어느 정도는 기다려줄 수 있는 경우가 많고, 그런 경우에는 이런 전략이 잘 먹혀들 수 있다.

■ 일단 저지르고 질문은 나중에 받자

조직이 커질수록 의사 결정권자가 많아지고, 일을 하는 데 필요한 사람 수도 많아진다. 공식적인 경로로는 어떤 계획을 추진하기가 불가능한 경우도 많다. 작은 조직은 더 날렵하고 유연하고 적응력도 뛰어나다. 하지만 아이러니하게도 많은 작은 조직이 덩치를 키우고 싶어한다. 누군가의 반대에도 일을 해내는 데 있어서 검증된 전략 가운데 하나로 물어보지 않고 일단 저지르는 방법이 있다. 일단 어느 정도 성공을 한 후에 공식적인 지원을 요청하는 식이다. 일단 성공을 하고 나면 반대하기도 어려워진다. 물론 이런 접근법을 쓸 때는 일단 성공을 보여줘야 하기 때문에 조심스럽게 움직일 필요가 있다.

1 규칙을 깨고 싶다면 먼저 규칙을 잘 알아야 한다. 조직에 따라 이런 행동을 좋게 보는 곳도 있지만, 멸시받는 곳도 있다. 어떤 위험이 있는지 분명히 이해한 후에 움직이자.

2 공식적인 승인을 받기 전에 일을 해내려면 스스로 하거나 그 계획에 시간을 낼 수 있는 누군가가 필요하다. 어느 비밀 프로젝트에서든 마찬가지지만, 비밀 프로젝트에 대부분의 시간을 쏟는 일이 없도록 주의하자. 그러다 보면 공식적으로 해야 하는 일을 제대로 할 수가 없다.

3 위험이 클수록 조용하게 진행해야 한다. 실패의 조짐이 보인다면 조용히 접어라. 기대했던 대로 일이 잘 풀린다면 조직 내에서 용납되는 범위 안으로 남들에게 알리고 성공 사례를 소개하자.

4 중도를 지키자. 아무리 큰 성공을 거두더라도 계속해서 남들 모르게 어떤 프로젝트를 진행한다면 주변 사람들의 화를 불러일으키게 마련이다. 나는 어렵게 삽질하고 있고, 쓸모없는 일인 것 같아도 묵묵히 해내고, 급한 불을 열심히 끄고 있는데 옆에 있는 다른 누군가가 남들 시선은 개의치 않고 자기 하고 싶은 일만 하고 있다고 생각하면 누구든 기분이 나쁠 것이다. 따라서 "일단 저지르고 보는" 전략은 가끔만 써먹을 수 있다. 얼마나 적절한 간격을 두고 이 방법을 시도하는지에 따라 성공률도 달라진다.

■ 팀을 꾸리고 최고의 인재를 확보하는 방법

어떤 조직의 리더라면 어느 정도는 자신이 얼마나 잘 알고 잘하는지에 따라 평가받겠지만, 팀의 성취도가 훨씬 큰 비중을 차지하게 된다. 때로는 자신이 직접 관리하는 팀의 성과뿐 아니라 인사 측면(고과, 연봉 및 처우에 관한 결정 등)에서는 다른 사람이 관리하지만, 직간접적으로 자신이 기술적인 리더십을 맡은 팀의 성과까지 책임져야 할 수도 있다. 최고의 리더라면 강력한 팀의 가치를 이해할 수 있어야 한다.

13장에서 1960~70년대에 있었던 최고 수준 프로그래머와 최저 수준 프로그래머 사이의 격차가 수십 수백 배에 달한다는 연구 결과를 언급한 바 있다. 1990년대에 발표된 헌터, 슈미트, 쥬디시의 연구*에서도 비슷한 결과가 나왔다. 최고 수준의 사람들은 최저 수준의 사람들에 비해 12배의 생산성을 보였던 것이다. 그 연구 결과에서는 생산성만 따졌지만, 최고의 성과를 내는 사람이 있으면 그 외에도 수많은 장점을 얻을 수 있다. 최고의 인재, 가장 똑똑한 직원들은 변화의 요인으로 작용한다. 소프트웨어 회사에서 가장 중요하다고 할 수 있는 차세대 기술 혁신이나 공정 개선을 이뤄낼 수 있기 때문이다. 그 결과 슈퍼스타 프로그래머로 이루어진 팀은 일반적인 팀보다 압도적으로 우월한 성과를 이룰 수 있다. 팀이 창출해내는 파급 효과로 평가받는 위치에 있다면 최대한 슈퍼스타를 끌어모아야 한다. 다음 문장을 머릿속에 콱 박아두자.

뛰어난 프로그래머 5명이 보통 프로그래머 50명보다 낫다

....

* **저자주_** J. E. Hunter, F. L. Schmidt, and M. K. Judiesch, "Individual Differences in Output Variability as a Function of Job Complexity," Journal of Applied Psychology 75 (1990): 28–42.

슈퍼스타로 이뤄진 팀을 꾸리려면 어떻게 해야 할까? 유인, 선택, 모집, 유지, 이렇게 네 단계를 밟으면 된다.

후보자 유인

사내외를 막론하고 항상 좋은 사람을 찾아보자. 사내 인재는 주변에서 어떤 사람이 괜찮은지 쉽게 알 수 있다. (물론 큰 회사라면 모든 사람을 알 수는 없을 것이다) 하지만 사람을 잘 빼오는 게 쉽지가 않다. 데려오고자 하는 사람의 관리자가 자기 사람을 훔쳐간다는 인상을 받는다면 문제가 복잡해진다.

규칙 #1: 다리를 불태우는 우는 범하지 말자. 훌륭한 사람들을 유인하고 싶다면 멋진 새 프로젝트팀을 꾸리고 있다는 소문을 낸 다음 사내의 뛰어난 인재들이 찾아오길 기다리는 게 좋다. 지원자가 나한테 직접 찾아오게 하는 것이 해피엔딩으로 갈 수 있는 유일한 방법이다. 사외에서 사람을 뽑을 때는 가장 좋은 대학교에 채용 공고를 내고 최고의 인재를 알고 있을 만한 친구, 가족, 지인에게 연락하고 구인광고를 내고 (특히 경력 직원을 뽑을 때에는) 고급 인재를 찾아줄 수 있는 헤드헌터한테 연락하는 등의 일반적인 전략을 활용할 수 있다. 개인적으로 연줄이 닿는 대학원생 게시판 같은 데 채용 공고를 올리는 것도 유용하다. 대학원생에게 주목받기 위해서는 직무 분석서를 과학적이고 혁신적이고 근사하게 쓰는 게 좋고, 재미있고 자유로운 팀 분위기를 강조하는 게 좋다. 중견 기업 내지 대기업이라고 할 수 있는 회사라면 인사과에서 지원서를 모으고 기본 필터링 작업을 하는 데 대부분의 시간을 쓰게 마련이다.

최고의 선택: 기본 필터링

이력서를 잔뜩 모았다면 다음 단계는 뭘까? 아마 대부분이 졸업한 지 얼마 안 되는 사람들이 제출한 이력서로, 다들 비슷하게 생겼을 것이다. 프로그래밍 업무를 맡을 신입사원을 뽑을 때는 다음과 같은 점을 위주로 살펴보면 도움이 될 것이다.

- ACM 프로그래밍 경시대회, 수학 경시대회 등 참가 경력
- 학업 관련, 또는 과외 활동 관련 수상 내역
- 자기 사업을 시작했다든가 중요한 대의를 위해 자원봉사를 한 리더십 경력

학업적으로도 훌륭하고 과외 활동에도 상당한 시간을 썼다면 꽤 괜찮은 사람일 가능

성이 높다고 봐야 한다. 학점을 잘 받기 위해서는 시간을 상당히 많이 투자해야만 하는데, 그 와중에 다른 일도 많이 했다면 정말 재능이 뛰어난 사람일 가능성이 높기 때문이다.

또한, 학점도 엄청나게 좋은데 음악, 예술, 운동 등에서도 상당한 기량을 보인다면 팀 활동에 큰 도움이 될 수 있는 역량이 출중한 사람이라고 볼 수 있다. 물론 항상 예외는 있기 때문에, 경향성 정도로만 받아들여야 할 것이다.

최고의 사람 모집하기

후보자를 대략 열 명 정도로 압축했다면 (물론 회사 인사 방침상 허용되는 경우) 20~30분씩 전화통화를 통해 간단하게 심사를 하는 게 좋다. 직접 통화를 해 보고 나면 아마 서류상으로는 별 차이 없는 것 같던 사람들이 그렇게 다를 수 있나 하는 생각이 들지도 모른다. 이 과정을 통해 뽑으려는 자리 하나당 후보자 수를 네 명까지 줄이고 면접을 시작하도록 하자.

면접은 쌍방향으로 돌아간다. 목표는 우리 팀에서 일할 최선의 후보자를 찾아내는 것이다. 어떤 지원자에게 특히 관심이 간다면 자기 회사와 업무를 적절히 홍보할 필요가 있다. 지원자가 면접을 끝내고 나갈 때 "오, 여기 괜찮아 보이는데? 합격했으면 좋겠다."라고 생각할 수 있게 만들어줘야 한다.

성공적인 면접을 위해서는 다음과 같은 팁을 기억해 두자.

- **번뜩이는 천재성을 발견하자** 언제나 가장 뛰어난, 가장 똑똑한 사람을 뽑는 것을 목표로 하자. 너무 슈퍼스타만 모여있는 팀이 될까 봐 걱정할 필요는 없다. 우선, 그런 걱정이라면 얼마든지 해도 괜찮다. 둘째, 면접을 아무리 잘해도 완벽할 수는 없다. 슈퍼스타만 골라서 뽑았다고 생각했는데 알고 보면 그저 그런 경우도 수두룩하다. 특히 직업윤리나 사회성 같은 것은 면접 과정에서는 파악하기 쉽지 않다.

- **성격과 궁합** 프로그래머의 능력 가운데 가장 중요한 것 중 하나가 바로 팀워크다. 의사소통이 원활하고, 건설적인 비판을 흔쾌히 받아들일 수 있는 겸손한 마음가짐이 있어야 하며, 공격을 당하더라도 적절히 대응할 수 있는 유머감각을 갖춰야 한다. 면접할 때 이런 걸 알아내는 게 쉽지 않다. 면접관의 감성 지능. 다른 사람의 성격과 감정에 대한 민감도 등에 따라 크게 달라질 수 있다. 면접 중간에 자기 회사나 지원자의 배경과 관련된 편안한 대화를 조금 끼워 넣어 보자. 간단한 농담을 던져 보면서 지원자의 성격을 파악해 보자. 자신밖에 모르는 프리마돈나가 아니라 슈퍼스타를 뽑아야 한다는 것을 기억해 두자.

- **역량을 시험할 수 있는 질문을 던지자** 보통 질문 몇 개만 던져보면 그 사람이 어떤 식으로 생각하는지에 대해 감을 잡을 수 있다. 개인적으로는 까다로운 알고리즘 위주의 질문하고 상식 위주의 질문을 섞어서 던지는 방식을 추천한다. 지원자가 그런 문제를 어떻게, 얼마나 빠르고 정확하게 풀어나갈 수 있는지를 보면서, 그리고 지원자가 본인의 의사를 얼마나 잘 전달할 수 있는지를 보면서 많은 것을 파악할 수 있다. 약 3분 내외의 시간 안에 답할 수 있는 질문도 많다. 맨 처음에는 누구든 비교적 간단하게 풀 수 있는 문제를 넣어서 지원자가 문제를 하나도 풀지 못해서 모욕감을 느끼는 일은 없도록 하는 것도 괜찮은 생각이다. 재능을 파악하는 게 가장 중요한 목표긴 하지만, 지원자에게 최대한 잘해 주는 것도 중요하다. 지원자가 애를 먹고 있다면 너무 어려운 문제로 넘어가진 말자. 괜히 그 사람만 고생시키고, 서로 시간을 낭비하는 일일 뿐이다.

- **지원자에게 우리가 하는 일에 대해 어느 정도 알려주자** 그러다 보면 지원자가 면접관을 함께 일할 만한 멘토로 여기게 될 가능성을 높일 수도 있고, 또한 지원자의 의지와 학습 능력을 파악하는 데 도움이 될 수도 있다. 그들이 내가 하는 얘기를 다 이해하는지, 괜찮은 질문을 던지는지 알아보자.

- **지원자가 괜찮아 보이면 회사와 자신을 적절히 홍보하라** 재능 있는 사람들은 사업을 제대로 이해하는 임원 밑에서 똑똑한 사람들과 함께 중요한 프로젝트를 하고 싶어한다. 그 사람이 들어온다면 어떤 일을 하게 될지, 자신이 어떤 사람인지 홍보할 수 있도록 미리 준비해 두자. 보통 능력 있는 지원자라면 여러 곳에서 제의를 받게 마련이기 때문에, 다른 곳에 비해 더 흥미롭고 매력적인 곳이 될 수 있도록 준비해 두자.

최고의 사람을 행복하게 해 주는 법

최고의 사람을 행복하게 해 주는 게 쉬운 일은 아니다. 장래가 유망한 인재들은 자기가 어떤 사람인지 잘 알고 있고, 전문가로 빠르게 성장하고 성공하고 싶어한다. 하지만 사람은 모두 다르기 때문에 모두 행복하게 해 주려면 다양한 접근법이 필요하다. 누구에게든 맛있는 사탕을 주기 위해서는 여러 가지 맛의 사탕을 준비해야 하는 것과 마찬가지다. 몇 가지 전략을 예로 들어보면 이렇다.

- 내 밑에서 일하는 모든 사람의 관심과 경력을 진심으로 챙겨준다. 사람들은 진심의 가치를 높게 평가한다. 그들이 전문가로서 필요하다고 여기는 걸 제대로 챙겨주면 기술적 리더십이나 멘토링, 프로젝트 관리 등을 통해서 해 주는 어떤 것보다도 더 좋게 여길 것이다. 게다가 실제로도 그런 부분을 잘할 필요가 있다.

- 경주마는 달려야 한다. 최고의 직원에게 어울릴 만한 프로젝트를 만들자. 물론 쉬운 일은 아니지만 적어도 그런 목표를 가지는 건 필요하다.

- 학회나 학술지에 괜찮은 논문을 제출하는 것을 장려한다.

- 좋은 아이디어를 특허로 출원하는 것을 장려한다.
- 출장 및 발표 자리를 자주 만들어 준다. 싫어하는 사람도 있겠지만 좋아하는 사람도 있다.
- 개인이나 팀 차원에서 꾸준히 사람들을 칭찬하고 공로를 인정한다.
- 열심히 일한 대가로 추가 휴가를 준다든가 하는 식으로 팀원들에게 쉴 수 있는 시간을 준다.
- 가끔 근사한 식사를 함께한다. 일 년에 몇 번 정도 적당한 활동과 함께 괜찮은 식사를 즐기면 팀의 사기를 증진하는 데 크게 도움이 될 수 있다. 물론 어쩔 수 없이 일 때문에 참가해야만 하는 "업무의 일부"라기보다는 팀원들이 진짜 즐길 수 있는 행사여야 한다.
- 직원들에게 개인적으로 돈을 쓰는 것도 어느 정도는 필요하다. 회사 돈을 쓰는 것도 괜찮지만, 사람들을 집으로 초대한다든가 감사의 뜻으로 1년에 한 권씩 책을 사 준다든가 하는 개인적인 배려를 사람들이 잊지 않고 기억해줄 것이다.
- 최고의 직원이라면 그 사람이 더 나은 일을 할 수 있도록 다른 그룹으로 옮기려고 할 때 놓아줄 수 있을 만한 용기를 가진다. 나의 이익을 위해 다른 사람의 이익을 훼손하는 일은 없도록 하자. 그러다가는 분명 부작용이 생기게 마련이고, 그들과의 감성 자산을 쌓기 위해 투자한 시간과 에너지가 순식간에 사라져버릴 수도 있다. 내 밑에 있는 직원이 더 크고자 할 때 지원해준다면 그들로부터 지속해서 신뢰를 받을 수 있으며 (사내든 사외든) 다른 조직에도 아군을 만들 수 있다.

팀 구성

스포츠팀을 구성할 때와 마찬가지로 소프트웨어팀을 구성할 때도 여러 다른 위치에서 뛸 사람들이 필요하다. 혁신적인 소프트웨어 개발자만 있고 테스트나 문서화를 할 사람이 없으면 문제가 생기게 마련이다. 팀원을 선발할 때는 각 포지션별로 뛸 사람을 찾는 식으로 접근해야 한다. 효과적인 팀을 만들기 위해서는 혁신적인 사람, 생산성이 아주 높은 사람, 꼼꼼한 사람, 모든 절차를 관리하고 문서화하는 것을 도울 사람 등이 필요하다. 이런 능력들을 전부 갖춘 사람은 거의 없다. 개개인의 역량에는 신경 쓰지 않고 무작정 제일 똑똑한 사람만 뽑다가는 일부 결정적인 부분이 빠지면서 업무 수행 능력에 큰 문제가 생길 수도 있다. 그렇다고 지금까지 강조해 온, 가장 뛰어난 사람과 일해야 한다는 원칙을 깨는 것은 아니다. 가장 뛰어난 사람을 뽑는 것 외에 각 구성원이 가진 역량의 균형도 고려해야 한다는 것이다.

슈퍼스타? 프리마돈나?

모든 일에 슈퍼스타의 성과와 지적 능력이 요구되는 것은 아니다. 제일 뛰어나고 똑똑한 사람만 뽑으면 안 된다고 굳게 믿는 채용 담당자를 자주 보곤 한다. 어느 정도 일리는 있는 말이다. 중요하지만 재미는 별로 없는 일(테스팅이나 고객 지원 등)은 절대 하지 않으려는 프리마돈나만 있는 팀은 좋지 않다. 결국, 적절한 기술을 가진 사람들로 팀의 자리를 채우는 게 가장 큰 문제다. 채용 절차는 워낙 불확실한 부분이 많으므로, 가장 뛰어나고 똑똑한 사람만 뽑으려고 해도 그럭저럭 잘하긴 하지만 슈퍼스타급은 아닌 사람도 일부 들어오게 마련이다. 개인적으로는 일단 온 힘을 다해 최고만 뽑는 방식에 학생을 적절히 활용하는 것만 해도 충분했다. 정말 정밀하게 사람을 뽑을 수 있다면 장기적으로 중간 정도 되는 위치에서 적당한 역할을 맡을 수 있을 만한 사람을 뽑아서 균형을 맞추는 것도 괜찮다.

■ 돈을 좇아간다

1976년에 출시된 "모두가 대통령의 사람들All the President's Men"이라는 영화에는 닉슨 대통령의 사임으로 이어진 워터게이트 스캔들을 밝혀낸 우드워드와 번스타인이라는 두 기자의 이야기가 나온다. 그 영화에서 꽤 인상 깊었던 대목을 옮겨보겠다.

> **밥 우드워드:** 헌트의 정체가 밝혀지고 있어요. 아마 현찰로 25,000불 정도 싸 들고 변호사를 찾아갔을 거예요.
> **딥 스로트:** 돈을 좇으십시오.
> **밥 우드워드:** 무슨 뜻이에요? 어디에서요?
> **딥 스로트:** 그건 말해줄 수 없어요.
> **밥 우드워드:** 어딘지 알잖아요.
> **딥 스로트:** 안 됩니다. 내 방식대로 해야 해요. 그쪽에서 알아낸 걸 얘기해 주면 내가 확인만 해 주겠습니다. 내가 아는 범위 안에서 옳은 방향으로 이끌어줄 순 있지만 거기까지입니다. 일단 그냥 돈을 좇아가세요.

소프트웨어 분야에서 성공하려면 제대로 된 프로젝트, 제대로 된 업무를 맡아야 한다는 사실에는 의문의 여지가 없다. 중요한 것은 어떻게 제때 제대로 된 업무에 몸담을 수 있을까 하는 점이다. 대부분의 조직을 보면 몇몇 사람들은 좋은 프로젝트를 진행하고 있지만, 그런 사람들이 다수를 차지하는 경우는 매우 드물다. 사업적 가치를 최대로 끌어올리려면 중요한 건에 최선을 다 해야 하는 걸 감안하면 참 안타까운 일이다. 충분히 노력만 한다면 그다지 큰 경쟁 없이 제대로 된 프로젝트에서 일할 수 있다. 제

때 제대로 된 일을 하는 데 도움이 될 만한 전략이 두 개 있는데, 둘 다 결국은 돈을 좇아간다는 원칙과 관련되어 있다.

첫째, 임원들이 어디에 투자하고 있는지 살펴보자. 그 사람이 어떻게 얘기하는지보다는 실제 어디에 돈을 쏟아붓고 있는지 쪽에 더 중점을 둬 보자. 어떤 임원이 멀티미디어 편집 소프트웨어가 중요한 전략적인 투자 대상이라고 얘기하면서 정작 예산의 65%를 소셜 네트워킹을 위한 클라우드 컴퓨팅 쪽에 투자하고 있다면 멀티미디어 쪽은 피하는 게 좋다.

둘째, 구매 및 R&D 지출 면에서 볼 때 다른 회사들이 어디에 돈을 쓰고 있는지 살펴보자. 이 전략도 마찬가지로 시장을 척도로 삼는 방법이다. 광고주들이 SaaS 웹 사이트 쪽으로 지출을 분산시키고 있다면 그 변화의 의미를 어떻게 받아들여야 할까? 혁신적인, 혹은 경쟁력 있는 소프트웨어의 최전선이 열리고 있고, 우리 회사에서도 그런 데 참여해야 하는 것 아닐까?

지출이야말로 회사에서 중요하다고 여기는 것, 시장이 믿는 것에 대한 가장 정확하고 정직한 지표다. 일반적으로 가장 가치 있는 사람에게 가장 연봉을 많이 준다. 물론 예외도 있겠지만 그리 흔하지 않다. (회사 내부와 외부 양쪽 모두) 돈이 어떻게 움직이는지 쳐다보면 무엇이 주목 받고 있는지, 무엇이 찬밥 대접을 받는지 금세 발견할 수 있다.

■ 보상하는 대로 받는다

우리 회사는 직원에게 무엇을 원할까? 그리고 그에 대한 보상으로 뭘 줄까? 여기에서 "보상"이라 함은 어떤 행동에 대한 반대급부로 제공하는 이득을 뜻한다. 동료에 대한 공개적인 감사의 표현 같은 간단한 것에서부터 막대한 금전적인 보너스에 이르기까지, 보상의 범위는 매우 넓다. 보상은 개인의 행동에 대해 감정적인 영향력을 발휘하기 때문에 상당한 위력을 발휘할 수 있다. 보상은 사회 전반에 걸쳐서 쓰이는 도구로, 예를 들어 거시경제는 전적으로 보상 기제를 바탕으로 만들어진다. 금융 체계에서는 이자율을 낮춤으로써 새로운 벤처 업체에 대한 투자를 장려하고, 반대로 이자율을 올림으로써 저축을 장려하고 대출을 줄인다. 즉 이자율을 낮춰서 투자금융에 더 쉽게 접근하도록 함으로써 투자자에게 보상하고, 이자율을 올리는 방식으로 저축하는 사람에게 보상한다. 근데 이런 보상 기제가 잘 먹힐까? 정말 잘 통한다. 개개인의 행동을 기준으로 보자면 회의적이다. 각각의 개인이 보상 정도의 차이 때문에 전문가로서 일하는 데 있어서 다른 방식으로 행동할 것으로 생각하기 어려울지도 모른다. 소프트웨어 개발자든 의사든 교사든 보상 시스템과는 무관하게 전문가답게 자기 일을 잘해낼 것이라고 믿고 싶은 사람이 대부분일 것이다. 하지만 옳든 그르든 우리 모두 사람이다.

사람들이 보상으로 영향을 받는 특성은 어느 정도는 인간의 종잡을 수 없는 성질 때문이기도 하지만, 다른 원인도 있다. 어떤 행동에 대해 보상하는 것은 이기적인 욕구와 사적인 욕망을 만족하게 하는 일일 뿐 아니라, 그 조직에서 중요하게 여기는 것을 알리는 가장 충실한 방식이기도 하다. 직원들에게 하루에 아이스크림 한 그릇을 먹을 때마다 3달러씩 준다면 아이스크림 소비량이 극적으로 늘어날 것이다. 맛있을 뿐 아니라 돈까지 되기 때문이다. 그런데 아이스크림을 먹는 것에 대해 3달러의 보너스를 지급하는 것 외에 매주 한 번씩 당분과 지방 함량이 높은 음식이 얼마나 위험한지에 대해 강연을 하고, 건물 곳곳에 건강에 대한 안내문을 붙이고, 그런 내용을 이메일로 수시로 뿌려도 아이스크림 섭취량은 올라갈까? 아마 아이스크림 섭취량이 약간 떨어지긴 하겠지만 자기 돈을 내고 먹을 때에 비하면 여전히 훨씬 더 높을 가능성이 크다. 문제는 한쪽으로는 아이스크림이 건강에 안 좋다고 말하면서도 아이스크림을 먹는 데 꼬박꼬박 돈을 지급하고 있다는 점이다. 홍보 내용과 현금 중에 어느 쪽이 더 믿을만할까? 기업들은 꾸준히 이런 식으로 행동해오고 있다. 어떤 사업적인 행동을 바람직하지 않다고 말하면서도 여전히 보상하는 식으로 말이다. 예를 들어, 팀워크를 강조하면서도 개인적인 노력에 대해 보상을 하고, 높은 품질을 요구하면서도 신뢰성이 떨어질지도 모르는 생산성에 대해 보상을 하고, 혁신을 부르짖으면서도 이미 잘 다져진 기술에만 투자한다. 단순히 메시지가 섞여 있는 게 문제의 전부가 아니다. 인간 집단은 무형의 메시지보다는 구체적인 보상을 더 잘 믿는다. 간단하게 정리하자면 백날 말만 해 봤자 소용없다.

보상하는 대로 받는다는 개념은 효과적인 관리에 있어서 가장 중요한 기둥 가운데 하나지만, 그럼에도 가장 제대로 쓰이지 못하는 편이다. 자기 조직을 더 잘 관리하려면 사람들에게 원하는 특징이나 행동에 대해서 합당하게 보상하도록 하자. 아이스크림과 거시경제뿐 아니라 소프트웨어 개발에도 통하는 원칙이다.

■ 공통의 가치를 만든다

1981년, 파스케일과 아토스는 미국에서 영업 중인 34개의 일본 기업을 6년 넘게 연구하여 『일본 기업의 경영 기법The Art of Japanese Management』(Simon & Schuster, 1981)이라는 책을 발표했다. 그 책의 저자는 일본 기업이 앞서나가고 뛰어난 제품을 내놓을 수 있는 이유가 공통의 가치에 주의를 기울였기 때문이라고 말한다. 경영 전문가 톰 피터스도 『초우량 기업의 조건』(더난출판사, 2005)에서 비슷한 내용을 설파했다. 또한, 번즈와 스토커도 지금은 고전이 된 1961년작 『The Management of Innovation』에서 공통의 가치가 효과적인 조직에서 기둥 역할을 한다고 주장했다. 공통의 가치는 팀워크와 집중력을 조성하는 기업의 틀을 제공하여 직원들을 효율적, 의욕적으로 만들고, 결과적으로 업무 실적을 끌어올린다. 15장에서 1960년대 달착륙 계획을 예로 들었는데, 나사의 프로젝트가 성공적이었던 이유 가운데 하나는 달 착륙 프로젝트라는 매우 구체적이고 전국민적인 공통 비전을 만들어냈기 때문이다.

여러 사람이 한 방향으로 나갈 수 있도록 의욕을 고취시키기 위해서는 목표, 일정, 사업상의 비전을 분명하고 설득력 있게 전달하는 능력이 필요하다. 운영 방식, 윤리, 목표와 관련된 핵심 가치를 정의해 놓고는 그 가치를 간부급에게만 전달하고 으레 맨 아래까지 전파될 것으로 생각하는 일은 프로젝트 관리에서 흔히 일어나는 실수 가운데 하나로 꼽힌다. 핵심 가치가 자연스레 아래로 전파되는 일은 절대 일어나지 않는다. 만에 하나 그런 일이 일어난다고 하더라도 리더로부터 직접 전달되는 것에 비하면 효과가 크게 줄어들 수밖에 없다. 남들을 고무시키고 팀 전체에 명확한 공통의 비전을 심어주고 싶다면 직접 그 비전을 전달하고 모든 관리자와 기술 리더십 수준에서 그 메시지가 분명하게 반복 전달될 수 있게 해야 한다. 때와 장소에 따라 업무를 위임해야 하지만, 이 경우는 예외다. 스스로 비전을 설정하고 모든 사람한테 널리 선포하자. 그리고 모든 구성원이 공통의 가치를 중심으로 단결했을 때 어떤 멋진 일이 일어날 수 있는지 지켜보자.

■ 효과적인 위임

좋은 리더라면 스스로 아무리 재능이 뛰어나도 혼자 일하는 한 한계가 있다는 것을 인정할 수 있어야 한다. 리더로서 자기 재능을 확장하는 유일한 방법은 남에게 권한과 업무를 위임하는 것뿐이다. 더 많은 것을 위임할수록 다른 사람을 지도하고 적절한 지시를 내리는 데 더 많은 시간을 쓸 수 있고, 역량 성장과 전략적인 자기 계발로 이어지는 급하진 않지만 중요한 일에 투자할 시간을 만들어낼 수 있다. 잘 모르겠으면 위임하자. 전략 및 경과를 챙기는 일을 제외하고 나머지는 거의 다 위임하는 것도 비교적 괜찮은 전략이다. 위임하기는 쉽다. 자기가 위임한 것을 챙기고 지원하는 부분이 어렵다. 어쩌면 이 부분이 더 중요할 수도 있는데, 남에게 더 많이 위임할수록 타인에게 더 많은 책임을 넘기게 되는 것이고, 그들이 전문가로 배우고 성장할 기회를 더 많이 제공할 수 있다. 잘 위임하는 일은 차세대 리더를 구축하는 데 있어서 핵심적이라고 할 수 있다. 사실 잘 따져 보면 리더의 역할은 더 많은 추종자를 만들어내는 것이 아니라 더 많은 리더를 만들어내는 것이다.

■ 업무지시 방법

강압적인 리더는 다른 사람들에게 무엇을 어떻게 하라고 지시하지만, 권위형, 친화형, 민주형, 감독형 리더는 거의 그렇게 하지 않는다. 방법을 가르쳐 주면서 지시를 내리는 것은 그 사람에게서 스스로 방법을 궁리하고 실수도 해 보고 윗사람보다 더 나은 방법을 내놓기도 하면서 창조적으로 일할 기회를 뺏는 것이기도 하다. 진정한 리더십으로 남에게 지시를 내릴 때는 두 가지를 생각하자.

1 특정 경로를 강요하지 않으면서 목표를 향해 갈 수 있도록 방향을 잡아준다.
2 방향을 잘못 잡았을 때는 성공적으로 방향을 조정해줘야 한다.

옛말에도 있듯이 일을 시킬 때는 절대로 방법을 있는 대로 알려주지 않는 게 좋다. 무엇을 할지만 알려주면 깜짝 놀랄 만한 독창성을 발휘하여 나를 놀라게 할지도 모른다.

그냥 내버려 뒀을 때 상당히 나쁜 아이디어를 들고 오는 때도 있다. 그럴 때는 부족한 부분을 잡아줘야 하는데, 상대방이 스스로 바보 같다고 느끼지 않으면서도 잘못된 점을 깨닫게 하려면 어떻게 해야 할까? 조심스럽게 몇 가지 유도 질문을 던져서 직접 비판하지 않고 본인이 스스로 자기 아이디어의 약점을 발견할 수 있도록 몰아가는 고전적인 방법도 좋다. "나는 당신 생각에 동의할 수 없소."라고 간단하게 말해버리는 것보다는 시간이 좀 오래 걸리겠지만, 상대방의 체면을 살려주면서도 자신의 잘못을 더 분명하게 깨닫게 할 수 있다. 제임스 고슬링이 이 방법을 즐겨 사용하는데, 그는 인터뷰에서 다음과 같이 얘기하기도 했다.

> (관리, 경영 방면에서) 그나마 잘하는 것을 하나 꼽으라면, 저는 다른 사람한테 어떤 일을 하라는 얘길 잘 안 하는 편이에요. 누군가가 자기가 설계한 걸 가지고 왔을 때 뭔가 문제가 있다는 생각이 들면 "여기 이게 문제가 있는 것 같네요." 같은 식으로 얘기하지 않습니다. 그러면 방어적이 되거든요. 그럴 때는 그와 관련된 질문을 던지고 본인이 스스로 "아, 그게 좀 문제가 있겠네요."라고 깨닫도록 유도합니다.
>
> – 제임스 고슬링, 자바의 아버지

사람들로 하여금 자신이 낸 아이디어의 한계를 스스로 깨닫도록 도와주는 접근법에는 시간과 인내가 필요하다. 사실 모든 사안을 그런 식으로 다룰 만한 시간이 없을 가능성이 매우 높다. 바로 그런 부분에서 감성 자산이 위력을 발휘한다. 서로 공유하는 감성 자산이 많을수록 그동안의 친분에 어느 정도 기대어 직설적으로 빨리 할 말을 하고 넘어가기가 수월하다.

PART 3
거성

CHAPTER 17
소프트웨어 혁신 리더십

"고객의 의견에 따랐다면 더 빠른 말을 팔아야 했을 것이다." – 헨리 포드

소프트웨어 분야에서 성공의 가장 중요한 특징은 언제나 혁신에 있었다. 혁신이야말로 소프트웨어 과학과 예술이 만나 가치를 창출하는 지점이다. 소프트웨어 분야에서 가장 유명한 사람들은 모두 혁신의 대가였다. 극적인 기술 한 방으로 세상을 바꾼 사람도 있었지만, 매년 조금씩 혁신의 꿈을 쌓는 식으로 자기 능력을 펼친 사람이 더 많았다. 그런 사람들은 천재적인 DNA를 타고났다고 생각하기 십상이다. 대부분의 사람이 위대한 발명을 하려면 천재적인 지능이 필요하다고 생각하겠지만, 뜻밖에 지적인 능력이 절대적인 것은 아니다. 혁신을 이뤄낼 가능성을 끌어올리고 함께 힘을 모아 꾸준히 기술을 발전시킬 팀을 일궈내는 방법이 분명히 있다.

■ 왜 혁신인가?

기술 리더는 생애 전반에 걸쳐서 혁신을 이끌어낸다는 것은 이미 잘 알려져 있다. 물론 예외도 있다. 일상적인 작업을 반복한다든가 구식 시스템용 서비스를 제공하는 것만으로 괜찮은 수입을 올리고 있는 개인이나 기업도 있다는 점을 감안하면 말이다. 예를 들어, VM, z/OS, IMS용 서비스와 관련된 컨설팅 분야에서 큰 성공을 거둔 사람들이 실제로 많이 있다. Computer Associates 같은 회사에서는 구식 시스템용에 각종 기능을 제공하는 제품으로 큰 수익을 올리고 있기도 하다. 하지만 거시적인 관점에서 볼 때 신사업을 주도하고 경영 효율을 개선하는 건 바로 혁신이다. 사업적 우위를 선점할 수 있게 해 주는 혁신을 주도하는 사람은 그에 상응하는 보상을 받게 된다. 어떤 소프트웨어 분야에서든, 지하실에서 갓 시작한 스타트업이든 다국적 재벌 기업이든, 평균적으로 혁신을 이끄는 사람이 그렇지 않은 사람보다 많은 돈을 벌고 훨씬 높

은 자리를 차지한다.

2006년 IBM 기업 가치 연구소에서는 CEO가 중요하게 여기는 것을 파악하기 위해 968명의 CEO를 대상으로 설문조사를 했다. 그 조사 결과, 중대 혁신을 통한 성장을 가장 중요하게 여긴다는 점이 분명하게 드러났다. CEO 중 87%는 2년 안에 회사 바깥으로부터의 압력에 대응하려면 자기 회사에 근본적인 변화가 필요할 것이라고 답했다. 78%는 그런 혁신을 위해 사업 모형과 기술이 모두 바뀌어서 "혁신 현안을 주도하는 데 있어서 IT가 경영에 직접 관여할 새로운 기회를 만들어야 할 것"으로 본다고 답했다. 계간 맥킨지에 실린 2005년 3월, 전 세계에 걸쳐 9,345명의 고위 임원을 대상으로 한 설문조사에서도, 혁신이 사업 성장에서 결정적인 역량으로 압도적인 표를 얻었다. 그림 17-1은 그 결과를 요약한 것으로, 혁신 역량의 중요성이 다른 역량에 비해 훨씬 중요하다는 것을 분명하게 보여준다.

그림 17-1 2005년 맥킨지 보고서에 수록된 사업 성공을 위해 필요한 능력에 대한 설문 결과

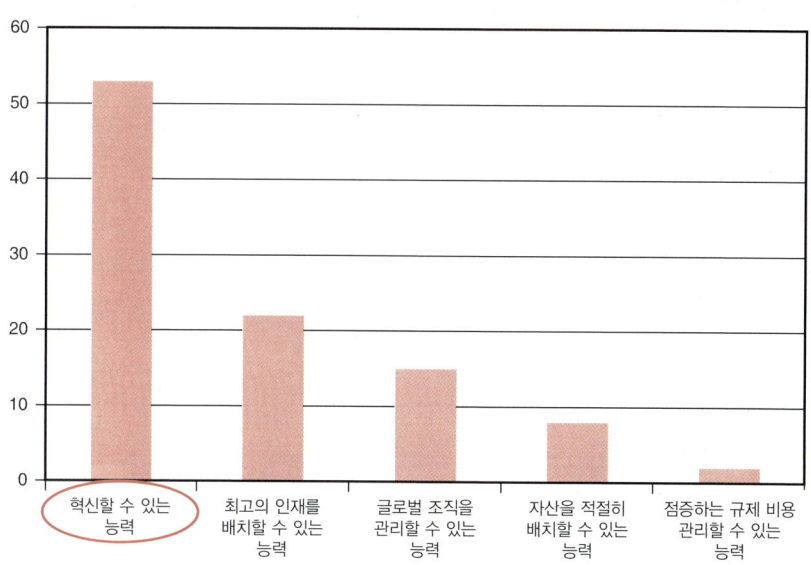

이런 결과를 보면 세계 각지의 기업들이 최신 소프트웨어를 비롯하여 최신 기술을 도입함으로써 혁신을 꾀하고 있음이 확실하게 드러난다. 충격적인 결과이긴 하지만 예상치 못한 결과라고 할 수는 없다. 비용을 들여서 기술을 도입하고 활용하는 기업으로

서는 기술에서의 군비 경쟁이라고 할 수 있는 경쟁에서 경쟁자를 따돌리고 효율을 올리는 것이 가장 중요하기 때문이다. 기술을 생산하는 회사는 더욱 강력한 무기를 만드는 것이 중요한 문제다. 세계 시장에서 (소프트웨어 분야든 아니든) 기업은 다음과 같은 세 가지 방법으로 남들보다 앞서나갈 기회를 추구한다.

- 시장에서 경쟁자보다 우위를 선점하는 데 도움이 될 만한 최첨단 기술을 생산하여 차별화하는 방법
- 신기술을 시장에 공급하여 시장 주도 기업으로서의 교두보를 선점하는 방법
- 연구 개발, 생산, 물류, 마케팅, 영업, 지원 그룹 전반에 걸쳐 프로세스 혁신과 신기술 도입을 통해 조직 효율성을 개선하는 방법

이 세 가지 방법은 제품의 혁신일 수도 있고 프로세스의 혁신일 수도 있지만, 어찌 됐든 혁신을 통해서만 완성할 수 있다. 소프트웨어 업체에서는 보통 다음과 같은 말이 진리로 여겨진다.

몇 년도 안 되는 짧은 시간 동안 모든 게 송두리째 바뀌는 사업 분야에서는 혁신하는 기업만이 생존할 수 있다

사실 위와 같은 주장이 전적으로 옳다고는 할 수 없다. 최신 기술과는 거리가 먼, 이미 잘 검증되고 정립된 제품만 가지고도 아주 잘 나가고 있기 때문이다. 그럼에도 이 생각이 극히 일부분에만 적용되는 것은 아니다. 소프트웨어 업계에서 일하는 사람들한테 물어보면 아마 대부분 새롭고 혁신적인 일, 또는 그런 일을 지원하거나 통합하기 위한 일을 하고 있다고 대답할 것이다. 성공하는 소프트웨어 조직을 보면 모두 혁신이 그 원동력이다. 소프트웨어 회사를 성공으로 이끌어주고, 고객과 최종 사용자에게 새로운 기능을 가져다주는 것이 바로 혁신이다. 물론 혁신이 무조건 가치 있는 것은 아니다. 아무리 대단한 혁신이라고 해도 말이다. 성공적인 혁신에서 가장 중요한 핵심은 새로우면서 동시에 유용한 것을 만들어내야 한다는 것이다. 사업 가치가 없이 새롭기만 한 것은 좋은 엔지니어링이 아니다.

■ 성공하는 소프트웨어 혁신

제대로 구현할 수 있고, 어떤 조직이나 시장에서 눈에 띌 만한 가치를 지닌 것이 바로 성공적인 소프트웨어 혁신이라고 할 수 있다.

다음과 같은 가이드라인에서 정말 중요한 혁신을 찾아보자. 아래 항목 중 한 가지라도 해당하면 추구해볼 가치가 있는 괜찮은 혁신이라고 할 수 있다.

- 지금 주류를 차지하고 있는 것에 비해 일부 또는 대부분 경우에 사용자가 선호할 만한 것
- 내가 속한 조직 또는 고객 조직의 조직 효율성을 분명하게 개선할 수 있는 것
- 제품 신뢰성을 분명하게 개선할 수 있는 것
- 제품 서비스성을 분명하게 개선할 수 있는 것(예를 들자면 제품 결함을 파악하고 해결하는 데 걸리는 시간을 크게 줄일 수 있는 것)
- 고객에게 잘 팔릴 만한 것(기존 제품에 들어가는 신기능이든 새로운 제품이든 상관없음)
- 우리 회사 임원들이 큰 관심을 두고 있는 문제를 해결할 수 있는 것
- 내 윗선에서 누군가가 그 아이디어가 좋다고 느껴서 사람들이 그것과 관련된 일을 하는 것을 승인해줄 만한 일(비밀 프로젝트나 업무 외 시간에 하는 정도의 프로젝트여도 무방)

다시 한번 말하지만, 휘황찬란한 마케팅 자료로 만들어질 수 있을 만큼 대단한 가치가 있어야만 하는 건 아니다. 오히려 중요한 혁신과 마케팅에서 중요하게 여길 만한 혁신 사이에는 별로 큰 연결 고리가 없다. 사실 마케팅 쪽에서 관심을 둘 만큼 대단한 것인 가 하는 점은 그 혁신이 정말 중요하고 내 경력에 도움이 되는지 살피는 데 있어서 부차적인 일에 불과하다. 왜 그럴까? 결국, 마케팅은 어떤 제품에서 가장 뛰어난 점을 부각해서 더 많이 팔고 더 많은 수익을 올리는 일이고, 혁신은 효율을 개선하고 열정을 불러일으키는 것이라서 그 둘은 쉽게 하나가 되기 어렵다. 마케팅이나 영업 부서에서 제품의 정말 중요한 혁신에 그리 관심을 두지 않을 만한 이유를 몇 가지 생각해 보자.

마케팅이나 영업 부서에서는 고객에게 한 번에 두세 가지 이상의 메시지를 전달하는 일이 거의 없다. 어떤 제품에 여러 기능과 혁신적인 개념이 들어가 있어도 시장에서 주효한 의미가 있을 만한 두세 가지만 크게 퍼뜨리기 마련이다. 그렇다 보면 결국 수많은 다른 혁신적인 것들은 전달되지 않기 마련이고, 고객은 다른 경로로 그런 혁신에 내해 알게 될 것이다.

한 제품에 여러 가지 혁신적인 것이 들어갈 수도 있지만, 하나의 메시지 안에 최대 두 세 가지 핵심 개념만 집어넣으려면 마케팅팀에서는 보통 개념들을 더 상위 수준의 메시지로 합쳐 넣는다. 그러면 기술에 대한 마케팅은 간접적으로만 이뤄질 수밖에 없다. 예를 들어, 한 제품에 성능이나 속도와 관련하여 특허를 받은 새로운 개념이 여러 개 들어가더라도 "속도", "효율"에 관한 하나의 마케팅 메시지에 파묻혀 버리고 만다.

제품을 시험하고 결합하고 관리하기 위한 내부적인 혁신은 (대부분) 마케팅 자료를 통해 외부로 나가는 자료에는 들어가지 않지만, 지출에 민감하고 최고의 효율을 추구하고 개발팀의 지출 대비 수익을 관리하는 고위 관리자들에게는 중요한 가치를 지닌다.

과거의 성공과 실패로부터 많은 것을 배울 수 있다. 그중 두 가지 중요한 사례로 OS/2의 몰락과 애플 아이폰의 기록적인 성공을 들 수 있다. 둘 다 경쟁 제품보다 분명히 기술적으로 우월한 위치에 있었다. 1982년 IBM과 마이크로소프트는 개인용 컴퓨터 업계를 주도할 만한 새로운 인텔 기반 운영체제인 OS/2를 공동으로 개발하기 시작했다. OS/2에는 가상 메모리 어드레싱, 페이징, 멀티태스킹 같이 인텔 x86 보호 모드 처리 기능과 HPFS라는 고성능 파일 시스템을 비롯한 여러 혁명적인 기능이 있었다. 1992년, OS/2는 인텔 386 프로세서와 함께 등장한 32비트 주소 체계를 발빠르게 지원하기 시작했고, 컴퓨터와 프로그래머 모두 메모리를 효율적으로 관리할 수 있게 되었다. OS/2에 비하면 윈도는 장난감 같은 시스템이었다.

1990년쯤부터 마이크로소프트와 IBM 사이의 관계가 나빠지기 시작했고, 마이크로소프트는 윈도 3.0으로 개인용 컴퓨터 운영체제 시장을 장악하기 시작했다. OS/2의 기술적인 장점에도 몇 가지 분명한 (하지만 당시에는 잘 몰랐던) 요인 때문에 윈도가 시장을 장악하게 되었다. 첫째, OS/2는 기본으로 제공되는 장치 드라이버가 제한적이었다. 이 때문에 OS/2에서 각종 주변기기, 그중에서도 특히 프린터를 쓰기가 어려웠다. 반대로 윈도는 수많은 장치 드라이버가 기본으로 탑재되어 팔렸기 때문에 사용자는 쓰기가 편했고, 가정이나 회사에서 다용도로 쓰일 수 있었다. 둘째, 윈도는 워드, 퍼블리셔, 파워포인트와 같은 일련의 킬러 앱이 강하게 끌어주고 있었다. 그런 프로그램을 OS/2에서도 에뮬레이션 모드로 돌릴 수는 있었지만, 윈도에서 그냥 돌리는 경우에 비하면 안정성이나 업무 흐름 면에서 부족했다. 마이크로소프트는 애플리케이선과 주변기기의 지원을 등에 업고 새로 팔리는 컴퓨터 대부분에 윈도 3.0을 설치하는 상황을 만들어냈으며, 그 결과 세계적인 성공을 일궈낼 수 있었다. 윈도는 1990년에서 1992년 사이에만 거의 천만 개가 팔렸다. OS/2는 더 잘 만들었고 메모리 관리 기능도 좋고 멀티태스킹 면에서도 훌륭했지만, 장치 드라이버와 핵심 애플리케이션이 없었기 때문에 사람들이 쓰고 싶어하지 않았다.

아이폰은 2007년 6월 29일에 미국에서 출시되었는데, 당시에는 과연 애플에서 마케팅한 것만큼 제대로 팔릴지에 대해 의문을 많이 품었다. 하지만 곧바로 모든 예측을 뛰어넘는 대성공을 이뤘다. 사실 2009년 1분기는 지난 50년간 가장 경기가 침체한 시기였음에도 애플은 380만대의 아이폰을 팔아서 15억 달러의 수익을 올렸다.* 간단하게 말하자면 아이폰은 OS/2가 하지 않았던 것을 전부 해냈다. OS/2가 다른 기기와 연결하기 어렵게 만들어졌던 것과 반대로 아이폰은 전화, 음악, 동영상, 인터넷의 통합이 무엇인지를 보여줬다. 또한, 높은 해상도의 동영상, 단순한 그래픽 기반의 이동, 구글 맵과의 연동과 같이 사용성을 향상하는 여러 기능을 제공했다. 핵심적인 애플리케이션이 부족했던 OS/2와는 달리 애플에서는 애플 앱 스토어를 통해서 전 세계의 애플리케이션 개발자들이 아이폰 SDK로 애플리케이션을 개발해서 팔 수 있게 했고, 개발자들이 내놓은 수많은 아이디어를 한군데로 모아 팔면서 70%의 수익을 애플리케이션 판매자에게 돌려줬다. OS/2를 살지 고민하는 소비자와 기업은 성능과 멀티태스킹이라는 장점과 프린터 설치 문제(장치 드라이버 문제)와 애플리케이션 부족 문제라는 단점 사이에서 고민해야 했지만, 아이폰 사용자는 다른 휴대 전화 사용자와 비교하여 손해는 거의 안 보면서도 상당한 장점을 누릴 수 있었다.

■ 혁신의 기회

혁신을 통해 큰 보상을 얻을 수 있다는 점은 분명하다. 아마 더 궁금한 건 어디에서 혁신을 이뤄낼 기회를 찾을 수 있는가 하는 점일 것이다. 하이테크 분야라면, 그중에서도 특히 프로그래밍 분야라면 혁신의 기회가 매우 많다고 생각한다. 물론 남들보다 큰

---

* 저자주_ 미셸 메그나, "What's Behind the iPhone Success Story?" www.internetnews.com/bus-news/article.php/3817276

잠재력을 지닌 사람도 있지만, 혁신의 기회는 소프트웨어 개발자에게 어떤 기회가 주어지는가 하는 것보다는 스스로 자기 일을 어떻게 바라보는지에 의해 더 크게 좌우된다. 혁신은 (관계형 데이터베이스의 개발이나 소셜 네트워킹 사이트와 같이) 새로운 업계를 만들어낼 만한 급진적인 신기술일 수도 있고, (팀 버너스-리가 만든 하이퍼텍스트 링크 같이) 광범위한 파급 효과를 지녀서 여러 업계에 영향을 끼치는 기술일 수도 있다. 한 산업이 성공하고 성장하려면 이런 대규모의 혁신이 필요하지만, 개인이 성공하고 성장하는 데 있어서 그 정도의 혁신이 필요한 건 아니다. 혁신은 제품의 기능이나 효율, 회사 내부에서만 사용하는 소프트웨어 도구나 절차의 개선 같이 훨씬 수수한 수준일 수도 있다. 혁신을 일궈내는 것을 주된 업무로 할당받은 사람은 거의 없다. 혁신의 기회는 보통 다음과 같이 두 가지 방향에서 찾아온다.

1 대부분 혁신은 사람들이 일상적인 프로젝트를 수행하다가 잠시 멈춰 서서 "더 나아질 수는 없을까?"라는 질문을 던질 때 일어난다. 고객 지원 업무를 하든 시스템 시험 업무를 하든 어떤 제품의 새 기능 개발 업무를 하든 "더 나아질 수는 없을까?" 하는 질문이 혁신으로 이뤄질 가능성은 충분히 있다.

2 시험 자동화라든가 자동 제품 업그레이드, 제품의 새로운 기능이나 개선된 기능과 같이 자신이 원래 하던 업무와는 무관하지만, 자신이 속한 팀이나 조직에서 신기술로 개선할 수 있는 부분이 뭐가 있는지 생각해 보자.

성공할 수 있다는 희망을 가지되, 실패에도 대비할 필요가 있다. 좋은 아이디어를 떠올리는 것도 어려운 일이지만, 그걸로 실제 열매를 맺는 건 더욱 어려운 일이다. 항상 혁신적인 아이디어가 성공적으로 전개되지 않을 가능성이 있다는 점을 염두에 두자. 그럴 가능성이 실제로 높기도 하지만, 일단 그런 마음가짐을 가지고 있는 쪽이 건강에도 좋다. (물론 모든 혁신 아이디어가 실패로 돌아가고 만다면 뭔가를 잘못하고 있을 가능성도 무시할 수 없다. 그럴 때는 자기가 일하는 방식을 한 번 되짚어 볼 필요가 있다) 건강한 혁신을 위해서는 실패했다는 걸 빨리 알아차려서 손실을 줄이고 더 가치 있는 다른 프로젝트로 넘어갈 수 있어야 한다. 실패할 때마다 뭔가 배우기 마련이다. 따라서 빨리 실패하고 자주 실패하는 게 좋다. 다행히도 소프트웨어 분야에서는 혁신할 기회가 워낙 많아서 자주 실패하더라도 다른 프로젝트에서 성공할 가능성은 충분하다.

■ 브레인스토밍

대부분 브레인스토밍이라는 단어에 대해서는 많이 들어보았을 것이고, 그게 뭔지는 대충 알고 있을 것이다. 브레인스토밍이란 여러 사람이 모여서 빠르게 아이디어를 만들어내는 일이 아니던가? 거의 맞는 말이긴 하다. 브레인스토밍은 여러 사람이 모여서 빠르게 아이디어를 만들어내는 일이 맞지만, 브레인스토밍을 효과적으로 하려면 몇 가지 원칙을 지켜야 한다. 브레인스토밍에서 가장 어려운 부분은 충분히 제대로 따져보지 못했던 아이디어, 그냥 스쳐 지나가듯이 떠올려 보기만 했던 생각, 어찌 보면 바보 같아 보일지도 모르는 아이디어도 편하고 자유롭게 말할 수 있는 분위기를 만드는 것이다. 효과적인 브레인스토밍을 위해서는 사람들이 자유로워야만 한다. 브레인스토밍의 두 번째 중요 원칙은 첫 번째 원칙에서 자연스럽게 이어진다. "아무리 바보 같은 생각도 받아들인다"가 바로 그 원칙이다. 효과적인 브레인스토밍을 위해서는 제대로 생각하지 않았던 것도 재빠르게 내놓아야만 하므로, 그런 아이디어를 받아들이는 쪽에서는 상대방을 고무시켜줄 수 있는 자세, 공손한 자세를 가져야만 한다. 어떤 사람이 바보 같은 소리를 했을 때 나머지 사람들이 마구 뭐라고 한다면 그 브레인스토밍은 더는 제대로 돌아갈 수 없다.

> 바보 아냐? 지금 얘기한 그 아이디어를 실현하려면 프로그래머는 4,000명 정도 있어야 할 거고, 그 서버 돌리는 데만 해도 웬만한 원전 하나는 필요할걸? (한숨) 대체 제대로 된 아이디어는 없는 거야?

무례하고 잔인한 것도 큰 문제지만, 저런 부정적인 코멘트 하나 때문에 그 후로는 누구도 새로운 아이디어를 내놓을 수 없게 된다. 사람들의 생각은 점점 더 깊어지고, 남들한테 말하기 전에 몇 번을 더 곰곰이 따지다 보면 결국 브레인스토밍의 가장 큰 특징이라고 할 수 있는 역동적인 속도감은 사라져 버리고 만다. 브레인스토밍은 여러 명이 모여서 한 시간 정도 되는 시간 동안 수십 가지 아이디어를 자유롭게 풀어놓는 활동이다. 모든 참석자가 아무리 멍청한 얘기를 해도 용인해 줄 거라는 신뢰감 없이는 제대로 돌아갈 수 없다. 멍청한 아이디어는 허물없는 농담 정도로 넘겨 버리거나 재빠르게 다음 아이디어로 넘어가는 식으로 부드럽게 넘어가야 한다. 사람은 쾌활한 분위기에서 더 편안한 마음으로 자유롭게 아이디어를 꺼내놓기 마련이다. 그게 브레인스토밍의 핵심이다.

가치 인식 사이클

혁신적인 아이디어는 대부분 들뜬 시기, 좌절의 시기를 거쳐 원숙기에 이르는 사이클을 거쳐 간다. 새로운 아이디어는 시장에서의 수요와 신기술이 함께 등장하는 기술 촉발로 시작된다. 처음에는 사람들이 새로운 개념에 열광하여, 그 기술을 진짜 잠재 가치보다 과대평가하곤 한다. 이렇게 과대평가되는 경향이 강한 이유는, 처음에는 신기술이 가져다주는 새로운 기능과 장점에만 관심이 있을 뿐, 단점에 대해서는 제대로 논의하지 않기 때문이다. 이 단계를 "약속의 시기"라고 부를 수 있다. 이 시기에는 신기술이 이론적으로 가져다줄 수 있는 모든 것에 대한 장밋빛 청사진이 펼쳐지고, 대부분이 빠른 시일 내에 실현될 것이라는 환상이 널리 퍼진다. 신기술이 차차 무르익어감에 따라 여러 단점 및 문제점이 겉으로 드러나기 시작하고, 약속의 시기에 사람들을 들뜨게 했던 것들이 슬슬 사그라지기 시작한다. 이 시기를 좌절의 시기라고 부른다. 마지막으로 문제점이 해결되고 시장에서 그 신기술로 할 수 있는 것과 없는 것을 분명히 더 제대로 이해할 수 있게 되면서 점점 자리를 잡고 더 안정적인 방식으로 원숙해지는 시기가 온다. 시장에서는 그 진정한 가치를 파악할 수 있게 된다. 그림 17-2에 전형적인 사이클을 그림으로 표현해 보았다.

그림 17-2 기술의 가치에 대한 인식의 변화

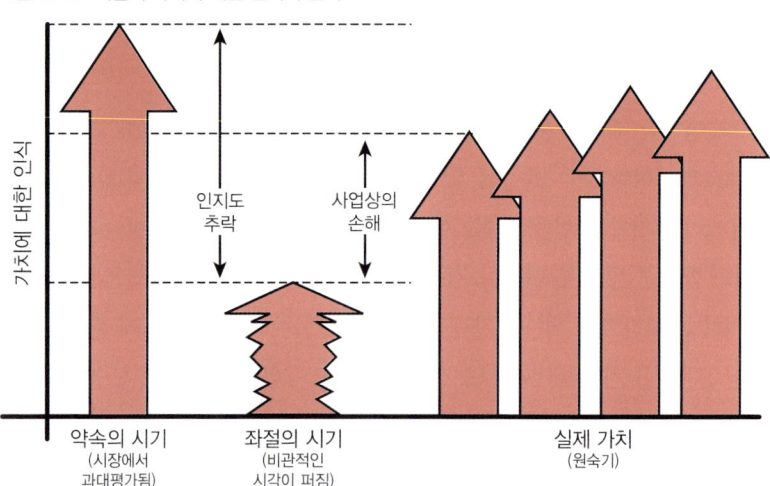

이미 알고 있는 기술을 생각해 보면 대부분 이러한 사이클을 겪었다는 것을 확인할 수 있다. 예를 들어 GPS Global Positioning System 는 처음에 길을 찾아가고 아이가 어디에 있는지 알아내고, 집 열쇠를 찾아내는 데도 도움이 될 수 있을 것으로 기대되었다. GPS가 처음 등장한 시기, 약속의 시기에는 그런 기대감이 팽배했다. 하지만 사람들은 머지않아 인공위성 연결이 가끔 끊길 수도 있고, 실내에서는 GPS가 작동하지 않고, GPS 기기가 일반 전자제품에 적용되기에는 너무 비싸고 크다는 문제점을 깨닫기 시작했다. 금세 좌절의 시기가 찾아오고 말았다. 하지만 GPS는 계속해서 발전했다. 인공위성이 추가로 띄워지면서 위성 신호 수신율이 크게 좋아졌고, 시장에서는 GPS를 어느 정도까지 믿을 수 있는지에 대해 더 잘 이해할 수 있게 되었다. 기술이 원숙기에 접어들면서 그 진짜 가치가 발현되기 시작했다. 이와 마찬가지로 음성 인식 기술이 처음 시장에 등장했을 때는 키보드가 금방 없어질 것으로 생각했을 만큼 많은 기대감을 불러일으켰지만, 쉼표나 마침표 같은 문장 부호 문제, 배경 노이즈 문제, 발음 인식 문제, 유사한 단어 사이의 어감이나 억양에 관련된 문제가 대두되면서 금세 좌절의 시기로 빠져들고 말았다. 하지만 나중에는 음성 훈련을 통해서 특정 영역에서는 어느 정도 가치를 가지는 기술로 다시 떠올랐다. 이는 음성 인식 기술에 대해 전에는 타이핑이나 편집 기능을 전부 대체할 만한 것으로 기대했으나, 지금은 그 수고를 어느 정도 줄이는 정도로 기대치가 낮아졌고, 그에 따라 사업 가치에 대한 목표치도 달라졌기 때문이다.

성공적인 혁신에서 가장 핵심적인 것은 내가 추구하는 기술 혁신도 이런 사이클을 거치게 될 것임을 미리 알고 그 기울기를 최대한 완만하게 만들고 좌절의 시기를 최대한 살살 지나갈 수 있도록 하는 것이다. 이를 위해서는 그 기술로 할 수 있는 것과 할 수 없는 것을 처음부터 분명하게 인식하는 게 중요하다. 그러다 보면 부풀어 오른 기대감이 꺼져서 결과적으로 사람들의 관심과 금전적인 지원이 줄어드는 부작용이 생길 수도 있다. 처음에 약속한 것과 좌절의 시기에 사람들이 생각하는 수준의 차이가 클수록 개인적인 신뢰도와 인지도 면에서 크게 손해를 보기 마련이다. 그리고 좌절의 시기에는 인식 수준과 원숙기의 실제 가치의 차이가 클수록 불필요한 부정적인 인상으로 사업상의 손해가 더 커진다. 불필요하게 나쁜 평을 받고 사업을 진행해야 하는 것이다. 어느 정도 관심을 계속 끌면서도 현실적인 수준의 기대치를 유지하는 데 있어서 만병통치약 같은 것은 없다. 좌절의 시기로 넘어가는 길이 너무 가파르고 빠르다면 그럭저력 가치가 있는 혁신이 그냥 죽어버릴 수도 있다. 제대로 된 혁신가라면 기술이 약속하는 기대감은 불러일으키면서도, 현 상황에서 그 기술의 한계에 대해서도 끊임없이 전할 수 있어야 한다. 기대감을 현실적인 수준으로 적당히 가라앉히고, (초창기부터 파악할 수 있는 부분에 대해) 그 기술의 한계에 대해서 정직한 자세를 유지한다면 신뢰를 유지하면서 계속해서 지원을 끌어낼 수 있을 것이다.

■ 혁신가의 12가지 원칙: 혁신을 성공적으로 키워내는 방법

애플, IBM, 구글, 마이크로소프트 같은 기업은 세상을 바꿀 만한 소프트웨어를 출시한 혁신적인 기업으로 잘 알려져 있다. 이런 회사에서 놀라운 것은, 단순히 좋은 아이디어가 있었다는 점이 아니라 꾸준히 혁신을 이뤄낼 수 있는 기업 문화와 전략을 만들어냈다는 점이다. 이런 회사에서는 자사의 제품 포트폴리오가 성장해 가는 과정에서도 혁신의 맥을 꾸준히 이어가고 확장하는 모습을 보여주고 있다. 구글에서는 래리 페이지와 세르게이 브린의 아이디어로 훌륭한 검색 엔진을 시작했지만, 지금은 단순히 좋은 검색 엔진뿐 아니라 지도, 동영상, 이미지 검색, 뉴스, 데이터 분석, 서비스 호스팅을 비롯하여 수많은 제품으로 시장에서의 존재감을 극적으로 확장시켰다.

마이크로소프트는 개인용 데스크톱 컴퓨팅을 선도했으며, 데스크톱 운영체제의 정점에 서 있었다. 데스크톱 운영체제에서의 압도적이 시장 점유율이 여전히 강점으로 작용하고 있긴 하지만, 마이크로소프트는 최고의 기술을 생산성 증대를 위한 개인용 애플리케이션(오피스, 마이크로소프트 프로젝트 등), 데이터베이스, 클라우드 컴퓨팅, 음성 인식, 게임, 애플리케이션 및 웹 개발을 비롯한 다양한 분야에 적용하고 있다. 20여 년 전, IBM은 하드웨어를 중심으로 하면서 수많은 하드웨어 제품군에 필요한 소프트웨어도 어느 정도 만드는 성격의 회사였다. 하지만 지금은 데이터베이스, 협업 소프트웨어, 미들웨어, 시스템 관리, 데이터 분석, 애플리케이션 개발용 소프트웨어 및 세계 최대의 소프트웨어 특허 전략을 갖춘 220억 달러 규모의 (전 사업부의 수익은 1,040억 달러에 달하는) 소프트웨어 회사로 변신했다. 애플은 1976년 7월 애플 컴퓨터를 출시하면서 개인용 컴퓨터 혁명을 시작했으며 매킨토시를 통해 그래픽 분야에서의 주도권을 갖기 시작했고, 아이폰, 아이팟, 아이패드 같은 제품을 통해서 개인용 컴퓨팅의 새로운 혁신을 이끌어가고 있다.

이런 회사들은 혁신적인 소프트웨어를 개발했을 뿐 아니라 계속해서 그런 혁신을 이어나가는 비결도 만들어 갔다. 내가 IBM 소프트웨어 그룹에서 직접 경험한 내용과 기타 여러 회사의 고위 아키텍트에게서 개인적으로 들은 내용을 묶어서 계속해서 혁신이라는 공이 굴러가도록 하는 비결들을 다음과 같이 정리해 보았다.

1. 주변에 최대한 뛰어난 사람들만 골라서 배치하라

앞에서도 얘기했지만, 끝내주는 프로그래머 다섯 명이 보통 프로그래머 50명보다 낫다. 혁신적인 사고 면에서 보자면 "끝내주는 프로그래머 다섯 명이 보통 프로그래머 500명보다 낫다."라고 말할 수 있다. 순수하게 혁신할 수 있는 능력만 따지자면, 최고의 인재는 보통 사람이 할 수 없는 일을 해낼 수 있다. 혁신은 단지 코드를 작성하는 데 그치는 게 아니다. 최고의 인재는 지적으로 뛰어날 뿐 아니라, 어려운 문제를 공략하고 싶어하는 강력한 추진력과 야망을 가지고 있는 편이다. 최고의 인재의 효과는 여기에 그치는 게 아니다. 조직 전체에 걸쳐서 다른 많은 사람의 기대치를 올려놓는 역할도 한다. 한 팀 내에서 어떤 사람은 남들에게는 없는 능력을 발휘하기도 한다. 그리고 한 팀이 되어서 일할 때, 팀원들은 각각 개인으로서는 할 수 없는 일도 해낼 수 있다. 최고의 인재는 다양한 파급 효과를 이끌어내기 때문에 반드시 인재를 찾아내서 함께 일해야 한다. 또한, 최고의 인재는 어떤 촉매제나 전략으로는 창출해낼 수 없는 강력한 혁신을 일궈낼 수 있고, 다른 사람들에게도 영감을 불어넣을 수 있다. 하지만 "최고의 인재"가 "가장 똑똑한 사람"을 뜻하는 것은 아니며, 단순히 프로그래밍 역량에만 국한된 것도 아니라는 점에 주의하자. "최고"라는 말은 다차원적인 의미이며, 뛰어난 기술적인 역량, 정치적인 능력, 사업 감각, 야망, 추진력 등이 복합적으로 작용한다. 최고의 인재는 똑똑할 뿐 아니라 지적인 능력과는 별도로 사기도 충만하고 큰 야망을 품고 있는 사람이다.

2. 혁신에 보상하라

16장에서도 얘기했듯이, 어떤 조직이든 보상하는 만큼 얻을 수 있다. 이는 단지 사람들이 보상을 추구하기 때문이라기보다는 눈에 보이는 보상(특히 회사가 어느 정도 대가를 감수해야 하는 보상)이야말로 그 회사에서 무엇을 진정으로 중요하게 여기는지 분명하게 드러내 보일 수 있는 수단이기 때문이다. 혁신과 그러한 혁신을 만들어낸 팀에 대해 적절한 보상을 한다면 혁신을 높게 평가하고 장려한다는 메시지를 강력하게 전달할 수 있다. 최고의 혁신가들에게 지속해서 정당하게 보상한다면 가장 혁신적인 인물들이 계속해서 열심히 뛸 수 있도록 장려하는 분위기가 저절로 조성될 것이다.

3. 영역주의를 없애라

학교에서는 숙제를 혼자 힘으로 해내는 것이 가장 이상적인 것이라고 배웠고, 그걸 당연한 상식으로 받아들이게 된다. 사실 여러 명이 해야 할 일을 한 사람이 할 수 있다면 분명 대단한 일이라고 할 수 있을 것이다. 하지만 조직에서는 보통 그와는 반대로 돌아간다. 우선 혼자서 아무리 대단한 것을 만들어내고 달성하고 디자인한다고 하더라도 남들과 함께 검토하고 가다듬는 쪽이 더 낫다. 한 명보다는 두 명이 일하는 게 훨씬 낫다. 둘째, 정말 복잡한 문제는 그 문제를 해결하는 데 필요한 모든 것을 한 사람이 이해하는 것이 불가능할 수도 있다. 한 명이 (그래픽스, 인터넷, GUI, 데이터베이스 처리, 이벤트 처리, 성능 최적화, 수학, 제어 이론, 인공지능 등) 전산학 전 분야에 걸쳐서 최고의 전문가가 되는 것은 불가능하기 때문이다. 서로 다른 분야의 전문가 여럿이 함께 일하면 한 명의 전문가가 혼자 일하는 것보다 더 많은 것을 달성할 수 있다. 마지막으로, 팀을 이뤄서 일하면 더 많은 사람이 그 사람이 어떤 일을 해냈는지 알 수 있고, 그 팀이 한 일에 대해서 더 많은 사람이 힘을 합쳐서 우호적인 태도를 보이게 될 것이다. 어쩌면 개인의 경력 면에서 볼 때 이 부분이 가장 중요할지도 모른다. 예를 들어, 다섯 명이 힘을 합쳐서 새로운 것을 발명해 냈다면 다섯 명의 공동 발명자가 모두 자기 팀이 한 일을 적극 옹호하게 될 것이다. 협업하면 더 나은 결과가 나올 뿐 아니라, 더 많은 사람에게 그 결과를 보여줄 수 있다. 결과도 좋고, 동료도 모두 행복해지고, 더 많은 사람의 관심을 받을 수 있으면서도 별다른 단점은 없다.

리더는 팀으로 일한다는 개념을 제대로 실현할 수 있는 제대로 된 소프트웨어 팀을 꾸리는 것이 가장 중요하고, 이때 조직 문화에 가장 큰 걸림돌이 바로 영역 주의 Territorialism다. 보상하는 만큼 얻을 수 있다는 사실을 다시 떠올려 보자. 팀워크와 팀의 결속에 대해서 크게 보상하고, 개인으로서 일궈낸 성과에 대해서는 덜 보상한다면 팀 전체에 리더가 원하고 진심으로 존경하는 태도에 대해 강력한 메시지를 전달할 수 있다. 쉽지는 않은 일이다. 일이 끝나고 나면 가장 큰 공을 세운 스타에게 보상하고, 그 사람이 기분이 좋았으면 하는 생각이 들게 마련이니 말이다. 이 문제에 대해서는 완벽한 해결책은 없다. 지금까지 내가 본 방법 가운데 괜찮았던 방법으로는 팀워크에 대해서 적당한 수준으로 보상하면서 그 팀 내에서 가장 큰 공을 세운 혁신가에게 상당한 보상을 부여하는 방식이었다. 이렇게 하면 어느 정도 기여한 사람도 인정해 주면서 팀워크를 중시한다는 것을 보여주면서도 목표를 달성하는 데 있어서 결정적인 역할을 한 사람의 중요성도 인정한다는 점을 널리 알릴 수 있다.

4. 반복하라

애자일 개발 방법론은 열심히 뛰어서 한 방에 제대로 만드는 게 정말 어렵고 위험이 많이 따른다는 인식에서 출발한다. 하나의 설계를 여러 번 반복하고, 직면하고 있는 문제와 시장의 수요, 지금 구축하고 있는 해결책에 대한 이해도를 점진적으로 높이면 더 나은 설계안을 만들 수 있고, 하는 일에 대해 더 빠르게 피드백을 수집할 수 있다. 순간적으로 튀어나오는 혁신도 있지만, 그보다는 계속된 반복으로 좋은 아이디어를 조금씩 더 깎고 광을 내고 가다듬어서 멋진 아이디어로 변모시키는 과정에서 일어나는 혁신이 더 많다. 반복의 장점을 제대로 살리는 데 있어서 가장 중요한 것은 매번 반복할 때마다 더 나아지는 데 꼭 필요한 제대로 된 피드백을 받는 일이다. 피드백 없이 반복만 하는 것은 전혀 다른 프로그래밍 모델이다. 반복의 가장 큰 장점은 실수할지 모른다는 두려움에서 자유로워질 수 있다는 점이다. 기술 혁신의 역사를 돌아보면 위대한 아이디어는 실수로부터 만들어지기 때문에 실수를 두려워하지 않는 것이 매우 중요하다.

5. 해결책이 아니라 문제를 안겨줘라

정말 재능 있는 인재와 함께 어떤 문제를 해결하려고 할 때, 어떻게 하면 그 사람의 재능을 최대한 발휘하여 우아한 해결책을 찾아낼 수 있을까? 소프트웨어에서 우아하다는 말은 그 기술이 간단하면서도 가치 있다는 것을 뜻한다. 리더가 앞장서서 해결책을 일일이 지시하여 자신의 통찰력과 똑똑함을 뽐내고 남들을 압도하려 한다면, 결국 다른 사람이 각자 역량을 발휘할 기회를 뺏는 셈이다. 팀원 모두를 합친 것보다 내가 더 똑똑하다면 다른 사람들이 힘을 합쳐도 내놓을 수 없는 훌륭한 계획을 내가 제시할 수 있을지도 모른다. 하지만 그런 상황은 사실 재앙에 가깝다. 사람을 제대로 뽑았다면 각자 좋은 아이디어를 낼 만한 능력을 갖춘 인재를 뽑았을 것이므로, 그런 인재의 재능과 창의성을 살리는 방안을 마련해야 한다. 특정 해결책을 강제하는 방식은 금물이다. 대신 팀 구성원에게 문제가 무엇인지 알려준 다음 어떤 해결책을 들고 오는지 지켜보자. 해결책을 제안하기보다는 질문을 던지고 요건의 본질을 분명히 파악할 수 있도록 도와주자. 구체적인 해결책을 지시하는 것보다 시간이 더 걸릴지 모르지만, 팀에 제대로 된 인재가 있다면 나 혼자서는 생각하지 못했을 혁신적인 접근법을 들고 와서 놀라게 하는 일이 종종 일어날 것이다.

6. 데이터는 중립적이다

그룹의 의견은 특정 관점을 주장하는 사람들의 카리스마와 권위에 따라 크게 달라질 수 있다. 사람 마음은 흔들리기 쉽다. 하지만 데이터는 그야말로 순수하다. 실제 데이터 없이 어떤 주장을 내세우는 것은 무모하다. 확실한 데이터를 근간으로 삼을수록 사내 정치나 정적의 공격에 휘둘리지 않고 자기 아이디어와 프로젝트를 꿋꿋이 밀고 나가기가 수월해진다. 요즘 미국 재계에서 내려지는 주요 의사 결정 중에는 부정확한, 또는 가설에 불과한 증거를 바탕으로 한 것이 너무 많다. 경영 사례는 보통 제대로 된 과학적 근거와는 무관하게 만들어진다. 그런 세상에서는 진짜 혁신적인 것을 개발하고 신뢰를 얻는 데 있어서 카리스마, 인간적인 매력, 그리고 화려한 경력이 반드시 필요하다. 분석적인 데이터 중심의 논의를 통해 의사 결정을 할 수 있다면 아이디어를 진정한 가치를 기준으로 평가하는 실력 중심의 분위기가 형성될 수 있다. 데이터가 든든하게 받쳐주고 있다면 좋은 아이디어가 더 쉽게 승인되고, 투자받을 수 있을 것이며, 성공 확률도 더 높아질 것이다.

7. 주어진 상황 내에서 문제를 해결하라

창의력에서 중요한 것 가운데 하나가 바로 제약 조건이다. 2006년, 라스베이거스에서 있었던 맞춤형 정보 콘퍼런스에서 당시 디즈니의 최고경영자였던 마이클 아이스너의 키노트 연설을 들은 적이 있다. 많은 소프트웨어팀이 나쁜 아이디어를 개발하는 데 과도하게 많은 비용을 지출하곤 한다. 아이스너는 소프트웨어가 매우 큰 비중을 차지했던 캐러비안의 해적 같은 프로젝트를 포함하여 여러 블록버스터 히트작을 기획하고 제작하기 위한 역량을 모으는 데 있어서 중요한 원칙 한 가지를 고수했다. 바로 혁신가와 리더들이 "주어진 상황 안에서" 해결책을 강구하는 데 더 많은 시간을 써야 한다는 원칙이었다. 어떻게 보면 혁신과는 거리가 멀어 보일 수도 있지만, 아이스너가 혁신에 반대한 것은 아니었다. 그가 주장한 것의 핵심은 혁신적이면서도 납기와 예산을 맞추려면 그 프로젝트에 주어진 시간과 돈을 진지하게 받아들여야 한다는 점이었다. 시간적 금전적 제약 – 아이스너는 "주어진 상황"이라고 표현했다 – 가능성이 있는 것에 집중하고 제시간 안에 혁신적인 결과물을 만들어내는 데 도움이 된다. 시간과 자원의 제약도 혁신을 이끌어내는 요인 가운데 하나다. 시간과 돈에 제한이 없으면 온갖 곳에 정신을 팔다가 엉뚱한 데로 나가 버리곤 한다. 하지만 시간과 자원에 제약이 있다면 그 안에서 창의성을 발휘할 수 있다. 중요한 것은 일찍 조건을 확정하고 그 조건을 잘 따르는 것이다.

8. 친화도를 높여라

친화도^{Affinity}란 서로 다른 것 사이의 자연스러운 끌림, 연결을 뜻한다. 화학에서 친화도는 화학 물질끼리 서로 상대방에게 끌리는 정도를 뜻한다. 운영체제에서 친화도는 특정 CPU 코어에 대한 스레드와 프로세스의 시간 스케줄링 특성을 의미한다. 소프트웨어 혁신에서는 친화도가 높으면 사람들 사이의 연결이 강해지면서 좋은 아이디어를 큰 성공으로 연결할 수 있는 기회가 커진다. 소프트웨어 혁신에서 친화도를 높이는 방법은 크게 두 가지로 나눌 수 있다.

- 연구 개발 친화도
- 사업상의 친화도

여기에서 내가 "친화도를 높인다"라고 한 말의 뜻은 서로 도움이 될 만한 사람을 찾아서 서로 가깝게 만든다는 뜻이다. 사람들 사이의 친화도를 높이면 어떤 프로젝트에서 힘을 합칠 만한 사고가^{Thinker}와 행동가^{Doer}를 연결하여 둘이 따로 일할 때보다 훨씬 더 훌륭한 것을 만들어낼 수 있다. 친화도를 높이는 것과 프로젝트에 새로운 인력을 투입하는 것은 별개의 일이다. 친화도를 높이려면 조직의 경계를 뛰어넘어서 서로 다른 그룹, 또는 (예를 들면 기업 연구소 사람들과 학교의 연구팀을 연결하는 식으로) 서로 다른 조직에 속한 사람들을 연결할 수도 있어야 한다. 서로 관점이 다르고 각자 자기 분야에서 상당한 역량을 가진 사람끼리 친하게 만들어 두면 새로운 기술 개발이나 혁신 창출에 큰 도움이 될 수 있다. 연구 개발 친화도를 진작시키는 일은 서로의 열정을 공유하고 새로운 아이디어와 역량을 프로젝트에 불어넣을 수 있는 프로그래머와 디자이너를 연결해 주는 등의 일을 뜻한다. 사업상의 친화도를 고취하는 일로는 어떤 아이디어의 사업성을 증진하고 이끌어서 제품을 출시할 수 있도록 지적인 혁신을 이뤄내는 사람과 경영자를 연결해주는 일을 생각할 수 있다. 제대로 된 사람과 역량을 잘 섞어 주면 각각을 단순하게 합친 것보다 훨씬 큰일을 이뤄낼 수 있다.

9. "저것은 남의 것" 증후군에 걸리지 않도록 주의하라

소프트웨어팀 사이에서 가장 심각하면서도 흔히 볼 수 있는 태도상의 문제 가운데 하나는, 자기네가 직접 바닥부터 다져 올려나가지 않은 것은, 십여 년 이상의 긴 시간에 걸쳐서 정형화되고 수천 이상의 제품화 단계의 사용자들이 사용하여 완전히 검증된 것이 아닌 이상, 어떤 아이디어나 전략, 알고리즘, 코드도 절대 믿을 수 없다는 식의 태도다. 이상하게 들릴지 몰라도 정말 심하다. 절대다수의 엔지니어들은 어떤 해결책이나 새로운 기능을 완전 밑바닥부터 자기가 직접 하는 쪽을 선택한다. 이런 태도의 문제점은 단순히 "가치 창출에 걸리는 시간" 정도로 그치지 않는다. 오픈 소스나 상용 기성품COTS, Commercial Off-The-Shelf의 장점을 잘 살리면 더 빠르게 결과를 얻을 수 있지만, 어떤 사람들은 그런 구성 요소를 사용하면 최종 결과물의 품질과 서비스성을 제대로 확보할 수 없다는 논리를 펴곤 한다. 이런 논리가 극단적으로 가면 코드 재사용, 소프트웨어 업계의 확장성 개념을 근본적으로 부정하는 결과로 이어질 수 있다. 하지만 모든 소프트웨어 구성 요소를 밑바닥부터 새로 짜면 엔지니어링팀 고유의 지식과 전문성에도 제약이 생길 수밖에 없다. 다른 팀이 만든 기성 구성 요소를 재사용한다면 전에 아무도 해결하지 못한 어려운 문제를 해결하는 데 역량을 집중할 수 있고, 결과적으로 더 혁신적인 아이디어를 내놓을 수도 있다.

10. 다른 분야에 대한 지식을 쌓아라

내 전문 분야와 직접 관련이 없는 다른 분야를 공부하다 보면 꽤 많은 창의적인 접근법을 배울 수 있다. 예를 들면 최근 들어 자기관리형 소프트웨어 시스템과 관련된 소프트웨어 혁신 중 상당수는 제어 이론, 경제학, 사이버네틱스, 인공지능 분야에서 흘러들어왔다. 이종 분야 사이의 융합 역량은 혁신 능력에 상당히 도움이 된다. 모든 분야에서 전문가가 되어야 하는 건 아니지만, 여러 분야에 대한 일반적인 지식을 어느 정도 갖추는 것만으로도 필요할 때 어느 쪽을 자세히 들여다봐야 하는지 파악하는 데는 큰 도움이 된다.

11. 현재 최신 기술을 이해하라

소프트웨어 프로젝트를 새로 시작할 때는 무조건 남들이 어떤 일을 했는지 조사하는 작업, 즉 선행 기술 조사부터 시작하자. 당연한 일인 것 같은데도, 의외로 이미 출간된 문헌(논문이나 특허 등)이나 경쟁사의 기술, 유사 분야의 관련된 전략 같은 것을 조사하는 데 시간을 쓰는 사람은 극소수에 불과하다. (보통 소프트웨어 혁신에 능한 사람들이 이런 일을 잘한다) 일단 현재 최신 기술 수준이 어느 정도인지 알아야 그 영역을 넓혀나갈 수 있다. 그러다 보면 딱 그 영역에 대해서는 최신 기술과 최신 문헌에 대해서 가장 잘 아는 구루Guru가 될 수 있다. 구루야말로 현재 기술의 한계를 넘어서는 혁신을 이뤄내는 데 가장 유리한 고지를 선점한 해당 영역의 전문가다.

12. 일하는 방법에 있어서 사용자와 시장에 휘둘리지 않는다

스티브 잡스는 이런 말을 남겼다. "포커스 그룹을 통해서 제품을 설계하기는 정말 어렵습니다. 사람들은 보통 물건을 보여주기 전까지는 자기가 진짜 원하는 게 뭔지 잘 모릅니다." 지당하신 말씀이다. 시장은 혁신과 바로 연결되지 않는다. 단순히 수요를 만들어주고 판단을 내려줄 뿐이다. 그러나 다행인 것은, 시장의 판단력이 매우 뛰어나기 때문에 좋은 제품에 적절한 마케팅, 언론 홍보 등을 더하면 시장에서 그 제품을 받아들이고, 충분한 수요가 창출된다는 점이다. 혁신적인 아이디어를 시장에서 찾으려 한다면 언제나 따라쟁이에 그칠 수밖에 없다. 사업 요건이나 추세를 이해하기 위해서는 "돈을 좇아야" 하지만, 시장을 혁신의 원천으로 삼는 건 금물이다.

■ 99%의 노력

아이디어가 좋은 사람은 많다. 하지만 그 아이디어를 끝까지 밀어붙일 수 있는 사람은 별로 많지 않다. 리누스 토르발스가 인터뷰에서 했던 얘기 중에 상당히 좋아하는 구절이 있는데, 내가 그 구절을 좋아하는 이유는 그 의견에 동의하기 때문인 것도 있지만,

그것 못지않게 그가 생각하는 오픈 소스의 문화적 시각이 보통 기업에서 요구하는 것과는 차별화되기 때문이기도 하다.

개인적으로 많은 사람이 "크고 어려운 문제" 또는 "혁신"같이 중요해 보이는 부분이 진짜 어려운 것이라고 여기는 데 불만이 있어요. 사실 진짜 중요한 건 자질구레한 걸 제대로 해내는 것이잖아요. "1%의 영감과 99%의 노력" 얘기하고 비슷해요. 사람들은 영감과 노력 중에 영감이 훨씬 더 크고 중요한 부분이라고 생각하지만 저는 영감을 가지는 것도 중요하지만, 사람들이 정말 실패하는 이유는 그 영감을 실천하지 못하는 데 있다고 생각해요. 사실 영감은 그리 부족하지 않아요. 하지만 실제로 영감을 제대로 추진해내고 일을 완수하는 사람은 아주 드물죠.

혁신은 이 업계에서 엄청나게 중요하고, 경력을 계발하는 데 있어서 매우 중요한 촉매 역할을 하지만, 의미 있는 성과를 일궈내지 못하면 별 의미가 없다. 누군가는 항상 "그거 안 돼" 또는 "그만한 시간이나 자원이 없잖아"라고 말할 것이다. 항상 예상하지 못한 기술적인 장벽이나 개인적인 의심을 맞닥뜨리게 될 것이다. 하지만 혁신을 창조로 이어나가는 일은 솜털 뽀송뽀송하고 뭔가 있어 보이는 것을 중대한 가치를 지닌 것으로 바꿔 나가는 과정이다.

interview
로버트 칸

인터넷 발명자

현재 직위

CNRI ^{Corporation for National Research Initiatives} 의장, CEO, 회장

CNRI Corporation for National Research Initiatives 의장, CEO, 회장

주목할 점

인터넷 공동 발명자 가운데 한 명

생일

1938년 12월 23일

학력

프린스턴 대학교 박사, 1964년

프린스턴 대학교 석사, 1962년

뉴욕시립대 학사, 1960년

프린스턴 대학교, 파비아 대학교, ETH 취리히, 매릴랜드 대학교, 조지 메이슨 대학교,
센트럴 플로리다 대학교, 피사 대학교 명예박사. 유니버시티 칼리지 런던 명예 펠로우

취미 및 관심사

골프, 스키, 스쿼시, 테니스, 피겨 스케이트, 십자 낱말 풀이, 요리, 여행

약력

로버트 E. 칸은 미국 국방 고등 연구 과제국 U.S. DARPA, U.S. Defense Advanced Research Projects Agency 에서
13년간의 공직을 마친 후 1986년 CNRI Corporation for National Research Initiatives 를 설립했으며, 현재
의장, CEO, 회장을 맡고 있다. CNRI는 미국 국가 정보 기반구조 National Information Infrastructure
의 연구와 개발을 위한 리더십과 연구비 지원을 위한 비영리단체이다.

칸 박사는 1964년 박사 학위를 받은 뒤 벨 연구소에서 기술 스탭으로 일하다가 MIT 전
자공학과 교수로 자리를 옮겼다. 그 후 MIT를 휴직하고 볼트, 베라넥 & 뉴먼 Bolt, Beranek &
Newman 에 들어가서 최초의 패킷 스위치 네트워크인 알파넷 ARPANET 시스템 설계 책임을 맡았

다. 1972년에는 DARPA로 옮겼으며, 곧 DARPA의 정보 처리 기술원[IPTO, Information Processing Techniques Office]의 최고 책임자 자리에 올랐다. 거기에 있는 동안 미국 정부의 십억 달러에 달하는 전략 컴퓨팅 프로그램을 착수시켰으며, 이는 연방 정부에서 수행한 가장 큰 규모의 컴퓨터 연구 개발 프로그램이었다. 열린 아키텍처 네트워킹 개념을 만든 것도 칸 박사였다. TCP/IP 프로토콜의 공동 발명자 가운데 한 명이며, DARPA의 인터넷 프로그램을 착수시켰다. CNRI는 2005년까지 인터넷 엔지니어링 태스크 포스[IETF, Internet Engineering Task Force] 사무국을 맡았다. 칸 박사는 1980년대 중반 국가 정보 기반구조[NII]라는 용어도 만들어냈으며, 그 개념은 나중에 정보 고속도로[Information Super Highway]라는 이름으로 널리 퍼지게 되었다.

최근에는 NII의 핵심 미들웨어 구성 요소로서의 디지털 객체 아키텍처라는 개념을 개발하고 있다. 이 개념은 여러 종류로 이루어진 정보 시스템 간의 호환성을 위한 프레임워크를 제공하는 것으로, 디지털 객체 식별자[DOI, Digital Object Identifier] 같은 다양한 용도로 쓰이고 있다. 네트워크 환경의 모바일 소프트웨어 에이전트인 노우봇[Knowbot] 프로그램을 공동으로 발명하기도 했다.

칸 박사는 미국 국립 공학 한림원[National Academy of Engineering] 회원, IEEE 펠로우, AAAI 펠로우, ACM 펠로우이자 컴퓨터 역사박물관의 펠로우다. 미 국무부 국제 통신 및 정보 정책 자문위원회의 자문위원이며, 전직 대통령 정보 기술 자문위원, 미 국립 의학 도서관 이사회, 국가 정보 기반구조 대통령 자문위원 등을 역임했다.

AFIPS 해리 구드상, 마르코니상, ACM SIGCOMM상, ACM 회장상, IEEE 코지 코바야시 컴퓨터 통신상, IEEE 알렉산더 그레이엄 벨상, IEEE 제3 밀레니엄 메달, ACM 소프트웨어 시스템상, 컴퓨터월드/스미소니언상, ASIS 특별상, 컴퓨팅 연구 위원회의 공공 서비스상 등을 받았다. 국방부 장관이 주는 민간 공무원상을 두 번 받았다. 1997년 국가 기술 훈장을 받았으며, 2001년에는 미국 공학 한림원에서 주는 찰스 스타크 드레이퍼상을 받았고, 2002년에는 아스투리아스 왕자상을, 2004년에는 ACM의 튜링상을 받았고, 대통령 자유 훈장도 받았다. 2003년 디지털 식별 업계에 기여한 공로로 디지털 객체 아키텍처 분야의 디지털 ID 월드상을 받았다. 2005년에는 뉴욕 시립대 동창회의 타운젠드 해리스 메달을 수상했으며, 일본 동경에서 C&C상을 받기도 했다. 2006년 5월에는 미국 발명가 명예의 전당에 헌액되었고, 2008년에는 "정보 통신 이론 및 기술"의 공로를 인정받아 일본상[Japan Prize]을 받았다.

■ "모든 게 바뀌었어요"

소프트웨어 분야는 어떻게 시작하게 되었나요?

제가 소프트웨어 분야에 종사하는 사람이라고 얘기할 수 있을지 모르겠네요. 처음에는 벨 연구소에서 응용수학자로 일을 시작했는데요. 나중에 MIT로 옮긴 후에는 통신 및 시스템 수업을 가르쳤어요. 1966년 말에는 MIT에 휴직계를 내고는 BBN ^{Bolt, Beranek & Newman}이라는 조그만 컨설팅 업체에 들어가서 컴퓨터 네트워크 설계 일을 시작합니다. 그때 한 일을 바탕으로 쓴 제안서로 최초의 컴퓨터 네트워크인 알파넷^{ARPANET} 계약을 따냈죠. BBN에는 진짜 시스템을 구축할 수 있는 교육을 받은 엔지니어팀이 있었어요. 실제 알파넷을 구축하는 작업은 그분들이 했어요. 저는 주로 시스템 설계, 아키텍처 관련 일을 했죠.

처음에 벨 랩에서 일을 시작했을 때는 코드도 좀 만들었어요. 보통 시뮬레이션 소프트웨어 같은 걸 만들었죠. 요즘 제가 하는 일은 주로 시스템 아키텍트나 디자이너에 가깝다고 할 수 있을 것 같아요. 소프트웨어는 다른 사람들이 만들고요.

소프트웨어 분야에서 자신의 가장 큰 업적이나 공헌이라고 할 만한 걸 꼽아 주신다면?

많은 분이 제가 썼던 컴퓨터 네트워킹이나 인터넷 분야의 논문을 많이 인용하시는데요. 제가 한 일 중에 이 분야에 가장 크게 기여할 수 있었던 것은 제가 DARPA에서 정보 처리 기술원을 운영할 때 했던 일이었다고 봅니다. 그때 연방 정부 수준에서 만든 최초의 대규모 컴퓨팅 프로그램인 전략 컴퓨팅 프로그램을 시작했어요. 컴퓨터 아키텍처, 병렬 머신용 소프트웨어, 인공지능, 다양한 응용 분야 등을 망라한 십억 달러 규모의 프로그램으로 기획됐죠. 네트워크 연결이나 컴퓨터 워크스테이션에 투자하고, 그런 기술의 응용을 장려함으로써 인터넷이 만들어지는 데 큰 도움을 줬다고 생각합니다.

컴퓨터 네트워킹이나 인터넷과 관련하여 제가 했던 일을 저는 남들과 꽤 다르게 봐요. 알파넷에 관한 일은 한 가지 특정 패킷 네트워크를 만드는 데 초점을 맞춘 일이었어요. 패킷화된 무선 네트워크를 만들기 위한 패킷 라디오하고 마찬가지로 말이죠. 위성망과 관련된 일, 일종의 방송용 무선망을 만드는 걸 돕기 위해 했던 일 같은 것도 특정 네트워크 개발 범주에 속한다고 볼 수 있죠. 인터넷은 전 세계적인 정보 시스템이기 때문에, 여러 서로 다른 네트워크가 서로 연결될 수 있도록 하는 아키텍처와 프로토콜이 더 중요했죠. 이걸 모두 합치면 제가 한 일 중에 이 분야에 가장 크게 기여한 일이라고 할 수 있을 것 같네요.

네트워킹과 관련된 일이 이 분야, 그리고 전 세계에 어떤 영향을 끼쳤을까요?

패킷 스위칭이 네트워킹과 관련된 모든 작업의 기반이 됐는데요, 기본적으로 통신 스위칭 방식을 바꿔놨다고 할 수 있습니다. 그 개념을 제가 처음 만든 건 아니었지만, 실제로 작동하는 컴퓨터 네트워크를 처음으로 구축한 건 저희 그룹이었다고 생각합니다. 인터넷 덕분에 서로 다른 여러 네트워크와 컴퓨터가 서로 데이터를 주고받을 수 있게 됐고, 인터넷이 국제적인 통신의 수단이 되면서 모든 게 바뀌었죠.

소프트웨어 분야에서 불만거리라고 할 만한 건 없나요?

소프트웨어를 조금 더 편하게 개발할 수 있으면 좋겠고요, 기능 아키텍처를 더 잘 명시할 수 있어서 소프트웨어와 더 직접적으로 엮이게 해 주는 기술이 있었으면 좋겠어요. 하지만 아직 갈 길은 멀어 보입니다. 어떤 소프트웨어가 실제로 배치되었을 때 어떤 식으로 돌아갈지 잘 모른다는 것도 또 다른 문제인 것 같습니다. 비행기나 병원, 금융 관련 소프트웨어와 같이 사람 목숨이 달린 영역에서는 그 문제가 특히 더 중요한 것 같습니다. 미래에는 소프트웨어를 더 쉽게 만들 수 있어서 코딩 전문가가 아니어도 소프트웨어를 만들 수 있는 수준이 되어야 할 겁니다.

■ "실전 경험을 해 보세요"

지금까지의 경력에서 기념비적이라고 할 만한 사건이 있으셨나요?

제 경력에서 가장 중요한 사건은 MIT 교수로 있을 때 들었던 이야기 같습니다. 그 당시에 좋은 교수님들이 정말 많았어요. 저도 그런 사람 가운데 한 명이라고 생각했죠. 그런데 그 중에서 저만 실제 시스템이나 장비를 구축한 실전 경험이 없었던 것 같아요. 그때 그 그룹을 이끌어 가던 잭 워젠크래프트가 저에게 몇 가지 조언을 해 줬어요. 간단히 정리해서 옮기자면 이렇습니다. "도움이 될지 모르겠지만, 내가 당신 처지에 있다면 실무자들과 함께 일하면서 실전 경험을 해 보겠습니다." 그리고 얼마 안 있어서 네트워킹 관련 일을 하게 됐어요. 그때는 1~2년이면 다시 복직할 거라는 생각에 MIT에 휴직계를 내고 BBN에서 네트워크 설계 일을 시작했죠. 당시에는 진짜 기기를 만들기 위한 설계 작업만으로도 충분한 "실무 경험"이라고 생각했지만, 알파넷 계약이 성사된 후에 그냥 계속 남아서 장치를 만드는 일을 돕기로 했어요.

어떨 때 소프트웨어 분야에서 성공했다는 느낌이 드시나요?

여러 가지가 있어요. 어려워 보이는 뭔가에 도전할 때는 뭔가를 이해하거나 어떤 문제를 풀어낼 때 성취감을 느껴요. 어떤 시스템을 대할 때는 그걸 만들고 실제로 돌아가는 걸 바라볼 때 성공했다는 느낌이 듭니다. 중요한 건 뭔가에 도전한다는 거예요. 십자 낱말 풀이에 빠져 있을 때면 그 일은 더 이상 단순히 퍼즐이 아닌 게 돼요. 지적인 도전 정신을 일깨워주는 거죠. 돈을 많이 버는 걸 목표로 해 본 적은 한 번도 없어요. 돈 버는 데 초점을 맞췄다면 여러 다른 일을 했을 거예요. 제가 항상 원했던 건 흥미로운 문제를 해결하는 것이었습니다. 제가 인터넷을 처음 만들던 때, 그 파급 효과 같은 건 전혀 중요하지 않았어요. 당시에 인터넷이 어떻게 발전할지 누가 알 수 있었겠어요? 그때는 인터넷이 답이라고 할 만한 문제조차도 없던 때였습니다. 서로 다른 네트워크에 속한 컴퓨터가 서로 대화할 가능성에 대해서 이런저런 시도를 하고 있었을 뿐이에요. 그 문제의 일환으로 서로 다른 네트워크끼리 서로 통신할 수 있도록 하는 문제를 해결하려고 했었죠. 연구 측면에서 흥미로운 과제였어요. 조금씩 시간이 지나면서 점점 파급 효과가 커지는 것을 볼 수 있었어요. 특히 개인용 컴퓨터가 만들어진 후로는 공용 대형 컴퓨터를 살 수 있는 큰 조직뿐 아니라 수천, 수만, 수십만 이상의 개인에게도 영향을 미칠 수 있게 됐으니까 그 효과가 더 두드러졌죠. 그리고 오래지 않아 수십억 명에게까지 그 파급 효과가 퍼지게 되었죠. 하지만 처음부터 그렇게 시작한 건 아니었어요.

대부분 소프트웨어는 원래 설계한 수준 이상으로는 확장되지 않는데요, 인터넷은 수천 대 규모로 설계한 것이 전 세계로 퍼져갔다는 점이 참 대단한 것 같습니다.

언제나 한계는 있죠. 알파넷에서는 주소 공간이 16비트였기 때문에 최대 64,000대 수준까지 연결할 수 있었어요. 하지만 실제로 알파넷에 연결된 기기 수는 수백 대에 불과했죠. 인터넷 아키텍처를 개발할 때는 다른 주소 체계가 필요하다는 결론을 내리고는 IP 주소 개념을 만들어냈습니다. 총 32비트로 만들었는데, 그 정도면 앞으로 나올 모든 기기를 문제없이 커버할 수 있다고 생각했어요. 그때는 1970년대 초반이었기 때문에 개인용 컴퓨터가 등장하기도 전이었고, 마이크로컴퓨터가 겨우 만들어지기 시작하던 때였으니까요. 그 시절에는 컴퓨터가 수십억 대 보급될 것으로 생각하는 것 자체가 이상하게 느껴지던 때였어요. 보통 컴퓨터 한 대에 백만 불 정도 하던 때였고, 컴퓨터 10억 대면 아마 당시의 GNP보다도 많은 금액이었을 거예요.

■ "아이스하키에서 가장 중요한 건 어디에 가 있어야 할지 아는 것이다!"

소프트웨어 분야에서 성공하는 비결에 대해 조언해 주실 수 있을까요?

제가 시작한 프로젝트 중에 미국 전역에 고속 네트워킹을 설치하는 것을 돕기 위한 기가비트 테스트베트 계획이 있어요. 미국 과학 재단^{NSF}과 국방 고등 연구 기획청^{DARPA}에서 후원하는 프로젝트였고, 1990년 6월 첫째 주 뉴욕 타임스 1면에 소개되기도 했죠. 9월에는 비즈니스면 1면에도 그 프로젝트에 관한 기사가 실렸어요. 그 후로 각종 의견을 제시한다거나 그런 걸 어떻게 할 수 있을지 알고 싶어하는 사람들로부터 수천 건 이상의 연락을 받았어요. 인터넷도 아니었어요. 그냥 고속 네트워킹이었을 뿐인데도 반응이 뜨거웠죠. 그런 사람들에게 어떤 얘기를 해줄 수 있을까요? 저는 미국 과학 재단에 제안서를 쓰는 방법을 설명해 줬어요. 그런 일이 다시 일어날 수 있을까요? 잘 모르겠어요.

모든 일이 그리 간단하게 된 건 아니었잖아요? 세계적으로 명성을 떨친 학자가 되셨고, MIT 교수도 되셨고, 네트워킹 분야에서 세계에서 가장 앞서 간 업적도 남기셨고 말이죠. 결국, 그런 것들이 모두 연결되어 성공하셨던 게 아닐까요?

전부 중요한 일이긴 했습니다. 하지만 열심히 하려는 사람에게 그렇게 할 수는 없다는 얘기는 못 하겠어요. 그런 얘기는 누구에게도 함부로 할 수는 없는 얘기겠죠. 그러나 사람들에게 성공하는 법을 정확하게 얘기해주는 것도 불가능한 것 같아요. 여러 정황에 의해 결과가 만들어지니까요. 누가 어디에 관심을 두고 투자하게 될지 미리 알 수 있을까요? 때와 장소가 맞아야만 일이 돌아갈 수 있습니다. 아이스하키 선수 웨인 그레츠키가 아이스하키에서 가장 중요한 건 어디에 가 있어야 할지 아는 것이라고 얘기했다고 하잖아요? 그 정도가 최선의 조언이 아닐까 생각해요. 일이 어떤 식으로 돌아갈지 감을 잡을 수 있어야 해요. 하키 퍽이 어느 쪽으로 갈지 알고 있다면 적당한 장소에서 자리를 잡아야 제대로 된 샷을 날릴 수 있을 겁니다.

세상을 바꿀 생각이 있다면 그냥 연구만 하는 것보다 훨씬 어려울 거예요. 변화를 거부하는 온갖 세력들이 저항할 테니까요. 이미 존재하는 뭔가를 바꾸려고 하는데 누군가는 그런 변화를 원치 않는다면 그 사람들은 당연히 변화를 거부할 겁니다. 그리고 어딘가에 금전적으로 중요한 뭔가가 있다고 생각한다면 비슷한 생각을 하는 다를 사람들도 달려들 거예요. 그럴 때는 경쟁이 있을 수밖에 없죠.

기술 트렌드나 혁신의 정점에 서 있을 수 있는 비결은 무엇입니까?

제게는 이 분야에 대해 잘 알고 있으면서 그들이 새로 발견한 걸 기꺼이 공유해 주는 다른 많은 친구와 동료들이 가장 도움이 됩니다. 제가 새로 배우는 내용 중 70~80%는 그렇게 제가 신뢰하는 사람들을 통해 알게 됩니다. 가끔 "이 사람 만나보셔야 할 것 같습니다. 한 번 데려가 볼까요?"라든가 "이 논문 보셨어요?" 같은 쪽지가 날아오곤 합니다. 이런 정보들은 아무렇게나 여기저기 뒤져서 얻을 수 있는 건 아니죠. 공개적으로 발표된 각종 논문이나 기사를 전부 들여다보려면 아마 평생 그 일만 해도 안 될 겁니다. 네트워크를 통해서 그런 일을 열심히 해 보려고 해도 워낙 문건이 많기도 하거니와, 무엇을 진짜 믿을 수 있는 지 판단하기도 쉽지 않죠.

■ "모든 게 하나가 된 거라고나 할까요?"

기술 분야의 리더들은 시간에 많이 쫓기는 걸로 유명합니다만, 시간을 효율적으로 관리하기 위해 어떤 전략을 사용하시나요?

조직을 운영하는 사람이다 보니 조직의 핵심 인물과 만날 수 있도록 시간을 잘 쪼개야 합니다. 그중에는 업무와 관련하여 적절히 보고를 받는 데 필요한 시간도 있죠. 저한테 보고하는 사람은 열 명을 넘지 않는 규모로 관리하고 있고, 그중에서 3분의 1 정도는 행정적인 업무와 관련된 것들입니다. 아마 외부 활동과 관련된 부분을 더 궁금해하실 것 같은데요, 학회 강연이라든가 하는 일이 상당히 많이 있긴 합니다. 가끔은 수상 기념 강연 같은 걸 하기도 하는데, 최근에는 빈트 세프와 함께 일본상을 받기도 했어요. 그런 일이 있으면 여러 행사가 함께 열리기 때문에 한 일주일은 보내야 하는데, 귀빈 대접을 받기도 하죠. 최근 몇 년 동안에도 강연, 세션 좌장 같은 활동에 많이 초청을 받았습니다. 두세 가지 일을 한꺼번에 처리할 수 있다면 그렇게 하는 쪽을 선호합니다. 세계를 절반 정도 돌아야 해도 여러 일을 처리할 수 있다면 괜찮아요. 일본상 같은 큰 행사라면 그것만 참가하러 가는 것만으로도 충분한 것 같고요. 런던에서 회의가 있으면 파리나 제네바 같은 데서 다른 회의 일정을 함께 잡습니다. 산 디에고에서 회의가 있으면 LA나 시애틀 같은 데 일정도 함께 잡곤 하죠. 하지만 1년에 참가하는 외부 행사 수는 제가 감당할 수 있는 수준으로 제한하는 편입니다. 일이 너무 많아지면 "올해는 너무 바빠요. 나중에 다시 얘기해 봅시다." 같은 식으로 답하곤 하죠.

일과 삶의 조화는 어떻게 이루시나요? 일이 전부가 되는 상황을 피하는 비결이 있나요?

하루에 여덟 시간도 못 자면서 바쁘게 살 거로 생각하시나요? 이렇게 생각해 보죠. 좋아하는 일을 할 때는 일과 삶 사이의 간극 때문에 문제가 생기는 일이 별로 없어요. 일주일에 7일씩 골프를 쳐야 하는 사람, 대서양에서 배를 타고 싶은 사람이 시간을 쪼개서 일해야 하는 상황이라면 얘기가 다르겠지만요. 우선순위를 얼마나 제대로 설정하는지가 중요합니다. 일은 딱 다섯 시까지만 하고 그 후로는 개인 시간을 보내는 식으로 말이죠. 하지만 내가 진심으로 해결하고 싶어하는 문제를 붙들고 있다면 모든 게 하나가 된 거라고 할 수 있을 것 같습니다. 저는 거의 항상 그렇게 살아온 것 같아요. 전에도 말했지만 저는 골프를 좋아합니다. 고등학교와 대학교 때 골프부에서 뛰었어요. 가끔은 혼자서 "골프 코스에 나가봐야 할 시간이 됐어."라고 중얼거리곤 합니다. 다행히 제 아내도 저랑 가까운 분야 – 지적 재산권 분야 – 에서 일하고 있어요. 저는 지난 20년 넘는 기간 동안 인터넷에서의 정보 관리와 관련된 일을 했죠. CNRI에 있는 동료들과 함께 단순히 비트를 옮기는 것보다 더 고차원적인 전략을 정의하는 일을 해 왔어요. 예를 들어 어떤 연구 결과가 전자 저널 형태로 네트워크에 올려졌다면 백 년, 천 년 후에도 그 정보에 쉽게 접근할 수 있었으면 하는 생각이 들 겁니다. 사용자는 어쨌든 그 정보를 찾아볼 수 있어야 해요. 제 아내는 자기 법률 회사에 다니지만, 우리와 함께 일하기도 하고 가끔은 함께 브레인스토밍하기도 합니다. 그러다 보면 업무와 개인적인 일이 서로 섞여서 전부 하나가 되곤 합니다. 예를 들어, 지난 주말에는 미국 한림원 시설에서 열렸던 우즈 홀 회의에 함께 갔어요. 회의가 끝나고 나서는 바로 비행기 타고 집에 갈까 생각하다가 그냥 휴가 내고 주말 동안 놀면 되지 않을까 하는 생각이 들더라고요. 그래서 그렇게 했어요.

■ "본능을 믿어라"

소프트웨어 분야에서 앞으로 10~15년 이내에 긍정적으로든 부정적으로든 영향을 끼칠 만한 변화로는 어떤 게 있을 것으로 생각하나요?

지금까지 아무도 생각하지 못했던 파격적인 뭔가를 예상할 수 있겠냐고 묻는 거라면 전혀 모르겠다고 답해야겠죠. 어떨 때는 코앞에 다가올 때까지도 전혀 감을 잡을 수가 없어요. 인터넷은 1993년에 "올해의 제품"으로 선정됐는데, 누가 그런 상상을 할 수 있었겠어요? [인터넷을 개발하는 일은 1970년대에 이뤄졌지만] 미디어에 있는 다른 사람들이 제대로 인식하기까지는 20년이나 걸렸습니다. 지금 내가 몸담은 분야가 5년, 10년, 20년 후에 뭔가 파급 효과를 미치게 될지도 모르는 일이에요. 사람들이 뭔가가 중요하다는 걸 깨닫는 데는 시간이 걸리는 법이죠. 일단 뻔히 보이는 것부터 얘기해 보자면 광대역폭 네트워킹이 흔해질 거라는 점이에요. 여기에서 광대역폭^{Broadband}이라 함은 지금 우리가 이 정도면 충분하다고 생각하는 것을 넘어서는 수준을 뜻합니다. 네트워킹 분야에서 처음 일하기 시작할 때는 50 kbps만 해도 광대역폭이라고 불렀어요. 그때는 다들 (다이얼업 모뎀 기반의 300~2400 bps 네트워크 같은) 훨씬 느린 네트워크를 사용하고 있었으니까요. 지금은 제 책상 위에 있는 노트북 컴퓨터가 100Mbps 속도의 네트워크에 물려있고, 외부 네트워크와는 45Mbps로 연결돼 있죠. 머지않은 미래에 이게 전부 Gbps 영역으로 올라갈 거라고 봐요. 둘째는 무선 분야예요. 지난 15년 동안 무선 업계가 엄청나게 성장했죠. 고속 모바일 컴퓨팅이나 GPS 관련 애플리케이션 같은 걸 고려할 때, 모바일 네트워킹이 어떤 세상을 만들어낼지 누가 알 수 있겠어요? 모바일 환경에서는 어디서든 남이 나를 찾을 수 있고, 남들과 통신할 수 있고, 내가 어디 있는지, 어디로 가야 하는지 알 수 있어요. 지금 만들어져 있는 정보 관리 분야는 빙산의 일각에 불과합니다. Handle 시스템(www.handle. net)이 좋은 예가 될 것 같습니다. 대부분 과학 저널에서 이 기술을 써서 디지털 정보를 유일하게, 그리고 지속적으로 파악할 수 있고, 그 식별자를 풀어낼 수 있어요. IEEE, ACM이나 (엘제비어, 맥그로우 힐, 스프링거-페얼라크, 존 와일리 앤 선즈를 비롯한) 여러 과학 저널에서 그 기반 기술로 디지털 정보를 식별합니다. 지금 출판된 어떤 전자 저널이든 백 년, 천 년 후에도 전자 서고에서 찾아볼 수 있고, 제대로 된 레퍼런스가 작동하도록 만들 수 있어야 하니까요. 그런 기술이 인터넷에서 돌아가기 시작한 지 이미 15년이 넘었고, 24시간 쉬지 않고 가동된 지도 10여 년이 되었으며, 막강한 기능을 제공하고 있죠. 이 시스템으로 특정 디지털 객체에 대한 정보를 저장하고, 그걸 검증하고 인증하는 것도 가능합니다. 사용 조건을 살펴보면 다른 방식으로 했다면 훨씬 어려웠을 수많은 일을 간편하게 할 수 있다는 것을 확인할 수 있을 거예요.

■ "Make it small in software 같은 제목은 어때요?"

이 분야에 들어오고자 하는 사람들에게 마지막으로 조언 한마디 해 주실 수 있을까요?

우선 "이 분야에서 지금 재미있고 해볼 만하다고 생각하는 게 뭐가 있습니까?"라고 묻고 싶어요. 어디에 가장 흥미를 느끼는지 생각해보라는 얘기를 하고 싶습니다. 누구든 자신이 어디에 흥미를 느끼는지 생각해볼 필요가 있다고 봐요. 아무 생각이 없는 것과 (컴퓨터, 법대, 의대 등) 어느 쪽을 해야 할지 망설이고 있는 건 전혀 다른 얘깁니다. 그런 관점에서 컴퓨팅과 컴퓨터 기기가 사회 전반에 걸쳐서 어떤 역할을 할 수 있는지 설명해 주고 과거에 어떤 큰 변화를 만들어냈는지 보여주는 예를 들어주고, 미래에 뭘 어떻게 바꿀 수 있을지 상상의 나래를 펼쳐보라는 얘기를 해 주고 싶어요. 이미 컴퓨터 분야에 몸담겠다는 결정을 내린 사람이라면 이미 어느 정도 감을 잡고 있다고 생각합니다. 그런 사람들에게는 정말 가능하다고 믿는 아이디어가 있다면 자기 본능을 믿고 자기가 옳다고 생각하는 길을 걸어가라는 얘기를 해 주겠습니다. 제가 그렇게 하지 않았다면 제가 살아오면서 성취했다고 알려진 일들이 제대로 되지 않았을 거로 생각해요. 제가 처음 일을 시작할 때만 해도 컴퓨터 네트워킹이 가치 있는 분야라고 생각한 사람은 거의 없었습니다. 당시에 다른 사람들이 하는 말을 잘 들었다면 아마 다른 분야에서 일하고 있었을 거예요.

DARPA에서 인터넷 프로그램을 진행하고 있을 때, 이미 몇 가지 네트워크를 구축하고 있었어요. 라디오 기반 무선 네트워크, 위성 네트워크를 만들고 있었는데, 전부 하나로 연결되어 돌아가게 만들고 싶었죠. 국방부에 있는 누구도 그런 문제를 생각하고 있진 않았습니다. 개인용 컴퓨터나 랜LAN 같은 것도 아직 나오지 않은 시기였으니까요. 그냥 흥미로워 보이는 기술적인 과제에 도전했을 뿐입니다. 저는 거기에 뭔가가 있다고 생각했지만 다른 사람들은 대부분 동의하지 않았어요. 언제쯤 충분히 성숙하게 될 것이냐는 질문에는 아무도 답할 수 없었죠. 하지만 자기 본능조차 믿지 못한다면 그런 일을 할 수는 없을 겁니다.

그나저나 이 책 제목은 어떻게 지을 건가요?

지금 가제는 Making it Big in Software로 정했습니다.

Make it small in software 같은 제목은 어때요? 더 적은 소프트웨어만 가지고 똑같은 일을 할 수 있다면 훨씬 낫지 않겠어요?

CHAPTER 18
빅 리그: 거물에서 선지자로

"미래를 예측하는 가장 좋은 방법은 스스로 만드는 것이다." – 앨런 케이

어떤 회사에든 리더는 있다. 하지만 선지자가 있는 회사는 드물다. 여기에서 선지자라 함은 국제적으로 그 전문성과 혁신성을 인정받은 사람을 뜻한다. 소프트웨어 분야에서는 그런 사람을 구루^{Guru}라고 부른다. 세계적으로 명성이 자자한 구루급에 오르려면 실력, 자기 절제 능력은 물론 상당한 행운도 뒤따라야 한다. 선지자 중에는 스티브 잡스나 빌 게이츠처럼 누구나 알 만한 사람들도 있다. 이 책에서 인터뷰한 사람 중에는 그 정도로 누구나 다 아는 수준은 아니어도 선지자 수준으로 볼 수 있는 사람들도 있고, 그런 사람들은 자신만의 영특함과 업계에 대한 기여도로 그 분야에서 그만한 명성을 얻을 수 있었다. 제임스 고슬링, 리누스 토르발스, 로버트 칸 같은 사람이 좋은 예라고 할 수 있다. 선지자 수준에 올라야만 성공했다고 할 수 있는 것은 아니지만, 어떻게 하면 구루의 경지에 오를 수 있는지 알아둔다고 해서 나쁠 일은 없을 것이다. 단지 운이 좋아서, 또는 IQ가 높아서 선지자 수준에 올라갈 수 있는 것은 아니다. 이 장에서는 이 바닥에서 최고 수준에 올랐다고 할 수 있는 사람들에게서 발견할 수 있는 전형적인 특성들을 살펴보도록 하겠다.

■ 권위자가 된다

어디서 본 것 같은 느낌이 들지 않는가? 그렇다. 16장 "빅 리그: 외야 안타에서 홈런까지"에서도 나온 얘기다. 거기서도 이미 권위자가 된다는 것이 얼마나 중요한지 설명한 바 있다. 권위자가 되는 것과 권위적인 사람이 되는 것은 완전히 다른 얘기다. 중요한 사람(거물이라고 할 수 있는 사람)과 진정한 선지자 사이의 가장 두드러지는 차이점은 선지자 정도 되면 전 세계적으로 광범위하게 인정받게 된다는 점이다. 비야네 스

트롭스트룹, 제임스 고슬링, 마크 루시노비치, 다이앤 그린, 그래디 부치 같은 사람을 떠올려 보면, C++, 자바, 윈도, 소프트웨어 가상화, 소프트웨어 아키텍처 등의 분야에서의 세계적 수준의 리더라는 생각이 들 것이다. 이 중에는 해당 분야에서 단연 세계 최고라 할 수 있는 전문가도 있고, 적어도 탑 텐 안에 드는 꽤 잘 알려져 있는 수준이라고 할 수 있는 전문가도 있다. 세계 탑 텐 안에 들 정도라면 새로운 장을 개척한다든가 업계 전반에 막강한 영향력을 행사할 수 있는 수준이 될 수 있다.

세계 수준의 권위자가 되는 데는 얼마나 오랜 시간이 필요한 걸까? 말콤 글래드웰의 『아웃라이어』(김영사, 2009)를 보면 1만 시간의 법칙이라는 게 나온다. 어떤 분야에서든 세계적인 수준의 전문가가 되려면 1만 시간 정도는 노력을 기울여야 한다는 얘기다. 그 정도면 하루에 세 시간씩 10년 정도 투자해야 하는 수준인데, 2~3년마다 송두리째 뒤바뀔 수 있는 분야에는 잘 들어맞지 않을 수 있다. 그러므로 세계적인 수준의 전문가들은 운 좋게 오랜 시간 동안 살아남은 분야의 전문가인 경우가 많다. 스트롭스트룹은 C++에서, 고슬링은 자바에서, 그린은 가상화 부분에서, 루시노비치는 윈도 운영체제 부분에서 잘 알려진 대가다. 예외적인 상황으로 새로 떠오르는 분야를 들 수 있다. 신규 분야에서는 2~3년의 경력만으로도 두각을 나타낼 수 있다. 그런 경우에는 어떤 진정한 득도의 경지에 오르지 않아도 얼마 안 되는 사람 중에서 최고가 되는 것만으로 구루가 될 수 있다. 페이스북의 설립자인 마크 주커버그는 소셜 네트워킹 분야에서 최연소 자수성가형 백만장자가 되면서 세계적인 명성을 떨치게 되었는데, 이는 1만 시간의 법칙에서는 벗어나 있는 결과다. 신규 기술을 바탕으로 스타트업을 일군 많은 이들이 비슷한 길을 밟아왔다.

특정 분야에서 권위자로 인정받기 위해서는 열정과 끈기, 내가 하는 일을 공공에 알리겠다는 의지가 필요하다. 권위자가 된다는 것이 간단한 일은 아니지만, 특정 분야를 초기에 개척하는 것이 보통 중요한 요인으로 작용하며, 특허나 논문, 강연 등을 통해 인정받은 단계가 반드시 뒤따라야만 한다. 이런 과정을 통해서 신뢰를 확대하고 사회적인 네트워크를 키우고 명망을 높일 수 있기 때문이다.

■ 폭을 넓히자

소프트웨어와 관련된 솜씨나 기술 같은 것은 보통 학교에서 배우게 마련이지만, 서로 별 관계없는 영역에 속하는 아이디어를 기술로 합쳐내는 과정에서 획기적인 돌파구가 마련되는 경우를 흔히 볼 수 있다. 예를 들어, 유전자 알고리즘은 진화론의 개념으로 부터 많은 것을 끌어와서 만들었으며, 수많은 최적화 알고리즘이 물리학, 경제학, 제어공학에서 따온 기술과 개념을 바탕으로 만들어졌다. 이질적인 개념을 합쳐서 강력한 뭔가를 만들어내는 과정에서 위대한 결과물이 나오는 경우가 많다. 수송이나 아리스토텔레스, 레오나르도 다 빈치, 아이작 뉴튼, 벤저민 프랭클린 같은 사람은 다방면에 박식했던 인물로, 최고 수준의 르네상스형 인간이었다. 많은 사람이 그들의 엄청난 천재성 덕분에 예술, 수학, 과학, 정치, 문학을 아우르는 다양한 분야에서 뛰어난 능력을 발휘했다고 생각한다. 하지만 나는 다양한 분야에 대한 왕성한 호기심 덕분에 새로운 분야를 공부할 때마다 대단한 성과를 일궈낼 수 있지 않았나 하는 생각을 한다. (물론 그들의 천재성을 깎아내릴 생각은 전혀 없다) 다양한 분야를 이해하고 있었기 때문에 예상치 못한 관점에서 새로운 해결책을 얻어낼 수 있었을 것이다.

소프트웨어 분야의 혁신가들에서도 똑같은 모습을 흔히 볼 수 있다. 애플 매킨토시에서 처음 등장한 후로 글꼴, 글리프, 문자 집합, 세리프 및 산세리프 글꼴, 가변 글자폭 같은 복잡한 조판 기능이 소프트웨어 업계에 자리잡은 과정이 대표적인 예라고 할 수 있겠다. 여기에는 스티브 잡스의 공이 매우 큰데, 그는 리드 칼리지에서 공식적으로 자퇴한 다음 서예 수업을 청강했다. 잡스의 말을 인용하자면 이렇다. "사실 그 수업에서 배운 내용 중에 내 인생에 실질적으로 도움이 될 거로 생각한 건 하나도 없었습니다. 하지만 10년 후, 매킨토시 컴퓨터를 처음 설계할 때 결국은 그게 큰 도움이 되었습니다. 그때 배운 걸 전부 맥에 집어넣었죠." 만약 잡스가 전통적인 전산학 수업만 들었다면 절대 그런 일이 일어날 수 없었을 것이다. 또 다른 예로 책을 무지막지하게 많이 읽는 것으로 유명한 앨런 케이와 리차드 스톨만을 들 수 있다. 둘 다 다방면에 걸친 상당한 독서량을 자랑한다. 앨런 케이가 객체지향 소프트웨어 개념을 만드는 데는 생물학에 대한 지식이 지대한 공헌을 했다. 리차드 스톨만의 자유 소프트웨어에 대한 개념의 밑바탕에는 소프트웨어 실력보다는 정치적인 개념이 크게 자리하고 있다. 존 벤틀리는 나한테 이런 얘기를 한 적이 있다. "배울 수 있는 건 전부 배우세요. 소프트웨어 분야에서 일하다 보면 언젠가, 어디선가, 어떤 식으로든 도움이 될 겁니다." 제임스 고슬링은 본인이 닥치는 대로 읽어치우는 사람이며, 그중에서도 이코노미스트지를 광적으로 열심히 본다고 얘기한다. 그래디 부치는 물리학, 화학, 공학 등의 최신 트렌드를 열심히 쫓아간다고 했다. 그게 어떤 식으로 도움이 되는지 묻자 그는 마치 레오나르도 다 빈치가 했을 법한 답을 했다.

두 가지 방식으로 도움이 돼요. 첫째는 공학 분야에서 생각하는 방법에도 여러 가지가 있다는 점이에요. 특히 자연 과학을 기반으로 하는 공학 분야가 그렇죠. 그런 생각하는 방식이 소프트웨어 분야에서 어려운 문제를 공략하는 데 도움이 돼요. 둘째는 자동화할 수 있는 범위에 대한 제 지식을 확대하는 데 있어요. 소프트웨어 시스템의 극한을 추구하다 보면 소프트웨어 분야 바깥 영역에서도 마찬가지로 그 영역 밖으로 잘 나가지 못하고 그 영역 외의 것을 이해하지 못하는 걸 보게 되고, 소프트웨어가 어떻게 도움이 될 수 있을지 잘 모르고 있다는 걸 알게 돼요. 그런 영역에서 서로 교류하다 보면 기회를 찾을 수 있을 거로 생각해요.

모든 분야의 전문가가 될 수 있는 사람은 없다. 레오나르도 다 빈치나 아이작 뉴턴도 그러지는 못했다. 하지만 단순한 소프트웨어 전문가를 넘어서는 무언가가 되기 위해 노력하는 건 가능하다. 다방면에 박학다식한 인간이 되고자 노력하는 것은 매우 이로운 일이다. 소프트웨어 외에도 몇 가지 분야에 관심을 기울이다 보면 소프트웨어 전문가의 역량만 가지고는 해결할 수 없을 만한 문제를 풀어낼 수 있는 실마리를 찾을 수 있을지도 모르는 일이니 말이다.

■ 스스로 새로운 개념과 기술을 습득할 수 있다고 믿는다

컴퓨터의 역사에서 가장 흥미진진하면서도 용기를 북돋워 주는 이야기 가운데 하나로 스티브 워즈니악이 애플 컴퓨터를 개발한 얘기를 꼽을 수 있다. 워즈니악은 많은 사람이 사용한 최초의 상용 개인용 컴퓨터를 만든 사람이다. 애플 컴퓨터에는 소프트웨어 및 하드웨어 측면에서 상당한 발전을 이끌어낸 부분이 많이 있었는데, 워즈니악은 컴퓨터 아키텍처나 소프트웨어 설계에 관한 대학 수준의 수업을 한 시간도 듣지 않은 채로 그 모든 일을 해냈다. 그런 일을 하는 데 필요한 전문지식의 범위를 생각하면 기술의 역사 전체에 걸쳐서 봐도 매우 독특한 사건이었다. 나는 항상 워즈니악이 어떻게 그런 일을 할 수 있었는지가 궁금했다. 자기가 하는 일에 대해 공식적인 훈련은 거의 받지 않은 한 젊은이였음에도 그는 당시의 대기업들을 앞질렀다. 누군가가 기존의 틀을 깨고, 전형적인 훈련이라고 할 만한 것도 존재하지 않는, 심지어 그들이 꿈꾸기 전에는 아예 존재하지도 않았던 분야의 전문가가 되겠다는 생각을 해야만 새로운 기술이나 새로운 사업 아이디어가 태어날 수 있다.

> 목표 지향적인 자세를 가져야 해요. 뭘 할지 스스로 알아야 합니다. 모든 조각을 맞출 수 있을 만큼 똑똑하다면, 그리고 스스로 상당 부분을 맞출 수 있다면 그 목표를 달성할 수 있어요. 전에 그런 걸 꼭 배워야 하는 건 아니에요. 수업을 들었어야만 하는 것도 아닙니다. 똑똑하기만 하다면 할 수 있어요. 책을 집어들거나 논문, 보고서 같은 것을 읽어보고 어떻게 문제를 해결할지 알아낼 수 있어요. 어떤 문제에 부딪히든 꼭 책 같은 게 없어도 될 거라는 믿음을 가지세요. 책이야 내가 직접 쓸 수도 있는 것 아니겠어요? 저는 그런 걸 다 경험했어요. 그리고 혁명적인 발전, 커다란 장외 홈런이라고 할 수 있는 일은 대부분 학교에 있는 학생, 또는 졸업한 지 얼마 안 된 사람들이 이뤄냈다는 걸 잊지 마세요. 그런 열정을 추구하고, 하루에 20시간씩 일할 수도 있을 만한 에너지를 가지고 있다는 것도 잊지 마세요.
> — 스티브 워즈니악, 애플 컴퓨터를 발명한 사람

빌 게이츠나 래리 엘리슨 같은 업계의 리더, 혁명가라고 할 수 있는 인물이 마이크로소프트나 오라클을 창립할 때도 비슷한 일이 있었다. 페이스북을 만든 세계 최연소 갑부라 할 수 있는 마크 주커버그도 마찬가지다. 그런 사람들은 혁명적인 소프트웨어를 만드는 데 필요한 것들을 스스로 공부했다. 소프트웨어 업계에는 투지와 끈기, 배짱으로 미래를 만들어낸 자수성가형 혁신가가 수두룩하다. 이 모든 스토리에서 공통으로 발견할 수 있는 것은, 그 영웅들이 모두 스스로 새로운 개념을 정복하고 새로운 영역을 정복할 수 있다고 믿었다는 점이다. 자신이 특정 기술 분야에서 널리 이름이 알려진 사람이 될 수 있다고 믿으려는 사람을 쉽게 찾아볼 수는 없지만, 소프트웨어나 기술의 역사를 돌이켜 보면 그런 의지가 있는 사람들이 목표를 달성한다는 것을 확인할 수 있다.

■ 사업 수완

스티브 잡스는 스티브 워즈니악과 함께 애플 컴퓨터를 창립하여 큰 성공을 일궈냈다. 애플 컴퓨터를 세우기 위해 잡스와 워즈니악은 기술적인 부분 외에도 마케팅, 판매 채널, 품질 검증 같은 다양한 분야를 섭렵해야 했다. 잡스가 실리콘밸리에서 스타트업을 시작한 다른 리더들과 차별화될 수 있었던 배경에는 다양한 분야를 섭렵할 수 있었던 잡스의 능력이 있다. 애플의 주가는 잡스의 지휘 아래 1985년 8월 1.81달러에서 2010년 1월에는 214.38달러로 무려 118배나 올라갔다.* 빌 게이츠는 마이크로소프트의 CEO로 가장 무시무시한, 그러면서도 가장 존경받는 인물 가운데 하나가 되었는데, 그는 경영의 달인 워렌 버핏과 각별한 친분을 유지한 것으로도 잘 알려져 있다. 게이츠도 처음에는 DOS용 BASIC 인터프리터를 만든 프로그래머에 불과했지만 다른 스타트업 설립자들은 넘볼 수 없는 자리에까지 올라갔다. 그 회사와 함께 성장한 것이다. 그는 IBM과의 협상 과정에서 엄청난 고난을 헤쳐나가면서 최고 수준의 협상가가 될 수 있었다.

1986년 처음 주식 시장에 상장했을 때와 2006년 빌 게이츠가 떠날 당시를 비교하면 마이크로소프트의 주가는 빌 게이츠의 지도력 아래 거의 300배 성장했다. 마이크로소프트가 크면서 게이츠가 대중 강연을 할 기회도 많아졌고, 원래 수줍은 성격을 타고났음에도 대중과 어울리고 대중을 상대하는 방법을 익힐 수 있었다. 그는 독하고 전투적인 경영 전략을 개발하여 마이크로소프트를 여러 기술 분야에서 독보적인 위치로 올러놓고, 그 결과 전 세계에서 가장 부자까지도 될 수 있었다. 잡스와 게이츠가 최고의 자리에 올라갈 수 있었던 이유는 사업 초기부터 성공을 위해서는 기술적인 깊이 외에도 상당한 사업 감각이 필요하다는 점을 깨달았다는 점도 매우 중요하게 작용했다. 기술적인 깊이만 가지고 모든 걸 이룰 수는 없다. 소프트웨어 업계의 위대한 지도자라고 할 수 있는 사람 중에서도 기술적인 깊이와 사업 수완 사이의 균형점은 매우 다양하지만, 선지자 수준에 올라갔다고 할 수 있는 사람들은 거의 모두 두 부분의 역량을 고루 갖추고 있다. 소프트웨어 전문가의 사업 수완에 관한 내용만 해도 책 한 권을 쓸 수 있지만, 그중에서도 특히 중요한 주제를 몇 가지 꼽자면 가격 결정, 패키징, 소프트

....

* **역자주_** 2012년 8월 17일에는 애플의 주가가 648.11달러를 기록했다.

웨어 마케팅, 사업 제휴 관계 및 계약, 서비스(자문) 모델, 인수 합병, IT 관련 회계, 제품 지원 모델, 공급망의 역학 관계, 소프트웨어 개발 프로젝트의 비용-효용 분석 및 투자수익률(ROI) 등을 생각할 수 있다. 다른 것도 마찬가지겠지만, 대부분 사람이 기술 및 사업 영역 양측에서 어느 정도의 역량을 달성할 수 있다. 대부분이 그걸 못하는 게 아니라, 단지 하지 않을 뿐이다. 그런 역량을 계발하겠다고 마음먹는다면, 비슷한 재능과 지적 능력을 갖췄지만 좁은 분야에만 갇혀 있는 다른 동료는 오를 수 없는 위치까지 올라갈 수 있다.

■ 특허

소프트웨어 분야에서의 특허는 상당한 논쟁의 소지를 안고 있으며, 소프트웨어 전문가 중에서도 상당수가 소프트웨어 특허 자체를 부정하기도 한다. 정치적인 부분을 논외로 할 때, 소프트웨어 특허가 존재한다는 점은 분명한 사실이며, 몇 가지 중요한 특허에 이름이 들어가 있다면 혁신가로 이름을 알리는 데 확실히 도움이 된다. 특허에는 보통 수만 달러 수준의 비용이 들기 때문에 (특허 준비 및 방어, 그리고 등록 등에 드는 변호사, 변리사 비용을 모두 고려하면 3만 달러는 금방 나간다) 특허에 돈을 쓰기 전에 그 발명이 분명 가치가 있는지 확실히 따져볼 필요가 있다. 특허 출원을 신청하고 나면 해당 국가 특허청에서는 다른 특허나 선행기술과 비교하여 특허가 될 수 있는지 판단하는 심사 과정을 거친다. 특허 심사관은 그 건이 새로운 것인지, 유용한 것인지, 그리고 당연하지 않은 것인지, 이렇게 세 가지 부분을 평가한다.

- **새로운 것** 실제 제품. 출판물. 공개 토론 등을 통해 공개된 영역에서 제기된 적 없는 아이디어인지를 판단한다.

- **유용한 것** 그 아이디어가 사회에 어떤 가치를 제공할 수 있는지, 그리고 이상적으로는 상업적인 가치를 가질 수 있는지를 판단한다.

- **당연하지 않은 것** 해당 분야에 종사하는 사람이 볼 때 당연하지 않은 것이어야 한다. 소프트웨어 분야에서는 간단한 테스트로 당연한지 아닌지 판단해볼 수 있는데, 방법은 이렇다. 전산 전공 2~3학년 대학생에게 그 문제를 냈다고 가정했을 때, 그 문제를 그 학생들이 90초 안에 풀 수 있는지 생각해 보자. 그 시간 내에 학생이 내 아이디어와 맞는 기본 접근법을 떠올릴 수 없을 것 같다면 당연하지 않은 것이라고 볼 수 있다.

디자이너든 프로그래머든 테스트 담당자든 소프트웨어 개발 분야에 몸담고 있다면, 실제 구현 단계까지 가지 않더라도, 새롭고 유용하고 당연하지 않은 창의적인 혁신 기술을 가끔 만들어낼 수 있을 것이다. 이 중에 가장 까다로운 부분이 "당연하지 않다"는 조건이다. 대부분 소프트웨어 전문가가 어떤 아이디어에 대해 특허를 낼 수 있으려면 (또는 적어도 특허를 낼 만한 가치가 있으려면) 대학원 수준의 연구에 걸맞을 만한 세련된 것이어야 한다고 생각한다. 그러나 사실은 전혀 그렇지 않다. 가장 좋은, 가장 강력한 특허는 간단한 특허다. "당연하지 않다"는 것이 "복잡해야 한다"는 것을 뜻하는 것은 아니라는 점을 기억해 두자. 그림 18-1에 있는 미국 특허 번호 6,161,223 스타일-믹싱 바지에 대한 특허를 보자. 아이디어는 간단하다. 바지 왼쪽과 오른쪽이 지퍼로 갈라질 수 있게 돼 있다. 바지를 입는 사람이 왼쪽과 오른쪽을 골라 맞춰서 입을 수 있다. 왼쪽에는 갈색 코듀로이 바지를, 오른쪽에는 청바지를 입을 수도 있다. 간단한 아이디어지만 새롭고 유용하고 당연하지 않다고 판단할 수 있기 때문에 특허가 발급되었다.

이 특허가 특허 가능성의 세가지 요소를 모두 만족할까? 우선 이 아이디어를 구현하는 데 필요한 기술은 수백년 전부터 존재했다는 점을 생각할 수 있다(지퍼가 나오기 전에도 단추나 끈으로 연결할 수 있었다). 이 아이디어가 정말 유용할까? 물론이다. 어쩌면 10대 사이에서 유행하는 패션 스타일이 될 수도 있지 않은가? 이런 게 전에는 없었기 때문에 새롭다는 점은 분명하다. 당연하지 않은지 여부는 어떨까? 본격적으로 한 번 따져보자. 충분히 똑똑하고 교육 수준이 어느 정도 되는 사람들에게 서로 다른 바지의 왼쪽과 오른쪽을 섞어서 입을 수 있는 스타일-믹싱 바지를 어떻게 만들겠냐고 물어본다면 아마 대부분이 이 특허안과 유사한 것을 떠올릴 것이다. 하지만 스타일-믹싱 바지라는 것 자체가 당연하지 않기 때문에 저런 걸 발명하겠다는 생각을 하는 것 자체는 그리 당연한 일이 아니다. 저런 걸 만드는데 필요한 기술은 수백년 전부터 있었지만 저런 걸 만들겠다는 생각을 한 사람은 없었기 때문에 확실히 당연하지 않은 아이디어가 되는 것이다.

그림 18-1 스타일-믹싱 바지에 대한 미국 특허 문서

United States Patent [19]

Andrews

[11] **Patent Number:** **6,161,223**

[45] **Date of Patent:** **Dec. 19, 2000**

[54] **PANTS SEPARABLE AT CROTCH FOR STYLE MIXING**

[76] Inventor: **Allison Andrews**, 1336 Landry Cir., Longwood, Fla. 32750

[21] Appl. No.: **09/405,969**

[22] Filed: **Sep. 27, 1999**

[51] Int. Cl.⁷ **A41D 1/06**

[52] **U.S. Cl.** **2/234; 2/227**

[58] **Field of Search** 2/234, 227, 228, 2/238, 405, 219, 220, 221, 235, 236, 237, 312, 333, 408, 301, 319

[56] **References Cited**

U.S. PATENT DOCUMENTS

D. 231,155	4/1974	Bowcut	D2/2
238,574	3/1881	Clyde	2/227
1,860,433	5/1932	Rosenbaum	2/227
2,166,514	7/1939	Zapis	2/67
2,703,404	3/1955	Lawson	2/79
3,823,419	7/1974	Breitbart	2/227

4,215,435	8/1980	Miele	2/227
4,554,684	11/1985	Cadoret	2/227
5,010,595	4/1991	Stradley	2/227
5,598,586	2/1997	Munjone	2/237
5,983,401	11/1999	Ohara	2/227

OTHER PUBLICATIONS

Gershman, Maurice: Journal of the American Medical Asso., vol. 168, p. 930, Oct. 1958.

Primary Examiner—John J. Calvert
Assistant Examiner—Alissa L. Hoey
Attorney, Agent, or Firm—John V. Stewart

[57] **ABSTRACT**

A pair of pants that is easily separable at the crotch into right and left leg portions. Each leg portion is selected from a set of various styles to flexibly create a custom mixed or matched style for a given wearing of the pants. A closure system is provided for quick and convenient separation and re-combination of the leg portions while also providing secure use of the pants.

8 Claims, 2 Drawing Sheets

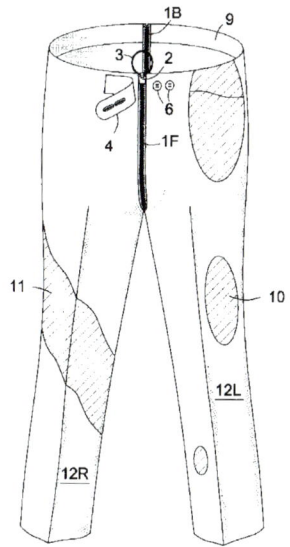

소프트웨어 분야에서 가장 강력하면서 창의적인 아이디어 중에도 매우 간단한 게 종종 있다. 그래픽 사용자 인터페이스 개념을 생각해 보자. 요즘 기준으로는 지극히 당연한 개념이다. 실행중인 프로그램을 각각 그래픽 상자 안에 표시하는 개념, 벽에 있는 창이나 책상 위의 종이처럼 표시하는 개념은 매우 자연스러워 보인다. 하지만 그런

아이디어가 나오기까지 상당한 시간이 걸렸고, 본격적으로 상용화되던 초창기에는 가히 혁명적인 개념이었다. 구글의 검색 엔진은 다른 어떤 페이지에서 얼마나 잦은 빈도로 참조하는지를 측정하여 URL의 유용한 정도를 평가하는 수치인 페이지 랭크라는 단순한 개념을 바탕으로 돌아간다. 구글의 페이지 랭크 모델은 정말 간단했지만 복잡한 내용 분석 엔진을 기반으로 한 기존 검색 엔진을 압도했다. 단순한 아이디어도 강력할 수 있으며, 아이디어가 단순할수록 더 강력하면서도 광범위하게 활용될 수 있는 편이다.

특허를 낼 수 있는 아이디어라고 해서 전부 특허를 낼 만한 가치가 있는 것은 아니다. 자기가 발명한 것이 특허 등록이 가능한지 여부(즉 새롭고 유용하고 당연하지 않은지 여부)보다 더 중요한 것은, 수만 달러 이상의 비용에도 특허로 보호할 만한 가치가 있는지 여부다. 특허를 낼 수 있는 아이디어라는 판단이 서면 다음 두 가지 질문을 던져서 특허를 낼 만한 가치가 있는 아이디어인지 판단해 볼 필요가 있다.

1 다른 회사에서도 이 아이디어를 원할까?
2 누가 이 아이디어를 가지고 조그만 회사를 시작할 생각을 할까?

둘 중 하나라도 예라고 대답할 수 있다면 특허를 내 볼 만한 아이디어라고 볼 수 있다. 두 질문 모두에 대해 예라고 대답할 수 있다면 뒤도 돌아보지 않고 바로 특허를 내야 한다.

특허에는 그 특허를 구현한 사람이 아니라 실제 발명에 기여한 사람의 이름이 올라가야만 한다. 어떤 발명 내용을 프로그래밍만 했다면 (처음으로 그 일을 했더라도) 그 사람은 발명자 명단에 들어가면 안 된다. 그러면 어떻게 해야 발명자 명단에 실릴 수 있는 걸까? 특허 문서는 그 구조가 다 똑같은데, 대부분 첫 페이지에는 특허 전체를 소개하는 정보가 들어간다고 보면 된다. 특허의 핵심은 청구항이라고 부르는, 특허 문서 맨 뒤에 있는 내용이다.* 발명자들이 특이하고 혁신적이라고 여기는 내용을 정리한 게 바로 청구항이다. 특허 발명자는 (프로그램 코드가 아니라) 청구항에 수록된 아이디어에 기여한 사람으로 정해지게 되어 있다.

----

* 역자주_ 나라마다 다른데, 미국 특허 문서에서는 청구항을 맨 뒤에 적게 되어 있고, 한국 특허 문서에서는 청구항이 맨 앞쪽에 있다.

특허가 성공과 밀접한 상관관계가 있긴 하지만, 크게 성공하여 이름을 알린 사람 중에 특허가 하나도 없는 사람도 있고 꽤 괜찮은 특허가 많은데도 그다지 크게 성공했다고 할 수는 없는 사람도 있다. 2008년 IBM에서 가장 규모가 큰 제품 제작팀 중 하나에서 성공과 특허의 관계를 조사한 적이 있다. 그때 IBM에서 임원을 제외한 가장 높은 직급인 수석급 Senior Technical Staff Member 의 특허 개수를 조사했다. 그 팀에 있는 수석 열 명 중에 특허가 하나도 없는 사람은 없었고, 특허 개수가 12개가 넘어서 IBM의 마스터 발명가 Master Inventor 칭호를 받은 사람이 50%였다. 기술 분야의 임원으로 전체 IBM 직원의 0.1%에게만 주어지는 직급인 Distinguished Engineer 중에서는 마스터 발명가 비율이 63%로 높아졌다. 나는 단지 IBM이 특허가 많은 사람을 빨리 승진시켜주기 때문에 그런 결과가 나왔다고 보진 않는다. 혁신적인 사상가, 기술적인 리더는 그만큼 특허를 낼 가능성이 더 크기 때문이다. 그들의 성공에 혁신이 도움되기도 했지만, 특허 이력은 그 혁신의 역사를 분명하게 보여주는 기록이기도 하다.

■ 각종 출판물

출판물을 발표하면 그 분야에서 이름을 알리고 내가 했던 일을 따르는 독자들을 확보할 수 있다. 그 파급 효과는 출판물의 종류에 따라 달라질 수 있다. 연구 논문은 시간이 지남에 따라 업계가 나가야 할 방향에 영향을 끼칠 수 있다. 다른 연구 그룹에서 내가 생각한 아이디어를 자기 프로젝트에 집어넣는 모습을 보면 그 파급 효과를 바로 파악할 수 있다. 논문 인용 현황을 보면 그 논문이 어떤 영향력을 미치고 있는지 쉽게 알 수 있다. 특정 업계의 소식지나 각종 전문 잡지에서는 조금 다른 곳에 초점을 맞추는데, 고객과 해당 분야 전문가들에게 도움이 될 만한 내용 중심으로 되어 있다. 백서나 고객을 대상으로 하는 기술 문서가 고객에게 크게 도움이 된다는 건 두말할 나위도 없다. 그런 문서를 통해서 고객은 내가 개발한 기술을 습득할 수 있고, 그 제품을 사용하는 기술 커뮤니티가 커질 수 있고, 고객이 그 제품에서 최대한의 가치를 뽑아내는 데 도움을 줄 수 있다. 마지막으로 각종 사설, 시론이나 블로그에 글을 실어서 가치 있는 의견을 제시하는 해당 분야의 전문가, 투자자와 분석가들이 신뢰할 수 있는 조언가로 인정받을 수도 있다. 유명한 칼럼니스트나 블로거가 되고 나면 시장에 매우 강한 영향을 끼칠 수도 있다. 펜을 휘두르는 것만으로 새 제품의 성공과 실패에 영향을 미칠 수도 있다.

나도 처음에는 실패했다. 학회에 논문을 두어 편 냈고 몇 달을 초조하게 기다렸는데 결국 게재 불가 통보를 받았다. 낙담도 되긴 했지만, 자극되기도 했다. 내가 논문을 쓴 전략에 근본적인 문제가 있다는 것을 발견했다. 또한, 마이크로소프트에서 일하던 경쟁자들이 아주 잘 나가고 있었는데, 그렇다 보니 "대체 저 사람들 논문은 왜 저렇게 잘 뽑히는 거지?" 하는 의문을 가지게 되었다. 그 쪽 논문을 몇 편 인쇄해서 패턴을 살펴보다가 한 가지 발견한 게 있었다. 그 논문은 전부 똑같은 템플릿을 썼고, 문체도 뭔가 비슷한 면이 있었다. 그래서 그쪽에서 한 것과 비슷하게 했더니 논문 채택률이 금방 올라갔다. 그리고 우리 팀에서 SIGMOD, VLDB, ICDE 같은 중요한 학회에 제출한 논문 중에서 90% 이상이 채택될 수 있었다. 그중에는 논문 채택 경쟁률이 6:1, 9:1에 이르는 학회가 있었는데도 말이다. 2001년에서 2007년까지 우리 팀에서는 35편의 논문을 냈다. 논문도 정말 효율적으로 써서, 단 며칠 만에 논문을 뚝딱 써냈고, 거의 언제나 일상적인 개발 과정에서 만들어진 아이디어와 실험 결과만 가지고 논문을 쓸 수 있었다. 업무를 적절히 나누는 것만으로도 각 멤버들은 별로 많은 일을 하지 않았는데도 탄탄한 논문을 만들 수 있었다.

2005년과 2006년에는 책을 쓸 일이 있었는데, 논문을 쓰는 것과는 전혀 다른 경험이었다. 훨씬 어렵고 근본적이고 더 만족스러운 일이었다.

출판물을 내야 하는 몇 가지 이유를 간단하게 제시해 보면 다음과 같다.

- 회사 내에서의 일반적인 영향력의 범위보다 훨씬 광범위하게 업계 전반에 기여할 수 있다. 전 세계의 경쟁자, 고객, 학계에서 그 출판물을 읽고 검토하게 된다. 2004년 VLDB에 참가했을 때 한 점심 자리에서 우연히 마이크로소프트 SQL 서버 프로그램 매니저 (나에게는 핵심적인 경쟁자 가운데 하나였다) 옆에 앉게 된 적이 있다. 그는 내 논문을 읽었다고 하면서 마이크로소프트에서도 내 논문을 보고 있다고 얘기했다. 억지로 웃음을 짓긴 했지만 속으로 "헉, 안 돼."라고 외쳤다. 하지만 금방 "멋진데?"라는 생각도 들었다. 소프트웨어 전문가로서 쓴 논문이 언제나 우리 이익에 반하는 방향으로 쓰일 수도 있지만, 동시에 중요한 아이디어를 발표하면 그 영향력이 우리가 일하는 회사 밖에까지 미치게 된다는 것을 분명하게 깨달은 기회였다.
  - 백서 같은 업계 출판물은 고객과 우리 회사의 영업, 지원 등을 맡은 다른 직원들이 그 제품에서 뽑아낼 수 있는 가치를 극대화하는 데 기여할 수 있다. 내가 속한 조직 전체가 더 잘, 그리고 더 편하게 일할 수 있도록 기여하는 것만큼 뿌듯한 일도 없다.

- 전문 서적이나 학구적인 서적은 전산학이라는 학문 분야, 사용자 커뮤니티에 크게 기여할 수 있다. 애플리케이션 개발자, 웹 개발자, 시스템 관리자, DBA, 교수, 학생 등 다양한 사람들에게 도움을 줄 수 있다.

- 대부분 저자들은 자기가 쓴 글이 동료의 평가 절차를 통과하여 게재 승인을 받는 과정에서 큰 만족감을 얻는다. 특히 학계에서는 그런 논문을 업계 최고 권위자라고 할 수 있는 사람들이 검토하곤 하는데, 내 아이디어가 그 커뮤니티의 검토 결과 게재 승인을 받을 수 있을 만큼 인정받았다는 점에서 큰 보람을 느낄 수 있다.

- 하이테크 분야 종사자 중 상당수는 우리가 하는 일을 IT 전문가가 아닌 가족이나 친구한테 설명하기가 어렵다는 생각을 한다. 하지만 가족이나 친구가 출판물의 내용을 이해하진 못하더라도 어떤 책이나 논문이 출판됐다는 건 확인할 수 있다. 이렇게 출판 과정을 거치면 친구나 가족들이 내가 하는 일을 어느 정도 알 수 있게 되고, 내가 하는 일을 그들과 공유하기도 수월해진다. 물론 공식 출판물에 내 이름이 들어가 있는 걸 보는 게 기쁜 일이기도 하다.

- 관리자라면 내가 그랬던 것처럼 팀 구성원들이 뭔가를 출판하는 것을 기쁘게 여긴다는 것을, 그리고 논문을 내는 게 (상대적으로) 그리 많은 시간은 들지 않지만 재미있고 팀의 결속력을 강화시켜줄 수 있는 활동이라는 것을 알 수 있을 것이다. 사람이나 팀을 관리하다 보면, 행복하고 열정적인 직원이 그렇지 않은 직원에 비해 훨씬 더 생산성이 높다는 것처럼 당연한 사실도 없다. 내 경험에 비추어 보면, 팀 생산성 측면에서 보면 논문을 쓰는 데 걸린 시간의 적어도 열 배는 뽑아낼 수 있는 것 같다. 역설적으로 들리기도 하겠지만, 효율적인 조직을 구축하는 데 있어서 논문을 쓰는 데 드는 시간은 전혀 아낄 필요가 없다.

출판물의 가치

무엇보다도 논문, 책, 기고문 등을 준비하다 보면 다른 어떤 과정과 비교해도 훨씬 더 심화된 공부를 하게 되고, 그 결과로 전문가로서 더욱 성장할 수 있다. 내 개인적인 경험에서만 봐도, 웬만한 건 다 알고 있다고 생각했는데 글을 쓰다 보면 아직 알아야 할 것이 훨씬 더 많다는 걸 깨닫는 일이 비일비재했다. 그 덕분에 더 많은 것을 배우고, 더 나은 엔지니어, 데이터베이스 전문가, 전산학 전공자가 될 수 있었다고 생각한다.

회사 안에서는 기술 직군에서 더 높은 단계로 올라가는 데도 논문이나 책 같은 출판물이 도움이 된다. 물론 논문이 그리 많지 않아도 제품 아키텍트, 엔지니어링 총괄 책임자, 최고 엔지니어, 기술 펠로우 같은 자리에 올라갈 수 있는 것도 사실이다. 그런 자리에 오르기 위해 꼭 대단한 논문이 없어도 되는 회사가 많다. 하지만 분명 도움은 된다. 출판은 내 이름을 회사 밖에까지 널리 알릴 수 있는 몇 안 되는 활동 가운데 하나다. 사람들이 직접 와서 내가 발표하는 모습을 볼 수 있는 공개 발표 같은 것에 비하면 덜 두드러지겠지만, 확장성 면에서는 훨씬 잠재력이 높다. 전산 분야의 학회, 상용 소프트웨어 관련 행사 등에서 발표할 때는 많아야 수백 명의 사람을 대상으로 발표하지만, 논문 한 편을 잘 쓰면 수십만의 사람들이 그 논문을 읽기 때문이다.

초보 필자들을 위한 조언

아직 글을 많이 써 보지 않은 소프트웨어 전문가들을 위해 몇 가지 팁을 소개해 보려 한다.

- **내가 아는 것을 쓴다** 내가 아주 잘 아는 주제에 대한 글을 쓰더라도 문법, 구문, 경쟁자들의 현황 등에 대해서 꼼꼼하게 신경 쓰면서 글을 쓰려면 상당한 조사가 필요하다. 이 점에는 학술 논문이든 업계 논문이든 별 차이가 없다.

- **질에 초점을 맞춘다** 결국, 중요한 건 양이 아니라 질이다. 별 내용 없는 논문을 자주 발표하면 이력서에 적을 내용은 늘어나겠지만 결국에는 나에게 오히려 해가 될 수 있다. 심사가 그리 까다롭지 않은 학회에 논문을 낼 때 특히 조심해야 한다. 다른 사람들이 철저하게 검토하지 않는 경우라도 최소한 세 명 정도의 훌륭한 동료에게 내가 쓴 논문 검토를 부탁하도록 하자.

- **나라면 이걸 읽을지 자문해 본다** 나도 읽고 싶지 않을 글이라면 남이 읽을 필요가 있겠는가? 스스로 내가 쓰고 있는 글이 읽고 싶은 생각이 들 만한 글인지 다시 한 번 따져보도록 하자.

- **가능하면 다른 공저자들과 함께 일하자** 협업하면 거의 언제나 더 적게 일하고 더 나은 글을 만들어낼 수 있다. 혼자서 어떤 주제를 모든 각도에서 완벽하게 이해하고 풀어놓을 수 있을 만한 깊이를 갖추기는 쉽지 않다.

- **문체도 중요하다** 글 쓸 거리가 있다고 글이 완성되는 게 아니다. 다른 사람이 성공을 거둘 때 썼던 문체와 전략을 분석해 보도록 하자.

- **글 써서 부자가 될 생각은 금물이다** 직원들이 논문이나 책을 내면 금전적으로 보상하는 회사도 있지만, 대부분은 그렇지 않다. 설사 논문이나 책을 냈다고 돈을 준다고 해도 아주 많은 금액은 아닐 것이다. 어차피 집을 산다거나 할 정도로 많이 주는 데는 없다. 논문이나 일반 기사와 달리 책을 썼을 때는 로열티가 조금 있지만. 사람들이 보통 생각하는 액수에 비하면 적은 금액이다. 기술 서적 중에는 2쇄를 찍지 못하는 것도 수두룩하다. 3,000부도 안 팔리는 책이 대부분이란 얘기다. 보통 책값에서 저자에게 돌아가는 비율이 매우 작은 데다가 (정확한 비율은 계약하기에 따라 다르다) 그마저도 여러 명이 같이 쓰면 나눠 가져야만 한다. 따라서 로열티는 보통 얼마 안 되는 돈이고, 세금을 내고 나면 정말 보잘것없는 금액인 경우가 대부분이다. 퇴직금을 잘 관리하는 데 일 년에 몇 시간 투자하는 것만으로도

그보다는 많이 벌 수 있다. 인구에 널리 회자되는 베스트 셀러 작가는 물론 얘기가 다르다. 실제로 해리 포터 시리즈의 작가 J. K. 롤링이 영국 여왕보다도 부자긴 하다. 하지만 롤링이 데이터베이스나 가상 현실 알고리즘에 대한 책을 쓴 건 아니지 않은가? 최근 아내와 다음과 같은 대화를 한 적이 있다.

> "내가 썼던 『물리적인 데이터베이스 설계Physical Database Design』 책을 백만 권만 팔면 은퇴해도 되겠어."
>
> "정말 좋다! 그럼 이제 몇 권 더 팔면 돼?"
>
> "백만 권쯤?"

출판물을 준비할 때는 장기적인 이익을 고려하자. 단기적으로 보면 투자한 시간에 비해 큰 이익을 보지 못하는 것처럼 느껴질 수도 있다. 글을 쓰는 작업은 즉각적인 대가는 없고 시간만 많이 잡아먹는 것처럼 보일 수도 있다. 하지만 장기적으로 보면 예상치 못한 방식으로, 훨씬 더 큰 이득을 안겨줄 수도 있다. 고객에게 도움을 주고, 업계에 영향력을 미치고, 자기 역량을 넓히거나 심화할 수도 있고, 경력에 도움을 줄 수도 있고, 친구나 가족들에게 보여줄 만한 결과물을 만들 수도 있고, 자기 이름이 출판물에 인쇄되어 나오는 걸 직접 볼 수도 있다. 분명히 가치 있는 일이다.

■ 공공 발표

공공 발표는 소프트웨어 업계에서 리더가 되는 데 있어서 절대적으로 필수적인 부분이다. 고객이나 분석가, 기자와 같이 회사 외부의 청중을 대상으로 발표할 일이 없는 사람이라도 임원이나 아키텍트, 영업, 마케팅팀과 같은 회사 내부의 청중을 대상으로 하는 발표는 분명 하게 될 것이다. 소프트웨어 업계에서 공공 발표를 할 때 도움이 될 만한 몇 가지 팁을 정리해 보았다.

- **청중을 이해하라** 청중이 누구인지, 무엇을 듣고 싶어하는지 생각해 보자. 발표 대상자가 사용자인지 수석 아키텍트인지, 영업 담당자인지, 의사 결정을 해야 하는 경영진인지 따져보자. 누구를 상대로 하는지에 따라 할 얘기가 크게 달라진다. 예를 들어, 수석 아키텍트라면 그게 어떤 식으로 작동하는지 알고 싶어할 것이다. 내부에서 어떤 일이 일어나고 있는지 기술적인 용어를 써서 분명하게 설명하지 못하면 전혀 말이 먹히지 않을 것이다. 아키텍처와 실험적인 증명의 요점이 가장 중요하다. 의사 결정을 내려야 하는 경영진이라면 어떤 식으로 돌아가는지보다는 (이상적인 조건에서 나온 실험 결과가 아닌) 실전에서 검증된 내용에 주로 관심이 있을 것이다. 다른 데서는 그 소프트웨어가 어떤 성과를 이끌어냈는지 같

은 내용 말이다. 경영 쪽 사람들에게는 경영과 관련된 내용을 보여줘야만 한다. 시장 규모, 잠재적인 판매 실적, 예상 비용, 프로젝트 수익 같은 수치가 필요하다. 대략적인 추정치만 있다고 하더라도 보여주는 편이 훨씬 낫다. 최종 사용자라면 그 기술로 할 수 있는 것, 그런 이점을 최대한 빠르게 확인해볼 방법, 그리고 무엇보다도 사용자 경험을 극대화할 수 있는 사례 같은 것을 알고 싶어할 것이다.

- **(내용뿐 아니라) 스타일도 청중에 맞춰라** 적절한 유머는 거의 언제나 좋다. 그리고 가능하면 격의 없는 발표 자세를 보이는 게 좋다. 하지만 격식을 차려야 하는 자리에서는 확실히 격식을 차리는 것도 좋다. 대학교에서 발표할 때는 더 젊은 마음가짐으로 임하고, 기술자들 사이에서는 긱 같은 모습이 필요할 수도 있다. 경영진 앞에서 발표할 때는 위엄 있고 신뢰감을 줄 수 있으면서도 협조적인 자세를 취하는 게 좋다.

- **알아듣기 좋게, 적당한 빠르기로 발표하라** 발표할 때는 일상적인 대화보다는 느리게 말하는 게 낫다. 일상 대화 속도로 말하다 보면 너무 빠른 느낌이 들 수 있다. 알아듣기 좋게, 그리고 약간 느리게 발표하면서도 전하고자 하는 메시지에 대한 열의는 확실히 표현할 수 있도록 하자.

- **청중을 사로잡아라** 아마 누구든 지루하고 재미없는 연사의 강연을 들어본 경험이 있을 것이다. 중간 중간에 농담이나 수사적인 질문 같은 걸 섞어주고, 적절히 강조해주는 정도만 해도 사람들의 집중력을 높일 수 있다. 전혀 다른 분야와 연관 지어서 얘기하면 발표를 색다르게 이끌어나갈 수도 있다. 예를 들어 자바 런타임 엔진의 호환성과 같이 그다지 흥미진진할 거리가 없는 발표를 할 때, 나사의 화성 탐사선 얘기를 살짝 곁들인다거나 구겐하임 미술관에서의 JRE와 관련된 프로젝트를 적절히 첨가해 주면 더욱 이채로운 발표를 할 수 있다. 그렇게 하면 그 부분에 관한 내용이 청중들의 기억에 잘 남을 뿐 아니라, 그 후로도 적어도 5~10분 정도는 청중의 이목을 더 강하게 끌어올 수 있다.

- **손동작을 절제하라** 공공 발표에서 가장 안 좋은 습관 중 하나가 잔뜩 흥분된 영업사원 같은 과장된 손동작이다. 차라리 정 반대로 양손을 주머니에 찔러넣거나 두 손을 꼭 맞잡고 있는 게 낫다. 손을 전방에 위치시키고, 절제된 손동작만 보이도록 하자. 어느 정도 움직이는 게 적당할까? 유튜브에 들어가서 오바마 대통령이나 클린턴 대통령이 연설하는 동영상을 보면 대충 어느 정도가 적당한지 감을 잡을 수 있을 것이다.

- **웃어라** 미소는 온화하고 긍정적이고 밝은 감정을 이끌어낼 수 있는 도구다. 발표 중인 연사가 미소를 지으면 청중으로부터 긍정적인 느낌을 끌어낼 수 있고, 발표자가 하는 모든 말이 긍정적으로 비춰질 수 있다. 믿음을 보여주고 긴장을 풀어주는 역할도 한다.

- **차트가 아니라 내가 발표한다는 점을 기억하라** 프레젠테이션용 차트는 내가 하고자 하는 말을 뒷받침하는 자료일 뿐, 그 자체가 프레젠테이션은 아니다. 특히 소프트웨어 전문가 중에는 화면을 바라보면서 말하는 식으로 발표하는 사람이 대부분이라고 할 만큼 상황이 좋지 않다. 프레젠테이션용 소프트웨어가 확실히 자리를 잡으면서 발표자가 중요한 정보를 전부 차트에 때려넣고는 그냥 화면에 나와 있는 내용을 읽는 식으로 발표하는 일이 비일비

재하게 되었다. 하지만 첫째, 청중들이 직접 읽을 수 있기 때문에 커다란 화면에 뿌려져 있는 텍스트를 그냥 읽는 건 별로 도움이 되지도 않고 멋있어 보이지도 않는다. 둘째, 대부분 발표자는 화면과 청중 사이에 자리한다. 화면에 있는 걸 그냥 읽다 보면 청중을 등지게 마련이다. 경험이 많이 않은 발표자 중에는 발표하는 내내 발표 대상자인 청중을 등지고 화면만 보고 말하는 사람도 있다. 발표하는 사람은 차트를 보여주러 오는 사람이 아니다. 사람들에게 발표하기 위해 거기에 간 것이고, 차트는 연사의 발표를 뒷받침하기 위한 시각 자료를 더해주는 역할만 해야 한다.

- **내가 주인공이 아니다** 특별한 유명 인사가 아닌 이상 "나(I)"라는 단어는 너무 많이 쓰지 않는 게 좋다. 그 분야의 최고 대가급이 아닌 이상 청중들은 발표자 개인에 대해서는 별 관심이 없다. 어떤 스토리를 얘기할 때는 1인칭 대명사를 많이 써도 무방하다. 스토리텔링은 인류 역사만큼이나 오래된 것이고, 사람들은 재미있는 얘기를 듣는 걸 좋아한다. 소프트웨어와 관련된 재미있는 무용담 같은 것은 대부분 청중이 좋아한다.

- **그래서?** 어떤 차트를 보여주든, 어떤 메시지를 전달하든 어떤 목표를 가지고 해야 한다. 자신이 전달하고자 하는 메시지의 목표와 청중이 그 메시지를 전달받아야 하는 이유를 분명히 하자. 청중이 어떤 요지에 별 관심이 없을 것 같다면 전체 발표의 완전성이 좀 떨어지더라도 그 내용이 없는 게 나을 수도 있다. 아예 빼 버리거나 보조자료, 부록으로 돌리도록 하자. 발표를 준비할 때는 끊임없이 발표 자료와 발표 계획을 재검토하고, "그래서? 이 차트에서 무슨 메시지를 전달하려는 거지? 청중들이 왜 이 얘기를 들어야 하는 거지?" 하는 질문을 던져보자.

- **적수를 만들어라** 스티브 잡스 특유의 전략 중에 발표할 때 경쟁자 대비 얼마나 좋은지 보여주는 방식이 있다. 이런 방식을 쓰면 청중의 이목을 집중시킬 수 있는 극적 장악력을 높일 수 있다. 내가 주인공이라고 할 때, 악역 주인공은 누구로 잡아야 할까? 1984년, 잡스는 "IBM이 모든 걸 차지하려 한다"고 선언하며 애플이 반기를 들 수 있는 유일한 회사임을 천명했다. 그런 전략은 상당한 호소력을 발휘할 수 있다. 특히 자기를 약자에 비유할 수 있을 때 영웅 대 악역의 구도는 더 빛이 나며, 더 흥미로운 프레젠테이션을 만드는 데 도움이 된다. 누구든 선한 약자들을 응원하기 때문이다. 적절한 적수를 만들고 어떤 힘든 일이 있어도 적을 무찌르는 모습을 보여주자.

■ 성공은 좋은 스승이 못 된다

> **"성공은 좋은 스승이 못 된다. 성공만 경험한 똑똑한 사람은 자기가 절대로 지지 않는다는 생각에 빠지기 십상이다."** - 빌 게이츠

성공은 좋은 스승이 아니지만, 실패는 훌륭한 스승이다. 실패를 겪고 나면 스스로를 돌아보고 뭐가 잘못됐는지, 뭘 개선해야 하는지 이해할 수 있다. 실패한 경험에서

뭔가를 배우는 것 못지않게 중요한 것이 실패 후에 느끼게 되는, 그걸 반복하지 않기 위해서는 어떤 것도 불사하겠다는 감정이다. 위대한 지도자를 보면 누구든 교훈을 주고, 성장의 기회가 되고, 개선의 촉매가 되는 실패 경험이 있다. 실패를 소중한 성장의 자양분으로 만들기 위해서는 원인 분석이 핵심이다. 프로젝트가 끝나고 나면 (성공했든 실패했든) 뒤를 돌아보고 어떤 실수가 있었는지 따져봐야 한다. 어떤 프로젝트에 든 실수는 있게 마련이고, 실수와 실패에는 분명 뭔가 배울 점이 있다.

프레더릭 브룩스는 시스템 360 프로젝트에서 큰 실패를 겪었지만, 그 실패를 면밀하게 분석한 덕에 유명해졌고, 1999년에는 ACM 튜링상까지 탈 수 있었다. 브룩스가 그 과정에서 얻은 교훈은 그의 저서와 강연을 통해 전 세계로 퍼져서 소프트웨어 업계 전반에 걸쳐서 큰 진보를 이끌었다. 시스템 360 프로젝트가 소프트웨어 업계에게 큰 스승이 되었음에는 의문의 여지가 없다. 물론 전문가로서 살아가는 동안 너무 많은 실패를 겪는다면 경력을 과하게 깎아 먹기 때문에 좋지 않다. 하지만 나중에 무엇이 잘못되었는지 제대로 공부하고 회고해 볼 수만 있다면 몇 번 정도 난처한 상황에 빠지는 정도는 괜찮다. 업계에서 최고 수준이라고 할 만한 높은 자리로 올라갔을 때의 장점 가운데 하나가 바로 훨씬 폭넓은 영역을 다룬다는 점, 그래서 한꺼번에 여러 프로젝트를 진행하게 마련이라는 점이다. 그렇게 여러 일이 한꺼번에 돌아간다면 그중 몇 개 정도가 실패해도 경력에 큰 짐이 되진 않는다.

■ 고급 소셜 네트워킹 (괴짜들을 위한 사회 친화력 증강제)

위대한 리더, 그리고 선지자가 되는 데 있어서 가장 핵심적인 것 중 하나가 바로 차세대 빌 게이츠, 차세대 스티브 잡스 같은 사람이 되더라도 나 혼자 잘해서 되는 일은 아니라는 점을 깨닫는 것이다. 누구든 자기 프로젝트에 성공하려고, 생계유지에 필요한 돈을 벌기 위해, 행복하고 안정적인 가정을 유지하기 위해 열심이다. 각각 자기 관심사에 초점을 맞추고 있는 점점 더 광범위해지는 커뮤니티와의 연계를 유지하기 위해서는 확장성이 필요하다. 그들에게는 내가 그들에게 무엇을 해줄 수 있는지가 그들이 나에게 무엇을 해줄 수 있는지보다 훨씬 중요하다. 앞에서 감성 자산을 쌓고 소셜 네트워크를 구축하는 것에 대해 얘기한 것과 마찬가지다. 문제는 중간급 기술 리더라면 교류하는 전문가 수가 수십 명 수준에 불과하지만, 고위직 리더라면 수백 명 수준, 최고위급 리더라면 수천 명 수준과 교류해야 한다. 수천 명의 사람과 밀접한 인간관계를 맺는 건 사실 불가능하다. 어떻게 하면 이런 난국을 타개하고 필요한 사람들과 진정 활기 있고 진실한 인간관계를 유지할 수 있을까?

- **모든 관계가 평등한 것은 아니다** 협업으로부터 더 많은 것을 기대할 수 있는, 그래서 상대적으로 더 가치 있고 중요하면서 탄탄하게 유지해야 하는 관계가 있다. 어떤 게 그런 범주에 속하는지는 그리 어렵지 않게 알 수 있다. 수천 명은 물론이고, 수백 명하고 긴밀한 업무상 관계를 유지하는 것도 만만치 않은 일이지만, 가장 중요하다고 생각할 만한 10~20명의 사람하고 친하게 지내는 데는 충분한 시간을 투자할 필요가 있다. 믿을 수 있는 멘토, 똑똑한 혁신가, 주요 임원 등이 이런 범주에 속할 수 있다. 어떤 사람이 가장 중요한지 파악하고 나면 몇 달, 몇 년에 걸쳐 꾸준히 연락하고 감성 자산을 쌓기 위해 적극 움직일 필요가 있다.

- **정보 배포 범위를 확대하라** 이메일 리스트를 적절히 활용하여 여러 사람과의 관계를 유지할 수 있다. 수천 명의 친구하고 매주 한 번 정도씩 점심을 먹으러 나갈 수는 없겠지만, 가끔 이메일로 인사를 하거나 간단한 농담을 던지거나 (분기마다 한 번씩이면 충분하다) 전문가 의견을 구하거나 흥미로운 소식을 전하는 식으로 관계를 돈독하게 유지하자.

- **소셜 네트워킹을 활용하자** 페이스북, 펄스, 링크드인을 비롯한 다양한 소셜 네트워킹 플랫폼을 이용하면 "방금 테니스 치고 왔음" 같은 개인적인 내용이나 "방금 우리 제품 버전 2.0을 출시했습니다. 비디오 기능 추가하느라 삽질 좀 했어요. www.myproductdemo.com에서 데모를 확인해 보세요." 같은 업무상의 내용을 손쉽게 공유하고 사람들과의 관계를 긴밀하게 유지할 수 있다.

- **다른 사람들의 소통에도 도움을 주자** 리더라면 나 자신보다는 동료를 더 잘 챙겨야 하며, 다른 사람의 성공을 도울 수 있는 사람이 진짜 리더다. 남들이 할 일을 대신해줄 필요는 없지만 (그리고 그렇게 해서도 안 되겠지만) 동료를 위해 해줄 수 있는 가장 중요한 일 가운데 하나가 바로 그들이 목표를 달성하는 데 필요한 올바른 인물과 자원을 연계해주는 것이다. 무엇을 아는지보다 누구를 아는지가 더 중요하고, 사람과 자원을 서로 엮어줄 수 있는 가장 강력한 인물이 바로 가장 광범위한 소셜 네트워크를 가진 사람이다.

예술을 완성하기 위한 열정과 프로세스

특정 주제에 대한 역량을 가다듬으며 글래드웰의 1만 시간의 법칙을 달성하고 싶다면, 전산, 스포츠, 음악 등 어느 분야에서든 그 위치에 올라서는 데 필요한 열정과 추진력이 있어야만 한다. 이 책을 쓰는 동안 전문가로서의 성장에 관한 고견을 듣기 위해 앨런 케이에게 연락을 한 적이 있다. 앨런 케이는 소프트웨어 분야에서의 선지자의 대표적인 예라고 할 수 있다. 그는 스몰토크와 동적 인터프리터 언어의 핵심 주창자 가운데 하나다. 객체지향 프로그래밍의 초기 개척자 중의 하나이며, 그래픽 사용자 인터페이스의 개발에도 지대한 영향을 끼친 인물이다. 그는 그러한 여러 공로를 인정받아 2003년 ACM 튜링상을 비롯한 다양한 상을 받았다. 앨런 케이에게 전산은 예술이다. 그는 언제나 전산을 그런 관점으로 바라봤으며, 그가 1960-70년대에 이룬 수많은 성공 뒤에는 그런 예술에 대한 열정이 자리 잡고 있었다.

예술가는 이상에 대한 내적인 감각의 주도하에 일하는 사람들입니다. 예술가들은 꽤 좁은 영역에 초점을 맞추고 강박적인 편입니다. 다양한 종류의 음악도 대안적인 예술 형식이지만, 마찬가지로 강박적인 느낌이 들곤 합니다. (클래식이나 재즈같이 고도로 개발된 형식의 음악을 듣기 위해서는 상당한 사고와 연마가 필요합니다. 적어도 저는 그렇게 느껴요) 그런 사람들에게 있어서 이상주의는 거의 도달할 수 없는 목표를 설정하는 것과 비슷해요. 버틀러 램슨은 브라우닝이 썼던, "손에 넣을 수 있는 것보다 높은 것을 추구하라. 그렇지 않다면 천국이 무슨 소용이겠는가?"라는 구절을 좋아하는데, 그가 나보다 훨씬 균형 감각 있는 사람이라고 생각해요. 친구 중에 유리 장인이 있는데, 할 수만 있다면 뜨겁게 녹은 유리 물을 한 입 먹어보고 싶다는 얘기를 한 적이 있습니다. 저는 그가 무슨 뜻으로 그런 얘기를 했는지 분명하게 알 수 있어요. 그런 게 바로 "예술의 즐거움"이죠.

소프트웨어에 분야에서 최고의 선지자는 단순히 자기가 하는 일을 즐기는 수준이 아니라 사랑하는 사람이다. 자기만의 예술에 대한 열정과 추진력을 갖춘 사람이다. 우리를 더 열심히 일하게 하고, 더 행복하게 만들고, 자유롭게 꿈꿀 수 있게 만드는 게 바로 열정이다. 열정과 추진력은 필요조건일 뿐 충분조건은 아니다. 열정과 추진력을 이끌어내는 창의성은 대부분 너무 유기적이고 체계적이지 못한 것이기 때문이다. 선지자와 몽상가는 어떻게 다를까? 나는 그 둘 사이의 차이가 바로 구조, 또는 소프트웨어 엔지니어링 분야에서 프로세스라고 부르는 데 있다고 본다. 창의성의 씨앗을 높은 수준의 성취로 변환해주는 것이 바로 프로세스다. 열정을 구조로 감싸면 성공적인 예술, 선지자적인 사고와 결과물의 원동력이 만들어진다. 그러기 위해서는 고도의 창의성과 고도의 조직화 능력을 세심하게 섞어줘야 해서 제대로 된 조합이 만들어지는 건 여간 힘든 일이 아니다. 소프트웨어 용어로는 그런 구조를 소프트웨어 엔지니어링이라고 부른다. 꿈을 꿔야 할 때가 있고, 세부적인 것에 대해 관심을 갖고 프로세스를 따라서 뭔가를 구축해야 할 때가 있다. 사실 나는 소프트웨어 분야의 위대한 선지자들이 이 둘을 동시에 하진 않고, 어떨 때는 꿈을 꾸고 어떨 때는 뭔가를 실제로 만든다고 생각한다. (내 능력을 뒷받침해주고 부족한 부분을 메꿔주는 팀의 도움을 받는다든가 하여) 이 둘 모두에 대해서 뛰어난 능력을 보일 수 있다면, 위대한 인물이 되는 데 있어서 이상적인 환경을 만들 수 있을 것이다.

interview
스티브 워즈니악

애플 컴퓨터 발명자, 애플 공동 창립자, 팝 아이콘

현재 지위

애플 컴퓨터 공동 창립자, 유명 강연자

주목할 점

최초로 널리 쓰인 개인용 컴퓨터를 발명한 사람. 애플 컴퓨터 공동 창립자

생일

1950년 8월 11일

학력

캘리포니아 주립대학교 버클리 분교 전자공학 및 전산학 학사, 1971–1986

취미 및 관심사

연주회 감상, 세그웨이 폴로, 게임보이 테트리스, 농담/장난, 각종 도구 갖고 놀기

약력

스티브 워즈니악은 지난 30여 년간 실리콘밸리의 아이콘이자 자선사업가로 활동했으며, 애플의 최초 제품군이라고 할 수 있는 애플 I과 애플 II 제품을 설계하고, 매킨토시에도 큰 영향력을 발휘하여 컴퓨터 업계의 틀을 잡는 데 크게 기여한 인물이다. 1976년 애플 I 컴퓨터를 만들면서 애플 컴퓨터를 공동 창립했다. 다음 해에는 프로세싱 유닛, 키보드, 컬러 그래픽스, 플로피 디스크 드라이브 등이 들어있는 애플 II 개인용 컴퓨터를 출시하면서 PC 산업의 시초 역할을 했다.

애플 컴퓨터에서 일한 동안 한 일을 인정받아 1985년 미국 대통령으로부터 미국의 최고 혁신가들에만 주어지는 최고의 훈장인 국가 기술 훈장^{National Medal of Technology}을 수여했다.

2000년에는 발명가 명예의 전당에 헌액되었으며, "홀로 최초의 개인용 컴퓨터를 설계하고 그 후로는 초중고등학교 학생과 선생님을 대상으로 수학 및 전자기술에 관한 교육에 기여한 공로를 인정받아" 기술, 경제, 고용 분야를 대상으로 수여하는 명망 높은 상인 하이즈상을 받았다.

1985년 애플을 떠난 후로는 학교에서의 컴퓨터의 능력에 주로 초점을 맞추고, 실습을 통한 배움의 중요성을 강조하고, 학생들의 창의성을 진작시키는 일을 하면서, 다양한 사업 및 자선사업 벤처에 참여했다. 스티브 워즈니악은 교육에 상당한 시간과 자원을 투자했으며, 로스 게이토스 교육구를 통째로 "입양"하여 학생과 교사에게 실습 교육을 제공하고 최신 기술 장비를 기증했다. 일렉트로닉 프론티어 재단을 설립했으며 기술 박물관, 실리콘밸리 발레단, 산 호세의 어린이 디스커버리 박물관의 설립을 후원했다.

여러 책도 냈으며, 뉴욕 타임즈 베스트 셀러로 선정된 자서전 『iWoz: From Computer Geek to Cult Icon』(Norton Publishing, 2006)을 내기도 했다.

■ "도구도 없고, 돈도 없고… 그랬어요"

소프트웨어와 하드웨어 양면에서 상당한 영향력을 끼치신 경력이 있습니다. 본인은 스스로를 하드웨어 전문가라고 보시나요, 아니면 소프트웨어 전문가라고 보시나요?

저는 항상 저를 하드웨어 전문가라고 생각해 왔습니다. 하지만 항상 목표 지향적으로 살아왔기 때문에, 프로젝트에 따라서 소프트웨어에 대해서도 잘 알아야 하긴 했죠. 저는 항상 독자적으로 일했습니다. "이 부분은 내가 할 테니까 저 부분은 당신이 하세요" 같은 건 제 스타일이 아니었죠. 저는 평생 처음부터 끝까지 제가 전부 설계하고 싶어했습니다. 대부분 하드웨어를 설계했지만, 애플 I 컴퓨터를 만들 때까지는 소프트웨어 수업도 듣고, 소프트웨어를 상당히 좋아했어요. 밤늦게 프로그램을 돌리지 않고 있는 컴퓨터를 보면 열쇠를 훔쳐 몰래 들어가서 프로그램을 돌리고 싶은 생각이 간절했어요. 실제로 그렇게 한 적도 있죠. 대학교에 다닐 때, 생각할 수 있는 프로그램은 모두 돌려 봤어요. 최선의 예를 보여주려고 했죠. 선생님이 "이런 프로그램을 만들어 보세요. 지금까지 제가 본 것 중에 가장 짧게 끝낸 건 11단계였습니다."라고 얘기한 적이 있었는데, 저는 여섯 단계만에 똑같은 일을 해냈어요. 매뉴얼은 전부 다 뒤져봤어요. 하드웨어도 마찬가지였고, 그걸 소프트웨어에 대해 생각할 때도 적용했습니다. 컴퓨터의 레지스터에 가까운 – 고수준 언어나 C 같은 것과도 거리가 먼 – 저수준 소프트웨어에서는 각각의 비트까지도 매우 효과적으로 쓸 수 있는 방식으로 생각해야 해요. 컴퓨터를 만들 때 빌 게이츠가 알테어 VM 인텔 마이크로칩용 BASIC 언어를 만들었다는 얘길 들었어요. 저는 돈이 하나도 없어서 그 마이크로칩은 못 쓰고, 다른 마이크로프로세서를 써야만 했죠. 그리고 "이봐, 나도 BASIC을 만들 거야!"라고 생각했죠. 컴퓨터 언어를 만드는 방법은 한 번도 배운 적이 없었어요. 하지만 목표 지향적인 자세라면 뭐든 할 수 있어요. 방법을 궁리해내는 거죠. 책을 쓰는 것과 비슷해요. 어떤 논리가 있고, 어떤 일을 하는 방법이 만들어지고 그런 식이죠. 그런 일을 제대로 하려면 결국은 책을 쓸 수도 있겠죠. 실제로 저도 그렇게 했어요. 아무도 옆에서 "이렇게 해 보는 게 어때?" 같은 얘기를 한 적이 없었기 때문에 그런 대단한 소프트웨어와 하드웨어를 만드는 일을 할 수 있었습니다.

애플 II에 들어간 것과 같은 컴퓨터 프로그램을 만들고 싶다면 코드를 컴파일해서 마이크로프로세서가 이해할 수 있는 1과 0으로 만들어주는 다른 프로그램을 가지고 프로그램을 만들어야 해요. 근데 컴파일러라는 그 프로그램을 살 수가 없었어요. 대신 터미널하고 시간 공유 컴퓨터 시스템을 대여하고, 매달 얼마씩 사용료를 내고 프로그램을 만드는 방법도 있었습니다. 하지만 그럴 돈도 없어서 종이 한편에 손으로 프로그램을 짰어요. 그리고는 그 마이크로프로세서가 어떤 식으로 돌아가는지 적혀있는 조그만 카드를 들여다보면서 그 프로그램을 번역해서 다른 한편에 0과 1로 된 코드를 적었어요. 아마 그 정도 규모의 프로젝트 중에 그런 식으로 진행된 건 없을 겁니다. 아직도 그때 손으로 적은 매뉴얼을 가지고 있어요. 그렇게 하다 보니 그 코드에는 통달하게 되었어요. 한 줄 한 줄이 정말 중요했고, 제 분신 같은 존재기도 했죠. 정말 완벽해서 아무도 더 나은 방법을 찾을 수 없을 정도였어요. 조금이라도 더 낫게 고칠 수 있는 조각이 있었다면 그렇게 했을 거예요. 돈이 없다 보니 결과적으로 제가 만들고 있는 코드에 대해 엄청나게 자세하게 알 수 있게 된 거예요. 그리고는 제 컴퓨터에 그 1하고 0을 열심히 입력했죠. BASIC을 입력하는 데는 40분쯤 걸렸어요. 전원을 켜고 40분 동안 코드를 입력하고 오류가 있는지 시험하고 다음 부분을 디버깅하곤 했죠. 도구도 없고, 돈도 없고, 그땐 그렇게 살았어요. 아무 도구도 없이 혼자서 다 했죠. 그러다 보니 대단한 역량이 생긴 거죠. 지금까지 항상 그렇게 살아온 것 같아요.

혹시 잘못 입력한 거라도 있으면 디버깅하기가 말도 안 되게 어려울 것 같은데요?

저는 그렇게 생각하진 않았어요. 버그가 있으면 메모리에 있는 모든 1과 0을 점검하고, 화면에서 그걸 전부 살펴보면서 잘못된 비트를 전부 찾아냈어요. 저는 타이핑에는 꽤 능숙해서 거의 실수를 하지 않는 편이었어요. 새로운 섹션을 추가하면서 문제가 생기거나 엉뚱한 데서 시스템이 다운되거나 하면 리부팅하고 메모리를 분석했습니다. 작업 중이던 위치를 저장하는 코드를 추가해서 새 코드를 만들고 그 부분으로 다시 돌아가서 원인을 찾아낼 수 있도록 코드를 수정하기도 했죠. 정말 모든 걸 수동으로 하는 식이었어요.

■ "사람이 쓰기에 너무 헷갈린 걸 싫어해요"

소프트웨어 분야에서 딱히 마음에 안 드는 부분 같은 게 있으신가요?

사람이 쓰기에 완벽하게 만들어진 소프트웨어, 사람이 쓰기에 너무 헷갈리는 걸 안 좋아합니다. 헷갈리는 말, 헷갈리는 버튼, 어떤 단계를 거쳐야 할지 모르겠는 것들, 그런 걸 싫어해요. 딱 봤을 때 드는 느낌과 다르게 쓰이는 단어 같은 거 안 좋아하죠. 다른 누군가에게 알려줄 만한 사실이 하나 있다고 할 때, 수없이 여러 방법으로 말을 전할 수 있을 텐데, 내가 전하는 방식으로 그 말을 전해 들은 사람이 내가 원래 전하고자 하는 사실을 분명히 이해할 수 있을까? 소프트웨어는 어떻게 직관적으로 만들 수 있을까? 그런 문제예요. 초기 시절의 매킨토시에서 그런 부분을 정말 잘했어요. 원래 그 컴퓨터를 만들 때 목표로 삼았던 사상, 정말 직관적으로 만들자는 그 생각이 정말 마음에 들었어요. 제 생각에는 이 업계 전체가 그런 사상을 기본적으로 잃어버린 것 같아요. 어떤 프로그램 어딘가에 어떤 기능이 있는 건 좋아요. 하지만 요즘 컴퓨터에는 직관적으로 느껴지는 부분이 별로 없는 것 같아요. 제가 틀릴 때도 있습니다. 아이폰이나 아이팟은 그런 면에서 출중했죠. 하지만 윈도용 소프트웨어든 매킨토시용 소프트웨어든 뭔가 앞으로 나가야 한다는 데만 초점을 맞추고 있는 것 같아요. 웬만한 회사에 어떤 게 인간에게 자연스럽게 느껴지는지 연구하는 자리가 있나요? 그런 일을 하기 위한 높은 직책 같은 걸 찾아볼 수가 없어요. 그냥 엔지니어들이 그런 일을 하는데, 엔지니어는 대체로 소통 능력이 떨어지는 편이잖아요.

소프트웨어 분야에서 자신의 가장 큰 업적이나 공헌이라고 할 만한 걸 꼽아 주신다면?

글쎄요, 소프트웨어 분야라… 대답하기 어려운데요? 애플 I의 조그만 256바이트 모니터부터 시작해서 컴퓨터를 바꾼다는 것에 대해서는 비판적이었어요. 애플 I이 나오기 전까지는 어떤 컴퓨터에는 전면 패널이 있었거든요. 애플 I 이후로 모든 컴퓨터에 키보드하고 디스플레이가 달리기 시작했어요. 그리고 거기서 핵심은 컴퓨터를 켜면 그런 걸 돌리는 조그만 프로그램이 있는 거였죠. 전면 패널을 없애도 되게 해준 그 조그만 프로그램이 어쩌면 제일 중요한 업적이었을지 모르겠네요. 저는 어떤 소프트웨어든 전부 완전 밑바닥부터 시작해서 만들었어요. 하드웨어라는 게 워낙 서로 복잡하게 얽혀 있다 보니 딱히 소프트웨어, 하드웨어를 분명히 가를 수가 없을 것 같아요. 요즘은 임베디드 프로세서에서 작업할 때 조그만 제품에 조그만 마이크로프로세서를 넣죠. 바로 그런 일이 제가 좋아하는 일이에요. 그 시절에 제가 했던 일이 바로 그렇게 하드웨어와 소프트웨어를 섞어서 만들어내는 일이었죠.

어떨 때 소프트웨어 분야에서 성공했다는 느낌이 드시나요?

그건 꽤 분명해요. 사람들이 제가 실제로 엔지니어링한 것, 제가 한 단계씩 밟아가면서 만들어낸 것, 제가 만든 회로 같은 것을 보면서 – 애플 초기에는 그걸 전부 공개했었어요 – "이런 단계, 이런 프로그램으로 이렇게 멋진 걸 만들어냈구나!"라고 얘기하면 정말 기분이 좋아요. 저한테는 그만한 게 없죠. 세상을 바꿨다거나 사람들에게 개인용 컴퓨터라는 걸 가져다줬다든가 하는 칭찬보다는 세계 최고의 실력을 갖춘 매우 훌륭한 엔지니어로 생각해주는 쪽을 훨씬 더 영광스럽게 생각해요. 단순하게 1이나 0을 나열한 것에 불과한 게 아니라 어떤 코드를 선택하고 어떻게 루틴을 설계했는지 같은 게 중요하죠. 사람들이 그걸 보고는 "와, 이 코드는 어떻게 1바이트도 더 줄일 수 없겠는데?"라고 생각해 주면 성공적으로 살았다는 생각이 듭니다.

■ "슈퍼맨이 된 듯한 기분이었어요"

지금과 같은 경력을 쌓아오는 데 있어서 가장 결정적인 사건이라고 할 만한 게 있으신가요?

제가 지금까지 살아오면서 지금의 저를 만들어준 자잘한 사고 같은 일은 정말 많았어요. 근데 막상 답하려니까 쉽진 않네요. 고등학교 때 전자 회로를 가르쳐 주셨던 존 C. 맥칼럼 선생님은 제가 고등학교 때 이미 전자 회로에 대해 모든 걸 알고 있다는 걸 아셨어요. 6학년 때 아마추어 무선 통신 자격증을 땄는데, 그 선생님을 만난 건 10학년인가 11학년때였으니까요. 그 선생님이 동네에 있는 학교에서 컴퓨터 프로그래밍을 할 수 있게 주선해 주셨어요. 우리 고등학교는 컴퓨터를 살 만큼 돈이 많은 학교는 아니었거든요. 어쩌다 보니 우리 학교에서 최초로 1초에 수백만 가지 일을 할 수 있는 컴퓨터를 만지는 법을 배우는 특권을 누린 학생이 됐죠. 슈퍼맨이 된 듯한 기분이었어요. 그분은 학교 시스템에서 교육에 대한 모든 걸 해결해 줄 수는 없다는 걸 아셨던 거죠. 수업용 교과서나 선생님용 책에도 모든 게 있는 건 아니에요. 지역의 사업체에 연줄이 닿는다면 더 나은 교육을 받을 수도 있는 거죠. 오늘까지도 그 점에 대해서 매우 존경스럽게 생각해요. 산학 협력 프로그램이 있는 대학도 있어요. 일하면서 공부도 할 수 있기 때문에 정말 훌륭한 제도라고 생각합니다. 일하면서 학비도 벌고, 실무 경험도 착실하게 쌓을 수 있잖아요. 엔지니어링의 세계는 대학에 갈 때 생각하는 것과 달라요. 대학에 가면 이런저런 것들을 배우죠. 학교를 졸업하고 나와서 보면 엔지니어링이라는 게 대부분 모든 걸 세심하게 확인해 보고 생각하지 못한 부분이 없는지 확인하는 과정이라는 걸 알 수 있어요. 뭔가 간과했거나 특수한 상황에서 제대로 돌아가지 않는 게 없는지 찾아내는 일이죠. 이걸 계속 반복해서 최대한 완벽하게 만들어내는 게 바로 엔지니어링입니다.

소프트웨어 분야에서 앞으로 10~15년 이내에 긍정적으로든 부정적으로든 영향을 끼칠 만한 변화로는 어떤 게 있을 거로 생각하시나요?

온갖 제품에 소프트웨어가 들어가고 있다고 생각해요. 사실 요즘 제가 쓰는 거의 모든 제품이 이상하게 돌아가요. 어떤 카드의 블루투스 연결이 끊어진다거나 자동차 와이퍼가 제대로 안 움직여서 차를 멈추고 시동을 껐다가 켜면 제대로 작동한다든가 하는 식으로요. 요즘은 모든 게 멎어버리곤 하는 경향이 있는 것 같아요. 옛날에는 그런 식으로 멎어버리는 제품을 만드는 건 상상도 할 수 없었어요. 하지만 요즘은 온갖 곳에 소프트웨어가 들어가죠. 앞으로 그런 경향이 점점 더 강해질 거예요. 결국에는 집에 있는 모든 조그만 가전제품들이 서로 소통하게 될 거예요. 다양한 무선 기기들의 통신 매체가 점점 변화할 것 같아요.

나중에 어떤 일을 하고 싶으세요? 아직 이루지 못한 꿈 같은 게 있으신가요?

지금 제가 어떤 게임을 하고 있는데, 목표로 하는 점수가 있어요. 그 꿈을 10년 전부터 가지고 있었고, 지금도 노력하고 있어요.

무슨 게임인지 말씀해주실 수 있을까요?

게임보이 테트리스예요. 목표 점수는 75만 점입니다. 그런 조그만 목표들이 몇 개 있어요. 몇 년 후에 여러 목표를 달성하기도 해요. 아직 몇 가지 영역에서 더 하고 싶은 일이 있어요. 지금 몇 군데 회사에서 이사회에 몸을 담고 있기도 하죠. 개인적으로는 제가 젊었을 때부터 몸담아온 컴퓨터 하드웨어 분야인 논리 게이트 부분을 빛과 광학적인 방식으로 처리할 수 있으면 좋겠어요. 전자 대신 광자가 칩 역할을 하는 데서 돌아다니는 거죠. 그렇게 하면 열도 안 나고 훨씬 빠른 컴퓨터를 만들 수 있을 거예요. 될 수도 있고 안 될 수도 있을 거예요. 중요한 물건을 GPS로 추적해서 쉽게 찾을 수 있게 해 주는 물건도 만들고 싶어요. 아주 싸고 아주 작고 쉽게 쓸 수 있는 물건 말이죠. 그런 걸 만들기 위한 회사도 만들었는데 결국 성공하진 못했어요. 하지만 단 하루도 그 방법에 대해 고민하지 않은 날은 없었어요.

■ "그게 항상 문제예요"

기술 분야의 리더들은 시간에 많이 쫓기는 걸로 유명합니다만, 시간을 효율적으로 관리하기 위해 어떤 전략을 사용하시나요?

그게 항상 문제예요. 애플을 처음 시작할 때도 그게 문제가 됐죠. 아마 평생 시간에 쫓겨서 살 거예요. 항상 이런저런 일과 아이디어에 치여 살고, 제가 하고 싶은 일이 잔뜩 있어요. 그리고 그런 게 없어도 게임을 하다 보면 시간이 다 가요. 저는 시간 관리를 정말 못 해요, 전에는 누구에게든 쉽게 다가설 수 있는 사람이 되자, 팬들하고 얘기할 수 있는 시간을 많이 갖자, 이메일에 열심히 답하자는 생각을 하고 있었어요. 하지만 그런 것만 해도 하루 여덟 시간이 후딱 지나갑니다. 누구든 쉽게 다가설 수 있는 사람이 되겠다는 생각을 아직도 가지고 있어요. 거의 항상 예라고 답하죠. 요즘은 저를 도와주는 사람들하고 같이 일하는데, 그분들 하는 일이 "아니오"라고 답해서 제시간을 조절해 주는 거예요. 저는 비서들한테 내 일정표에 뭘 넣든 그 일을 하겠다고 얘기합니다. 워낙 바쁘다 보니 다음 날 일정을 보면 "어휴…" 이런 말이 나올까 봐 웬만하면 다음 날 일정도 안 봐요. 대신 일정을 적절히 조절해서 여기저기서 며칠 정도씩 자유 시간을 가질 수 있도록 하죠. 하지만 한 주를 통째로 쉰다든가 하는 건 상상도 못 해요. 어떨 때는 일주일에 집에 하루 이틀밖에 못 있을 때도 있어요. 젊었을 때는 온갖 기술적인 아이디어가 넘쳐나서 뭔가를 만들고 이것저것 납땜질하느라 바쁜 게 문제였죠. 시간 가는 걸 모를 정도로 재미있었어요. 제가 하고 싶은 일을 하고 지냈죠. 누가 하라고 해서 하거나 그런 게 아니었어요. 하고 싶은 일을 더 많이 모을수록 더 좋다고 생각해요.

기술 트렌드나 혁신의 정점에 서 있을 수 있는 비결은 무엇입니까?

저는 한참 뒤처져 있어요. 기술 관련 기사나 새로 나온 제품에 관한 보도자료 같은 걸 읽어볼 뿐입니다. 기기를 만드는 기본 단위인 칩 같은 것은 열심히 살펴보는 편이에요. 어떤 기기를 만들 수 있을지, 나중에 어떤 걸 만들어야 할지 생각해볼 수 있으니까요. 하지만 요즘 나오는 기술은 상당 부분 생산 중심으로 돌아가는 것 같아요. 컴퓨터는 너무 복잡해져서 손으로 직접 만들어서 팔 수 있는 수준이 아니죠. 여러 칩을 어떻게 보드 한 장에 넣어서 물건을 생산하는지가 더 중요해졌어요. 그래야 사람들이 더 쓰기 좋은, 작고 간단한 물건을 만들 수 있으니까요. 소프트웨어 엔지니어라면 그런 점은 별로 걱정하지 않아도 될 거예요. 손톱보다 작은 데 전부 다 집어넣을 수 있으니 전혀 다른 소프트웨어의 세계죠.

■ "스스로 중요하다고 믿으세요"

소프트웨어 분야에서 성공하는 비결에 대해 조언해 주실 수 있을까요?

저라면 최대한 질문을 많이 던질 것 같아요. 소크라테스식으로 말이죠. 살면서 어떤 것에 흥미를 느꼈는지, 집이나 학교에서 간단한 프로젝트 같은 걸 해 봤는지 묻고 싶어요. 어떤 생각을 하는지, 어떤 책을 읽었는지, 어떤 영화를 봤는지 같은 것도요. 이 사람이 살아오면서 뭔가에 강한 열정을 느껴 봤는지 – 소프트웨어랑 아무 상관 없어도 괜찮아요 – 파악하고 그걸 계속 이어갈 수 있게 해 주고 싶어요. 사람들이 아무리 하찮게 생각하더라도 어렸을 적부터 자신이 어떤 사람이었는지, 스스로 무엇을 하고 싶어하는지 잊지 마세요. 언젠 가는 달성하게 될 꿈 같은 것을 꾸준히 찾아보세요. 그게 정말 중요합니다. 목표 지향적인 자세를 가져야 해요. 뭘 할지 스스로 알아야 합니다. 모든 조각을 맞출 수 있을 만큼 똑똑 하다면, 그리고 스스로 상당 부분을 맞출 수 있다면 그 목표를 달성할 수 있어요. 전에 그 런 걸 꼭 배워야 하는 건 아니에요. 수업을 들었어야만 하는 것도 아닙니다. 똑똑하기만 하 다면 할 수 있어요. 책을 집어들거나 논문, 보고서 같은 것을 읽어보고 어떻게 문제를 해결 할지 알아낼 수 있어요. 어떤 문제에 부딪히든 꼭 책 같은 게 없어도 될 거라는 믿음을 가 지세요. 책이야 내가 직접 쓸 수도 있는 것 아니겠어요? 저는 그런 걸 다 경험했어요. 그리 고 혁명적인 발전, 커다란 장외 홈런이라고 할 수 있는 일은 대부분 학교에 있는 학생, 또 는 졸업한 지 얼마 안 된 사람들이 이뤄냈다는 걸 잊지 마세요. 그런 열정을 추구하고, 하 루에 20시간씩 일할 수도 있을 만한 에너지를 가지고 있다는 것도 잊지 마세요.

"그런 일은 나중에 해도 괜찮아" 같은 식으로 생각하지 마세요. 시간이 지나고 나면 다른 사람들이 하는 일에도 흥미가 생기게 될 겁니다. 그리고 언젠가 갑자기 정말 많은 시간을 그런 일에 써야 하고, 내가 열정을 가진 일에 많은 시간을 들여 전념할 수 없는 때가 오고 말 거예요.

이 분야에 들어오고자 하는 사람들에게 마지막으로 조언 한마디 해 주실 수 있을까요?

"너 자신을 알라"는 말을 전하고 싶어요. 미래에 사람이 살아가는 데 있어서 내가 중요한 역할을 할 거라는 믿음을 가지세요. 항상 주변에 있는 다른 사람들보다 더 나은 일을 할 수 있도록 노력하세요. 크든 작든 프로젝트를 마치고 나면 뒤를 돌아보고 하나씩 살펴보 면서 더 낫게 만들 수 없는지 생각해 보세요. 모든 프로젝트를 그런 식으로 하다 보면 여 기저기서 뭔가 새로운 걸 발견하게 될 것이고, 그러다 보면 여러 기술이 쌓이게 될 거예 요. 정말 골똘히 생각하면서 뭔가를 찾아보세요. 더 낫다는 게 뭘까요? 바로 덜 쓰는 것입 니다. 소프트웨어 분야에서라면 더 짧은 코드로 만들거나 간단한 코드를 더 이해하기 좋 게 만든다거나 하는 거겠죠. 몇 가지 접근법만 고쳐도 평생 기억에 남을 거예요. 자신이 하는 모든 일이 훌륭해질 것이고, 이 세상엔 훌륭한 게 정말 많이 필요합니다.

한 가지 더 말하고 싶은 게 있어요. 기술보다는 사람이 더 중요합니다. 더 만족스러운 것, 사 용자들이 더 쉽게 쓸 수 있는 것, 더 자연스럽고 올바른 것을 만드세요. 물론 극한으로 가다 보면 어떤 프로젝트를 계속 진행하면서 조금씩 더 낫게 만들고, 그러다 보면 어딘가에서는 멈춰야 할 겁니다. 하지만 사용자들이 내가 만든 소프트웨어 제품을 억지로 쓰게 만드는 것 보다는 낫습니다. 버튼이 어디에 있는지, 메뉴는 어디에 있는지, 여기서 저기로 뭘 끌어다 놔야 하는지와 같이, 하나씩 되짚어 보면서 사람들이 더 행복할 수 있게 고쳐 봅시다.

CHAPTER 19
지금 알고 있는 걸
그때도 알았더라면…

"나는 모든 걸 알 만큼 젊지 않다." - 오스카 와일드(1854-1900)

처음에는 가르쳐주지 않는 게 정말 많다. 나는 1989년에 학생 개발자로 처음 IBM에 들어갔다. 프로그래밍은 꽤 잘했지만, DOS와 코모도어 운영체제에서 파스칼, 포트란, BASIC 언어를 써 본 경험밖에는 없었다. IBM에 처음 갔을 때, 사람들은 전부 C로 최신 멀티스레딩, 멀티태스킹, GUI 기반의 운영체제에서 프로그래밍하고 있었다. 간단히 말하자면, 대체 뭘 어떻게 해야 할지 감이 잡히지 않았다. 인사 그룹에 있는 누군가가 내 지원서를 불합격자 쪽에 놓아야 하는데 실수로 합격자 쪽에 놓은 게 확실하다고 믿게 될 정도로 당황했다. 이유야 어쨌든 나는 거기에 있었고, 건물에 들어갈 수 있는 공식 IBM 사원증을 달고 있는 이상 꽤 괜찮은 직장인 건 분명했다. 아직도 내가 거기에서 살아남았다는 게 놀랍다는 생각이 든다.

1995년 이후로 IBM에서 매니저와 시니어 매니저 일을 맡으면서 내가 젊었을 때 경험한 것과 똑같은 문제를 겪는 신입 사원을 수도 없이 많이 만났고, 그런 친구들을 이끌어주기 위해 최선을 다 했다. 학교를 졸업하고 첫 직장생활을 경험하는 친구들도 있었고, 다른 그룹이나 다른 회사에서 일하다가 온 경력 사원도 있었다. 이 장에서는 별로 당연하진 않은, 하지만 미리 알아두면 좋을 것들을 다뤄보겠다. 이 장은 새로운 시작에 관한 장이기도 하지만, 주니어 급이든 시니어 급이든 새로 합류한 사람들을 위해 관리자가 알아둬야 할 것에 관한 장이기도 하다.

■ 초기 적응 기간

학생 신분에서 IBM에 처음 들어갔을 때 다른 학생하고 같은 사무실을 나눠 썼는데, 여기서는 편의상 그 친구를 밥이라고 부르겠다. 밥은 공학 수학 학위를 마쳐가고 있었던 매우 뛰어난 재능을 가진 프로그래머였다. 그 학교에서 최고 수준의 학생 가운데 하나였고, 내가 아는 한 미국 전체에서 최고 수준의 학생이라고 할 수 있었다. 우리는 같은 주에 IBM에 들어갔고, 함께 일하게 되었다. 밥은 C 프로그래밍 전문가였는데, 아무 매뉴얼이나 집어들고는 새로운 정보를 쭉쭉 빨아들이는 그의 능력은 정말 대단했다. 매일 일터에 나오면 밥이 먼저 나와 있었고, 나는 포인터 간접 참조라든가 파일 만드는 방법 같은 걸로 끙끙대고 있었는데 그 친구는 키보드를 열심히 두드리면서 고급 프로그래밍을 시전하고 있었다. 첫 몇 달 동안은 매일 출근할 때마다 "아마 오늘 잘리고 말 거야"라는 생각을 했을 만큼 어려웠다.

사실 진짜 잘릴 가능성은 거의 없었지만, 그때는 그걸 몰랐다. 그냥 출근해서 기술을 연마하고 일을 해내기 위해서 몸부림을 칠 뿐이었다. 일을 시작한 지 넉 달쯤 지났을 때, IBM에서 하는 일에 익숙해졌다는 느낌이 들기 시작했다. 그럭저럭 괜찮은 C 프로그래머가 되어 있었고, 개발 과정이 어느 정도 눈에 들어오기 시작했고, 새로운 API 셋 테스터라는 조직 내에서의 나의 역할이 점점 분명해지고 있었다. IBM에서 12개월의 인턴 기간을 마쳐갈 무렵, 내가 하는 일을 꽤 잘한다는 것을 느낄 수 있었다. 이미지 처리, 파싱, 그래픽 인터페이스, 멀티스레드 프로그래밍 등에 통달한 훌륭한 C 프로그래머로 성장해 있었다.

당시에 얻은 교훈은 꽤 간단했다. 소프트웨어 관련 직장에서의 초기 적응 기간은 보통 꽤 고통스럽다는 점이다. 특히나 기존 코드 베이스 규모가 어느 정도 되는, 진행 중인 프로젝트에 투입되었을 때는 더욱더 그렇다. 가파른 학습 곡선을 따라 기어 올라가는 것만 해도 벅차다. 고통스럽긴 하겠지만 그게 정상이다. 당시는 1989년이었고, 요즘이라면 C에 대해 모르는 사람이 그 정도 규모의 회사에 C 프로그래머로 들어가는 일이 거의 없겠지만, 전체적인 상황은 지금도 크게 다르지 않다. 여전히 많은 사람이 자기가 충분한 기술을 갖추지 못한 분야의 업무에 투입되고, 기존 코드 베이스를 배워가면서 새로운 기술을 익히면서 해당 비즈니스 영역에 대한 내용을 받아들이고 네트워크도 구축하고, 조직 문화도 익혀야 한다. 소프트웨어는 엄청나게 복잡하고, 제아무리 똑똑한 사람이라고 하더라도 복잡한 걸 익히려면 어느 정도 고생을 하게 마련이다. 신입 사원이든 경력 사원이든 고위직이든 다 마찬가지다.

학생 시절에 IBM에서 성공적으로 일할 수 있었던 데는 나랑 같은 사무실에서 일했던 밥의 공이 컸다. C 프로그래밍 언어와 프로그래밍 실무에 대해 밥이 많은 걸 가르쳐줬다. 우리가 IBM에 들어오기 전에 밥이 그런 걸 전부 어떻게 배웠는지는 모르겠지만, 그는 처음 왔을 때부터 이미 모든 걸 알고 있는 것 같았다. 나는 그 대가로 내 코드를 밥과 공유했고, 그 덕택에 밥은 그가 만들고 있던 유틸리티를 더 잘 만들 수 있었다. 그리고 밥이 별로 하고 싶어하지 않던, 400페이지가 넘는 시험 계획서를 작성한다든가 하는 일을 내가 대신해 줬다. 윈-윈 전략이었던 셈이다. 그때의 경험으로부터 훌륭한 멘토의 가치를 배울 수 있었다. 훌륭한 멘토는 많은 걸 가르쳐주고, 내 뒤를 봐 주는 사람이라는 사실 말이다.

어느 정도 경력이 있는 프로그래머, 관리자, 아키텍트라고 하더라도 새로운 그룹에 합류하게 되면 마찬가지로 가파른 학습 곡선을 경험할 수밖에 없다. 대신 내 가치를 보여줄 수 있는 시간이 훨씬 적다는 큰 차이가 있다. 학교를 갓 졸업한 사람보다는 쉬울 수도 있다. (전문가 수준에서의 소프트웨어 개발이 돌아가는 방식, 소프트웨어 사업의 생리, 직장에서의 역학 구도, 스케줄링이나 업무 계획, 감성 지성 등에 이미 훨씬 잘 알고 있으니 말이다) 그럼에도 학교를 갓 졸업한 사람이든 실무 경력이 20년에 달하는 사람이든 20만 줄의 소스 코드를 마주하게 된다면 어느 정도 시간이 지나야만 자기 전문성을 발휘할 수 있게 마련이다. 대신 더 빠르게 파악할 수 있는 고수준 아키텍처라든가 절차상의 문제 등에 초점을 맞추면서 그런 시기에 대처할 수도 있다. 초기에 절차와 아키텍처에 초점을 맞추면 전략적인 영향력을 발휘하면서 저수준 요소를 파악하는 데 필요한 시간을 벌 수 있다.

관리자 일을 맡기 시작한 후로는 새로운 사람을 조직으로 끌어들이는 데도 흥미가 생기기 시작했다. 나는 신입 사원이 조직 문화에 적응하고 최대한 빠르게 효과적으로 일할 수 있도록 돕는 데 상당히 신경을 썼다. 시간이 지나면서 많은 것이 달라졌지만, 신입 사원에게든 경력직 입사자에게든 적용할 수 있는 이 한 가지 사실은 크게 바뀌지 않았다. 소프트웨어 프로젝트에 투입된 후 몇 달 동안은 열심히 배우는 시기라는 점이 바로 그것이다. 그 사실을 받아들인다면 회사에서 잘릴 걱정은 좀 덜어도 될 듯하다.

■ 상사

관리자는 조직에서 필요로 하는 것을 충족시키면서 직원들이 필요로 하는 것도 만족시켜야 하는 두 가지 역할을 수행하는 사람이다. 이상적으로는 이 두 가지가 일치되어야 한다. 하지만 현실은 전혀 그렇지 않다. 개인의 행복과 직업적인 성공은 상당 부분 부하 직원을 돕고 감싸는 것을 중요하게 여기는 관리자에게 달려 있다.

하지만 안타깝게도, 그리고 짜증 나게도, 회사에서 요구하는 것을 만족시키는 데는 매우 뛰어나지만 대신 직원이 원하는 것은 대부분 무시해 버리는 관리자가 너무 많다. 그들은 위쪽을 향해서만 비전을 가지는 편인데, 그 사람이 진행하는 프로젝트가 아무리 중요하고 흥미로워 보인다고 하더라도 그런 사람 밑에서는 일하기가 어렵다. 반대로 직원들이 원하는 것에만 초점을 맞추고 사업상 필요한 것에는 별 관심을 기울이지 않는 관리자가 이끄는 팀이라면 그 팀 전체의 업무 환경이 매우 열악할 수 있다. 프로젝트 관리가 잘 안 되고, 그다지 뛰어나다고 할 수 없는 팀원들만 잔뜩 있는 경향이 있다. 다들 그 관리자가 사람은 좋지만, 반드시 신경 써야만 하는 냉철하고 혹독한 사업상의 문제에 대해서는 그다지 전략적인 생각을 갖고 있지 않다는 것을 깨닫고 말 것이다.

회사의 이익과 직원의 이익을 모두 챙기겠다는 의지를 갖춘 능력 있는 관리자 밑에서 일하는 건 정말 근사한 일이다. 존중할 만하고 배울 점이 많은 (그리고 나도 그들에게 도움을 줄 수 있는) 사람들이 모여 있는 잘 관리된 팀 환경에서 안정감 있게 일하면서도 기회를 얻고, 전문가로서 성장하고, 공정하게 평가받으면서 즐겁게 일할 수 있다. 바로 그런 이유 때문에 전문가로 살아가면서 얻을 수 있는 행복감과 만족감은 상당 부분 상사에 의해 결정된다. 어쩌면 자기가 하는 일보다 자기 위에 있는 상사가 훨씬 중요할 수도 있다.

어디에서 일할지 결정하기 전에 윗사람이 어떤 사람인지 어떻게 미리 알 수 있을까? 다음과 같은 점을 따져보자.

- **관리자를 만나 본다** 어느 자리에 가든, 새로 입사할 때든 같은 회사 안에서 부서를 옮기든 자기가 일할 부서의 관리자를 만나볼 기회가 있을 것이다. 그 기회를 활용하여 그 관리자가 무엇을 중요하게 여기는지, 전략적인 사고력을 가졌는지, 부하 직원들이 원하는 것을 잘 알고 있는지 파악해 보자. 이때 물어봐야 할 질문으로는 다음과 같은 것을 들 수 있다. 어떤 역할을 맡게 될까요? 다음 프로젝트가 고객에게 어떤 도움이 될까요? 제가 이 역할을 통해서 어떻게 성장할 수 있을까요? 팀에서 제일 훌륭한 사람이 누군가요? 팀 이직률이 어느 정도이고 왜 그런가요?

- **직원들에게 물어본다** 기존 직원이 있는 팀이고, 그 사람들하고 연락이 닿는다면 업무 환경에 대해 질문해 보자. 예를 들어, 그 관리자가 실질적으로 프로젝트를 관리하고 전략과 혁신을 주도하고 조직 내의 장애물을 극복하는 데 도움을 주는지 물어보자. 그 관리자가 부하 직원들에게 괜찮은 기회를 제공해 주는지, 일을 잘하면 괜찮게 평가받고 그에 상응하는 대가를 받을 수 있는지 알아보자. 그런 질문을 하면서 그 직원이 함께 일할 만한 사람인지, 내가 일하는 데 도움이 될 만한 재능을 가진 사람인지 가늠해 보자.

- **관리자의 경력을 확인해 본다** 이 사람이 관리자로서 처음으로 일을 맡은 게 아닌 이상 팀이나 프로젝트를 맡았던 경력이 있을 것이다. 회사 측에 정중하면서도 야무지게 질문을 하면 그 사람이 맡았던 프로젝트와 팀이 얼마나 성공적으로 돌아갔는지 감을 잡을 수 있을 것이다.

■ 동료

친하게 어울릴 수 있는 사람, 배울 게 많은 사람이 주변에 많을수록 직장생활을 즐기기가 좋고 전문가로서 성장하는 데도 유리하다. 최고의 상사 밑에서 흥미진진한 프로젝트를 한다고 해도 동료가 하나같이 멍청하다면 끔찍할 것이다. 믿고 함께 일할 수가 없어서 매일 업무가 지연되고, 성격이 안 맞으면 인간적인 교류도 쉽지가 않다. 훌륭한 관리자라면 팀 구성 역량을 발휘하여 괜찮은 사람들을 데려와서 팀을 꾸리기 위해 열심히 일하게 마련이다. 하지만 강하게 압박이 들어오는 상황에서는 팀 단위로 일하는 데 필요한 사회적 역량과 팀워크가 부족하더라도 괜찮은 특기가 있는 슈퍼스타급 인재를 한두 명 정도 데려오게 되는 일이 흔하게 일어난다. 어느 정도 그런 식으로 사람을 뽑는 일은 불가피한 일이며 정상에서 크게 벗어나지 않는 현상에 속한다. 하지만 그런 일이 자주 벌어지면 IQ는 정말 높은데 사회성이 엉망인 팀이 만들어질 수도 있다.

어떤 자리에 가기 전에 동료에 대해서는 어떻게 알 수 있을까? 다음과 같은 부분을 확인해 보자.

- **기존 직원** 내가 들어가기 전에 이미 그 팀에 기존 직원이 있다면 어떤 사람들이 일하고 있는지 확인해 보고, 같이 즐겁게 일할 만한 사람인지 생각해 보자. 기술적인 재능이 훌륭한지, 농담도 잘 소화할 줄 아는 괜찮은 사람인지 따져보자.
- **팀 성과** 내가 들어갈 팀이 만들어진 지 좀 된 팀이라면 그 팀의 성과가 어땠는지 알아보자. 중요한 프로젝트를 제시간에 훌륭하게 마친 기록이 쌓여서 성과가 된다. 꾸준하고 지속해서 새로운 혁신을 만들어내고 전략을 수행해내는 것도 성과를 달성하는 데 있어서 중요한 요인이다.
- **인력 선발 절차** 관리자가 나를 어떤 식으로 뽑았는지 살펴보면 그 관리자가 팀 구성원을 어떤 식으로 뽑는지에 대해 감을 잡을 수 있다. 나름 괜찮은 절차를 거쳐서 뽑은 게 확실하다면 그 팀의 다른 구성원도 마찬가지로 제대로 뽑았을 것으로 생각할 수 있다.

상사 관리하기

업무상 필요한 것과 직원들이 필요로 하는 것 모두를 만족시키는 데 대해 열정적인 자세를 취하는 상사야말로 최고의 관리자다. 훌륭한 상사는 직원들이 적극적으로, 행복하게 일하고 합당한 보상을 받고, 효율적으로 일할 수 있게 하려고 최선을 다 한다. 가장 훌륭하고 가장 똑똑한 직원을 뽑고, 미래에 대한 계획을 세운다. 하지만 관리자도 사람이다. 상사가 전지전능한 것은 아니기 때문에 일이 제대로 돌아갈 수 있도록 윗사람을 도와줄 필요가 있다. 상사를 관리하는 것도 나 자신을 관리하는 것 못지않게 중요하다. 상사와의 관계를 원활하게 유지하기 위해서는 다음과 같은 점에 신경 쓰도록 하자.

- **상사에게 모든 걸 알린다** 나의 상사는 항상 내가 하고 있는 일, 내가 달성한 일에 대해 파악하고 있어야만 한다. 상사가 모든 정보를 알 수 있도록 하는 일은 부하 직원의 몫이다.
- **심판에 맞춰서 일한다** 일터는 치열한 경쟁이 벌어지는 곳이고, 스포츠 경기와 마찬가지로 심판에 맞춰서 뛸 필요가 있다. 심판에 따라서 반칙을 더 많이 주기도 한다. 심판마다 서로 다른 시각에서 상황을 보고, 선수들이 뛰는 수준에 대한 기대치도 다를 수 있다. 직장 상사도 마찬가지기 때문에, 처음에는 어느 정도 시간을 들더라도 상사가 무엇을 중요하게 여기는지(생산성과 창의성 중에 어느 쪽에 무게를 실어주는지 등) 규칙에 대해서 얼마나 까다로운지(업무 윤리 면에서 얼마나 엄격한지, 일단 저지르고 보는 성격인지 규칙대로만 하는 사람인지 등) 같은 것에 대해 파악할 필요가 있다. 상사가 중요시하는 가치와 규칙을 이해하고 나면 상사의 기대에 맞는 성과를 내기가 훨씬 수월하다.
- **업무량을 적절히 조절하자** 소프트웨어 제작, 고객 지원, 제품 기획, 품질 검사 등은 모두

소프트웨어 라이프사이클에 있어서 상당히 복잡한 작업으로, 정확하게 예측하는 게 불가능하다고 할 수 있을 정도로 어렵다. 상사는 업무량과 개인별 역량에 따라 직원에게 업무를 분담시키려고 하지만, 완벽한 업무 분담이란 게 간단한 일이 아니다. 혹시 일이 너무 많아서 감당이 안 된다거나 반대로 어느 정도 여유가 있어서 일을 더 맡아도 될 것 같다면 상사에게 알려서 업무량을 조절할 수 있도록 하자. 팀 동료가 업무의 압박에 눌려서 야근을 일삼는 상황에서 혼자만 빈둥거리는 것만큼 나쁜 일도 없다. 주변에서 남들이 아무 얘기를 하지 않는다고 하더라도 언젠가는 결국 그 화살이 돌아오게 되어 있다. 언제나 중요한 일을 하면서 바쁘게 지내자.

- **팀에 대한 건설적인 건의를 하자** 상사도 완벽할 수는 없기에 팀 전체적으로 볼 때 개선의 여지는 분명히 있을 수밖에 없다. 상사에게 정중하고 건설적인 태도로 개선해야 할 사항을 건의한다면 팀 운영에 영향력을 발휘하면서 더 효과적이고 즐거운 업무 환경을 만들어갈 수 있을 것이다. 분명 좋은 건의 사항이라면 상사도 일부 받아들일 여지가 있다. 하지만 조심해야 할 부분도 있다. 문제 해결을 돕겠다는 의지도 충분히 보여야 한다는 점이다. 단순히 건의만 많이 하다 보면 "행동" 없이 "말"만 하는 사람이라는 인상을 줄 수도 있다.

- **전문가로서의 포부를 드러내라** 내가 최대한 잘 되기를 바라는 상사라도 내가 어떤 포부를 가졌는지 분명하게 알지 못한다면 그 목표에 도달하는 것을 제대로 도울 방도가 없다. 대부분 직원이 자기의 미래 목표와 포부 같은 것을 상사와 상의하지 않는 편이다. 게다가 거의 모든 직원이 향후 2~5년 이내에 자신이 어떤 식으로 경력을 쌓아야 할지 제대로 고민하지 않는 편이다. 우선 내가 뭘 원하는지 파악해야만 상사가 내 목표를 분명히 하고 그 목표를 달성하는 데 도움을 줄 수 있을 것이다.

- **승진에 필요한 게 무엇인지 파악한다** 이런 것을 금기시하는 경향이 있는데, 실은 전혀 그렇지 않다. 1년에 한두 번 정도는 다음 승진을 위해 어떤 게 필요할지 상사와 상담하자. 상사가 보기에 대강 몇 년 정도 걸릴지 물어보는 것도 괜찮다. 웬만한 상사라면 첫 번째 질문에 대해서는 상당히 구체적인 답변을 줄 수 있을 것이고, 두 번째 질문에 대해서도 대략적인 의견은 제시해줄 수 있을 것이다.

■ 기회 창출

프로젝트 중에는 신 나는 프로젝트도 있고 그렇지 않은 것도 있지만, 모든 사람이 항상 가장 흥미진진한 프로젝트만 할 수 있는 것은 아니다. 하지만 소프트웨어같이 전문성이 중시되고 생각하는 일을 중심으로 돌아가는 환경에서는 어느 정도 시간을 투자하면 재미있는 프로젝트와 제안서를 만들어낼 수도 있다. 나도 젊었을 적에는 대부분 프로젝트가 이런 식으로 시작된다는 것을 제대로 이해하지 못했다. 회사에서 높은 자리에 있는 구루급 전문가들이 모든 프로젝트 아이디어를 도출해내는 것이 아니다. 사실 좋은 아이디어는 언제 누구든 만들 수 있으며, 프로젝트를 제대로 수행하기 위해서는 각 개인의 창의적인 에너지와 끈기가 있어야만 한다. 조직에서 위로 올라갈수록 자기 프로젝트에 착수하기가 쉬워진다. 좋은 아이디어는 있는데 제대로 된 열매를 만들어낼 수 있을 만한 직급이 되지 않는다면 어느 정도 자리 잡은 윗사람과 손을 잡고 일하는 게 한 방법이 될 수 있다. 회사에 따라 비밀 프로젝트를 진행할 수 있는 시간을 아예 정해주는 곳도 있다. 예를 들어 구글에서는 2000년쯤부터 어떤 엔지니어든 20%의 시간은 자기가 원하는 사이드 프로젝트에 투입할 수 있게 해 주는 방침을 제정했다. 구글 뉴스가 바로 그 정책으로 성공한 프로젝트의 대표적인 예다. 크리슈나 바라트는 최신 뉴스를 워낙 좋아하다 보니 매일 10~15군데의 사이트를 돌아다니곤 했다. 하루는 "이런 일을 해 주는 프로그램을 짜면 어떨까?" 하는 생각이 들어서 자기 전공 지식인 인공지능을 적용하여 특정 주제에 관한 기사를 묶어주는 웹 크롤러를 개발했다. 그렇게 구글 뉴스가 태어났다. 크리슈나는 스스로 기회를 만들어낸 것이다. 이 정도로 정형화된 것은 아니지만, IBM이나 마이크로소프트를 비롯한 여러 회사에서 이런 방식을 활용하고 있다. 정해진 시간만큼 할당을 받아서 일하든, 아니면 혼자 적당히 시간을 내서 일하든, 내가 꼭 해야 하는 업무 범위를 벗어나는 일에 어느 정도 시간을 쓰는 것은 자기 성장에도 도움이 된다. 상사와 논의하여 적절한 자원을 확보하고 그 아이디어가 정말 좋은지 아니면 별로 좋지 않은지에 대해 조언을 얻는 것도 좋다.

비밀 프로젝트를 아주 중요한 기회로 일궈내는 데 도움이 될 만한 내용은 이 책의 앞부분에서도 많이 나왔는데, 몇 가지만 추려 보면 다음과 같다.

- **중요하지만 급하지 않은 범주에 속하는 일에 시간을 투자한다** 창의적인 사고와 전문가로서의 성장은 주로 이런 범주에 속한다. 새로운 프로젝트에 대한 아이디어도 당연히 여기에서 나온다.

- **어느 정도 절박한 마음가짐으로 행동한다** 절박한 마음가짐은 철저한 사전 준비와 끈기로 이어지며, 창의적인 프로젝트가 결실을 맺는 데 가장 필요한 게 바로 이 두 가지다.

- **일단 저지르고 나중에 물어본다** 내가 속한 조직 문화에 따라 달라질 수 있지만 (모든 회사에서 장난같이 보이는 프로젝트에 업무 시간의 20%를 쓰기를 권장하는 건 아니다) 내가 하려는 일이 윗사람 마음에 들지 않을 수도 있다. 특히 제대로 돌아가는 걸 확인하기 전에는 더욱 그렇다. 하지만 일단 제대로 돌아가는 걸 보여주고 나면 칭찬을 받을 수도 있다. 때로는 일단 만들어 놓고 나중에 승인을 받는 게 나을 수도 있다.

- 어느 정도 아이디어를 검증하고 나면 (데모나 시험 결과 등을 만들고 나면) 프로젝트에 본격적으로 착수하기 전에 의사 결정권자와 여러 번 검토 및 논의를 거친다.

준비될 때까지 기다리면 너무 늦다

"…언제나 아직 준비되지 않은 일도 해야 합니다. 아직 준비되지 않은 일을 한다는 것은 한 걸음 더 앞으로 나간다는 것, 뭔가 새로운 것을 배운다는 것, 성장한다는 것을 뜻하죠." – 마리사 메이어, 구글 부사장

유치원에 들어간 순간부터 정식 직장생활을 시작하기 전까지는 한 단계 성공하면 다음 기회와 도전 과제가 주어지는 식으로 성장한다. 학교에 다니는 동안에는 점점 더 큰 도전 과제가 주어지는 식으로 교육 체계가 만들어져 있기 때문이다. 대학교 1학년 과정을 마치고 나면 2학년 과정이 기다리고 있는 식으로 말이다. 하지만 실전은 그렇게 단순하지 않다. 학교 밖의 세상은 성장에 대한 압박이 가해지는 체계가 정해져 있지 않다. 업무에 필요한 역량을 모두 갖추고 편안하게 직장생활을 하고 있다면 그냥 관성에 따라 굴러가고 있다는 뜻으로 봐도 된다. 나에게 주어진 업무 범위에 대해서는 권위자라고 할 수 있다는 자신감이 실은 나의 발전을 야금야금 좀먹고 있을 수도 있다. 관성에 따라 굴러가는 것은 성장이 아니다. 그냥 계속 똑같이 살아가는 것에 불과하다. 따라서 항상 내 한계를 뛰어넘고 더 멀리 뻗어 나가기 위한 준비를 해야만 한다. 이런 사실은 최대한 일찍 깨달을수록 좋다. 그냥 내버려 두면 대부분 어느 수준의 기술 경쟁력을 갖추고 나면 대충 만족하고 설렁설렁 일하게 되고 만다. 그런 지점에 다다르고 나면 더는 성장이 없는 사람이 되고 마는 것이다. 조금만 더 전문가답게 행동한다면 제자리걸음이 아니라 더 빠르게 나아갈 수 있다. 조금은 불편하더라도 용기를 내서 한 발씩 앞으로 디뎌나가자. 그러다 보면 훨씬 더 빠르게 성장할 수 있을 것이다. 윗선에서 나에게 어느 정도 역할을 부여할 의지가 있다면, 그리고 앞으로 나가는 데 대한 두려움에 무릎을 꿇지만 않는다면 준비는 다 된 셈이다. 과감하게 돌파해 나가자.

interview
마크 베니오프

세일즈포스닷컴 CEO

현재 지위

세일즈포스닷컴^{Salesforce.com} 회장, CEO

주목할 점

최초로 매출액 10억 달러를 달성한 엔터프라이즈 클라우드 컴퓨팅 회사 창립자

학력

남가주대 경영학과 학사, 마셜 경영 대학원, 1982-1986

취미 및 관심사

돌고래와 수영하기, 요가 연습, 글쓰기, 음악 감상, 우쿨렐레 수집, 하와이 휴가

약력

마크는 엔터프라이즈 클라우드 컴퓨팅 기업인 세일즈포스닷컴의 회장이자 CEO다. 기존 엔터프라이즈 소프트웨어 기술을 대체할 엔터프라이즈 클라우드 컴퓨팅 서비스를 만들겠다는 비전을 가지고 1999년에 회사를 창립했다. 그는 그가 "소프트웨어의 종말"이라고 부르는, 더 적은 위험과 비용으로 직접적인 이득을 즉시 제공함으로써 정보의 민주를 이룩한다는 개념을 몸소 증명하며 공유형 클라우드 컴퓨팅 애플리케이션 및 플랫폼을 주도하는 인물로 평가받고 있다.

세일즈포스닷컴은 마크의 지휘하에 참신한 아이디어를 제시하는 회사에서 엔터프라이즈 클라우드 컴퓨팅 분야의 시장 및 기술을 선도하는 상장 기업으로 성장할 수 있었다. 2009년 회계 연도 말, 세일즈포스닷컴은 최초로 10억 불의 수익을 낼 수 있었다. 세일즈포스닷컴은 그 혁명적인 접근법 덕분에 월 스트리트 저널의 기술 혁신상을 받았으며, 비즈니스위크의 100대 혁신 기업에도 오를 수 있었고, 더 와이어드의 40대 기업^{The Wired 40}에서 7위에 등극했고, 지난 2년간 포브스에서 선정하는 10대 파괴적 혁신 기업^{Top Ten Disrupter}에도 선정되었다. 또한, 세일즈포스닷컴은 지난 6년간 최고의 CRM 소프트웨어로 소프트웨어 및 정보 산업 협회 주관 코디상을 받았고, 2007년에는 최고 주문형 플랫폼 분야의 코디상을 받았으며, PC 매거진의 편집자상도 여러 번 받았다. 마크는 2007년 에른스트 & 영 사업가상, SDForum 비저너리 어워드, 남가주대 마셜 경영 대학원의 최고 사업가 동창상 등을 받았고, eWEEK에서 조사한 IT에서 가장 영향력 있는 인물 100선 중 7위를 차지하는 등 다방면으로 그 혁신성을 인정받았다.

마크는 IT를 통해 긍정적인 사회적인 변화를 만들어내는 데에도 힘을 쏟았다. 2000년에는 – 지금은 수백만 달러 규모의 국제적인 조직으로 성장한 – 세일즈포스닷컴 재단을 설립하여 제품의 1%(비영리 재단에 서비스를 기증 또는 할인), 자산의 1%, 직원 근무 시간의 1%를 사회에 환원하는 "1/1/1 모델"을 주창했다. 스무 명의 위대한 리더들을 통해 사업가들이 어떻게 단순히 돈만 내놓는 수준을 뛰어넘어 자기 역량을 모두 발휘하여 세상을 바꿀 수 있는지를 펼쳐낸『세상을 바꾸는 비즈니스 The Business of Changing the World』(McGraw-Hill, 2006)라는 책을 쓰기도 했다. 마크가 쓴 또 다른 책,『더불어 사는 자본주의 Compassionate Capitalism』(ReadHowYouWant, 2009)는 통합 모델이 어떻게 성공할 수 있는지 보여주는 기업의 사회 공헌 활동에 관한 성공 사례집 중에서 처음으로 나온 책이다. 세계 경제 포럼 회원들은 세상을 더 좋은 곳으로 만들기 위해 기업과 사회 사이의 파트너십을 강화하겠다는 그의 의지를 높이 사서 마크를 젊은 글로벌 리더 가운데 한 명으로 선정하기도 했다. 기업 사회 공헌 장려 위원회 Committee Encouraging Corporate Philanthropy 에서는 2007년에 최우수 사회 공헌 기업상을 수여했으며, 그다음 해에는 마크를 상임 이사로 위촉하였다.

마크는 세일즈포스닷컴을 시작하기 전에도 25년가량의 긴 시간 동안 소프트웨어 업계에 종사했으며, 1986년부터 1999년까지 13년 동안은 오라클에서 일했다. 1984년에는 애플 컴퓨터의 매킨토시 사업부에서 어셈블리 언어 프로그래머로 일했다. 15살이었던 1979년에는 리버티 소프트웨어라는 엔터테인먼트 소프트웨어 회사를 설립한 경험이 있다.

■ "끊임없이 고객의 목소리에 귀를 기울입니다"

소프트웨어 분야는 어떻게 시작하게 되었나요?

고등학교 때 우연히 전산실에 들어갔을 때부터 소프트웨어에 사로잡히고 말았어요. 방과 후 아르바이트(동네 보석 가게에서 케이스를 청소하는 일을 했어요)로 번 돈을 열심히 모아서 제 컴퓨터를 사고, How to Juggle이라는 첫 소프트웨어를 만들었죠. (75달러에 팔았어요.) 그렇게 해서 15살 때 스티브 피셔라는 친구와 함께 리버티 소프트웨어 Liberty Software 라는 회사를 차리게 됐습니다. 아타리 800 용으로 Crypt of the Undead 같은 어드벤처 게임을 만들었어요. 그때 저희가 만든 소프트웨어에 대한 리뷰를 받으면서 사용자들의 목소리에 귀를 기울이는 게 얼마나 중요한지 배울 수 있었죠. 그때 번 돈으로 샀던 차는 오래전에 없어졌지만, 고객 관계와 관련하여 익힌 내용은 여전히 제게 남아있고, 지금은 세일즈포스닷컴에서 가장 중요한 것 가운데 하나가 되었습니다. (물론 그것 말고도 아직 남은 게 있어요. 스티브 피셔와는 평생지기 친구로 지내고 있고, 여전히 세일즈포스닷컴에서 큰 몫을 하고 있죠)

서비스형 소프트웨어(SaaS, Software as a Service) 분야를 시작하게 된 계기는 무엇인가요?

1990년대 말에 이베이, 아마존닷컴, 구글 같은 웹 "사이트"를 눈여겨보고 있었어요. 복잡한 기술과 손쉬운 사용성을 그렇게 환상적으로 합체시킬 수 있다는 게 정말 대단하다고 생각했죠. 데이터를 중심으로 돌아가는 풍부한 애플리케이션이었고, 꾸준히 업그레이드되고 있었지만, 사용자는 손 하나 까딱할 필요가 없었어요. 아마존닷컴 5.13.2 버전인지 5.13.3 버전인지 등에 대해서 전혀 신경 쓸 필요가 없는 거죠. 항상 최신 버전을 쓰게 되어 있고, 사용법을 배우기 위해 매뉴얼을 쳐다볼 필요도 없었어요. 이런 사이트가 소비자에게 새로운 삶의 방식을 열어준 반면, 엔터프라이즈 진영에서는 이런 멋진 게 나오지 않았어요. 제가 쓰던 비즈니스 애플리케이션 중에는 이런 식으로 돌아가는 게 하나도 없었죠. 하나같이 설치, 관리가 복잡했어요. 업그레이드할 때마다 문제가 생겼죠. 게다가 이렇게 불편한데도 상당히 비쌌어요. 인터넷을 통해 엔터프라이즈 소프트웨어를 다른 각도에서 접근한다면 상당한 기회를 창출할 수 있겠다는 생각이 들었고, 그래서 그런 일을 하기 위해 세일즈포스닷컴을 세웠어요.

가장 빠르게 성장하는, 가장 성공적인 스타트업을 만들어서 거의 10억 달러 수준의 기업으로 키워내셨는데요, 그런 성장을 이끌어낼 수 있었던 핵심 전략을 몇 가지만 말씀해주실 수 있을까요?

사실 세일즈포스닷컴을 키워낸 전략 111가지를 정리해서 『Behind the Cloud』(Jossey-Bass, 2009)라는 책을 썼어요. 하지만 가장 큰 축을 이루는 전략을 고르라면 고객의 성공에 대한 중요성을 깨닫는 것이라고 하겠습니다. 꽤 초기부터 저희는 고객의 열정에서 기회를 찾아낼 수 있었고, 그것을 우리 마케팅팀의 한 요소로 만들었습니다. 결국은 그런 개념이 우리 회사를 만들어낸 건데, 처음부터 조직적으로 시작되었습니다.

처음부터 우리는 우리 서비스를 사용할 사람들의 의견을 적극 수용하고 그들의 의견에 귀를 기울였어요. 그 결과 고객이 좋아하는 걸 만들었고, 그 고객이 그 서비스를 사용한 이야기를 적극 퍼뜨리게 됐죠. 엔터프라이즈 소프트웨어 분야에서는 이런 일이 처음이었어요. 고객이 우리 이벤트를 적극 도왔고, 우리 서비스에 대한 경험담을 공유했습니다. 사용자들이 적극 우리 제품을 홍보해 주면서 매우 긍정적인 소식이 빠르게 전파되었죠. 서비스를 판매하는 가장 좋은 방법은 다른 보통 회사들처럼 기능을 부각하는 게 아니라 우리만의 특별한 모델을 통해 고객이 실제 어떤 성공을 거뒀는지 알리는 것이라는 점을 고객 여러분이 가르쳐준 셈이었죠. 저희는 끊임없이 고객의 의견에 귀를 기울이고, 그 피드백을 바탕으로 우리 서비스를 발전시키고 있습니다. 고객은 성공을 거둘수록 더 많은 것을 요구했습니다. 더 정교한 사용자화, 더욱 심화된 통합, 더 많은 애플리케이션을 요구해 왔죠. 고객이 더 많은 것을 요구함에 따라 저희는 "우리 생각에 고객이 필요로 할 만한 것"이 아니라 "고객이 실제로 원하는 것"을 만들었습니다. 다른 회사와는 분명 다른 방식이었지만, 이런 상호작용을 통해 앞으로 나아갈수록 우리 서비스는 "고객이 채택하는 서비스"에서 "고객이 중독되는 서비스"로 변모해 나갔습니다.

많은 소프트웨어 스타트업이 혁신적인 제품 또는 서비스를 제공함에도 원동력을 잃고 수익을 제대로 못 내곤 합니다. 무엇이 문제일까요? (뭘 잘못하고 있을까요?)

여러 사업가가 너무 근시안적으로 행동하는 실수를 저지르곤 합니다. 자기 제품과 사랑에 빠져서는 고객의 목소리를 무시하는 거죠. 저희가 가장 중요하게 여기는 것이 바로 고객과 밀접한 관계를 맺는 것입니다. 저희는 매달 사용료를 받는 식으로 운영하기 때문에 항상 고객과 밀착할 수밖에 없는데, 모두 동일한 코드 베이스의 서비스를 제공하기 때문에 시스코나 델 같은 주요 고객이 어떤 기능을 요구했을 때 다른 고객도 그 혜택을 누리게 됩니다. 전에는 어떤 엔터프라이즈 소프트웨어에서도 기대할 수 없었던 일이죠. 또한, 모든 사업이 제각각 다르기 때문에, 어떤 고객이든 자사 고유의 프로세스에 맞는 시스템이 필요하다는 점도 매우 중요합니다.

여기에 덧붙여, 저희가 성공할 수 있었던 배경에는 우리 마케팅 부서의 역할이 매우 컸다고 생각합니다. 처음에는 시장을 주도하는 다른 업체들에 맞서는 쪽으로 자리를 매기려고 했어요. (스타트업이라면 당연히 골리앗을 쫓아가야 하게 마련입니다. 그 골리앗이 시장을 지배하고 있는 다른 업체든 현재 시장의 상태든 말이죠) 그리고 남과 차별화될 수 있는 여러 가지 전술을 도입했어요. 저는 "전술Tactics이 전략Strategy을 지배한다"는 말을 굳게 믿는 사람입니다. 직접 해 보니 경쟁자를 쫓아가기 위해 사용한 전술 덕분에 널리 유명해지고 경쟁자를 괴롭힐 수 있었고, 그게 우리 전술에도 큰 영향을 끼쳤습니다.

■ "경험과 인간관계가 정말 중요하다고 봐요"

소프트웨어 업체의 CEO 자리가 다른 회사, 다른 첨단 기술 회사의 CEO 자리와 다르다고 생각하시나요? 소프트웨어 회사를 이끌어가는 게 어떻게 다른지요?

우리 같은 비즈니스와 기술 모델을 따르기 위해서는 조직적인 반응성이 아주 좋아야 합니다. 우리 회사에서는 일 년에 세 번 메이저 업그레이드를 내놓는데, 전통적인 소프트웨어 회사에서 보통 5년에 한 번 정도 새 릴리스를 내놓는 것과 비교하면 차이가 꽤 많이 나죠. 이렇게 빠르게 움직이기 위해서는 마케팅에서 재무에 이르기까지 비즈니스 전반에 걸쳐서 다른 관리 스타일이 필요합니다. 꾸준히 혁신하고, 변화를 끌어안고, 동시에 조직 전체를 한 방향으로 정렬시키는 것이 꽤 힘든 일이죠. 우리는 그 방법을 찾아냈고, 그것이야말로 우리가 성공할 수 있었던 가장 큰 비결이라고 생각합니다.

운 좋게 파커 해리스, 짐 스틸, 폴리 섬너를 비롯해서 함께 일하시는 분들을 만나본 일이 있습니다. 상당히 훌륭한 분들을 많이 끌어모으셨고, 원하는 인재상이 분명하게 있는 것으로 보입니다. 소프트웨어 회사의 훌륭한 임원은 어떤 사람일까요?

경험과 인간관계가 정말 중요하다고 봐요. 저는 사람을 뽑을 때 전도사 성향이 있는 사람을 찾습니다. 단순히 기교가 좋을 뿐 아니라 그것을 남들에게 전파하고자 하는 열정을 가졌는지를 보는 거죠. 무엇보다도 세상을 바꿔 보고 싶다는 마음을 가진 사람인지 살펴보는 편이에요.

그런 사람을 어떻게 알아보시나요?

보통 어떤 질문을 하는지를 보면 알 수 있어요. 지금까지 저희는 사회적 통념을 깨는 방식의 사업을 해 왔기 때문에 그런 일을 잘할 수 있고 생각이 깊은 사람을 찾는 편이기도 합니다.

■ "통합형 기업 사회 공헌"

특별한 경영 철학을 가진 것으로 유명하신데요, 기업의 사회 공헌에 대한 부분도 그중 하나로 알려져 있습니다. 이와 관련해서 한 말씀 해 주실 수 있을까요?

저희는 조금 다른 접근법에 대한 확신을 하고 있습니다. 통합형 기업 사회 공헌이 바로 그것이죠. 단순하게 돈 조금 주고 기업 이미지를 향상하는 것보다 한 단계 더 나가는 겁니다. 저희는 저희 방식을 1/1/1 모델이라고 부르는데요, 우리 회사 지분의 1%를 별도의 자선기금으로 떼어 놓고, 직원 근무 시간의 1%를 사회 공헌을 위한 일에 쓰도록 하고, 제품의 1%를 자선단체에 무료 또는 저가로 제공하는 방식입니다. 이 방식이 여러 회사로 퍼져 나가고 있어요. 구글에서도 일부 이 방식을 도입해서 지금은 20억 달러가 넘는 기금의 재단을 운영하면서 세계적으로 가장 시급한 문제들을 해결하고 있어요. 그 외에도 저희 방식을 도입한 기업들이 많이 있고, 점점 더 많은 기업이 이런 방식을 도입하게 될 겁니다. 이런 일을 하는 기업들이 많아질수록 더 많은 일을 할 수 있기 때문에 기쁜 일이죠. 저희는 이런 개념을 "우리"의 힘이라고 부르고, 다른 사람들, 기업들도 이런 활동에 참여할 수 있게 하려고 열심히 뛰고 있습니다.

통합형 기업 사회 공헌에서 정말 중요한 것 가운데 하나가 바로 임직원들도 저희의 새로운 모델에 대해 긍정적인 반응을 보이고 있고, 직원 채용이나 근속 기간 연장에서도 중요한 요인이 되고 있는 것 같다는 점입니다. 특히 요즘 우리 회사에 들어오는 사람들을 보면 그 점이 뚜렷하게 보여요. 우리 직원들은 사회 공헌 활동은 업무와는 별개의 것, 또는 은퇴 후에나 하는 일이라는 기존 통념에 맞서고 있는 것이죠. 통합형 기업 사회 공헌이 자리 잡으면서 그런 통념은 더 이상 무의미하게 되어가고 있어요.

기업의 사회 공헌 활동이 경영 여건이 허락하는 범위 안에서 사회적인 관용을 베푸는 수준의 일이라고 생각하시나요, 아니면 도덕적인 의무 수준의 더 근원적인 일이라고 생각하시나요?

우리가 하는 일은 경영 여건이 좋은 동안만 하는 일시적인 일이 전혀 아닙니다. 성공하려면 조직 안에 완전히 녹아들어 가야 해요. 기업의 사회 공헌이 정말 올바른 일이라고 생각하긴 하지만 부차적인 이득이 있는 것도 사실입니다. 임직원들은 단순히 월급을 받는 것 이상의 사명감을 느끼게 되고, 더 행복해질 수 있습니다. 요즘은 사람들이 금전적인 데만 온 관심을 쏟는 게 아니에요. 사람들은 더 다양한 방식으로 공헌하고 싶어하고, 경영진은 그들에게 그 기회를 제공해야만 합니다. 이런 부분은 세대가 바뀌면서 직원들의 회사에 대한 생각이 근본적으로 바뀌는 것과 관련된 추세라고 생각해요.

세일즈포스닷컴의 구호가 바로 "No software"잖아요? 고객이 사용하는 소프트웨어는 세일즈포스닷컴 측에서 호스팅하고 관리하고, 고객은 그 기능을 사용하는 데만 신경 쓰면 된다는 개념으로요. 세일즈포스닷컴 같은 회사가 서비스형 소프트웨어(SaaS)를 주류로 끌어올려 놨습니다. SaaS가 어떤 식으로 나아갈 거라고 보시나요? 절대적인 강자의 위치까지 올라갈 수 있을까요?

이미 시장을 주도하는 패러다임으로 자리 잡았다고 봅니다. 특히 전통적인 소프트웨어 업체들이 새로 투자를 받아서 세워지는 일이 더는 없다는 걸 생각해 보면 더욱 그렇습니다. 모든 사람이 클라우드에 에너지와 자원을 투자하고 있습니다. 물론 한 패러다임이 기존 패러다임을 완전히 대체할 수는 없습니다. 아직 메인프레임을 돌리는 고객이 있고, 앞으로도 당분간은 계속 그럴 겁니다. 하지만 그 플랫폼에서의 혁신은 몇 년 전에 이미 끝났다고도 말할 수 있습니다.

게다가 요즘 경제의 분위기도 클라우드 컴퓨팅의 중요성과 장점을 더욱 부각해주고 있어요. 기존의 소프트웨어와 관련된 의사 결정을 내리기가 너무 어려워진 상황이죠. 요즘 같은 상황에서는 대규모로 자본을 투입하는 게 거의 불가능하다 보니 최신 기술로 업그레이드하겠다는 생각을 하기가 어렵잖아요. 그리고 여러 기업 고객이 그 많은 유지 보수 비용을 지출했는데 겨우 클라이언트와 서버를 계속 돌리는 수준에 그친다면 대체 무슨 이익인가 하는 의문을 가지고 있습니다. 클라우드 컴퓨팅이야말로 지금 시기에 딱 맞는 해결책입니다. 돈을 전혀 들이지 않고도 실시간으로 계속해서 새로운 혁신을 제공받을 수 있다는 점을 생각하면 어떤 경제 상황에서든, 어떤 규모의 기업에서든 최고의 솔루션으로 자리 잡을 수 있을 거로 생각합니다.

"한 번 만들어 두면 어디서든 쓸 수 있어야 한다"라고 말씀하셨듯이 이 업계에서 플랫폼 독립성을 매우 강조하셨습니다. 자바, HTML, PHP, 펄을 비롯한 여러 언어에서 강조되고 있는 점이기도 한데요, 이런 비전을 달성하기 위해서는 또 어떤 게 필요할까요?

문제는 방금 말씀하신 언어 모두가 실제로 "실행"시키는 부분에 이르면 결국은 너무 비싸고 복잡해진다는 거예요. 비싼 하드웨어, 소프트웨어, 하드웨어와 소프트웨어를 돌리기 위한 데이터 센터 등이 여전히 필요해요. 근데 요즘은 아마존 웹 서비스, 구글 앱 엔진, 우리가 만드는 Force.com 같은 새로운 클라우드 플랫폼이 나오면서 그런 비용, 복잡성이 확 줄어들고 있어요. 정말 대단한 일이죠. 요즘은 거의 어떤 개발자도 세계 어디서든 거의 무한한 컴퓨팅 파워를 활용할 수 있어요. 예전에는 상상할 수 없는 일이었고, 저는 거기에서 대단한 혁신이 일어날 거라는 점을 생각하기만 해도 가슴이 떨려요. 개발 비용이 어마어마하게 줄어들면서 애플리케이션이 훨씬 더 다양해질 거예요. 클라우드 컴퓨팅은 소프트웨어 개발의 경제학을 완전히 뒤집어 놓을 것이고, 고객에게는 큰 이득을 안겨다 줄 수 있을 겁니다.

■ "저는 항상 접속된 상태를 유지하려고 노력합니다"

(연구 개발 분야에서든 사업 영역에서든) 소프트웨어 분야에서 성공하려면 어떻게 하는 게 좋을까요?

클라우드 컴퓨팅 분야에서는 정말 믿을 수 없을 정도로 혁신이 진행되고 있어요. 이런 패러다임에 맞게 거의 매일 새로운 앱, 새로운 회사가 만들어지고 있죠. 제가 처음 이 바닥에 들어섰던 25년 전하고 비교했을 때 소프트웨어 개발의 경제학이 완전히 바뀐 걸 보면 여전히 놀랍기만 합니다. 그 시절엔 힘든 게 참 많았는데, 요즘은 그냥 옛날 얘기가 됐을 뿐이에요. 요즘 개발자들은 자기 자본, 하드웨어, 소프트웨어를 쓰지 않아도 데이터센터에서 바로 엔터프라이즈 애플리케이션을 빌드하고 테스트하고 배포하고 실행시킬 수 있습니다. 서비스를 판매할 때가 되면 그 애플리케이션은 우리 애플리케이션 못지않게 신뢰할 수 있는 애플리케이션이 되는 겁니다. 대단하죠.

요즘은 소프트웨어 개발을 바라보는 방식이 완전히 달라졌고, 소프트웨어 사업을 하기에 정말 좋은 시기라고 봅니다. 스타트업 회사라면 쓸 수 있는 모든 클라우드 컴퓨팅 플랫폼을 조사해 보고 그걸 활용하여 사업을 구축해야 합니다. 인프라 때문에 속 썩일 필요 없이 혁신에만 초점을 맞출 수 있다면 훨씬 더 많은 것을 이뤄낼 수 있습니다.

전문가로 활동하는 데 있어서 대학원 학위가 중요하다고 생각하시나요? 사람을 뽑을 때 석박사 학위를 중요하게 보시는지요?

저는 마샬 스쿨과 남가주대에서 학부 학위를 받는데 정말 잘 공부했다고 생각해요. 애플이나 오라클 같은 회사에서 일할 때도 정말 많이 배웠어요.

세일즈포스닷컴에서는 매년 MBA를 몇 명씩 뽑고, 그중 몇 명은 상당히 일을 잘해요. 하지만 결국 학위가 있다고 다 되는 건 아닙니다. 가장 중요한 건 자기가 배운 것을 어떻게 적용하는가에 달려 있어요. 학계 전반에 대해 존경심을 가지고 있습니다만, 경영 대학원 프로그램에서는 이 세상을 폭 넓은 관점에서 바라보고 있지 않기 때문에 괜찮은 CEO를 만들어내는 데 아주 좋은 것 같진 않습니다. 학교가 더 깨인다면 더 성공적이고 의욕적인 MBA, 더 성공적인 경영 리더를 만들어낼 수 있을 것 같습니다.

혹시 기회가 주어진다면 대학원을 어떻게 바꾸고 싶으신가요?

기업의 사회적 책임CSR, Corporate Social Responsibility에 대해서 거의 가르치질 않는데, 이게 미래를 생각하면 정말 큰 문제가 될 거라고 봅니다. 경영 대학원이 계속해서 그 중요성을 인정받고 싶다면 그 부분을 따라잡아야 합니다. 젊은 사업가들은 기업의 사회적 책임에 대해 정말 많은 질문을 가지고 있습니다. 어떤 모델이 제대로 돌아갈까? 사업을 시작할 때 어떤 CSR 프로그램을 가지고 시작할 것인가? 사회적 기업을 위한 최선의 구조는 무엇일까? 사실 요즘 정말 똑똑한 사람들은 업무와 사회 공헌을 별개로 생각해야 한다는 고정관념을 거부하기 시작하고 있어요. 경영 대학원에서도 그런 사실을 깨닫고 적극적으로 그 분야의 전문가를 데려오고 최고위 과정 같은 걸 신설하는 등의 활동을 하면 좋겠어요. 요즘처럼 곳곳에서 리스크, 규제, 자본주의 등에 대한 기존 관념에 의문을 제기하는 일이 많아지고 있는 시점에서, 경영 대학원에서 한발 앞서 다음 세대의 리더들이 기존 세대 리더들이 했던 실수를 반복하지 않도록 이끌어나갈 필요가 있습니다. CSR 프로그램만으로 악당들이 마법처럼 훌륭한 기업인이 되는 것은 아니겠지만, 경영 교육에서 더 나은 균형을 추구할 만한 여지, 그래야 할 만한 이유가 있지 않나 싶습니다.

기술 트렌드와 혁신의 정점에 서 있을 수 있는 비결이 무엇인지요?

최신 정보를 제공하는 블로그를 몇 개 읽습니다. 최근에는 Vinnie Mirchandani의 Deal Architect라는 블로그를 즐겨보고 있어요. 동료나 업계 사람들, 친구들하고 최근 기술과 혁신과 관련하여 어떤 일이 벌어지고 있는지에 대해서 꾸준히 얘기를 나누기도 해요. (꼭 사업상 하는 건 아닙니다. 제가 재밌어서 하는 거죠) 최근에는 TechCrunch 콘퍼런스에서 발표했을 때 새로운 클라우드 앱에 관한 데모를 몇 가지 볼 수 있었어요. 정말 마음에 들었는데, 안타깝게도 콘퍼런스에 자주 가진 못해요. (데이비드 커크패트릭의 브레인스톰^{Brainstorm}은 예외에요. 워낙 좋아하는 콘퍼런스라서 무슨 일이 있어도 참석하려고 하는 편이죠)

■ "중요한 일만 하라"

시간 관리에 관한 질문입니다. 기술 분야의 리더나 임원들은 대부분 엄청나게 시간에 쫓기는 것으로 알고 있습니다. 정신 건강을 유지하고 시간을 효과적으로 사용하기 위해 어떤 전략을 활용하시는지요?

저는 항상 다른 사람들과 꾸준히 연락하는 것을 중요하게 여겨서, 화상 회의 같은 것을 자주 하는 편입니다. 덕분에 저와 저희 팀 모두가 출장 회수를 줄이고 시간을 절약할 수 있었어요. 전반적인 시간 관리 면에서는 80/20 법칙을 사용합니다. 대부분의 시간을 가장 중요한 일에만 쓰는 식이죠. 즉, 제가 드리고 싶은 가장 중요한 조언은 중요한 일만 하라는 것입니다.

일과 생활의 조화는 어떻게 이루시는지요? 일에만 치여 사는 것을 방지하기 위해 어떤 방법을 쓰시나요?

쉴 때는 모든 걸 끊고 확실히 쉽니다. 그럴 때는 한두 명만 빼고는 저한테 연락할 수가 없어요. 그리고 저는 매일 운동을 하고, 스트레스를 줄이고 제대로 관리하기 위해서 요가를 열심히 합니다.

앞으로 10~15년 안에 소프트웨어 분야에서 긍정적으로든 부정적으로든 업무 여건 면에서 볼 때 어떤 변화가 있으리라고 예상하시는지요?

가장 큰 변화는 클라우드 컴퓨팅에서 올 것으로 생각합니다. 클라우드 컴퓨팅은 이미 소프트웨어 개발 절차를 민주화시켰고, 개발자 수가 급증하는 계기를 제공하고 있죠. 클라우드 컴퓨팅이 앞으로도 계속해서 혁신을 가져올 거라고 봅니다.

최근 들어 소셜 네트워킹이 중요한 변화를 몰고 왔는데요. 요즘은 소셜 네트워킹이 우리 제품, 그중에서도 특히 서비스 클라우드Service Cloud에도 영향을 많이 끼치고 있습니다. 서비스 클라우드는 콜 센터 상담원들이 모든 전화, 이메일, 채팅, 웹, 소셜 네트워크 등 가능한 모든 채널로 소통할 수 있게 해 주는 서비스죠. 이런 새로운 소통 방식이 고객 서비스 방식에 일대 혁신을 이끌고 불러올 것으로 생각합니다.

이 분야에서 일하면서 짜릿함을 느끼는 것 가운데 하나는 다음에 어떤 대단한 물건이 나올지, 그게 어떤 식으로 IT의 장점을 살려낼지 전혀 알 수 없다는 점입니다. 요즘은 청정 기술 분야에서 다양한 게 시도되고 있는데요. 에너지를 생산하고 수송하고 저장하는 방식에 큰 변화가 있지 않을까 하는 상상을 하곤 합니다. 헬스 케어 분야도 더 나은 IT 기술과 접목될 필요가 있는 분야이고, 요즘 진행되는 미국의 건강 보험 개혁과 보조를 맞추는 데서 뭔가 새로운 게 나오지 않을까 생각합니다.

마지막으로 이 분야에 뛰어들고자 하는 사람들에게 해 주실 말씀이 있으신지요?

사업에서 가장 큰 성공을 거두는 사람은 이윤 추구 외에도 중요한 사명감 같은 게 있습니다. 봉사 활동을 매일 하는 일과 하나로 합치는 방법을 찾아보세요. 우리 모델을 그대로 가져다 써도 좋고 새로운 방법을 고안해도 좋은데, 어떤 방식을 쓰든 20세기에 널리 쓰이던 "은퇴 후에" 하는 방식은 채택하지 마세요. 인생에서 가장 좋은, 가장 뿌듯한 일을 놓치지 않길 바랍니다.

CHAPTER 20
홀로서기: "소프트웨어 스타트업"

> **"성공한 사업가와 그렇지 않은 사업가의 차이 가운데 절반 정도는 순전히 인내심에 불과할 뿐이라고 확신합니다."** – 스티브 잡스

자기 사업을 시작하는 것이야말로 – 제대로만 된다면 – 큰 성공을 이루고, 나만의 연기를 펼치고, 엄청난 부를 일굴 수 있는 가장 빠른 방법이다. CompStudy.com에서 나온 "2008 IT 분야 기업가 활동 및 소득에 관한 보고서"를 보면 CEO와 CTO 중 31%가 그 회사의 설립자였다. 342명의 답변과 1,600명의 임원을 조사한 결과로 만든 보고서였다. 그 보고서에 실린 내용은 이 책을 쓰기 위해 인터뷰한 사람들, 그 사람들이 속한 회사를 조사한 결과하고도 대체로 잘 맞았다. 사실 이 책에 인터뷰가 수록된 주요 인물 중에 대기업에 입사해서 차곡차곡 승진해서 최고위 임원급에 오른 사람은 Business Objects CEO인 존 슈왈츠와 썬 마이크로시스템즈 전무/펠로우인 제임스 고슬링 둘밖에 없다. 답은 꽤 분명해 보인다. 최고의 위치에 오르는 가장 빠른 방법은 회사를 세워서 키우는 것이다.

(당연한 일이지만) CEO 평균 연봉은 평균 23만 달러 수준으로 꽤 괜찮은 편이며, 상당한 지분의 회사 주식을 보유하고 있으며, 우선주나 스톡 옵션, 매출액 및 주가 상황과 연계된 성과급도 만만치 않다.

이 장에서는 훌륭한 기술과 훌륭한 사업 사이의 차이점에 대해서 논해보고자 한다. 또한, 제품 개발 및 출시, 자금 조달 및 벤처 캐피털^{VC, Venture Capital} 투자 단계, 스타트업에서 주류 기업으로 성장하는 과정, 시제품 및 데모의 중요성, 성장과 인수 합병 계획 등에 대해서도 살펴보도록 하겠다.

안타깝게도 사업을 한다는 것이 쉽지는 않다. 어떤 스타트업이든 초기에는 수익을 쥐

어짜 내기 위해, 그리고 좋은 직원을 찾고 붙들어두기 위해 고생하게 마련이다. 그렇게 피와 땀을 흘렸어도 대략 30개월 정도가 지나면 대부분의 스타트업은 사업을 접거나 심각하게 위축된 상태로 최후를 맞게 마련이다. 웬만큼 용기 있는 사람이 아니면 택하기 어려운 길이다.

■ 좋은 아이디어 대 좋은 회사

다행히도, 여전히 어떤 창업자들은 세상을 바꾸기도 한다. 구글이나 페이스북처럼 말이다. 앞으로도 많은 혁명적인 신기술이 새로 등장할 것이며, 이를 위해 스타트업 창업자에게 가장 중요한 덕목 중 하나가 바로 믿음이다. 스타트업을 만들기 위해서는 새로운 기술을 창조하기 위해 복잡한 엔지니어링 장벽을 뛰어넘어야 함은 물론이고, 시장 수요를 창출하고 사업을 꾸려가야 하는 막중한 임무를 수행해야만 한다. 안타까운 일이지만 기술적으로 훌륭한 아이디어라고 해서 사업이 잘되리라는 보장도 없다. OS/2를 기억하는 사람이라면 잘 알 것이다. 1989년 기준으로 보자면 OS/2는 윈도에 비해 어떤 면에서 봐도 훨씬 우월한 운영체제였다. 베타 비디오도 VHS보다 뛰어났다. RCA의 레이저 디스크 기술은 요즘 쓰이는 DVD보다 몇 년을 앞서 있었다. 세계 각지에서 매일 여러 스타트업 회사들이 사업을 접고 있다. 지적인 자산을 사업의 원동력으로 바꿔주지 못했기 때문이다. 스타트업 회사가 망하는 가장 큰 이유는 똑똑한 기술 전문가가 자신이 사업에도 유능할 것으로 생각하기 때문이다. 대부분은 CTO로서 훌륭한 사람이 CEO로서도 훌륭한 것은 아니다. CTO는 시장 중심이라기보다는 제품 중심이기 때문에 프로젝트의 범위를 제대로 제어하지 못하는 문제를 종종 일으키고, 마케팅, 홍보, 수요 창출, 판매 촉진, 현금 흐름, 계약, 업무 관리 같은 일에 미숙할 가능성이 높다. 훌륭한 스타트업 사업가라면 자신의 장단점을 제대로 파악하고 필요한 부분을 보강할 수 있는 사람을 뽑아야 한다. 아이디어를 행동으로 바꿔줄 수 있도록 해당 사업 분야를 잘 이해하고 있는 사람, 경쟁력 있는 마케팅 전략가를 CEO로 영입하자. 1998년에 구글을 창립한 래리 페이지와 세르게이 브린의 예를 떠올려 보자. 둘 다 기술적으로는 구루급이라고 할 만큼 유능한 인재였지만 사업가는 아니었다. 구글이 점점 돈을 많이 벌게 되자 페이지와 브린은 그들을 도와서 구글을 주류 기업으로 끌어갈 만한 사람을 찾았고, 결국 2001년, 에릭 슈미트를 CEO로 초빙했다.

에릭은 썬 마이크로시스템즈의 CTO, 노벨의 CEO를 역임한 인물로, 이제 막 젖을 떼기 시작한 하이테크 업체를 성공적으로 키워낸 전력을 지니고 있었다. 아직 창고에서 몇 명이 코드를 짜고 있는 수준이라면 벤처 캐피털 회사나 임원 채용 전문 회사를 찾아가서 최고위급의 경영자 역할을 맡아줄 만한 사람을 알아보도록 하자.

■ 사업 계획서와 피치

누군가가 나를 진지하게 믿어주길 바란다면 무엇보다도 내가 가지고 있는 신기술과 사업 계획을 제대로 설명할 수 있어야 할 것이다. 사업 계획서는 사업 아이디어, 시장 내에서의 목표, 재정적인 목표, 몇 가지 초기 마일스톤(베타 버전이나 최초 제품 출시 예정일 같은 기술적인 마일스톤, 업무 단계가 달라지는 시기를 지정해 놓은 프로젝트 마일스톤, 세일즈 채널 확보나 초기 고객 확보 목표 달성, 제품에 대한 긍정적인 평가 획득 등의 경영상 마일스톤 등)을 달성하기 위한 전략, 경쟁자와의 비교 및 시장 분석, 예측 등을 요약해서 만들어야 한다. 사업 아이디어는 가장 중요한 경쟁력 요인 가운데 하나이기 때문에 아무렇게나 아무에게나 공유하면 안 된다. 보통 자기 회사 사람이 아닌 사람에게 사업 계획서를 보여주기 전에 미리 비밀 공개 협약서^{CDA, Confidential Disclosure Agreement}나 기밀 유지 협약서^{NDA, Nondisclosure Agreement}를 작성하는 것이 일반적이다. 하지만 이런 법적 문서에 서명하는 걸 좋아하지 않는 사람도 많고, 이런 문제 때문에 중요한 투자자나 계약 상대방과 논의할 기회를 날려 버리는 것도 별로 좋은 생각은 아니므로 중요한 사람에게는 굳이 서류에 서명하는 단계를 거치지 않고 보여줘도 될 만한 사업 계획서 요약본을 따로 만들어두는 게 좋다. 다음과 같이 상황에 따라 다양하게 쓸 수 있도록 몇 가지 버전의 사업 계획서를 미리 준비해두는 것이 좋다.

- **엘리베이터 피치** 관심을 불러일으킬 수 있는 수준까지 간략하게 사업 아이디어를 설명하는 경우. 엘리베이터 피치는 벤처 투자자, 개인 투자자, 미래의 고객, 전략적인 파트너 등의 관심을 끌기 위해 쓰인다. 꼼꼼한 계획과 리허설이 필요하다. 엘리베이터 피치를 괜히 엘리베이터 피치라고 부르는 건 아니다. 엘리베이터 피치는 엘리베이터를 타고 1층에서 8층까지 올라가는 정도의 짧은 시간 안에 모든 내용을 전달할 수 있도록 60초 안에 끝낼 수 있어야 한다.

- **요약 발표** 엘리베이터 피치와 비슷한 수준으로 요약된 정보를 제공하는 프레젠테이션. 하지만 조금 더 상세하게 논할 만한 몇 가지 정보와 그림 같은 게 추가된다. 요약 발표는

30~45분 안에 끝낼 수 있는 수준으로 준비한다. 관심이 있어서 내용을 추가로 검토하고자 하는 측에서는 필요하면 발표 자료 사본을 가져가기도 한다. 요약 발표 장소에서 가능하다면 제품 데모를 보여주기도 한다. 매우 눈에 띌 만한 자료를 만들어야 하지만, 차트가 발표 내용을 뒷받침해야지 반대로 발표 내용을 차트에 덧붙이는 수준으로 준비하지 않도록 하자. 그래픽, 동영상, 그래프 등을 최대한 활용하자. 텍스트는 최소로 줄여서 중요 메시지는 차트가 아닌 발표자에게서 들을 수 있도록 하자. 일반적으로 각 차트마다 3~5분 정도 소요된다고 생각하면 그래픽 중심의 차트 5~10장 정도를 준비하면 된다.

- **외부용 사업 계획서** 요약 발표 자료에 들어간 내용 외에 그 내용을 설명하는 글이 들어가 있는 (차트가 아닌) 공식 문서 형태의 자료. 충분히 자세하게 작성해야 하며 매우 잘 다듬어서 써야만 한다. 이 문서는 조금 더 진지하게 관심을 보이는 벤처 투자자, 개인 투자자, 미래의 고객, 전략적인 파트너 등을 대상으로 한다. 제품의 비전, 사업 참여자, 일정 계획, 마일스톤, 회사 설립 비용, 수익 전망 같은 것을 상세하게 다뤄야 한다. 투자자가 낸 돈을 책임감 있게 사용할 것이라는 신뢰감을 보여줘야 한다. 정해진 기간의 현금 사용을 정확하게 반영하여 탄탄하고 현실적인 현금흐름으로 구성된 예산을 짜야만 한다. 100만 달러를 요구했는데 그 자금으로 6개월밖에 운영할 수 없다면, 정상적인 투자자라면 그 돈이 다 떨어졌을 때 나머지 돈은 어디서 구할 계획인지 궁금해할 것이다. 위험이 그렇게 큰 사업에 왜 내 자본을 투입해야 하는지 답할 수 있어야 한다. 이 계획서는 대략 20페이지 전후의 분량으로 만든다. 사업 계획서가 다섯 페이지에 불과하다면 세세한 정보를 너무 많이 생략한 것이고 60페이지에 달한다면 아마 아무도 제대로 읽어보지 않을 것이다.

- **내부 사업 계획서** 외부용 사업 계획서와 유사하지만, 사내에서 사용하기 위한 문서라는 점이 다르다. 내부용 문서이기 때문에, 현 상태 및 성공하기 위해 꼭 달성해야 하는 것 등에 대해 솔직한 내용을 담을 수 있다는 큰 차이점이 있다. 문서에 "내부용", "대외비" 등을 분명하게 표시해둘 필요가 있다. 모든 임직원이 이 문서를 유출하면 어떤 일이 일어날지 분명히 알고 있어야 한다. 이 문서는 될 수 있으면 극소수의 내부자만 볼 수 있도록 하는 게 좋다.

■ R&D 착수

창의적인 신기술에 관한 아이디어가 있는 사업가 지망생이라고 해 보자. 실제 코드를 작성하기 위해서는 여전히 재능과 시간이 필요하다. 괜찮은 코드를 만들기는 더 어렵고, 회사와 함께 성장해 나갈 수 있는 확장성까지 갖춘 코드를 만드는 건 훨씬 더 어려운 일이다. 대부분 스타트업은 최대한 적은 투자만으로 최대한 적은 프로그래머만으로 빠르게 시장에 진출해야 한다는 압박에 시달리게 마련이다. 하지만 몇 가지 요령만 잘 활용하면 인트라넷 기반 구조, 소스 코드 제어 시스템, 확장성을 고려한 값비싼 서버 기반 구조 같은 데 큰 투자를 하지 않으면서도 빠르게 시장에 진출할 수 있다.

- **오픈 소스를 적극 활용하자** 남들이 미리 만들어서 공개한 수억 줄의 소스 코드의 장점을 최대한 살려보자. 굳이 밑바닥부터 모든 걸 직접 할 필요는 없다. 오픈 소스 소프트웨어를 활용하고 수정해서 쓰면 수만 줄 이상의 코드를 작성하는 데 필요한 시간을 아낄 수 있다. 몇 명이 몇 년 넘게 해야 할 프로젝트를 한 명이 몇 달 만에 끝내는 것도 가능하다. 오픈 소스의 장점을 살리면 비용도 획기적으로 절약할 수 있고 그런 프로젝트에 기여하고 싶어하는 엔지니어를 끌어들일 수 있는 좋은 유인책도 겸할 수 있다.

- **클라우드 컴퓨팅 서비스를 활용하자** 예를 들어 트위터도 자체 서버에서 돌아가지 않는다. 트위터에서는 구글의 클라우드를 활용하여 필요한 만큼 용량을 확장해 가면서 서비스를 돌린다. 클라우드 컴퓨팅이 뜨면서 여러 회사에서 확장형 가상 서버 자원을 유상으로 제공하고 있다. 아마존, 구글 및 몇몇 제공 업체에서 소프트웨어를 구동시킬 서버와 저장소를 돌려주고 있다. 그런 서비스를 쓰면 자신이 사용한 저장소 용량 및 CPU 사이클에 대해서만 사용료를 내면 된다.

- **원격 근무를 활용하자** 가능하면 핵심 엔지니어링팀은 한 장소에 모여있는 게 좋다. 사람들이 실제로 모여서 일하면 브레인스토밍, 코드 공유, 팀원의 소속감 제고 같은 면에서 매우 효율적이다. 하지만 원하는 재능을 가진 모든 사람을 한곳에 모으는 게 쉬운 일은 아니다. 그래도 상관이 없다. 단점이 있긴 하지만 (아무 때나 화이트보드 앞에 모여서 간단하게 브레인스토밍을 한다든가 하는 일은 불가능하겠지만) 의외의 장점을 찾을 수도 있다. 요즘은 원격 근무도 정말 쉬워졌고, 멀리 떨어진 다른 도시에서 일한다든가 아예 지구 반대편에서 일한다고 하더라도 매우 효과적으로 업무를 수행할 수 있다. 첫째, 인도나 중국에 사는 사람이나 아일랜드처럼 세율이 낮은 나라에 있는 사람을 현지에서 채용하면 인건비로 나가는 운영비를 크게 줄일 수 있다. 둘째, 전 세계에 걸쳐서 24시간 업무를 진행하기도 쉽다. 마지막으로, 사업 규모가 커질 때, 세계 각지에 직원이 있다면 각 지역에 대한 접근성을 바탕으로 국제적인 기업으로 성장하기가 훨씬 유리하다.

▌자금 조달

정말 운이 좋다면 여가 시간, 또는 학교에 다니는 기간 동안 새로운 아이디어를 발굴할 수 있을지도 모른다. 세르게이 브린과 래리 페이지는 스탠퍼드에서 대학원에 다니는 중에 구글을 만들었다. 마크 주커버그도 하버드에 다니는 동안 페이스북을 설립했다. 하지만 뭔가 미리 투자하려면 돈이 필요하다. 비밀 자금 창고 같은 게 없는 이상 아이디어를 펼쳐내려면 구걸이라도 해서 창업 자금을 마련해야 한다. 신생 기업에 대한 자금 지원은 몇 단계로 나뉘어 진행되는데, 그중에서도 가장 어려운 부분은 보여줄

게 아무것도 없는 상태에서 아이디어만 가지고 자금을 지원받는 단계, 즉 엔젤 자금 지원 단계다.

새로 만들어진 소프트웨어 스타트업은 네 단계를 거치게 되는데, 각각 다른 방식으로 자금이 지원된다. 각 단계를 정리해 보면 그림 20-1과 같다.

그림 20-1 스타트업의 단계 및 각 단계별 리스크

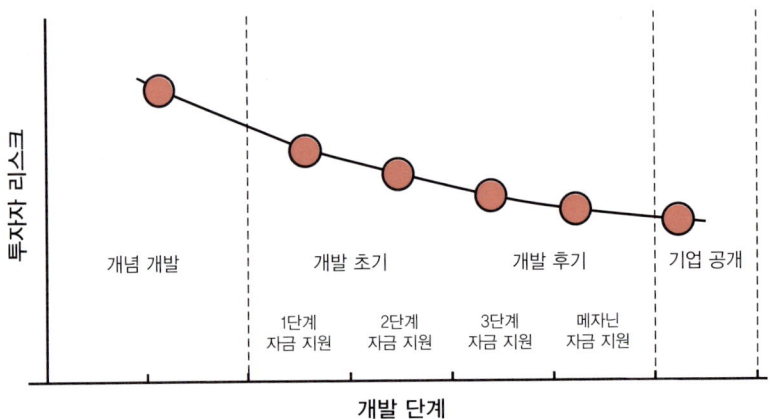

1 가장 초기에 지원되는 자금을 엔젤 자금 지원(Angel Funding)이라고 부른다. 이 시점은 천사 같은 사람의 도움이 필요한 단계기 때문에 이런 이름이 붙었다. 일단 이런 엔젤 자금 지원으로 아이디어를 다듬어서 성공 가능성을 엿볼 수 있는 데모 버전이라도 만들 수준이 되면 창업 자금 지원(Seed Funding)을 통해 개념 개발 및 초기 프로토타입 제작비를 충당할 수 있다. 다음 단계로 넘어가기 위해서는 보통 1단계 자금 지원이 필요한데, 이 단계를 스타트업 단계라고도 부르며, 이렇게 지원된 자금을 가지고 베타 수준의 제품이나 실제 제품의 첫 번째 버전 정도는 만들어야 한다. 창업 자금 지원을 받은 회사 중 거의 2/3 정도, 그리고 스타트업 단계 지원을 받은 회사 중 거의 절반 정도가 사업에 실패한다. 투자자들도 그걸 잘 알기 때문에 이런 초기 단계에 투자자의 돈을 받아내기란 쉬운 일이 아니다. 가능하다면 아무한테도 돈을 받지 않고 이 단계를 넘어가는 게 좋다.

2 2단계 자금 지원은 시장 점유율을 확보하고 진짜 매출을 올리고 운영 비용을 감당할 수 있는 수준의 충분한 매출을 만들어내는 것을 목표로 시장에 제품을 내놓는 단계에서 이뤄진다. 이 단계에서는 경영, 마케팅, 판매 전담 직원 등을 포함하는 회사의 기반 구조를 확립하는 데 필요한 자금이 지원된다.

3 3단계는 확장을 목표로 삼는다. 이 단계에서의 자금 지원은 시장 점유율을 확대하고, 괜찮은 포트폴리오를 구축하는 데 필요한 추가 제품 및 서비스를 탐색하는 것을 목표로 한다.

이 단계에 도달하는 회사는 투자자로서 재정적인 리스크가 훨씬 적은데, 많은 벤처 캐피털 회사들이 이 단계에 참여하는 데 관심을 쏟는 편이다.

4 4단계 자금 지원*은 회사의 신규 상장(IPO, Initial Public Offering)을 준비하는 단계에서 진행되는 벤처 캐피털 자금 지원의 마지막 단계이며, 투자자로서 그동안의 투자에 대한 수익을 거둘 수 있는 출구 전략으로 쓰이기도 한다.

이런 네 단계는 대략 구분한 것으로, 많은 스타트업이 이와 같은 템플릿을 수정하여 사용한다. 창업 자금 지원을 두 번 정도로 나눠서 받는다든가 벤처 캐피털 지원을 한 번만 받는다든가 하는 식으로 말이다. 사업을 시작하는 일은 깔끔하거나 부드럽게 진행되는 일이 좀체 없다. 정해진 성공 비법 같은 것이 있지도 않고, 어떤 상황에서든 기존 주주의 배당률을 어느 정도 낮추고 추가 투자를 통해 이득을 봐야만 한다.

아이디어만 좋다면 자금 지원이 그리 어려운 일은 아니다. 특히 괜찮은 경영 사례와 데모가 버무려진다면 더욱 해 볼 만하다. 2000년 닷컴 버블이 꺼지기 전에는 벤처 캐피털의 자금 지원을 받기가 쉬웠다. 닷컴 버블에 데인 투자자들은 소프트웨어 관련 사업의 위험성에 매우 민감하다. 그래도 좋은 아이디어에 대해서는 벤처 캐피털로부터 투자를 받을 수 있고, 특히 2차 자금 지원 이후로는 사정이 더 나은 편이다.

투자 자본에도 문제는 많다. 필요한 자금을 지원받으면서 사업 착수를 도와줄 괜찮은 이사진을 갖추면서 회사 경영권까지 지키기가 어려울 수 있다. 중요한 점은, 자금 지원을 많이 받을수록 경영권을 많이 내줘야 한다는 것이다. 요즘 소프트웨어 회사에서 "빨리 내놓고 자주 내놓아라"라는 구호가 유행인데, 소프트웨어 스타트업을 꾸릴 때는 "적은 돈으로 시작하라"는 말을 잊지 말자.

■ 매출 달성

VMware의 창립자이자 CEO였던 다이앤 그린에게 어떻게 몇 명의 엔지니어들이 VMware 같은 대단한 소프트웨어를 만들어낼 수 있었는지 물어본 적이 있다. 그는 단지 빨리 매출을 달성하는 데 초점을 맞췄다고 답했다. 성공하기 위해 많은 것이 필요하지만, 자금 회전이야말로 신생 기업에는 "죽느냐 사느냐"의 문제다.

---

* 저자주_ 3단계와 4단계 자금 지원을 통틀어서 메자닌 자금 지원이라고 부른다.

매출을 달성하는 데 주력했어요. 성공하려면 매출이 있어야 한다는 걸 잘 알고 있었고, 그 부분에 대해서 매우 실용적으로 접근했죠. 우리가 원하는 시나리오대로 돌아가지 않을 때에 대비해서 대체 시나리오를 준비했어요. 언제나 최선을 기대하되 최악에 대비했어요. 처음부터 모든 컴퓨팅 기기에 대한 큰 비전을 가지고 있었지만, 초기에 기반을 넓게 잡고 싶었죠. 우선 소프트웨어 엔지니어들을 대상으로 잡았어요. 그들이 어떤 제품을 좋아할지 알고 있었죠. 제품 마케팅 측면에서는, 아마도 제 기술적인 배경 때문에 그랬겠지만, 직접적이면서 탄탄한 접근법을 택했습니다. 그런 과정을 통해 이 복잡한 소프트웨어를 출시했고, 여러 방면에서 다양하게 쓰이기 시작했죠. 단도직입적이면서도 열정적으로 일했어요.

성공하는 스타트업은 위대한 비전과 열정이라는 밑바탕 위에 만들어진다. 하지만 성공하려면 대단한 인내심과 실용주의 정신이 필요하다. 바로 이런 끈기야말로 스타트업 창립자들로 하여금 벤처 자금이 마르기 전에 안정적인 매출을 일궈낼 수 있게 만들어주는 동력이다. VMware에서 했던 것처럼 신속하게 매출을 내는 데 초점을 맞추도록 하자. 일단 매출이 꾸준히 나기 시작하면 투자자들이 희망을 가지게 마련이고, 조만간 자금 지원의 물꼬가 트일 것이다.

■ 골을 넘어서

기술의 주류로 올라서는 데 가장 어려운 부분은 얼리어답터에서 주류 사용자로 넘어가는 일이다. 일반 사용자든 기업의 IT 담당자든 대부분의 사용자는 유행을 선도하는 최신 제품이나 스타트업 제품, 아직 확실히 검증되지 않은 기술을 쉽게 받아들이지 않는다. 간단하게 말하자면, 주류 사용자들은 실험용 쥐가 되는 데는 관심이 없다. 그림 20-2에 나와 있는 것처럼, 남보다 더 큰 위험도 기꺼이 감당하는 얼리어답터와 주류 시장 사이에는 상당히 깊은 골이 존재한다. 이는 상당히 심각한 문제로, 지금은 고전이 된 조프리 무어의 『벤처 마케팅 Crossing the Chasm』(세종서적, 1999)의 주제이기도 하다. 이 골을 넘어서지 못하는 회사는 살아남는 정도는 가능할지 몰라도 절대 성공할 수 없다. 그런 회사는 성공할 수 있을 것 같은 상황만 반복할 뿐, 제대로 성공하는 게 거의 불가능하다. 하이테크 업계의 부상병, 거의 성공할 뻔했던 회사로 남는 것이다. 어느 정도 주목받고 안정을 찾을 수 있겠지만 5~10년 정도 시간이 지나서 한때는 혁신적이었던 기술이 다른 대기업, 또는 더 공격적인 기업에 의해 추월당하면 그 빛이 바래고 마는 것이다. 이런 골을 넘어 주류로 건너가는 게 생각만큼 어려운 건 아닌데, 이 부분에 관해서는 무어의 책을 꼭 한 번 읽어보길 바란다.

그림 20-2 골을 넘어서

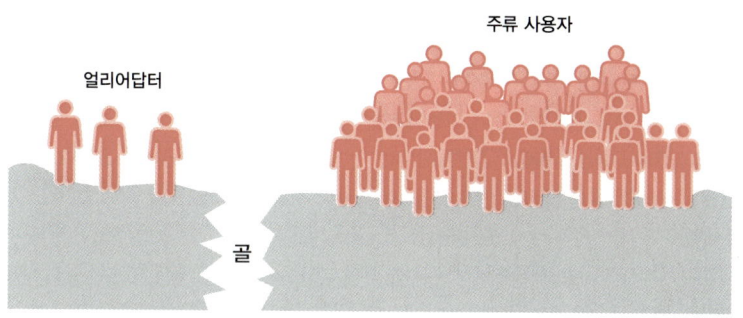

새로운 제품의 출시와 함께 제대로 앞으로 나가고 싶다면 다음과 같은 단계를 하나씩 밟아나가면 된다.

1 **교두보 역할을 할 고객을 확보하고, 그 고객에게 집중하라. 그 고객이 바로 성공 사례를 만들어 주고 제품을 추천해 줄 사람들이다** 수십 명 정도의 고객이면 제품에 대한 훌륭한 추천사, 제품을 추천해줄 만한 사람들을 모을 수 있고, 이 사람들이 주류 활동으로 넘어가는 데 큰 도움을 줄 수 있다. 초기 고객이 우리 제품에 대해 열의를 보인다면 그 고객은 우리 제품을 열심히 홍보해줄 수 있는 커뮤니티 같은 것을 이루게 된다. 마크 베니오프가 세일즈 포스닷컴을 매년 수십억 달러씩 벌어들이는 소프트웨어의 거인으로 키운 사례를 살펴보자. 처음부터 우리는 우리 서비스를 사용할 사람들의 의견을 적극 수용하고 그들의 의견에 귀를 기울였어요. 그 결과 고객이 좋아하는 걸 만들었고, 그 고객이 그 서비스를 사용한 이야기를 적극 퍼뜨리게 됐어요. 엔터프라이즈 소프트웨어 분야에서는 이런 일이 처음이었어요. 고객이 우리 이벤트를 적극 도왔고, 우리 서비스에 대한 경험담을 공유했습니다. 사용자들이 적극 우리 제품을 홍보해 주면서 매우 긍정적인 소식이 빠르게 전파되었죠. 서비스를 판매하는 가장 좋은 방법은 다른 보통 회사들처럼 기능을 부각하는 게 아니라 우리만의 특별한 모델을 통해 고객이 실제 어떤 성공을 거뒀는지 알리는 것이라는 점을 고객 여러분이 가르쳐준 셈이었죠. 저희는 끊임없이 고객의 의견에 귀를 기울이고, 그 피드백을 바탕으로 우리 서비스를 발전시키고 있습니다. 고객은 성공을 거둘수록 더 많은 것을 요구했습니다. 더 정교한 사용자화, 더욱 심화된 통합, 더 많은 애플리케이션을 요구해 왔죠. 고객이 더 많은 것을 요구함에 따라 저희는 "우리 생각에 고객이 필요로 할 만한 것"이 아니라 "고객이 실제로 원하는 것"을 만들었습니다. 다른 회사와는 분명 다른 방식이었지만, 이런 상호 작

용을 통해 앞으로 나아갈수록 우리 서비스는 "고객이 채택하는 서비스"에서 "고객이 중독되는 서비스"로 변모해 나갔습니다.

초기 사용자들이 우리 기술에 대해 열성을 보인다면 그들은 우리 마케팅팀이나 마찬가지가 된다. 사용자 그룹이나 블로그에서 우리 제품의 장점에 대해 열심히 홍보하고, 콘퍼런스나 사용자 그룹 회의에도 열심히 참여한다. 열성적인 사용자들이야말로 우리를 주류로 끌어올려 주는 사람들이다. 게다가 우리 기술에 대한 열성을 이끌어낼 수만 있다면, 그들은 우리 제품에 대한 비공식적인 전도사 정도에 머무는 게 아니라 우리 기술을 편애하는 열성 팬이 되어주기도 한다. 열성 팬 수준이 되면 우리 제품을 너무도 사랑하는 나머지 어떤 상황에서도 우리 제품 편을 들어준다. 그들에게는 다른 어떤 제품도 우리 제품의 경쟁 상대가 될 수 없다. 마치 하인즈 케첩의 광팬들이 다른 어떤 양념도 쓰지 않는 것처럼 말이다. 그들은 자기 회사 중역들을 포함한 주변 사람들에게 우리 제품에 투자할 것을 적극 권한다. 그들이야말로 우리 기술에 대해 절대 충성하고 다른 사람들에게도 적극 권장하는 사람들이다. 물론 그런 사람들을 만들어내기 위해서는 그럴 만한 가치를 지닌 매력적인 제품을 만들어야 한다. 적어도 어떤 특정한 방면에는 충분히 오랫동안 확실한 리더 자리를 확보해서 다른 어떤 경쟁 기술도 열등하다는 생각을 할 수 있게 하여 줘야 할 것이다.

2 데모에 최선을 다 한다 지금은 30초짜리 광고로 가득한 TV 문화, 즉각적으로 반응이 오는 통신 수단, 주문형 프로그램 등으로 가득한 시대다. 참을성 같은 건 찾아볼 수 없다. 쉽게 돌려보고 이해할 수 있는 데모 동영상이나 라이브 데모를 통해 우리가 어떤 가치를 제공하는지 바로 파악할 수 있게 해 주자. 대상에 따라 방법이 달라질 수 있다. 라이브 데모가 더 깊은 인상을 줄 수 있지만, 깔끔하게 동영상을 만들어 두면 훨씬 많은 사람에게 데모를 보여줄 수 있다. 훌륭한 동영상은 2분을 넘기지 않는다. 애플에서 만든 맥 대 PC 광고는 유튜브에서 컬트적인 고전으로 자리 잡았는데, 이 동영상들은 30초 이내에 모든 걸 보여준다. 온갖 잡다한 것을 보여주려 한다면 잘못 생각하는 것이다. 성공한 스타트업은 하나같이 고객으로 하여금 자사에서 제공하는 것의 가치를 쉽게 파악하여 거기에서 어떤 가치를 이끌어낼 수 있는지 빠르게 알아볼 수 있게 해 준다. 마이크로소프트, VMware, 구글, 페이스북, 닌텐도, 어도비, Sage, 시만텍, 세일즈포스닷컴 같은 회사가 모두 그런 예에 속한다.

3 세계로 뻗어 갈 수 있는 인터넷을 적극 활용하라 우리 회사에서 무엇을 제공하는지 사람들이 쉽게 전해 들을 수 있고 우리가 만든 베타 버전과 기존 제품을 간단하게 시도해볼 수 있도록 하기 위해 인터넷과 블로고스피어를 활용하자. 조금 더 기능을 추가하는 대신 사용성이 조금 떨어지는 제품을 만드는 실수를 베타 단계에서 종종 볼 수 있다. 엔지니어 입장에서 사용성은 조금 뒤로 미뤄도 된다고 생각할지 모르겠지만, 초기 단계에서야말로 사용성이 기능을 압도하는 시기라고 할 수 있다. 사람들의 이목을 끌고 트라이얼 버전을 써 보는 일이 행복한 경험이 될 수 있도록 하는 데 초점을 맞춰야만 한다. 따라서 트라이얼용 코드를 쉽게 구할 수 있고 쉽게 설치하고 설정할 수 있고 쉽게 테스트해볼 수 있게

해야 한다. VMware에서도 고객이 손쉽게 무료 버전을 다운로드할 수 있게 만드는 전략이 주효했으며, 그 외에도 수많은 소프트웨어 제품에서 그런 전략이 기본으로 자리 잡았다. VMware에서 인터넷의 장점을 활용한 방법에 대한 다이앤 그린의 말을 옮겨보면 다음과 같다.

> 30일마다 갱신할 수 있는 무료 트라이얼 버전을 인터넷에 공개하면서부터 입소문이 퍼지기 시작했어요. 덕분에 VMware가 이 세상에 모습을 드러내기 시작했죠. 열린 자세로 단도직입적으로 움직이는 엔지니어링 정신으로 임했죠. '여기 정말 멋진 신제품이 있어요. 한 번 써 보고 마음에 들면 그때 구입하시면 됩니다.' 이런 식이죠. 웹 덕분에 사람들에게 훨씬 쉽게 다가갈 수 있었어요. 웹이 없었다면 불가능했을 겁니다. 첫 번째 베타 버전을 무려 75,000명이나 다운로드했습니다. 인터넷이 없었다면 그렇게 많은 사람에게 베타 버전을 제공할 수 없었을 거예요.

4 큰 기업처럼 행동하라 인터넷 덕분에 조그만 회사라고 하더라도 마치 큰 기업과 같은 모양과 느낌을 낼 수 있는 세상이 됐다. 요즘은 웹상에서 대기업 못지않은 위력을 발휘하는 것도 상대적으로 쉬운 편이다. 인터넷 전화를 이용하면 매우 저렴한 비용만으로도 주요 거점 지역의 현지 번호를 만들 수도 있다. 세계 어디에 있는 바로 우리 집 거실에 런던, 파리, 도쿄, 뉴욕의 지역 전화번호를 연결해둘 수 있다. 근사한 데모와 웹상에서의 지명도, 여러 국제전화 번호 등을 활용하면 전문가들이 운영하는 회사로 자리 잡는 데도 도움이 되고, 처음에 사용자들이 스타트업을 상대할 때 들 수 있는 불안감도 떨쳐낼 수 있다.

■ 날렵하고 빠르게

어떤 회사에서든 제대로 된 관리가 필요하긴 하겠지만, 너무 계획만 고집하다 보면 회사가 죽어버릴 수도 있다. 사업 기회는 종종 예상치 못한 방향으로 뻗어 나가게 마련이다. 분야에 따라 꿈에서도 생각하지 못했던 사용자가 등장하면서 우리 기술이 예상하지 못했던 방향으로 확 떠오를 수도 있다. 최근에 들은 한 사례로 야간용 디지털 비디오를 개발한 이스라엘 회사의 예를 들어볼까 한다. 이 회사는 어느 분야에서 시장을 개척했을까? 아마 다들 국방, 첩보 같은 분야를 떠올리겠지만, 전혀 그렇지 않다. 이 회사는 동네 고물상의 야간 경비용 제품을 만들어서 클 수 있었다. 2007년 중반에서 2008년 중반 사이에 철강 가격이 가파르게 오르면서 고물상 도둑이 활개를 쳤고, 이 회사는 전에는 전혀 예상하지 못했던 분야에서 갑자기 야간 감시 장비 수요를 창출할 수 있었다.

VMware를 보아도 가상화 소프트웨어를 IT 부서에서 도입할 것으로 분명하게 예상하고 있긴 했지만 (그리고 실제로도 그렇게 되었지만) 초기의 각종 요구사항은 상당수가 학계 측에서 나온 것으로, 학생과 교수들이 여러 다른 연구 과제, 또는 수많은 학생과 교수 사이에서 공용 자원을 가상화하여 나눠 쓰기 위한 방법을 강구하는 과정에서 만들어졌다. 이런 기회에 대해 민첩하게 반응하는 일은 신속한 경영만 가지고 되는 일이 아니다. 신속한 엔지니어링도 필요한 일이다. 전통적으로 소프트웨어 제품은 12~24개월 간격의 배포 사이클에 따라 출시된다. 주요 요구사항이 들어오면 해당 업무에 착수하는 데 12~18개월 정도, 실제 요구 기능을 제공하는 데 또다시 12~24개월 정도 시간 여유가 있다. 하지만 요즘은 대부분 제품에서 그런 호사는 옛날 얘기가 되었다. 애자일 개발 방법론과 서비스형 소프트웨어^{SaaS} 모델이 만나면서 1년에 몇 번씩, 심하면 한 달에도 몇 번씩 새로운 버전을 출시할 수 있게 되었고, 응당 그래야 하는 상황에 이르고 말았다. 소프트웨어 분야에서 전에 볼 수 없었던 반응 속도다. 덕분에 많은 회사에서 재빠르게 반응하여 새로운 기능을 내놓게 되었지만, 대형 제품의 경우에는 그런 속도를 따라잡기 위해서는 엔지니어링팀을 분할해서 배포본을 병렬적으로 개발해야 할 수 있다. 이제 막 틈새를 공략하기 시작한 스타트업에게 있어서는 이런 식의 적응력이 그야말로 결정적이라고 할 수 있다. 날렵하고 빠르게 움직이자.

■ 성장 대 인수 합병

많은 이들이 조그만 회사들이 성공하고 나면 큰 기업에 의해 인수 합병되는 것이 일반적이라고 생각한다. 하지만 실제로 들여다보면 이런 경우는 생각보다 흔하지 않다. 현실적으로 소기업들은 꽤 이른 시기부터 (보통 조금 이르다 싶을 만한 시기에) 더 성장하고 성공적인 기업으로 커 나갈지 아니면 인수 합병 쪽으로 갈지 결정해야 하는 것이 일반적이다. 각각 장단점이 있다. (표 20-1 참조) 성장과 인수 합병 중에 어느 쪽을 선택하든 회사의 방침, 투자 및 R&D 관련 의사 결정, 회사 구조 및 주력 분야 등에 지대한 영향이 미치게 된다.

표 20-1 성장 대 인수 합병

	장점	단점
성장	창립자가 경영권을 유지할 수 있다 매출이 급증하면서 장기적으로는 창립자와 핵심 임직원이 더 많은 수익을 얻을 수 있다	창립자가 상당한 위험을 감수해야 한다. 현재 소유주가 회사를 다음 단계로 끌어올리지 못할 수도 있다 수익성을 끌어올리는 데 시간이 너무 오래 걸릴 수 있다
인수 합병	창립자와 핵심 임직원이 빠르게 재정적 이득을 실현하면서 단기간 내에 만족감을 얻을 수 있다 창립자와 벤처 캐피털 투자자들이 경영할 때와 비교하면 똑똑하고 잘 조직화된 모기업의 보호 아래 기술적인 성취도나 영업 이익 면에서 더 빠르게 위로 올라갈 수 있다	회사 경영권 중 상당 부분이 새로운 소유주에게 넘어간다. 원래 리더 역할을 맡고 있던 사람이 재정적, 전략적인 권한을 일부 양보하거나 아예 내놓아야 할 수도 있다 막대한 이익을 낼 수 있는 잠재력이 있다고 할 때, 미래에 발생할 이익은 원래 창립자가 아니라 모기업에 돌아간다 위험이 없지 않다. 새로운 모기업에서 새로 인수한 그룹을 잘못 관리할 수 있다. 창립자가 알아서 경영할 때만도 못할 수도 있다

회사를 더욱 키우는 게 목표라면 성장을 위한 투자 과정에서 수익 창출과 사용자 기반 확대, 사용자 만족도 증대 등에 대한 필요성을 적절히 조절해야 한다. 기존 제품과 서비스를 개선하거나 새로운 제품/서비스를 만들기 위해 신규 R&D에 상당 부분 투자해야 한다. 순이익보다는 매출액을 키우는 쪽에 초점을 맞추게 된다. 매출이 어느 정도 나면 시간이 지나면서 순이익도 따라오게 마련이다. 하지만 사업하는 사람이라면 내일의 이익을 위해서는 오늘 투자해야 한다는 사실을 잘 알고 있을 것이다.

반대로 인수 합병 쪽으로 가닥을 잡는다면 매출 증대는 그리 중요하지 않다. 수익성, 성공적인 시장 진입 방법을 보이는 데 중점을 둬야 한다. 재무 상황도 잘 챙길 필요가 있다. 결과적으로는 R&D에 대한 투자는 (전혀 없으면 안 되겠지만) 미약할 것이고 회사 규모를 늘리는 데는 덜 공격적으로 움직이게 된다.

둘 다 유효한 전략이지만 어느 쪽을 택하는지에 따라 운영 및 전략적인 의사 결정에 직접 막대한 영향을 미칠 수밖에 없다. 치밀한 계획 하에 현명한 선택이 필요하다. 치밀하게 결정하지 못하는 바람에 실패하는 회사가 너무나 많다. 경영 전략이 꼬이면 스스로 성장하는 데 필요한 만큼 R&D 및 사업 기반에 대해 제대로 투자하지도 못하고,

인수 합병 대상이 되는 데 필요한 만큼 안정적인 재무 상태, 수익성, 시장 접근 채널 등을 확보하지도 못한 어정쩡한 회사로 전락하고 말 수도 있다.

■ 인수 합병 전략

새로 만들어진 회사의 목표는 크게 다음과 같이 세 가지로 나눌 수 있으며, 보통 치밀한 계획에 따라 다음 중 하나를 선택하여 집중해야 한다.

1 독립적으로 성장하여 이익을 창출하는 전략
2 주식 시장에 상장하여 창립자가 크게 보상받을 수 있는 전략
3 인수 합병 전략

다른 회사에 인수 합병되는 방식은 나름 상당히 매력적이다. 첫째, 인수 합병이 이루어지면 창립자는 위험을 최소화하면서 즉각적으로 보상을 받을 수 있다. 둘째, 창립자는 매출 수십억 원 규모의 작은 회사를 매출이 수백, 수천억 원을 상회하는 큰 회사로 만드는 방법을 찾아야 하는 부담감에서 자유로워질 수 있다. 신생 기업을 키워서 상당한 매출을 내는 큰 회사로 만들어내려면 어느 정도 경험과 기반이 필요한데, 스타트업 창립자에게는 부족한 덕목일 수 있다. 스타트업 창립자로서 인수 합병을 노리고 있다면 성공을 위한 몇 가지 단계와 비결을 미리 알아두면 도움이 될 것이다.

대기업에서는 인수 합병 시에 항상 다음과 같은 다섯 가지 목표를 고려한다.

- **분야에서의 선도성** 대기업은 이미 많은 것이 갖춰져 있으며 계속해서 성공 가도를 달려온 회사다. 특정 분야의 선도기업을 인수하면 이미 시장을 주도하고 있는 사업부를 즉각 흡수할 수 있다. 가격은 비싸겠지만, 위험은 상대적으로 낮고, 투자 대비 이익도 어느 정도 예측 가능하다.
- **기회 강화** 고객과 시장 점유율을 확보하기 위한 인수 합병이다. 업체 수, 경쟁자 수를 줄이는 데 도움이 되고, 순수하게 경쟁자를 시장에서 퇴출하는 것을 목표로 인수 합병을 추진하는 것으로 널리 알려진 회사들도 있다. (이름은 밝히지 않는 게 좋을 듯하다) 보통 인수 기업에서는 피인수 기업의 고객을 그대로 흡수하면서 비용면에서의 시너지를 달성하는 것을 목표로 한다. 기회 강화는 전체 인수 합병 건 중에서 비교적 적은 부분을 차지한다.
- **상호보완** 대다수의 인수 합병이 이 범주에 속하는데, 큰 회사에서 기존 포트폴리오를 다듬기 위한 목적으로 작은 회사를 인수하는 경우다. 큰 회사에서 소프트웨어 자체를 개발할 수도 있지만, 인수 합병으로 새로운 구성 요소를 시장에 내놓을 때까지 걸리는 시간을 줄이고

고객 기반과 판매 경로를 키울 수 있다.

큰 기업은 이미 상당한 시장과 판매 기반, 그리고 더 고도화된 사용자 기반이 있으므로 새로 인수한 기술을 확대하고 가속화하는 데 유리하다. 이런 유형의 인수 합병에서는 사업 자체를 가져오는 것보다는 기술을 가져오는 쪽에 더 무게를 둔다.

- **신사업 진입** (매출이 많든 적든) 널리 알려진 기업에서 다른 기업을 인수하면서 새로운 사업 분야에 들어가는 경우다. 분야를 선도하는 기업들이 보통 이런 인수 합병을 많이 한다. 예를 들어 IBM에서는 Tivoli, 래쇼날, 로터스를 인수하면서 탄탄하고 잘 갖춰진 포트폴리오를 짜면서 시스템 관리, 애플리케이션 개발, 관리망 분야에 깊숙이 뛰어들었다.

- **역량 확보** 기업 인수 합병의 대표적인 원동력 가운데 하나가 바로 빠르게 인재를 확보하는 것이다. 인수 기업에서 스타트업의 기술이나 제품에는 전혀 관심이 없을 때도 있다. 대기업이 새로운 분야에 뛰어들거나 신생 엔지니어링팀을 키우려고 할 때 가장 먼저 확보해야 할 것이 바로 역량이다. 특정 분야에서 심도 있는 전문가로 크는 데 2~4년 정도 걸리는 것을 감안하면, 특정 분야에 대한 전문지식을 이미 가지고 있는 임직원을 뽑아오면 깊이 있는 기술을 새로 시작하는 데 있어서 결정적인 촉진제가 될 수 있다. 아직 골을 넘어가지 못한 기업이 좋은 후보가 된다. 가치평가는 낮지만 상당한 역량을 가지고 있어서 염가에 훌륭한 인재를 대거 영입할 수 있다.

새로운 인수 합병을 기획하는 인수 기업에서는 이 중 하나 이상의 목표를 염두에 두게 마련이다. 우리 회사를 팔릴 만한 회사로 만들기 위해서는 어떤 회사에서 우리 회사를 인수하는 데 관심을 둘 만한지, 위에 있는 다섯 가지 이유 중 어디에 속하게 될지 분명히 알 필요가 있다. 하지만 이미 확보된 고객과 투자자들을 놀라게 하지 않으면서도 회사를 팔 의향이 있다는 것을 알리려면 어떻게 해야 할까? 신문에 대문짝만하게 광고를 낸다든가 하면 잘 돌아가고 있는 사업을 말아먹고 말 것이다. 인수 합병을 위해서는 상당히 복잡미묘하고 은밀하게 움직여야 한다. 인수 합병을 원한다면 다음과 같은 팁을 고려해 보자.

- **핵심 기업들과 교류하여 이름을 알린다** 가능하면 단순하게 알고 지내는 정도를 넘어서 어떤 공동 작업을 할 수 있는 사업 파트너 관계를 맺는다. 이렇게 하면 인수 합병 가능성을 크게 높일 수 있다. 대부분 기업은 어느 정도 잘 아는 기업을 인수하는 쪽을 선호하기 때문이다. 제대로 된 사람들하고 친해지는 게 중요하다. 같이 일하는 사람이 좋은 시작점이 될 수는 있지만, 그 사람들이 인수 합병을 추진할 사람은 아닐 수 있기 때문이다. 그 회사의 사업 기획팀과의 회의 기회를 만들어 보도록 하자.

- **좋은 벤처 캐피털을 접촉한다(가능하면 우리를 잘 아는 벤처 캐피털이 좋다)** 벤처 캐피털에서 적절한 인수 기업을 찾는 데 도움을 줄 수도 있다. 괜찮은 벤처 캐피털은 여러 투자

은행과 친분이 돈독하게 마련인데, 투자 은행은 기업 인수 합병에서 중요한 역할을 맡는다. 투자 은행에서는 전략적인 인수 기업에게 우리 기술을 알리고 수요를 만들어줄 수 있다. 그렇게 되면 우리 회사의 가치가 높게 평가될 수 있고, 창립자와 투자자들의 매매 가치 평가액을 끌어올릴 수 있다. 회사, 회사 보유 기술 및 경영 상황에 대한 소개와 상세한 매출 및 지출 내역이 담겨있는 회사를 설명할 수 있는 "판매 홍보 자료"를 만들어 두면 도움이 된다. 위에 있는 다섯 가지 인수 합병 목표 가운데 어디에 잘 들어맞을지 감안하여 자료를 만들어 두자.

일단 인수 기업이 될 만한 회사에서 관심을 보이기 시작하면 스스로를 소개할 기회가 주어지는 예비 회의를 기대해볼 수 있다. 무엇을 알고 싶은지 물어보고, 꽤 자세한 재무 자료를 요구하더라도 놀라지는 말자. 인수 의사가 있는 회사에서 진지하게 관심이 있다면 상호 검토 단계로 들어간다. 인수 의사가 있는 쪽에서는 지적 재산^{IP, Intellectual Property}에 대한 소유권을 포함한 회사의 법적인 상태, 회사 간의 관계, 고객 및 업체 계약 현황, 제품 및 아키텍처에 대한 기술적인 검토, 회사 규모, 역량, 조직 문화, 근무지 등을 면밀하게 검토하게 마련이다.

인수 합병의 주요 방해 요인 세 가지를 꼽자면 다음과 같다.

1 **IP 문제** 계약이 불발되는 가장 흔하면서도 가슴 아픈 원인이 바로 IP 문제다. 인수할 회사 입장에서는 자기 것이 아닌 지적 재산을 밑바탕 삼아 만들어진 회사를 인수하는 것이 법적으로 상당히 위험한 일이기 때문이다. 항상 우리 회사에서 사용하는 IP에 대한 법적인 권한에 대해 확실히 해야 하지만, 상호 검토 단계가 시작되기 전에 모든 것을 다시 한 번 분명하게 짚고 넘어갈 필요가 있다.

2 **유지가 곤란한 계약 문제** 예를 들어 재판매 업자와의 기존 계약서에 인수할 기업에서 제3자의 고객에게는 제품을 판매할 수 없다는 조항이 들어가 있을 수도 있다. 누구한테 무엇을 팔 수 있는지 등에 관한 제약이 조그만 스타트업 단계에서는 받아들일 만한 수준이었을지 모르겠지만, 인수할 기업 입장에서는 도저히 받아들일 수 없을 수도 있다. 몇 년이라는 시간이 지나고 나면 오래전에 서명한 계약에 대해서는 별로 할 수 있는 일이 없을 수도 있다. 똑똑한 임원이라면 사업 파트너와 계약을 맺을 때도 인수 합병 가능성을 염두에 두고 그런 조항이 없는지 꼼꼼하게 살펴보고, 혹시 그런 조항을 넣게 되더라도 나중에 파기하거나 적어도 어느 정도 이의를 제기할 수 있는 근거가 되는 조항을 집어넣어야 한다.

3 **치부 숨기기** 협상 테이블에서 유리한 고지를 선점하기 위해서 회사의 약점을 숨겨볼까 하는 생각이 들 수도 있다. 하지만 인수 합병을 위한 상호 검토 단계에서는 회사에 관한 모든 사항이 검토 대상이 된다. 뭔가 숨기고 있다가 나중에 들통 나면 계약이 무산될 수 있다. 악의적으로 약점을 숨기지 않도록 주의하자.

스타트업을 직접 만들거나 스타트업에 초기 멤버로 참여하는 것이야말로 소프트웨어 업계에서 큰 성공을 거둘 수 있는 검증된 방법의 하나다. 회사가 성공하면 경영이나 기술 방면에서 상당한 영향력을 발휘할 수 있는 지위에 오를 수 있고, 동시에 상당한 보상을 받을 수도 있다. 그리고 다른 많은 사람은 얻을 수 없을 만한 다양한 인생 교훈을 얻을 수도 있다. 위험이 상당히 크고 꽤 오랜 길을 힘겹게 걸어가야 할 수도 있고 헤아릴 수 없을 만큼 난관이 닥쳐오겠지만 모든 어려움을 뚫고 성공할 수만 있다면 그만큼 많은 것을 얻을 수 있다.

interview
다이앤 그린

VMware 공동 창립자, CEO 역임

현재 지위

VMware 전 CEO

주목할 점

VMware 공동 창립자, 회장, 대표이사 역임

출생연도

1955년

학력

UC 버클리 전산학 석사, 1988년

MIT 조선공학 석사, 1978년

버몬트대 기계공학 학사, 1976년

취미 및 관심사

가족과 시간 보내기, 요트, 스키, 봉사 활동

약력

1998년부터 2008년까지 VMware의 회장과 CEO를 역임했다. VMware는 다이앤의 지휘 아래 가상화 기술의 주류를 이끌었으며, 가상화 소프트웨어 산업을 창출해냈다. 실리콘 그래픽스, 사이베이스, 탠덤 등의 이사로도 활동했으며 VXtreme의 CEO도 역임했다.

VMware를 공동으로 창립하고 경영하기 전에는 VXtreme이라는 스트리밍 동영상 회사를 창립하고 CEO로 일했다. VXtreme은 1997년 마이크로소프트에 인수 합병되었다. 그 후에는 실리콘 그래픽스, 탠덤, 사이베이스에서 기술 관리자 역할을 맡았다. 가상 데스크톱, 서버, 저장소, 네트워킹용 소프트웨어에서 세계적인 리더 가운데 하나다. 2006년 8월 17일 이후로 인튜이트 이사회의 사외이사로 활동하고 있으며, MIT 이사회 위원이다.

■ "대학교 때 TI 계산기가 있었어요"

소프트웨어 분야는 어떻게 시작하게 되었나요?

대학교 다닐 때 TI 계산기가 있었어요. 그전까지는 계산자를 쓰다가 계산기로 바꿨죠. 아직 두 가지를 섞어 쓰던 시기였어요. 컴퓨터도 좀 만져보긴 했는데, 1976년에 MIT에 가서 MIT의 인공지능 연구실에서 일하는 사람들하고 친해지기 전까지는 제대로 썼다고 보긴 어려울 것 같아요. 그 친구들이 하는 일이 정말 재미있어 보였습니다. 그 친구들은 컴퓨터가 사람들에게 무엇을 해 줄 수 있는지에 대해 원대한 비전을 가지고 있었어요. 그때 "이거 정말 재밌겠다. 좀 더 배우고 나도 이쪽에서 일했으면 좋겠는데?"라고 생각했죠. 고등학교를 졸업한 게 1972년이었는데, 우리 학교에는 컴퓨터가 없었어요. 버몬트대에서 기계공학을 전공했는데, 졸업할 때까지만 해도 컴퓨터를 쓸 필요가 전혀 없었습니다.

특이하게 조선공학으로 석사를 받으셨는데, 어떻게 조선공학에 흥미를 가지게 되셨나요?

매릴랜드주 애너폴리스에서 자라면서 어렸을 때부터 배도 많이 탔고, 수상 가옥도 있었어요. 요트 경주도 나가고 그랬었죠. 버몬트대 기계공학과 학과장님이 조선공학 박사 학위를 받으신 분이었는데, MIT 대학원에 가는 게 어떻겠냐고 권유를 하셨죠. 그분도 MIT에서 박사를 받으셨거든요. 그냥 그렇게 배 타는 거 좋아하고 교수님께서 권유해 주신 덕에 MIT에서 조선공학 전공으로 석사를 하게 됐어요.

소프트웨어 분야에서 스스로의 가장 큰 업적이나 공헌이라고 할 만한 걸 꼽아 주신다면?

VMware에서 가상화라는 분야를 만들어내는 과정을 지휘했고, 투명하고 서로 챙겨주는 문화의 위력을 보였다는 것을 꼽고 싶어요. 사실 그전에도 가상화가 있긴 했지만 저희가 여러 가지 새로운 것을 발명해냈고, 가상화를 주류로 끌어올릴 수 있었습니다. 저희는 매우 고품질의 소프트웨어를 만들었고 무일푼의 회사를 18억 달러가 넘는 규모의 회사로 키워냈어요. 저희는 가치와 능력 위주의 업무 환경을 만들어서 훌륭한 일을 할 수 있게 하였습니다. 정리해서 얘기해 보자면, 저희가 지금과 같은 모습의 가상화 업계를 만들어냈고, 고도의 공개성, 투명성을 갖춘 최고 품질의 소프트웨어에 대한 기준을 끌어 올렸다는 점이 가장 주목할 만하다고 하겠습니다.

소프트웨어 분야에서 불만거리라고 할 만한 건 없나요?

기술 분야에 속하는 회사 중에는 편집증적인 기질이 있는 회사가 종종 있어서 회사끼리 협력을 했을 때 얻을 가능성을 제대로 살리기가 어려워요. 다들 자기 지적 재산에 대해 걱정을 많이 해요. 그리고 다른 회사를 도와주면 그 회사가 더욱 커져서 자기를 해칠까 봐 걱정하기도 하죠. 서로 최상의 시나리오가 아니라 최악의 시나리오를 상상하면서 움직이다 보니 다른 회사와 힘을 합쳐서 일하기가 정말 어려워요. 사람들이 조금만 더 낙관적이라면 훨씬 더 좋은 일을 많이 할 수 있을 겁니다.

■ "최선을 기대하되 최악에 대비했어요"

몇 명의 공동 창립자들과 함께 VMware를 만드셨습니다. 여럿이 힘을 합쳐 좋은 제품에 대한 아이디어를 내는 것 자체는 새로운 게 아니지만, 이렇게 동업을 할 때 엔지니어들이 제품을 시장에 공급하는 방법을 제대로 몰라서 실패를 겪곤 합니다. VMware에서는 방법을 잘 알았던 것 같은데, 어떻게 무엇을 해야 할지 아셨는지요?

매출을 달성하는 데 주력했어요. 성공하려면 매출이 있어야 한다는 걸 잘 알고 있었고, 그 부분에 대해서 매우 실용적으로 접근했죠. 우리가 원하는 시나리오대로 돌아가지 않을 때에 대비해서 대체 시나리오를 준비했어요. 언제나 최선을 기대하되 최악에 대비했어요. 처음부터 모든 컴퓨팅 기기에 대한 큰 비전을 가지고 있었지만, 초기에 기반을 넓게 잡고 싶었죠. 우선 소프트웨어 엔지니어들을 대상으로 잡았어요. 그들이 어떤 제품을 좋아할지 알고 있었죠. 제품 마케팅 측면에서는, 아마도 제 기술적인 배경 때문에 그랬겠지만, 직접적이면서 탄탄한 접근법을 택했습니다. 그런 과정을 통해 이 복잡한 소프트웨어가 출시됐고, 여러 방면에서 다양하게 쓰이기 시작했죠. 그 시기에 정말 뛰어난 홍보 전문가를 만났어요. 막 운영하던 사업을 정리한 사람이었죠. 그분을 우리 회사의 초대 마케팅 담당 전무로 모셨고, 우리 이야기를 언론에 전달하는 데 힘을 모았어요. 유료 광고는 하지 않았지만 각종 행사, 인터넷, 기자 회견 등을 통해서 우리 이야기를 전파했고, 언론에서 기사를 쓰기 시작했어요. 단순한 방법이었지만 열정적으로 일했죠. 30일마다 갱신할 수 있는 무료 트라이얼 버전을 인터넷에 공개하면서부터 입소문이 퍼지기 시작했어요. 이 두 가지 접근법 덕에 VMware가 이 세상에 알려지기 시작했어요. 열린 자세로 단도직입적으로 움직이는 엔지니어링 정신으로 임했죠. '여기 정말 멋진 신제품이 있어요. 한 번 써 보고 마음에 들면 그때 구입하시면 됩니다.' 이런 식이죠. 웹 덕분에 사람들에게 훨씬 쉽게 다가갈 수 있었어요. 웹이 없었다면 불가능했을 겁니다. 첫 번째 베타 버전을 무려 75,000명이나 다운로드했습니다. 인터넷이 없었다면 그렇게 많은 사람에게 베타 버전을 제공할 수 없었을 거예요. 무엇보다도 가장 중요한 건 우리가 가지고 있는 것의 유용성을 믿었고, 이 제품에 대해 아주 열정적이었고, 그 사실을 가능한 방법을 총동원해서 알렸습니다. 하드웨어 업체를 꾸준히 접촉해서 이게 얼마나 유용한지를 알렸죠. IBM에서는 그걸 바로 이해했습니다. 가상화를 처음 만든 게 IBM이었기 때문에 우리 첫 번째 파트너가 될 수 있었고, 정말 즐겁게 일할 수 있었어요. IBM은 서버 단에서 우리 제품을 시장에 퍼뜨리는 데 있어서 결정적인 역할을 했습니다.

초기 다운로드 때 재미있는 일이 있었어요. 대학교수들이 많이 다운로드 받았습니다. 그리고 그중에서도 물리학과, 화학과 교수들이 아주 많이 받아갔어요. 그래서 "VMware: 모두를 위한 소프트웨어가 아닙니다. 진짜 똑똑한 사람만 쓸 수 있습니다." 같은 문구라도 붙여야겠다는 농담도 했죠. 실은 모든 사람에게 다가가고 싶었지만 저희가 보낸 메시지 어딘가에 문제가 있었는지 처음에는 그 분야 사람들이 많이 받아갔어요. 실제 윈도와 리눅스를 동시에 돌릴 일이 많았고, 끊임없이 새로운 것을 시도하는 사람들이었기 때문에 그런 것 같습니다.

혹시 전문가로서의 경력에서 큰 영향을 끼친 중대 사건 같은 게 있으신가요?

1970년대 말에 제록스 PARC에서 최초의 마우스 기반 윈도우 시스템을 봤어요. Alto 컴퓨터의 전신이었죠. 정확하게 어떻게 돌아가는지 이해한 건 아니었지만, 세상을 바꿔 놓을 만한 물건이라는 느낌이 들었어요. 정말 대단한 물건이었지만 거기 앉아서 이것저것 만져볼 생각은 못 했어요. 지금이면 아마 해 봤을 것 같습니다. 요즘 같으면 컴퓨터 쓰는 사람들에게는 너무나도 당연하게 여겨지는 것이지만, 그 물건이 막 만들어졌을 때 봤다는 게 저에게는 꽤 큰 영향을 미쳤던 것 같습니다. 그때 새로운 기술이 어떤 식으로 이 세상에 등장하는지에 대한 모델 같은 걸 본 것 같아요. 새로운 기술을 세상에 어떻게 알릴지, 어떻게 사람들로 하여금 그걸 받아들이고 사용하도록 할지에 대해서도 느낀 게 많았어요. 윈드서핑하는 사람을 처음 본 건 신문에서였어요. 바람도 없는 수면 위에 똑바로 서 있는 사람의 모습이었을 뿐인데 제 상상력을 사로잡았습니다. 바로 윈드서핑 장비를 구해서는 혼자서 타는 방법을 익혔어요. 뭔가 잘 모르는 새로운 것을 경험했는데 배우고 싶어지던 경험, 그리고 그게 수많은 사람이 힘을 들이지 않고 일상적으로 쓰게 되는 과정의 모델이 머릿속에 콕 박히게 됐고, 제게는 큰 도움이 됐습니다.

VMware를 10년 동안 이끌어서 세계 최고 수준의 소프트웨어 회사로 키우셨습니다. 그 동안 소프트웨어 회사를 이끌면서 습득한 전략 같은 걸 들어볼 수 있을까요?

지금의 VMware를 만들어준 것 중 상당 부분은 우리 회사의 막강한 가치 기반 문화였다고 생각해요. 회사를 설립하자마자 바로 첫 달에 모여서 세운 몇 가지 원칙들이 있었는데, 계속해서 그 원칙을 고수해 왔습니다. 적극 협력하고, 서로 존중하고, 기준을 높게 잡는 문화가 있었어요. 파트너와 고객도 마찬가지로 존중하고 신의로 대하고 숨김없는 자세로 상대했죠. 덕분에 많은 사람이 회사에 대해 열정적인 자세로 일할 수 있었습니다.

내부적으로 사람들을 움직인 것으로는 세 가지를 들 수 있습니다. 첫째는 경제적인 보상이었어요. 둘째는 엔지니어링 쪽에서는 그들이 하는 일이 상당히 임팩트 있는 일이라는 사실, 세일즈 쪽에서는 그들이 파는 물건이 고객에게 정말 도움이 된다는 사실이었습니다. 그러다 보니 사람들이 꽤 기분 좋게 일할 수 있었어요. 우리 회사가 매우 진실한 회사라는 걸 다들 알고 있었고, 이렇게 진실하게 돌아가는 조직에서 한몫을 하고 있다는 사실을 자랑스럽게 여겼어요. 셋째는 정말 멋진 그룹을 만들었다는 점, 그리고 사내 정치가 없고 모두 투명한 환경에서 힘을 합쳐 일하는 분위기로 성과 기반의 환경을 구축했다는 점이었습니다. 우리 모두 즐거운 마음으로 회사에 출근했어요. 모두 우리 환경을 좋아했고, 함께 일하는 사람들을 좋아했고, 우리 제품에 대한 열정을 가지고 있었어요. 이 세 가지가 합쳐지면 매우 높은 기준에 부합하는 일을 꾸준히 할 수 있고 혁신을 이뤄낼 수 있습니다. 혼을 담아서 일에 몰입했죠.

규모가 커지면서도 이런 문화를 유지하는 데는 그런 협력과 소통의 메커니즘을 찾아내는 게 가장 중요했습니다. 규모가 커지면서 기반 구조와 절차를 더해가야 하기 때문에 소통과 기반 구조를 더 정교하게 만들어가야 했죠. 또한, 모두가 자기 일을 새롭게 정립할 수 있도록 만들어야 했어요. 덩치가 커지면서 자기가 하던 일을 할 사람을 새로 데려와야 했습니다. 아주 간단한 기본 원칙으로 돌아가서 일관되게 그 원칙을 지켜가면 되는 문제였습니다. 저는 직원 수가 0명에서 7,000명으로 늘고, 수조 원 규모의 회사로 성장하는 동안 이 모든 과정이 매끄럽게 돌아갔다는 점에 자부심을 느끼고 있어요. 계속해서 여러 구조와 절차를 더해가고 있었지만, 9년 연속으로 회사를 매년 50%에서 100% 정도씩 키워나가면서도 꾸준히 높은 이익률을 유지한다는 게 쉬운 일은 아닙니다. 하지만 우리는 해냈습니다.

자판기에 동전 넣으면 물건이 나오는 식의 문화와 반대되는 가치에 기반을 둔 문화야말로 자기가 하는 일을 좋아하고 거기에 몰입하는 사람들로 구성된 조직을 창출해낼 수 있는 원동력이라고 생각합니다. 결과적으로 모든 사람이 놀라운 일을 해낼 수 있죠.

어떨 때 소프트웨어 분야에서 성공했다는 느낌이 드시나요?

저는 목표 지향적인 사람입니다. 저는 비전을 세우는 사람이에요. 때로는 전술적인 비전을 세우기도 하고 때로는 장기 비전을 세우기도 하죠. 그리고 그 비전을 이루려고 끊임없이 노력합니다. 사람들이 비전을 달성하는 것이 바로 저의 성공이니까요. 제 목표는 보통 꽤 큰 그림으로 그려집니다만 개별 이슈에 대해서도 민감한 편입니다. 일의 진행이 자연스럽게 파악되지 않을 때면 제대로 파악할 수 있도록 몇 개의 세부 목표로 쪼갭니다. 항상 제

목표를 향해 나아가는 진행 상황을 보고 싶어하는 편이에요. 목표를 달성하면 정말 기분이 좋죠. 사람들이 종종 "VMware 같은 걸 만든 기분은 어떤가요?"라고 묻곤 하는데요, 그럴 때마다 깜짝 놀라곤 했어요. VMware의 미래를 향해 나가는 데 워낙 집중하다 보니까 지나간 일은 별로 대수롭지 않게 생각하곤 했거든요.

우리 제품을 출시한 날이 아직도 기억나요. 정말 감격스러운 이메일을 많이 받았어요. "인간의 달 착륙 이래로 가장 멋진 일…"이라든가 "폭스바겐보다도 커다란 두뇌를 가진 사람들이 만들었을 만한 물건이다" 같은 메시지가 수두룩하게 날아왔죠. 살아 있다는 느낌, VMware를 만든 사람 중의 하나라는 생각에 정말 기분 좋은 하루였어요. 사람들이 좋아하는 뭔가를 해냈다는 느낌, 대단한 만족감이 밀려왔죠. 객관적으로든 주관적으로든 확실히 알 수 있을 만큼 상당한 가치를 제공하고, 거기에 참여한 사람들이 행복하게 느낄 때 성공했다는 느낌이 듭니다. 반대로 뭔가가 제대로 안 되고 있을 때면 꽤 일찍부터 느낌이 오고, 매우 불안한 느낌이 들어요.

제가 이 세상에 내놓는 물건, 그리고 제가 다른 사람들과 함께 일하고 다른 사람들을 지휘하는 방식이 최대한 긍정적인 파급 효과를 가질 수 있으면 좋겠어요. 그게 제 삶의 원동력입니다.

■ "하루는 24시간이잖아요"

기술 분야의 리더들은 시간에 많이 쫓기는 걸로 유명합니다만, 시간을 효율적으로 관리하기 위해 어떤 전략을 사용하시나요?

회의를 하기 전에 미리 회의 준비를 하고, 회의 시간 뒤에는 이메일로 뒷정리할 수 있는 시간을 비워 둡니다. 스케줄이 너무 빡빡해질 때면 시간을 어떻게 쓰는지 훑어보고 제가 하고 있는 일 중 특정 범주의 일을 원래 있던 다른 사람한테 넘겨주거나 그 일을 해 줄 다른 사람을 새로 채용하는 방법이 없을지 생각해 봅니다. 저와 함께 일하는 사람들과 손발을 제대로 맞추기 위한 절차 같은 걸 만들었어요. VMware에 있을 때는 매일 비서하고 일정표를 검토했고, 월요일 아침마다 저한테 직접 보고하는 사람들이 전부 모여서 함께 회의했어요. 모두 어떤 이슈가 있는지 파악하고, 주 단위로 그 문제를 해결할 수 있도록 힘을 모아야 한다는 것을 짚고 넘어갈 수 있었기 때문에 매우 중요한 절차였죠. 서로 어울리고 모두가 한팀이 되어 협력할 수 있게 해 주는 역할도 했어요. 월요 주간회의 덕에 나아갈 방향을 정렬하고 제대로 업무를 실행하는 게 당연한 일이 될 수 있었습니다. 내 앞에 나타난 기회를 다른 사람에게 추천해 주는 방법도 배웠고, 제 시간을 집중력 있게 사용하는 방식에서 일관성을 유지하도록 정기적으로 제 업무 방침을 조정했어요.

일과 삶의 조화는 어떻게 이루시나요? 일이 전부가 되는 상황을 피하는 비결이 있나요?

우선순위를 잡고 철저하게 지켰어요. 주말하고 밤에는 가족을 최우선으로 했습니다. 저녁 회식을 좀 놓치긴 했지만, 웬만하면 저녁보다는 점심이나 아침 회식 쪽을 선호했어요. 출장 중이거나 꼭 참석해야 하는 저녁 식사가 있는 상황이 아닌 이상 집에 가는 시간은 철저하게 지켰어요. 그런데도 회사를 그만두고 몇 달 지나 생각해 보면 집에 있을 때도 마음은 VMware에 가 있어서 온전히 가족과 함께하지 않았다는 생각이 듭니다. 요즘은 가족들하고 있을 때는 가족에게만 전념하는 걸 진심으로 즐기고 있고, 앞으로도 그걸 지킬 수 있도록 최선을 다 할 생각이에요.

하루는 24시간이잖아요. 그중 얼만큼을 어디에 써야 할지 아무렇게나 결정하는 사람들이 많아요. 하지만 신중하게 결정을 내리지 않으면 정말 중요하다고 생각하는 일들을 제대로 해내기가 힘듭니다. 의식적으로 개인의 삶에 제대로 스케줄을 잡아 주면 그걸 제대로 해내는 방법을 찾을 수 있어요. 저는 사람들에게 업무와는 별개의 삶을 찾아보라고 권하는 편입니다. VMware에 사내 정치가 별로 없는 이유가 바로 사람들이 업무 외적인 삶도 열심히 살고 있기 때문이라는 생각을 종종 했어요. 창의성은 제약 조건 안에서 살아납니다. 스스로에게 어떤 제약 조건을 부여하고 나면 그 제약 내에서 모든 것을 해내는 방법을 찾을 수 있어요. 그러다 보면 사내 정치 같은 데 신경 쓸 겨를이 없죠.

CEO인데도 업무 시간이 하루에 열 시간을 넘지 않으셨다면서요?

보통 8시부터 6시 반까지 일했는데, 아침에 일찍 일어나서 식구들이 깨기 전까지 이메일을 확인하곤 했죠. 그리고 집에서 특별히 가족과 함께할 일이 없을 때도 이메일 확인 같은 일을 좀 했어요. 하지만 언젠가부터는 주말에 이메일을 보내거나 사람들한테 어떤 업무를 지시하거나 하지 않아야 그 사람들이 주말을 잘 보낸다는 것을 깨닫게 되었어요. 그래서 주말에는 이메일을 오프라인 모드로 놓고 작업해서 월요일 아침까지는 이메일이 발송되지 않게 했습니다.

소프트웨어 분야에서 앞으로 10~15년 이내에 긍정적으로든 부정적으로든 영향을 끼칠 만한 변화로는 어떤 게 있을 것으로 생각하시나요?

소프트웨어를 만들고 쓰기가 훨씬 더 쉬워지고 있잖아요? 그러다 보니 우리가 살고 일하는 모든 부분에 소프트웨어가 더해지고 있고, 온갖 장비에도 다 들어가고 있습니다. 점점 더 많은 소프트웨어가 서비스 형식으로 제공되고 있는 상황이고, 사용자 입장에서 소프트웨어를 직접 실행하고 관리하고 업그레이드하지 않아도 되는 데서 얻을 수 있는 장점, 소프트웨어 개발자 입장에서 설치, 사용자 관리, 업그레이드 등을 위한 배포본을 패키징하지 않아도 된다는 장점이 어마어마합니다. 소프트웨어를 사용하는 방식이나 사용자 인터페이스가 비약적으로 발전하고 있습니다. 풍부한 3차원 시청각 기반의 다대다 몰입형 소셜 UX가 널리 퍼지면서 서로 물리적으로 가까이 있지 않은 사람들 사이에서도 완벽하게 협업을 할 수 있게 될 거예요. 소프트웨어 기반 가상 세계는 더는 물리 법칙에 의한 제약을 받지 않아도 된다는 장점을 충분히 발휘할 수 있게 될 겁니다. 소셜 네트워킹이 업무와 합쳐지면서 수많은 다른 사람들의 생각을 이해하고, 그 생각을 활용할 수 있는 강력한 위력을 발휘하게 될 겁니다. 빠르게 변화하는 세계 속에서 의미 있는 새로운 정보를 처리하고 추출하기 위해 사용할 수 있는 정보와 도구가 계속해서 소프트웨어의 최전선과 핵심을 만들어나갈 겁니다. 소프트웨어와 인터넷이 어떻게 2008년 미국 대선을 변화시켰는지, 소프트웨어와 인터넷이 더욱 공개적이고 투명한 정부를 만들어가는데 어떻게 쓰이고 있는지 이미경험했고, 아이폰이 얼마나 유용하게 쓰이는지도 몸소 느껴가고 있잖아요. 정말 대단한 시대라고 생각합니다. 이런 모든 변화를 다 따라가는 게 어렵긴 하지만, 이 모든 것들이 건설적인 곳에 쓰일 것이라는 점에 대해서는 매우 낙관적으로 보고 있습니다. 개인적으로는 소프트웨어와 여타 기술이 교육을 혁신시켜서 원하는 사람이라면 누구든 협력적인 고품질의 교육을 받을 수 있게 되지 않을까 하는 가능성에 큰 기대를 걸고 있어요.

■ "엄격하게, 하지만 모험 정신을 가지고 삽시다"

소프트웨어 분야에서 성공하는 비결에 대해 조언해 주실 수 있을까요?

소프트웨어는 끔찍한 결과 없이도 여러 실험적인 것을 시도해볼 수 있는, 정말 멋진 매체입니다. "엄격하게, 하지만 모험 정신을 가지고 삽시다"라고 조언해 주고 싶어요. VMware에서는 품질에 초점을 맞췄고, 모두 그 사실에 대해서 자부심을 느끼고 있었어요. 이전에는 아무도 하지 않았던 새롭고 혁신적인 일을 할 수 있었고, 정말 좋은 품질의 물건을 만들어냈습니다. 지금은 소프트웨어 업계에서 매우 흥미로운 시기입니다. 소프트웨어에서 정말 멋진 것은 거의 모든 분야에서 소프트웨어가 필요하기 때문에 어떤 분야의 일도 할 수 있다는 점이에요. 어디에 가장 흥미를 느끼는지 잘 생각해 보고 그 분야에서 일하는 방법을 찾아내서 자기가 뭔가를 만들면서 생산적이고 창의적인 느낌을 가지고 일하는 것을 적극 권장하고 있습니다. 소프트웨어는 이 세상을 모델링하고 관찰하고 심지어는 재창조할 수 있는 유용한 방법을 제공해주기 때문에 소프트웨어야말로 연구에서 관리에 이르기까지 어떤 일을 하든 훌륭한 밑바탕이 될 수 있다고 생각합니다.

내 재능을 완벽하게 발휘할 수 있는 권한이 주어져 있다고 느낄 수 있는 환경, 내가 하는 일에 대해서 인정받고 있다고 느낄 수 있는 환경에서 일하라고 조언하고 싶습니다. 지금 그런 환경에서 일하고 있지 못하다면 현재 환경을 그런 조건에 맞게 바꿀 수 있도록 건설적으로 일해 보세요. 상황이 이상과 다르다면 바꿔야 합니다.

석사 학위를 두 개나 받으셨습니다. 전산학 분야에서의 대학원 학위가 (또는 유사한 맥락에서 MBA 학위 같은 것이) 소프트웨어 분야에서 경력을 쌓는 데 도움이 된다고 생각하시나요? 사람을 뽑을 때 대학원 경력을 보시는 편인가요?

물론 대학원에 다니는 게 해가 되는 일은 없습니다만 소프트웨어 분야에서는 대학원에 가지 않았다고 해서 그 사람이 재능이 부족하다고 생각하진 않습니다. 소프트웨어에서는 실력만 가지고도 충분히 능력을 발휘할 수 있어요. 대학원 과정이 상당히 훌륭한 훈련 과정이 될 수 있다고 생각하지만, 경력을 끌어올리는 데 필요한 것이라기보다는 관심이 있기 때문에 하는 것이라고 봐야 하는 것 같습니다. 물론 교수 같은 자리에 가고 싶다면 당연히 필요하긴 하겠지만요.

이 분야에 들어오고자 하는 사람들에게 마지막으로 조언 한마디 해 주실 수 있을까요?

소프트웨어 분야에서 일한다면 꼼꼼해야 하고, 내가 하는 일의 장기적인 결과를 고려하면서 일해야 합니다. 그 부분은 절대로 포기하면 안 돼요. 소프트웨어 분야는 매우 유연하고 새로운 개발이나 발견이 점점 더 빠르게 진행되는 점을 감안할 때 끊임없이 배우고 창조하는 자리에 있는 게 최선인 것 같습니다.

CHAPTER 21
보상

"돈으로 행복해질 수 없다는 것을 증명할 기회라도 있으면 좋겠다."

– 스파이크 밀리건(1918–2002)

세상을 굴러가게 만드는 것이 바로 돈이고, 이 책을 읽고 있는 사람이라면 분명히 언젠가는 이 부분에 대해 생각해봤을 것이다. 금전적 보상은 매우 중요한 문제이며, 어떤 직위에서 어느 정도가 적절한지, 어느 정도까지 가능한지 미리 알아두면 도움이 될 것이다.

이 장에서는 다음과 같은 주제를 다루려고 한다.

- 대기업과 중소기업의 보상 차이
- 일반적이며 경제적인 보상 방식 (단순히 월급과 연간 보너스 외에도 다양한 것이 많다)
- 스톡 옵션과 스톡 그랜트의 기술적인 역학
- 간접적인 보상과 관련하여 고려해야 할 상황
- 서로 다른 경험 및 전문성에 따른 향후 수년간의 월급 수준

물론 이런 정보를 얻고 난 후에도 여전히 혼란스러운 부분이 많겠지만, 다양한 직위의 장단점을 고려하는 데 도움이 될 만한 계획 방법을 소개하면서 이 장을 마치고자 한다.*

■ 회사 유형에 따른 보상 차이

어떤 직업에서든 전체 보상은 매달 받는 기본급보다 훨씬 많다. 물론 기본급이 (적어도 단기적으로는) 매우 중요하긴 하지만 말이다. 임직원들은 월급 외에도 상여금, 스

----

* 역자주_ 이 책의 다른 부분도 그렇지만, 이 장의 내용은 한국의 실정과는 약간 다를 수 있다는 점을 감안하고 읽어야 한다.

톡 그랜트, 스톡 옵션, 퇴직 연금 및 다양한 직간접 수당을 비롯하여 광범위한 금융 인센티브로 보상을 받는다. 스타트업은 일반적으로 회사 자체가 아직 검증되지 않았기 때문에 최고의 인재를 끌어 오기 위해 신진이나 중견급 프로그래머들에게 더 높은 월급과 스톡 옵션을 제공하는 편이다. 하지만 중간 관리자에서 최고위급 직위에 대해서는 대기업 부장급을 넘어서는 보상을 제공하기는 어렵다. 그렇다 보니 스타트업에서는 가장 많이 받는 사람과 가장 적게 받는 사람의 기본급 비율이 2.3배 정도로, 임직원 사이의 기본급 차이는 상당히 적은 편이다. 대신 스톡 옵션, 스톡 그랜트, 이익 배분금, 회사 소유 지분 등은 차이가 꽤 많이 나며, 고위 직원들에게 많이 돌아가는 편이다. 회사가 잘 돌아가면 모두 잘 나갈 수 있다. 일이 잘 안 풀리면 하위직은 몇 년 안에 새 직장을 찾아야 한다는 점을 제외하면 금전적으로는 그리 큰 손해가 없지만, 고위직은 다른 대기업에 다녔을 때 비해 훨씬 큰 손해를 입게 마련이다. 어느 정도 자리가 잡힌 큰 회사는 평균적인 수준보다 월급을 아주 많이 주지는 않는 편이고, 전혀 없는 것은 아니지만 스톡 옵션이나 스톡 그랜트 등이 훨씬 적은 편이다. 큰 회사에서는 가장 많이 받는 사람의 기본급이 가장 적게 받는 사람의 기본급의 약 5.5배에 달한다. 대신 상당한 상여금(연봉의 5%에서 25% 수준), 실적이 좋은 해에는 기본급의 몇 배를 넘어가기도 하는 고위직 및 임원에 대한 성과급, 스톡 그랜트, 스톡 옵션 등이 큰 차별화 포인트라고 할 수 있다.

■ 보상, 승진과 학위

많은 대학원 신입생들이 석사나 박사 학위를 받을 때 금전적으로 얼마나 손해가 갈지 궁금해한다. 대학원에 가는 대신 전문가로 경험을 쌓으면서 월급을 받을 수도 있기 때문이다. 내 경험으로 보자면 보통 회사에서 대졸 초봉 대비 석사 초봉은 4%에서 8% 정도, 박사 초봉은 5%에서 많게는 15% 이상까지 더 받는 편이다. 대학원에서 쌓는 역량이 학부만 마치고 바로 회사에 들어가서 일하면서 쌓았을 역량보다 적지는 않다는 게 일반적인 시각이다. 결국, 대학원에 가는 진짜 이유는 공부에 대한 관심과 대학원에서 익히게 될 높은 수준의 실력이어야 한다. 대부분이 석박사 학위를 취득하는 동안 상당히 많은 것을 배운다는 점에 동의하긴 하지만 전부 그런 것은 아니다.

과연 석박사 학위가 소프트웨어 분야의 경력에 직접 도움이 되는지는 논란의 여지가 있다.

개인적으로는 석사 학위, 그중에서도 연구 논문을 써야만 하는 학위 과정은 꽤 도움이 된다. 독립적으로 연구하고 과학적인 학위 논문을 쓰는 방법을 배우는 경험이 상당히 도움되기 때문이다. 박사 과정도 그런 경험을 쌓을 수 있는 것은 마찬가지지만 훨씬 더 오랜 시간에 걸쳐서 깊이 있는 연구를 해야만 한다. 박사 학위 때의 경험을 살려서 해당 분야에 대한 전문성을 바탕으로 회사를 세운다거나 학계에 남는 등의 방식으로 전문가로 성장하고 싶다면 박사 학위가 크게 도움이 된다. 그렇지 않다면 연구 논문 과정이 포함된 석사 학위가 나을 것 같다.

하지만 약간은 틈새시장이라고 할 만한 부분도 있다. 꼭 박사 학위가 필요한 자리도 있다. 예를 들어 IBM 연구소나 마이크로소프트 연구소, HP 연구소 같은 곳에 가고 싶다면 박사 학위가 거의 필수라고 할 수 있다. 회사에 따라 박사 학위를 선호하는 곳도 있는데, 그런 곳에서 더 재미있는 일을 하고 싶다면 박사 학위를 따는 게 나을 수도 있다. 대표적인 예로 구글과 썬을 들 수 있다. 그리고 대학교수가 되고 싶다면 당연히 박사 학위가 필요하다.

석박사 학위가 없어도 소프트웨어 전문가로 일하고 높은 자리까지 승진하고 세상을 바꿀 만한 기술을 개발할 수 있다. 하지만 내가 하는 얘기 말고 다른 사람들의 얘기도 들어보길 권한다. 세계적인 권위자들이 석박사 학위에 대해 어떻게 생각하는지 귀 기울여 보자. 이 책에 수록된 인터뷰에도 여러 전문가의 석박사 학위에 대한 견해가 수록되어 있는데, 여러 다양한 의견을 살펴볼 수 있다.

■ 스톡 옵션

스톡 옵션은 소유권자에게 그 주식의 시장가와 상관없이 정해진 수량의 주식을 특정 가격에 살 수 있는 권리를 주는 방식이다. 최고 수준의 인재를 쓸 수 있을 만큼 연봉을 많이 줄 여력이 없는 실리콘밸리 스타트업들이 성장하면서 스톡 옵션의 인기도 높아져 갔다. 보통 IPO 전에 주식이 매우 싼 시점에서 스톡 옵션을 제공하는 경우가 많다.

이 전략은 당사자 모두에게 꽤 매력적이다. 회사가 잘 굴러가서 주식 가치가 크게 뛰면 스톡 옵션 가치도 어마어마하게 불어난다. 그리고 회사가 아직 성장 중인 상황에서는 주가가 매우 낮기 때문에 회사 입장에서도 그 비용은 얼마 되지 않는다. 스톡 옵션의 밑바탕에 깔린 철학은 정말 단순하다. 회사가 성공할 수 있게 만들면 나도 부자가 될 수 있다.

스톡 옵션은 보통 이런 식으로 돌아간다. 스톡 옵션에는 계약 가격^{Strike Price}, 행사 기간^{Vesting Period}, 만료 기간^{Expiration Period}, 이렇게 세 가지 요인이 있다. 계약 가격은 자기 지분만큼의 주식을 구입할 수 있는 가격으로, 옵션이 발행된 시점의 주가와 연관되어 있다. 예를 들어 그 회사의 주가가 2,000원이라면 발행된 스톡 옵션의 계약 가격을 그 가격으로 맞출 수 있다. 행사 기간은 실제 그 옵션을 행사할 수 있을 때까지의 시간이다. 2년이나 4년, 10년 등의 행사 기간으로, 매년 행사할 수 있는 옵션의 비율을 정하여 계약하는 식이다. 마지막으로 만료 기간이 있는데, 이 기간은 보통 10~20년 정도로 정하며, 이 기간이 지나면 그 옵션은 못 쓰게 된다. 스톡 옵션으로 큰돈을 버는 예를 들어보면 이렇다. 회사에서 나한테 스톡 옵션 5,000주를 각 주당 2,000원에 준다고 해 보자. 5년 후에 주가는 10만 원으로 올랐지만 나는 한 주에 2,000원에 5,000주를 살 수 있다. 주가 2,000원에 5,000주를 사고 그날 바로 팔면 한 주에 98,000원씩 해서 총 4억 9천만 원을 벌 수 있다. 꽤 짭짤하다.

근데 스톡 옵션의 단점은 뭘까? 세 가지를 들 수 있다. 첫째, 언제 팔지 알 수가 없다. 주식 시장이 원래 그렇다. 내가 벌어들이는 돈의 액수는 계약가와 현재 주가 사이의 차이에 의해 결정되기 때문에 타이밍이 가장 중요하다. 둘째, 주가가 조금만 더 오르길 기다리다가 어떤 이유로든 주가가 내려가는 상황이 발생하다 보면 어느새 스톡 옵션이 만료되는 일이 벌어질 수도 있다. 스톡 옵션으로 돈을 벌 수 있으리라는 보장은 없지만, 잠재가치는 매우 크다. 특히 주가가 낮은 신생기업이면 더욱더 그렇다. 주가가 몇만 원을 웃도는 중견 기업이라면 몇 년 정도 되는 짧은 시간 안에 주가가 50배씩 늘어날 가능성은 매우 적기 때문에 스톡 옵션은 확실히 급격하게 성장 중인 기업에서 훨씬 더 유리하다. 셋째, 행사 기간이 도래한 주식을 사서 보유하려고 할 때 심각한 문제가 생길 수 있다. 이때 주가에서 계약가를 뺀 만큼이 일반 소득으로 잡힌다. 그런데 세금을 줄이고자 주식을 안 팔고 기다렸는데 회사에서 자동으로 지급을 연기하지 않고, 그런 상황에서 주가가 내려가면 주가보다 세금을 더 많이 내야 할 수도 있다. 이런 상황이 일어나지 않는다고 하더라도 스톡 옵션은 행사하면서 바로 주식을 팔지 않으면 생길 수 있는 위험에 대해 진지하게 고민해볼 필요가 있다. 반드시 회사가 잘못될 가능성에 노출될 위험을 최소로 줄이는 것을 목표로 삼아야 한다. 회사가 잘못되면 월급을 제대로 못 받을 위험을 이미 품고 있는 상황이다. 회사의 성공 여부에 묶여 있는 자산을 너무 많이 보유하는 것은 그리 좋지 못한 생각이다.

■ 스톡 그랜트

직원들에게 동기를 부여하기 위해 회사에서 제공하는 것 중에 우선주라는 것도 있다. 주가와 계약가 사이의 차이를 바탕으로 하는 스톡 옵션과는 달리 우선주는 실제 주식이기 때문에 거래할 수 있는 주식이라면 항상 가치가 정해진다.

우선주는 일반주보다 더 우선해서 배당금을 받기 때문에 우선주라고 부른다. 대신 의결권은 없는 게 보통이다. 스톡 옵션과 마찬가지로 행사 기간이 정해져 있기 때문에 몇 년 동안은 그 주식을 마음대로 팔거나 할 수 없다. 가격이 매겨져 있긴 하지만 행사 기간이 될 때까지는 계속 가지고 있어야 해서 직원들이 회사에 계속 남아있도록 유인하는 데 있어서 상당한 위력을 발휘할 수 있다.

■ 상여금

보너스 제도는 대부분 회사에 있는데, 개인 실적과 회사 실적에 연동되는 것이 일반적이다. 일반 직원은 보통 5%에서 25% 선에서 결정된다. 임원의 보너스는 훨씬 넓은 범위에서 달라질 수 있는데, 생각해 보면 그럴 만하다. 사업 실적이 임원의 의사 결정, 리더십, 추진력 등에 따라 크게 달라지기 때문이다. 상황이 이렇다 보니 임원에게 주어지는 보상은 사업 실적과 더 밀접하게 맞물려서 결정된다. 임원의 보너스는 보통 20%~200% 선이지만 최고위급(CEO, CTO, CFO, CIO 등)은 1,000% 수준에 이르기도 한다. 사업 실적은 경기를 타고 순환하는 경향이 있기 때문에 실적이 좋은 몇 해만 잘 챙겨도 꽤 괜찮은 경제적 보상을 받을 수 있다. 예를 들어 10년 동안 임원으로 일하는데, 그중 2년은 경기가 활황이어서 실적이 상당히 좋았다고 해 보자. 그래서 500% 보너스를 두 번 받았다고 해 보자. 이런 상황에서 기본 연봉이 3억 원이었다면 보너스로 30억 원을 받을 수 있기 때문에 꽤 괜찮은 소득을 올릴 수 있다.

■ 퇴직금

아마 20~30대 직장인이라면 퇴직에 대해서는 별 관심을 두지 않을 것이다. 나와는 무관한 일이라고 생각하기 때문이다. 하지만 퇴직금은 회사마다 상당히 차이가 크게 난다. 지난 15년간 퇴직금은 점점 줄어드는 경향을 보이고 있다. 기본급의 1.5배밖에 안 되는 퇴직금을 받는 사람도 있고, 기본급의 20배에 달하는 퇴직금을 받는 사람도 있다. 퇴직금 차이는 수십억 원 수준에 달하기도 한다. 젊은 사람들이 퇴직금에 별 관심을 기울이지 않는 것이 이해가 되긴 하지만, 퇴직금은 장기적으로 볼 때 임금 격차에 가장 큰 영향을 끼치는 요인이 될 수도 있다. 아직 나이가 마흔 살 미만인 사람이라도 직장을 알아볼 때는 그 회사의 퇴직금, 연금이 어떻게 되는지 확실히 따져보도록 하자.

■ 일반적인 급여 수준(2010-2013)

급여는 지역마다, 그리고 회사마다 크게 달라진다. 하지만 어느 정도 경향성은 있다. 보통 캘리포니아, 뉴욕, 보스턴 지역이 연봉이 높은 편이며, 최대 40%까지 높은 경우도 있다. 그리고 캐나다나 유럽 연합 국가에 비하면 미국이 20% 정도 급여가 세다. 하지만 급여가 높은 지역은 보통 생활비도 높아서 그 효과가 상쇄되는 편이다. 급여를 비교할 때는 세율, 주거 비용, 의료 보험 조건 등을 잘 따져봐야 한다.

표 21-1은 2010-2013년 기준 북미지역의 일반적인 급여 수준을 미화 기준으로 정리한 결과이다.*

- - - - - - - - - - - - - - - -

* 저자주_ 표 21-1은 북미 지역의 일반적인 연봉 범위를 정리한 표이다. 극단적인 경우는 제외했기 때문에, 여기에 적혀 있는 연봉보다 크거나 작을 수도 있다.

표 21-1 2010-2013 연봉

경력 및 직위	연봉
신입 사원(대졸)	$45,000~$65,000
경력직, 5~10년	$60,000~$120,000 (+스톡 옵션 가능성 있음)
전문가급	$85,000~$130,000 (+스톡 옵션 가능성 있음)
스타급, 10~25년	$90,000~$175,000 (+스톡 옵션)
임원급	$130,000~$1,000,000 (+스톡 옵션 또는 스톡 그랜트, 수익 및 주가와 연동되는 보너스)
CEO/CTO	$150,000~$4,000,000 (현재 미국 평균은 $230,000+스톡 옵션 또는 스톡 그랜트, 수익 및 주가와 연동되는 보너스, 보너스는 기본급의 10배 수준까지 가능함)

■ 간접적인 보상

돈이 중요하긴 하다. 먹고 사는 데 필요하고, 공과금을 낼 때도 필요하고, 스트레스를 줄이는 데도 도움이 된다. 하지만 돈 외에도 몇 가지 따져봐야 할 보상 요건이 있다. 원래 따로 돈을 써야 하는 것을 회사에서 지원해 주거나 (의료 보험이라든가 치과 보험, 헬스장 지원 등) 내 돈으로는 보통 하기 어려운 일을 회사 돈으로 할 수 있는 기회를 얻는다든가 하는 (근사한 장소로 출장을 가는 등) 식이다.

이런 간접적인 보상도 지역에 따라 달라지곤 한다. 몇몇 국가에서는 소프트웨어 전문가는 다음과 같은 부분에 대해 지원을 받는 것이 일반적이다.

- 회사 차량 (기름값 및 보험료 포함)
- 의료 보험
- 휴가비 지원
- 집에서 사용할 고속 인터넷, 작업용 컴퓨터, 인체 공학 의자 등

물론 국가별로 적정한 수준으로 여겨지는 내역이 달라지기 때문에 지역별로 편차가 있는 편이다. 다음은 지역별 차이보다는 회사별 차이에 따라 더 크게 달라질 수 있는 부분이다.

- 사내 헬스장 또는 회사 근처의 헬스장 회원권
- 사내 휴식 시설 (비디오 게임, 수영장, 테이블 축구, 탁구 등)
- 기술 전시회 출장
- 학회 출장
- 공공 강연 출장 지원
- 고객 지원 출장
- 논문, 서적 출판 기회
- 특허 출원 기회

얼핏 들으면 별로 중요하지 않아 보이지만 좀 더 곰곰이 생각해 볼 필요가 있다. 기혼 직장인이 1년에 두 번 정도 여행을 가고 매달 헬스장을 이용한다고 해 보자. 출장을 갈 때 배우자를 동반하고 가는 사람들도 많다. 낮 동안에는 열심히 일해야 하기 때문에 휴가로 가는 여행과는 다르지만, 밤 동안에는 여기저기 돌아다니면서 여행하는 기분을 만끽할 수 있고, 출장 일정이 끝난 후에 하루 이틀 정도 더 휴가를 내서 그곳에서 진짜 여행을 할 수도 있다. 이렇게 두 번 출장을 가고 출장마다 하루씩 휴가를 내서 관광하게 될 때의 비용을 표 21-2에 정리해 보았다. 최고급 헬스장에 갈 때 드는 비용도 함께 계산했다.

표 21-2 부가적인 이득

항목	비용	회사에서 부담하는 업무 관련 비용
출장 1, 3박 4일 호텔비	$600	$450
출장 1, 비행기 표	$1,200	$1,200
출장 2, 3박 4일 호텔비	$600	$450
출장 2, 비행기 표	$1,200	$1,200
헬스장 연간 회원권	$3,500	$3,500
총계	$7,100	$6,800

일부 휴가처럼 즐길 수 있는 출장 두 번, 그리고 괜찮은 헬스장을 1년간 사용하면서도 내 돈은 고작 300달러만 쓰면 된다. 출장에 배우자를 동반하면 배우자 비행기 푯값만 추가로 내면 간단한 부부 동반 여행을 즐길 수 있다. 개인적으로 국제적인 인맥을 형성할 수 있고, 세계 각지를 구경하고, 중요한 사람들을 만날 수 있다는 점은 전문가로서의 성장에도 큰 도움이 되는데, 이것도 쌓이면 무시하지 못할 자산이 될 수 있다.

■ 전반적인 고려사항

어디에서 일할지는 분명 개인이 결정할 일이다. 분명 다른 회사보다 더 나은 조건을 제공하는 회사들이 있다. 결국은 수요와 공급의 원칙에 따르게 마련이다. 조금 이상하게 들릴지 모르지만, 연봉이 나쁘지 않고 조만간 망할 것 같은 회사만 아니라면, 가장 재능 있는 사람들하고 일할 기회가 있는 직장을 잡는 것이 최선의 선택이라고 생각한다. 그리고 가능하다면 최상급 회사에서 일하는 경험도 해 봐야 한다고 생각한다. 장기적으로 보면 최상급 회사에서 일해본 경험이 매우 긍정적으로 작용할 수 있기 때문이다. (어쩌면 수십 년 후에야 그 효과가 나타날지도 모르지만) 머지않아 그 경험의 가치를 활용할 수 있을 것이다. 이제 막 전문가로서 성장하는 길을 시작하게 될 사람에게 있어서 또 한 가지 고려해야 할 점은, 큰 회사일수록 보통 수익이나 자원이 넉넉하기 때문에 제대로 된 소프트웨어 엔지니어링 사이클을 따르면서 "제대로 일할" 가능성이 높다는 것이다. 또한, 수익 기반이 탄탄한 대기업의 특성상 가장 뛰어난 인재들을 제대로 대접하여 그들을 끌어들일 수 있는 여지가 많다. 제대로 된 소프트웨어 엔지니어링을 경험하고 다양한 최고급 인재들과 일하는 것이야말로 소프트웨어 분야의 일을 잘 배울 수 있는 든든한 기반이 된다.

표 21-3에 직장을 결정하는 데 있어서 다양하게 고려해야 할 사항들을 정리해 보았다.

표 21-3 구직 시 고려사항

금전적 이득	연간 이득($)
월급	
보너스 (평균 기대치)	
스톡 옵션	(10년간 가치 추정액을 10으로 나눔)
스톡 그랜트	(10년간 가치 추정액을 10으로 나눔)
생명 보험	(개인적으로 내야 할 경우 드는 비용 고려)
의료 보험	
치과 보험	
안과 보험	
차량 지원(차량, 유류비, 보험료)	
헬스장	
해외 출장	
집 인터넷 사용료 지원	
휴대 전화, 스마트폰 사용료 지원	
퇴직 연금	(그 회사에서 제공하는 퇴직 연금과 비슷한 수준을 맞추기 위해 개인적으로 투자해야 할 비용을 비교)
자동차, 주택 단체보험율	(개인 가입 시 대비 최대 얼마 정도 할인되는지 비교)
비금전적 이득	1~10점 (10점 만점)
일 자체에 대한 만족도	
회사의 장기 안정성	
회사의 과거 경력	
혁신과 연구에 대한 회사의 명성 (및 기반)	
전문가로서의 성장 기회	
승진 기회	
경영진의 자질	
업무 환경 (개인 사무실/큐비클, 복장 자율성, 업무 강도 등)	
근무 유연성 (근무 시간 및 장소)	
유능한 동료	
회사 위치 (출퇴근 시간, 회사 소재지 환경)	

CHAPTER 22
성공하기

"한 번도 망가져 본 적 없는 사람이라면 반드시 그런 경험을 해 보아야 한다."

– 말콤 포브스(1919–1990)

스스로 원한 만큼 높은 위치까지 올라갈 수 있는 사람은 극소수에 불과하다. 나는 조금 더 노력하고 거기에 전략적 사고를 살짝 곁들이기만 해도 훨씬 더 많은 이들이 자기 꿈을 이룰 수 있다고 굳게 믿고 있다. 이쯤에서 왜 어떤 사람은 다른 사람에 비해 더 자연스럽게 큰 성공을 거둘 수 있는지 생각해 볼 필요가 있겠다.

■ 어떤 사람이 성공하는가?

소프트웨어 분야에서 성공하는 사람들에게는 매우 분명한 공통점이 있다. 그 공통점은 다음과 같다.

- 목표 지향적이다.
- 감성 지능이 높다.
- 엄청나게 똑똑하다.
- 자기 분야의 전문성을 가지고 있다.
- 놀랄 만큼 집요하면서도 예의는 갖출 줄 안다.

세계적인 대가와 그렇지 않은 사람들 사이의 또 다른 점은 바로 운이다. 제임스 고슬링의 인터뷰에서 어떻게 성공할 수 있었느냐는 질문을 하자 제임스 고슬링은 다음과 같이 답했다.

> 운이 좋았어요. 제가 만든 것에 사람들이 제때 흥미를 보여준 게 중요했죠. 자바가 성공한 이유 중에서 기술적인 부분은 10%에 불과하고, 90%는 타이밍이 정말 좋았기 때문이라고 생각해요.

대부분의 성공한 사람들에게 정말 중요한 요인 가운데 하나가 바로 운 - 그리고 제때 찾아온 행운 - 이다. 올바른 때와 장소를 찾아가기 위해서는 운이 좋아야 하기 때문이다. 하지만 "행운은 준비된 자에게만 찾아온다"라는 말도 있듯이, 성공한 본인조차 상황과 운이 잘 맞았기 때문이라고 생각하는 경우라도 행운만 가지고는 성공할 수 없다. 아마 그 사람들처럼 재능이 있고 열심히 일하고 분석적, 감성적 지능이 뛰어나고, 혁신적이고, 목표지향적인 의사 결정을 내릴 줄 아는 사람이라면 때와 장소에 상관없이 성공할 수 있었을 것이다.

최고 자리까지 올라간 사람들의 또 다른 두드러지는 공통점은 초장기에 그 분야에 뛰어들었다는 것을 들 수 있다. 소프트웨어 분야의 유명 인사들을 보면 제품이나 조직, 회사를 직접 만들었거나 적어도 매우 초창기에 합류한 사람들이 매우 많다. 이 책에서 인터뷰한 비야네 스트롭스트룹, 제임스 고슬링, 그래디 부치, 다이앤 그린, 리누스 토르발스, 마리사 메이어, 마크 루시노비치, 리차드 스톨만, 마크 베니오프, 로버트 칸, 스티브 워즈니악 등도 모두 이런 범주에 속한다. 연관성이 매우 높다.

마지막으로, 세상을 크게 바꾸는 데 일조한 사람들, 세계적으로 영향을 미친 혁신을 일궈낸 사람들도 때로는 비교적 보잘것없는 금전적 보상만을 받기도 했다는 점을 짚고 넘어가고 싶다. 이미 자리가 잡힌 조직 내에서 혁신을 이뤄내다 보면, 그 사람 덕에 만들어진 것에 대한 권리를 그 조직이 가져가기 때문에 생기는 부작용이다. 금전적인 보상을 더 중요하게 여기는 사람도 있지만, 회사에 와서 즐기고 혁신을 일궈내고 자기 꿈을 꿀 수 있는 자유야말로 돈으로는 절대 살 수 없는 소중한 것이라고 여기는 사람도 있다.

■ 성공이란 어떤 것일까?

성공이 대강 어떤 것인지는 얘기해줄 수 있다. 존 슈왈츠는 성공이란 사람들을 어떤 행동으로 이끄는 것과 밀접하게 엮여 있다고 말한다. 로버트 칸, 스티브 워즈니악, 마크 루시노비치, 레이 톰린슨 같은 사람들은 성공을 자신이 정복해낸 정신적인 도전 과제와 연관 지어서 생각한다. 제임스 고슬링, 마리사 메이어, 피터 노빅, 비야네 스트롭스트룹은 자신이 한 일이 사람들의 삶과 제품에 어떤 영향을 미치는지를 성공의 척도로 삼는다. 훌륭한 사람들과 일하고 긍정적인 사회적 경험을 가질 기회를 성공으로 바라보는 사람도 있다. 대체 무엇이 핵심일까? 내가 보기에는 성공하지 못한 것 같은 일도 다른 사람에게는 대단한 성공으로 여겨질 수 있다는 점이다. 사람마다 보는 눈이 각각 다르다.

이 책의 1장을 시작할 때도 언급했듯이, 성공의 기준은 사람마다 다르다. 나만의 성공 기준을 세우고, 내가 무엇을 추구하는지 스스로 분명하게 알아야만 한다. 물론 다른 사람의 모델을 기준으로 나의 성공 계획을 세울 수도 있겠지만, 원하는 지점에 다다랐을 때 스스로 행복할 수 없다면 그게 다 무슨 소용일까? 몇 가지 사회적인 요인 때문에 많은 이들이 성공이란 금전적인 부와 직접 연결되어 있다는 생각으로 내몰리곤 한다. 내가 인터뷰한 사람 중 상당한 부자도 많이 있었지만, 그 누구도 부자가 되었다는 것을 성공의 기준으로 생각하진 않았다. 그리고 그 사람들이 단지 다른 사람들에게 잘 보이기 위해 그런 식으로 답했을 것으로 생각하지도 않는다. 남들보다 더 많은 부를 쌓는 게 좋은 일이긴 하지만 그러한 부가 우리를 근본적으로 만족시켜주진 못한다. '최고'의 기준은 사람마다 다르겠지만, 최고의 자리까지 가기 위해서는 집요하면서 똑똑하고 계획성이 있어야 하며, 이 책에서도 그러한 부분에 많은 지면을 할애했다. 또한, 성공을 위해서는 자신을 이해하고 내가 전문가로서 스스로 만족하기 위해서는 무엇이 필요한지 알아야만 한다. 이미 고대 그리스인들도 그 사실은 분명히 알고 있었다. 델파이에 있는 아폴로 신전 앞마당에도 "너 자신을 알라"라는 글귀가 새겨져 있지 않은가.

■ 왜 어떤 사람은 못 하거나 안 하는가?

자기 분야에서 성공하는 것을 그리 중요하게 여기지 않는 사람도 많다. 인생에서 일 말고도 중요한 것이 많기 때문이다. 하지만 뭔가 위대한 일을 해내고 싶어함에도 그렇지 못한 사람들도 많다. 자신의 원대한 목표를 달성하는 데 실패하는 이유는 몇 가지 사소한 원인에서 시작하곤 한다.

- 원대한 목표를 이루기 위한 노력이 부족한 경우. 성공하겠다는 꿈은 가지고 있었지만, 거기에 그다지 우선순위를 높게 두지 않고, 다른 부분에 관심과 열정을 쏟는다. 올림픽 경기에 나가고 싶다는 꿈은 가지고 있으면서도 훈련을 게을리하는 운동선수, 박사 학위는 받고 싶어하면서도 학위 논문은 열심히 쓰지 않고 게으름을 피우는 학생처럼 말이다. 노력하지 않으면 꿈은 환상으로 남게 마련이다.
- 전문가로서의 성장을 위해 꾸준히 투자하지 못하는 경우. 기술적인 역량이나 업무 외 역량 모두 높은 자리까지 올라갈 수 있을 만한 경쟁력을 지니는 수준에 다다르지 못하고 만다.
- 기술 프로젝트를 시작하거나 진전시키는 데 있어서 충분히 진취적이고 집요하지 못하는 경우
- 소통 역량이 부족하여 조직을 운영하고, 장애물을 제거하고, 리더십을 발휘하고, 자기가 이뤄낸 일을 남들에게 알리는 일을 제대로 하지 못하는 경우
- 조직 내의 문제, 경영상의 문제를 현명하게 헤쳐나가는 데 필요한 조직 적응력이 부족한 경우
- 너무 부정적이고 적대적인 성향이 있는 경우. 너무 많은 사람을 적으로 돌리면 곤란하다.
- 하나로 뭉쳐서 움직이는 데만 주력하여 팀으로 일할 때 얻을 수 있는 다양성의 힘을 살리지 못하는 경우
- 사람들에게 영감을 불어넣고 사람들을 아끼는 능력이 부족한 경우

이런 방해 요인 중에는 어느 정도의 지적 수준을 갖추고 있는 사람이 의욕적으로 노력하면 충분히 해결할 수 있는 단순한 문제도 있다. 하지만 재능도 있고 야망도 있는데 이런 문제를 제대로 인식하지 못하기 때문에, 또는 자신에게 그런 능력이 필요하다는 것을 받아들이지 않기 때문에 필요한 역량을 계발하지 못하여 결국 실패하고 마는 사람들이 많다. 대부분은 조금만 더 신경 쓰고 꾸준히 자신을 성장시키기 위해 노력한다면 이런 문제를 해결할 수 있다.

■ 마무리

우리가 지금까지 알고 있는 것을 모두 모아보면, 앞으로 다가올 10년에 대해 다음과 같은 두 가지 결론을 내릴 수 있다. 첫째, 소프트웨어 분야에서의 혁신은 계속 이어질 것이며 앞으로도 더 크게 성장할 기회가 있을 것이다. 둘째, 소프트웨어 개발 분야는 여전히 괜찮은 수익을 낼 수 있는 성공적인 분야로 남을 것이다. IDC International Data Corporation의 연구 결과에 따르면, 미국에만 260만 명의 소프트웨어 개발자가 있고, 소

프트웨어 개발직은 전문직 가운데 가장 빠른 성장률을 보이는 직군이라고 한다. 미국 노동통계국 자료에 따르면 앞으로 10년 동안 소프트웨어 엔지니어 자리는 38% 성장할 것으로 전망된다.

소프트웨어 개발은 유럽 연합이나 중동 전역에서도 인기를 끌고 있고, IT 프로젝트 아웃소싱이 증가하면서 인도와 중국에서도 지난 5년간 매우 가파르게 성장하고 있다. IDC에서는 전 세계 소프트웨어 개발자 수가 무려 1,490만 명에 달할 것이라고 추산하고 있다. 이렇게 소프트웨어 개발자 수가 많긴 하지만, 다행히도 급여 수준도 좋은 편이다. 2006년 5월 기준으로 소프트웨어 엔지니어의 평균 연봉은 85,370달러였고, 수석 소프트웨어 아키텍트급은 연봉이 20만 달러가 넘었다.

소프트웨어 분야에서는 괜찮은 수입을 올리면서도 재미있게 일할 수 있다. 소프트웨어 설계 및 엔지니어링 혁신이 어느 정도 정점에 이르러서 더 이상 발전이 없지 않을까 하는 생각을 하는 사람도 종종 있지만, 지난 10년을 돌이켜 보면 앞으로도 위대한 혁신과 막강한 시장의 수요가 계속될 것이 분명하다고 본다. 이 책이 출간되는 시점에서는 서비스형 소프트웨어[SaaS], 3차원 게이밍 기술을 통신 및 메시징 기반으로 확대하는 일 등을 중심으로 연구 개발이 활발하게 진행되고 있다. 소셜 네트워킹 소프트웨어가 폭발적으로 발전하고 있고, GPS와 RFID 기술이 주류로 자리 잡고 있다. 2010년 한 해만 해도 RFID 태그가 300억 개 사용될 것으로 전망되었다.[*] 컴퓨팅 환경의 이동성, 상호 연결성, 지리적 위치 파악성이 급속도로 성장하고 있다. 멀티코어 CPU 기술과 SSD 같은 저장 기술이 빠르게 발전하면서 컴퓨팅 자원, 저장용량, 접근효율이 비약적으로 성장하고, 결과적으로 4~5년 전에는 상상하지도 못했던 수준의 다양한 실시간 소프트웨어 시스템이 현실화될 것이다. 2011년에는 웹을 사용하는 인구가 20억 명을 넘어설 것으로 전망되고 있으며[**], 1조 개가 넘는 기기들이 인터넷에 연결되어 돌아갈 것으로 예상되고 있다. 전 세계에서 매일 15페타바이트의 정보가 새로 만들어지고[***], 확장성을 지닌 정보 관리 시스템의 수요가 획기적으로 늘어나고 있다. 전

---

[*]　저자주_ 스티브 밀즈 전무, IBM 소프트웨어 그룹, IBM Analyst Connect Symposium (2009년 11월), 코네티컷주 스탬포드

[**]　저자주_ 위와 같은 출처

[***]　저자주_ 위와 같은 출처

세계가 점점 더 빠르게 연결되고, 기술은 점점 더 똑똑해지고 있다. 더 좋은 소프트웨어가 더 향상된 처리 능력을 만나면 향후 25년 내에 사람이 운전하는 것보다 더 믿을 만하고 안전하게 자동으로 운행되는 자동차들이 시내를 질주하게 될 수도 있다.* 소프트웨어 산업이 발전할수록 우리가 지금까지 지켜본 것은 시작에 불과했다는 것을 확인할 수 있을 것이다. 소프트웨어 분야야말로 정말 일해볼 만한 분야라고 할 수 있지 않을까?

---

* 저자주_ 이미 시내 자동 주행 프로토타입이 여러 회사와 연구소에서 만들어지고 있다. 페론 로보틱스에서 만든 자바로 프로그래밍한 로봇 자동차인 "토미 주니어" 같은 무인 자동차가 실제로 작동되는 것을 유튜브에서도 볼 수 있다. (자바를 만든 제임스 고슬링과 함께 CEO 폴 페론이 무인 자동차를 시연하는 장면 http://www.youtube.com/watch?v=RYWMKwhZh8s에서 볼 수 있다) 토미 주니어는 무인 자동차로 캘리포니아 도로교통법을 준수하면서 최단시간 내에 주행하는 차를 뽑는 2007 DARPA 어번 챌린지(Urban Challenge)를 위해 제작되었다. (2007 DARPA 어번 챌린지 결승전 영상은 http://www.youtube.com/watch?v=SQFEmR50HAk에서 볼 수 있다)

우리가 프로그래머로 살아가는 법

기획의 말,
40대 개발자와 만나고 싶습니다

한동훈 monaca@hanb.co.kr

『파워포인트 블루스』, 『Blog2Book 프로그래머가 몰랐던 멀티코어 CPU 이야기』, 『IT EXPERT, 64비트 멀티코어 OS 원리와 구조』, 『만들면서 배우는 기계 학습』, 『만들면서 배우는 리스프 프로그래밍』, 『모던 웹을 위한 JavaScript+jQuery 입문』, 『자바7 NIO.2』, 『멀티코어 애플리케이션 프로그래밍』, 『게임 프로그래밍의 정석』, 『뇌를 자극하는 C++ STL』, 『카산드라 완벽 가이드』 등 IT 생태계를 풍요롭게 할 수 있는 다양한 책을 기획했다. 모든 개발자가 책한 권씩 낼 수 있는 날을 기대하고 있다.

"40세가 되어서도 개발자로 일할 수 있나요? 꼭, 관리자가 되어야 하나요?" 제가 수많은 개발자에게 여쭤본 질문입니다. 개발자와 만나서 원고 제안을 하고 원고를 받는 것이 제 일이다 보니 많은 개발자를 만납니다. 위 질문은 40세 이상의 개발자에게 제가 주로 하는 것이지만 40세 미만의 개발자가 오히려 저에게 묻는 질문이기도 합니다. 그러면 저는 40세 이상의 개발자가 저에게 해주신 말을 들려줍니다. 그 분들은 "40세가 되어서도 개발자로 일할 수 있다"고 하시더군요. 소프트웨어 업계의 역사와 인력 구조를 근거로 들었습니다. 아래 인용문은 그 분들의 주장을 요약한 것입니다.

"소프트웨어 업계는 제조업, 건축업 등의 다른 산업에 비하면 역사가 짧다. 최초의 컴퓨터로 알려진 에니악*은 1947년 7월 29일에 등장해 10년 동안 사용되었다. 최초의 컴퓨터로 알려진 에니악에서 컴퓨터 업계가 시작되었다고 가정해도 65년, 그전의 태동기를 포함해도 최대 70년이라 할 수 있다.**

....

* 편집자주_ 에니악이 최초의 컴퓨터로 알려졌지만, 아타나소프 사가 자신들이 개발한 아타나소프-베리 컴퓨터 (ABC)가 최초의 컴퓨터라고 이의를 제기했고 법원 소송을 통해 승소해서 최초의 컴퓨터라는 자리를 차지했지만, 대중에게는 에니악이 최초의 컴퓨터로 알려져 있다.

** 편집자주_ 블레즈 파스칼이 1642년 세계 최초의 기계식 수동 계산기를 발명했으니 이를 기준으로 500년의 역사라 얘기할 수도 있고, 최초의 아날로그 컴퓨터인 안티키리라 메커니즘이 제작된 시기가 기원전 150년에서 100년 사이이니 컴퓨터의 역사가 2,000년이 넘는다고 얘기할 수도 있다. 기준을 어디에 두느냐에 따라 달라질 수 있으나 여기서는 에니악 탄생 전후를 기준으로 잡았다.

대중에 널리 보급된, 최초의 성공을 거둔 개인용 컴퓨터는 1977년에 소개된 애플II 이며, 현재 PC 플랫폼의 메인 아키텍처인 x86 프로세서는 1978년 인텔에서 개발한 8086이 시작점이다. 이렇게 따지면 개인 사용자용 소프트웨어 업계의 역사는 30여 년 정도로 줄어든다. 1970년대는 정부 기관, 은행, 기업에서 전산화가 진행되던 시절이 었다. 70년대 기업 전산실을 벗어나 80년대 들어 별도의 회사로 독립하게 된다. 삼성 SDS가 1985년 5월 설립되었고, 같은 해 8월에 삼성물산 전산시설을 통합 인수한 것도 이런 맥락으로 이해할 수 있다. LG CNS는 1987년 1월 합작법인 에스티엠(STM) 설 립이 시초다. 개인용 소프트웨어 시장은 PC가 널리 보급된 90년대가 되어서야 형성되 기 시작했지만, 저작권법에 대한 인식이 낮았고 소프트웨어를 복사해주는 복사집이 성 행했기에 성장에 한계가 있었다. 따라서 개인용 소프트웨어 시장보단 기업용 소프트웨 어 위주로 시장이 형성되었다. 따라서 SI 위주로 인력이 양성되었고, 이들이 소프트웨 어 개발자 1세대에 해당한다. 업력이 가장 긴 분야인데도 30여 년 정도다.

인터넷이 등장하면서 웹 서비스 개발이 폭발적으로 증가하며 웹 프로그래밍이라는 분 야가 형성되었다. 1994년 넷스케이프 0.9, 1995년 인터넷 익스플로러 1.0이 등장하 며 지금까지 발전해왔다. 포털 사이트 야후!는 1995년 3월 2일에 설립되었고, 세계 최대의 검색 엔진 구글은 1998년에 설립되었다. 삼성SDS 사내 벤처로 시작한 NHN 은 1999년 6월 검색 포털 네이버를 서비스한다. 웹 서비스 업계의 역사도 17년을 넘 지 않는다.*

인터넷이 등장하고 최초로 등장한 MMORPG인 〈바람의 나라〉가 1996년 4월에 서비 스를 시작했고, 〈리니지〉는 1998년 9월에 서비스를 시작했다. 그 이전에 패키지 게임 업체도 있었지만, 만연한 불법복제로 성장하지 못했고, 불법복제가 불가능한 온라인 게임 서비스가 시작되면 게임 업계는 산업으로 인정될만한 역사를 갖게 되었다. 〈바 람의 나라〉를 기준으로 따지면 게임 업계는 16년의 역사를 갖는다.

이렇게 따져보면 업계의 역사가 짧았던 만큼 40세 개발자가 생길 틈이 적었을 것이 다. 여기 흥미로운 기사가 있다. 2007년 6월 8일 자 기사로 오래되어서 지금은 더 많 은 정년 근속자가 나왔겠지만, 이 기사의 내용에 따르면 삼성SDS가 1985년 5월 설립

---

* 편집자주_ 구글에서 만든 웹의 진화 사이트를 통해 웹의 전체 역사를 한 눈에 볼 수 있다.
  http://evolutionofweb.appspot.com

이후 단 한 명의 근속자도 내지 못했는데 농심데이터시스템(NDS)에서 부장급 2명이 퇴직을 2-3년 앞두고 있어서 업계에 화제가 되었다고 한다.* 그만큼 소프트웨어 업계는 역사가 짧다는 반증일 것이다.

소프트웨어 업계는 40년이 안 되는 짧은 역사 속에서 빠르게 성장했고, 그만큼 인력에 대한 수요가 많았다. 컴퓨터는 새로운 문물이었고, 컴퓨터공학 전공자가 아니어도 소프트웨어 업계에 매력을 느낀 사람들이 많았던 시기가 있었고, 업계 성장에 따른 인력 수요와 맞아 떨어져서 비전공자도 업계에 쉽게 발을 들여 놓을 수 있었다. 조직이 성장하려면 관리자 층이 두터워져야 하기 때문에 어느 정도 경력이 쌓이면 관리직 전환을 강요당했을 것이다. 현재는 업계도 어느 정도 성숙했고, 16년차를 맞이한 온라인 게임 업계는 해외 진출을 강화하고 있다. 업계가 성숙하고 포화 상태를 맞이했다는 의미는 기업 성장에도 한계가 나타나고, 조직을 확장할 필요성이 없음을 뜻한다. 즉, 조직에서도 관리직을 늘려야 할 필요성이 줄었으며, 현업 개발자를 관리자로 전환하라고 압박할 필요성도 줄었다. 현재의 개발자는 40세가 넘어서도 개발자로 머무를 가능성이 높아졌다."

편집자로 일하면서 역저자를 많이 만나게 되는데, 그 사이에 창업을 하신 분도 생겼고, 수년 전 35세가 정년이라며 걱정하던 분이 30대 후반이 되어서도 여전히 개발자로 일하고 있으며 40세가 넘어서도 계속 개발자로 있을 것 같다는 얘기를 합니다. 카산드라, Redis, MongoDB 등의 NoSQL 기술을 탐험하며 전체 서비스 아키텍처를 어떻게 설계해서 초당 오퍼레이션 처리량을 어느 수준까지 끌어올릴 수 있는가를 연구하는 1세대 소프트웨어 개발자 분도 뵈었습니다. 직급은 부장이지만, 이런 분의 직책은 아키텍트가 아닐까 싶습니다. 게임 그래픽 디자이너로 경력을 시작해 C++, DirectX, 셰이더 프로그래밍까지 공부해서 테크니컬 아트 디렉터라는 직업을 만들어 가는 40대 개발자도 뵈었습니다. 그리고 이런 분들이 지금의 20대와 30대에게 롤 모델이 되고 있습니다. 업계의 역사가 길어지면서 40대 개발자가 속속 탄생하는 모습을 보고 있습니다.

40세를 넘긴 개발자 분들의 주장에 동감이 가시나요? 만약 동감을 표하신다면 이제

----

* IT업계도 정년 근속자 나오나, 디지털타임스, 2006.6.8
  http://www.dt.co.kr/contents.html?article_no=2007060802010860611004

부터 어떻게 해야 이 분들처럼 40세를 넘겨서도 개발자로 남을 수 있는지 팁을 말씀 드리겠습니다. 물론 이것도 이 분들이 해주신 말씀입니다. 크게 보면 프레임워크, 리더십, 아키텍트입니다.

■ 어떤 개발자가 될 것인가?

40세가 되어서도 개발자로 일할 가능성이 높아진 지금, 40세가 되었을 때 어떤 개발자로 성장할 것인가가 중요합니다.

만약 개발자가 첫 번째 프로젝트에서 했던 일을 두 번째, 세 번째 프로젝트에서 반복하면서 같은 일을 능숙하게 처리하는 숙련자로만 성장한다면 커리어를 쌓는 데 어려움이 생길 것입니다. 프로젝트를 반복하면서 반복되는 업무와 코드를 효율적으로 처리할 수 있는 방법을 고민해야 하고, 이런 고민에 대한 결과물이 만들어져야 합니다. 이런 결과물을 보통 라이브러리나 프레임워크라고 하지요. 이런 경험의 축적을 통해 국내산 라이브러리나 프레임워크가 만들어질 수 있으며, 오픈 소스로 세계에서 쓰이게 될 수도 있습니다.

국내 건설 업계는 세계 최고의 고층 빌딩 시공 능력을 보유하고 있으나 설계 능력은 없다는 한탄이 쏟아져 나옵니다. 일례로 용산 국제지구 빌딩 설계도 모두 19개 해외 건축사가 맡았으며, 이는 '기술 사대주의'라는 비판이 나오고 있습니다.* 국내 소프트웨어 업계도 비슷합니다. 해외에서 유행하는 프레임워크를 비판 없이 가져다 쓰기만 합니다. 더욱이 '이 프레임워크를 업무에 적용해보니 이런 게 불편하니까 이런 단점을 개선한 새로운 프레임워크를 만들어보자'라는 논의보단 불편한 점을 우회하는 꼼수를 더 많이 축적하곤 합니다. 선진국에서 만든 프레임워크, 어쩌면 백인이 만든 프레임워크는 완벽하니까 우리는 고칠 것도 없고 가져다 적당히 조립해서 쓰기만 하면 된다는 생각이 팽배합니다. 그러다 보니 다른 프레임워크가 등장할 때마다 어느 것이 더 우수한가를 두고 소모적인 논쟁이 벌어집니다. 다양한 프레임워크가 등장한다는 것은 그만큼 어떤 문제를 완벽하게 해결하는 프레임워크는 없다는 뜻이 아닐까요?

다행히 국내에도 오픈 소스를 만들고, 프레임워크를 개발하는 사람들이 조금씩 늘어

---

* 초고층 시공 세계1위 한국… '집안 설계'는 외국인 잔치. 용산 국제지구 빌딩 설계 모두 19개 해외 건축社에… '기술 사대주의' 비판. http://news.donga.com/3/all/20111119/41990634/1

나고 있습니다. 레드햇 코리아의 수석 엔지니어 이희승 님은 다양한 네트워크 애플리케이션 프로젝트 경험을 토대로 2003년에 개인 프로젝트를 시작으로 2004년 3월 아파치 디렉터리 프로젝트 커미터, 2004년 10월 아파치 미나 서브프로젝트 시작, 2005년 3월 아파치 디렉터리 PMC 멤버, 2006년 10월 아파치 미나가 TLP ^{Top Level Project}로 승급했으며, 현재는 자바 진영에서 사용하는 대표적인 네트워크 애플리케이션 프레임워크가 되었습니다. 영문 사이트를 같이 운영하다 보니 해외에서 피드백을 받게 되었고, 점차 관심을 끌면서 아파치 재단의 연락을 받아 아파치 프로젝트로 성장했습니다.* PHP 프레임워크나 자바 웹 개발 프레임워크를 만들어 공개하는 국내 개발자도 있고, 최근에는 게임 서버 개발자로 일해온 경험을 살려 게임 서버 프레임워크를 제작해 오픈 소스로 공개하는 분도 있습니다.

이런 얘기를 들려주면 프로젝트를 진행할 시간도 부족한데 라이브러리나 프레임워크를 만들 시간이 어디 있냐는 얘기를 자주 듣습니다. 여기 재미있는 이야기가 있어 소개해 드립니다. 사용자가 증가해서 서버를 추가해야 하는 상황이 되었습니다. 한 회사는 서버를 증설하고 운영체제를 설치하고, 필요한 서비스를 구성하는 과정을 거칩니다. 반면 다른 회사는 서버의 운영체제 설치, 필요한 서비스를 구성하는 과정을 자동화하는 스크립트를 개발합니다. 나중에 서버 100대를 늘려야 하는 상황이 일어나면 어떤 일이 일어날까요? 야근하는 회사는 서버 100대를 사람이 매달려서 해야 하므로 야근할 것이고, 야근하지 않는 회사는 설정에 따라 스크립트를 돌리고, 설정이 제대로 되었는지 테스트 스크립트를 돌리는 것으로 일을 마무리할 수 있을 것입니다.** 사용자가 증가하는 상황에서 당장 서버를 늘리고 서비스를 제공하기 바쁜데 그런 걸 공부하고 그런 스크립트를 짤 시간이 어디 있느냐는 볼멘 목소리가 악순환을 낳는 게 아닐까요? 그런 악순환의 고리를 끊는 건 여러분 자신에게 달렸다고 감히 말씀 드립니다. 개발자로서 신경 써야 하는 일은 같은 일의 반복을 줄여가며 업무를 효율화하는 것,

....

* 　인터뷰: 제이보스 개발자 이희승, "나눴더니 더 크게 돌아왔다". http://www.bloter.net/archives/11472
** 　편집자주_ 2000년 추운 겨울날 교대에 있는 IDC에서 서버 작업한다며 밤샘 작업을 할 때면 당시 유명한 온라인 게임 서버 100대를 패치한다며 CD 한 장을 들고 다니는 시스템 관리자들과 종종 마주칠 수 있었다. 요즘은 자동화되어 있으며, 패치 또는 소프트웨어 업데이트만 연구하며 라이브러리만 만드는 분도 있다. 회사 업무에 종속되는 기술이 아니라 이런 기술이 오픈 소스로 나오고 전 세계에 퍼지며 소프트웨어 업데이트 기술에 대해서는 독보적인 기술이 되었으면 좋겠다.

팀장 이상이 되어서는 효율적인 업무 환경을 위해서는 어떤 프로세스를 구성해야 하는지 고민하는 것, 부장 이상이 되어서는 회사 전체의 소프트웨어에서 코드와 디자인의 일관성을 어떻게 유지해야 하는지, 조직의 정책과 부합하는 시스템의 배치, 소프트웨어의 배포, 배치, 운용을 비롯한 라이프사이클 전체의 효율화를 고민해야 합니다. 그렇게 하다 보면 단순히 관리자가 아니라 프로젝트 리더, 테크니컬 디렉터, 아키텍트로 성장할 수 있습니다.

자신이 개발자로 쌓아온 노하우를 세미나, 강연, 포럼 운영, 집필 등을 통해 다른 사람과 나눌 수도 있고, 자신의 기술력으로 쌓아 올린 코드를 오픈 소스라는 형태로 공개하고, 이를 통해 업계에 대한 영향력을 확대할 수도 있고, 아니면 이런 경험을 토대로 창업을 할 수도 있겠지요.

■ 프레임워크

프레임워크나 업무 효율화에 대해 이야기하다 보면 시간 부족, 예산 부족, 인력 부족과 함께 그건 미국이라서 가능한 것이라는 이야기를 자주 듣습니다. 그러나 미국의 상황도 크게 다르지 않습니다. 그렇기 때문에 『맨먼스 미신The Mythical Man-Month』, 『죽음의 행진Death March』, 『소프트웨어 프로젝트 생존 전략Software Project Survival Guide』, 『데드라인Deadline』과 같은 책이 미국에서 나온 것이지요. 잦은 야근, 자고 나면 바뀌는 고객의 요구사항, 지연되는 일정, 낮은 품질과 같이 미국 소프트웨어 업계에서 발생한 문제를 지적하는 책을 국내 독자가 읽으며 "바로 우리 회사잖아"라고 고개를 끄덕거립니다. 마치 실리콘밸리의 개발자들은 그런 문제를 모두 해결하고 프로젝트가 항상 성공하는 것처럼 여깁니다.* 그러나 결코 아닙니다. 지금 미국 소프트웨어 업계에 이런 문제가 있으니 그런 문제를 고쳐보자는 마음으로 책을 쓴 것입니다. 책을 중심으로 문제를 해결하려는 공감대가 형성되고, 사람들이 커뮤니티를 이뤄 토론하며 바꿔보고 있는 것이지요. 프로젝트 관리의 역사는 건축 업계가 가장 긴데, 건축 업계의 틀을 빌려다가

---

* 편집자주_ 로터스 1-2-3을 만들었고, 모질라 재단 회장인 미치 케이퍼(Mitch Kapor)가 아웃룩을 뛰어넘는 개인 정보 관리 소프트웨어를 만들겠다는 목표로 2001년 초에 챈들러 프로젝트(http://chandlerproject.org/)를 시작했다. 전설적인 소프트웨어 개발자 미치 케이퍼와 전설과 함께 하겠다는 천재 프로그래머들이 함께했으나 프로젝트는 시작한 후 7년을 넘기고 8백만 달러의 비용을 지출한 2008년 8월이 되어서야 버전 1.0을 출시했다. 스콧 로젠버그는 3년간 이 프로젝트를 관찰한 기록을 〈드리밍 인 코드(Dreaming in code)〉로 펴냈다. 전설적인 소프트웨어 개발자와 천재 프로그래머가 참여하고, 비용과 일정이 넉넉해도 소프트웨어 프로젝트는 실패하곤 한다.

소프트웨어 프로젝트를 관리하려 했던 것입니다. 폭포수 개발 방법론은 건축에는 이상적이었겠지만, 소프트웨어 개발에는 맞지 않았습니다. 그래서 소프트웨어 개발에는 그에 맞는 방법론이 따로 있으며, 그게 '애자일'이다라고 얘기한 것입니다. 미국 업계의 현실도 한국 업계의 현실과 크게 다르지 않습니다.* 성공 사례만 전파되기에 미국 업계의 현실이 왜곡되어 있을 뿐입니다. 그렇지 않았다면 저런 무시무시한 제목의 책이 나오지 않았을 테지요.

인력 구조상 40대 개발자는 앞으로 늘어날 것입니다. 변화의 키는 이미 우리 손에 주어졌다고 할 수 있습니다. 업무를 효율적으로 할 수 있으며 비용 절감을 할 수 있다는 사실로 경영진을 설득할 수도 있고, 회사 업무를 통해 쌓은 노하우가 집약된 프레임워크로 창업을 할 수도 있고, 오픈 소스로 공개해서 소프트웨어 업계에 자신의 영향력을 확대할 수도 있습니다. 소프트웨어 개발을 좀 더 쉽게, 좀 더 빠르게, 효율적으로 하겠다며 프레임워크를 만들고 있는 미국을 보십시오. 문제를 해결하겠다며 프레임워크를 계속해서 만들어내는 나라가 미국이고, 지금도 문제를 해결하지 못해 새로운 프레임워크가 등장하는 나라가 미국입니다. 그렇다면 우리도 해볼 수 있지 않을까요?

개발자로 남고 싶을수록 개발방법론이나 소프트웨어 공학을 공부하고, 조직 관리에 대해 공부해야 합니다. 이에 대해서는 이 책의 16장에서 잘 설명하고 있습니다.

■ 리더십

제가 뵈었던 어느 회사의 CTO는 회사 초기부터 스크럼을 도입해 백로그를 남기고, 스프린트를 진행했는데 그렇게 남긴 기록이 몇 년치가 쌓여 있어서 어느 시점이든 과거의 백로그와 스프린트를 보면서 프로젝트 진행을 복기할 수 있었다고 합니다. 개발에는 문외한인 CEO, 스크럼 자체가 처음인 개발자, 기획자, 디자이너에게 스크럼 문화를 전파하고, 스크럼에 익숙해지는 팀으로 만드는 데 걸린 1년의 시간, 6개월이나 진행한 시점에서 스프린트 데모를 통해 프로젝트 기획 자체를 엎어버리는 상황을 이

---

* 편집자주_ 사람이 사는 모습은 동서고금을 막론하고 비슷하다. 18세기 제인 오스틴이 쓴 『오만과 편견』이나 드라마 〈시크릿 가든〉이나 부유한 남자의 오만과 가난한 여자의 편견이 얽혀서 이야기를 만들어 가고 연애를 하게 된다. 소프트웨어 업계도 비슷하다. 회사 평판을 익명으로 올리는 glassdoor.com에서 게임 회사의 평판만 모아서 번역한 글이 루리웹(http://goo.gl/BoicM)에 공개되었는데, 마진 짜내기가 최우선, 독립된 사고는 차단, 착취공장, 정치적, 초과근무, 낮은 연봉, 경영진 무능이 단골로 등장한다. 실리콘밸리의 성공 사례만 읊어대는 컨설턴트나 오피니언 리더들이 이상한(?) 판타지를 만들어내지 않나 생각한다.

해하지 못하는 CEO를 설득하는 과정을 거치며 프로젝트를 성공으로 이끌었다고 합니다. 그 결과 국내에서도 상당한 매출액을 기록했으며 중국 시장까지 진출하기도 했습니다. 이 분께서 이렇게 말씀하시더군요. "관리를 이해하지 못한다면 리더십을 발휘해 팀을 구축하고, 프로젝트를 성공으로 이끌지 못했을 것이다."라고요.* 여전히 주먹구구식으로 업무를 진행하는 회사도 있지만, 현재는 작은 규모의 회사도 이렇게 프로세스를 갖춘 회사가 있다는 사실이 고무적입니다.

■ 개발자와 관리자

100점짜리 개발자를 관리자로 전환시켜 10점짜리 일을 하게 한다는 이야기가 있습니다. 이는 당연한 결과입니다. 관리 역시 전문적인 지식이 필요한 분야이며, 그렇지 않다면 경영학이라는 학문이 성립하지 못했을 것입니다. 그렇기에 개발자가 관리자로 전환할 때는 전문적인 교육을 받아야 합니다. 회사의 배려도 필요하고, 관리를 배우려는 적극적인 자세도 필요합니다. 관리자라고 하면 개발자 위에 군림하는 상사라는 이미지가 떠오르지만, 피터 드러커의 『매니지먼트』에 따르면 매니저는 '조직의 성과에 책임을 지는 자'나 '상사'가 아니라 '한 분야의 전문가로서 조직에 공헌하는 사람'을 일컫는 말입니다. 그럼에도 이러한 오해가 빚어진 것은 소프트웨어 업계의 역사가 짧고, 규모가 영세한 곳이 많은 만큼 전문 경영의 도움을 받을 기회가 적었기 때문이라고 생각합니다. 관리직을 맡았기에 개발자로서의 경험을 제대로 활용하지 못하게 되는 것이 아니라 테크니컬 디렉터, 프로젝트 리더, 아키텍트라는 직군이 뿌리내리지 못한 데서 오는, 관리에 대한 오해일 수도 있고요.

이제 업계가 성숙해지면서 기술자 커리어 패스와 관리자 커리어 패스를 구분하고 기술자와 관리자, 양쪽을 별도의 커리어 패스로 관리하는 회사도 등장하고 있습니다.** 규모가 작은 회사일수록 이 둘의 구분이 모호해지며, 규모가 큰 회사일수록 이 둘의

---

* 편집자주_ 방대한 백로그와 스프린트 데모를 보면서 팀에 스크럼을 도입하고, 어떻게 뿌리내리게 되는지 보여주는 책을 기획하려 했었지만, 프로젝트가 크게 성공해서 저자가 집필 시간을 내지 못해 기획을 진행하지 못한 아쉬움이 있다. 물론, 이번 프로젝트는 스크럼으로 진행한다며 아침에 스탠딩 미팅하고, 포스트잇을 벽에 붙여 놓기만 하는 어떤 회사의 이야기도 전해 듣는다. 편집자의 귀는 소프트웨어 회사의 벽에 달려 있을지도 모른다.

** 백발의 프로그래머로 사는 것. 꿈이 아니다. 디지털데일리, 2012.2.22
http://www.ddaily.co.kr/news/news_view.php?uid=87940
편집자주_ 1999년 창업한 코난테크놀로지도 창업 10년을 넘어서면서 40대 개발자가 등장하면서 관리자 커리어 패스와 구분하여 '전문 개발자 직급제'를 시행하기로 했다는 내용이다.

구분이 명확해지는 모습을 보입니다.

리더가 비전을 제시하고, 기술적으로 구현이 가능한지 판단하는 테크니컬 디렉터, 프로젝트의 일정을 관리하고 조율하는 프로듀서 등으로 직책이 세분화되고 있습니다. 테크니컬 디렉터는 기술 책임자이며, 프로듀서는 관리 책임자입니다. 그리고 기술적인 면에서 테크니컬 디렉터보다 큰 그림을 그릴 수 있는 사람이 아키텍트입니다. 작은 회사에서 이 모든 역할을 겸하고 있더라도 자신의 업무 비중이 직책으로 나누었을 때 어떤 비중을 갖는지 파악한다면 경력 관리에 도움이 될 것입니다. 그렇습니다. 40세를 넘어서도 계속 개발자로 남는 가장 확실한 방법은 아키텍트가 되는 것입니다. 기술을 이해하고 개발자에게 큰 그림을 그려줄 수 있는 기술자 커리어 패스를 그리고, 개발자가 좀 더 개발에 집중할 수 있는 개발 환경을 어떻게 구축할 것인지, 개발 업무 프로세스는 어떻게 설계하는 것이 좋은지, 팀 빌딩은 어떻게 할 것인지 고민하는 아키텍트가 되길 바랍니다.

■ 마치며

통계청에서 제공하는 움직이는 인구피라미드(http://sgis.nso.go.kr/pyramid/view_country.asp)를 보면 1960년부터 2060년까지의 연령대별 인구 분포를 살펴볼 수 있습니다. 2012년에는 40세 구간에 인구가 많고, 2017년에는 그대로 45세 구간으로 이동합니다. 젊은 인력은 부족하니 지금 35세인 프로그래머는 40세에도 여전히 프로그래머로 남아 있을 가능성이 높습니다. 40세 이후 고용의 가장 큰 문제는 높은 급여입니다. 즉, 그만한 효율성을 내거나 업계에 영향력을 끼치는 사람, 고급 인력으로 성장해야 한다는 문제가 남습니다. 그래서 오픈 소스를 개발하거나 공헌하기, 강연, 집필, 창업, 교육, 컨설팅 등을 얘기하고, 리더십을 길러서 아키텍트의 길을 가라는 답안을 제시했지만, 반드시 그런 길만 있는 것은 아닙니다. 그 외의 길을 제가 모를 뿐입니다. 그래서 여러 개발자 분들의 기고문을 부록에 담았습니다. 아무쪼록 기고문이 여러분의 길을 발견하는 데 도움이 되기를 바랍니다.

지방대 대학생의 BPC 수상기

한상렬(23세)

울산 대학교에 재학 중이며 개발자를 꿈꾸는 대학생. 다양한 활동을 통해 어떻게 하면 세상을
변화시킬만한 것을 만들지 고민하고 있다.

요즘 주변에 취업을 앞두고 고민하는 친구들이 많다. 많은 사람이 공대생이라고 하면
취업 걱정은 없겠다고 이야기한다. 특히 최근 IT 업계의 성장과 스마트폰의 등장으로
개발자로 취업하기가 쉬워졌다고 생각하지만, 현실에서는 많이 다르다. 개발자를 꿈
꾸던 대학 동기들도 처음엔 개발자로 세상에 뭔가 대단한 것을 보여주겠다고 했지만,
지금은 그 마음을 잃고 토익책과 전공책을 붙잡고 있다. 나 또한 마찬가지였다. 다만
다른 점이 있다면 다양한 분야에 도전해 보려고 했던 것이다. 그 결과 새로운 경험을
하고 많은 사람을 만나게 되었다. 그 이야기를 지금부터 전해보려고 한다.

가장 먼저 개발자가 된 이야기부터 시작하겠다. 처음에 개발이라는 것에 대해서는 아
무런 생각이 없었다. 단순하게 그냥 IT 기기가 좋았고, 거기에 들어 있는 무엇인가를
내가 생각하고 꿈꾸는 대로 만들면 어떨까? 하고 생각했던 것 같다. 그러던 중 부모
님께서 첫 컴퓨터로, 지금은 없어진 브랜드지만, '진돗개'라는 컴퓨터를 사주셨다. 윈
도98이 설치되어 있었는데 우연찮게 도스^{DOS} 모드로 들어가게 되었다. 당시엔 도스
가 뭔지도 몰랐지만, 검은 화면에 보이던 명령어들 때문에 지금까지 왔는지도 모른다.
고등학교 때 많은 아이들이 자신의 외모를 꾸미기 바쁠 시기에 나는 컴퓨터를 꾸미는
것에 열중하기 시작했다. 똑같은 윈도 화면이 싫어서 배경 화면을 바꾸고 다양한 테
마를 적용하면서 컴퓨터를 꾸미다가 애플이라는 회사를 알게 되었고 맥 OS에 빠지게
되었다. 인터넷에서 다양한 스킨과 테마를 찾아보면서 내가 쓰는 컴퓨터를 어떻게든
맥 OS X와 비슷하게 꾸미려는 노력을 많이 했었다. 그러면서 자연스럽게 부족한 부
분에 대한 욕구가 생겼고, 그러한 스킨과 효과를 내기 위해 프로그래밍 언어를 배우고

프로그래밍을 시작하게 되었다. 지금 보면 무척이나 단순해 보이지만, 바탕 화면에 아이콘 대신 텍스트로 구성된 바로가기를 만들려고 몇 달 동안 고민했었다. 생애 첫 개발은 그렇게 하게 되었고, 이후에도 처음 코드를 수정하고 보완해서 다양한 효과를 낼 수 있었다. 그때 만든 코드는 지금도 내 컴퓨터에서 복잡한 바탕 화면을 몇 개의 간단한 텍스트로 분류해서 사용하고 있다. 이 작업을 개발이라고 생각해 본 적은 없었다. 혼자 사용하려고 만들다 보니 디자인보다는 쉽고 빠르게 만드는 방법을 선호했었고, 다른 사람에게 보여주는 개발이 아니라 스스로 만족하는 것에 기준을 둬서 그런 것 같다. 아이팟 터치가 출시된 후에는 음악을 재생할 때 해당 음악의 앨범 표지를 화면에서 볼 수 있는 방법을 찾아보다가 설치한 프로그램이 생각처럼 되지 않아서 코드를 수정하고 새로 구성했던 일이 기억에 남는다.

이렇게 고등학교 시절을 보내고 대학교에 입학하게 되었다. 대학에 진학할 때는 고민이 많았다. 취업에 대한 고민, 좋아하는 일과 잘하는 일에 대한 생각으로 많은 시간을 보냈다. 그 결과 지금 다니는 울산 대학교 전기전자정보시스템공학부(현재는 전기공학부)에 입학하게 되었다. 이때 사용하는 사람이 많지 않았던 맥북 프로를 애플에 대한 동경과 아이팟 연동이 쉽다는 이유로 구입했다. 그러면서 언젠가는 이런 노트북과 IT 제품을 내 손으로 만들어보고 싶다는 꿈을 갖게 되었다.

대학교에서는 정말 많은 경험을 하고 배운 것도 많았다. 개강과 동시에 학과에 있던 학술동아리에 들어갔다. 학술동아리에서는 라인트레이서와 다양한 것들을 직접 만들어보고 프로그래밍을 해서 동작해볼 수 있는 경험을 할 수 있었는데, 주로 하드웨어를 기반으로 하는 것들이 많았다. 처음엔 전원을 5V로 만들어주는 전압 변환기를 만들었다. 그러면서 각 부품의 데이터 시트를 보는 방법을 배웠다. 동아리 활동을 하면서, 인터넷을 뒤지며 해왔던 모방에 가까운 개발에서 벗어나, 진짜 개발을 하게 되었다. 그렇게 활동하면서 취업 걱정을 하는 선배들을 보며 나는 어떻게 준비해야 하고 무엇을 해야 할지에 대한 고민을 많이 하게 되었다. 매년 학교에서는 가을쯤 학교 축제와 별개로 공학제를 열어 다양한 학과에서 공학도의 작품을 전시하는 행사를 개최한다. 1학년 때 동아리 선배들과 함께 이 공학제에 참가하면서 직접 무엇인가를 만들어 볼 수 있었다. 그 당시에 만들었던 것이 호버크래프트였는데, RF 통신을 이용해서 직접 조종할 수 있었다. 프로그래밍까지는 하지 못했지만, 하드웨어 부분의 제작과 프로그래밍을 배울 수 있는 좋은 경험이 되었다. 그러면서 많은 생각을 하게 되었다. 그러던 중 국내에 아이폰이 들어오게 되었고, 폭발적으로 스마트폰이 보급되었다.

● 복수전공을 하고 처음 들었던 프로그래밍 수업에서 만든 밀어내기 로봇. 검은색으로 되어 있는 경기장을 벗어나지 않으면서 상대편 로봇을 밀어내거나 공격을 피하는 로봇이다.

스마트폰이 폭발적으로 보급되는 현상을 보면서 복수전공으로 컴퓨터정보통신공학부를 선택하게 되었다. 당시 공대생들의 복수전공은 주로 경영학과나 다른 인문계열로의 복수전공을 선택했는데, 같은 공학계열을 전공으로 선택하는 것은 처음 있는 일이었다. 개발자가 된다면 하드웨어와 소프트웨어에 대한 지식이 있어야 한다고 생각했기에 주변의 부정적인 시선에 영향을 받지 않을 수 있었다. 물론 학점은 구멍이 크게 났지만, 프로그래밍을 기초부터 배울 수 있었다. 그동안 막연하게 사용했던 코드에 대해서도 이것이 어떠한 원리로 이렇게 구성되는지 알게 되었고, 그러한 것을 알아가면서 개발에 대한 흥미가 더욱더 커졌던 것 같다. 그러나 한 번의 방황이 찾아왔다. 동아리 활동이 너무 힘들어서 학내신문사 활동에 매진하게 되고 자연스럽게 개발에 대한 꿈보다는 대학생활을 즐기면서 편안하게 안주하고 싶었던 것 같다. 신문사 활동을 하면서 가장 기억에 남는 일은 두 가지가 있다. 첫 번째로 학교에 있는 학술동아리 중의 하나인 '가온누리'라는 동아리의 기사를 쓰기 위해 인터뷰를 간 것이다. 그때 지능형 자동차를 개발하는 것을 보았는데, 정말 재미있어 보였다. 실제로 구현에 대한 설명을 듣고 직접 보니 신기하기도 했고, 어떻게 하면 저렇게 만들 수 있을까 고민했었다. 그 당시에 동아리 인터뷰를 하면서 느낀 것은 개발자로 취업을 앞둔 학생들의 고민과 개발을 해도 대우받지 못하는 현실에 대한 한탄이었다. 동아리 활동을 하면서도 취업에 불안해하는 모습을 보았다.

또 다른 하나는 바로 학교에서 추진하려고 하는 스마트 캠퍼스 구축에 관한 기사를 작성하기 위해서 학우들과 만나고 학교 교직원과 인터뷰를 한 것이다(실제로 인터뷰가 실린 기사를 작성하고 학생회 전략으로 스마트 캠퍼스 구축과 스마트 패드가 보급되었다). 그 당시 학교와 학생 모두 콘텐츠의 개발보다는 단순하게 단말기와 무선인터넷 환경에 대해서만 고민하고 있었다. 개인적으로 예비 개발자들을 육성할 수 있는 교육과정을 만들고 실제로 그 학생들이 개발한 앱을 사용하는 것이길 기대했었다.

그렇게 무난하게 신문사 생활과 대학생활을 이어가고 주변 친구들이 군대에 가기 시작할 때, 학과 건물에서 흥미로운 포스터를 보게 되었다. 바로 전기자동차를 함께 만들 팀원들을 모집한다는 포스터였다. 독일에서 열리는 전기자동차대회에 나가기 위해서 전기 쪽 인원을 뽑았었다. 고민을 많이 하다가 한 번쯤은 해보고 싶다는 생각에 지원하게 되었다. 전기자동차를 만들면서 정말 다양한 것을 보고 배울 수 있었다. 우선은 전기차를 만들기 위한 여러 가지 기계적인 요소와 전기적인 요소에 자동차를 제어하는 방법과 설계부터 제작까지의 진행 과정을 직접 몸으로 부대끼면서 경험할 수 있었다. 하나의 목적을 위해 밤을 지새우고 완성되었을 때 테스트하는 것이 꼭 개발자의 삶과 비슷했다. 다양한 분야의 사람들이 모여서 자신의 생각과 아이디어를 반영해서 하나의 결과물을 내어가는 과정과 많이 닮아있다. 전기자동차를 직접 제작하는 과정에는 어려움이 많았고, 촉박한 대회 일정에 맞춰서 기간 내에 제작하는 것과 주최 측의 다양한 요구조건을 충족시키기는 무척이나 어려웠다. 실제로 많은 부품이 국내에서는 제작되지 않아서 각종 부품을 직접 구매하거나 새로 만들어야 했다. 그래서 독일 대회에는 나가지 못하고 한국에서 열리는 대회에 참가하게 되었다.

● 군산에서 열린 전국자작차대
회. 전기자동차 제작에 참여하
면서 정말 많은 것을 배울 수 있
었다.

대회를 체험하면서 개발에 대한 생각이 많아졌다. 생활의 불편을 해결해주는 스마트
폰 앱을 생각해봤지만, 직접 만들어볼 생각은 하지 못했다. 그러던 중 Project ece 활
동을 하면서 안드로이드 앱 개발 과정을 보게 되었고, 이후엔 앱을 만들게 되었다. 공
모전을 시작하면서 아이디어를 직접 검증받는 기회로 삼았고, 지금은 개발자로서의
삶을 꿈꾸고 있다.

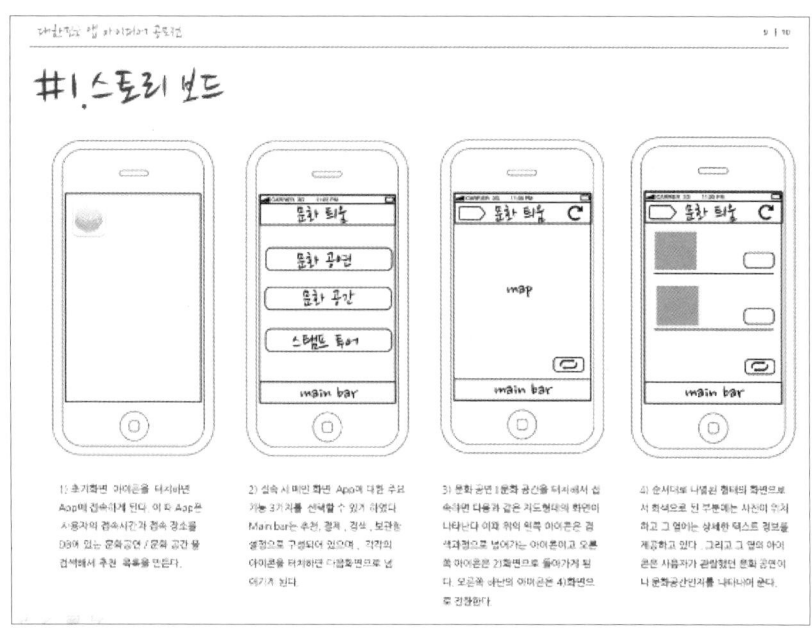

● 앱을 처음 만들면서 작성한 스토리보드. 첫 번째 앱이라서 애착이 가지만, 디자인 문제로 스토어에는 등록하
지 못했다.

● 개발자로서 꿈을 다시 꾸게 해준 Project ece 활동. 제주도에서 열린 학회에 참여해 공학 교육과 미스매칭*에 대해서 이야기를 나누었다.

이번에는 개발자로서 삶을 꿈꾸게 된 계기를 이야기하겠다. 나와 같은 고민을 하는 이들에게 도움이 되었으면 좋겠다. 많은 이들이 취업을 위해 학점을 쌓고 영어 성적을 위해 도서관에서 토익을 공부하고 있다. 개발자를 꿈꾸는 사람도 처지는 비슷할 것이다. 처음에는 제2의 페이스북이나 트위터를 만들어보겠다는 포부를 품고 개발에 몰두하지만, 냉혹한 현실을 마주하고 나면 평범하고 안정된 삶을 살기로 결심하게 된다. 이력서에 한 줄이라도 더 쓰기 위해 다양한 서포터즈 활동을 하거나 공모전에 참여한다. 나도 취업을 고민하면서 이런 대열에 합류하게 되었다. 컬프라는 마케팅 동아리에 참여하면서 많은 사람을 만나고, 공모전을 준비하면서 지금의 팀원을 만나게 되었다.

처음엔 앱을 만들고 싶어서 지원 프로그램이나 공모전을 찾다가 부산에서 열리는 공모전을 발견하게 되었고, 팀원을 모집해서 부산의 문화관광지를 알려주는 앱에 대한 아이디어를 스토리보드와 제안서로 작성했다. 짧은 일정에도 팀원들의 도움으로 제안서를 제출했지만, 결과는 예선 탈락이었다. 탈락의 아쉬움은 있었지만, 개인적으로 앱을 계속해서 만들어보고 싶어서 개발을 계속했다. 스토리보드의 내용을 어떻게 구현하지 하는 고민을 하면서 대부분의 코드를 완성했을 때쯤 문제가 발생했다. 부산의 문화 정보를 데이터베이스화하는 일이 문제였다. 방대한 자료를 수집하고 이를 정리하고 감각적으로 표현할 디자이너가 없었다. 결국, 코드만 완성하고 나머지 작업을 포기하게 되었다. 그러면서 컬프에서 영화의 전당 프로젝트를 마치게 되었다. 아쉬움이 많이 남았기에 동기들과 함께 공모전을 나가기로 결정하고 다양한 공모전을 찾아보다가

....

* 　편집자주_ 미스매칭(Mismatching)이란 구직자가 원하는 기업과 기업이 원하는 구직자가 맞지 않음을 뜻한다.
　또는 불합격이 무능력을 의미하는 것이 아니라 서로 '맞지 않는다'의 의미로 미스매칭이라는 표현을 쓰기도 한다.

EUROPE-KOREA BUSINESS PLAN COMPETITION(이하 BPC)*를 알게 되어 참여하게 되었다. BPC는 우리의 일상을 변화시킬만한 획기적인 비즈니스 아이디어를 가지고 창업에 대한 경험을 할 수 있는 공모전이다. 올해로 2회째를 맞는 이 대회에서는 쉽게 접할 수 없었던 유럽 기업과 직접 교류할 기회를 제공하고, 멘토링 세션을 통해 유럽 기업에서 직접 멘토링을 받을 기회를 제공한다. 이 공모전에는 총 6가지의 분야가 있는데, 우리 팀이 참여한 분야는 New Products & Services이다. 이외에도 다양한 분야가 있다. 총 4단계로 진행되며, 처음에는 사업계획서의 요약본을 제출하고 통과되면 정식으로 다시 제출한다. 그런 다음 멘토링 세션을 통해 계획서를 수정하고 결승전을 통해 시상이 이루어지는 구조다. 기존의 공모전과 차별화되는 점이라면 공학을 전공하고 있는 학생이 꼭 한 명이 필요하다. 실제 제품을 상용화할 수 있도록 개발자를 참여시키기 위함이다.

이 대회에서 우리가 제안한 아이디어는 스마트폰 앱과 셋톱박스$^{Set-Top Box}$를 기반으로 한 헬스 케어 제품이었다. 정말 단순한 생활 속의 불편함에 대한 아이디어로 시작한 내용이 회의를 거듭할수록 구체화되기 시작했고 기술적인 부분에 대한 질문과 제안이 쏟아져 나오기 시작했다. 팀에서 유일한 개발자 역할을 담당하고 있었기에 제품의 실현 가능성과 어떻게 구현할 것인지에 대한 고민을 했다. 처음 1차 통과를 하고 이러한 고민은 더욱더 커졌다. 어떻게 하면 효율적으로 만들 수 있을지에 대한 고민을 많이 했었다. 고민의 해답은 생각보다 간단했다. 실제로 만들어 보면 되는 것이었다. 그래서 간단하게 앱에 대한 스토리보드를 만들고 문제가 생길 때마다 직접 확인해가면서 진행해나갔다. 진행하면서 많은 부분이 수정되었고 현실적인 아이디어를 낼 수 있었다. 그렇게 사업계획서를 제출하고 합격이 되었다는 연락을 받았을 때 무척이나 기쁘고, 한편으로는 걱정되었다. 멘토링 날이 다가오고 기술 쪽에 대해 어떤 질문을 받게 될지 궁금하기도 하고 불안하기도 했다. 혹시나 잘못되어 있는 부분을 물어보진 않을까 하는 고민을 하다 보니 멘토링 시간이 어찌나 불안하고 초조했던지 멘토가 어떤 부분을 수정하면 어떨까 하는 이야기를 할 때마다 깜짝깜짝 놀랐다. 멘토링이 끝나고 부족한 부분을 지적받고 결승전과 티저 영상을 위한 촬영을 했는데, 학교와 전공을 이야

* 공식 웹사이트 http://www.europekorea-bpc.co.kr

기하는 것인데도 떨려서 정신없이 찍었다. 그러고 나서 멘토링을 받게 될 팀과 멘토와 함께 점심을 함께했다. 대회를 담당하시는 마리아 파엔 이사님께서 아이디어에 대한 조언을 해주셨다. 그때 처음 들었던 이야기가 아직도 기억에 남는다. "Too much." 이 이야기를 듣고 모든 팀원이 패닉에 빠졌다. 어떤 내용을 적어야 할지 빼야 할지에 대해 많은 이야기를 했고 그에 따른 수정이 이어졌다(특히 제품명까지 바뀌었다). 만약 그때 그렇게 이야기를 듣지 않았더라면 좋은 결과를 얻지 못했을 것이다. 특히 기술 부분의 수정이 많았다. 주로 앱에서 표현하는 방식과 새로운 기능을 추가하는 부분이었으며, 처음 작성했던 스토리보드와는 전혀 다른 새로운 앱이 되었다. 그리고 이어진 결승전 준비 과정에도 실제로 구현되는 앱을 보여주기 위해서 앱의 디자인을 직접 만들기도 하면서 제품의 기획과 설계 제작까지 해보는 경험을 했다. 셋톱박스의 경우 비용문제로 직접 제작은 하지 못하고 캐드 프로그램으로 설계만 했는데, 이 부분에 대한 아쉬움이 크게 남았다. 그렇게 대망의 결승전이 다가왔다. 아침 일찍 KTX를 타고 팀원들과 서울로 향했다. 결승전을 준비하는 동안 몇 백번 정도를 연습했던 것 같다. 떨리는 긴장을 억누르고자 계속해서 연습했었다. 주위 사람의 시선보다는 긴장감과 잘하고 싶다는 마음이 컸다. 그렇게 긴 시간이 지나고 결승전이 시작되었고, 행사장에는 대회에 참여하고 있는 기업체의 CEO들과 이름만 들어도 대단한 분들이 참석했다. 각 팀의 발표가 시작되고 여섯 번째인 우리 차례가 되자 심장은 주체할 수 없을 만큼 뛰었다. 정말 살 떨리는 발표가 끝나고 무대에서 내려오는데 무엇인가 뿌듯함을 느낄 수 있었다. 잠깐의 휴식 시간 뒤에 이어진 시상식의 첫 번째인 인기상은 현장에서 직접 투표로 뽑았다. 아쉽게도 인기상은 수상하지 못했지만 두 번째로 많은 표를 받아서 매우 좋았다. 다음으로 이어진 Most Creative Idea 수상 팀을 발표했는데, 우리 팀이 호명되었다. 공모전을 준비하면서 팀원들이 입을 모아 꼭 타고 싶은 상이 바로 Most Creative Idea 상이었기에 무척이나 기쁘게 올라가서 상을 받았다. 상을 받고 내려오니 뭔가 마음이 홀가분해지고 결승전을 즐길 수 있게 되었다. 대부분은 이런 공모전에서 중복 수상은 없기 때문에 미련 없이 다른 팀을 응원할 수 있었다. 이어진 시상에서는 같은 분야의 팀이 수상해서 박수치고 인사를 나누고 이야기를 하고 있었다. 그런데 Bronze Prize(동상) 수상 팀을 발표하는데 우리 팀이 호명되었다. 처음에는 사고가 난 줄 알았다. 그래서 1분여 동안 멍하게 서 있었던 것 같다. 그렇게 대회 사상 처음으로(비록 2회째지만) 2관왕을 하게 되었고, 시상식이 모두 끝나고 다른 팀이나 심사위원들과 이야기를 나눌 수 있었다.

● BPC 수상 후 인증. 정말 큰 상을 주셔서 무척이나 감사했다. 공모전을 함께 준비한 팀원들(이혜은, 신현희)

행사에 참여하거나 참관했던 분들에게서 명함을 받고, 많은 이야기를 나눴다. 큰 상금보다는 생각한 아이디어를 실제로 만들고 이를 검증 받을 수 있는 기회였다. 이 자리를 빌려서 이런 제품을 직접 개발할 좋은 기회를 준 많은 분에게 감사의 말을 전하고 싶다. 지금은 이때 개발한 앱을 수정, 보완하는 중이며 셋톱박스 제작을 위한 재설계를 하고 있다. 또한, 이번 기회를 통해 자신감을 얻었고, 이를 바탕으로 다른 공모전을 준비하고 있다.

많은 사람이 취업에 어려움을 겪고 있고, 고민이 많다. 나도 그랬지만, 졸업을 앞둔 시점에서 해답을 찾을 수 있었다.

첫 번째, 개발자는 많다. 하지만 큰 그림을 그릴 수 있는 개발자는 많지 않다. 주변에 개발하는 분들을 보면 정말로 재능 있는 개발자가 많다. 하지만 이런 분들은 정말 개발만 한다. 기술적인 부분에는 뛰어날지 몰라도 혼자서 할 수 있는 일에는 한계가 있다. 요즘에는 앱 하나를 만들어도 다양한 분야의 사람이 필요하다. 이런 상황에서 기술적인 부분만 강조하는 개발자가 많은 것 같다. 기술적인 부분에 있어서는 뛰어날지 모르지만, 많은 사람이 공감하고 반할만한 매력적인 앱을 만들어 내지는 못하는 것 같다. 개발자로 취업하거나 창업을 하려면 기술적인 부분 외에도 다양한 부분(디자인, 기획)에도 열린 마음으로 수용하거나 공부할 수 있는 태도가 중요하다. 모든 분야를 혼자서 다 할 수는 없다. 하지만 프로젝트를 진행하면서 배우려는 마음이 있다면 쉽게 해결될 수 있을 것이다. 처음 BPC를 진행하면서 기술적으로 '이건 안 될 거야. 저건 안 될 거야.' 라는 말을 많이 했었는데, 마지막에는 '아마도 될 거야 좀 더 찾아보고 공부하면 될 거야.'라는 말을 더욱 많이 했던 것 같다. 만찬에서 이야기를 나눈 마이클 베터(스투트가르트스포츠카㈜ 대표이사)님께서도 이러한 태도가 있었기에 수상을 할 수 있었을 것이라는 이야기를 해주셨다.

두 번째, 다양한 경험을 해보자. 대학생 개발자를 보면 대부분 '집-학교-연구실-도서관-집'을 오가는 생활이다. 이런 상황에서 개발자는 점점 고립되고 혼자만의 세계로 빠져버리는 경우가 많은 것 같다. 개발자는 단순하게 기존에 있던 것들을 수정 보완할 뿐만 아니라 세상에 존재하지 않는, 새로운 것들을 만들어야 할 때가 있다. 이러한 일을 하려면 창의적인 사고를 할 수 있어야 하는데 이때 다양한 경험을 한 사람들이 큰 강점을 나타내는 것 같다. 실제로 BPC를 준비하면서 새로운 제품을 어떻게 하면 설치기사 없이 비데와 변기의 종류와 관계없이 부착할 수 있을까? 하는 고민을 했었다. 처음에는 접착제를 이용한 방법을 고민했었는데, 우연하게 접한 행사장에서 본 가상 현실을 이용한 전시 안내가 떠올라서 그것을 적용해서 문제를 해결할 수 있었다. 또한, 다양한 경험 속에서 만난 사람들이 큰 도움을 줄 때도 종종 있다.

● 테크플러스 포럼 행사장에서 만난 제이 엘리엇.* 그를 통해서 애플에 대해서 궁금했던 것들을 알 수 있었다

* 편집자주_ 제이 엘리엇은 전 애플 수석 부사장으로 식당에서 25살의 스티브 잡스를 만나 20여 년간 함께 애플을 이끌었다. 잡스에게서 '나의 왼팔'이라 불릴 정도로 신임을 얻었다. 애플 퇴사 이후 『아이리더십: 애플을 움직이는 혁명적인 운영체제(웅진지식하우스, 2011)를 집필했으며, 현재는 누벨사의 CEO로 있다.

세 번째, 자신이 가진 한계를 한계라고 생각하지 않으면 무엇이든지 가능하다. 그리고 도전하라. 지방의 많은 개발자가 자신이 지방대생이라서 혹은 점수가 없어서라는 이유로 꿈을 펼쳐보기도 전에 포기한다. BPC의 경우 1회 때는 지방대학교 학생들이 참여는 했어도 본선에 오르는 일이 없었다고 한다(본선 진출이 확정된 후 알게 된 사실이었다). 그래서 서울에서 이루어지는 멘토링에 대한 교통비 지급에 관한 규정이 없었는데, 우리 팀 때문에 지방대생에 대한 교통비 규정이 새롭게 생겼다. 만약 계속해서 지방대생이 도전하지 않았다면, 이러한 변화를 이끌어 내지 못했을 것이다. 지방대생이면서 스토어나 마켓에 등록된 앱 하나 없는 나를 스스로 한계에 가둬버렸다면 BPC에서 2관왕은커녕 대회 접수조차 하지 못했을 것이다. 자신이 가진 벽을 허물고 도전하는 순간부터 많은 것이 바뀌기 시작한다. 지금도 자신이 세워놓은 한계 때문에 도전을 못하고 있는 개발자라면 한 번쯤 도전을 해보는 것은 어떨까?

지금 이 이야기를 하고 있는 나도 아직은 마켓플레이스나 앱스토어에 앱을 등록하지 못하고 있다. 하지만 그렇기 때문에 지금 새로운 아이디어로 앱을 제작하고 있으며, 앱을 등록하기 위해서 개발을 진행하고 있다. 또한, 앱을 처음부터 기획하고 다양한 경험을 쌓기 위해서, 세상을 바꿀만한 새로운 아이디어를 구체화하기 위해서 마이크로소프트의 MSP 6기에 도전했고, 그 결과 합격하게 되었다. 단순하게 취업을 목표로 한다면 이런 이야기가 의미 없을지도 모른다. 하지만 취업이 목적이 아니라 내가 어떤 개발자가 되고 싶은가를 고민한다면 한 번쯤 도전해 보는 것이 어떨까?

유학생의 미국 소프트웨어 엔지니어 구직 인터뷰

김민장(34세)

2012년 7월, 6년간의 전산학 석박사 과정을 마치고 8월부터 실리콘밸리에 있는 퀄컴 리서치에서 시니어 소프트웨어 엔지니어로 일하게 된다. 업무는 대학원 연구 주제와 관련이 깊은 컴파일러(다이내믹 최적화) 또는 병렬화 연구다.

나는 한국에서 학부를 마치고 2006년 8월부터 미국에서 전산학 석박사 과정을 시작하였다. 한국에서 3년간 (산업기능요원으로서) 프로그래머로 일했다. 학부는 원래 컴퓨터공학과는 아닌데 전산학을 복수전공하였고 학부 시절에 방황하느라 학부 졸업에 6년이 걸렸다. 대학원 전공 분야는 원래 컴퓨터 아키텍처 랩 소속인데 일은 100% 소프트웨어 관련 일이다. 그래서 소프트웨어 엔지니어가 되고 싶은 나에게는 핸디캡이었다. 결국, 하드웨어 회사의 소프트웨어 엔지니어로 일하게 되니 절묘한 조합이기는 하다.

비록 한국인 유학생이 꽤 많아 보이는 것 같지만, 구체적으로 전산학을 전공하고 미국에서 취직한 사람의 수는 생각보다 많지 않다. 파편화된 조언과 경험담은 찾을 수 있지만, 취업 전 과정에 대한 경험담을 전수받기란 쉬운 일이 아니다. 글 하나이지만 내가 겪었던 취업 준비의 거의 모든 과정을 적어보려 한다.

■ 기본적인 진로 방향과 취업 준비 시기

미국에서 전산학으로 박사 과정 학생의 진로는 크게 다음과 같이 정리할 수 있다.

(1) **교수/학계:** 원래 박사라는 학위 자체가 교수가 되기 위한 자격증이었다. 다행히 공학 분야는 박사 학위 소지자도 일반 기업으로 많이 간다. 나는 결코 교수가 될 만

큼의 훌륭한 논문 실적을 쌓은 것이 아니라서 애당초 고려의 대상이 아니었다. 또, 매우 실용적인 것 같은 컴퓨터공학이나 전산학도 학계와 산업계의 괴리는 생각보다 크다. 학계는 이상적이지만 주로 논문 쓰는 것에 집중한다. 나는 그보다는 제대로 돌아가는 것을 만들어 사람들이 쓰는 것을 보고 싶었다.

(2) 순수 연구를 하는 기업 연구소: 학계에 준하는 순수 연구를 하는 연구소가 몇몇 있다. 역시 나의 능력으로는 지원할 대상이 아니라 고려하지 않았다. 대표적인 연구소로 마이크로소프트 리서치, IBM 왓슨 연구소 같은 곳이 있다. 이런 자리는 교수만큼이나 제한된 자리만 있다.

(3) 선행 연구팀: 엔지니어 영역이지만 지금 당장 시장에 파는 제품이 아닌 3~5년 뒤의 제품을 미리 연구하는 팀이다. 보통 박사급 인력이 많기에 이 직군을 주요 목표로 삼았다.

(4) 엔지니어: 하드웨어, 소프트웨어 모두 박사급 엔지니어도 아주 많고 핵심적인 역할도 많이 한다. 오히려 위의 세 가지 진로보다 금전적으로는 더 나을 수도 있다. 또, 구글과 같은 기업은 거의 모든 직급을 엔지니어로 통칭하고 있다. 나는 프로그래머로서 일하는 것도 매우 좋아하니 당연히 엔지니어 자리도 많이 지원하였다.

만약 전산학 석사 혹은 학사 졸업생으로 지원한다면 대부분 엔지니어 영역으로 지원하고 훌륭한 인턴 경력과 석사 시절의 연구 경험이 있다면 선행 연구팀으로도 지원할수 있다.

미국은 보통 5~8월이 졸업 시즌이다. 따라서 그보다 최소 6개월 전에는 취업 준비를해야 한다. 10~11월부터 구직 준비하여 12~2월에 열심히 면접 보고 오퍼를 받으면 좋을 것이다. 나 같은 외국인 학생은 H1B(취업비자)를 지원해주는 회사로 가야 한다. H1B는 10월 1일부터 유효하므로 졸업 직후는 학생비자(F1)가 허용하는 취업 기회(OPT)로 일해야 한다. 다행히 미국 IT 대기업은 H1B/영주권 지원이 순조로우므로 일단 취직만 성공하면 그런 걱정은 크게 안 해도 된다. H1B 비자는 매 4월 1일에 신청을 받는데, 2013 회계연도에서는 학사 6만, 석사 이상 2.5만 개의 쿼터가 있으니 빨리 신청해야 한다. 2~3월 정도에 오퍼를 받으면 4월에 회사 변호사와 함께 H1B 비자 신청을 한다. 비자 관련해서 복잡한 내용이 많은데 겪으면 다들 어느 정도 이민법 전문가가 된다. 미국 유학의 최대 장점은 H1B가 바로 없어도 졸업 후 OPT로 일을 할 수 있다는 점이다.

■ 지원할 회사 고르기 + 원서 넣기

아마 가장 쉽게 취직하는 방법은 인턴으로 일한 회사에서 그대로 오퍼를 받는 것이다. 난 두 차례 인텔에서 인턴을 하였다. 아쉽게도 내가 지원할 당시에는 뽑지 않았다. 그렇지만 인텔의 다른 랩에 연구직 오프닝이 있었으면 어떻게 해서든 그 자리를 노려보려고 했다. 그런데 요즘 미국 실리콘밸리 경기가 아주 좋다고 하지만 몇몇 회사는 지난 2~3년간 사람을 너무 뽑아 요즘은 오히려 사람을 적게 뽑는다. 특히 박사급 인력이 더 그런 것 같다.

회사 탐색에는 정보가 매우 중요하다. 나는 과학고를 나온 것도, 컴퓨터공학과를 나온 것도 아니어서 실제 미국에서 일하는 선후배나 친구는 대학원에서 만난 몇몇 말곤 없다. 그런데 천만다행으로 나와 학번도 같고 연구 주제도 매우 비슷한 캘리포니아 모 대학에 다니는 친구가 같이 구직을 하여 서로서로 매우 큰 도움이 되었다. 이 친구는 구글로 가게 되었다. 지도 교수가 도움을 줄 수 있지만, 그보다는 자기가 발로 뛰며 알아봐야 한다.

먼저, 학교에 사람 뽑으러 리쿠르터를 보내는 회사는 지원이 비교적 쉬울 수 있다. 대표적으로 레드먼드의 마이크로소프트(M)와 구글(G)이 있다. M, G 모두 인턴은 합격한 경험이 있었다. 실제로 가지는 않았다. 그래서 그런지 원서 내고 인터뷰 일정 잡기는 쉬웠다. 다만 여기서 중요한 것은 이 회사는 모두 Recent College Graduate(RCG), 그러니까 대학 졸업생을 상대로 뽑는 자리라서 일반적인 개발자 능력을 보고 뽑는다. 물론 구체적인 기술을 요구하는 자리로 직접 지원할 수 있지만, 이 회사들은 그냥 신입 졸업생 신분으로 지원했다. 뒤에서 차차 설명하겠지만 이게 장단점이 뚜렷이 있다. 직접 회사 오프닝을 보면서 지원하는 것은 생각보다 매우 피곤하고 힘들다. 그리고 대부분 요구하는 기술이 잘 맞지도 않아 덜컥 겁부터 먹기 쉽다. 반면, 신입으로 가는 자리는 지원 자체는 편하고 구체적인 기술보다 기본적인 전산 능력을 본다. 이게 단점일 수 있는데, 특히 박사 졸업자는 자신의 전공 분야를 살릴 가능성이 낮아진다.

비슷하게 졸업생 신분 개발자로 몇몇 회사에 지원을 더 하였다. 페이스북(F)은 학교 리쿠르터가 연락해서 지원했다. 졸업할 즈음이 되니 헤드헌터 회사에서도 전화가 오는데 특히 금융권 개발자 자리로 연락이 온다. 두 군데 회사도 그렇게 해서 지원. 여기까지는 일반적인 프로그래밍 개발 능력을 갖추고 지원하는 회사이다.

이제는 나의 전공 분야를 살려서 구체적으로 지원하는 것이다. 내부 추천으로 지원하는 것이 당연히 빠를 수 있지만, 그것이 아니라면 별다른 방법이 없다. 그냥 회사 취업 공고를 보고 온라인으로 지원한다. 아니면 종종 학과에서 회사의 구인 메일을 전달해준다. 지원한 회사와 도시는 이러했다: (1) NVIDIA(N)의 두 포지션(같은 회사의 여러 포지션에 지원해도 문제없음, 각각 실리콘밸리/시애틀), (2) 쿠퍼티노 애플(A)의 LLVM 컴파일러 팀, (3) 인텔의 엔지니어 포지션(실리콘밸리), (4) 퀄컴(Q)의 연구직(실리콘밸리)과 엔지니어 포지션(샌디에이고).

회사 지원 준비물은 이력서와 커버 레터^{cover letter} 뿐이다. 이력서는 LaTeX로 깔끔하게 만든다. 그런데 간혹 docx나 txt로 내라는 회사가 있기도 하다. 커버 레터는 필수다. 특히 나처럼 컴퓨터 아키텍처 랩 출신이 소프트웨어 분야로 취업을 노릴 때는 중요하다. 커버 레터는 한 페이지에 자신의 기술 능력을 요약하는 것이다. "이러한 자리에 지원하고 싶은데 나는 이런 경력/능력을 보유하고 있으니 뽑아 주세요"와 같은 형식이다. 회사에 따라, 자리에 따라, 커버 레터를 수정해야 한다. 연구팀이라면 연구 주제를 앞에다 놓고, 개발자 자리라면 프로그래밍 능력을 앞에다 놓았다. 미국 회사는 생년월일, 사진을 요구하지 않는다. 대학교도 졸업 연도만 쓰면 된다.

그리고 기다린다. 매일매일 이메일 수신함만 쳐다보는 고통의 시간이다. 빠르면 1주, 보통 가능성이 있는 회사면 3주 안에는 전화 면접하자는 연락이 온다. 한 달이 지나도 연락이 안 오면 포기하는 것이 편하다. 위에 언급한 회사는 최소 전화 면접은 한 경우고 연락도 못 받는 곳도 당연히 있다. 예를 들어 아마존이나 링크드인 같은 회사였다. 사실 나랑 전혀 관련이 없는 회사인데 무작정 지원한 것이긴 하다.

정리하면 전화 면접이라도 본 회사가 (1) 애플(A), (2) 엔비디아(N), (3) 마이크로소프트(M), (4) 구글(G), (5) 페이스북(F), (6) 인텔(I), (7) 퀄컴(Q), (8) 월스트리트 업체 1(W1), (9) 월스트리트 업체 2(W2), 이렇게 9개였다. 이 중 다섯 회사에 2차 면접을 갔다. 최종적으로 붙은 회사는 M, Q 두 군데였다. 전화 면접도 못 보고 무소식인 회사는 세 개였다. 그러니 12~13개 회사에 16~17개의 자리에 지원한 셈인데 다시 말하지만, 이것도 굉장히 힘들다.

1차 전화 면접 보기

미국 IT 회사 취업은 전화 면접(Screening 혹은 폰 인터뷰)+현지 면접(Onsite)이다. 다른 회사도 그럴 것 같다. 보통 2번 이상 스크리닝을 하는 곳이 많다. 일반적인 개발자로 뽑는 자리와 전문 지식을 보는 자리의 면접은 다를 수밖에 없다. 나눠서 정리한다.

일반적인 개발자로 뽑는 M, G, F, W1, W2는 철저하게 코딩 실력만 본다. G사는 과거 전화 면접 시 "너 뭐 연구하냐"라는 질문을 하기는 했는데, 요즘은 전화를 받자마자 바로 구글 독스에서 실시간 코딩을 시킨다. F사도 그렇게 코딩을 시키고, W1사는 이메일로 문제를 주고 두 시간 안에 코딩해서 소스 코드를 달라고 했다. 코딩 문제의 난이도는 회사마다 비슷한데 월스트리트 쪽이 좀 더 어렵다. 또 문제를 얼마나 더 빨리, 얼마나 더 간결히 푸느냐를 중요하게 보는 회사가 있다고 느꼈다. 인터뷰 코딩 문제는 careercup.com 같은 사이트를 참고하면 된다.* M, G, W1사는 무난히 통과했는데 F, W2사는 전화 면접에서 떨어졌다. 전화 코딩 면접에서 느낀 건 다음과 같다.

(1) 라이브 코딩을 할 때는 최대한 이 코드가 직접 돌아갈 수 있을 정도로 정확히 짠다. 슈도 코드로 짠다는 생각은 버려라. 비록 30~40분 되는 시간이지만 프로페셔널하게 보이도록 노력하라. 변수 이름도 확실히 해야 하고, "for(int i=0;i〈n;i++)"처럼 공백도 없이 다닥다닥 붙여 쓰는 코딩 스타일도 피하라.

(2) 특정 언어를 아는 것은 중요하지 않다. 하지만 F사의 경험을 비춰보면 Python 같은 고급 표현으로 복잡한 알고리즘을 2~3 줄로 표현하는 능력을 기르는 것은 매우 좋을 것 같다. F사는 전화 면접을 두 번 했고 솔직히 코딩 문제를 다 잘 풀었다. 그런데도 떨어져서 화가 났는데, 돌이켜보면 C++로는 20줄이 나오는 코드가 Python으로 다시 작성해보니 3줄로 되는 것이었다. 아마 거기서 면접관이 내가 멍청하다고 느낀 것 같다. 다만 M, G 같은 회사는 C++, Java, C로 좀 미시적인 관점에서 코딩해도 문제없는 것 같다.

(3) 특정 언어를 아는 것이 중요하지는 않지만 C++를 할 줄 안다고 적었으면 STL 정도는 능숙히 써야 한다. 특히 금융권 회사는 특정 언어/플랫폼 지식을 중요하게 묻는다. W2 회사는 매우 디테일한 C++ 지식을 정말 스피드 퀴즈 하듯이 묻기도 했다.

---

* 편집자주_「프로그래밍 면접, 이렇게 준비한다」(한빛미디어, 2007)와 같은 책도 국내에는 번역되어 있다.

496 부록 우리가 프로그래머로 살아가는 법

(4) 월스트리트 업체는 정말로 어려운 brain teaser라고 불리는 퀴즈 문제를 낼 때가 많다. 예를 들어 소위 "25 Horses"라는 문제 같은 것이다. 관심 있는 독자는 검색을 하면 바로 어떤 문제인지 볼 수 있다. W2 회사에서 떨어진 이유가 이것 때문이다.

요약하면 결국 기본 코딩+알고리즘+자료 구조 지식이 중요하다. 평소 꾸준히 코딩을 했으면 크게 문제가 없을 것 같지만, 마치 토플/토익 점수 준비하듯이 반드시 별도로 준비해야 한다. 솔직히 실제 코딩과 화이트보드/전화 코딩은 분명 다르지만, 회사가 이렇게 뽑으니 어쩔 수 없다.

영어 역시 한국인에게는 매우 큰 장애물이다. 전화로 하는 영어가 처음에 쉬울 리 없다. 다행히 2007년부터 전화 면접을 봐와서 크게 문제는 되지 않았다. 한두 번 보면 자신감이 생긴다.

이제는 전문 지식을 보는 회사들의 경험담이다. 기본적인 코딩/전산 지식도 묻기는 묻는다. 하지만 핵심은 관련 지식의 깊이, 그리고 무엇보다 그 자리에 대한 적합성이다. 적합성이 정말 가장 중요하다.

(1) N사는 일반적인 GPU 아키텍트, 컴파일러 팀에 지원했다. 내 연구 주제를 설명하고 토론하면서 이런저런 질문에 답한다. 두 자리 모두 전화 면접 후 광속 탈락. "네가 여기 왜 지원했니" 그런 분위기였다.

(2) I사는 퍼포먼스 관련 소프트웨어 엔지니어 포지션인데 워낙 내가 한 일이 I사와 관련이 깊어서 매우 우호적이고 화기애애한 분위기에서 진행되었다. 온사이트 인터뷰는 이미 Q사에 오퍼를 수락한 뒤라서 가지는 않았다.

(3) A사는 무려 전화 면접만 세 번 봤는데, 기본적으로 컴파일러를 다루는 팀이지만 분명히 "LLVM experience is NOT required"라고 적혀 있었다. 그렇지만 컴파일러를 만져봤기에 내가 아는 지식을 가지고 얘기를 할 수 있었다. 전화 면접에서는 "너 이거 써봤다고 했지? 어떤 점이 개선되면 좋겠냐?" 이런 질문이 빠지지 않았다. 다행히 생각하던 몇 가지 이슈가 있어서 그걸로 이야기를 쉽게 풀어나갔다. 질문은 "너 뭐했냐"에 초점을 맞추는데 마지막 인터뷰어는 실제 컴파일러 개발에서 겪었던 문제를 주며 자료 구조 개선 방안을 묻기도 했다. 대신 C++ 코딩 능력은 매우 중요하게 보았다.

(4) Q사는 사실 지원 당시는 기대를 별로 하지 않았다. 내 전공과 매우 일치해 보이는 자리였지만 사실상 박사만 뽑는 자리여서 어려워 보였다. 다른 회사는 모두 석사 이상이면 지원 가능한 자리였다. 원래는 두 차례 인터뷰가 예약되었는데 갑자기 전화 면접이 하나로 합쳐져서 (두 면접관이 동시에 진행) 더더욱 기대하지 않고 편안하게 봤다. 그런데 뜻밖에 거기서 하는 일이 너무나 내가 고생했던 경험과 일치가 되어 면접이 순조로웠다. 면접관 한 분은 내가 짠 코드 좀 보내줄 수 없느냐고 해서 몇몇 파일을 바로 보내 주었다. 왜냐하면 박사를 뽑다 보니 보통 코딩 실력이 부족한 지원자가 있어서 그렇다. 다행히 늘 코드는 최대한 깔끔하게 짜기에 바로 보낼 수 있었다. 평소에 깔끔한 코드를 짜도록 하자. 심도 있는 C++ 지식을 묻기도 했는데 특히 병렬화 관련된 나의 생각을 묻기도 했다. 최신 기술 트렌드와 경험담으로 쉽게 얘기할 수 있었다.

전문 지식을 묻는 회사는 즉석 코딩 같은 문제는 잘 안 낸다. 평소 자기가 한 연구와 경험을 잘 정리해서 말할 수 있는 능력이 중요하다. 그런데 지식을 묻는 말이 대부분이지만 "너가 왜 우리 회사에서 일을 해야 하냐?"와 같은 질문(behavioral question 이라고 부름)에도 대답을 준비하는 것이 좋다. 막상 이런 질문을 받으면 당황스러울 수 있다.

■ 온사이트 면접하기: 당락의 순간

온사이트 면접을 다섯 번 갔다. 학교가 남동부 지역인 조지아 주라서 실리콘밸리(캘리포니아 샌프란시스코)로 세 번, 시애틀로 한 번, 뉴욕으로 한 번. 비행기 마일리지만 2만 마일을 쌓았다. 면접 여행 다녀온 순서대로 정리한다.

G사의 온사이트 인터뷰는 사실 10월에 약속이 잡혔다. 그런데 12월에 박사 논문 프로포절이 있어서 면접을 준비할 겨를이 없었다. 학교마다 PhD 프로포절 성격이 다른데 내 학교는 거의 준 디펜스에 가깝다. 그래서 12월 중순으로 잡았다. 실제 면접 준비 기간은 2주도 채 안 되었다. 말했듯이 G사는 나의 특정 전공 능력보다는 일반적인 프로그래밍 능력을 최우선으로 한다고 볼 수 있다. 온사이트 면접은 기본적으로 모든 회사가 비행기+호텔+식비+교통비를 지급한다.

현지 면접은 4명과의 1:1 코딩 문제, 점심 한 명, 박사 논문 토의 한 명으로 이루어진다. 면접관은 다 박사 학위 소지자였고 명단을 면접날 아침에 알려주기에 간단히 어떤 전공을 했는지 조사해봤다. 그런데 DB, 운영체제, 네트워크, 알고리즘, 암호학 전공 자여서 걱정이 되기는 했다. 오히려 점심을 같이 먹은 아저씨가 컴파일러/아키텍처를 전공한 사람이었다.

문제 자체는 전화 면접에 비해 어렵지는 않았다. 한 문제만 빼면 오히려 쉽다고 느껴졌다. 흥미로운 건 면접관이 거기서 직접 평가하는 것이 아니라 내가 말하고 쓰는 걸 그대로 적을 뿐이다. 그리고 평가는 별도의 커미티committee가 한다고 한다. 문제는 비교적 쉬운 코딩 문제에서 시작한다. 화이트 보드에 코드를 작성한다. 여기까지는 쉽다. 이제 이 문제를 확장하여 여러 논의를 한다. 회사의 성격답게 데이터가 매우 많이 있다면? 이런 경우를 자주 묻는다. 대부분 다 잘 대답했다고 생각했는데 재귀호출 문제 하나가 나를 괴롭혔다. 원래 내가 이 부분이 약해 미리 공부까지 했다. 사실 풀기는 풀었는데 멍청한 방법으로 풀었다. 면접관이 다른 방식으로 풀라고 요구했고 거기서 제대로 못 했다. 그래도 설마 이걸로 떨어뜨리겠어라고 안심하고 집으로 돌아왔다.

2~3주면 보통 결정이 나는데, 아무리 연말이 끼어 있다지만 한 달 넘게 결과를 기다려야 했다. 그런데 안타깝게도 떨어졌다는 소식을 리쿠르터가 전화로 알려왔다. 유행하는 단어인 소위 '멘붕'이라는 걸 겪었다. 그 재귀호출 문제를 제대로 못 풀었다고 떨어뜨리나 하는 한탄도 했지만, 생각해보면 순수 알고리즘/소프트웨어만 파고든 사람이라면 내 배경 지식을 토대로 나온 답변에 만족하지 못했을 수도 있을 것이다. 예를 들어 캐시 디자인 문제가 나왔는데, 괜히 하드웨어 캐시 얘기를 하거나 해시테이블을 가지고 한 것이 뒤늦게 아쉬웠다. 소프트웨어 캐시는 보통 splay tree를 써야 한다. 굳이 위안을 받자면, 그 당시 G사가 박사급 인력을 줄여 뽑는 시기였고, 내 전공이 딱히 구글에서 많이 쓰이는 분야가 아니어서 아주 뛰어나지 않는 이상 가기 어려웠다고 들었다. 하지만 내가 아는 한국인 유학생 중 세 명이 이번에 박사 졸업 후 거기로 가니 결국 내가 못해서 떨어진 것이다. 변명은 유치하다. 미리 좀 더 치밀하게 준비했어야 하는데, 인턴 면접에서 얻은 자신감으로 너무 안일하게 준비했다.

G사의 직원은 면접관이 되려면 별도의 교육을 받아야 한다고 한다. 보통 회사는 그냥 직원이 면접을 보는 경우가 많은데 G사는 굉장히 체계화된 채용 프로세스를 가지고

있었다. 비록 나는 억울할 수 있지만, 제도가 그러니 이런 것을 유의해야 한다.

붙을 것 같은 회사에서 떨어지고 나니 앞이 정말로 캄캄했다. 암울한 1월을 보내고 다시 정신을 차리고 인터뷰 일정이 가득한 2월을 맞이한다. 첫째 주는 A, 둘째 주는 Q, 셋째 주는 M, 넷째 주는 W1. 매주 인터뷰 여행을 갔다.

보통은 1:1 면접인데 A사는 2:1이다. 9시 30분부터 5시 30분까지 정말 쉬지 않고 2명씩 계속 쳐들어온다. 점심은 팀장 두 분이랑 먹는다. 그건 밥 먹는 게 아니다. 만난 사람만 16명인가, 기억도 안 난다. 끊임없이 이야기해서 가장 피곤한 면접이었다. 하나 흥미로운 것은 보통 IT 회사는 중국/인도 같은 외국인 비율이 높은데 이 팀은 두 명 빼고 모두 '젊은' 그리고 '백인'이었다. 영어가 여전히 부족하지만 그래도 면접 가서는 영어로 크게 고생은 안 하는데 이렇게 젊은 백인 친구들이 아주 빠르게 말을 하니 힘들 수밖에 없었다. 인종 문제를 이야기하는 것은 매우 부적절하다. 하지만 나 같은 외국인에게는 신경이 쓰일 수밖에 없는 부분이다.

면접은 C++, 코딩, 기본 전산 지식, 컴파일러 지식으로 매우 다양했다. 괜히 LLVM 좀 해봤다고 말해서 어떤 분이 "컴파일러 백엔드에 접근하는 방식이 내가 알기로 3가지 정도가 있는데 네가 아는 거 얘기해보고 개선점이 뭐가 있을까?" 하하. 무슨 소리인지. 그냥 이런 문제는 우왕좌왕만 했다. 나머지 문제도 힘들었지만, G사나 M사처럼 일반적인 알고리즘 문제보다는 컴파일러팀이다 보니 내 적성에 맞는 문제가 많았다. 예를 들어 메모리 할당^{Malloc}이나 벡터화나 그런 문제. 특히 팀장 두 분이 보는 면접에서는 실제 ARM 코드 최적화에 나오는 예로 질문을 주었고 흥미롭게 토론하며 문제를 풀 수 있었다. 맨 마지막에는 기본적인 자료 구조를 묻는데 해시테이블 하나로만 정말로 30분을 얘기했다. 매우 자세한 수준에서의 코딩과 성능 분석 등을 논의했다.

온사이트 면접 시 면접관의 이름을 미리 알 수 있다면 사전 조사는 필수이다. G사는 면접 당일에 알려줬는데 면접 특성상 아주 중요하지는 않을 것이다. A사도 면접관 이름을 미리 알려주지는 않았다. 하지만 오픈 소스 컴파일러니 어떤 사람이 주로 기여하는지 찾기는 쉽다. 특히 개발자 미팅 자료가 온라인에 있어서 공부를 미리 했다. 여기서 소셜 사이트인 LinkedIn의 위력이 발휘된다. 사람들 약력 확인하기에 아주 좋다. 이렇게 미리 면접관 사전 조사를 하면 면접관을 만났을 때, "네가 3.0 버전의 레지

스터 할당기 만들었지? 그거 멋지더라. 이런 거 궁금해"라고 이야기를 잘 풀어나갈 수 있다. 당연히 면접관도 좋아한다. 그러니 미리 그 팀에 대해 조사하는 것은 매우 중요하다. 다만 "너 우리 회사 제품 많이 쓰니?"라는 질문에 "네, 저는 애플빠입니다"라고 대답을 하지 못했다. 거짓말이라도 꼭 하도록 하자.

면접이 너무 피곤해서 붙을지 떨어질지 아무런 느낌이 없었다. 그냥 내가 하고 싶은 말은 다 했으니 아쉬울 건 없었다. 그리고 호텔에 가서 땡큐 메일이라는 걸 처음으로 써봤다. 다른 사람은 이름도 기억이 안 나니 팀장 두 분에게 보냈다. 혹시 면접관의 이름을 알고 있다면 반드시 땡큐 메일을 보낼 것을 추천한다. 간단히 감사하다는 이야기 외에 면접 때 질문에 관한 얘기를 간략하게 보충해서 쓰는 것도 좋다.

A사 면접 여행이 화수목이었고 바로 이어지는 주 월화수에 Q사 면접 여행이 있었다. 애틀랜타-샌프란시스코는 비행기로만 4~5시간이 걸린다. 은근히 3시간 시차도 있다. 꽤 피곤하다.

Q사 온사이트 면접은 미리 만날 사람 이름을 주었다. 8명이었는데 역시 열심히 사전 조사를 한다. 논문도 찾아서 읽어본다. 내가 잘 아는 논문 쓴 친구도 있었다. 보니까 소위 말하는 '스펙'이 다 나보다 좋았다. 전혀 기대하지 않고 오히려 편하게 면접 여행을 갔다.

연구 관련 포지션은 보통 자신이 한 박사 연구를 한 시간 동안 발표한다. 이미 박사 논문 프로포절 발표도 했고 내 연구 주제는 내가 잘 아니 크게 걱정은 하지 않았다. 하지만 부족한 영어 실력에 아저씨들 아침 시간에 졸리면 어쩌나 조마조마했다. 사실 박사 논문 프로포절보다 훨씬 긴장되었다. 그 뒤로는 정해진 순서대로 거기서 일하는 엔지니어를 만나면서 면접을 본다. 첫 면접이 까다로웠다.

(이 문단은 전문 기술 내용이 포함됨) C++로 간단히 큐를 만들어 보란다. 대략 리스트/벡터 형식으로 큐를 만들었다. 이제 이걸 병렬로 enqueue, dequeue할 수 있게 고치라고 한다. 당연히 global lock 같은 거 쓴다고 하면 공격당할 것 같으니, lock-free 이야기를 주절주절하다 transactional memory 이야기를 했다. 아차. 면접관 친구가 TM을 박사 때 한 친구이다. 마구 물어보는데 앞이 캄캄했다. 기억이 잘 안 난다. 암튼 뭐라 뭐라 상황을 모면했다.

이런 컴퓨터 지식 문제가 끝나고 이제 면접관 친구랑 (왜 친구냐면 나랑 나이가 비슷하다) 이제 거기서 하는 일에 대해서 얘기한다. "너 논문 내가 참 재미있게 읽었어" 이렇게 마구 띄어주니 좋아한다. 그러니 미리 면접관의 이름을 알 수 있다면 이런 숙제는 필수다.

그 이후 한 면접관은 코딩/알고리즘 문제를 물었고, 또 한 면접관은 내 전공과 전혀 무관한 전자 공학을 한 분이어서 무려 수학 문제를 물었다. 진땀 나는 문제였지만 여기서 죽을 순 없다는 일념 하에 풀었다. 그리고 나머지 분들과는 문제 같은 건 풀지 않고 주로 내가 한 연구 그리고 거기서 하는 일에 관한 토론을 했다. 귀를 쫑긋 세우고 어떤 날카로운 질문을 던질까 계속 쉬지 않고 생각해야만 한다. 특히 바이너리 변환 기술에 관련된 내용이 흥미로웠다. 근데 인터뷰가 뒤로 갈수록 분위기가 좋았다. 마지막에는 Vice President (연구소장) 분과 얘기를 했다. 당장에 붙여줄 것처럼 희망 연봉도 물어보던데 너무 면접 보느라 정신이 하나도 없어서 누구 놀리나 하고 생각했다. 보통 면접 후 저녁 식사는 알아서 하는데, 이때는 거기 연구원 두 명이랑 저녁을 같이 먹으라고 해서 먹었다. 설마 저녁까지 사주는데 떨어뜨리겠느냐는 생각이 들어 희망을 갖게 되었다. 호텔로 돌아와서는 8명 넘는 사람에게 폭풍 땡큐 메일을 썼다. 면접 볼 때마다 직접 그분의 명함을 받아와서 이메일 주소를 알 수 있었다. 보통은 면접관 이메일을 인사팀(HR) 직원이 직접 알려주지 않는다. 면접관의 이메일을 알아도 미리 접촉하는 것은 금물이다.

기대하면서 조마조마하게 기다렸는데, 딱 3일 뒤, 합격 소식을 전화로 받았다. 캘리포니아 발 전화번호만 떠도 숨죽이던 그때였다. (아이폰 같은 스마트폰에서 전화를 받으면 그 전화번호 국번을 쓰는 주와 도시 이름이 뜬다) 대략적인 연봉 수준을 말해주고 1주 뒤 공식 오퍼가 나간다고 알려준다. 역시 1주간의 기다림은 초조하다. 혹시 내가 다시 마음에 안 들어서 취소하면 어떡하지? 별 희한한 걱정이 다 든다. 다행히 1주 정도 지나 오퍼 레터를 받을 수 있었다. HR 직원이 자세한 연봉, 보너스, 이주 비용에 대해 설명해준다. 그리고 오퍼를 수락할 시간을 보통 1~3주 정도 준다. 연봉 협상 이야기는 뒤에서 한다.

전산학 박사는 훌륭한 프로그래머가 되는 것과는 거리가 멀다고 볼 수 있다. 일반적인 코딩 실력보다 한 주제에 대해 매우 깊게 파고 들어가는 것이 박사 과정에서 하는 일이다. 일반 코딩 실력은 미리 준비 안 하면 망한다. 나도 솔직히 알고리즘/코딩 면접을 석사 졸업 즈음에 준비하여 자신은 있었지만, 그것도 벌써 4년 전 이야기다. 박사 과정 연구도 사실 코딩/자료 구조/알고리즘을 깊이 다룰 수 있지만, 화이트보드 즉석 코딩과는 다른 성격이다.

그렇지만 Q사는 코딩 문제의 결과보다는 내가 6년간 한 공부와 연구를 평가해주었고 그게 거기서 하는 일과 잘 부합되어 오히려 쉽게 붙을 수 있었다. 처음에는 박사만 뽑는 연구 조직이라 전혀 기대하지 않았는데 의외였다. G사에서 떨어진 것이 전화위복이 되었다.

며칠 뒤 A사로부터 연락이 와서 매니저급의 사람과 한 번 더 전화 면접을 봤다. 사실 뒷이야기가 좀 더 있지만 아쉽게도 A사로부터 최종 오퍼는 받지 못했다. 그렇지만 어차피 Q사가 훨씬 내 적성에 맞아 붙어도 Q사로 갔을 것이기에 괜찮았다. 다만 A사의 주식이 요즘 높다 보니 연봉 협상용 카드를 못 챙겼다는 점이 아쉬웠을 뿐. A사 포지션은 요즘 컴파일러가 프로덕션화되면서 엔지니어링이 많이 필요한 시기였다. 그래서 팀장이 "너 여기 오면 디버깅만 처음 일 년 동안 해야 해. 할 수 있냐"라고 몇 번씩 묻기도 했다. 오퍼는 받지 못해도 아주 좋은 경험이었다. 무엇보다 팀원 하나하나가 최고의 제품을 만든다는 넘치는 자신감과 똑똑함이 인상 깊었다. 평소 A사를 안 좋아했는데 면접 이후 생각이 바뀌었다.

이미 Q사 오퍼를 받았으므로 일반적인 엔지니어 자리인 M사의 인터뷰에 가야 할 이유가 사실상 사라졌다. 그런데 이미 비행기/호텔 예약이 되어있는데 취소하는 건 아닌 것 같아 다시 비행기를 탔다.

G사는 정말로 일반적인 코딩 실력으로 사람을 일단 뽑고 어느 팀으로 갈지 정한다. 그러니 내가 거기 가서 무슨 일을 할지 면접 당시에는 알 수 없다. M사도 그런 것 같지만, 실제 면접에 가면 특정 팀으로 가서 면접을 본다. 즉, 내 이력서를 가지고 최대한 매칭을 찾아 면접을 본다. 4년 전에도 이 회사 면접을 보았고, 또 이미 면접을 수차례 보아서 전혀 긴장은 되지 않았다. 내가 면접을 본 팀은 서버&툴 비즈니스 내의 두 팀이었다.

면접은 색달랐다. 4년 전에는 그냥 나 혼자 개발자 방을 옮겨가면서 면접을 봤는데 이번에는 12명 정도가 그룹으로 본다. 12명이 한 회의실에 있고 이제 면접관이 우르르 와서 한 명씩 데리고 빈방으로 가서 코딩 문제를 시킨다. 12명은 박사 졸업 예정자부터 학부 졸업생까지 다양하다. 그 중 한 친구는 아주 좋은 학회에 논문을 4개나 쓴 친구였고 연구 주제도 비슷했다. 속으로 여기 왜 면접 왔을까라는 생각이 들 정도. 학교는 확실히 캘리포니아 지역 학교가 많았고 좋은 학교 학생이 꽤 있었다. 한 명은 스웨덴에서 바로 날아온 친구였다. 면접은 코딩 문제니까 다른 회사와 크게 다를 것이 없다. 이미 이골이 날 정도여서 쉽게 풀 수 있었다. 해시테이블, 소팅, 트리 등등.

재미있는 점이 두 가지 있다. 첫째는 면접 결과를 바로 당일 알려준다는 것. 둘째는 오전 면접 후 4~5명이 미리 결과를 받고 떠난다. 아마 떨어졌을 것 같다. 그리고 남은 사람이 점심 먹고 다시 오후 면접을 본다. 이제 한두 명이 오퍼 받고 좋아하며 들어온다. 나는 마지막 혼자까지 남았다. 리쿠르터 직원이 오더니 "네가 아직 어느 팀에 적합한지 몰라서 최종 결과가 안 나왔어. 모 팀장님께 연락했으니 한 번 더 면접 보도록" 이런 상황이었다. 그래서 모 팀장과 마지막으로 이런 저런 얘기를 했다. 나는 상당히 친 마이크로소프트적인 개발자라 MS에 대한 애정, 불만, 개선점이 한가득하다. 이걸로 이야기를 주렁주렁하니 어느덧 오후 4시 반. 팀장님이 안타깝게도 C++ 관련 자리는 지금 없다고 했다. 결국, 오퍼는 받기는 하였으나 약간은 엉뚱한 클라우드 서버의 모 팀으로 받았다.

리쿠르터의 면접자에 대한 대우나 면접 과정은 단연 M사가 최고다. 바로 오퍼 거절을 하면 너무 무례한 것 같아 며칠 뒤 구체적으로 어떤 일을 하게 될 것인지 오퍼를 준 팀의 팀장과 전화로 얘기를 나누기도 했다.

연봉 협상은 당연히 할 수 있는데 그러려면 좋은 카운터 오퍼 (다른 오퍼)가 필요하다. 나는 Q사의 베이스 연봉+사인온 보너스(입사 시 1회 지급 보너스)+릴로케이션 패키지는 만족했다. 여기에 보통 회사들은 RSU^Restricted Stock Unit라고 주식 n주를 3~4년에 걸쳐 준다(그래서 기업공개^IPO 이전의 회사에 들어가서 거대한 RSU를 받으면 상장 후 돈방석에 앉을 수 있다). 주식이 구글보다는 좀 적은 것 같아 협상을 해보려고 했는데 너무 소심해서 그냥 오퍼 사인하고 말았다. 안타깝게도 M사의 오퍼가 Q사에 비해 낮아서 (아무리 지역 물가를 고려하더라도) 카운터 오퍼로서의 효과가 크게 없었다.

마지막으로 W2 면접 이야기. 이 회사는 HFT^{High-Frequency Trading}으로 매우 유명한 회사였다. 이걸 뒤늦게 알았던 것이었다. 이 분야는 관심이 없었는데 리쿠르터가 전화가 와서 그냥 면접을 보게 된 것이고 온사이트까지 가게 되었다. 면접 당시 월스트리트 분위기가 예전만큼 좋지는 않았다고 한다. W2 회사에서 잘 나가는 개발자들 상당수가 G나 F사로 갔다고 한다. 연봉도 실리콘밸리 기업보다 더는 좋지도 않다. 회사규모는 200~300명 정도로 작은 편이다. 링크드인으로 몇몇 회사 개발자들의 약력을 살펴보니 스펙이 어마어마하다.

HFT는 사실 완전히 전산학 문제로 귀결된다. 그런데 이 분야는 빠른 시간 내에 주어진 문제를 척척 푸는 능력이 중요하다. 전형적으로 빠른 생각을 원하는 곳이다. 그런데 박사 과정을 하면 이런 것과는 거리가 좀 멀어진다. 난 원래 제한된 시간 내에 빨리 뭘 할 수 있는 사람이 아니다. 이 회사는 1차 면접이 두 시간 내에 주어진 문제를 코딩해서 주는 것이었다. 실제 면접도 굉장히 압박 적이었다. 컴퓨터 아키텍처 문제부터 알고리즘 C++/리눅스 문제까지 다 묻는다. 면접은 실제 노트북 앞에서 코딩하면서 진행하기도 했다. 쉬우면서도 아하!를 유발케 하는 질문이 많다. 예를 들어 이런 문제(이해에는 전산 지식이 필요함): "중복된 값이 있는 데이터가 있을 때 같은 데이터끼리 그룹으로 묶고 싶어. 어떻게?", 이 질문에 "해시테이블을 써서…" 이러면 안 된다. 답은 그냥 소팅이다. 이런 문제는 정말 금방 답을 낼 수도, 아니면 그냥 헤맬 수도 있다.

심지어는 루트2가 무리수임을 증명해봐라, 공기저항이 있을 때 자유낙하 물체의 종단속도를 구하라 이런 문제까지 받았다. "음, 이게 proof by contradiction인데, a/b = $\mathrm{sqrt}(2)$를 쓰고 이걸 제곱해서…", "F=ma에서… 1차 ODE가 나오는데… 이렇게 풀면…" 갑자기 고교 시절 공부한 내용을 떠올려서 영어로 말하려고 하니 여간 힘든 것이 아니었다. 솔직히 좀 짜증이 나서 "내가 이거 15년 전에 배운 거라서 기억이 잘 안 났어. 그래도 수학/물리 나름 잘했어"라고 말하니 면접관 친구가 "너 나이 많냐?"라고 반문하였다.

아뿔싸. 이 동네는 나이 젊고 머리 좋은 사람을 뽑는 곳이었다. 미국 회사가 나이 차별하면 아마 소송감이다. 하지만 이런 곳은 최상위 아이비리그급 학부생, 수학 올림피아드 출신의 어리고 똑똑한 친구가 많다. 떨어졌지만 준비도 안 했는데 당연한 결과였다. 아무리 박태환이 수영을 잘해도 50m 경기에는 출전할 수 없는 노릇이다. 이 방면으로 준비하고 싶은 사람은 훨씬 많은 정보와 (그 유명하다는 회사를 난 이름도 모를 정도였으니) 철저한 코딩+아이큐 질문에 대비해야 한다.

■ 쉽지는 않지만, 기회는 많이 있다

우리나라 상황과는 대비되게 미국 실리콘밸리를 중심으로 한 IT 산업, 특히 소프트웨어 산업은 2012년 상당한 호황을 누리고 있다. 엄청나게 오른 집값이 이를 반영한다. 물론 페이스북/트위터 같은 소셜 업체의 가치에 거품이 끼어있다고 믿지만, 그래도 닷컴과 같은 신기루가 아닌 모바일이라는 손에 잡히는 물건이 있기에 요즘의 IT 호황을 마냥 거품으로 생각하지는 않는다.

이런 호황으로 인력 수요가 크다. 하지만 나 같은 외국인이 지원하려면 결국 취업비자/영주권을 잘 해주는 곳이어야 하므로 결국 유명한 회사 위주로 지원할 수밖에 없고, 이런 곳은 미국인들도 가고 싶어하는 곳이니 쉽지 않다. 하지만 한 다리 걸쳐 아는 사람 포함 8명이 (토종 한국 유학생) 이번에 박사 과정을 마치고 구직을 했는데 다 취직을 잘하였다(G, F, 등등). 기회는 분명히 많이 있다.

일단, 컴퓨터를 좋아해야 한다. 순수 전산학 연구든, 아니면 프로그래밍이든, 컴퓨터 자체를 매우 좋아해야 한다. 그리고 확실한 자신의 주력 기술을 키워야 한다. 학부생이라면 일반적인 코딩 실력으로 덤빌 수 있지만, 석박사라면 전문 분야 지식도 중요하다. 그런데 가장 중요한 건 운이 따라야 한다. 자기가 가고 싶은 곳에 자리가 지금 열려 있어야 가능한 일이다.

대놓고 20대 친구에게 미국 오라는 소리는 못하겠지만, 기회와 능력이 되면 여기서 일해보라고 권장해보고 싶다. 젊다면 돈이 좀 들지만 여기서 석사를 마치고 취업하는 것이 가장 좋다. 한국에서 바로 미국 회사로 취직하는 길도 있는데, 내가 잘 모르는 진로라서 조언할 수 없다. 박사는 정말로 교수할 거 아니면 나는 일단 신중한 생각을 하도록 권유한다. 미국은 박사 학위가 있다고 해서 우리나라 대기업처럼 박사 수당을 주거나 직급을 더 많이 높여주지 않는다.

연봉 애기를 직접적으로 하기는 그런데 사실 매우 중요한 정보이기는 하다. 몇몇 사이트가 있지만 별 도움이 안 된다. 정말로 주변에서 받은 오퍼 샘플이 중요하다. 대략 물가가 매우 비싼 실리콘밸리 지역을 기준으로 10만 불 초중반대가 신입 박사 졸업생이 받는 평균 베이스 연봉인 것 같다. 여기에 10~20%의 보너스가 보통 있고, 입사할 때 받는 사인온 보너스는 있거나 없거나, 그리고 주식을 좀 준다. 석사 졸업생은 여기서 베이스 연봉 1~2만 불 빠지는 수준이라 보면 된다. 그러니 금전적인 이유로 박사를 하는 것은 기회 비용을 생각하면 합리적이지 않다.

다시 한번 강조하지만, 실리콘밸리는 물가가 가장 비싼 곳 중 하나다. 2012년 미국의 평균 가구당 소득이 5만 불인데, 실리콘밸리는 8.3만 불이다. 텍사스 같은 곳이라면 1~2만 정도 빼면 될 것이다. 쿠퍼티노의 "나쁘지 않은" 학군에서 허름한 30평의 방 두 개짜리 아파트가 월세 3,000불에 육박한다. 애틀랜타/시애틀이면 1,500불에도 된다. 실리콘밸리(또는 Bay Area 지역이라 부름)의 높아 보이는 연봉은 빛 좋은 개살구일 뿐이다. 연봉만 놓고 보면 삼성전자가 해외 박사 졸업생에게 주는 연봉과 실질적인 가치 차이가 크게 나지 않는다.

미국의 IT 산업은 선순환이 확실히 그려지고 있다. 똑똑한 아이들(예를 들어 F사의 Z모군)이 아이디어로 회사를 차린다. 서비스 규모가 커지니 전통적인 전산학 문제에도 새로운 도전이 나온다. 빅데이터나 기계 학습 같은 뜨거운 분야에도 문제가 많다. 똑똑한 사람들에게 돈을 많이 주고 일을 시킨다. 회사가 아주 큰 대박을 이룬다. 그 대박을 본 아이들이 다시 열심히 뛰어든다. 투자자들도 몰린다. 사람을 계속 뽑는다. 전산학과에 학생들이 몰린다. 마지막으로 나 같은 영어가 잘 안 되는 외국인도 뽑아준다.

실리콘밸리에서 일하는 토종 한국인이 얼마인지 정확히는 모르겠다. 대략 1~2천 사이가 될 것 같다. 분명 적지 않은 사람들이 일하는데 막상 취업 정보를 구하기는 쉽지 않았다. 나의 경험담이 조금이라도 도움이 되면 좋겠다.

좌충우돌 스타트업 생존기

이연복(29세)
서울과학기술대학교 컴퓨터공학과를 졸업하고 대학생 연합 IT 벤처 동아리 SOPT 2기, SW 마에스트로 1기로 활동했다. 현재는 helloworld에서 개발 팀장으로 일하고 있다.

사실 저도 보통의 많은 대학생처럼 취업에 더 관심이 많았지, 스타트업에 대해 처음부터 관심이 남다른 것은 아니었습니다. 게다가 대학교 2학년에 와서야 IT 분야에 관심이 생기는 등 컴퓨터 프로그래밍 공부를 빨리 시작한 편도 아니었습니다.

그러다 지난 2008년 SOPT(http://sopt.org)라는 대학생 연합 IT 벤처 동아리를 알게 되었는데, SOPT는 열정적이고 창의적인 대학생들이 개발, 디자인, 기획, 세 개의 파트에 소속되어 매주 세미나 및 아이디어를 발표하고, 새로운 IT 서비스 개발을 목표로 하는 모임이었습니다. SOPT는 취업을 위한 스펙 쌓기로 점철되고 있던 대학 생활에 새로운 활력소가 되었으며 삶의 다양성에 대해 보다 진지하게 고민하고, 스타트업에 대해 눈을 뜰 수 있었던 계기가 되었습니다.

스타트업에 대해 보다 현실적으로 고민할 수 있었던 때는 지식경제부에서 SW 분야의 혁신적인 재능을 갖춘 100명의 인재를 선발하고 교육하는 SW 마에스트로 1기 과정에 참여하고 나서부터였는데, 막연하게 생각만 해오던 스타트업에 대해 많은 멘토님들로부터 조언과 격려를 받을 수 있었던 값진 시간이었습니다.

SW 마에스트로에서의 연수 기간이 종료된 2010년 여름쯤 앞으로의 진로를 진지하게 고민하던 때에 동아리 후배에게서 스타트업을 제안받게 되었고, 주저 없이 스타트업의 길에 발을 들여놓게 되었습니다.

그렇게 시작되었던 helloworld. 어느덧 1년에 가까운 시간이 흘렀고 이런저런 경험을 통해 많은 것을 생각하고 느낄 수 있는 시간이었습니다. 스타트업을 고민하는 많은 이들에게 도움이 되길 희망하며 그간의 경험과 생각을 정리해 봅니다.

helloworld는 지난 2011년 8월 자본금 4,000만 원으로 설립되어, 현재까지 3개의 서비스를 개발해왔습니다. 임직원 수는 중간에 다소 변동이 있었으나, 현재 총 8명의 가족(?)같이 끈끈한 연대감을 기반으로 구성된 정말 따끈따끈한 신생 기업입니다.

어떤 분들이 그러시길 가족 같은 분위기를 내세우는 회사는 정말 가족에게 헌신하듯 적은 월급으로도 회사에 헌신하기를 바라는 회사라는데 어떨까요?

네, 맞습니다. 저희도 정말 쥐꼬리만 한 월급 받으며 거의 항상 야근을 달고 살고 있습니다. 리소스는 한정되어 있는데 해야 할 일이 참 많기 때문입니다. 하지만 이제 막 시작하는 기업인데 당연히 할 일이 많아야 어떻게든 먹고 살 수 있습니다. 클라이언트에게서 예정에 없던 일이 막 튀어나오고, 자체 서비스도 개발하다 보니 1년에 가까운 지난 시간이 정신없이 지나간 것 같습니다. 그래도 당분간 굶을 일은 없겠다 싶어 어떻게 보면 참 다행이라는 생각이 드는 현실입니다. 이처럼 척박한 환경에서 겨우 굶지 않을 걱정을 해야 하는 자신이 어떨 때는 참 안쓰럽고 불안하기도 합니다. 안정적인 직장을 다니는 친구들이 부럽게 느껴질 때도 있습니다.

■ 애증의 결정, helloworld

"그래서 지금 나는 불행한가?"라는 질문을 던져봅니다. 그것은 또 아닙니다. 오히려 필자를 포함한 구성원 대부분은 자발적으로 초과업무를 처리하며 즐거움을 잃지 않고 있습니다. 즐거움을 잃지 않는 이유가 무엇일까 생각해보았습니다. 해답은 스티브 잡스가 남긴 명언 속에서 찾을 수 있었습니다. 우리는 사랑하는 일을 하고 있으며, 잠들기 전에 오늘 멋진 일을 했다고 만족할 수 있는 있을 하고 있고, 진실된 자신의 삶을 살고 있다고 생각하고 있기 때문입니다.

일·돈·사랑·죽음… 그가 남긴 메시지

1 진정으로 만족하는 유일한 길은 당신이 위대한 일이라고 믿는 일을 하는 것이고 위대한 일을 하는 유일한 길은 당신이 사랑하는 일을 하는 것이다. 사랑하는 사람을 찾듯이 사랑하는 일을 찾아라.

2 살아보니 돈은 중요하지 않더라. 매일 밤 잠자리에 들 때 '오늘 정말 멋진 일을 했다'고 말할 수 있는 것이 중요하다.

3 다른 사람의 삶을 사느라 한정된 시간을 낭비하지 마라. 중요한 것은 당신의 마음과 직관을 따르는 용기를 내는 것. 이미 마음과 직관은 당신이 하고자 하는 바를 알고 있다.

4 실패의 위험을 감수하는 사람만이 진짜 예술가다. 늘 갈망하고 우직하게 나아가라.

5 언젠가 죽는다는 사실을 기억하라. 그럼 당신은 정말로 잃을 게 없다.

이처럼 도전의 불안함과 피로함 그리고 그에 따른 충족감과 즐거움을 동시에 제공해주는 애증의 개체가 바로 helloworld입니다.

■ 우리나라에서 법인을 설립한다는 것의 의미

helloworld의 법인설립일은 공식적으로 2011년 8월 9일입니다. 그러나 사실 8월 법인설립에 앞서 팀원 모집, 조직 편성, 자금 확보 등의 과정에 약 1년 정도의 시간이 필요했습니다. 그리고 이렇게 경험을 해보니, 창업에 필요한 요소 중 무엇 하나 중요하지 않은 것은 없지만 가장 현실적으로 자금이 필요하다는 것을 절실하게 느낄 수 있었던 시간이었습니다.

우리나라에 법인설립이 쉽다고 생각하는 분들이 있을지도 모르겠습니다.

그렇습니다. 자금에 충분한 여유가 있다면 법인설립은 쉽습니다. 반대로 자금이 부족하다면 법인설립은 시작부터 결코 만만한 일이 아니라는 것 또한 사실입니다. 우리나라에서는 법인설립의 그 순간부터 모든 일에 돈이 필요하기 때문입니다.

법인설립의 대략적인 흐름

1 주주, 이사, 감사 등 구성원 결합 / 회사의 형태 결정 / 상호의 결정 / 정관 작성 및 인증

2 주식인수, 자본금의 실제 납입

3 이사회소집, 대표이사, 감사의 선임 등을 거쳐 설립 등기

4 법인등기부등본 발급. 그 후 기타 서류를 보완하여 사업자등록 신청

법인설립의 복잡한 행정 절차를 스스로 처리하지 못하면, 법무사를 통해 행정 절차를 처리해야 하는데 법무사를 통하면 대략 70~90만 원 정도의 비용이 들어가게 됩니다.

시작부터 돈이 들어가는 셈입니다.

어찌어찌 법인설립을 했다 해도 그 이후부터는 세무행정 처리를 스스로 해내지 못하는 한 역시 세무사를 통해 세무행정 처리를 해야 합니다. 이 과정에서도 평균적으로 매달 몇십만 원씩 비용이 지출됩니다.

컴퓨터, 책상, 각종 기기/집기 등을 구입하는데 역시 비용이 필요하며, 부모님께서 빌딩 한 채를 소유하고 계셔서 사무 공간 한 칸을 내주시지 않는 한은 사무 공간 마련에 제법 큰 비용이 들어가게 됩니다.

자신이 정말 천재적인 재능과 능력을 소유하고 있어 기획/개발/디자인을 혼자서 해내지 않는 한은 추가 인력을 보충하기 위해 역시 매달 인건비가 필요하게 됩니다. 보통 스타트업 초기에는 인건비에 활용할 수 있는 자금이 얼마 없기 때문에, 창업 멤버로서의 지위와 그에 따른 지분을 부여하고 능력 있는 인재를 스카웃하게 됩니다.

자 그럼 이 모든 비용이 과연 어디서 나올 수 있을까요? 따로 부모님이나 든든한 후견인의 도움이 없다면 창업을 준비하는 여러분 스스로 해결해야 하는 문제입니다. 그나마 최근 청년 창업을 지원하는 정부 지원 프로그램이 많아 이것들을 잘만 이용하면 조금은 쉽게 초기 창업 자금을 마련할 수 있기도 합니다.

2012년 창업 지원 프로그램 목록

사업명		지원내용	
		지원대상	지원금액
창업선도대학		예비창업자 및 1년 이내 창업 기업	5,000만 원 이내
예비기술창업자육성		예비창업자 및 1년 이내 창업 기업	일반 3,500만 원 이내 중점 5,000만 원 이내
창업아이템 상품화지원		예비창업자 및 1년 이내 창업 기업	5,000만 원 이내
청년창업사관학교		예비창업자 및 3년 이내 창업 기업 (만 39세 이하)	1억 원 이내
창업맞춤형사업화지원		예비창업자 및 1년 이내 창업 기업	4,000만~1억 맞춤사업별 일부 상이
특화형	선도벤처연계	예비창업자 및 1년 이내 창업 기업	선도벤처 3,000만 원 이내 기술창업자 6,000만 원 이내
	연구원특화	연구원 예비창업자(팀)	1억 원 이내
글로벌 청년창업활성화		예비창업자 및 창업기업	5,000만 원 이내

출처 http://www.naeil.com/News/economy/ViewNews.asp?nnum=661987&sid=E&tid=5

helloworld를 설립하는 과정에서도 정부 지원 프로그램을 적절히 이용했습니다. 경기중소기업지원센터의 G창업스쿨, 창업진흥원 1사 1꿈나무, 사회적 기업 육성 지원 사업 등이 그것입니다.

하지만 이와 같은 정부 지원 자금의 경우, 주변의 많은 분이 너무 그것에 의존하지 말라는 말씀을 해주십니다. 정부 지원 자금은 상대적으로 쉽게 확보할 수 있지만, 구체적이고 실천적인 계획 없이 정부 지원 자금에 의존해 연명해 나가다가 지원이 끊겼을 때 자신의 역량으로 자립하기가 어려워지기 때문입니다. 또한, 분기별 감사나 보고 등 사업화 내용을 문서화하는데 상당한 리소스를 투입하고 관리해야 하는데, 적임자를 선정하기 어렵고 그에 따라 초기 프로토타입 서비스를 개발하는데 영향을 끼치기도 하기 때문입니다.

그래서 helloworld는 정부 지원 프로그램 외에도, 외주 프로젝트를 진행하며 추가 자금을 확보하려는 노력을 꾸준히 했습니다. 외주 프로젝트는 초기 자금을 확보하기에 좋은 소스이며, 팀원들의 기획/개발/디자인 역량을 실무 수준으로 끌어올리는데도 좋은 기회가 됩니다.

그러나 여기서도 역시 한 가지 주의해야 할 점이 있는데, 외주 개발 프로젝트와 자체 서비스 프로젝트 사이의 일정 조정을 잘해야 한다는 것입니다.

■ 스타트업에서의 외주 개발

대부분의 스타트업 기업은 당장 생존의 문제를 해결하기 위해 자금이 필요하고, 그에 따라 외주 개발을 진행하게 됩니다. 앞서 언급한 것처럼 외주 프로젝트는 자금 확보 외에도 팀원들의 역량 향상에 도움이 되는 장점이 있습니다.

그러나 스타트업의 자체 서비스 개발과 외주 개발 사이에서의 일정 딜레마는 사실 그리 간단한 문제가 아닙니다.

외주 개발과 자체 서비스 개발 사이의 딜레마

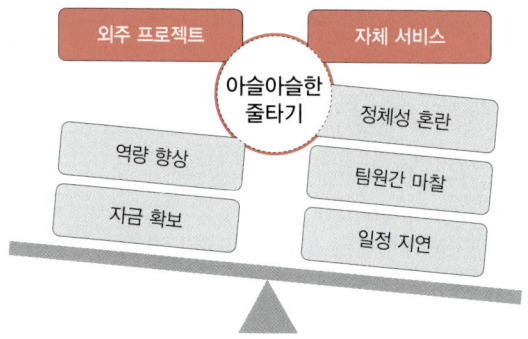

스타트업 기업을 시작하며 품은 사명감, 철학, 그리고 팀원들 간의 이해관계가 적절하게 합의되지 않는다면, 팀원이 이탈하는 상황을 맞이할 수 있기 때문입니다. 단적인 예로 초기 스타트업 기업이 자금 마련을 위해 외주 개발을 맡게 되었을 때, 그에 따라 필연적으로 자체 서비스 개발 일정이 지연되게 되며, 이에 불만을 품게 되는 팀원이 발생할 수 있습니다. 혹은 지속적인 자금 문제 해결을 위해 스타트업이 지닌 대부분의 리소스를 외주 개발에 할당하게 되고, 자체 서비스 개발을 등한시하게 되며, SI 전문 개발사로 탈바꿈하게 되는 상황을 맞이할 수도 있습니다. 최근 지인을 통해 알게 된 경우는 이미 안정적인 수익원을 지니고 있는 스타트업에서 수익원의 다각화를 위해 외주 개발을 전문적으로 전담하는 팀을 꾸렸으나 운영에 실패해서 회사에 막대한 손해를 끼치게 되었고, 이에 대한 책임으로 창업멤버 중의 한 명이 퇴사를 하게 되었다는 소식을 듣기도 했습니다.

사실 제가 몸담고 있는 helloworld도 이와 같은 자체 서비스 개발과 외주 개발 사이의 딜레마에서 완전하게 벗어날 수가 없어서, 외주 개발 건으로 인한 의견충돌로 팀원들과 마찰이 있기도 했습니다. 이러한 문제는 현재에도 여전히 남아 있는 문제이며, 우리가 돌파하고 해결해야 하는 대상입니다.

그래서 helloworld에서는 주요 임직원들의 생각과 목표를 서로 최대한 일치시키기 위해, 워크숍과 같은 기회를 통해서 서로의 생각을 진솔하게 이야기하는 시간을 보내고 있습니다. 이런 종류의 커뮤니케이션은 어떻게 보면 당연하다고 여겨서 크게 신경 쓰지 않고 흘려보내는 경우가 종종 발생하기도 합니다. 또는 스타트업 같은 작은 기업에서는 팀원 간의 커뮤니케이션이 어렵지 않고 자연스럽게 이루어질 수 있다고 생각할 수도 있습니다.

그러나 분명한 것은 이러한 커뮤니케이션 기회는 의식하고 노력하지 않으면 절대 그냥 얻어지지 않습니다. 스타트업 같이 작은 기업일수록 사람이 곧 재산이며 미래이므로 서로의 생각과 목표를 일치시켜 나가는 작업은 무엇보다 중요합니다.

앞서 언급한 외주 개발 문제와 같이 조직의 미래를 결정할 중요한 선택의 갈림길에서 팀원 간의 갈등을 최소화하고, 같은 목표를 향해 보다 빨리 나아갈 수 있도록 하는 데 큰 도움이 되기 때문입니다.

커뮤니케이션의 중요성은 아무리 강조해도 지나치지 않다는 것을, 독자 여러분 모두 잘 알고 있으리라 생각하므로 이 이상 길게 이야기를 이어나가지는 않겠습니다. 대신 helloworld의 조직 변화와 이에 따라 커뮤니케이션을 보다 원활하게 구현하기 위해서 인프라를 어떻게 구성했는가에 초점을 맞추어 커뮤니케이션에 대한 이야기를 좀 더 이어나가 보겠습니다.

■ 의사소통의 원리 4단계

그에 앞서 의사소통의 원리 4단계라는 간단한 아이디어에 대해 이야기해보겠습니다. (의사소통의 원리 4단계 아이디어는 다음 웹툰 『블랙베히모스』에서 차용했음을 밝혀 둡니다) 마치 그림을 그리듯이 점과 점이 만나면 선이 되고, 그리고 선이 모이면 면이 만들어지고, 면이 모이면 결국 입체가 됩니다. 그것처럼 각 점을 '의사소통의 주체'라고 생각하며 그림을 그려 나가는 것입니다.

가장 처음의 1단계는 의사소통 원리의 가장 기초적인 상태로 의사소통의 주체가 되는 대상이 나 혼자밖에 없는 상태입니다. 사색이나 명상 등 자신과의 의사소통을 1단계라 할 수 있습니다.

여기서 두 개의 점을 이어보면 선이 됩니다. 두 개의 점을 잇는 선은 양방향 의사소통의 채널이라고 볼 수 있습니다. 이것은 나 자신 외에 의사소통의 대상이 있음을 의미합니다. 의사소통의 대상은 가족, 친구, 애인처럼 아주 친밀한 관계를 가질 수도 있고, 낯선 사람일 수도 있습니다. 2단계의 일반적인 상황에서는 의사소통을 시도하는 데 큰 문제가 없습니다.

여러 개의 선이 모여 면을 이룹니다. 면을 구성하는 의사소통의 주체들은 공통의 관심사를 공유합니다. 각 의사소통의 주체를 연결하는 선의 개수는 꼭짓점의 개수에 비례하여 늘어납니다. 예를 들어 사각형은 모든 꼭짓점을 연결하는 선의 개수가 6개이고, 오각형은 10개가 됩니다. 앞서 각 점을 연결하는 선은 의사소통의 채널이라고 정의했습니다. 이것은 의사소통에 참여하는 주체가 많아질수록 의사소통을 시도하는데 비용이 증가하게 됨을 의미합니다. 따라서 3단계부터는 다수의 채널을 통한 효율적인 의사소통을 돕기 위한 도구나 정책이 필요하게 됩니다.

면이 모여 마지막으로 입체를 이룹니다. 각 면은 관심사를 공유하는 작은 조직들이며, 이런 작은 조직들이 모여 보다 크고, 입체적이고 복잡한 조직을 구성합니다. 각 조직은 서로의 관심사에 따라 우호적일 수도, 적대적일 수도 있습니다. 즉, 정치가 생겨납니다.

■ 조직의 변화 그리고 커뮤니케이션 인프라

현재 helloworld는 경영팀, 기획팀, 개발팀, 디자인팀, 네 개의 팀으로 구성되어 있지만, 2011년 초에는 경영/기획팀, 개발팀, 두 개의 팀으로만 구성된 조직이었습니다. 아이디어 하나만 있을 뿐 구체적인 지식도 없이 시작한 스타트업이었던 만큼 구성원 모두가 기획도 하고 동시에 개발도 진행하는 등 그나마 두 개라고 나눈 팀 사이의 업무 경계도 모호하던 시절이었습니다. 개발 역시 혼자서 거의 모든 것을 처리하던 터라, 개발자 간의 업무 분담도 고민이 되지 못하던 시절입니다.

이때는 팀원 간의 커뮤니케이션이 크게 부각되지 않았습니다. 개발자가 기획까지 하던 터라 무엇을 만들어야 할지 본인 스스로 가장 잘 알고 있었으며, 개발 이슈를 공유할 동료가 없었기 때문입니다. 즉, 이때의 helloworld는 의사소통 원리 1~2단계에 머물고 있었던 것입니다.

그렇게 2011년 여름까지 프로토타입이 개발되었으며, 이를 통해 본격적인 비즈니스를 전개하기 위한 인원 확충이 이뤄졌습니다. 필자가 helloworld에 합류한 시점도 이때입니다. 그리고 2011년 8월 대표 겸 기획자 1명, 개발자 3명으로 helloworld 법인이 설립되었습니다.

이때도 사실 2011년 초와 비교해보았을 때 조직 체계가 크게 변동되지는 않았었습니다. 다만, 개발팀의 인원이 충원되며 개발팀에서 역할 분담이 보다 세분화되었다는 차이점은 있었습니다. 하지만 중요한 건 개발팀의 인원이 충원되며 개발팀의 역할 분담이 보다 세분화되면서 관심사를 공유하는 조직이 발생했다는 것입니다. 즉, helloworld가 의사소통의 원리 3단계로 진입하는 시기였습니다.

helloworld의 조직 체계 변화

helloworld에서 개발팀의 역할은 서버를 담당하는 플랫폼 개발, 안드로이드 개발, 아이폰 개발로 세분화되었습니다. 이전에 개발자 혼자서 거의 모든 걸 담당했던 때와는 비교할 수 없을 정도로 각 개발 분야의 전문화, 효율화를 달성한 것입니다. 그러나 프로젝트를 혼자서 개발하는 것과 달리 2명 이상의 개발자가 참여하는 것은 프로젝트에 새로운 복잡도를 부여하는 계기가 됩니다.

앞서 의사소통의 원리에 의하면 3단계부터는 의사소통을 효율적으로 할 수 있는 도구나 정책이 필요하다고 얘기했었습니다. 그 이유를 예를 들어보면 점심에 공통의 관심사가 있는 그룹이 있는데, 점심을 시켜먹기 위해 메뉴를 선정하고 있습니다. 그림처럼 "뭐 먹을래?"를 3번 물어보는 것은 굉장히 비효율적으로 보입니다. 정말 바보 같은 예이지만, 실제 프로젝트에서 이와 비슷한 일은 물론 더 복잡한 상황의 비효율이 발생할 수 있다는 게 더 큰 문제입니다.

의사소통의 원리 3단계에서 발생 가능한 커뮤니케이션 비효율의 예

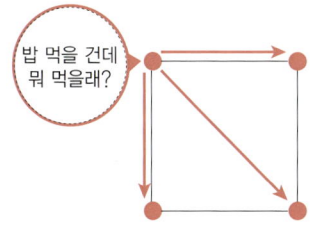

그에 따라 프로젝트에 참여하는 개발자 간의 커뮤니케이션을 고도화할 필요가 있었습니다.

이슈 트래커, 소스 코드 버전 관리와 같은 프로젝트 형상 관리 솔루션이 필요하게 된 겁니다. 시장은 다양한 형상 관리 솔루션을 제공하고 있었고, 우리는 상황을 고려해 사용하기 적합한 솔루션을 선택만 하면 되었습니다. 구글 코드, nforge와 같은 서비스는 별도의 호스팅 서버나 시스템 구축 없이 바로 사용할 수 있다는 장점이 있었으나 개발 데이터를 외부 서버에 두기를 원하지 않아 자체적으로 솔루션을 구축해야 했습니다. Trac, Redmine 같은 오픈 소스 도구가 후보군에 올라왔고, 최종적으로 Redmine을 사용하게 되었습니다. 사실 Trac과 Redmine 등의 도구들 사이에 큰 차이는 없었으나 가장 최근에 Redmine을 직접 구축하고 사용해본 저의 개인적 의견이 강하게 작용한 결과였습니다.

윈도 2008 서버에 Redmine과 SVN 서비스를 설치하고, 추가로 SMTP 서비스를 설치해 각종 이슈의 추가/변경 등에 관한 상황을 관계자들에게 실시간 이메일로 알릴 수 있는 환경을 구축했습니다. 이렇게 나름 적은 비용을 통해 형상 관리 솔루션을 도입하고, 잘 사용하기만 하면 됐는데, 생각처럼 모든 일이 그렇게 쉽게 풀리지는 않았습니다.

효과적인 커뮤니케이션을 위해서는 물론 그것을 잘 지원하는 도구도 중요하지만, 가장 중요한 것은 구성원의 참여의지입니다. 아무리 좋은 도구라 할지라도, 그것을 잘 다루지 못하거나, 잘 모른다 하더라도 그것을 잘 다루기 위한 지식을 배우려는 의지가 없다면 전혀 쓸모가 없게 됩니다.

helloworld에서의 문제도 바로 이것이었습니다.

Redmine을 운영하고 있었지만, 그것을 제대로 사용하기 위한 지식과 참여의지가 부족했었습니다. 쓰는 사람만 사용하게 되고, 잘 사용하지 않는 사람은 Redmine에 뭔가를 기록하는 일을 귀찮게 여기며 그냥 지나치기 일쑤였습니다.

이 문제의 해결 방법으로 Redmine에 기록을 남기는 것도 개발 업무의 일부라는 강제성을 부여해 억지로라도 Redmine에 기록하는 것을 습관으로 만들어야 한다고 결론을 내렸습니다.

형상 관리 업무의 흐름과 이메일을 통한 실시간 이슈 알림

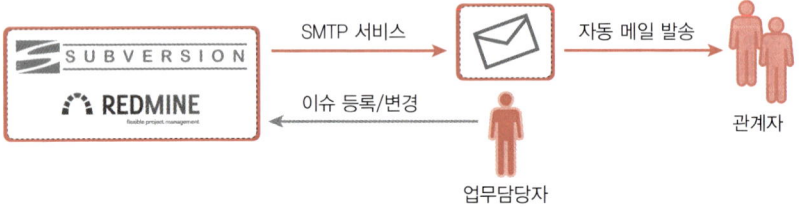

Redmine에 등록되어 있는 이슈가 바로 그 사람의 업무 성과를 판단하는 기초이며, Redmine에 없는 업무는 수행한 업무가 아니다 라는 규칙, 그리고 Redmine을 통해 기록하지 않는다면 별도의 문서화 작업을 반드시 수행해야 한다는 규칙이 바로 그것입니다.

하지만 이것으로 모든 문제가 완전히 해결되지는 않았습니다.

강제성이라지만, 사실 아직 이러한 문제로 구성원에게 어떤 불이익을 행사한 적이 없는데, 불이익에 따른 구성원 간의 갈등이 깊어서 이탈까지 이어지는 사태를 원하지 않기 때문입니다. 또한, 아직까지는 구성원 사이의 신뢰를 바탕으로, 규칙을 자율적으로 이행할 수 있는 수준의 조직문화를 만들어 가는 단계라 생각하고 있었기 때문입니다.

사실 지금은 수평적 관계를 지향하는 스타트업에서 강제성은 큰 효력이 없다고 생각합니다. 만약 반대로 스타트업과 달리 수직적인 역학 관계가 명확한 환경의 기업이었다면, 강제성은 분명 효과가 있었을 것입니다.

어찌 되었든 현재 Redmine의 운영은 개발을 진행하는 데 꼭 필요하고, 단 1명이라도 공유가 필요한 부분이라면 반드시 기록을 남기고 지엽적인 부분은 담당자의 자율적인 판단하에 기록을 남기도록 하고 있습니다.

Redmine을 완전히 정착시키려면 좀 더 시간과 구성원의 노력이 필요할 것으로 보고 있지만, 그 필요성을 모두가 인식하고 잘못된 점을 개선해 나가려는 의지와 액션이 있기 때문에 머지않은 미래에 목표를 달성할 수 있을 것으로 보고 있습니다.

■ 커뮤니케이션의 확장

자 하지만, 여기서 또다시 고민해봐야 하는 문제가 하나 있습니다. 바로 개발자들만의 커뮤니케이션뿐 아니라 조직 전체의 커뮤니케이션 처리는 어떻게 해야 하느냐는 질문입니다. 필자는 처음 순진하게도 Redmine을 통해 모든 구성원의 커뮤니케이션과 의사결정을 통합하려고 시도했었습니다. Redmine에서 다양한 확장 기능을 제공하기에 문제는 없어 보였습니다. 그러나 단 한 가지 모든 종류의 커뮤니케이션을 통합하는데 결정적인 문제는 Redmine 자체가 너무 개발자 친화적이라는 것이었습니다.

기획자와 디자이너의 눈에 비치는 Redmine은 너무 복잡해 조작할 수 없는 기계와도 같습니다. 기획자와 디자이너에게 Redmine을 처음 보여주고 사용하라고 하면 십중팔구 너무 어려워서 사용하지 못한다고 말할 겁니다. 사실 저도 Redmine의 인터페이스에 익숙해지는데 어느 정도 시간이 필요했었습니다.

사장쯤 되는 위치의 사람이 기획자와 디자이너도 모두 Redmine을 쓰라고 강제성을 부여한다면 억지로라도 사용할지는 모르겠지만, 아무튼 옆의 개발자 동료가 회의 시간에 Redmine을 기획자와 디자이너 모두 사용하라고 해서 쉽게 사용하지 않으리라는 것은 명확해 보입니다.

이것은 helloworld 조직 구성이 의사소통 원리 4단계로 나아가고 있음을 의미하는 것입니다. 기획/개발/디자인 등 서로 다른 관심사를 지닌 조직이 모여 helloworld라는 보다 크고 복잡한 조직을 구성해 나가는 과정에서 발생한 문제이기 때문입니다. 개발이라는 관심사를 지니고 있는 조직의 도구를 다른 관심사를 지니고 있는 조직에도 강요하는 것은 당연히 반발을 불러일으킬 수밖에 없는 것이었습니다.

helloworld는 지속적인 인재 영입을 통해 현재 대표 1명, 기획자 1명, 디자이너 2명, 개발자 4명으로 인원이 늘어 4개의 팀이 되었습니다. 따라서 개발팀에서 사용하는 Redmine 외에 전반적인 커뮤니케이션을 관리할 수 있는 수단이 더욱 요구되고 있었습니다. 그래서 생각 끝에 얻은 결론이 private SNS를 구축하는 것이었습니다.

페이스북, 트위터로 대표되는 오늘날의 SNS는 IT 관련 종사자는 물론, 비 IT 계열 종사자까지 폭넓게 사용되고 있습니다. 많은 사람에게 사랑받는 만큼 기존의 SNS와 같은 방식을 통해 조직 내 구성원 간의 커뮤니케이션을 권장하는 것은 큰 무리가 없을 것으로 판단했습니다. 다만, 조직 내 보안 유지를 위해 페이스북 같은 공용 SNS보다는 사내에서만 따로 사용할 수 있는 private SNS가 필요했고, 자연스레 Quik(www.quik.co.kr)이라는 서비스를 통해 private SNS를 도입했습니다.

Quik은 Yammer를 벤치마킹하고 한국형 기업용 SNS를 표방하고 있는 서비스입니다. Quik을 제작한 Always라는 스타트업의 대표와 기획자가 친구이기도 해서 최소한의 비용으로 Quik을 도입해 사용할 수 있다는 것도 장점이 되었습니다. 그렇게 Quik의 도입 결과 예상대로 모든 팀원 간의 자연스러운 커뮤니케이션이 보다 활성화된 것을 가시적으로 확인할 수 있었습니다. 아이폰과 안드로이드 모바일 앱도 지원하고 있던 터라 사무실과 집 등 공간적인 제약을 뛰어넘어 언제 어디서든 서로 자연스럽게 의견을 주고받을 수 있다는 점이 정말 유용했습니다.

아쉬운 점은 자료검색, 근태관리, 구성원 사이의 일정 동기화, 의사결정체계 등을 지원하는 프로세스가 미비하다는 것입니다. 그래서 요즘은 구성원의 근태관리, 지출결의, 의사결정체계 등 기업에 기초적으로 요구되는 프로세스를 구현해 줄 수 있는 그룹웨어를 도입하려고 알아보는 중입니다. 하지만 그룹웨어의 도입이 private SNS의 사용중단을 의미하지는 않습니다. 그룹웨어와 private SNS는 상호보완적으로 운영되어 나갈 것입니다.

■ 서비스 개발

helloworld는 지금까지 세 개의 서비스를 개발하고 두 개의 서비스를 운영하고 있습니다. 이 중 '철가방'이라는 서비스는 helloworld의 창업 아이템으로 시작해 몇 번의 우여곡절을 겪고, 현재 시즌2 런칭을 앞둔 상태입니다. 2011년 여름까지 개발자 1명이 프로토타입을 개발했다는 내용을 앞서 언급하기도 했는데, 그 프로토타입이 바로 철가방입니다.

철가방 메인 화면

버전 1.0

버전 2.0

철가방 서비스의 기획 계기는 학교 점심이나 저녁 시간에 무엇을 시켜 먹을까 하는 고민이었습니다. 현재 철가방과 유사한 대표 앱으로는 '배달의 민족', '배달통' 등이 있는데, 철가방 아이디어로 사업계획서를 쓰는 시점에 이들 앱이 막 런칭되고 있었습니다.

현재 이들 앱 중 가장 잘 나가고 있는 것이 배달의 민족인데 최근 정보에 의하면 대규모의 펀딩을 통해 자금을 확보하고 보다 공격적으로 비즈니스를 전개해나가고 있는 것으로 파악하고 있습니다. 배달통도 역시 어느 정도 자금 확보를 통해, 서비스를 지속적으로 업그레이드해나가고 있습니다. 배달통과 배달의 민족은 서비스 모델이 거의 유사한데, 배달음식점을 가맹점으로 유치하고, 앱 사용자를 전화로 연결해주는 방식입니다.

철가방 역시 배달음식점을 가맹점으로 유치하는 것은 경쟁 앱과 같지만, 앱 사용자가 전화 없이 전자결제로 주문할 수 있다는 것이 가장 큰 차이점입니다. 주문 방식의 차이점은 앞으로 비즈니스를 전개해 나가는데, 큰 경쟁력을 지닐 수 있게 합니다. 당장 현재의 상황만 놓고 판단해 봐도 주문 경로의 다양화와 주문 금액 할인과 같은 이벤트를 유연하게 적용할 수 있습니다.

철가방 경쟁 앱 비교 분석

	주문 중개방법	포인트 적립	월 주문 건	주문 경로	누적 다운로드	자금회수
배달의 민족	전화걸기	없음	약 60만 콜	앱 주문	100만 건	자동이체 (미수발생)
배달통	전화걸기	없음	약 50만 콜	앱 주문	150만 건	자동이체 (미수발생)
배달114	전화걸기	없음	자료없음	앱 주문	50만 건	자료없음
철가방	앱 주문 /결제	할인 및 포인트 적립	약 1만 건	G마켓 11번가 철가방 웹/앱	10만 건	현금&모바 일 결제

그래서 경쟁 업체가 펀딩 이후에 주력하는 부분도 바로 전자결제를 지원할 수 있도록 서비스를 업그레이드해나가는 것입니다. 이들 서비스의 전자결제가 가능하도록 서비스 업그레이드를 완료하는 시기를 약 3개월 정도로 예상하고 있는데, 저희 helloworld는 이 3개월의 시간을 어떻게든 잘 활용하여 철가방 서비스를 성공적으로 시장에 안착시키고 일 주문량을 현재의 10배로 끌어 올리는 게 현재의 가장 큰 목표라 할 수 있습니다.

앞으로 배달 앱의 성패는 전자결제의 지원 여부와 지역 가맹점의 숫자에 달려있다고 할 수 있는데, 전자결제 자체는 이니시스나 KCP와 같은 외부 모듈을 써야 하므로 기술적으로 진입 장벽은 전혀 없다고 할 수 있습니다. 결국 지역 가맹점을 가능한 한 빨리 그리고 많이 확보하는 게 이 사업의 핵심이라 판단하고 있습니다.

하지만 2011년 여름 최초 프로토타입 개발 이후, 비즈니스를 본격적으로 전개해 나가고자 했을 때, helloworld가 지니고 있는 것은 앱 제작과 배포, 가맹점 프로그램 개발 능력을 제외하고는 아무것도 내세울 게 없는 상태였습니다. 시장에 대한 경험은 전혀 없었고, 가맹점을 모집할 수 있는 영업력이나, 자금력도 없었습니다. 고민스러운 상황이었습니다.

그래서 그때 helloworld는 철가방에 대한 서비스 운영권을 포기하며 가맹점 DB와 영업력을 지닌 기업과 업무제휴를 맺고, helloworld가 그 당시 가장 잘할 수 있는 앱 개발에만 몰두하기로 결정을 내렸었습니다. 업무 제휴는 2011년 10월에 최종 계약을 맺게 되었고, 약 2개월의 개발 기간을 거쳐 현재의 철가방 1.0 버전의 앱을 배포하였습니다. 그 당시 자세한 계약 내용은 지면을 통해 밝힐 수는 없지만, 운영권을 포기하는 대신 앱 개발 비용과 더불어 일정 부분 수익분배도 약속받았고 저희 helloworld로서는 그리 나쁘지 않은 계약이었습니다.

그렇게 철가방 앱 런칭 이후 가맹점 영업, 마케팅 등을 제휴사에서 진행하는 것을 관망하며 배울 것은 배우고, 버릴 것은 버려가며 비즈니스에 대한 감각을 키워나갔으며, 외주 개발을 통해 추가 자금을 확보하는 등 내실을 다지는 시간을 가졌습니다.

내실을 다지는 기간 동안 특히 여러 포럼이나 세미나를 쫓아다니며 다른 스타트업의 대표들, 벤처 투자자, 기업 관계자들과 최대한 많은 인연을 만들고자 노력했는데, 그 결과 helloworld의 사업 모델에 관심을 가지고 투자를 이끌어준 인연을 만들 수 있었던 기간이기도 합니다.

이처럼 인맥의 힘이란 우리나라에서 아직은 정말 중요하게 작용하고 있는데, 기술자로만 구성된 스타트업들이 겪는 어려움 중의 하나가 다양한 인맥을 쌓고 이를 활용하는 능력이 모자라는 것입니다. 어렵게 돌아가야 하는 길을 인맥을 통하면 쉽고 빠르게 갈 수 있는 경우가 생각보다 많습니다.

필자는 helloworld 내에서 개발팀을 책임지고 있어서 이 기간에 밖에서 많은 시간을 보내지는 못했지만, helloworld의 대표는 이 기간에 정말 많은 사람과 인연을 쌓는 데 노력했고, 그 결과가 투자까지 이어진 것으로 생각합니다. 특히, 앞으로 스타트업을 생각하고 있는 분이라면 많은 사람과 인연을 만들어 가는 것을 결코 소홀히 하지 마시길 바랍니다.

■ 비전

2012년은 helloworld가 새로운 변화를 맞이하며 도약을 꿈꾸는 해입니다. 사실 필자를 포함한 멤버들 나이도 고려했을 때 어느 정도 가시적인 성과를 이끌어내 지속가능성이라는 의문에 명확한 답을 내려야 하는 시기이기도 합니다. 그리고 우리는 그 해답을 철가방 서비스에서 찾고 있습니다. 철가방 서비스의 운영권은 제휴사가 모두 지니고 있는데, 어째서 우리의 미래를 철가방에서 찾고 있을까요?

답은 간단합니다.

철가방 서비스 운영을 맡고 있던 제휴사가 사실상 경영이 어려워졌기 때문입니다. 저희 helloworld 쪽에 지급해야 할 개발비용도 모두 상환하지 못한 상태입니다. 그래서 자연스레 철가방 서비스에 대한 운영권도 helloworld가 소유하게 되어서 실질적으로 개발부터 영업, 운영에 이르기까지 철가방에 관련된 모든 비즈니스를 helloworld에서 소유하고 주도할 수 있게 되었습니다.

제휴사의 미래가 불투명하게 된 것은 철가방 서비스 모델이 아직 충분하게 검증되지 않은 것 아니냐고 묻고 싶은 분이 계실지 모르겠습니다.

앞서 배달음식 중계 서비스의 핵심은 전자결제와 지역 가맹점이며, 이 두 가지보다 더 중요한 것이 지역 가맹점 확보라 언급했었습니다. 철가방의 업무 제휴사가 어려워진 이유는 한정된 리소스를 보다 효율적으로 사용하지 못해서라고 분석하고 있는데, 지역 가맹점 확보를 전국에서 동시 다발적으로 진행하려다 보니 자금 압박에 스스로 무너진 꼴이 된 것입니다. 즉, 선택과 집중의 실패입니다.

helloworld는 이전에도 그랬듯이 우리가 가장 잘할 수 있는 일은 직접 처리하고, 부족한 부분은 그것을 가장 잘할 수 있는 사람이나 조직에 맡기고, 발생하는 이익을 나눠 가지려 생각합니다. 지역 가맹점들을 효율적으로 설득하고 움직일 수 있는 사람들을 통해 영업을 전개해 나가려는 것입니다. 그리고 실제 지금 이 순간에도 그런 사람들이 지역 가맹점 확보를 위해 움직이고 있습니다. 물론 앞선 실패를 반복하지 않기 위해, 서울 지역의 대학가 위주부터 시작해 가맹점 밀집 지역을 확장해 나가는 전략을 사용할 것입니다.

배달음식 중계 서비스 시장은 이미 유럽에서도 성공 사례가 나타나고 있습니다.

그러고 보니 2011년 독일에서 사람이 찾아와 20억 정도의 투자 검토를 한 후 돌아가기도 했었는데, 2011년 11월 독일의 delivery hero가 약 8백만 유로(약 120억)의 투자를 받았다는 사실을 확인했습니다. 국내의 경우 배달의 민족 같은 서비스에 거액의 자금이 투입되고 있으며, 오픈마켓 업체에서도 많은 관심을 기울이는 분야입니다.

배달음식 시장은 아직 IT 인프라 확산에 따른 변화가 거의 없는 분야인 만큼, 분명 기회가 있습니다. helloworld는 바로 여기서 2012년 한 해 동안 의미 있는 결과를 만들어보고자 합니다.

독일 스타트업 딜리버리 히어로

The online food delivery platforms Lieferheld and Delivery Hero, founded by the Berlin-based start-up incubator Team Europe (also a shareholder of VentureVillage), today announced a finance deal of 8 million euros. The financing round was led by Moscow-based investors Ru-Net and Kite Ventures; Team Europe and Point Nine Capital acted as co-investors. With the young Delivery Hero Holding on its way to exploring further global markets, Team Europe aims to invest the money into the company's international growth.

출처 http://venturevillage.eu/newsdeliveryhero-lieferheld-financing-round

Smart life with helloworld

최근 패스트트랙아시아^{Fast Track Asia}에서 좋은 의사를 찾아주는 서비스 굿닥^{GooDoc}을 발표했습니다. 사실 helloworld에서도 굿닥과 비슷한 종류의 서비스를 기획하고 있습니다. 철가방처럼 앱을 통해 병원에 진료 예약을 할 수 있는 서비스입니다. 또한, helloworld는 국내 최고의 여행사에서 10년 이상 몸담은 국내 여행 전문가와 좋은 인연을 가지고 있고, 이 사람을 통해 여행 예약 관련 서비스를 개발하고자 합니다.

이처럼 현재 helloworld의 철가방 시스템을 궁극적으로 음식, 병원, 여행 등과 같이 사람들의 생활과 밀접한 관계를 갖는 분야를 IT에 접목시켜 쉽게 확인하고 예약할 수 있는 플랫폼으로 만들어갈 것입니다. 2012년 이후 계속해서 helloworld가 살아남아 성장하고 있다면, 머지않은 미래에 충분히 가능한 일입니다.

프로그래머의 공부

서민구(35)

2007년부터 구글 코리아에서 검색 분야 소프트웨어 엔지니어로 재직 중이다. 최근에는 통계 및 기계 학습에 흥미가 있으며 개인 블로그 http://mkseo.pe.kr/에서 소프트웨어와 기계 학습에 대한 글을 포스팅하고 있다.

프로그래머 또는 소프트웨어 엔지니어라면 어떤 방법으로 자기에게 필요한 지식을 찾아 나가야 할지 앞으로 무엇을 어떻게 해나가야 할지 고민할 것입니다. 그리고 그런 이유로 이 책을 찾게 되었을 것입니다. 저 또한 같은 이유로 이 책을 읽었고, '이런 점들을 미리 알고 있었더라면…'하고 뒤늦게 안타깝게 생각하기도 했습니다.

프로그래머가 고민하게 되는 부분은 늘 변합니다. 회사마다 조직 문화가 다른 것은 물론이고, 같은 회사 내 같은 팀에서 일하고 있는데도 요구되는 능력이 다르고, 프로젝트가 진행되어 가면서 그 요구는 변화합니다. 그러나 어느 단계에 있든지 큰 비전, 의사소통, 창의성, 실제 구현, 문제 해결 등은 늘 필요합니다.

■ 또 다른 책들

이 글은 그 중 프로그래머의 기술을 키우려고 노력했던 경험을 적어보려 합니다. 그 외 부분에 대해서는 이미 이 책에서 잘 논의하고 있고, 또 읽어볼 만한 다른 책도 많이 있습니다. 제가 추천하는 책은 다음과 같습니다(이 중 몇 권은 번역서로 출간되었습니다).

- Founders at Work http://www.foundersatwork.com
- Coders at Work http://www.codersatwork.com
- Making things Happen http://www.scottberkun.com/making-things-happen
- Rework http://37signals.com/rework, 『똑바로 일하라』(21세기북스, 2011)

■ 뉴스

프로그래밍에 흥미를 붙이면서 대부분의 사람이 그렇겠지만 IT 뉴스를 챙겨보게 되었습니다. IT 신문기사뿐 아니라 프로그래밍에 대한 소식들을 올려주는 좋은 블로그가 많이 있습니다.

- Techmeme http://techmeme.com
- Hacker News http://news.ycombinator.com
- Reddit의 programming http://programming.reddit.com
- 블로터닷넷 http://www.bloter.net

이런 뉴스 사이트에는 IT에 흥미를 가진 사람들이 많기에 기사 댓글에서 때로 깊이 있는 정보를 찾을 수 있다는 장점이 있습니다. 이런 커뮤니티 기반 뉴스 사이트를 통해 nginx, node.js, Erlang, HTML5와 같이 인기 있는 주제에 대한 토론이 이루어지기 때문에 챙겨보는 편입니다.

■ 커뮤니티

제가 가장 처음 접하게 된 언어는 C였습니다. 가장 큰 이유는 컴퓨터 대리점에서 한 권 준 책이 C책이었고, C라니 이름도 폼나는 것 같고, 책을 몇 장 읽어보니 괜찮은 언어인 것 같았기 때문입니다. 그리고 C를 제대로 할 줄 알게 된 건 커뮤니티의 힘 덕분이었습니다.

사실 컴퓨터 부팅 몇 번 해본 상황에서 C를 공부하는 건 말도 안 되는 일이었습니다. 거기에 컴퓨터 학원은 어디나 마찬가지로 GW-BASIC부터 시작하는 것이 일반적이었기 때문에 BASIC을 공부하게 되었고 C와는 멀어졌습니다.

약 반년의 시간이 지나고 나니 이제는 GW-BASIC에서 *로 만든 삼각형이나 사각형을 그릴 수 있게 되었습니다. 이중 for loop도 알게 되었고, i, j, k라는 변수들도 익숙해졌습니다. 길어 보였던 학원 교육 과정은 끝이 났고, 결국 다시 C책을 펼쳐보게 되었습니다.

이때부터 헤매는 날들이 시작되었습니다. C는 정말 많이 어려웠습니다. 누구나 그렇듯이 포인터의 벽은 높고도 험했습니다. 거기에 심지어는 포인터의 포인터라니. 그때

보던 책은 2권으로 된 시리즈였는데 첫 번째 책은 기본 문법과 파일 입출력을 다루었고, 두 번째 책은 (그때는 몰랐지만) 알고리즘과 자료구조를 C로 구현하는 책이었습니다. 포인터에 대한 포인터도 무슨 말인지 잘 모르는데, 심지어 자기 자신을 가리키는 포인터를 멤버변수로 갖는 구조체라니. 어떻게 그런 자료구조가 가능한지 알 수 없었습니다. 어떤 날은 계속보다 보면 드디어 이해한 것 같았는데, 다음 날에는 그게 뭐였는지 생각이 나지 않았습니다.

도무지 그 알고리즘 책을 이해할 수 없을 때는 또 한 권 골라두었던 책을 보면서 램상주 프로그램을 만들어보기도 했고, 비디오 메모리에 직접 접근해 더 빠르게 동작하는 풀다운 메뉴를 책을 보며 따라 만들어보기도 했습니다. 하지만 연결 리스트^{Linked List}는 난관이었습니다. 그 뒤에 나온 트리를 이해하기란 더욱 불가능한 이야기였습니다.

정말로 연결 리스트가 어떻게 동작하는지 알게 된 건 하이텔 소프트웨어 동호회 덕이었습니다. PC통신이 대세이던 때였기에 대부분의 질문/답변이나 강의는 소프트웨어 동호회에서 접해보게 되었습니다. 셀 수 없이 많은 것들이 궁금했기에 많은 질문을 올렸고, 답변을 기다리며 질문/답변 게시판을 챙겨보다 보니 언제부턴가는 답변을 달게 되기 시작했습니다. 사실 프로그래밍을 배우다가 부딪치는 부분은 다들 비슷비슷하기에 질문은 수도 없이 반복됩니다. 그러다 보니 하나를 배우면 누군가에게 하나를 답해 줄 수 있게 된 것입니다.

그렇게 얼마간의 시간을 지내다 보니 지금은 성함도 아이디도 생각이 안 나는 어느 분의 눈에 띄어 동호회 게시판 활동에 대해 이야기를 주고받게 되었습니다. 동호회 운영진이었던 것도 같은데 정확히는 기억이 나지 않습니다. 그리고 채팅을 하다가 그분께 부탁을 하나 하게 되었습니다. C언어를 이미 오랫동안 해오신 그분께 연결 리스트가 무엇인지 글을 하나 적어달라고 부탁을 드렸고, 이미 자료구조는 예전에 마스터했기에 글을 쓸 생각은 없다며 사양하시던 그분은 부탁에 못 이겨 강좌를 적어주셨습니다. 이미지로 글을 쓰는 것은 상상도 할 수 없었던 PC 통신 환경이었지만 텍스트 화면에서 힘들여 네모와 화살표를 꼼꼼히 그려가며 정성껏 써주신 글 덕분에, 드디어 연결 리스트가 무엇인지 알 수 있게 되었습니다. 그 글이 하나의 길을 열어주었습니다.

지금 생각해보면 길을 열어준 사람들에는 무언가를 내게 가르쳐준 사람들뿐만 아니라 질문을 올렸던 다른 초보자들도 있었습니다. 한 가지 질문을 정확히 답하려면 결국 질문자가 물어본 코드를 돌려보고 읽어봐야 하고 답을 생각해서 코딩을 해봐야 했기 때문입니다.

오라클 데이터베이스도 마찬가지로 커뮤니티를 통해 더 잘 알 수 있었습니다. 오라클은 OTN ^{Oracle Technology Network} 포럼을 자체적으로 운영하고 있었고, 포럼에는 오라클 데이터베이스를 공부하는 사람들뿐만 아니라 현업에서 문제점에 봉착한 사람들도, 경험을 많이 쌓은 고수들도 있었습니다. 데이터베이스의 특성상 셀 수 없이 많은 명령어가 있고, 트러블 슈팅, 퍼포먼스 모니터링 기술이 있고, 문서화가 잘 안된 SQL 질의어와 특별한 뷰^{View}, 테이블들이 있었는데 이런 것들을 줄줄 외는 사람들이 정말 많았습니다.

그래서 자주 들리던 OTN 포럼에서는 책을 아무리 봐도 알 수 없던 부분을 질문하며 배워 나갈 수 있었고, 또 다른 사람들의 질문에 답을 하다 보니 어느새 오라클의 복잡한 시스템 관리용 테이블 이름을 줄줄 외울 수 있게 되었습니다.

PC 통신이 사라지다 보니 커뮤니티들은 인터넷으로 옮겨졌고, 이제는 커뮤니티들이 쉽게 찾기 어려울 정도로 많아졌고 더 멀어진 느낌입니다. 하지만 지금도 질문 답변 사이트가 무엇인가를 배우는 데 있어 더없이 중요한 역할을 한다는 생각에는 변함이 없습니다.

여전히 건재한 KLDP(http://kldp.org/), 최근에 번창하고 있는 Stack Exchange (http://stackexchange.com/)와 같은 질문 답변 사이트의 존재는 이런 사실을 증명해줍니다. 사용자들은 커뮤니티에 질문을 올리고, 내가 생각해도 궁금한 질문에는 투표^{Vote}를 하면서 질문에까지 등수를 매깁니다. 답변을 많이 한 사람은 명성을 쌓아가고, 더불어 자기 자신의 지식도 넓혀가게 됩니다.

■ 프로그래밍 언어

Java, C, C++, Python, C#, PHP, Perl, Ruby, JavaScript⋯ 이제는 프로그래밍 언어가 정말 많습니다. 각각의 프로그래밍 언어는 언어 자체의 차이도 있겠지만, 언어에서 지원하는 라이브러리라든지, 또는 그 언어에서 널리 쓰이는 프레임워크가 다릅니다. 거기에 문화마저 다르기도 합니다.

몇 년 전 뉴스 사이트를 통해 RoR^{Ruby on Rails}(http://rubyonrails.org/)을 접하게 되었습니다. RoR은 컴파일이 필요하지 않은 인터프리터 기반 언어인 루비^{Ruby}를 사용하고, 직관적인 문법으로 웹 사이트를 개발할 수 있도록 루비의 메타 프로그래밍을 십분 활용했습니다. 또 장황한 설정 파일대신 대부분의 작업들이 잘 만들어진 기본값으로 실행될 수 있도록 했습니다. 이런 탓인지 지금까지 RoR은 많이 사용되고, 종종 프로그래머 채용 조건에 포함되기도 합니다.

5분 만에 기본적인 블로그를 만들어내는 RoR의 생산성은 충격이었고, 그런 이유로 '제대로 배워보자!'는 생각에 루비를 공부하게 되었습니다. 그런데 뚜껑을 열고 본 루비는 생각 이상이었습니다. 람다^{Lambda}나 메타 프로그래밍이 누구나 접하게 되는 일상 주제였고, 루비는 자유롭게 골핑^{golfing}(골프에서 타수를 줄이는 것처럼 프로그램에서 같은 동작을 하는 코드를 더 짧게 작성하는 일을 말함)을 즐기는 문화였습니다. 예를 들면 다음과 같은 코드가 일반적인 1부터 10까지 더하기입니다.

```
sum = 0
for i in (1..10)
  sum += i
end
```

그러나 루비는 다음과 같은 작성도 괜찮습니다.

```
(1..10).inject { |sum, i| sum + i }
```

이런 코드는 파이썬을 사용하는 사용자라면 좋아하지 않을 축약일 것입니다.

서로 다른 프로그래밍 문화, 언어적 특성을 알게 되면 다른 언어를 이해하는 데 도움이 됩니다. 예를 들어 C++11에서는 람다를 채용하고 있는데 루비 등의 언어에서 이미 람다를 활용해본 사람은 아무래도 람다를 더 빨리 배울 뿐만 아니라, 더 잘 활용할 수 있게 됩니다.

메타 프로그래밍도 마찬가지입니다. 현대의 주류 언어 중 하나인 C++, Java 등은 아직 메타 프로그래밍을 적극 활용하지는 않습니다. 널리 퍼져있는 코드는 compile time assert입니다. 예를 들어 다음 C++ 프로그램은 컴파일 시점에 에러를 내보냅니다.

```
#include <iostream>

using namespace std;

template <bool> struct CTAssert;
template <> struct CTAssert<true> { };

int main()
{
    CTAssert<sizeof(int)==3>();  // int 의 size는 3이 아님.
    return EXIT_SUCCESS;
}
```

하지만 다른 동적 언어에서 메타프로그래밍을 다뤄본 사람들은 메타프로그래밍을 활용한 DSL^{Domain Specific Language} (문제 도메인에 맞는 언어를 정의해서 그 언어로 문제를 해결하는 방법)을 생각하게 됩니다. 예를 들어 만약 체스 프로그램에서 킹을 좌측으로 한 칸 옮기는 코드를 작성한다면 보통의 프로그램은 이렇게 될 것입니다.

```
i, j = GetPosition(KING);
board[i, j] = NULL;
board[i - 1, j] = KING;
```

그러나 DSL에 익숙한 사람은 다음 문법을 지향하게 됩니다.

```
KING.Move :LEFT
```

그리고 이런 코드에 대한 지원을 가능한 자동으로 하고 싶어합니다.

루비는 파이썬 등의 언어와 마찬가지로 덕 타이핑^{Duck Typing}(http://en.wikipedia.org/wiki/Duck_typing)을 사용합니다. 덕 타이핑은 상속 계층구조를 통해서가 아니라 객체가 어떤 메서드에 응답할 수 있는지에 따라서 의미를 정의합니다. 예를 들어 루비에서는 다음처럼 quack 메서드를 갖는 두 개의 클래스를 선언할 수 있습니다.

```
class Foo
  def quack
    puts "quack foo"
  end
```

```
  end

  class Bar
    def quack
      puts "quack bar"
    end
  end
```

이 상속 구조상에서는 아무 상관 없어 보이는 두 클래스를 quack이라는 메서드를 기대하는 다음 함수에 인자로 넘길 수 있습니다.

```
  def quack duck          # quack은 메서드 명칭. duck은 인자.
    duck.quack            # 인자로 받은 duck의 quack메서드를 호출.
  end
```

Foo나 Bar 모두 quack이라는 메서드가 있기에 이 함수에 두 클래스의 인스턴스를 자유롭게 넘길 수 있습니다.

```
  quack Foo.new
  -> 출력은 "quack foo"

  quack Bar.new
  -> 출력은 "quack bar"
```

이처럼 두 언어는 덕 타이핑이라는 같은 방식을 사용해 객체를 다룹니다. 그렇기에 루비를 알면 파이썬이 편해지고 파이썬을 알면 루비가 익숙해지게 됩니다.

하지만 이런 방법이 꼭 동적 타이핑을 지원하는 이들 언어에만 국한되는 것은 아닙니다. 왜냐하면, C++에서도 템플릿 메타 프로그래밍을 통해 객체의 상속구조 없이 같은 기능을 만들어 낼 수 있기 때문입니다. 그뿐만 아니라 이런 방식이 STL의 알고리즘 등에서 활용됩니다.

```
  #include <iostream>

  using namespace std;

  class Foo {
  public:
    void quack() {
```

```
    cout << "Foo quack" << endl;
  }
};

class Bar {
public:
  void quack() {
    cout << "Bar quack" << endl;
  }
};

template<typename T>
void quack(T t) {
  t.quack();
}

int main() {
  quack(Foo());
  quack(Bar());
  return 0;
}
```

이 코드는 "Foo quack", "Bar quack"을 출력합니다.

한 가지 프로그래밍 언어를 해두면 다른 언어를 배울 때 놓치기 쉬운 세부 사항까지 생각할 수 있게 됩니다. 예를 들어 Java에서 Thread 클래스의 stop() 메서드가 스레드 정지 방법으로 추천되지 않음을 안다면 C#에서 Thread 클래스를 볼 때는 Stop() 메서드에 의심을 품을 수 있게 됩니다.

이런저런 비슷한 이유로 『실용주의 프로그래머(Pragmatic Programmer)』(인사이트, 2007)란 책에서는 매년 한 가지 새로운 프로그래밍 언어를 배우라고 조언합니다.

■ 하나만 공부한다면

어떤 프로그래밍 언어를 배울지, 어떤 프레임워크를 공부할지는 결국 개인의 취향인 것 같습니다. 시스템 프로그래밍을 해야 진짜 프로그래머라고 생각하는 경우도 있고, 웹사이트가 돌아가는 것을 보면서 신기해하고 재미를 느끼는 사람도 있습니다. 컴퓨터 보안에 흥미를 느껴 밤새도록 디스어셈블리만 들여다보는 경우도 있고, 빅데이터가 재미있는 사람도 있을 것입니다.

결국은 이것저것 들여다보면 자기 흥미를 찾아서 가게 되는 것이고 다른 분야를 들여다보다가도 결국은 재미있어 보이는 곳으로 돌아오기 때문입니다. 이 책에서 꾸준히 이야기하는 내용처럼 자신의 마음을 따라가는 것이 더 큰 소프트웨어를 만들어내는 밑바탕일 것입니다.

그런데 만약 흥미 있는 분야가 하나도 없다거나 이제부터 흥미를 찾아 나갈 예정이라면 많은 곳에서 사용되는 Java나 C++은 좋은 출발점이 될 것입니다. 그리고 흔히 이야기하는 오픈 소스 스택인 LAMP(리눅스, 아파치 웹서버, MySQL, PHP 또는 Perl 또는 Python)를 아는 것이 도움이 될 것입니다. 요즘에는 어떤 식으로든 리눅스를 사용하지 않고 살 수 없는 시대이고, 데이터베이스를 활용해 데이터를 정리하는 일은 종종 필요한 일이고, 스크립트 언어를 한두 개 알아두면 데이터를 다룰 때 한결 편해지기 때문입니다.

■ 온라인 강좌

프로그래밍을 하다 보면 컴퓨터 과학이라는 주제하에 다루어지는 자료구조, 알고리즘 등의 문제로 결국은 돌아오게 됩니다. 또는 디자인 패턴이나 다양한 개발 전반에 사용되는 시스템에 대한 이해도 필요합니다. 그래서 큰맘 먹고 TAOCP(『The Art of Programming』(한빛미디어, 2007) 같은 책을 사서 몇 장 읽다가 포기하는 경우도 있습니다. 읽는다 하더라도 진도가 잘 안 나갑니다. 이럴 때 도움이 되는 것이 온라인 강좌입니다.

- 방송통신 대학교 디지털 미디어 센터 http://dmc.knou.ac.kr
- 한빛미디어 온라인 교육과정 http://www.hanb.co.kr/edu/edumain.html
- Coursera http://coursera.org
- Udacity http://www.udacity.com

이외에도 많은 사이트가 있습니다. 경우에 따라서 파일 다운로드를 지원하는 경우가 있고 그런 경우에는 무료하고 긴 출퇴근 시간을 보내야 하는 직장인에게는 더없이 편한 방법이기도 합니다.

Coursera나 Udacity는 최근 무료 온라인 교육을 들고 나왔고, 거기에 유명 대학의 교수들이 직접 수업을 진행해 흥미를 끌고 있는 곳입니다. 프로그래밍 숙제나 시험이 출제되기도 하고 과목에 따라 수료증이 나오기도 하므로 관심을 가져볼 만 합니다.

Coursera의 자연어처리[Natural Language Processing]는 이 분야에서 널리 알려진 『Speech and Language Processing』의 저자가 직접 강의했습니다. 책의 두께는 워낙 방대한 내용이라 흔히 이야기하는 잘 때 베고 자는 베개 책 수준입니다. 하지만 막상 강의로 접해보니 하나하나 슬라이드로 단계별로 설명해주고 때로는 책에 없는 내용까지 다뤄준다는 게 장점이 됐습니다. 덕분에 몇 주 동안 주말은 자연어처리 코딩만 해야 했지만, 그 덕에 Kneser-Ney Smoothing 같은 고급 기법을 직접 코딩하는 것은 큰 즐거움이기도 했습니다.

기계 학습[Machine Learning]은 Coursera의 설립자 중 한 명인 앤드류 엉[Andrew Ng]이 강의를 했습니다. 이 과목의 경우엔 초창기에 이미 한 번 수업을 진행했었기 때문에 강의 자료가 빨리 올라왔고, 또 수학적 지식이 거의 전무한 것을 전제로 수업하기 때문에 쉽게 따라갈 수 있었습니다. 특히 모든 프로그래밍은 Octave(MATLAB의 오픈 소스 버전이라고 볼 수 있음)로 이루어졌는데, 보통의 프로그래밍에서는 좀처럼 고려하지 않는 벡터나 행렬 기반의 코딩은 새로운 경험이 되었습니다. 덕분에 한 가지 언어를 더 배울 수 있다는 것도 장점입니다.

Coursera 외에도 Udacity에서는 CS101 과목(101은 기초 과목임을 뜻함)이 유명합니다. 심지어 이 과목은 컴퓨터 입문 과목에서 검색 엔진을 만드는 것을 목표로 수업을 진행해 많은 사람의 흥미를 끌고 있습니다.

■ 학위와 자격증

강의를 생각하면, 학위나 자격증을 또 떠올리지 않을 수 없습니다. 가장 먼저 생각해볼 만한 것은 학위 과정입니다. 학생이라면 이미 학교에 다니고 있을 것이기 때문에 학업에 매진하는 것으로 되겠지만, 직장인이라면 별도로 시간을 내기 어려우니 고려해볼 수 있는 안으로 방송통신 대학교나 사이버 대학교가 있습니다. 찾아보면 컴퓨터 과학과는 종종 학사, 석사까지 온라인으로 운영하고 있기 때문에 도전해볼 만합니다.

방송대는 오프라인 강의나 스터디 그룹이 있고, 학교 시설을 이용하거나 오프라인에서 시험을 보는 등 정말 대학교 같은 분위기에서 진행됩니다. 사이버 대학교 중에서는 온라인 시험으로 시험을 볼 수 있는 경우가 많아서 일정을 편하게 잡을 수 있습니다.

이들 과정은 학사 일정에 따라 진행되므로 중간고사, 기말고사가 다가오면 그에 맞춰서 책을 펴들 수밖에 없어 게을러지는 마음을 다잡기에도 좋습니다. 그리고 학사를 이미 갖고 있는 경우에는 3학년으로 편입하면 되므로 학위 취득에 걸리는 시간도 4년이 아닌 2년이 될 수 있습니다.

이런 학위 과정에는 꼭 그런 학위가 얼마나 도움이 될까, 즉 '증'으로서의 역할을 얼마나 해낼 수 있을까라는 점이 고민거리가 됩니다. 그리고 이런 학교를 졸업한 경우의 학위 가치를 낮게 평가하는 경우가 있는 것도 사실입니다. 하지만 방송대에서 통계로 학사를 취득한 제 경험에 따르면 꼭 학교의 이름값만 문제가 되는 것은 아닙니다. 이런 과정을 통해 일단 내가 잘 모르던 새로운 분야의 공부를 시작할 수 있고, 또 그렇게 시작하는 과정에서 꼭 그 학교에서 가르쳐주는 것 이외에도 본인의 노력에 따라 배우게 되는 것의 범위는 더 넓어질 수 있게 되기 때문입니다. 제 경우에도 책상을 채우던 C, C++, Java 등의 책은 이제 간데없고, 통계와 R, 기계 학습 책들이 책상을 채우고 있습니다. 방송대를 졸업한 후에는 여러 관련 서적을 보다가 요즘은 기계 학습 대회(http://kaggle.com/)에 참여하고 있습니다. 만약 제가 방송대를 통해 통계를 바닥부터 시작하지 않았다면 여기까지 오기가 더 어려웠을 것 같습니다.

다만 한 가지 말씀드리고 싶은 것은, 이런 학위 과정은 그냥 해볼까라는 정도의 결심만으로는 정말로 쉽지 않은 일이란 점입니다. 개강 후 한 달 후면 다가오는 중간고사, 계절이 바뀔 때쯤이면 치러야 하는 기말고사 시기는 사실 회사 일이 가장 바쁠 때이기도 합니다. 이런 이유로 몇 번이나 중간고사까지는 잘 봐놓고서는, 기말고사 시기엔 출장을 가야 하는 나머지 모두 F를 맞기도 했습니다. 그 덕에 2년이면 마칠 수 있었어야 할 과정이 4년이 걸렸습니다. 그리고 기말고사 전범위라는 부담은 어찌나 큰지, 수도 없이 포기해야겠단 생각만 들었습니다. 하지만 결국은 약간은 타협도 하고, 약간은 고생도 해가면서 마쳤습니다. 모르는 것이 아직 너무나 많지만, 그래도 이제는 통계에 대한 글을 읽으면 적어도 익숙하다는 느낌은 들게 되었습니다.

두 번째는 자격증입니다. 언제부터인가 자격증은 흔히 말하는 브레인덤프(또는 족보)로 인해 완전히 다른 시장이 되어버렸습니다. 처음에는 하나하나 매뉴얼을 보고 책을 보며 공부해야 하고 시험을 보던 그런 자격증이었습니다. 하지만 이제는 큰 비용이 드는 외국 벤더의 시험(OCP, SCJP 등)으로 족보를 공부하지 않고 시험을 보는 일이 오히려 상상하기 어려운 일이 되어버렸습니다. 그에 대한 반대급부는 당연히, 자격증이 그야말로 종잇조각 이상의 역할을 하기 어렵게 되어버렸다는 점입니다. 시험을 보는 사람도 이력서에 한 줄 넣을 생각만 하게 되고, 이력서를 보는 사람도 자격증에 별 가치를 두지 않게 되었습니다. 특히나 프로그래밍이란 어차피 실력이 말해주는 것이어서 코드를 짜느냐 못 짜느냐지 자격증이 무슨 소용이 있느냐는 이야기도 나옵니다.

하지만 자격증도 공부하는 과정에 해당 소프트웨어의 매뉴얼을 처음부터 끝까지 모두 읽었다던가 그 분야 서적을 수도 없이 사서 봤다던가 하면서 스스로 가치 있는 자격증으로 만들 수 있습니다. 자격증을 따는 것도 중요하지만, 그 과정에서 무언가 제대로 알게 되는 것이 더 좋은 일입니다. 만약 OCP DBA 자격증을 딴다면 오라클 데이터베이스가 안전하게 작동하기 위해서 어떻게 백업과 복구를 수행해야 하는지, 백업은 얼마나 자주 어떻게 수행해야 하는지, redo log는 어떻게 다중화되어 있는지 등의 내용만 알아도 이와 관련하여 이런 지식을 활용할 곳은 수도 없이 많기 때문입니다.

그런데 실력 이야기는 하지만 사실 학위든 자격증이든, 이렇게 얻게 되는 '증'은 또 중요하다고 생각합니다. 책보고 해봤다던가, 회사 다니면서 관련 업무를 하고 그걸 통해 경험을 쌓았다는 이야기를 꺼낼 필요 없이 해당 분야에 '증'이 있다는 것을 보여주는 것만큼 명확한 방법도 없기 때문입니다.

■ 블로그

이런저런 지식이 쌓였을 때 내 손으로, 내가 쓴 글로 정리해두는 것만큼 확실히 기억할 수 있는 방법은 없는 것 같습니다. 책에 써놔도 되고 노트에 적어놔도 되겠지만 어디서나 찾아보기 편한 방법은 블로그를 작성하는 것입니다.

블로그에 프로그래밍 관련 글을 적는 일은 별로 어렵지 않습니다. 특히나 프로그래밍 코드를 보기 좋게 정리해주는 Syntax Highlighter 등의 플러그인이 많이 있습니다.

블로그는 한번 써놓으면 검색으로 나중에 손쉽게 찾아볼 수 있습니다. 글이 모이고 모여 수년이 지나고 나면 몇 년 전에 썼던 글들을 보면서 예전에 힘들게 익혔던 내용이 다시금 떠올라 도움이 되기도 합니다.

또, 블로그를 운영하다 보면 사람들을 만나게 됩니다. 시작한 지 이제 9년이 지난 제 블로그에는 지금까지 관심을 갖게 되었던 정말 다양한 소프트웨어 분야에 대한 글이 올려져 있습니다. 그러다 보니 관심사가 바뀌고 주제가 바뀔 때마다 여러 경로로 블로그를 찾아 들어오시는 분들이 계십니다. 그리고 지금 그 분들 중 한 분은 저와 같은 회사에서 근무하고 있습니다. 만나본 적은 없지만, 질문도 하고 답변도 적고 하는 과정에서 같은 회사에 소프트웨어 엔지니어로의 입사를 추천하게 되었습니다.

그리고 물론 아직도 한번도 만나 뵙지 못했지만, 가끔 소식을 주고 받을 정도의 사이로 지내는 분들이 또 있습니다. 이렇게 사람들을 알아나가는 것이 계속 글을 써가는 블로그 운영의 또 다른 재미 같습니다.

좋은 블로그를 찾는 것도 도움이 됩니다. 요즘은 트위터나 페이스북으로 상당 부분 커뮤니케이션의 통로가 바뀌어버렸지만, 그래도 콘텐츠는 개인 사이트나 블로그에 올라옵니다. RSS를 등록해두었다가 생각날 때마다 한번쯤 들러서 고민하고 정리한 내용을 읽다 보면 재미도 있고, 많은 깨우침을 얻게 되기도 합니다.

■ 10년 동안 배우는 프로그래밍

구글의 연구 본부장인 피터 노빅은 Teach Yourself Programming in Ten Years (http://norvig.com/21-days.html)라는 글*에서 7일 완성, 21일 완성 등의 방법으로 과연 프로그래밍을 배울 수 있을지 의문을 제기하였습니다. 피터 노빅은 모차르트가 비록 4세 때 신동이었으나 세계적인 음악을 쓰는 데는 13년이 걸렸고, 비틀즈가 1967년 Sgt. Peppers라는 음반으로 빅히트를 쳤지만 1957년부터 작은 클럽에서 연주해왔다는 사실에 비추어 훌륭한 음악가도 10년 또는 10,000시간의 연습이 필요하다는 점을 이야기했습니다.

---

*   편집자주_ 개인이 번역한 글도 있다. http://goo.gl/LsRRW

IT는 빨리 변하기에 새로운 기술을 빨리 받아들이고 배우고 글을 쓰고 읽는 것이 중요하지만 결국은 긴 시간의 노력 없이 의욕만으로 갑자기 대성하기는 어려워 보입니다. Go 언어(http://golang.org/)의 경우만 생각해봐도 그렇습니다. 수없이 나타나고 사라지는 프로그래밍 언어들을 생각해보면, 잘 알려진, 증명된 커리어를 가진 사람들이 만들어낸 언어가 아니었어도 이처럼 뜨거운 대중의 반응을 이끌어냈을까 하는 생각이 들기도 합니다. Go 언어 커뮤니티도 그렇습니다. 시작은 작아 보였지만 커뮤니티가 불붙자 너나없이 다양한 프레임워크나 HTTP 서버 등을 만들기 위해 순식간에 뭉치기 시작했습니다. 더 많은 시간을 쌓아온 사람들이 빠른 속도 속에서도 커뮤니티와 물줄기를 이끄는 것이 보였습니다.

이런 글을 쓰고 있는 저 역시 지금 하고 있는 회사 업무를 통해서도, 또 취미지만 언젠가는 등수 안에 들겠다고 다짐하는 Kaggle(http://kaggle.com/)을 통해서도 10,000시간의 공력이 모이기를 기다리고 있습니다. 왜 쉽게 잘 안되나 답답하기도 하지만 한편으로는 10,000시간까지는 모차르트도 초보였던 것 같으니 약간은 안심이라는 생각도 듭니다. 이 책을 찾아 읽으시는 독자도 10,000시간을 위해 벌써 하나씩 쌓아나가고 있다는 생각입니다. 여러분의 노력이 쌓여 마음속에 갖고 계신 큰 소프트웨어로 빛을 발할 수 있게 되기를 바랍니다.

길고 구부러진 길

이창신(39세)

서울대 수학과를 졸업하고, University of Newcastle upon Tyne MSC in System Design for Internet Applications를 졸업했다. 티맥스소프트에서 Java EE 서버인 JEUS 개발 조직(WAS실)에서 책임 연구원으로 근무했고, 현재는 h2soft(http://h2soft.kr)의 공동 대표를 맡고 있다. SK T아카데미의 iOS와 cocos2d 강의도 했던 저자는 지금까지 주로 iOS와 안드로이드용 앱과 게임을 만들었다.

본 원고는 아래와 같은 갑작스런 청탁에서 비롯되었다.

> 지금까지 개발자로서 살아온 이야기를 후배들에게 담담하게 들려준다면 어떨까 싶어서요.
> 자바 JCP에 참여했던 이야기부터 1인 개발자로 일했던 이야기 등등…
> 그동안의 비하인드 스토리면 좋겠어요.

누군가 나에게 부탁을 한다는 것은 정말 경이적이다. 우리나라 인구 5천만, 전 세계 인구 70억에서 나를 아는 사람도 극소수지만, 그 극소수중의 극히 일부가 나를 콕 집어 힘들여 연락하고 제안을 준다는 것은 영광이나 다름없다.

솔직히 위와 같이 부탁받은 이야기를 하면서 담담하기는 힘들다. 되려 그동안 말하고 싶었지만 어디 할 곳이 없던 차에 잘 되었다는 심정으로 마구 쏟아 놓을 것 같아 걱정이다. 게다가 이 부탁을 하신 분과의 인연도 쓰고 싶었고.

그래서 세상은 재미있다.

사실 어렸을 때 얘기는 몇 번 쓴 것 같다. 하지만 다시 꺼낸 이유는, 어렸을 때 프로그래밍을 하지 않았다면 아마도 지금 이 글은 한 글자도 담지 못할 것이기 때문이다.

만약 초등학교 때 프로그래밍을 배우지 않았다면(그리고 고등학교 때까지 계속 그랬다면), 난 건축 설계나 방송 영화 쪽으로 가려 했을 것이다. 그림 그리는 걸 좋아하고 잘했고(특히 스케치), 글을 쓰고 이야기를 만들기를 사랑했다. 이쯤 되면 프로그래머와는 안드로메다만큼이나 멀어 보이기도 하지만, 또 어찌 보면 프로그래머는 절묘한 결합 같다.

근데 또 실상 대학은 수학과였다. 웃기기도 하지. 실컷 프로그래머가 어쩌고 하더니 결국 수학과라. 그래도 그땐 수학이 가장 좋았고 재밌었다. 중학교 3학년이 되면서 프로그래밍을 끊은 지 5년이 넘으니, 한참 C와 C++가 대세가 되면서 내 언어, BASIC은 비주얼 베이식과 같은 상전벽해였다. 그래서 비주얼 베이식도 잠깐 해봤었는데, 딱히 쓸모도 없었고 해서 더 파진 않았다.

그러다 IMF가 터졌다. 그래, 명색이 서울대 수학과인데 IMF랑 무슨 상관이 있었냐고? 상관… 많았다. 일단 나의 든든한 자금줄이던 과외가 싹 끊겼다. 줄이고 줄여도 자식 공부시키는 돈은 줄이지 않는다던 우리나라 학부모도 맥없이 무너졌던 그 시기, 난 어학연수를 떠났다(웹툰 작가 이말련이라면 "미친놈"이라고 했겠지).

그즈음 진지하게 사교육 시장에 투신하려던 생각은 깨끗이 접은 뒤였다. IMF는 진정 한국의 세컨드 임팩트였던 게지.

1999년, 인류 멸망 프로젝트는 끝은커녕 시작할 기미도 안보이고, 당연히 1999년에 모든 시스템이 셧다운 될 거라는 막연한 희망(?)은 절망으로 변해가고 있었다. 하지만 위기를 기회 삼으라는 말은 통했다. Y2K라고 노래를 부르며 모두들 다가올 새 천년을 대비하기 시작했고, 지금의 아이폰 효과와 비슷한 Y2K 효과가 IT 거품을 신 나게 부풀렸다. 그리고 난 그 길을 들어섰다.

아직도 우리 부모님은 내가 의대를 갔으면 어땠을까 하는 가설을 꺼내곤 하신다. 내가 암기와 해부(피보는 거)를 끔찍하게 싫어해서 안 간 거지만(도무지 가고 싶다는 생각이 지금도 안 든다), 갔어도 잘해냈을까 하는 의구심이 강하게 든다. 왜냐면 종로학원에서 재수할 때 깨달은 거지만, 잘난 애들이 너무 많이 모여 있기 때문이다.

물론 그런 무리에 속한 삶이 좋을 때도 있다. 특히, 경쟁을 통한 성장이라는 관점에서는 최적의 환경이라고들 한다. 나도 분명 그런 환경을 지렛대 삼아 개인적인 개발을 이루었다고 생각한다. 하지만 언제까지 버틸 수 있을지는 모두 미지수다.

> **의대 – 의사:** 암기와 해부 싫어하고, 잘할지도 미지수. 경쟁이 극심함. 매우 높은 보수.
> **사교육 – 강사:** 수학을 가르치는 것 자체는 좋고 잘함. 학생들의 성적에 따라 평가되므로 내 수학 실력으로 평가받기 보다는 학생들의 성적이 잘 나오게 하는 능력이 중요. 하지만 난 그 능력은 떨어짐(무섭고 혹독하지 못함), 역시 매우 높은 보수
> **프로그래머:** 문제 해결을 좋아하고 잘함. 의대나 사교육에 비해 경쟁이 심하지 않음. 의대나 사교육에 비해 보수는 낮음.

정리하면 위와 같다. 물론, 돈 잘 버는 의사나 강사는 그때도 그렇고 지금도 부럽기는 매한가지다. 그런데도 프로그래머로 진로를 결정한 이유는, 솔직히 나는 그런 많은 돈이 필요 없었기 때문이었다.

최근에 개봉한 영화 〈다크 나이트 라이즈〉에는 "진짜 절망은 헛된 희망을 동반한다"는 대사가 나온다. 절망하기 싫다면 정말로 두려워하라는 얘기도 나온다. 이 글을 쓰면서 나는 그 영화가 준 화두를 떠올렸다. 초등학교 때부터 고3 때까지 나는 아버지가 가장 무서웠다. 공부의 재미가 간헐적으로는 있었어도 대부분의 동기는 아버지에게 혼나지 않기 위해서였다. 아버지는 자식 넷에게 똑같이 그러셨는데 효과는 내가 제일 컸다. 보통 막내는 그러질 않는다는데, 돌이켜보면 나는 유독 겁이 많았다. 특히 큰소리와 매를 피하기 위해서였다니 말이다.

하지만 그 두려움은 대입 첫해 낙방으로 변화했다. 아버지는 여전히 무서웠지만, 이상하게도 그 무서움은 나를 압도하지 못했다. 오히려 지독스럽게 나를 몰아붙이던 것은 "창피함"이었다. 내가 대학에 떨어졌다니, 믿기지가 않았던 것이다. 대학을 다니는 친구들이 너무도 부러웠고, 그럴수록 나는 부끄러웠다.

■ 기술의 수호자

다행이 그 창피함은 1년으로 충분했다. 그리고 10년 뒤, 나는 서블릿 책 하나를 나름 성공적으로 번역하며 대외 활동의 공식 데뷔를 멋지게 장식했다. 많이 우쭐했고 뭐든 할 수 있을 것 같았다. JCP^Java Community Process라는 자바 표준 제정 단체에 개인으로 가입한 것도 그즈음이었다.

정말이지 백만 년 만에 JCP 사이트에 들어가 봤다. 내가 참여한 JSR^{Java Specification} ^{Request}(자바 표준 기술 단위)를 뽑아보기 위해서였는데, 아직도 뭔가 새로운 것들이 잔뜩 있어 보여 그동안의 무관심이 더 크게 느껴졌다. 그래도 그때 내 관심은 뜨거웠었는데, 번역으로 시작된 집필 활동에 있어 "무엇이 진정 맞는 것인가"의 원천이 바로 그 표준 스펙이었기 때문이었다.

지금 돌이켜보면 그것은 "법"같은 것이었다. 법을 정하는 일, 그러니까 입법부에 해당하는 셈이다. JCP의 개인 회원은 말하자면 무소속 국회의원이다. 소속 정당의 그늘은 어두울 수도, 시원할 수도 있다. 무소속이었던 나는 당시 떠오르던 신당 "티맥스소프트"에 들어가기로 마음먹었다.

그런데 막상 들어가 보니, 티맥스는 입법보다는 사법과 행정에 더 쏠려 있었다. 특히 사법이라면, 판사와 검사에 해당할 텐데 R&D가 그 역할을 했다. 그러니까 국제 표준법의 준수를 실현한다는 거창한 명목 아래 법의 해석과 적용을 맡았다. 실제 일은 사건 조사와 해결이 대부분이었지만.

따라서 내가 티맥스에 가서 시작해야 할 일은 입법의 중요성을 높이는 것이었다. 물론 반대의 벽은 상상 이상이었다. 당장 미해결 사건들이 즐비하고, 인력은 턱없이 부족한데, 난데없이 한가롭게 법 제정을 부르짖는 신참이 곱게 보일 리 없었다. 웹서비스 상호 호환성을 위한 단체인 WS-I 가입을 이루는 등 나름의 성과도 있었지만, 결국 나는 1년을 버티지 못하고 R&D의 울타리에서 쫓겨나 고객사에서 몇 달을 머물렀다.

그때 티맥스를 그만두려 했다. 호기롭게 시작했던 일은 온데간데없고 현실은 SI의 볼모였다. 위안이라면 나 말고도 그렇게 고객사의 볼모로 끌려간 연구원들이 더 있었다는 정도. 하지만 다행히 진짜 절망은 아니었다. 고객사 현장에서 필요한 XML 스키마 표준을 만들면서 나는 희망의 불씨를 살렸고, 그 불씨를 알아봐 주신 소속실 실장님의 소환으로 R&D로 복귀, 티맥스의 간판 제품인 제우스의 J2EE 1.4 세계 최초 인증에 기여하게 되면서 JCP 참여에 대해 오히려 전보다 더 나은 여론을 만들 수 있었다.

정말 꿈같은 일이었다. 해외의 많은 자바 전문가와 교류하고 스펙을 같이 정한다니. 그런데 여기서도 현실과 이상은 간극이 분명했다. 표준은 분명 그것을 쓸 자바 개발자들을 최우선으로 고려해야 하겠지만, 실상은 표준 제정 업체들, 특히 대형 업체들의 입김에 좌우되었다. 아파치 오픈 소스 재단이 그 관행에 극렬히 저항했지만 변화는 미미했다. 논의는 엿가락처럼 늘어졌고, 방향은 우왕좌왕했다. 중간에 스펙을 주도하는 역할을 하는 스펙 리드^{spec lead}가 하차한 적도 있었다. 정치다. 이것은 정치다. 나는 자바의 미래 비전을 보고 싶었지만, 보이는 것은 과거의 구태였다.

한편, JCP 활동과 더불어 자연스럽게 이어진 일이 바로 아파치 프로젝트를 통한 오픈 소스 활동이었다. 당시 회사의 주 업무로 오픈 소스 프로그래밍을 한다는 것은 한국에서 매우 이례적이었고, JSR 표준의 오픈 소스 구현이라는 환상적인 결합의 시초였다. 안타깝게도 JSR 표준 제정이 공개적이진 않았지만, 과정의 투명성을 높이는 데에 오픈 소스 프로젝트는 매우 적합했다.

아파치 커미터는, 나로서는 꿈이었다. 이상하게도 나는 한국인 최초나 한국인이 드문 경우에 매우 집착했었는데, 지금 생각해보면 무슨 올림픽도 아니고, 왜 그렇게 민족주의에 매달렸나 모르겠다. 사실, 아파치 커미터 명단을 봐도 소속 국가 정보 따윈 없다. 이름만 보고 짐작할 따름이지. 커미터 활동에 대한 욕심보다는 커미터라는 자리에 대한 공명심이 훨씬 컸으니까 그랬을 것이다.

막상 커미터로 프로젝트에 참여하면서 더 많은 어려움을 겪었다. 커미터라고 하면 정말이지 마음대로 소스 코드를 고칠 수 있을 줄 알았는데, 그게 아니었다. 고참 커미터들의 리뷰와 코멘트가 뒤따랐고, 심지어 어떤 경우에는 롤백(내가 만든 변경을 취소하고 이전 상태로 돌림)하는 일까지 있었다. 그때 메일링 리스트로 격렬하게 항변했던 것을 생각하면, 지금은 부끄럽지 않다. 하지만 그때는 창피해서 어쩔 줄 몰랐다. 게다가 그 메일링 리스트와 소스 코드 이력은 모두가 볼 수 있게 공개되어 있지 않은가! 아파치 커미터 등극이라는 과실을 너무 쉽게 따먹은 게 아니었던지. 부족한 경험과 실력으로 위축되기 쉬웠지만, 그런 갈등 상황에서 중재와 격려를 해주는 커미터 멤버들의 보이지 않는 지원도 있었음을 잊을 수 없다.

지금도 그렇지만, 난 영어로 말을 잘 못한다. 아주 필요한 말은 하겠지만, 속히 말해 유창하진 않다. 그래서, 내 (영어로 된) 코딩이나 이메일을 보고 그 정도의 영어 말하기 능력을 기대하는 사람들을 실망시키기 일수였다. 제일 답답한 건 나 자신인데, 스리랑카 콜롬보에서 했었던 Axis 2 Summit 회의 때는 3일동안 어찌나 부끄럽던지, 하고 싶은 말은 많은데 다는 고사하고 반이라도 전달할 수 있었으면 했을 정도로 영어 말하기 능력이 부족했다. 그런데 회의에 같이 참석하던 인도나 스리랑카 개발자들은 유창하지는 않더라도 하고 싶은 말을 다 하는 느낌이었다. 결국, 유창하고 싶어하는 마음이 어눌한 표현을 억누르고 있었던 셈이다.

그 후에도 부러운 경우가 몇 번 있었다. 한 국내 콘퍼런스에서 해외 오픈 소스 개발자와 대화를 나눌 기회가 있었는데, 동석했던 (당시에는 태터툴스) 노정석 대표님의 유창한 영어에 깜짝 놀랐다. 또 한 번은 구글 코리아에서 개최한 오픈 소스 개발자 모임이 있었는데, 이희승 님(당시에는 Apache Mina 주도)의 완벽한 영어에 크게 감명받았다. 그리고 그때마다 나는 꿀 먹은 벙어리처럼 입을 다물고 말았다.

여전히 난 그분들만큼 영어를 잘하지 못한다고 생각한다. 다만 조금 더 말을 해보려고 노력은 한다. 프로그래밍만 잘하는 것도 어려운데 영어까지, 특히 듣고 말하기를 잘한다는 것은 축복을 넘어 기적에 가깝다. 전 세계를 대상으로 의사소통함에 있어 영어의 위상을, 오픈 소스 활동을 하며 뼈저리게 느낀 것이다.

■ 전문가 코스프레

나는 겸손하지 않다. 오히려 인지 부조화에 가깝다. 아직도 나는 내가 어떻게 서울대 수학과에 들어갔는지 믿기지 않는다. 초등학교 때는 올백 한 번 없었고(가장 잘한 것이 1개 틀린 것), 중학교 때는 전교에서 놀지도 못했다(과학고도 떨어졌다). 고등학교? 재수했었다니깐. 노력은 했지만, 그건 기본 중의 기본이었다. 내가 수학과에 입학했던 해에는 수학과의 커트라인이 수학교육과보다도 낮았다. 아마 수학교육과를 지원했다면 떨어졌을지도 모르겠다.

가끔 대학 졸업 증명서를 발급받다 보면 "혹시 나 가짜 아닐까?"하는 생각이 든다. 영화 〈토탈 리콜〉처럼 기억이 조작되었다던가, 아니면 행정상의 착오로 입학한 것처럼 유지되고 있다던가. 내가 이런 생각을 하는 이유는, 내가 그 정도의 능력이 아니라는 자기 인식 때문이다. 학부 때 배우는 수학 전공 중 이해하기 힘든 것들이 참 많았다. 그리고 사실 10여 년 넘게 하고 있는 컴퓨터도 마찬가지다. 난 어려운 것, 복잡한 것을 싫어한다. 그래서 그런 것들은 안 한다(못한다는 표현이 정확하려나?). 그러니까 최고 수준이 되지 못한다.

그렇다고 해도 어렵고 복잡한 것을 아주 안 하고 살 수는 없다. 하지만 여전히 난 못한다. 못하면 구박받는다. 인정받지도 못한다. 해내야만 하는 경우에 나에겐 두 가지가 필요하다. 시간과 끈질김. 일단 금방은 못하니까, 될 때까지 계속해야 한다. 자꾸 하다 보면 점점 더 이해가 된다. 그래도 계속하면 지겨우므로, 중간 중간 다른 것도 하면서 계속 한다. 완전히 이해될 때까지 한다. 조금이라도 미심쩍은 부분이 있으면 끝까지 파헤쳐서 확실하게 한다.

당연히 위와 같이 파고들 수 있는 것에는 한계가 있다. 이 세상에는 수많은 도전의 대상들이 있고, 그걸 다 많은 시간과 지속적인 시도로 상대하려면 몸도 마음도 여러 개여야 할 터이다. 결국, 필수불가결한 복잡 난해함에만 집중함으로써 문제를 해결하게 된다. 이렇게 하고 나면 전문가 비스무리한 상태에 이른다. 그러나 전문가, 특히 최고급의 전문가는 아니다. 일단 많은 문제를 해결한 상태도 아니며, 상대적으로 덜 필수적인 사안에는 취약하다. 그런데 흥미롭게도 이런 가전문가(pseudo-expert)의 위치가 쓸모 있을 때가 있다. 바로 나처럼 어렵고 복잡한 것에 어려움을 겪는 초보 입문자를 가르칠 때다.

내가 만약 보통의 천재들처럼 뭐든지 척 보고 안다면, 새로운 것을 배우는 일의 고충을 잘 모를 것이다. 따라서 더 쉽고 단계적인 접근 방법은 잉여로 보이며, 간결한 설명으로 충분하리라 여길지도 모른다. 무언가를 모르는 상태에서 아는 상태로 옮겨가는 데에 많은 노력이 필요하다는 것 자체가 불가사의처럼 비춰질지도 모르겠다. Objective-C를 시작한 것이 2008년인데, 2년이 지난 2010년 한참 iOS 앱 개발을 강의할 때에도 Objective-C 문법에 확신이 적었다. 결국은 많은 iOS 앱 개발 코스 학생들이 Objective-C가 어렵다는 피드백을 받고 Objective-C 별도의 코스를 만들 때쯤인 2010년 말쯤에 나도 좀 정리가 되었었다.

그때로부터 2년이 지난 현재 Objective-C 언어 차제도 갱신이 잇따르며 좋아지고 있다. 이제는 새로운 문법 사항들도 척척 이해하고 사용한다. 무지의 상태에서 걸린 세월이 물경 4년, 그 기간 동안 Objective-C와 함께 보낸 시간은 아마 우리말(한국어)과 함께한 시간보다 많을 것이다. 우리말만큼 능수능란하지는 않겠지만, 1년도 제대로 못 배운 일본어보다는 훨씬 Objective-C를 잘한다고 할 수 있다. 요즘은 C++와 Clojure에 도전하려고 진지하게 생각하고 있다. 또 몇 년이 걸리겠지… 하지만 덕분에 더 좋은 설명을 할 수 있을 거란 기대도 품는다.

멀리 가려면 함께 가라

이 글의 서두에 있던 청탁 요약을 보면 1인 개발자에 대한 것도 있다. 내가 하도 부끄러움이 많아 여기저기 부끄럽다고 실토하고 있지만, 그 이력이 1인 개발자에 이르면 손발의 오글거림이 최대치에 이른다.

결론부터 말하자면 혼자서는 아니다. 실제로 내가 1인 개발자로 활동했던 1여 년동안 제대로 나온 것도 없었지만 그나마 낸 것들도 혼자 다 한 것이 아니었다. 내가 늘 강의나 발표 때 존경의 표시를 하는 황의범 님(http://xevious7.com)이나 조영거 님 정도면 모를까, 혼자 다 한다는 것은 레오나르도 다빈치 급의 재능이 필요하다(난 물론 아니다).

그럼 재능만 있으면 되느냐, 그것도 아니다. 이건 재능 더하기 시간과 끈질김이다. 마라톤이 대략 3시간 정도의 고독한 질주(라고 해도 페이스 메이커도 있고 다른 주자들도 있다)라면, 1인 개발자는 몇 달을 그렇게 (정신적으로) 달려야 한다. 딱 상상만 해봐도 그 도정이 얼마나 혹독할지는 쉽게 그려지고도 남는다. 그리고도 (개발자가 양쪽 다 한다면) 디자인-프로그래밍의 병렬 작업이 불가능하므로 작업 기간도 늘어날 수밖에 없다. 이탈리아 장인이 한땀 한땀 지은 트레이닝복도 아니고, (명품 앱이나 장인 앱이 나오지 않는 한) 앱 개발에 있어 1인 작업은 부가 가치 창출이 있기 어렵다.

나도 결국은 창업을 했다. 1인의 어려움은 지긋지긋했고, 이제 모든 게 잘 되겠지 하는 순진한 희망으로 시작했다. 근데 또 1년 만에 종료. 어째서? 이번에는 팀워크가 문제였다. 혼자 할 때는 전혀 생기지 않았던 문제들이 쑥쑥 솟아났다. 4명의 창업자는 너무 많은 사공이 되었고, 결국은 서비스 오픈도 해보지 못한 채 쓸쓸히 퇴장했다. 그렇다고 다시 1인으로 돌아가진 않았다. 강의 교재를 쓰든, 앱 개발을 하든, 늘 파트너를 구해 함께 했다. 팀워크는 저절로 생기지 않았고, 시간은 늘 예상보다 오래 걸렸다. 혼자 하면 빨리 끝냈을 텐데… 검토니 뭐니 하며 지체하지 않았을 텐데… 하는 생각도 안 든 것은 아니지만, 역시 서로 의지가 되는 심리적인 부분은 무시의 대상이 아니라 중시의 대상이다. 그렇다고 너무 많은(그러니까 넷도 많다) 사람들이 시작하는 것은 적절하지 않다. 둘이 딱 좋은 것 같다. 미투데이도 만박(박수만) 님과 코디언(도흥석) 님 둘이 시작했고, 상당 기간 개발과 운영을 함께 했었다(진정한 DevOp의 시초?).

둘이 가다가 일이 커지면 더 모아서 가는, 그러고 보니 마치 실크 로드를 건너는 유목 상인 같은 이미지가 그려진다. 많은 짐을 옮기려면 더 많은 낙타와 짐꾼이 필요하듯이 말이다.

■ 프로그래밍은 마라톤이다

역시나 이번 원고 집필도 후회다. A4 15장이라니! 여기까지도 아마 10장도 안 될 것 같은데…(친절하게도 편집자님 6장이라고 확인을 해주심)* 하지만 일단 여기까지다. 더 쓰라고 하면 여기저기 더 에피소드와 푸념이 붙으리라.

이 글을 쓰는 동안 올림픽이 열렸다. 그리고 때를 맞춰 영화 〈페이스 메이커〉를 TV에서 해줬다. 김명민이 주인공으로 나오지만, 입에 보형물을 끼고 일부로 못생기게 하고 나올 정도로 주인공은 루저의 이미지다. 10년 넘게 이 일을 계속해오다 보니, 그때 같이 출발선에 섰었고, 또 중간에 함께 뛰던 사람들이 점점 보이지 않는다. 게다가 새로 뛰어드는 사람들마저 드문 현실… 며칠 전에 대학교 1학년을 막내아들로 둔 부모에게 이런 말을 했었다.

> "의사와 변호사도 좋습니다만, 좋아서 하는 사람이 얼마나 되겠어요? 좋아서 하고 돈도 못 벌지 않는다면 할 만한 겁니다."

아차! 내가 실수했구나 싶었다. 부모는 자기 자식이 그런 루저가 되길 바라지 않을 텐데. 나는 그저 다들 아들의 컴퓨터 학과 진학을 극구 말렸다는 현실에 좀 흥분했을 뿐이었다.

....

* 편집자주_ 사실은 8~10매 사이를 원했지만, 15매는 부탁해야 그 정도가 되리라 예상했다. 부끄러운(?) 고백을 진솔하게 들려주셔서, 이 자리를 빌려 감사를 전하고 싶다.

아직 끝나지 않았다. 프로그래밍은 시간과 끈질김이 필요한 마라톤과 같다.

당신의 문으로 인도하는 길고 굽은 길은 결코 사라지지 않으리.

나는 그 길을 전에 보았고, 언제나 여기로 나를 이끄니.

당신의 문으로 나를 이끄니.

– 비틀즈의 〈길고 굽은 길(The long and winding road)〉의 가사 일부

엔지니어가 실수하는 것들

백창우(35세)

삼성전자 멀티 플랫폼 커널(SMK)을 포함하여 여러 상업용 OS 커널을 주도적으로 개발하였다. 컴파일러, 디버거, HYPERVISOR와 같은 각종 시스템 S/W를 직접 개발한 시스템 S/W 전문가이다. 현재 누스코를 경영하고 있으며 의료 정보 플랫폼과 모바일 플랫폼용 C/C++ 언어 가상 머신을 개발하고 있다. 오프라인 시스템 S/W 스터디 그룹 http://www.iamroot.org를 운영하고 있다.

■ 들어가며…

때는 바야흐로 어느 여름날이었다. 지금은 해당 사업 분야를 접었지만, 당시 필자의 회사에서는 하이퍼바이저Hypervisor를 이용한 내부자 정보 유출 방지 시스템인 DLPData Loss Prevention 솔루션을 개발하고 있었다. DLP 솔루션에 대해 간단히 설명하면 네트워크, USB 등으로 인가되지 않은 정보가 유출되는 것을 차단해서 기업의 내부 정보를 보호하는 솔루션이다. DLP 솔루션은 많은 기업에서 실제로 사용하고 있으며 기업 기밀을 지키기 위한 핵심 소프트웨어로 사용되고 있다.

현재 나와 있는 거의 모든 DLP 솔루션은 두 가지 타입을 띄고 있다. 그 중 하나는 PC에 설치되는 형태로써 주로 PC I/O 등을 차단하여 USB 메모리와 같은 저장 장치를 차단하는 역할을 수행하는 타입이 있고, 다른 하나는 서버 형태로써 네트워크 패킷을 감시/분석해서 내부 정보 유출을 방지하는 형태를 띄고 있다.

이중에 문제가 되는 타입은 PC에 설치되는 타입의 DLP 솔루션이다. 이 타입에 해당하는 거의 모든 DLP 솔루션은 커널에 DLP 기능을 위한 코드가 삽입되는 형태를 취하고 있다. 문제는 커널에 코드가 삽입되기 때문에 운영체제가 바뀌어 버리면 모든 보안 기능이 무력화되어버린다는 점이다. 예를 들면 고가로 구입한 DLP 솔루션이 리눅스 부팅 디스크로 부팅해버리는 순간 간단히 아무짝에 쓸모없는 솔루션이 되고 만다는 것이다.

당시 필자의 회사는 하이퍼바이저를 사용하여 뚫리지 않는 DLP 솔루션을 개발하고 있었다. 여기서 하이퍼바이저란 VMware와 같은 시스템 소프트웨어를 의미한다. 즉, DLP 기능이 내장된 하이퍼바이저 상에 운영체제를 설치하면 큰 비용을 들이지 않아도 뚫리지 않는 DLP 솔루션을 개발하는 것이 가능해진다. 물론 사용자들은 하이퍼바이저가 있는지 없는지도 모르고 PC를 사용하게 된다.

하이퍼바이저를 개발하는 것은 기술적으로 쉬운 일이 아니다. 필자는 주로 운영체제, 컴파일러와 같은 상용 시스템 소프트웨어를 개발해본 경험이 있어 이 분야에 대한 난이도 비교가 가능한데 하이퍼바이저는 운영체제 커널을 개발하는 것보다 약 1.5배 정도 더 어렵다. 하이퍼바이저 개발이 어려운 이유는 하이퍼바이저의 원리가 어렵기 때문이 아니라 정보가 공개되어 있지 않기 때문이다. 하이퍼바이저는 CPU에서 제공하는 각종 가상화 기술을 사용하여 개발해야 한다. 문제는 CPU 회사들이 VMware사나 Citrix사와 같은 큰 가상화 소프트웨어 개발 회사에는 상세한 정보를 공개하는 데 반해 일반에게는 상세한 정보를 공개하지 않는다는 것이다.

결국 하이퍼바이저를 개발하려면 장님이 코끼리 만지듯이 이것저것 직접 만져보면서 개발할 수밖에 없다. 그 장님도 그냥 장님이 아닌 매우 뛰어난 엔지니어일 때라야만 하이퍼바이저 개발이 가능하다. 다행히도 필자의 회사에는 매우 뛰어난 엔지니어가 포진되어 있었고, 필자가 운영해오고 있는 스터디 그룹(http://iamroot.org)도 오래전부터 하이퍼바이저에 대한 연구해오고 있었기 때문에 하이퍼바이저 개발이 가능했었다.

자, 문제는 여기서 발생한다. DLP 기능이 삽입된 하이퍼바이저를 개발 완료했다. 운영체제도 잘 동작하고 해당 운영체제에 대한 USB, 디스크 같은 장치의 I/O도 잘 제어한다. 물론 네트워크에 대한 정보 유출도 잘 제어하고 있다.

이제 무엇을 해야 할까? 핵심 기능은 다 구현했으니 이제 상용화를 위한 작업을 진행해야 한다. UI 개발 등과 같은 일들 말이다. 그래서 개발자들에게 QT를 사용한 UI를 개발하라고 지시를 내렸다. 그랬더니 '아… 놔… 못하겠다!'는 몽니 같은 이야기가 돌아왔다. 자기네들은 고고한 시스템 소프트웨어 개발자인데 어찌 UI 따위를 개발하냐는 것이 주된 이유였다. 회사를 차린 이후 처음으로 엄청나게 분노했다. 하나의 프로젝트를 수행하는 데 있어 고고한 일은 무엇이며 고고하지 않은 일은 무엇이란 말인가? 이 일을 계기로 훌륭한 엔지니어에 대한 필자의 모든 생각이 바뀌는 계기가 되었다.

필자의 소개를 간단히 하도록 하겠다. 필자는 현재 의료 정보 시스템과 가상 머신을 개발하고 있는 회사의 CEO다. 본 회사를 창업하기 이전에는 대기업에서 운영체제와 컴파일러를 개발했었고 10여 년 넘게 시스템 소프트웨어 분야에 종사해오고 있다.

이 글을 통해 필자가 하고 싶은 이야기는 크게 두 가지다. 하나는 훌륭한 엔지니어란 어떤 사람이고 어떻게 될 수 있는가, 다른 하나는 창업을 하기 위해 중요한 점은 무엇인가 하는 점이다. 이 주제들이 다소 상반되는 주제이기는 하나 필자가 경험한 것 중에서 엔지니어에게 꼭 해주고 싶은 이야기이기에 두 주제에 대해 이야기해볼까 한다. 먼저 훌륭한 엔지니어에 대해서 이야기하겠다.

■ 훌륭한 엔지니어가 되기 위해서…

훌륭한 엔지니어가 되기 위해서는 먼저 뛰어난 엔지니어가 될 필요가 있다. 뛰어난 엔지니어가 되기 위해서는 자신이 좋아하는 일을 할 필요가 있다.

필자는 2003년도부터 iamroot.org라는 오프라인 스터디 그룹을 운영해오고 있다. iamroot.org 스터디 그룹은 IT 스터디 그룹으로는 우리나라에서 가장 하드코어한 스터디 그룹이다. 미친 스터디 그룹이기에 미친 사람들이 많이 모여있다. 개중에서는 매우 뛰어난 엔지니어가 많다.

이 스터디가 미쳤다고 말하는 것은 스터디 운영 방식 때문이다. iamroot.org 스터디 그룹은 매주 토요일 오후 3시부터 밤 10시 30분까지 오프라인 스터디 모임을 한다. 스터디 주제는 리눅스 커널, Xen, 컴파일러, 가상 머신, MPSoC 등과 같은 다소 묵직한 주제들이고 각 주제는 보통 1년이 넘는 스터디 기간을 가진다.

1년 넘게 매주 토요일을 반납하고 스터디하는 사람은 어떤 사람들일까? 매우 끈질긴 사람들일까? 시간이 남아도는 사람들일까? 정답을 이야기하자면 그들은 끈질긴 사람도 시간이 남아도는 사람도 아니다. 오히려 사회에서 능력을 인정받아 시간이 무척이나 빠듯한 사람들이다. 그런데 이들이 이 미친 스터디를 매주 계속하는 이유는 공부하는 것이 정말 재미있기 때문이다.

공부하는 것이 재미가 있는 이유는 자신이 그 일을 좋아하기 때문이고, 자신이 그 일을 좋아하는 이유는 자신이 그 일을 잘하거나 잘할 수 있기 때문이다.

잘해야 재미가 있다. 잘하지 못하면 재미도 없다

필자는 게임을 지독히도 싫어하는데 거기에는 특별한 이유가 있다. 사실 어릴 때 필자는 게임을 무척 좋아했었다. 그래서 매일 게임을 하곤 했다. 매일 게임을 하고 있으니 부모님은 좋아할 리가 없었다. 어느 날 필자의 PC가 갑자기 고장 났는데 게임하는 것을 못마땅하게 여기시던 부모님은 PC를 고쳐주지 않았다. 좋든 싫든 한 2년간을 동냥 PC 생활을 했다. 그 2년이라는 시간 동안 컴퓨팅 시스템에 많은 변화가 있었는데 DOS에서 윈도로 운영체제가 바뀌던 시기였고(물론 그전에도 윈도가 있었지만, 주력으로 사용되진 않았다), 게임 역시 많이 발전한 시기였다. 2년이 지난 후에 게임을 하려고 하니 게임을 하기 위해 게임을 공부해야만 되는 상황에 처해있었다.

재미있을지 어떨지 모르는 게임을 위해 공부하기는 싫었고, 컴퓨터로 할 수 있는 다른 재미난 일들이 많이 있었기에 그 이후로 게임을 완전히 접었다. 이후로 한 번도 게임을 재미있다고 생각해본 적이 없다. 가장 큰 이유는 게임보다 더 재미난 일이 많이 있었기 때문이고, 그보다 더 근본적인 이유는 게임이 재미없었기 때문이다. 남들 다 좋아하는 게임이 재미없던 이유는 필자가 게임을 잘하지 못했기 때문이다.

잘하지 못하는데 재미난 일이 있을까? 그렇다고 이야기하는 사람도 있을 것이다. 가령 악기 연주 같은 일을 예로 들면 언뜻 보기에 악기 연주와 같은 일은 잘하지 못하지만 재미있어하는 사람들이 제법 있는 것 같다. 하지만 그들도 살펴보면 어느 정도 악기 연주를 할 수 있는 사람들이다. 악기 연주를 아예 처음 하는 사람이라면 따분하지만 지루한 악기 연주 기초를 마스터해야만 한다. 재미는 그 이후에 일이다.

이렇듯 재미가 있으려면 자신이 그 일을 잘할 수 있어야 한다. 개발도 마찬가지이다.

개발을 잘하려면 개발에 재미가 있어야 하고, 개발이 재미가 있으려면 개발을 잘해야 한다. 참으로 모순이 아닐 수 없다. 풀기 힘들 것 같은 모순이지만 이 모순을 푸는 일은 의외로 간단하다. 잘하든 재미가 있든 둘 중의 하나만 먼저 하면 되는 것이다. 그런데 결국 모든 문제의 핵심은 공부와 직결된다. 우선 재미가 없다면 열심히 공부해서 잘하면 된다. 반대로 잘하지 못한다면 재미를 붙이면 된다. 재미를 붙이기 위해서는 잘하면 되고 잘하기 위해서는 공부하면 된다.

결국, 모든 문제를 풀 수 있는 해답은 공부하는 것이다. 그럼 따분한 공부를 언제까지 계속해야만 되는 것인가? 그렇지 않다. 현재 자신의 평균적인 위치에서 다른 사람보다 잘할 수 있을 정도면 된다. 이렇게만 해놓으면 세계적으로도 잘할 가능성이 생긴다.

왜냐하면, 남들보다 잘하기 때문에 재미있게 되고, 재미있기 때문에 더 잘할 수 있고, 더 잘할 수 있기 때문에 더 재미를 느끼게 된다. 이렇게 몇 번의 선순환 사이클을 그리다 보면 어느 순간 세계적으로도 잘할 수 있는 사람이 되는 것이다. 자신이 세계적으로 잘하는 사람이 되었다고 가정해보라 자신이 하는 일이 얼마나 재미가 있겠는가?

세계적인 예술가, 세계적인 선수, 세계적인 개발자 모두 이러한 선순환의 사이클을 그린 사람들이다. 그렇지 않고서 어떻게 그 자리에 올라갔겠는가? 간혹 TV에서는 그들이 지독하게 연습만 했다는 것을 강조한다. 그래서 참고 인내하라고 한다. 틀린 이야기다. 그들은 잘했고, 잘했기 때문에 재미있었고, 재미있었기 때문에 더 잘했다. 그들이 그 자리에 올라갈 수 있었던 비결은 선순환의 사이클을 그렸기 때문이다.

이러한 선순환의 첫 시작은 열심히 공부해서 동급 사람보다 잘하는 것이다. 거기까지만 하면 된다. 이후부터는 선순환의 사이클이 여러분을 성공의 길로 이끌 것이다.

■ 목표를 명확히 해라

그러면 어떻게 하면 동급의 사람보다 더 잘할 수 있을까? 그것은 공부하고 싶은 주제를 명확하게 정하는 것이다. 이제는 컴퓨팅 분야도 넓어져서 이것저것 다 잘하기는 어려운 세상이다. 세마포어를 고안한 데이크스트라^{Dijkstra}는 당시 모든 전산학 분야에 뛰어났다. 그러한 데이크스트라도 현대의 컴퓨팅 분야에서는 모든 분야를 다 잘하기는 어렵다. 분야가 너무 넓기 때문이다. 이제는 전문성의 시대이다.

자신이 잘할 수 있고, 관심이 가는 한 분야를 정하고 그 분야만큼은 동급의 사람보다 더 잘하겠다는 각오로 열심히 공부하기 바란다. 그것이 선순환의 시작이다.

필자는 대학 다닐 때 멤버십이란 곳에 있었다. 그곳에는 친하지도 않았고, 얼굴도 모르고, 이름도 모르지만, 파일시스템만 죽어라 연구하던 친구가 있었다. 친하지도 않았고, 얼굴도 모르고, 이름도 모르는 사람이지만 그러한 사람이 있었다고 기억하는 것은 그 사람이 파일시스템 전문가였기 때문이다. 어중간하게 이것저것 잘하는 것보다는 한 가지라도 확실하게 잘하는 게 훨씬 낫다. 자신이 잘할 수 있는 분야로 목표를 정한다. 되도록 그 분야는 제대로 배우는데 시간이 오래 걸리는 분야일수록 좋다. 그리고 유행을 타지 않아야 한다. 이러한 조건에 부합되는 웹, UI/UX, DB, OS 등 어떠한 분야라도 좋다. 우선 목표를 정하고, 생각하고, 행동해서 잘하게 된다면 그것이 여러분을 선순환의 사이클로 인도할 것이다.

■ 겸손해라

잘하게 되었으면 겸손해라. 뭐든 잘하면 뛰어난 엔지니어가 될 수 있다. 하지만 뛰어난 엔지니어가 훌륭한 엔지니어가 되는 것은 아니다. 이전에 필자는 동급의 사람보다 잘하라고 했는데, 그 말의 의미는 반드시 동급의 사람보다 잘하라는 의미가 아니라 어느 정도 잘해야 하는지에 대한 기준을 제시한 것뿐이다. 이 말을 자칫 잘못 오해하면 선순환의 사이클을 그리다가 주화입마에 빠지게 된다. iamroot.org와 같은 미친 스터디 그룹을 10년간 운영하다 보니 미친 사람들을 많이 본다. 처음부터 미쳐서 온 사람도 있고, 공부하다 미친 사람도 있다. 그중에서 참 안타까운 사람은 열등감에 미친 사람들이다.

처음에는 꽤 괜찮은 사람들이었다. 스터디를 하다 보니 많이 알게 되었고, 많이 알게 되다 보니 남들보다 잘할 수 있게 되었고, 남들보다 잘할 수 있게 되니 재미가 있어 더 열심히 공부하게 되었다. 그렇게 한 2~3년 미친 듯이 공부만 하다가 어느 순간 세상에 나가보니 자기보다 잘하는 사람이 없었다. 이러한 상태에서 지난날 공부를 재미있게 할 수 있었던 이유가 지식 탐구 자체에 있지 않고, 남보다 잘하는 것에 재미를 느꼈던 사람이라면 주화입마에 빠지기 매우 쉬운 상태로 된다. 주화입마에 빠진 사람들의 특징은 자부심이 지나치게 높다는 것이다. 선순환의 사이클을 그리다 보면 저절로 자부심이 높아진다. 하지만 자부심이 너무 높아져서 타인이 보기에 껄끄러운 정도가 된다면 그것은 주화입마에 빠진 것이다. 주화입마에 빠지면 절대 본인은 그것을 인지하지 못한다. 왜냐하면, 사람들은 지나친 자부심에 대해 껄끄럽게 느끼나 대놓고 이야기해주지는 않기 때문이다. 그래서 본인만 모르는 상태가 지속된다.

아이러니하게도 이러한 지나친 자부심은 열등감에 의해서 기인한다. 열등감이 미친 듯이 달리게 하는 원동력이었고, 이제는 그 열등감이 지나친 자부심 형태로 표현되는 것이다. 이런 사람들은 절대 훌륭한 엔지니어는 될 수 없다. 왜냐하면 팀워크를 해치기 때문이다. 대부분의 프로젝트는 팀 단위로 이루어진다. 팀 단위로 이루어지는 IT 분야에서 팀워크를 해치는 사람은 환영받지 못한다. 뛰어남을 넘어 훌륭한 엔지니어가 되려면 겸손해야 한다. 지식 앞에 겸손하고, 사람 앞에 겸손해라. 자신이 이룬 성취는 자신의 앞에 누군가가 이미 이룬 성취이고, 자신의 뒤에 누군가가 이룰 수 있는 성취란 것을 명심하여야 한다.

■ 취향이 없어라

필자의 친구 중에 엔지니어로서 대단한 친구가 하나 있다. 이 친구가 대단한 것은 엔지니어링 역량이 매우 뛰어난 것도 있지만, 그것보다 더 대단한 것은 이 친구가 취향이 없다는 점에 있다. 취향 이야기에 앞서 우선 이 친구의 기본 엔지니어링 역량에 대해서 이야기하자면 이 친구는 구현에서 천재인 친구다. 어떤 일이던 이 친구는 매우 단시간 내에 해당분야 전문 지식을 매우 빠르고, 깊게 습득해서 완벽하게 구현해버린다. 어느 정도 속도냐 하면 구현 역량이 매우 뛰어나다고 이야기하는 엔지니어들보다 30% 정도 속도가 더 빠르다. 이는 필자 주위에 매우 뛰어난 엔지니어링 역량을 가진 사람들을 기준으로 이야기하는 것인데 멤버십, 10년간의 스터디 운영, 대기업 경험을 통틀어서 매우 뛰어난 엔지니어들보다 30% 더 빠르다고 이야기하는 것이다. 이 친구가 이런 엄청난 능력을 발휘할 수 있는 근본적인 이유는 바로 취향이 없다는 데 있다. 이 친구는 싫어하는 일이 없다. 싫어하는 일이 없으니 뭐든지 받아들일 준비가 되어 있다. 이 친구를 앞으로 J라 부르도록 하겠다.

J와 함께 일하면서 여러 일을 겪었는데 그중 J의 취향 없음을 단편적으로 보여주는 일화를 소개하겠다. 한번은 새로 만든 CPU의 성능 측정을 위한 프로파일 코드를 포팅하고 최적화하는 일을 수행했었다. 정말 똥 같은 일이었다. 왜냐하면 CPU는 4-core, VLIW, RP라는 복잡한 아키텍처였고, 엇그제 만들어서 검증이 제대로 되지 않은 CPU였다.

컴파일러 역시 만든 지 얼마 안 된 컴파일러라서 검증이 제대로 되지 않았고 컴파일 속도도 무척 느렸다. OS 커널도 처음 포팅해서 제대로 검증되어 있지 않았다. 가장 최악은 시뮬레이터였는데 느려터져서 벤치마크 하나 돌리는데도 하루 종일 걸리곤 했다. 그나마도 잘 동작하면 괜찮은데 웬 버그가 그리 많은지 수시로 뻗는 시뮬레이터였다. 이러한 개발 환경에 math 라이브러리와 표준 C 라이브러리를 구현해서 제법 규모가 큰 프로파일 코드를 동작시키고 최적화하는 것이 해당 프로젝트의 목표였다. 개발하면서 수많은 오류가 발생했다. 어떤 오류는 컴파일러 오류였고, 어떤 오류는 OS 오류였으며, 어떤 오류는 시뮬레이터 오류였고, 어떤 오류는 프로파일 코드의 오류였다.

개발 환경은 리눅스였다. J는 리눅스 개발 환경을 처음 접했는데 그래서 vim부터 공부해야 했다. 그리고 CPU를 이해하고, 컴파일러를 익히고, OS를 이해하고, 시뮬레이터를 이해하고, 마지막으로 프로파일 코드를 이해해서 개발 과정에서 발생하는 수많은 예외를 상황에 맞게 적절하게 처리해야 했다. J가 이것들을 익히는데 얼마나 걸렸을까? 2주일? 1주일? 정답은 딱 하루 걸렸다. 단 하루 만에 J는 당장 개발에 필요한 모든 사항을 완벽하게 마스트하고 바로 개발에 들어갔으며 중간 중간에 발생하는 문제들은 잠깐의 대화만으로 다 이해해서 단 4주 만에 개발을 완료했다. 어떻게 J는 이렇게 초인적인 능력을 발휘할 수 있었을까? 정답은 J가 취향이 없기 때문이다. J는 필요하다면 기꺼이 뭐든 받아들일 자세가 되어 있다. J에게 싫은 일이란 없다.

사람은 저마다 꼴을 가지고 있는데, 그 꼴에 의해 좋고 싫고가 결정된다. 그런데 이 꼴이란 것이 없으면 없을수록 삶을 살아가는 데는 더 유익하다. 간단히 예를 들어보면 A라는 사람이 있다. 나는 그가 싫다. 그럼 A는 타인에게도 싫은 사람일까? 물론 아니다. A는 누구의 좋은 자식이고, 누구의 좋은 배우자며, 누구의 좋은 부모이고, 누구의 좋은 친구이다. 내 꼴이 A를 싫게 만드는 것이다. 내 꼴로 인해 적어도 나는 A라는 사람을 있는 그대로 받아들이지 못하는 것이다.

일도 역시 마찬가지다. 좋은 일, 싫은 일, 어려운 일, 쉬운 일이 각자 이름표를 붙이고 있지 않다. 내 꼴에 의해 일이 나누어지는 것이지 세상에는 애초에 좋은 일, 싫은 일, 어려운 일, 쉬운 일이 존재하지 않는다. 일은 그냥 일일 뿐이다. 여기서 내 꼴은 내 마음가짐이다. 내 마음가짐이 나를 규정짓게 하고, 일을 힘들게 하고, 일을 어렵게 만든다. 그리고 내 능력을 제한하고 훌륭한 엔지니어가 될 수 없게 한다. 뛰어난 엔지니어를 넘어 훌륭한 엔지니어가 되기 위해서는 무엇이든 받아들일 수 있는 마음가짐을 반드시 가져야 한다.

1 자신이 좋아하는 일을 해라.
2 어떤 일을 좋아하려면 공부를 열심히 해서 잘해라.
3 그리고 선순환의 사이클을 그려라.
4 잘하게 되었으면 겸손해라.
5 뭐든 받아들일 수 있는 마음가짐을 가져라.

■ 창업을 하기 위해 중요한 점

많은 엔지니어가 어느 정도 시점이 지나면 창업을 하고 싶어한다. 그런데 정말 멍청하게 창업을 해서 망하는 꼴을 하도 많이 봐서 이 이야기만은 꼭 해주고 싶다. 창업을 해서 망하는 이유는 너무도 다양한데 거의 모든 결론은 자본 부족 또는 비전 부족 때문이다. 그런데 이 두 가지 문제의 가장 큰 핵심 원인은 애초에 아이템 선정이 잘못된 경우가 대부분이다. 필자는 5년간 사업체를 운영해오면서 많은 스타트업 기업들을 만나보았다. 그런데 지금까지 만나본 기업 중에 아이템 선정이 제대로 된 기업은 단 한 번도 보지 못했다. 애초에 아이템 선정이 잘못되었으니 망할 수밖에 없다. 이러한 기업들이 내부적으로 거치는 과정을 살펴보면 다음과 같다.

1 일단 마음 맞는 사람들과 되지도 않을 아이템을 선정한다.
2 부푼 꿈을 안고 함께 창업한다.
3 회사라는 명목으로 이것저것 규제를 만들고 나름 지키려고 노력한다. 대표이사는 한 조직의 대표라는 사명감으로 드라마 속에 나오는 멋있는 대표이사처럼 말하고 행동하려고 한다.

4 처음 기획했을 때는 기가 막힌 아이템이었는데 막상 기획을 다듬다 보니 성공에 대한 의문이 든다. 하지만 서로 세뇌시키며 그냥 넘어간다.

5 개발하면서 이것저것 조사를 하다 보니 기획할 때는 몰랐던 새로운 사실들을 알게 된다. 그로 인해 성공 여부에 대해 더욱 의문이 생긴다. 기획을 약간 트는 정도로 문제가 해결되었다고 서로를 다시 세뇌시킨다.

6 코딩을 하고 있는데 계속 성공에 대한 의문이 스멀스멀 기어 올라온다. 스스로를 세뇌시킨다.

7 개발을 완료했다.

8 투자를 받거나 판매를 시작한다.

9 투자는 되지 않는다. 판매도 되지 않는다.

10 사업체를 접거나 용역 일을 시작한다.

11 용역 일을 하다 사업체를 접는다.

대부분의 스타트업 기업들은 위 시나리오대로 결국 망한다. 왜냐하면, 애초 아이템 선정이 잘못되었기 때문이다. 잘못된 아이템의 특징은 전형적인 긴가민가한 아이템이라는 것이다. 긴가민가한 아이템은 다음과 같은 특징을 가지고 있다.

1 어떨 때 보면 참 잘될 것 같다.

2 초반 사용자만 확보하면 잘될 것 같다.

3 투자만 받으면 잘될 것 같다.

4 홍보 또는 영업만 되면 잘될 것 같다.

5 대기업에 팔면 잘될 것 같다.

6 전형적인 IT를 위한 IT 기술이다. (컴퓨터 사용을 위한 컴퓨터 기술)

만약 본인이 창업하고자 하는데 위와 같은 아이템을 생각하고 있다면 다시 생각해보기 바란다. 대부분의 사람은 위와 같은 긴가민가한 아이템을 시작해서 창업하고 망한다.

긴가민가한 아이템이 잘되기 위해서는 항상 조건이 붙는데 그 조건이 대부분 자신이 통제 가능하거나 해결할 수 있는 조건이 아니다. 결국, 자신이 자신을 세뇌시켜 요행을 바라는 상황을 만들게 된다. 이로 인해 시간이 지날수록 사기는 저하되고 이탈자가 생기게 된다. 확신을 가지고 똘똘 뭉쳐 난간을 헤쳐가도 모자랄 판에 동상이몽 하면 절대 잘될 수가 없다.

아이템에 대한 확신이 없기 때문에 투자를 받기도 힘들다. 자기 자신도 100% 납득시키지 못하는데 어떻게 투자자를 납득시킨다는 말인가? 투자는 투자를 받아서 될 아이템에 주어지는 것이 아니라 투자를 받지 않아도 될 아이템에 주어지게 되어 있다. 그러니 투자를 받으면 될 것 같다는 생각은 아예 버리기 바란다.

그럼 도대체 제대로 된 아이템은 어떤 것이란 말인가? 제대로 된 아이템은 "초반 사용자만 확보하면", "투자만 받으면" 등과 같은 가정이 붙지 않는다. 제대로 된 아이템은 다음과 같이 딱 한 줄로 요약된다.

개발만 하면 성공한다

이러한 확실한 아이템은 분명히 주변에 존재한다. 자신의 시야가 좁아서 옆에 있는데도 모를 뿐이다. 아는 만큼 보이는 법이다. 때로는 IT 외적인 분야에 대한 시각을 넓힐 필요가 있다. 만약 찾아도 찾아도 보이지 않는다면 다른 성공한 기업들의 아이템 특징을 당시 시대 상황에 맞추어서 비교해보기 바란다. 그러면 놀라운 공통점을 발견할 수 있는데 대부분의 아이템이 당시 시대 상황에서 만들기만 하면 성공할 수 있는 아이템이었다는 것을 확인할 수 있을 것이다.

지금까지의 내용이 필자가 IT 엔지니어에게 꼭 해주고 싶었던 이야기이다. 선순환의 사이클을 그려 훌륭한 엔지니어가 되기 바라며 좋은 아이템을 찾아 꼭 성공하기 바란다.

대한민국에서 나이 많은 개발자가 살아남는 법

변종원(43세)

CodeIgniter 한국사용자포럼 운영진으로 활동했으며, 웹사이트 통합 관리 시스템 webmaker3를 개발했다. 2011 PHPFest에서 CodeIgniter 관련 발표를 했으며, 그 외 다수의 세미나에서 발표했다. 현재 ㈜프리비 개발팀 부장으로 재직 중이다.

PHP 프레임워크인 CodeIgniter 한국사용자포럼(http://www.cikorea.net)의 발기인 중 한 명이며 초기 운영진을 거쳐 고문으로 질문/답변만 전담하던 터에 한빛미디어에서 CodeIgniter 집필서 제안이 들어와서 한동훈 대리님과의 인연이 시작됐습니다. 한참 집필 중에 한동훈 대리님이 편집 중인 『프로그래머로 사는 법』의 부록 한 꼭지에 저처럼 나이 많은 개발자가 이러저러한 과정을 거쳐 관리자가 아닌 개발자로서 살아남은 경험에 대해 넣으면 어떻겠냐는 얘기를 했습니다.

저도 개발자에서 기획도 하고 개발팀장(개발과 관리를 병행하기도 하고 관리만 하기도 했던)과 PM을 거치면서 심각하게 고민했었습니다.

"과연 내가 좋아하는 것은 무엇인가?" 좋아하는 일을 직업으로 삼는 게 가장 좋다는 주변의 말이 있듯이 저도 프로그래밍이 좋아 이 직업을 선택하게 됐는데 "왜 내가 PM을 하고 관리를 해야 하나?", "정말 내가 좋아서 하는 일인가?"라는 생각이 들었습니다.

곰곰이 생각해보니 연차가 올라감에 따라 급여도 올려야 하고 그러다 보면 순수하게 개발자로서 받을 수 있는 급여수준을 넘어가는 순간이 있는데 계속 개발만 하면 다행이지만 회사 입장에서 나이 어린 개발팀장이 자기보다 수준도 높고 나이 많은 차장급 개발자를 관리하는 게 쉽지가 않습니다. 주변의 개발자를 보면 빠르면 30대 초반 또는 중반에 개발팀장을 하고 그 이후에 CTO급이 되지 못하면 기술 영업으로 가거나 전직을 해야 했습니다.

한때 우스갯소리로 사수가 없는 초급 개발자에게 개발하다가 막히면 회사 근처의 통닭집 사장님에게 물어보면 금방 해결된다는 말을 했습니다. 많은 개발자가 외식 프랜차이즈 쪽으로 전업했던 때가 있었습니다. IT 회사 근처의 통닭집 중에 그런 분이 계셨고 그분들께 물어보면 다양한 경험을 하셨던 분이었기에 쉽게 답변을 얻을 수 있었다고 합니다. 안타까운 현실이지만 저도 전업을 심각하게 고민을 했던 때가 있었습니다.

5년 차 정도까지는 급여에 만족하면서 지냈는데 경력이 7년이 넘어가면서 급여는 기대만큼 오르지 않고 제2의 IMF라는 시기와 맞물리고 급여가 밀리는 등 39살이던 2008년 즈음에 전업을 심각하게 고민해야 했습니다. 개발팀장으로 재직하던 2008년 경기가 상당히 안 좋았고 많은 회사가 도산하고 급여가 밀려 퇴직할 수밖에 없는 상황이 저에게도 왔고 노동부에 진정을 하고 결국 체당금으로 밀린 급여를 받았던 경험을 하면서 좀 더 안정된 직장이 없을까 고민해야 했습니다. 그러던 중에 자영업을 하다가 부동산 개발회사를 거쳐 모 보험사 컨설턴트로 일하고 있는 대학교 친구를 우연히 만나게 됐고 외제차를 타고 다니는 친구와 제 처지를 비교할 수밖에 없었습니다. 그 친구와 저는 사람 만나는 것을 좋아하는 성향이 비슷했기에 제게 보험 쪽 입사를 권유했고, 모 보험사 지점에서는 저의 대학 시절 활동(과 홍보부장, 농구동아리 회장)과 PC통신 시절의 하이텔 지역모임 대표시삽 활동 등을 인정하여 6개월에 걸쳐 부지점장과 수차례에 걸친 미팅과 교육, 2번의 시험을 거쳤고, 최종적으로 지점장 인터뷰까지 끝내고 출근할 날만 정하면 되는 상태였는데 마지막으로 생각을 해봤습니다. "내가 개발을 그만두고 다른 일을 하면서 정말 후회하지 않을 수 있을까?" (제 신념 중의 하나가 후회 없는 삶입니다) 그리고 여태까지 쌓아왔던 경험(인사, 총무, 경리, 물류, 교육, 배송, 제휴, 기획, 사이트 운영, 쇼핑몰, 솔루션 개발)과 SVN, 이슈트래커, 스크럼 등을 회사에 정착시켰던 경험과 노하우를 이대로 사장하기엔 너무나 아까웠습니다.

6개월에 걸쳐 공을 들였던 모 보험사 부지점장님과 소개해준 지인에게는 미안했지만, 전직을 하게 되면 그동안 쌓아왔던 다양한 경험과 노하우를 사장시킬 수 있기에 "앞으로 나는 개발자로 살아야겠다"고 생각을 굳게 다짐을 했고 현재 회사에 입사할 때 "나는 계속 개발을 하고 싶다"고 이야기했습니다(회사는 다 어쩔 수 없나 봅니다. 요즘은 살짝 관리도 넘나듭니다. PM도…).

저는 컴퓨터공학이나 관련 전공을 하지 않은 비전공자(강원 대학교 임과 대학 임학과)로 1996년 펄^{Perl}을 이용한 게시판과 인터넷에 매료된 후에 독학을 거쳐 웹으로는 2000년 PHP 개발자로 첫 시작을 하게 됐습니다. 5년 차였던 과장 때까지만 해도 개발을 하는 데 있어서 전공이고 비전공이고 중요하지 않다고 생각을 했고 현재로서도 비전공자로 개발하면서 불이익을 받은 적도 없고 큰 문제가 된 적도 없었습니다. 강의하기 위해 교안 작성을 할 때나 프레임워크 도입을 위해 어떤 점이 좋은지를 브리핑할 때 이론적 지식이 미약했기에 소프트웨어 공학이나 개발방법론을 먼저 배웠더라면 어땠을까 하는 생각을 한 적은 있습니다. 7년 차 이후에 이론 공부를 한 적이 있습니다. 실무에서 무의식적으로 사용했던 방법이나 알고리즘이 개발방법론에서는 이러이러한 용어로 표현되고 사용되는 것을 알았을 때 지식이 체계화된다는 느낌을 받았고 강의할 때 예를 들거나 설명을 할 때도 도움을 받았습니다. 프레임워크도 용어가 거창(?)해서 그렇지 2000년 초 커뮤니티 사이트 개발을 위해 만들었던 구조를 벗어나지 않는 것을 나중에 이론 공부를 하면서 알았습니다. 어떻게 활용하여 잘 쓰는가가 문제이지 전공하지 않았다고 개발을 못하지는 않습니다. 30대 중반 개발팀장으로 재직할 때가 개발속도가 제일 빠를 때였고 같이 근무하던 차장급들에 비해서도 평균 1.5배 이상의 속도를 냈습니다. 내가 좋아하는 일을 지속적인 자기계발을 통해 발전시켜나간 결과였습니다(물론 코딩 속도가 빠르다고 품질도 100% 좋다는 뜻은 아닙니다).

그리고 PHP의 노다가성 작업에 싫증이 나서 델파이도 공부했었고 플렉스, 대세라던 자바도 공부했지만 끝내 전향하지 못 하고(안 하고?) 현재는 오로지 PHP 개발자로 살고 있습니다.

물론 주변에 성공적으로 전업을 한 분도 계십니다. 저보다 3살 많은 형님인데 비슷한 시기에 웹 개발에 입문하여 그분은 보안 솔루션 기술 영업으로 전직했다가 지금은 취미 생활을 직업으로 삼아 일산에서 나름 알려진 목공방을 운영하고 계십니다. 또 한 분은 저와 같은 시기에 저는 개발자로, 그분은 관리자로 시작하여 5년 정도 같이 근무했습니다. 그 후에는 자기 사업을 하겠다고 독립하셨고 이러저러한 과정을 거쳐 지금은 그분도 취미 생활이었던 여행을 업으로 삼고 계십니다. 여행하고 사람 만나는 것을 좋아하고 사진과 글을 맛깔나게 잘 쓰던 분이었는데 결국 여행 가이드와 여행 블로그 운영 등을 하고 계십니다. 제 경우에는 개발 자체가 저에게는 즐거움이었기 때문에 계속 개발을 할 수 있었던 것 같습니다. 개발이 주는 즐거움이 스트레스를 덜 받게 해주었던 것 같습니다.

2008년 CodeIgniter를 만나게 되면서 제 개발자 인생에 큰 전환점이 됩니다. 날 코딩에 지쳐 있을 때였고 SNS를 개발하는 회사에 입사했는데 처음 시작하는 회사라 프레임워크 도입을 강력하게 주장하여 영문 매뉴얼과 외국 포럼의 Q&A를 보면서 개발을 시작했습니다. 그러다 최용운이라는 친구가 매뉴얼을 한글로 번역을 하여 PHPSCHOOL에 공개를 했고 자주 의견을 나누던 사람들 몇몇이 모여 술 한 잔을 하기로 한 날 CodeIgniter 한국사용자포럼이 발족됩니다. 돈을 모아 도메인을 구입하고 CodeIgniter로 사이트를 만들고 소스도 공개하고 운영을 시작한 것이 2009년입니다.

초기에는 친목 수준이었는데 한글 매뉴얼과 질문답변 그리고 PHP에서도 프레임워크를 이용하고자 하는 열망이 맞물려 국내 PHP 프레임워크 모임 중에서는 제일 활발하게 활동을 하고 있습니다.

이 이야기를 하는 이유는 포럼에서 질문, 답변 활동을 하면서 웅파라는 제 닉네임을 많은 분이 알게 됐고 강의도 하게 되고 책도 집필하게 됐고 회사 이직 시에도 도움을 많이 받았기 때문입니다.

일반적인 개발자, 개발팀장 코스를 지나온 보통의 개발자였던 제가 포럼을 통해 소스 공개와 팁 공개, 강좌 올리기, 대가를 생각하지 않고 해왔던 질문답변 등을 통해 CodeIgniter를 아는 사람(또는 회사)에게는 유명한 사람이 될 수 있었고 현재 회사에 스카우트될 수 있었습니다.

힘들었지만 PHP 하나만, 2008년 이후부터는 CodeIgniter를 주로 하여 개발을 하다 보니 CodeIgniter에 대해 최고라고는 할 수 없지만 폭넓은 지식과 노하우를 가지게 되었습니다. 한 회사에서는 CodeIgniter를 기반으로 웹메이커3라는 솔루션을 만들기도 했고 얼마 전에는 외국 게임 커뮤니티(페이스북을 벤치마킹한 SNS, 간단 SSO 구현)와 유명 게임 방송 사이트 등을 CodeIgniter로 개발을 하였습니다.

공통 관심사를 가진 사람들이 모여 포럼을 운영하고 소스를 공개하고 노하우를 나누다 보니 저에게 어느새 금전적 보상이 돌아오기 시작했습니다. CodeIgniter 개발 의뢰라던가 교육, 이직 시 유리함, 더 나아가서는 컨설팅까지 단순히 회사 내부의 개발자로서만이 아니라 외부에서도 인정을 받을 수 있었습니다.

포럼에서 한 달에 한 번 정모를 진행하는데 1년에 한 번 정도를 빼고 항상 정모를 진행합니다. 엠티도 가고 술자리도 하고 세미나도 하는데 술자리에서 포럼 후배들에게 하는 이야기가 있습니다. "힘들게 이 자리까지 왔는데 더 가겠다"라고요. 주변에 누군가 나이가 많은데도 현업에서 개발을 하고 높은 연봉과 부수입을 가진 선배 개발자가 있다면 "나도 저렇게 할 수 있겠다. 저런 길이 있을 수 있겠구나"라고 생각하고 그런 길을 갈 수 있을 거로 생각합니다.

가끔 면접을 보다 보면 이력서에 "백발이 될 때까지 개발을 하고 싶다"라고 쓰여 있는 것을 보게 됩니다. 저도 그런 생각으로 현재의 길을 가고 있습니다. 그러기 위해서 개발자에게 신기술 습득과 트렌드에 대한 이해, 지속적인 공부는 필수입니다. 자기 자신의 계발을 위해 투자하지 않는 개발자는 진정한 개발자가 아닙니다. 회사에서 시켜서, 남들이 하니까 따라 해서는 오래 살아남을 수가 없습니다.

저는 5년 차쯤에 항상 하던 일과가 하나 있었습니다. PHPSCHOOL이나 기타 사이트에 새로 공개된 프로그램을 설치해보고 소스를 열어보고 공부하는 것입니다. 거기서 얻는 것은 새로운 알고리즘과 새로운 경험입니다. 문제를 다른 시각에서 바라보고 개발한 소스를 보게 되면 제가 만든 소스와 비교를 해봅니다. 똑같은 문제를 어떤 시각에서 보느냐에 따라 다른 해결 방법과 소스가 나옵니다. 맞고 틀리고의 문제가 아닙니다. 다른 사람의 개발 방식이 효율 면에서 떨어질 수 있지만, 나중에 다른 상황에서는 그런 방식을 써야 할 수도 있습니다.

A에서 B로 가는데 하나의 길만 아는 사람(P1)과 여러 개의 길을 아는 사람(P2)이 있을 때 예기치 못한 변수가 생겼을 때 (예를 들어 P1이 아는 길이 막혔을 때) P1은

새로운 길을 찾아 시행착오를 반복할 것이고 P2는 자기가 아는 다른 길 중에서 하나를 선택해서 갈 것입니다.

너무 잡다하게 많은 것을 알고 있을 필요는 없지만 힘들었던 시절에 습득했던 다양한 경험과 다른 사람의 소스를 보고 분석하는 일을 습관처럼 반복한 결과 지금은 문제 해결과 변수 제거에 많은 도움을 주고 있습니다.

그리고 포럼을 운영하면서 했던 질문, 답변은 단순히 지식과 노하우를 나누는 것뿐만 아니라 아주 중요한 효용이 하나 있습니다. 개발자가 일반적인 상황에서 개발할 때 접할 수 있는 예외 상황, 즉 변수들은 한정될 수밖에 없습니다. 정말 독특한 케이스는 어쩌다 한 번 발견하고 경험하게 되는 정도이지, 자주 경험해서 지식 축적에 영향을 줄 정도는 아닙니다.

질문, 답변을 하다 보면 내가 접하지 못했던 상황과 내가 모르는 질문이 올라옵니다. 내가 접하지 못했던 상황을 만났을 때 제 PC에서 재현을 해봅니다. 어떤 때는 PHP 버그라던가 CodeIgniter 버그 같은 것도 발견하게 됩니다. 그러면서 그러한 상황에 대한 간접 경험을 할 수 있고 모르는 질문은 구글이나 다른 검색 사이트를 통해 찾아보거나 올라온 소스를 실행해보거나 아니면 프레임워크 코어 소스를 열어서 찾아봅니다. 그러면서 또 하나의 지식을 습득합니다.

그리고 간혹 답변을 달 때도 있고 그냥 보기만 하는 경우도 있긴 한데 네이버 지식인이나 PHPSCHOOL 질문답변에 가기도 합니다.

웹메이커3라는 솔루션을 만들 때는 CodeIgniter 외국포럼의 wiki에 올라온 라이브러리나 소스를 모두 설치해서 실행해보고 소스를 본 적도 있습니다. 솔루션에 사용할 기술을 선별하고 당장 사용하지 않더라도 나중을 위해 어느 분야에 사용하면 좋을지 기록하고 보관했습니다. CodeIgniter의 라이브러리는 클래스 형태라서 누군가가 개발한 대부분의 PHP 클래스를 그대로 사용할 수 있습니다. CodeIgniter 입문 초기에는 시간이 날 때마다 PHPCLASSES.ORG라는 PHP 클래스 소개 사이트에서 많은 시간을 보내기도 했습니다.

이런 일련의 활동이 내 지식을 살찌게 하고 내 가치를 높이고 PHP만 다룰 수 있는

43세인 제가 개발자로 살 수 있는 비법(?)입니다. 개발자에서 기획과 개발을 병행하는 개발팀장으로, 개발 PM으로, 닷넷 개발 회사에서 관리만 하는 개발팀장을 마지막으로 관리는 안 하고 싶었습니다.

제가 좋아하는 일은 "개발"인데 개발을 하지 않는 관리만 하는 개발팀장이라니… 그것도 닷넷 개발사. 방법론은 이야기할 수 있지만, 실제 소스를 공유하고 같이 개발하는 묘미를 느끼지 못하는 생활을 하다 보니 스트레스만 늘어나고 사람을 만나고 사람과의 관계에서 즐거움을 느끼던 제가 사람과의 관계를 부담스러워 하게 됐습니다. 투자를 받고 2차 투자까지 예정되어 있던 회사지만 미련 없이 그만두고 좋아하는 개발을 하고 있습니다. 물론 100% 개발은 아닙니다. 회사 입장에서는 어떤 때는 PM으로, 어떤 때는 개발자로, 어떤 때는 DBA로 쓰고 싶은 게 사실이니까요. 그래도 나는 아직 개발자입니다. 그리고 개발자로 살아갈 것입니다.

언젠가부터 꿈인 연구소에서의 개발자도 언젠가는 이루고자 합니다. 현재는 회사의 개발 규약을 정하고 소스와 개발에 적용하게 하고 Redmine이라는 이슈 트래커를 이용하여 업무를 히스토리화 하고 SVN을 통해 협업 개발을 할 수 있는 환경을 구축하였고 스크럼 개발방법론에서 일부 차용하여 회의를 진행하고 있습니다. 개발에 집중할 수 있도록 시스템을 구축하는 것도 경험 많은 개발자의 롤이라는 생각이 들고 앞으로는 정말 개발에만 매진할 수 있는 그런 환경을 만들고 싶습니다.

후배 개발자에게 당부하고 싶은 것은 지속적인 자기계발을 하라는 것입니다. 구글플러스에 개발자의 비애 비슷한 내용으로 신기술이 지속해서 나오기 때문에 계속 공부해야 한다고 썼더니 의사도 마찬가지라고 어떤 의사분이 써주셨습니다. 새로운 수술방법이 나오고 기계가 나오면 방법을 습득해야 먹고 살 수 있다고… 개발자도 마찬가지입니다. 바뀌는 트렌드에 대응하지 못하는 개발자는 도태될 수밖에 없습니다. 개발자는 타성에 젖어 있으면 안 됩니다. 끊임없이 노력해야 합니다. 얼리어답터가 되어야 개발자로서 오래 살아남을 수 있습니다.

저는 웹 개발 쪽으로 첫 번째 회사에서 6년 넘게 근무했습니다. 모회사가 유통 쪽 대형 벤더였는데 설, 노동절, 추석, 크리스마스 같은 대목 때는 자회사 직원도 모두 동원되어 포장(여행용 세트 만들기, 다이어리 속지 끼우기 등), 배송(택배 마감 후에 자기

집 근처 배송지에 직배송 등), 판매 등을 했고 물류이다 보니 수입, 통관, 도매, A/S, CS, 콜 센터 등 업무 프로세스에 대해서도 자연스럽게 알게 됐습니다. 그 당시에는 내 일도 아닌데 시킨다고 불평을 많이 했는데 어느 시점이 되니 그런 경험이 도움되었습니다. 예를 들자면 ERP를 개발할 때 기획자에게 말로 들어 알게 되는 것과 직접 경험해서 어떤 프로세스로 진행되는지 알고 개발을 하는 것에는 큰 차이가 있습니다.

처음 근무하던 회사의 규모가 작다 보니 1인 5역 이상을 해야 했고 퇴사 전에는 인력 감축으로 인해 총무, 경리 업무도 해보게 되고 사내 서버, 네트워크, 컴퓨터 관리, 교육 강사 섭외 및 교육장 대관, 교육 진행, 제휴 업무, 쇼핑몰 MD 역할, 회사 의사결정까지도 하게 됐습니다. 개발은 주 업무이고 위 업무는 부 업무나 어떤 때는 주객이 전도되기도 했습니다. 꼭 경험을 해야 개발을 잘하는 것은 아니지만, 경험이 개발에 도움이 되는 것은 사실입니다. 또 한 가지 제가 후배들에게 자주 이야기하는 것이 있습니다.

"나는 천재가 아니다. 내가 생각해서 만들고자 하는 것은 이미 누군가가 만들었다."

간혹 포럼의 팁 게시판을 보면 PHP 함수 하나면 처리할 수 있는 것을 함수를 만들어서 올리는 사람이 있습니다. 공부하는 목적에는 맞으나 프로젝트 시간에 쫓기는 상황에서 알고리즘을 공부하고 있는 우를 범하지 말았으면 합니다. 어떤 것이 우선순위가 높은지 잘 판단해야 합니다.

같이 일했던 개발자 중에 클래스, 인터페이스를 구조적으로 잘 만드는 개발자가 있었습니다. 빡빡한 프로젝트 일정 속에서 어느 날부터인가 일 진척도가 떨어지길래 봤더니 API에 1:1로 대응하는 클래스를 만들고 있었습니다. 외국에서 개발된 API라 사용법이 불편하기는 했는데 굳이 전부를 1:1로 만들지 않아도 되는데 숲을 보지 못하고 시간을 허비하고 있습니다. 프로젝트 초기 스터디가 가능한 시간이 있을 때나 유지보수로 넘어가서 하면 좋을 일이었는데 프로젝트 중간에 사용법이 불편하다고 자기 입맛에 맞게 API에 1:1로 대응되게 100여 개의 함수를 만들고 있었던 것은 일의 순서, 무엇이 중요한지 파악하지 못해서 그런 것입니다. 나중에 범용 함수 하나로 통일했습니다. API라는 것이 함수명, request, response로 구성된 것이라 범용적으로 처리가 가능했습니다.

또 하나의 케이스는 변화에 익숙하지 않은 개발자입니다. 닷넷 개발사 개발팀장으로 근무할 때였는데 현재도 그렇지만 닷넷 개발자 구하기가 쉽지 않습니다. 지원한 이력서를 보던 중에 53세의 닷넷 개발자가 있었고 화려한 경력과 기술 등이 마음에 들어 면접을 보게 됐고 나이가 많음에도 하고자 하는 열정이 보여서 구인을 했습니다. 그런데 웹보다는 CS 프로그램 위주로 개발하시던 분이라 웹의 생태에 대해 이해도가 떨어지고 변화를 빨리 받아들이지 못하는 성향이어서 4개월이 지나서야 제대로 커뮤니케이션이 될 정도였습니다. 자신감은 충만했지만, 변화를 두려워(?)하여 회사에 도움이 되고자 했던 구인이 오히려 다른 개발자의 리소스를 할당하게 만드는 상황이 되었습니다. 그리고 간혹 직위는 대리인데 PM만큼 넓은 시야를 가진 사람이 있습니다. 나중에는 좋습니다. 그런데 이런 유형은 개발할 때 개발자가 신경 쓰지 않아도 될 부분을 신경을 써서 개발에 집중을 못 하는 경우가 있습니다. 큰 시야는 가지고 있지만 제대로 볼 수가 없으므로 마음만 다급하고 복잡합니다. 반대로 아주 좁은 시선을 가지고 있는 개발자가 있습니다. 소위 땅파기를 잘하는 개발자입니다. 숲을 봐야 하는데 나무만 보는 격입니다. 개발과 관련이 있지만, 특정 부분에 집착하거나 해결하지 못할 경우 혼자서 끝까지 해결하려고 하는 경우인데 이런 때에도 시간을 허비하게 됩니다. 사원, 대리, 과장, 차장, 부장 직위가 올라갈수록 사물을 보는 시야가 넓어지고 단락을 구분할 수 있게 되며 문제점을 빨리 파악을 할 수 있습니다. 선택을 빨리할 수 있고 우선순위를 빨리 결정할 수 있습니다.

개발자로 오래 살아남으려면 사회 풍토도 바뀌어야 하지만 개발자 본인의 부단한 노력이 필요하고 약간의 운(시류)도 필요합니다. 6년을 넘게 재직했던 회사에서 이직해야 했을 때 "내가 갈 곳이 있을까?"라는 생각을 했습니다. 걱정도 많이 했는데 필요로 하는 곳은 있었고 요즘은 개발을 빨리하느냐 잘하느냐 이런 것보다는 내가 가지고 있는 경험을 요구하는 것이 아닌가 생각이 됩니다. 신생 회사는 조직 세팅이라던가 개발 시스템 구축이라던가 한 명의 시니어가 멘토 역할, 길잡이 역할을 수행해주기를 바랍니다.

현재 재직 중인 회사에서 제가 나이가 제일 많습니다. 직책은 없습니다. 명함의 직위는 부장이고 이전 회사가 연구소 구조라서 수석 연구원이었기에 회사 직원들은 그냥 변 수석님이라고 부릅니다. 직책이 없지만 웹, 모바일 모두 관여하고 있고 개발 시스템 구축, 스크럼 회의 등을 진행하고 있기에 제가 미치는 영향력은 적지 않습니다. 회사에서 앱 게임 출시를 목전에 두고 있는데 그 앱 게임과 통신을 위한 서버 전문 프레임워크를 구상하고 개발하여 실무에 사용하고 있고(앱 뿐만 아니라 하이브리드 앱, 모바일 웹, 웹에도 대응할 수 있도록 개발되어 있습니다. CodeIgniter기반) 매출이나 수익에 크게 신경 쓰지 않고 개발 쪽에만 전념하고 있습니다.

조직의 기대도 만족 시켜야 하고 제 꿈도 펼치기 위해서는 부단한 노력이 필요합니다. PHP 솔루션으로 신규 사업 제안도 하고 여러 가지 역할을 하고 있지만 제 본분은 개발자이고 제가 꿈꾸는 백발이 성성한 개발자가 되기 위해서 열심히 노력하고 있습니다. 언어의 종류와 관계없이 개발자의 길을 가고자 한다면 끊임없는 자기계발과 업무에 대한 공부가 필요하다는 것을 다시 한번 강조하고 싶습니다. 열정만 있는 개발자가 되지 말고 열정과 실력을 겸비한 개발자가 되세요.

대한민국의 모든 개발자 분들 힘내세요!

어떻게 프로그래머로 살까?

│ 유영창(45세)

단국대학교 전자공학과를 졸업했다. 전 호서대 컴퓨터공학과 겸임교수, 지식 경제부 SW 마에
스트로 1기 멘토였으며, 현재는 에프에이리눅스㈜ 대표이사로 있다.

컴퓨터라는 것을 처음 봤던 것이 1983년이고 이때부터 프로그램을 작성하기 시작했
으니 어느새 프로그래머로 살아온 지가 근 30년이 되어 갑니다. 몇 년 전만 해도 프
로그래밍 커뮤니티에 참석해서 함께 떠들고 개발에 대한 열정적인 토론을 하곤 했는
데 이제는 뒷방 늙은이 취급을 하고 약간 어려워하는 개발자들을 보면 저 자신이 조
금(?) 서글퍼지기도 합니다. 현재는 회사의 대표이사로 활동하지만, 회사 특성상, 또
저의 개인 성향상 여전히 프로그래머로 살고 있다고 생각하는데 사회적인 편견은 그
저 무시할 것이 못되나 봅니다. 그래도 프로그래머로 사는 것은 재미있습니다. 아직
한 번도 프로그래머로 살아온 것을 후회하지는 않습니다. 그래서 학생들에게, 현업 개
발자에게, 예비 창업자에게 몇 가지 하고 싶은 이야기를 풀어 보려 합니다.

■ 학생들이여 미래를 위한 공부를 하자

프로그래머로 살아오면서 가장 즐거우면서 힘든 점은 어떤 다른 분야보다도 그 발달
의 속도가 빠르다는 것입니다. 빠르게 달라지는 트렌드를 이해하고 먹고 살기 위해서
라도 빠르게 지식을 습득하고 현업에 사용해야 합니다. 이것은 프로그래머를 선택한
순간부터 지고 가는 업보가 아닐까요?

이렇게 빠르게 달라지고 쏟아지는 지식의 홍수 속에 가장 힘들게 보이는 것이 학교에
서 프로그래머를 꿈꾸며 공부하는 대학생입니다. 왜냐하면, 대학생의 신분이라는 것
이 졸업 후 현업에 필요한 지식을 습득하는 단계이고, 자신의 직업으로서의 전공 분야
가 확실하게 정해지지 않은 상태로 4년 동안 필요한 지식을 습득해야 하기 때문입니

다. 더구나 대학생이면 자신의 전공뿐만 아니라 영어나 수학과 같은 기본 소양 과목도 공부해야 하기에, 인생에서 가장 많은 자유의 시간을 가지면서도 가장 시간이 없는 때이기도 합니다.

회사 대표로서 활동도 하지만 어쩌다가 대학생들을 4년 이상 가르쳤습니다. 덕분에 젊은 학생들에게서도 나름 많은 것을 배웠지만, 대학생들이 미래를 위해서 공부하는 것을 보면서 우려가 생긴 점도 있습니다. 아마도 새로운 기술을 가장 빠르게 흡수할 수 있는 때가 대학생 시절일 것입니다. 이런 이유로 새로운 트렌드나 매스미디어에서 소개하는 것에 가장 빠르게 반응하는 것은 대학생일 것입니다. 제가 느끼기에 어쩌면 그렇게 새로운 것들을 잘 찾아내는지 신기하기만 합니다.

이런 대학생들을 보다가 우려가 되는 것은 너무 현재 유행하는 것에만 관심을 집중한다는 것입니다. 예를 들어 지금은 스마트 미디어가 대세입니다. 아이폰이나 안드로이드폰 또는 웹 콘텐츠, 온라인 게임 같은 것이 이에 해당할 것입니다. 그래서 대학생들은 졸업 후 취직을 목표로 이런 분야를 열심히 공부합니다. 해당 분야 서적도 쉽게 구할 수 있고 자료도 풍부합니다. 뭔가 열심히 공부하면 바로 해당 분야에서 좋은 대우를 받고 쉽게 취업할 수 있을 것 같습니다. 그리고 나중에 남들이 인정하는 프로그래머가 될 것 같습니다.

정말 그럴까요?

냉정하게 대한민국 대학생들의 현실을 따져 보면 꼭 그렇지 않다고 생각합니다. 설명을 좀 편하게 하기 위해서 남자 대학생으로 한정 지어 보겠습니다. 이들은 일단 군대에 가야 합니다. 즉 대학생 생활이 실제로는 4년이 아니고 6년이 됩니다. 더구나 요즈음은 취업을 위한 준비 기간이 필요해서 실제 기간은 1년 정도 늘어납니다. 즉 7년의 소요기간이 생깁니다. 좀 더 유리한 고지를 점령하기 위해서 대학원까지 가면? 9년의 소요기간이 생깁니다. 이제 9년 후에 회사에 취업을 했다고 합시다. 그러면 보통 3년은 회사에서 죽어라 해야 제대로 된 프로그래머로 대우받을 수 있습니다. 이런 계산법에 의하면 학생들이 세상에서 제대로 뭔가 만들 수 있고 자신의 역할을 하기에 필요한 기간은 12년이나 걸립니다.

우와! 12년이 지난 후에 제대로 뭔가 할 수 있습니다

그런데 12년이 지난 후에 대학생들이 학교 시절에 열심히 했던 것들이 여전히 통용되고 있을까요? 1년마다 엄청나게 달라지는 세상에 12년 후에 지금 학생들이 중요하다고 생각하는 것들이 그때도 통용될 수 있을까요?

절대 그럴 리가 없습니다. 아마도 엄청나게 바뀐 세상에서 활동하고 있을 것입니다. 이때 필요한 기술들은 대학생 때 열심히 했던 기술들이 아니고 전혀 다른 트렌드에 필요한 기술이 대세를 이루고 있을 것입니다.

사회의 기업들은 대학생들이 필요로 하는 기술을 제대로 익히지 않고 배출된다고 투덜거립니다. 이 말에 정부와 학교는 반응해서 당장 써먹을 기술들을 가르치기 위해서 많은 노력을 기울입니다. 그런데 제가 회사 대표이사로서 냉정히 이야기하면 이런 요구는 당장 싸게 써먹을 인재를 만들어 달라는 주문을 한 것입니다. 현재 인건비 단가를 맞추고, 당장 현업에서 바로바로 사용할 수 있는, 따로 추가 교육비가 필요 없는 노동자를 만들어 달라는 주문으로 보입니다. 요구하는 분야도 다양합니다. 자신의 기업 입장에서 필요한 것이 가장 중요한 기술 분야라고 생각하는데 대학에서 이렇게 다양한 분야의 교육을 모두 할 수 있을까요?

이건 프로그래머를 만드는 것이 아니고 프로그램을 할 줄 아는 노동자를 만들어 달라는 주문입니다. 미래에 뭔가 크게 이루어 낼 인재는 이렇게 길러지는 것이 아닙니다. 테크니컬한 프로그래밍 기술은 그때그때 트렌드와 플랫폼에 따라 달라집니다. 그래서 이렇게 배운 것들은 그때 당장은 쓸 수 있습니다. 그러나 12년이 지난 후에 정말 학생들이 사회의 주축을 할 때 새로운 트렌드를 끌어나갈 수 있을까요? 단언컨대 전 회의적입니다.

제 개인적인 생각으로 대학생들에게 필요한 것은 두 가지라고 생각합니다.

첫 번째는 프로그래머가 가져야 할 공통 부분의 학습입니다. 이 학습의 목표는 프로그래머로서의 사고하는 방법에 대한 것들입니다. 알고리즘을 생각하는 방법, 아키텍처를 상상할 수 있는 방법 같은 것입니다. 이것은 기술적 트렌드와 상관없이 인간이 가진 기본적인 사고의 확장입니다.

두 번째는 미래에 예상되는 기술에 대한 학습입니다. 지금 당장 필요한 기술이 아니라 10년 이후에 통용될 만한 분야의 기술을 말하는 것입니다. 이것은 그리 쉽지 않겠지만, 학생들이 학습해야 하는 것은 바로바로 쓸 수 있는 기술은 아니므로 시간에 따라 조금씩 바꾸어 나가도 되겠죠. 사실 이것이 이루어져야 대학교를 아카데미라고 말한 것에 근접해 가는 것이 아닐까 생각합니다. 어찌 되었든 이 부분은 학교와 학생들이 계속 고민해야 할 문제이기도 합니다.

정말 세상을 위해서 무언가를 기여할 프로그래머가 되고 싶다면, 대학생들은 기본적인 프로그래머에 필요한 공부가 무엇인가를 고민해야 하고 자신이 하고 싶고 10년 뒤에 통용될 지식은 어떤 것 일지를 항상 고민하고 그에 투자해야 합니다.

현재 유행하는 공부보다 미래를 위한 공부를 했으면 하는 것이 제 바램입니다.

■ 큰 프로그램을 짜자

처음 프로그래머가 되려면 무엇을 해야 할까요?

당연히 프로그램을 작성할 줄 알아야 합니다. 그러면 프로그램 작성하는 법은 어떻게 배울까요? 아마도 책을 보거나 프로그램을 가르쳐 주는 학교나 학원에 다니거나, 선배에게 물어보거나, 인터넷을 찾아다니면서 독학을 하는 방법들이 있을 겁니다. 이렇게만 하면 프로그램을 잘 작성할 수 있을까요? 자바니 C니 하는 언어를 잘하려면 책을 보고 열심히 익히면 될까요?

프로그램 언어를 배우려면 어떻게 해야 할까요?

처음 책을 삽니다. 그리고 열심히 읽습니다. 간간이 예제도 타이핑을 합니다. 그리고 언어는 이런 특징이 있구나 하고 이해합니다. 그리고 나서 두꺼운 책을 다 봤다는 뿌듯함을 온몸으로 느낍니다. 이제 프로그램을 작성할 수 있을 것 같습니다. 그리고 간단한 프로그램을 작성하려고 시도도 해 봅니다. 예제도 다시 짜보고, 금방 할 수 있을 것 같은 만만한 프로그램을 작성해 봅니다. 조금씩 원하는 대로 됩니다.

자! 이렇게 하면 정말 언어를 자유자재로 사용할 수 있을까요?
플랫폼을 배우려면 어떻게 해야 할까요?

공개된 유명한 플랫폼 오픈 소스를 가져옵니다. 설치해보고 이것저것 해봅니다. 자동 생성되는 소스를 이용해서 약간씩 뜯어고쳐도 봅니다. 대부분 잘 동작합니다. 혹시라 도 안되는 것이 있으면 관련 서적도 사서 보고 인터넷 블로그도 찾아봅니다. 뭔가 안 것 같습니다. 이렇게 하면 플랫폼을 자유자재로 사용할 수 있을까요?

정말 제대로 된 프로그래머가 되려면 이렇게만 하면 될까요?
결론은? 본인 경험으로는 글쎄요…

이렇게만 해서는 절대로 제대로 된 프로그래머가 될 수 없다고 봅니다. 왜? 학부생을 무시하는 것은 아니지만, 이 정도는 학부생 초기에나 하는 짓입니다. 돈 받고 일해야 하는 프로로서 프로그래머가 되려면 이 정도로는 정말 많이 부족합니다. 간단한 몇 개 의 프로그램을 작성하고 나서 프로그램을 작성할 줄 안다고 우쭐하면 웃긴 일입니다. 지금이 어떤 세상입니까? 날고 기는 프로그래머가 정말 주위에 널리고 널렸습니다.

일 년마다 IT 교육 시스템에서 배출하는 사람들의 수가 정말 어마어마 합니다. 공장에 서 찍어 내듯이 찍어 내고 있다는 것을 아십니까? 문제는 이렇게 배운 분 중 상당수가 위에서 이야기한 대로 학습하는 경우가 많다는 것입니다. 그런데 이분이 실제 현업에 뛰어들어서 바로 프로그램을 작성할 것 같습니까? 회사에서는 이런 양반들을 다시 재 교육합니다. 실무를 하면서 하나씩 다시 가르칩니다. 도대체 뭘 배워 왔냐고 푸념합니 다. 자신들도 초보 때 그랬으면서.

그나마 프로젝트 형태의 교육을 받았던 사람들은 좀 낫습니다. 물론 프로젝트를 주도 적으로 했던 친구들에게 해당하는 이야기입니다.

어? 프로젝트 형태로 교육 받았던 사람들이 좀 낫다고요?
예. 이 말에 제대로 된 프로그래머가 되는 방법에 대한 힌트가 있습니다

프로그램을 작성한다는 것은 단순히 프로그램을 위한 소스 코딩을 잘한다는 의미가 아닙니다. 제대로 된 프로그래머가 되려면 다양한 스킬이 필요합니다. 문서 작성 능 력, 설계 능력, 고객 설득 능력, 구현할 대상이 되는 관련 기술 지식, 구현에 필요한 언어적 지식, 시스템 문제점에 대한 버그의 유추 능력까지 다양합니다. 정말 종합적인 능력자가 바로 프로그래머입니다.

이런 지식은 단순하게 책만 봐서 익혀지는 것이 아닙니다. 간단한 테스트 프로그램 몇 줄 작성해서 익혀질 능력이 아니란 이야기입니다.

물론 이런 능력은 결국 수많은 경험을 통해서 익혀지는 것이기도 하고 대부분 직장생활 속에서 길러집니다. 모순이죠? 취업하기 위해서 제대로 프로그램을 배워야 하는데 이건 직장생활 속에서 얻어진다고 합니다.

그렇다면 처음 프로그래머가 되려는 사람들은 어떻게 해야 할까요?

결론부터 말씀드리면 자신이 생각하기에도 어이없을 정도로 큰 프로그램을 작성하라는 것입니다. 프로그래머들은 처음 학습 단계에서는 아무것도 모르므로 아는 범위 안에서 문제를 해결하려고 합니다. 그래서 아주 간단한 프로그램만을 주로 작성합니다. 이런 프로그램을 위해 직접 작성하는 소스 라인은 1,000줄 이하가 될 게 뻔합니다. 이 정도 프로그램을 백날 많이 짜 봤자 복잡도는 1,000줄 한계에서 벗어나지 못합니다. 이런 프로그램을 작성하면서 앞에서 이야기한 다양한 스킬을 얻기는 불가능합니다.

그래서 큰 프로그램을 작성해 보라고 하는 것입니다. 자신이 생각해도 어이없을 정도로 큰 프로그램에 도전해 보라는 것입니다. 실패해도 회사생활을 하는 것도 아닌데 어떻습니까? 학생 때는 실패해도 됩니다. 회사에서 잘릴 염려가 없습니다. 이런 부담감이 없는 것만 해도 엄청난 혜택입니다.

혹자는 프로그램을 제대로 작성하지도 못하는 사람에게 그런 식으로 욕심내서 정작 하나도 진행하지 못하면 어떻게 하라고 그런 식으로 말한다고 투덜댈지도 모르겠습니다. 제 경험상 그건 걱정할 것이 못 됩니다. 인간의 능력은 생각보다 좋습니다. 태어나면서 아무것도 모르는 것으로 시작하는 사람들로 가득 찬 지구상에서, 인간은 잘 살아갑니다. 회사 직원이나 학생을 대상으로 교육하면서 실험해본 경험에 의하면 잘 가르쳐 주는 것보다 무리한 요구로 조이고 알아서 해오라고 요구하는 방식의 진행일 경우가 더 실력 향상이 잘 됩니다.

무리할 정도로 큰 프로그램은 완성되지 않고 좌절될 가능성도 높지만 어찌 되었든 작성하려고 독한 마음 먹고 하면 그 과정에서 남는 것이 더 많습니다. 시쳇말로 삽질을 통해서 배우는 것이 더 많다고들 하지 않습니까? 큰 프로그램은 아무래도 여러 가지 상황이 복합적으로 엮이게 됩니다. 프로그래머로서 처음 배워야 하는 것 중 하나는 복잡한 문제에 대한 분해 능력입니다. 결국, 복잡한 문제를 작게 잘라서 프로그램 툴이 제공하는 단위까지 도달시켜야만 프로그램이 되는 것 아닙니까? 이렇게 분해했더라도 서로 연관관계와 처리 흐름을 생각하면 수없이 많은 오류를 만나게 됩니다. 이런 것을 하나씩 해결하다 보면 어느새 자신도 모르게 유능한 프로그래머가 갖추어야 할 능력을 하나씩 갖추게 되는 것이죠.

결국, 많은 경험을 얻고 복잡한 문제에 대한 해결 능력을 확보하려면 큰 프로그램을 짜야지 작고 간단한 시험용 프로그램만 가지고는 어렵습니다. 큰 프로그램 작성에 욕심내면 그 안에서 수많은 시험용 코드도 자연스럽게 짜게 됩니다. 그래서 강조하고 싶습니다. 훌륭한 프로그래머가 되려면 시작부터 욕심내서 큰 프로그램을 짜세요.

■ 프로그래머 고수되는 법

웹 서핑을 하다 보면 프로그래머 또는 공대생 유머란 재미있는 글들을 가끔 접하게 됩니다. 이런 글 중에는 하수 프로그래머와 고수 프로그래머라는 소재 역시 단골 소재입니다. 여러 가지 상황을 이야기하며 하수 프로그래머의 특징과 고수 프로그래머의 특징을 나열합니다. 그 내용 자체는 프로그래머라면 더구나 오랫동안 프로그래머로서 살아온 개발자라면 상당히 공감하게 되는 글이 많습니다.

실제 개발 과정에서 고수 프로그래머와 하수 프로그래머가 만나는 경우가 종종 있습니다. 타 개발 업체의 시스템 사이에 연동이 필요하거나 프로그램 간에 연결 작업이 필요해서 다른 업체의 프로그래머와 개발을 진행하게 됩니다. 문제가 없으면 괜찮겠지만 그런 해피한 경우는 거의 없다고 봐야 합니다. 반드시 협업 과정에서 문제점이 생기고 이를 해결하려면 각각의 작업이 발생하기 마련입니다. 두 프로그래머는 이미 개발 과정에 지쳤기 때문에 아무래도 자신의 작업이 적었으면 하는 심리 상태가 되는 것은 필연적이겠죠.

이때 상호 간에 실력 차나 경력의 차이로 문제점을 해결하는 방법이나 투여해야 하는 노력에 차이가 생기게 됩니다. 여기서 하수 프로그래머와 고수 프로그래머가 구별될 수 있습니다. 그건 어떤 문제가 생겼을 때 하는 말을 들어 보면 바로 압니다.

하수 프로그래머들이 가장 대표적으로 사용하는 말 중 하나를 들라면

"그럴 리가 없는데요?"

라는 말입니다. 이런 말을 하는 프로그래머라면 이제 프로그램 세계에 들어 온 지 그리 많은 시간이 지나지 않은 프로그래머일 가능성이 많습니다. 고수 프로그래머는 절대로 어떤 문제가 생겼을 때 자신의 실수가 없을 것이라고 확신하지 않습니다. 수많은 경험으로 자신의 실수가 없을 거라는 확신이 별로 의미가 없다는 것을 본능적으로 알고 있습니다.

그래서 어떤 문제가 생기면 고수 프로그래머는

"흠 일단 제 코드를 살펴보겠습니다. 제가 뭔가 잘못했나 봅니다."

라고 말합니다. 그렇지만 실제로 자신의 코드를 진짜로 열심히 살펴보지 않습니다. 그런 척할 뿐입니다. 하수 프로그래머들은 정해진 스펙대로 자신의 코드만 작성하는 경우가 대부분입니다. 반면에 고수들은 상대방 프로그램을 완전하게 구현하지는 않더라도 자신이 만든 프로그램의 안정성을 검증하기 위한 수준까지 상대 측 프로그램과 유사한 프로그램을 작성하고 테스트합니다. 그러므로 고수는 현장에서 발생한 문제는 개발 과정에서 만났을 가능성이 높고 이에 대한 검증 과정을 거쳤을 가능성이 높습니다.

고수들은 이미 경험한 문제이기 때문에 코드를 보는 것이 아니고 자신의 프로그램에 이미 작성된 디버깅 코드를 활성화시켜서 해당 문제였던가를 검증할 뿐입니다. 그리고 이미 경험했던 문제와 일치하면 해당 증상과 원인이 자신에게 있지 않음을 검증합니다.

하수는 분명히 상대방이 잘못했을 것이라는 신념만 갖고 접근합니다. 이럴 때 당연히 문제점의 원인은 하수가 가지게 되고, 이것이 확인되는 순간 프로그래머 사이에서는 이미 기 싸움에 졌다고 봐야 합니다.

이런 문제점에 대한 검증 과정을 서너 번 거치다 보면, 처음에는 고수가 문제점을 가졌을 것이라고 하수는 생각하게 되지만 자꾸 하수의 문제점으로 넘어가 버리고 나중에는

어떤 문제가 생기더라도 하수가 잘못했을 것이라는 암묵적 동의가 생기게 됩니다.

나중에는 고수가 진짜 실수한 문제라도 검증에 대한 책임이 하수에게 생기기 시작하고, 문제점이 생기면 하수는 바빠지고 고수는 유유자적하게 놀기 시작합니다. 더구나 디버깅이나 문제를 해결할 실력이 안되기 때문에 점점 일정에 몰리기 시작합니다. 이것이 하수와 고수가 같이 일할 때의 전형적인 일의 패턴입니다.

그렇다고 문제가 생기면 고수가 하수 프로그래머에게 슬쩍 넘기기만 하지 않습니다. 결국, 모든 문제는 하수가 고치든 고수가 고치든 문제를 해결해야 과제가 끝나기 때문에 어떻게 해서든지 문제를 해결하려고 노력합니다.

이게 실전에서 부딪히는 고수와 하수의 차이입니다.

다시 말하지만, 고수는

"그럴 리가 없는데요?"

라는 말은 절대 하지 않습니다. 프로그램을 작성하는 과정은 자신의 잘못을 깨달아 가는 자기 성찰의 학문이기 때문입니다. 컴퓨터는 시킨 대로 하지 프로그래머가 아직 시키지 않은 일을 하는 컴퓨터는 발명되지 않았습니다. 그래서 고수 프로그래머들은 자기 성찰이 생활화된 사람들입니다.

하수가 고수가 되려면 계속 자기 성찰의 도를 깨달아야 합니다. 프로그래머가 되는 것은 도사가 되는 일이기도 합니다.

■ 프로젝트의 데모는 쇼다

프로그래머가 프로젝트를 진행하다 보면 필수적으로 겪고 가야 하는 것이 데모입니다. 진행 과정 중간에 보여주어야 하는 데모도 있고, 최종 완성을 알리는 데모도 있습니다. 보여주는 대상도 같은 회사 상급자일 경우도 있고, 최종 고객일 경우도 있습니다.

데모는 프로젝트 진행에 긍정적인 측면도 있고 부정적 측면도 있지만, 프로젝트 진행자 입장에서 데모는 특정 일자에 목적하는 부분이 완료되어야 하고 문제가 없어야 하기 때문에 학교 때 시험보다 더 과중한 스트레스로 다가옵니다. 학교생활을 할 때 취업만 되면 지긋지긋한 시험에서 해방될 거라고 믿었는데 직장에 들어와 프로젝트를 진행하면서 데모를 경험하고 나면 뒤통수 맞는 느낌이 듭니다. 생존이 달린 시험이고 대한민국에서는 반드시 성공해야 합니다.

신입 사원일 때야 상급자들이 알아서 챙겨 주고 책임에 대한 것도 없기 때문에 받는 스트레스야 윗분들 눈치 보는 정도였지만 프로젝트 팀장이나 실제 프로그램을 담당하고 있으면 스트레스를 받는 강도는 상상 이상입니다.

아무 문제 없이 일정대로 진행되었다면 큰 문제는 없지만, 대한민국에 살아가면서 프로젝트를 진행하고 있다면, 단언컨대 절대로 문제가 없는 데모란 없습니다. 반드시 원래 목표에 진입하지 못했으며 수많은 문제를 안고 있을 가능성이 높습니다. 슬프게도 벗어날 수 없는 현실입니다.

더구나 데모 날 보시는 분의 직급이 높을수록 그 긴장의 강도는 높아집니다. 우스갯말로 데모 시스템이 죽을 확률은 데모를 보여줄 대상의 직급이 높을수록 높아진다는 말이 있지 않습니까? 가장 확실하게 시스템을 멈출 수 있는 능력자가 사장님이라는 말은 거의 진실에 가깝습니다. 어찌 되었든 데모는 해야 하는데 프로그래머들이 데모를 준비하고 시연하는 것을 보면 정말 가슴 아픕니다. 영업부서나 기획부서에 비하면 비참할 정도입니다.

어찌 그리 요령이 없을까요?

데모는 결론적으로 지금까지 진행된 과정의 결과물을 보여주는 것입니다. 이 결과물에는 목적하는 바를 구현하는 것뿐만 아니라 지금까지 팀원이 고생한 과정도 보여 주어야 합니다. 그런데 데모를 진행하면서 보는 관점이 프로그래머와 시연 대상자들이 서로 전혀 다르다는데 문제가 있습니다.

프로그래머는 데모하는 과정에서 그저 프로그램에 집중하는 경향이 있습니다. 프로그램이 정상 동작하고 요구된 기능이 잘 돌아가면 데모의 준비가 잘 되었다고 생각합니다. 그래서 시스템이 문제없도록 하는 데 집중합니다. 그런데 이렇게 중요하다고 생각하는 부분들이 데모를 보는 윗분들이나 고객에게는 아주 당연한 것입니다. 정상동작하는 것은 특별한 것이 없다는 것이죠. 하지만 프로그래머들은 그동안 엄청나게 고생하지 않았습니까? 그 고생의 결과를 단순하게 프로그램 하나만 떨렁 놓고 데모하면서 인정해 달라고 하면 데모를 관전한 분들이 인정할까요?

사장님이나 고객이 프로그래머 출신이거나 현재 개발자라고 하더라도 아마도 데모에서 정상적인 동작은 아주 당연하다고 생각할 것입니다. 지금까지의 경험상 프로그래머 출신이 아프게 지적하고 용서하지 않는 경향이 더 강합니다. 프로그래머의 적은 프로그래머라는 데에 자신 있게 천원 걸겠습니다. 커뮤니티에서 만난 사이가 아니라면 말입니다. 프로그래머 출신이 아닌 사장님이나 고객은 데모하는 시스템의 프로그램 안에 얼마나 수많은 로직과 아이디어가 있고 이를 구현하기 위해서 얼마나 많은 고생을 하고 있는지 모릅니다.

인간은 시각적이거나 청각적인 자극이 있어야 뭔가 있다고 느낍니다. 소스 코드를 보여 주거나 동작하는 프로그램의 화면을 보여 준다고 그게 대단하다고 느끼지 못합니다. 이런 인간적인 관점에서 보면 그동안의 고생이나 노력도 보여 주고 열심히 했다는 것을 보여 주기 위해서는 단순하게 결과만을 보여줄 것이 아니라 적당히 쇼를 할 필요가 있습니다.

파워포인트로 프로그램 내부가 동작하는 모습이나 아키텍처를 그럴듯하게 보이도록 애니메이션 기법을 동원하여 비주얼하게 보여 주고, 적당한 효과음이나 음악을 첨부하거나 동영상을 이용하여 표현할 필요가 있습니다. 프로그래머들이 보기에 쓸데없어 보이겠지만 그동안 진행한 프로그램의 소스를 종이로 출력하거나 설계 문서들을 종이로 출력해서 두꺼운 바인더들을 만들고 데모할 때 앞에 나열할 필요가 있습니다. 설령 슬쩍 보고 외면할 가능성이 높더라도 그들에게 소스를 보라는 것이 아니고 우리가 당신들 앞에 보이는 바인더를 봤듯이 많은 고생을 했다고 과시하는 것입니다.

데모를 할 때는 나름대로 시나리오를 정해서 스티브 잡스가 그랬듯이 빌 게이츠가 그랬듯이 쇼를 연출할 필요도 있습니다. 뭔가 그럴듯한 시나리오를 정하고 데모 전에 연예인들이 쇼할 때 사전에 미리 연습하듯이 데모 전에 연습해야 합니다.

데모를 보고 사장님이 열심히 했다는 느낌을 받고 감동해야 월급 인상 가능성도 생기고, 고객에게는 프로젝트가 뭔가 대단한 것을 한듯하게 여겨져야 문제가 생겨도 그쯤

이야 하고 넘겨 주면서 좀 더 수월하게 다음 일도 할 수 있습니다. 잘만 되면 회사 매출에도 기여 할 수 있고 자신의 가치도 올라갈 수 있습니다.

다시 강조하자면 프로젝트 데모는 프로젝트 진행 점검 및 결과를 보여주는 목적에 충실할 뿐만 아니라 TV 쇼 프로처럼 화려하게 쇼를 해야 합니다.

그래야만 월급이나 연봉이 올라갑니다. 밋밋한 프로그램 화면이나 출력 메시지가 난무하는 것으로 가득 찬 데모는 이제 그만 했으면 합니다.

■ 제 발 저린 프로그래머들

베테랑 IT 영업 사원은 영업 초기에 영업적으로 아무리 필요한 상황이더라도 개발자 프로그래머를 절대로 대동하지 않습니다. 반드시 어느 정도 영업적 진행이 되어 계약이 성사되는 단계에서만 대동합니다.

왜 그럴까요?

영업 사원의 말을 빌리면 회사 제품의 소소한 문제들을 구매 의사가 있는 고객에게 미리 알려 버리기 때문이랍니다. 영업 사원들은 프로그래머들이 자사 제품이나 솔루션을 팔 생각으로 말하는 것인지, 아니면 아예 고객들이 구매를 단념하도록 유도하기 위한 것인지 모르겠다고 푸념합니다. 착하디착한 품성을 가진 프로그래머들이라서 고객이 혹시 고생할까 봐 미리 알려 주는 것일까요? 만약 그렇다면 이건 고객 감동 차원의 서비스일 수도 있습니다. 문제는 문제점을 들은 고객은 제품이나 솔루션 구매에 회의적이 되어서 구매 의사가 현저히 감소한다는 것입니다. 영업 사원 입장에서는 영업에 도움이 되라고 프로그래머를 모시고 간 건데 영업만 망쳐 버린 꼴이 됩니다. 결국, 회사는 돈 버는 것에서 멀어져 갑니다. 회사가 망할 수도 있습니다.

왜 이럴까요?

정말 프로그래머가 착해서 그럴까요? 프로그래머가 고객들에게 제품 또는 솔루션의 문제점을 미리 이야기하는 그 내면을 들여다보면 착한 사람이라서 그런 것이 아니라고 봅니다. 나중에 생길 문제점들은 온전히 프로그래머의 문제가 되기 때문입니다.

영업 사원이 긍정적인 마인드로 처리했다고 우기는 방법으로 제품이나 솔루션 판매가 일단 이루어지면, 모든 영광은 영업부가 차지해 버립니다. 반면에 감추어져 있던 문제점들은 모두 다 프로그래머의 몫이 되어 버립니다. 처음 어리버리하던 시절에는 잘 몰랐겠지만 여러 번 반복되면, 문제가 결국 드러나 그 문제를 해결하기 위해서 받는 스트레스가 엄청나다는 것을 알아 버리고 그 때문에 수많은 밤을 지새우는 야근이 보장된다는 것을 알게 되는 것입니다.

이런 상황을 좋아할 프로그래머가 어디 있겠습니까? 그래서 제품 구매나 솔루션 구매 후 나중에 생길 문제를 고객에게 미리미리 이야기해서 문제를 사전에 차단하고자 하는 속셈입니다. 고객에게 안 되는 문제점을 미리 알려 주고 계약 후에 문제 삼지 마시오 라고 못 박는 겁니다. 시쳇말로 면피하고 싶은 겁니다. 그런데 그게 의도한 대로 고객이 반응하지 않는다는 것에 문제가 있습니다. 고객 입장에서 보면 설령 고객이 같은 개발자라고 하더라도 예상 되는 문제를 이실직고 한 프로그래머를 같은 개발자의 입장에서 이해해 주기보다

"어? 그런 문제가 있었어?"

하면서 몰랐던 그 문제를 심각하게 생각하게 됩니다.

"이런 이런 기능은 없는데요"

라고 하면 고객은

"앗! 저런 기능은 생각도 못했는데 당연히 있어야 하는 것 아닌가?"

이런 식으로 생각해 버리는 경향이 있다는 것입니다. 즉 원래 프로그래머가 원하는 의도대로 이해해주기보다는 제품의 문제점을 하나 더 알아서 그 문제점에 더 관심을 갖고 다른 좋은 점들은 관심 밖이 되어버리는 것입니다.

왜?

프로그래머가 만나는 대부분의 고객은 최종 결정권자가 아니라 해당 제품이나 솔루션의 문제점을 파악하라고 보낸 전문가이기 때문입니다. 그러므로 이분들은 판매자가 미처 이야기하지 않은 문제점을 하나라도 더 찾아내어 나중에 문제가 생길 여지가 없도록 검토해야 하는 입장인 것입니다. 자신도 상관에게 보고해야 하기에 문제점은 알

고 있을수록 유리하고 그런 문제는 을에게 반드시 해올 것을 요구하거나 아니면 해당 문제가 없는 다른 업체를 찾게 되는 것입니다.

대부분의 경우 프로그래머가 찝찝해하는 문제는 고객이 모르는 경우가 많습니다. 자신의 결점은 자신만이 잘 알지요. 반면 상대는 경험하지 못하면 절대로 알 수 없습니다. 고객을 속일 필요는 없습니다. 하지만 고객에게 미리 고해성사할 필요는 없다고 봅니다. 대부분의 경우 고객이 필요로 하는 것은 자진신고한 문제보다 개발사가 갖고 있는 솔루션이나 제품 그 자체이기 때문입니다. 하지만 자진신고함으로써 고객은 솔루션보다 프로그래머가 자진신고한 걱정거리에 더 관심을 가진다는 것입니다.

그러니 프로그래머들은 고객들에게 고해성사 좀 하지 않았으면 합니다. 프로그래머들의 근본 심성이 착하다고 하지만 결국 자신의 제품에 자신감을 가지고 장점에 집중하고 고객들에게 그 장점을 어필해야 하지 않을까요? 자식 같은 프로그램들 아닌가요? 모든 부모가 팔불출 소리를 들으면서도 해 대는 것이 자식 자랑입니다. 자식의 문제점을 모르는 부모는 없습니다. 그렇지만 그 문제점보다 더 많은 장점이 있는 것이 자식이라고 부모들은 믿습니다. 프로그래머들도 자신이 만든 제품에 대하여 자식 같이 대했으면 합니다. 그리고 장점 많은 프로그램을 만들려고 노력했으면 합니다.

자식 자랑 한번 해 봅시다!

■ 프로그래머가 사업하면 좋은 점

프로그래머라는 직업을 선택하는 이유는 무엇일까요? 이 직종에 진입하는 이유는 다양하기는 하지만 그 이유 중에 한 꼭지를 따르면 대박의 꿈도 한몫하리라 생각합니다. 지금은 많이 시들해져 있지만, 아이폰 생태계를 보면 초기에 성공한 대박의 꿈에 많은 영향을 받은 것도 무시 못할 것입니다. 그만큼 프로그래머로서 대박을 꿈꾸는 것은 불가능해 보이지 않는 꿈이죠.

그렇지만 단순히 대박 아이템을 만들어서 큰 부자가 되기 위한 것이 프로그래머의 목표일까요? 조금 그 내면을 들여다보면 조금 다른 면을 찾아볼 수 있다고 봅니다. 프로그래머는 무언가 만드는 것을 좋아하는 부류의 사람들입니다. 굳이 돈이 안 되더라도 호기심을 충족시키고 자신이 만들고 싶은 무언가를 만들어 내기만 해도 즐거워합니다. 그래서 버틸 수 있는 사람들입니다. 내가 만든 것을 다른 사람들이 써 주고 좋아하면 그 자체로도 즐거울 수 있는 사람들이 개발자입니다.

이런 사람들에게 돈이란 그다음의 목표입니다. 내가 하고 싶은 것을 개발하기 위해서 필요한 돈을 벌고 싶은 것이고, 자신이 개발하고 싶은 시간을 확보하고 싶어서 이에 필요한 돈을 벌고 싶은 것입니다. 그러면서 좀 더 인간답게 살 수 있는, 남보다 더 부유하게 살 수 있는 욕심도 내 보는 것이죠.

저는 이런 프로그래머들에게 한 번쯤 사업을 꿈꾸는 것을 권하고 싶습니다. 사업을 한다고 해서 꼭 사장이 될 필요는 없습니다. 뜻이 맞고 미래를 공유할 수 있는 사람들이 모여서 창업하고, 그러면서 하고 싶은 개발을 하며 살 수 있다면 그 자체로도 매우 행복한 삶을 살 수 있으리라 봅니다. 프로그래머가 사업하면 좋은 점이 많습니다. 그 많은 점을 일일이 열거하기에는 지면이 부족한 관계로 여기서는 대표적인 몇 가지만 이야기하고자 합니다.

자신이 정말 하고 싶은 것을 할 수 있다

프로그래머라면 좋아하는 개발을 하고 싶은 프로그램 종류가 있고 하고 싶은 개발 분야가 분명히 있을 겁니다. 만약 자신에게 이런 것이 없다면 한 번쯤 자신의 직업 선택이 생존만을 위한 것인지 심사숙고해볼 필요가 있습니다. 만약 그렇다면 인생 전체가 불행해 질 수 있기 때문에 다른 분야로 전직하는 것을 진지하게 권장합니다.

그러나 하고 싶은 것만 하고 살 수 있으면 좋겠지만, 사회에서 먹고살자면 직업을 가져야 합니다. 직업을 가졌다는 것은 어떤 회사에 소속되어 있다는 것이죠. 회사는 이익 집단입니다. 학원도 아니고 자선 단체도 아닙니다. 그러다 보니 가치관이 아무리 좋은 회사라도 회사의 생존을 위해서는 직원에게 이익 추구를 위한 행위를 요구하게 됩니다. 이익 추구에 위배되는 것을 할 수 있도록 지원해 주는 것에는 아무래도 한계가 있습니다.

프로그래머라면 자신이 하고 싶은 무언가가 있는데, 하고 싶은 것을 하고 먹고 사는 문제도 동시에 해결하는 가장 좋은 방법은 소속된 회사가 자신이 하고 싶은 분야와 관련되어 있는 경우입니다. 그러나 대한민국의 프로그래머라면 국내 중소기업에 대부분 소속되어 있고, 국내의 상당 부분을 차지하는 열악한 중소기업 대부분이 프로그래머가 하고 싶은 대로 운영을 하는 회사를 만나기는 어렵습니다. 대기업에 있더라도 조직 속에서 요구하는 일들이 자신이 하고 싶은 것을 하도록 두지 않는 경우가 대다수죠.

다른 한편으로 하고 싶은 분야에 종사하는 문제 이외에 프로그래머는 자신의 미래를 위해서라도 무언가 끊임없이 배워가야 합니다. 끝없이 변하는 이 분야에서 자신의 생존을 위해서라도 자기 계발 과정은 필수 요소입니다. 이 역시 회사가 쉽게 허용하는 것이 아닙니다. 능력자일수록 회사에서 요구하는 일은 끊임없이 쌓이고 자기 자신을 계발하기 위해 주어진 시간은 점점 더 적어지게 됩니다. 결국, 나중에는 프로그래머로 남고 싶어도 불가능해지는 경우도 생겨버립니다.

결론적으로 말하면 회사에 종속되어 있다면 자신이 하고 싶은 것이나 자신의 개발을 위한 투자를 하는 것에는 한계가 있습니다. 그렇지만 자신이 하고 싶은 개발을 하고 싶고 끊임없이 자신을 계발하고 싶은 욕구가 매우 강하다면 사업을 직접 하는 것이 가장 좋은 해결책이라고 봅니다.

사업을 하게 되면 하고 싶은 분야의 제품이나 서비스를 기획하고 이를 상업화하면 됩니다. 굳이 상업화하지 않더라도 기술 축적의 목적으로 이용할 수도 있습니다. 또 사업은 자영업과 다르게 반드시 조직을 갖게 됩니다. 조직이 형성된다는 것은 내가 가진 능력 이외의 구성원이 생긴다는 것이고 이는 내가 하고 싶지만 부족했던 부분을 보충해서 하고 싶은 것이 반드시 될 수 있도록 도와주는 시너지 효과가 있습니다. 즉 사업을 하면 내가 하고 싶은 것을 확실하게 할 수 있습니다.

사업을 한다는 것은 회사 내에 의사 결정권을 가지고 있다는 의미도 됩니다. 이것은 내가 하고 싶은 것을 말릴 사람의 수가 그리 많지 않다는 것이고 내가 하고 싶은 것을 하려 할 때 필요한 자본 문제도 쉽게 해결할 수 있습니다.

대한민국에서 프로그래머로 살아가면서 자신이 하고 싶은 것을 자신의 돈과 시간을 투자해서 한다는 것은 쉬운 일이 아닙니다. 그렇지만 프로그래머가 사업하면 이 부분은 쉽게 해결됩니다. 로봇을 만들고 싶으면 로봇을 만들 수 있고 멋진 웹 서비스를 만들고 싶으면 만들 수 있습니다. 여기에 들어가는 돈은 회사에서 제공됩니다. 뭐 하나 해보고 싶어서 기안 올리고, 예산 편성해서 올리고, 결재받고 상사를 설득하고 하는 과정과 그 결과를 기다리고 안 돼서 실망할 필요가 없습니다. 그냥 하고 싶은 부분에 대한 사업을 하기 때문에 망하지만 않으면 그 누구도 말리지 않습니다. 자신이 하고 싶은 것을 할 수 있는 것, 이것이 개발자가 사업하면 좋은 점 중 첫 번째로 가장 좋은 점입니다.

자신이 정말 하고 싶지 않은 것을 하지 않아도 된다

프로그래머가 직장인으로 생활하면서 한 번쯤 정말 하기 싫은 프로그램을 억지로 짜 가야 하는 경우를 만나보지 못했다면 그건 행운아일 겁니다. 아무리 좋은 환경의 근무처라도 한 번쯤은 죽도록 하기 싫은 프로그램을 해야 할 경우가 있습니다. 왜? 앞에서 이야기했지만, 회사라는 곳은 이익 집단이고 회사 생존이 가장 우선이기 때문에 생존을 위해서라면 어떤 것이든 해야 할 때가 있습니다. 그것이 설령 직원이 싫어하는 것이라 하더라도 해야만 합니다.

직장인으로서 회사가 요구하면 해야 합니다. 만약 그것이 싫다면 퇴사하면 그만이기도 합니다. 퇴사라는 것은 직장인이 선택할 수 있는 유일한 자유입니다. 그 이외의 자유는 박탈되어 있다고 보는 것이 맞겠죠. 사업가는 그 반대입니다. 사업가가 회사를 퇴사한다는 것은 사업을 포기한 것입니다. 그래서 사업가는 퇴사의 자유가 없습니다. 죽으나 사나 회사에서 일해야 합니다. 그렇지만 대신에 다른 많은 자유를 얻습니다.

직장인으로서 퇴사는 자신이 선택할 수 있는 자유이나 이 자유를 함부로 쓰기에는 많은 어려움이 있습니다. 결혼을 하지 않아서 경제적 자유가 있는 경우가 아니면 그렇게 쉬운 선택이 아닙니다. 또 다른 회사로 이직을 했더라도 자신이 하고 싶은 것만 할 수 있는 경우는 거의 없습니다. 결국, 형식상으로는 퇴사의 자유가 있다고 하지만 현실적으로 보면 퇴사의 자유가 거의 없다고 볼 수도 있습니다. 그래서 직장인으로서 회사에서 요구한 일은 싫더라도 할 수밖에 없는 것입니다. 싫은 일을 하는 것은 매우 수동적인 인간의 행위가 되고 이것은 정말 엄청난 스트레스를 받습니다. 인생 자체가 불행하다고 느낄 수 있는 행위인 것입니다. 그리고 먹고 살자고 하는 짓이라는 인식 자체가 자신을 매우 우울하게 만들고 그 결과도 그리 좋지 않습니다.

프로그래머가 사업을 하면 어떤 일을 할지 말지를 선택할 수 있습니다. 물론 깊이 들어가 보면 생존을 위해서 어쩔 수 없이 해야 할 수도 있지만 정말 정말 싫다면 안 해도 됩니다. 다른 대안을 스스로 선택할 수 있기 때문입니다. 그리고 대부분의 경우 프로그래머가 사업가가 되면 적당히 자신이 싫어하는 분야는 회피하게 되고 이런 분야의 일을 맡을 가능성도 적어집니다. 프로그래머가 사업가가 되면 좋은 점으로 두 번째를 제시하라면 자신이 정말 하고 싶지 않은 일을 하지 않을 자유를 얻게 되는 점을 들고 싶습니다.

자신의 시간을 얻게 된다

회사에 소속된 직업인이 되면 출퇴근이라는 족쇄를 차게 됩니다. 학생 때 가졌던 방학도 없고, 출근을 대학 때처럼 빠지면 당장 생계가 위험해 집니다. 대한민국의 프로그래머라면 야근은 기본입니다. 무척 슬픈 일이고 가끔 정시에 퇴근하는 회사도 보지만 현실적인 문제로 야근을 하지 않는 개발 회사를 만나는 것은 그리 쉽지 않습니다. 또 정시 퇴근을 하더라도 출퇴근 거리로 인하여 자신의 시간을 갖는 것은 무척 요원합니다. 일 년에 국가에서 보장해 주는 지정된 휴가도 그리 쉽게 쓸 수 없습니다. 아파서 쉬거나 개인적인 가족 행사에 사용하기 때문에 생각보다 자유롭게 쓸 수 있는 휴가일도 그렇게 많지 않습니다. 프로그래머들은 바쁜 시간 속에서 항상 자신만의 여행을 꿈꾸기도 하고, 장기간의 휴가를 꿈꾸기도 하지만 그건 현실적으로 꿈일 뿐입니다. 어느 날 훌쩍 떠난다는 것은 영화 속에나 나올 법한 객기일 뿐입니다.

이런 꿈 같은 일이 사업을 하면 가능해집니다. 물론 완벽하게 자신의 시간을 얻을 수 있지는 않습니다. 어느 정도 조직의 규모가 갖추어져서 자신의 빈 시간을 다른 직원들이 메워줄 수 있을 때나 가능하기는 하지만, 아예 그 기회가 박탈된 직장인보다는 훨씬 가능성이 있습니다. 자신의 스케줄을 자신이 결정할 수 있는 것과 자신의 스케줄이 회사에 의해서 결정되는 것은 전혀 다른 차원의 문제입니다. 자신의 스케줄을 자신이 결정할 수 있다면, 정말 자신에게 자신만의 시간이 필요할 때 만들면 됩니다.

세 번째로 사업을 하면 얻는 좋은 점을 든다면 개발 과정에서 여유 없이 항상 시간에 쫓기며 사는 프로그래머가, 자신이 노력한다면 자신의 시간을 만들 가능성을 가진다는 점을 들겠습니다.

정년이 없다

"사오정"이라고 들어 보았습니까? 사십 대 오십 대 정년퇴직이라는 말의 준말이라고 합니다. 많은 프로그래머에게 희망 사항을 물어보았을 때 평생 개발만 하고 살고 싶다는 대답이 의외로 많습니다. 그만큼 프로그래머들은 나이가 들어도 프로그램을 작성하며 살고 싶다는 소박한 꿈을 가지고 있습니다.

그러나 현실은 그런가요?

제가 아이엠에프와 금융위기를 겪으면서 느꼈던 것은 회사에서 개발자 목숨은 파리 목숨이라는 사실을 깨달은 것입니다. 더구나 변화무쌍한 기술 계통에 생존하려면 끊임없이 학습하고 살아야 합니다. 물론 프로그래머들은 이 학습을 즐깁니다. 문제는 우리는 나이를 먹어 간다는 것입니다. 신체적 나이뿐만 아니라 정신적 나이도 먹어 가는데 나이가 들어갈수록 학습 능력은 떨어져 갑니다(전체 사고력이나 응용력이 늘기는 합니다). 나이를 먹으면 생활에 필요한 비용도 증가합니다. 자식도 커가서 교육 비용도 기하급수적으로 증가합니다. 자신의 노년도 준비해야 합니다. 그러다 보니 나이를 먹으면 회사에 요구해야 하는 비용도 커져 갑니다.

회사는 냉정한 조직입니다. 회사 입장에서 보면 똑같은 일을 하는데 많은 비용이 들어가는 프로그래머는 골치 아픈 존재입니다. 그래서 어느 정도 이상의 비용을 지불하게 되면 더 싼 개발자를 찾게 됩니다. 문제는 더 싸고 체력 좋고 학습 능력도 좋은 신규 개발자는 계속 나온다는 것이죠. 물론 경험이나 문제 해결 능력은 떨어지지만 좀 더 싼 개발자가 회사 운영에 유리해지면 오래된 개발자는 바로 미운 오리 새끼가 됩니다. 슬픈 현실이지요.

나이 든 개발자들에 대한 사회적 고정 관념도 문제입니다. 나이 지긋한 분이 현장에서 키보드를 만지작거리고 개발을 하고 있으면 어쩐지 불쌍해 보입니다. 밑에 직원 시킬 일을 나이 든 양반이 하고 있으면 그리 좋게 보지 않습니다. 사회적 체면도 서지 않죠. 젊은 친구들 사이에 끼어 있는 나이 든 개발자를 진심으로 존경하는 것은 대한민국에서는 사회적으로 허용하지 않고 있는 것이 현실입니다. 그래서 일정 나이가 된 개발자는 관리나 영업 분야로 빠져나갑니다. 최근에야 개발자가 귀해지다 보니 어느 정도 인정해 주기 시작하고 있지만, 사회 전체적으로 보면 아직까지는 아닌 것이 현실입니다.

그런데 개발자가 사업을 하면 개발을 계속할 수 있습니다. 물론 사장이면 개발을 하는 것 자체를 주위에서 말리기도 하지만 본인이 직접 하겠다면 진짜로 말릴 사람은 아무도 없습니다. 사실 제가 그렇습니다. 전 지금도 하고 싶은 프로그램은 직접 작성해 가면서 대표이사직도 수행하고 있습니다. 개발 이사직급을 가지고 사업을 하면 더 확실하게 개발 일을 할 수 있습니다. 더구나 아무리 회사가 어려워도 사업가가 자신을 자르지는 않습니다. 더구나 사업가 자신은 정년도 없습니다. 진짜로 늙어서 죽을 때까지 프로그램을 할 수 있습니다.

네 번째로 사업을 하면 얻는 좋은 점을 든다면 정년 퇴임이 없고 원한다면 프로그래밍을 평생 하면서 살 수 있다는 점을 들겠습니다.

사업 초기의 생존에 가장 유리하다

사업은 항상 생존과정, 안정과정, 확장과정을 반복합니다. 사업 초기에는 당연히 생존과정이 됩니다. 이때는 회사가 망하면 안 되므로 그 어떤 가치관보다 생존이 일순위가 됩니다. 생존하지 못하면 사업 자체가 없어지기 때문입니다. 생존을 위해서라면 비도덕적 행위 이외에 뭐든지 시도해야 합니다. 생존은 단순히 자신만이 아니라 자신과 함께하는 모두의 문제입니다. 즉 회사로 돈이 들어오지 않으면 자신의 월급도 직원의 월급도 줄 수 없습니다. 그래서 생존은 사업에 가장 중요한 것이고 사업 초기에 가장 심각한 문제입니다.

회사라는 조직은 그 크기가 커질수록 제품이나 서비스를 만드는 데 필요한 인력을 유지하기 위한 비용 이외에 부가적인 비용이 필요합니다. 영업 활동을 위한 비용, 기술 확보를 위한 연구 비용, 조직을 관리하기 위한 비용, 회수가 불투명한 사전 사업 투자 비용 등등이 있습니다. 사업 초기에는 이러한 비용 지출이 별로 필요 없습니다. 대부분의 경우 1인이나 아주 소규모의 인력만 창업에 참여하고 운영되며 이들 역시 회사를 키우기 위해서 자기희생이 준비된 사람들입니다. 더구나 처음에는 영업 활동의 시작 시기여서 영업에 관련된 비용 지출이 적습니다. 또 조직도 작아서 관리 비용도 거의 발생하지 않습니다. 그저 제품이나 서비스 작성에 필요한 인력이 필요할 뿐입니다.

이 인력은 창업 멤버가 개발자라면 자체적으로 해결됩니다. 이런 면에서 보면 아무것도 모르는 초급 개발자가 모여서 창업하는 경우는 조금 말리고 싶습니다. 이미 개발 경력을 갖고 있던 사람들이 사업을 시작하면 고비용의 경력자를 채용하고 유지하는 비용은 필요 없게 됩니다. 이것은 다른 분야에 종사하던 사람이 창업하는 것에 비하면 엄청난 장점입니다. 독자적인 기술 우수성을 확보하기도 쉽고, 용역 형태로라도 생존에 필요한 매출을 달성하기가 쉽습니다. 물론 용역 형태로 지속해서 사업을 이끌어 가는 것은 역시 말리고 싶습니다. 그러나 생존 초기에는 이보다 쉬운 매출 형태는 드뭅니다.

영업적인 부분에서도 개발자가 창업하면 좋은 점이 많습니다. 영업적으로 계약에 관련된 부분을 이야기할 때, 순수 영업 부분만 이야기하는 경우는 없습니다. 제품이나 서비스와 관련된 기술적 질문을 하게 되고 이에 대한 솔루션을 알려 주어야 합니다. 개발자는 의외로 아는 것이 많습니다. 단지 그게 얼마만 한 가치를 가지고 있는가에 대한 지식이 조금 부족할 뿐입니다. 이런 것은 사업을 해가면서 알아가면 그만입니다. 기술적인 자신감은 고객에게 신뢰감을 주고 매출로 손쉽게 이어 가게 해 줍니다. 초기에 흔히 생존 전략으로 선택하는 용역에서는 이런 기술적 신뢰감은 무척 중요합니다. 외부나 국가에서 투자를 받더라도 가장 중요한 것은 기술 확보입니다. 국책 과제를 수행할 때 기술적인 검사는 무척 중요합니다. 이때 개발자가 사업을 하면 이런 부분은 그리 크게 문제가 되지 않습니다. 도리어 가장 강한 분야이기도 합니다.

사업을 하면 얻는 좋은 점으로 다섯 번째를 든다면 사업 초기에 생존에 유리하다는 것을 들겠습니다.

자유에는 책임이 따른다

개발자가 사업하면 좋은 점은 위에 열거한 것 말고도 정말 많습니다. 어찌 되었든 사업을 하면 선택의 자유를 얻을 수 있습니다. 그렇지만 세상사가 항상 그렇듯이 자유를 얻는다는 것은 그에 따른 책임이 따르게 됩니다. 그 책임으로 불릴만한 것 중 하나가 개발자가 사업하면 나쁜 점 역시 존재하는 것입니다. 여기서는 이와 관련된 것은 이야기하지 않겠습니다. 단지 사업을 하는 순간 그 책임은 온전히 사업가가 가져간다는 것만 기억했으면 합니다. 사업을 시작한 순간 다른 누군가에게 넘길 방법이 없습니다. 회사의 직장인으로 생활할 때는 이 책임을 동료나 직장 상사나 임원이나 사장에게 넘길 수 있습니다. 하지만 사업가는 그런 행위 자체가 불가능합니다. 사업을 했더라도 생존 확률은 아주 낮습니다. 보통 살아남을 확률이 1/10이라고 합니다. 이 확률도 생존 확률이지 잘 될 확률이 아니라는 것입니다. 이렇게 살아남은 회사에서 약간의 성장이나 안정 상태로 들어갈 확률은 다시 1/10 정도라고 합니다. 이중 크게 잘 나아갈 확률은 다시 1/10이라고 합니다. 뭐 보통 사업가들 간에 회자되는 이야기라서 완벽하게 신뢰할 수 있는 것은 아니지만, 주위에 사업해 가는 것을 보면 아주 틀린 이야기도 아닙니다.

결론적으로 자신이 꿈꾸는 회사가 될 확률은 1/1000 정도 이내가 될 것입니다.

그렇지만, 프로그래머들이여! 사업을 하고 싶은가? 그렇다면 그냥 시작하십시오. 일단 사업을 시작했다면 수단과 방법을 가리지 말고 망하지 않게 하십시오. 그래야 당신이 하고 싶은 일을 할 수 있습니다. 저는 창업하는 프로그래머들에게 이렇게 이야기하고 싶습니다.

결정은 감성으로! 실행은 이성으로!

우연히 시작한 개발자의 꿈, 아직도 진행형

박영주(49세)

1986년 부산 대학교 계산통계학과를 졸업하고 1986년부터 2000년까지 에스티엠(현 LG CNS)에서 근무했다. 현재는 미국에서 소프트웨어 개발자로 일하고 있다.

사실 처음 대학 전공을 결정할 때만 해도 "컴퓨터"라는 단어가 생소한 사람이 대부분이었고 고심 끝에 찾아낸 그나마 손쉬운 설명이 "조금 큰 전자계산기" 정도였다. 부모님께서 원하시던 약대를 1지망으로 쓰면서 그냥 빈칸을 놔두면 뭐하냐는 언니의 말에 의미 없이 써넣은 것이 "계산통계학과"였다. 그 해 지원했던 약대의 경쟁률이 유난히 높아져 결국 2지망으로 별 뜻 없이 써넣은 "계산통계학과"로 진학하게 되었고, 그게 나의 인생을 어떻게 바꾸게 될지 그 당시에는 전혀 알 수가 없었다.

대학 1학년 내내 나는 재수를 할 것인가 말 것인가로 갈등하며 지냈고, 그 사이에 컴퓨터는 그저 "조금 큰 계산기"는 아니구나 하는 정도만 알게 되었다. 2학년이 되면서 '프로그래밍 언어론' 수업을 듣게 되었고, 몇 가지 언어와 알고리즘, 명령어들이 그 거대한 기계들을 움직이고, 사람들이 수작업으로 처리하던 일을 신속하고 정확하게 처리한다는 것을 알게 되었지만, 여전히 피부에 와 닿지 않는 건 마찬가지였다. 과목 중에서는 유난히 수학을 좋아하던 내게 컴퓨터는 더할 나위 없는 전공이란 걸 대학 4년 내내 전혀 깨닫지 못하고 지냈던 것 같다.

대학을 졸업하면서 공부를 더 해야 하나 잠깐 고민하긴 했지만, 4년을 공부하고도 전공에 대한 확신이 없었고, 이쯤에서 사회생활을 먼저 경험해 보고 싶은 욕심이 나던 차에 LG로 입사하게 되었다. 내심으로는 일 년 정도 직장 생활을 해보다가 적성이 아

또 한가지 이슈가 되었던 것은 교육제도였다. 많은 회사가 전공자를 채용하는 것과는 달리 신입 사원을 전공과 무관하게 뽑아서 일 년 남짓한 교육과정을 밟게 했다. 실제 그렇게 채용된 신입 사원들은 영어 실력이 뛰어났고, 전공은 아니었지만, 두뇌 회전이 빠른 친구들이 많았다. 교육과정 가운데 특히 '지옥의 코스'라 불리는 10주간의 집합 교육 중에는 태스크를 제시간에 수행하지 못할 경우 바로 탈락과 함께 퇴사 조치가 내려졌다. 일 년이 지나자 드디어 그렇게 과정을 거쳐 훈련된 직원들이 두각을 나타내기 시작했고 기존 직원들에게 다소의 위화감도 심어줬지만, 전공자인 내게 대학 교육에 대해 많은 생각을 하게 했다.

"결국 4년 동안 대학에서 뭘 배운 거지?"

사실 대학을 가면서 자신의 적성을 따져 전공을 택하는 학생들이 얼마나 될까 생각해 보면 오히려 한국적인 상황을 제대로 고려한 제도라고 볼 수도 있었다. 아이러니컬하 게도 교육과정 중에 전공자임에도 탈락하는 경우가 생기기도 했다. 사실 교육과정에서 내 준 태스크는 결과로는 프로그래밍이지만 그것을 완수하기 위한 요구분석 능력, 순발력, 지구력과 신중함까지 다 시험하고 있었다. 실제 개발자가 가져야 하는 가장 기본적인 것들을 10주 동안 시험해보면서 개발자로서의 적성인지 아닌지를 시험해보는 과정이었다.

에스티엠이 창립되면서 대형 IBM 메인프레임 두 대가 도입되었고, LG 그룹 내 각 전산실에서 각자 운영하던 애플리케이션들을 IBM으로 옮기는 마이그레이션 프로젝트를 하게 되었다. 그렇게 크고 작은 프로젝트를 수행하며 한동안은 프로그래머가 천직이라는 생각마저 들 정도로 푹 빠져 살았다. 프로그램에 한해서는 스스로 자부심도 느꼈고 프로그램으로 이 세상에 해결 못 할 문제는 없는 것 같았다. 퇴근을 해서 집에 가는 길에도 머릿속은 온통 코딩 중이었고, 아침에 일어나면 출근이 즐거웠다. 내가 만든 프로그램으로 리포트들이 쏟아져 나오고, 현업에서 가져다 일하는 걸 보면서 존재 가치를 느끼며 살았던 시간이었다.

마이그레이션 프로젝트가 끝나갈 무렵 본사로 부서를 옮겼다. 새로 조직된 개발팀이 었는데 경력사원으로 오신 여자 선배를 만나게 되었다. 처음 맡은 프로젝트는 에스티엠 내의 네트워크 장비를 관리하는 시스템을 개발하는 일이었다. 그 선배가 주로 분석, 설계를 맡았는데 처음으로 DFD 라는 다이어그램을 보게 되었다. 플로우차트와는 좀 다른 방식의 다이어그램이었는데 관리해야 하는 데이터에 대해 좀 더 분명하게 보여주고 있었다. 일 년 남짓 예정된 시스템도 완성되어 현업에서 쓰기 시작할 즈음에 속해있던 부서가 CASE팀으로 합병되었다. 사실 CASE가 뭔지 금시초문이었고, 내겐 위기이자 기회가 찾아온 것이었다.

"CASE가 뭐지?", "IE가 도대체 뭐야?" 팀 회의를 하고 나면 수많은 질문이 하루에도 수십 개씩 생기기 시작했고, 분명 한국말로 하는 미팅이었는데 나는 전혀 알아듣지 못하고 있었다. 결국, 그 팀에 먼저 있던 직원들에게 책을 소개받아 매일 밤 원서들 틈에서 뜬 눈으로 밤을 새기 시작했다. 대학을 졸업하고 몇 년이 지나면서 IT 분야에 많은 변화가 있기도 했지만, 사실 나는 IT 분야의 프로그래머라는 데에 안주하고 살았던 것을 깨닫게 되었다. 살아남으려면 공부를 많이 해야겠다는 생각에 두려움과 설렘이 같이 찾아왔다.

원서는 한 번 슬쩍 읽고 나면 금세 잊혀졌다. 밑줄을 그어놔도 소용이 없었다. 결국, 중요한 부분은 직접 번역해서 요약본을 만들었다. 그렇게 6개월이 지나고 나니 팀 회의 중에 모르는 단어는 없어 보였다. 사실 그 당시 가장 매력적이었던 것은 코딩을 하기 전에 먼저 그림으로 시스템을 설계할 수 있다는 것이었다. 그 전 프로젝트에서 종이에 그리던 DFD를 컴퓨터로 그리고 수정도 쉽게 할 수 있었고, 무엇보다 ERD는 내게 쇼크를 가져오기에 충분했다. 사실 그전의 시스템 개발에서는 DB 구조를 왜 그렇게 가져가야 하는지도 모르고 다른 시스템의 흉내를 내고 있었던 상태였다. 정규화라는 것도 그때 알게 되었는데, 적어도 그 정도는 대학에서 배웠어야 하지 않았을까 약간의 원망도 하면서 ERD에 대해 공부해 나갔다. 내 관심의 포인트가 프로그램에서 시스템으로 완전히 옮겨가기도 했었고, 더는 코딩에는 관심이 없어졌다. 그즈음부터 나는 코딩을 더는 하지 않았다. 이상하게도 그동안 코딩을 하며 살아온 내 삶은 마치 그 새로운 개념들을 받아들이는데 초석이 된 정도로 역할을 다 한 것 같았고, 더 이상 코딩을 하면 그 변화를 역행하는 것 같았다.

그 시기에 투입된 프로젝트에서 내 역할은 모델러이면서 동시에 개발자들에게 모델링을 가르치고 그들의 머릿속에 있는 것들을 모델로 표현해 내는 데 도움을 주는 것이었다. 그 작업을 하면서 비즈니스에 대해 많은 것을 배울 수가 있었고, 결국 모델은 아주 효과적인 의사소통의 수단이라는 결론에 도달하게 되었다. 그것은 개발자 간에도 역할을 하지만 개발자와 사용자 간에도 쓰일 수 있는 것이었다.

어떻게 보면 마치 건축에서 모델러는 건축설계가였고, 프로그래머는 직접 공사를 하는 업체였던 것이었다. 모델링 경험이 쌓이자 이제는 새로운 업무를 분석하는 시간이 짧아졌다. 하루 이틀이지만 초기 모델링이 가능해지면서 현업 실무자들과 인터뷰가 가능해졌다. 모델링의 효과를 느끼면서 점점 더 개발에 대해서는 관심을 잃어갔다. 프로젝트에서 모델링이 거의 끝나고 개발로 들어가게 되면 다른 프로젝트로 옮겨가며 모델링만으로 몇 년을 보냈다.

모델링을 하다 보니 이젠 "어떻게 하면 좋은 모델링을 할 수 있을까?" 혹은 "좋은 모델이란 뭘까?"라는 의문이 들기 시작했고, 결국 요구분석의 과정이나 프로젝트 관리의 중요성도 알게 되었다.

그 당시 놓치고 있던 가장 중요한 것은 결국 모든 과정은 좋은 프로그램을 만들기 위한 것이었다는 점이었다. 나는 유행처럼 멋져 보이는 모델링이나 프로젝트 관리만 신경을 쓰고 정작 그것들이 어떻게 코딩에까지 접목이 되는지는 관심이 없었다. 내가 만든 모델이 실제 개발자들에 의해 쓰여졌는지 아닌지에는 관심이 없었고, 개발 과정 중에도 그 모델들은 언제나 변경될 수 있다는 것도 간과하고 있었다.

그렇게 방법론과 프로젝트 관리, 소프트웨어 공학에 심취한 몇 년 동안 다시 IT 시장은 객체 지향이라는 큰 패러다임의 변화를 맞이하게 되었고 인터넷의 보급과 더불어 웹 개발이 시작되고 있었다. 객체지향을 책만 읽고 개념적으로 이해하고 다 안다고 착각했다. 실제 코딩도 해보지 않고, 시스템 개발도 해보지 않은 상태에서 개념적으로만 이해하면서 사내 교육센터에서 강의까지 하게 되었다.

게다가 조직 내에서는 이미 관리직으로 옮겨간 다음이라 팀원들을 객체지향으로 재무장시키기는 해도 정작 나 자신은 책을 통한 이해만으로 충분하다고 생각하고 말았고,

사실 실무를 놓고 몇 개월의 부트 캠프에 몰두할 시간을 내기란 불가능했다(나중에 코딩을 다시 시작하고 알게 된 거지만, 그 당시 Java나 VB로 코딩을 좀 해본 사람들이 내 강의를 어떻게 들었을지 생각하면 지금도 얼굴이 화끈거린다).

결국, 개발자의 꿈은 완전히 접고 관리직으로 올인하기로 맘을 먹었고 읽던 책들도 IT 서적에서 경영 서적으로 바뀌었다. 그즈음에 읽었던 책 중에서 "기술직 팀원들에 대한 관리는 사실 신뢰가 없으면 불가능하다."는 대목에서 많은 생각을 하게 되었다. 사실 프로그램을 작성하는 한 사람 한 사람과 붙어있지 않고서는 어떻게 일을 하는지를 일일이 알 수도 없으니 믿을 수밖에 없는데, 믿어주는 사람을 실망시키고 싶지 않은 것도 개발자의 특성이라는 것이었다. 그러니 과거의 상명하복 시스템인 조직에서 제대로 된 개발자가 살아남기 힘든 이유이기도 했다.

하지만 정작 관리직으로 올인하기로 한 내 결정을 번복하게 만든 건 팀원들이 아니었다. 조직 내 다른 부서의 장들과 경쟁을 하면서 다시 한번 좌절을 느끼고 내가 한 것이 정말 잘한 선택이었을까에 대한 고민을 시작했다.

남자들은 많은 경우 사춘기를 거치고 대학 생활을 하거나, 군대를 다녀오면서 동료와 무난히 잘 지내는 요령도 터득하고, 조직 내에서 너무 튀어나오지 않는 방법도 알고 있는 것 같았다. 그에 반해 여직원들은 언제나 경쟁 구도에서 한 발이라도 앞서는 방법만을 배우게 된다. 적어도 내 경우는 그랬다. 그러다 보니 조직 내에서 다른 사람들과 같이 가는 법을 좀 늦게 알게 되었다. 그래서 좀 더 조직을 이해하고 관리도 제대로 해보고 싶어 결국 대학원에 진학하기로 했다.

대학원을 다니면서 얻은 것 한 가지는 관리직이 내 적성이 아니라는 것이었다. 물론 비즈니스에 대해 좀 더 잘 알게 되었고, 조직 관리나 경영에 대해서도 좀 더 이해하게 되었지만, 지나간 시간을 통틀어 돌이켜볼 때 내가 가장 빛나고 행복했던 시간은 개발자로 살았던 시간이란 걸 깨닫게 되었다.

그즈음 남편을 따라 미국으로 오면서 그동안 쉼 없이 달려온 내게 휴가를 주기로 했다. 한국에서 미국으로 이사하면서 가져온 짐의 3분의 2는 그동안 사놓고 못 보고 있던 원서들이었다. 경영학 관련 책들은 거의 처분했지만, IT 관련 책들은 버릴 수가 없었다. 쉬는 동안 다 읽어버리리라 의지를 태우며 짐을 쌌던 기억이 지금도 난다. 이미 십수 년이 지나 지금은 오래된 기술일 수도 있겠지만 지금도 책꽂이에 먼지와 함께 앉아있다.

일 년 정도 쉬고 나니 다시 일하고 싶은 욕구가 스멀스멀 올라오고 어떤 커리어로 시작할지 고민하게 되었다. 다행히 미국의 IT는 한국보다는 변화에 민감하지 않아서 한국에서는 이미 십 년 전에 없어진 기술들을 여전히 쓰는 곳도 많았다. 영어도 충분히 준비되지 않은 내게 선택의 폭은 넓지 않았고, 1994년 LG 에너지 프로젝트에 참여하면서 개발자들의 어깨너머로 본 Crystal Reports를 혼자 공부해 Report 개발자로 미국 회사에 첫발을 디뎠다. 다행히 내가 만든 Reports들로 곧바로 인정을 받게 되면서 다른 개발 프로젝트를 맡게 되었고 다시 개발자의 커리어를 시작할 수 있게 되었다.

미국 회사에서 일을 시작해보니 예전 에스티엠의 인사체계가 대부분의 미국회사들의 체계라는 걸 알게 되었다. 실제 흰머리의 60대 프로그래머와 같이 일을 하기도 했지만 매니저들은 개발자들을 아랫사람으로 대하지 않았고 오히려 기술적인 의견을 구하고 방향을 결정하려고 노력했다. 만일 이런 인사 시스템이 한국에 정착했더라면 개발을 정말 좋아하는 재능 있는 개발자들이 자신의 커리어를 굳이 관리직으로 바꾸지 않았어도 되었을 것이고, 지금쯤 몇 명은 정말 세계적인 아키텍트가 되어 있지 않았을까 싶다.

실제 2000년대 초반에 잠시 주택은행 프로젝트에 있을 때, 스웨덴에서 초빙된 백발의 SE를 만난 적이 있었다. 그분과 프로젝트 라이프 사이클에 대해 의논을 하면서 "내가 저 나이에도 프로젝트를 할 수 있을까?"하는 의문이 들기도 했었다.

메인프레임의 시대인 80년대 중반부터 클라이언트 서버, 웹 개발까지 개발자로 살아오면서 그 변화를 가능하게 했던 힘 가운데 하나가 모델링을 알게 되어서가 아닌가 싶다. 코딩 경력이 없는 모델링은 사상누각이다. 하지만 충분히 코딩을 해본 개발자들이 모델링 경험을 겸비한다면 엄청난 힘을 발휘할 수 있다. 사실 프로그램 코딩보다 앞서 요구 분석이나 설계가 만들어낸 시스템의 품질에 더 큰 영향을 미칠 수 있기 때문이다.

나는 지금도 미팅을 하면서 동료가 잘 이해할 수 없는 그림을 끄적거리면서 설계를 동시에 한다. 운 좋게 모델러로 일해본 경험이 만들어낸 습관인데 함축된 그림이 얼마나 많은 정보를 담아내는지는 모델링을 해본 경험이 있는 사람이라면 이해할 수 있을 것이다.

나는 지금도 습관처럼 애플리케이션을 만들 때는 "왜 이게 필요하지?"라는 질문을 끊임없이 한다. 그렇게 "Why?"를 서너 번쯤 하다 보면 정말 중요한 것을 발견하게 되고 설계의 방향이 180도 바뀌는 걸 경험하게 된다.

지금도 개발을 하면서 지난달에 마친 애플리케이션을 수정하고 싶은 생각이 든다. 개발자는 스스로 끊임없이 성장한다. 그래서 개발 경험 몇 년 차인가 하는 것이 어느 학교를 졸업했느냐는 것보다 더 중요하다.

경력이 많은 개발자가 더욱 많아져야 한다. 그래서 개발자들이 아키텍트로 성장할 수 있어야 하고 비로소 우리도 세계 시장에 내놓을 수 있는 제품을 만들 수 있을 것이다.

미국에 와서 느낀 점은 인하우스 개발을 결정하기 전에 시장에 나와 있는 패키지를 도입해서 쓰는 경우가 많다는 것이다. 일단 패키지를 들여놓고 그걸 보완하는 애플리케이션을 만드는 것이다. 패키지를 사용하다 보면 애플리케이션을 어떻게 범용성 있게 완성도를 높이면서 만드는가에 대해서도 알 수 있고, 개발자에게는 다른 개발팀이 만든 시스템을 깊숙이 들여다볼 수 있는 기회가 되기도 한다. 실제 미국은 시장의 규모가 그만큼 받쳐주기도 하니 선택 가능한 패키지도 많은 편이다.

몇몇 중간 규모의 회사에서 개발자로 일하면서 예전 한국에서 대형 프로젝트를 하던 시절이 무척 그립기도 하다. 하나의 목표를 향해 다 같이 고생하던 전우애 같았던 동료 의식도 그렇고, 무엇보다 열정이 가득했던 시간이니 더 그립다.

작년에 아들과 함께 자바 프로젝트를 한 적이 있었다. 아들은 대학에서 컴퓨터 사이언스를 부전공으로 하고 있어서 프로그램을 제법 잘 만들어 낸다. 프로그래머는 그 나름의 매력이 있는데, 그 프로그램 안에서는 자신이 왕이 된 듯한 느낌이 든단다. 내가 시스템을 개발하면서 느끼는 희열과 비슷했다. 그래서 아직도 이 바닥을 완전히 떠나지 못하고 있는지도 모른다.

몇 년 전에 회사를 옮기면서 HR 매니저와 인터뷰하면서 "네가 가장 동기부여가 되는 게 뭐냐?"라는 질문을 받았다. 그날의 대답은 형식적으로 짧게 마쳤지만, 내내 그 질문이 머릿속에 맴돌았다.

적어도 나는 내가 만든 애플리케이션을 좀 더 많은 사람이 사용하게 되기를 늘 희망했다. 나는 내 애플리케이션을 사용하는 사람들이 나로 인해 더 나은 삶을 살게 되기를 희망한다. 나는 키보드를 두드릴 힘이 남아 있는 동안에는 애플리케이션을 개발하고 싶다.

INDEX

INDEX

INDEX